Sozialpolitik und Sozialstaat

Reinhard Bispinck • Gerhard Bosch
Klaus Hofemann • Gerhard Naegele (Hrsg.)

Sozialpolitik und Sozialstaat

Festschrift für Gerhard Bäcker

 Springer VS

Herausgeber
Dr. Reinhard Bispinck
Wirtschafts- und Sozialwissenschaftliches
Institut in der Hans-Böckler-Stiftung,
Düsseldorf, Deutschland

Prof. Dr. Gerhard Bosch
Universität Duisburg-Essen, Deutschland

Prof. Dr. Klaus Hofemann
Fachhochschule Köln, Deutschland

Prof. Dr. Gerhard Naegele
Technische Universität Dortmund, Deutschland

Wir danken der Hans-Böckler-Stiftung für die großzügige finanzielle Förderung dieser Festschrift.

ISBN 978-3-531-18360-2
DOI 10.1007/978-3-531-19024-2

ISBN 978-3-531-19024-2 (eBook)

Die Deutsche Nationalbibliothek verzeichnet diese Publikation in der Deutschen Nationalbibliografie;
detaillierte bibliografische Daten sind im Internet über http://dnb.d-nb.de abrufbar.

Springer VS
© VS Verlag für Sozialwissenschaften | Springer Fachmedien Wiesbaden 2012

Lektorat: korrifee – Uta Scholl
Einbandentwurf: KünkelLopka GmbH, Heidelberg

Gedruckt auf säurefreiem und chlorfrei gebleichtem Papier

Springer VS ist eine Marke von Springer DE.
Springer DE ist Teil der Fachverlagsgruppe Springer Science+Business Media
www.springer-vs.de

Inhalt

Arbeitsmarkt, demografische Entwicklung und soziale Sicherung

Gerhard Bäcker – Forscher, Lehrer und Berater zu Sozialpolitik und Sozialstaat

Gerhard Bäcker wurde im Januar 1947 in Wülfrath/NRW geboren. Er studierte Volkswirtschaft an der Universität zu Köln. Sein Studium schloss er 1973 als Diplom-Volkswirt ab. Schon während seines Studiums begann Gerhard Bäcker sich für soziale Risiken und Probleme zu interessieren. Folglich wählte er auch aus dem für das wirtschaftswissenschaftliche Studium in Köln typischen breiten Spektrum an Wahl- und Nebenfächern die Sozialpolitik und engagierte sich dabei insbesondere in den Seminaren und Vorlesungen von Prof. Dr. Otto Blume. Vor allem drei Themenblöcke aus dem weit gefächerten Lehr- und Forschungsspektrum stießen dabei auf das besondere Interesse des stud. rer. pol. Gerhard Bäcker: (1) die betriebssoziologischen und sozialpolitischen Forschungen über Arbeitnehmer- und Arbeitgeber-Beziehungen, (2) die Forschungen zur Lebenslage von sozialpolitischen Problemgruppen sowie (3) die Alters- und Armutsforschung.

Es war daher nur konsequent, dass Gerhard Bäcker nach Abschluss seines Studiums 1973 die Stelle eines wissenschaftlichen Mitarbeiters zunächst am Seminar für Sozialpolitik der Universität zu Köln und danach im renommierten Institut für Sozialforschung und Gesellschaftspolitik annahm. Hier arbeitete er zusammen mit Reinhard Bispinck, Klaus Hofemann und Gerhard Naegele, mit denen er gemeinsam 1980 die erste Auflage des Lehrbuchs „Sozialpolitik und soziale Lage in Deutschland" schrieb, das bald zu einem Standardlehrbuch der Sozialpolitik avancierte und nunmehr bereits in der 5. Auflage vorliegt. Gerhard Bäcker verließ 1977 die „Kölner Schule" und wechselte in das Wirtschafts- und Sozialwissenschaftliche Institut (WSI) des Deutschen Gewerkschaftsbundes. Hier arbeitete er vor allem an Grundlagen und Problemen des Sozialstaates und seiner Finanzierung. Weitere Themen wurden der Arbeitsmarkt, Armut und Ausgrenzung sowie die Lebenslage von älteren Arbeitnehmern. 1981 promovierte er an der Universität Bremen über Ältere Arbeitnehmer. 1995 wechselte er vom WSI zur Fachhochschule Niederrhein in Mönchengladbach, wo er bis 2002 Sozialpolitik lehrte. Seit 2002 ist Gerhard Bäcker in seiner jetzigen Funktion als Professor für Soziologie des Sozialstaates an der Universität Duisburg-Essen tätig und war hier lange Zeit der Dekan der Fakultät für Gesellschaftswissenschaften.

Die wissenschaftlichen Sichtweisen und Arbeiten von Otto Blume haben schon sehr früh einen nachhaltigen Eindruck auf Gerhard Bäcker gemacht. Heute kann man Gerhard Bäcker als einen der profiliertesten „Blume-Schüler" aus der Kölner

Sozialforschungs- und Sozialpolitikschule bezeichnen. Das von Gerhard Weisser wissenschaftsprogrammatisch vertretene Lebenslagentheorem, das von Otto Blume weiterentwickelt und insbesondere in empirischen Feldforschungen umgesetzt wurde, taucht immer wieder – wenn auch eher implizit – in den frühen wie späten Arbeiten von Gerhard Bäcker auf. Sozialpolitik bedeutet für ihn nicht nur das präventive Vermeiden von sozialen Risiken und deren (kompensatorische) Abfederung im Falle eingetretener Risiken, Sozialpolitik zielt darüber hinaus auch auf die Sicherung und Verbesserung der Lebenslage einzelner Personen oder von Personengruppen.

Im Sinne von Ludwig Preller sieht Gerhard Bäcker in der Sozialpolitik ein Maßnahmenbündel, das in ganz entscheidender Weise mit auf die Rahmenbedingungen einwirkt, unter denen Menschen sich entwickeln und entfalten können. Indem sie somit Lebenslagen beeinflusst und „verteilt", ist Sozialpolitik mit beteiligt an der sozialen Ausgestaltung der Gesellschaft. Diese *Gestaltungsfunktion* von Sozialpolitik ist unverändert aktuell. Allerdings hat sie sich in Richtung auf sozialpolitische Beeinflussung und Gestaltung von Lebensläufen weiterentwickelt, da sich die Folgen von Chancen und Risiken im Lebenslauf kumulieren und sich Risiken am besten im Lebenslaufkontext präventiv durch sozialpolitische Interventionen vermindern oder ihre negativen Folgen korrigieren lassen. Diese Weiterentwicklung des Lebenslagenkonzeptes war allerdings erst mit den heute zur Verfügung stehenden Datensätzen mit Längsschnittinformationen über unterschiedliche Lebensabschnitte, im Idealfall von der Geburt bis zur Rente, möglich.

Ähnlich wie seinen akademischen Lehrer Otto Blume kann man Gerhard Bäcker als einen Wissenschaftler beschreiben, der stets darum bemüht war und ist, diese Rolle nicht nur in Lehre und Forschung auszuüben, sondern auch Politik zu beraten. Wurde Otto Blume einmal von seinen Freunden und Schülern als „Sozialreformer" bezeichnet, so kann man dies auch uneingeschränkt über Gerhard Bäcker sagen. Eine seiner Kernbotschaften in diesem Zusammenhang lautet: „Reformen sind notwendig, um den neuen Herausforderungen gerecht zu werden und den Sozialstaat an die sich verändernden ökonomischen, sozialen und demografischen Verhältnisse anzupassen."

Die Bewahrung und Weiterentwicklung des Sozialstaates bildet die Leitmaxime seiner wissenschaftlichen Forschungen und Beratungstätigkeit, da nur mit einem entwickelten Sozialstaat Chancengleichheit und sozialer Ausgleich gesichert werden können. Ihn gelte es, so sein Credo, gegen seine vielen Gegner zu verteidigen, weiterzuentwickeln und Alternativen zu entwerfen gegen den Mainstream von öffentlicher und veröffentlichter Meinung in der Politik, so gegen ungebremste Marktorientierung und gegen übersteigerte Privatisierung. Stets war es sein Ziel, Marktmechanismen, die zu unsozialen Verteilungswirkungen bei den

Beschäftigten und ihren Familien führen, zu korrigieren bzw. zu überwinden. Dabei sah auch Gerhard Bäcker, dass nur das finanziert und verteilt werden kann, was auf dem Markt auch produziert und erwirtschaftet worden ist, dass ein hohes Einkommens- und Wohlfahrtsniveau eine hohe Effizienz im Wirtschaftsprozess voraussetzt. Allerdings zählt Gerhard Bäcker zu jenen, die unermüdlich darauf hinweisen, dass der Sozialstaat kein unproduktiver „Kostgänger" einer Volkswirtschaft ist, sondern als produktiver Faktor positiv auf die wirtschaftliche Leistungsfähigkeit einer Volkswirtschaft zurückwirkt. Doch legitimiert nicht nur die Produktivkraft den Sozialstaat: „Der Sozialstaat hat immer auch normative, d. h. soziale und humane Ziele, auch jenseits der Maßstäbe ökonomischer Funktionalität. Der Umgang mit sozial Schwachen, mit Älteren, Behinderten, mit Familien und Kindern, das qualitative Niveau der gesundheitlichen Versorgung, die Schaffung von gleichberechtigten Lebenschancen für die gesamte Bevölkerung – all diese Elemente haben einen eigenen Wert, der nicht durch den Hinweis auf ökonomische Effizienzverluste, verminderte Rentabilität oder entgangene Wachstumsraten außer Kraft gesetzt wird" (Lehrbuch, S. 81).

In den von Gerhard Bäcker in Forschung und Lehre bearbeiteten Themen findet sich eine durchgängige Orientierung an der Maxime der Verbesserung und Verteidigung des Sozialstaates. Weit über 250 Beiträge in Büchern und Zeitschriften, zahlreiche Gutachten und Stellungnahmen und eine kaum zu quantifizierende Zahl von Vorträgen stehen für eine wissenschaftliche Leistung, die eine bemerkenswerte Breite an Themen erkennen lässt, mit denen sich Gerhard Bäcker im Verlauf seiner wissenschaftlichen Karriere beschäftigt hat. An erster Stelle sind die grundlegenden Arbeiten zu Problemen und Perspektiven des Sozialstaates nennen, zu denen insbesondere das Lehrbuch „Sozialpolitik und soziale Lage" zählt, das maßgeblich von Gerhard Bäcker mitentwickelt und erarbeitet wurde. In diesen Themenkreis gehören auch seine Arbeiten zur Finanzierung des Sozialstaates – hier ging es ihm immer auch um aus Sicht der Beschäftigten alternative Finanzierungsoptionen – und insbesondere zur Alterssicherung, zu Strategien der Armutsvermeidung und zur Mindest- und Grundsicherung. So steht die Privatisierung der Alterssicherung im Zentrum seiner Kritik an zunehmenden neoliberalen Tendenzen in der Sozialpolitik, in seinen Arbeiten zu Strategien der Armutsbekämpfung stehen Kinder, Familien und ältere Menschen im Vordergrund. In seinen Beiträgen zur Arbeitsmarktpolitik geht es ihm insbesondere um Strategien zur Stärkung und Weiterentwicklung des Normalarbeitsverhältnisses und um Vermeidung von Niedriglohnarbeitsverhältnissen sowie um Brüche in den Erwerbsbiografien – beide mit negativen Sicherungsfolgen.

Eine weitere Gruppe von Veröffentlichungen beschäftigt sich mit dem Älterwerden in der Arbeitswelt und mit sozial ausgestalteten Übergängen in die Rente.

Aus diesem Themenkreis entstammt auch seine an der Universität Bremen 1981 abgeschlossene Promotion. Durchgängig finden sich schließlich auch sozialgerontologische Themen, die sich insbesondere mit der Stärkung der Solidarität zwischen den Generationen befassen. Ebenfalls schon sehr früh hat sich Gerhard Bäcker mit sozialen Diensten, und insbesondere mit solchen, die zu einer Stärkung von Familien und zur Verbesserung der Vereinbarkeit von Beruf und Familie inklusive Pflege beitragen, beschäftigt. Wer seine Beiträge kennt, dem wird auffallen, dass Gerhard Bäcker oft sehr früh Themen aufgegriffen hat, die zum Teil erst Jahre später auf der Agenda der offiziellen Sozialpolitik aufgetaucht sind.

Zu dieser Festschrift

Gerhard Bäcker steht seit langen Jahren mit zahlreichen Kolleginnen und Kollegen aus dem Wissenschaftsbereich, mit Fachleuten aus Verbänden und Institutionen der Sozialpolitik sowie aus den Gewerkschaften in engem Kontakt und Austausch. Mit vielen hat er kooperiert und auch gemeinsam veröffentlicht. Wir haben eine Reihe von ihnen eingeladen, sich an dieser Festschrift zu beteiligen, und fast alle sind dieser Einladung gefolgt. Ihre Beiträge spiegeln bis zu einem gewissen Grade auch die Schwerpunkte der wissenschaftlichen Arbeit von Gerhard Bäcker wider.

In einem ersten Block geht es um die Fragen der Entwicklung von *Sozialpolitik und Sozialstaat*. Walter Hanesch thematisiert einleitend den Umbau im Bereich der sozialen Sicherung in den beiden vergangenen Jahrzehnten und weist nach, dass eine grundlegende Neuausrichtung des deutschen Sozialstaatsmodells eingeleitet worden ist, das sich stärker in Richtung des liberal-angelsächsischen Regimetyps entwickelt. Allerdings lässt er offen, ob dieser Trend dauerhaft ist.

Stephan Lessenich verortet diesen Strukturwandel des Sozialstaates im Zusammenhang mit dem Programmbegriff der „Aktivierung", dessen politischen Erfolg er mit seiner Offenheit für marktgesellschaftliche („liberale") wie arbeitsgesellschaftliche („laborale") Lesarten erklärt. Die institutionellen Veränderungen des Sozialstaates als Folge einer asymmetrischen Kooperation beider Lager wertet er mit Blick auf die sozialen Implikationen „vorsichtig gesagt" als ambivalent.

Kay Peter Bourcarde und Ernst-Ulrich Huster loten aus, inwieweit sich das von der Europäischen Union eingeführte Konzept von der Sozialen Inklusion dazu nutzen lässt, die Exklusionseffekte der Aktivierungsstrategie zu begrenzen. Auch wenn das Konzept inhaltlich unbestimmt sei, könne von ihm in Deutschland eine weitere inhaltliche Füllung des Sozialstaatsverständnisses ausgehen.

Annelie Buntenbach setzt sich mit der Privatisierung von Sozialleistungen in den Bereichen Kranken- und Rentenversicherung auseinander. In beiden Fällen wurden bewährte Pfade der sozialen Sicherung in Deutschland verlassen, jedes Mal mit erheblichen verteilungspolitischen Folgen. Die Autorin skizziert die gewerkschaftlichen Gegenstrategien, die im politischen Prozess nach ihrer Einschätzung jedoch nur in Details Verbesserungen erreichen konnten.

Hans-Jürgen Urban knüpft mit seinem Beitrag daran an und argumentiert, dass ein umfassendes Engagement der Gewerkschaften für eine sozialstaatliche Erneuerung unverzichtbar sei, auch deswegen, um eine nachhaltige Restabilisierung gewerkschaftlicher Verhandlungs- und Organisationsmacht zu erreichen. Politisch sei es wichtig, die gewerkschaftlichen Bemühungen in den bündnispolitischen Zusammenhang einer „Mosaik-Linken" zu stellen.

Heinz Stapf-Finé leuchtet den Zusammenhang von Finanzmarktkrise und Sozialstaat aus und analysiert die Probleme, die sich aus krisenindizierten Maßnahmen eines weiteren Sozialabbaus ergeben. Mit einer fortgesetzten Umverteilung von unten nach oben werde eine der zentralen Krisenursachen nicht nur nicht beseitigt, sondern sogar noch verschärft.

Sozialpolitik umfasst nicht nur soziale Transfers, zugleich geht es auch um Fragen der Gestaltung des Steuersystems: Am Beispiel des „Kinderlastenausgleichs" prüft Claus Schäfer, wie die vielfältigen Defizite dieses zentralen sozialpolitischen Politikfeldes behoben werden können. Angesichts der zahlreichen, nicht abgestimmten Untersysteme mit kontraproduktiven Verteilungseffekten plädiert er für eine einheitliche Kindergrundsicherung für alle Kinder, die dann mit dem jeweiligen Grenzsteuersatz der Eltern besteuert wird, um so Leistungs- und Verteilungsgerechtigkeit herzustellen. Weitere Aspekte der Kindergrundsicherung behandelt der Beitrag von Richard Hauser (siehe weiter unten).

Auch Rudolf Hickel greift in seinem Beitrag soziale Verteilungswirkungen des Steuersystems auf. Er legt am Beispiel der Mehrwertsteuer dar, wie eine Reform dieser politisch immer schon umstrittenen Steuer so ausgestaltet werden kann, dass sie die regressiven Verteilungseffekte zumindest begrenzt.

Einen zweiten Themenblock bilden Fragen des *Arbeitsmarktes, der demografischen Entwicklung und der sozialen Sicherung* in diesem Politikfeld. Ernst Kistler untersucht, inwieweit der demografische Wandel zu einem Fach- oder gar Arbeitskräftemangel führen wird. Für die kommenden zehn Jahre erwartet er keinen relevanten Arbeitskräftemangel auf nationaler Ebene. Die These von einem bestehenden Fach-/Arbeitskräftemangel sei, mit wenigen Ausnahmen, überzogen. Der politische Diskurs dient aus seiner Sicht im Wesentlichen dem Arbeitgeberinteresse an einem spürbaren Arbeitskräfteüberschuss am Arbeitsmarkt.

Während die Debatte um den Fachkräftemangel in Deutschland zunehmend breitere Kreise zieht, wird übersehen, dass ein beträchtlicher Teil des vorhandenen Arbeits- und Fachkräftepotenzials gegenwärtig nicht zum Einsatz kommt. Die

Rede ist vom Arbeitskräftepotenzial der Frauen, deren Erwerbsverläufe sich immer noch deutlich von denjenigen der Männer unterscheiden. Ute Klammer geht in ihrem Beitrag empirischen Befunden zu den unterschiedlichen Erwerbs- und Lebensverläufen von Frauen und Männern – von der Ausbildung über verschiedene Familienphasen bis in die Rente – nach und zeigt auf, wie die bestehenden politischen und institutionellen Rahmenbedingungen zum Brachliegen vorhandener Potenziale beitragen.

Die zunehmende soziale Spaltung des Arbeitsmarktes infolge der jüngsten Finanz- und Wirtschaftskrise ist Thema des Beitrages von Hartmut Seifert. Er konstatiert zwei Gesichter der Flexibilität: Auf der einen Seite ist eine wachsende Instabilität der Beschäftigungsverhältnisse mit entsprechender sozialer Unsicherheit zu beobachten. Dies resultiert vor allem aus zunehmender Leiharbeit und befristeter Beschäftigung. Andererseits konnten Maßnahmen der internen Flexibilität, wie Kurzarbeit und Nutzung von Arbeitszeitkonten, zur Beschäftigungsstabilität für das Segment mit relativ sicheren Arbeitsplätzen der Stammbeschäftigten beitragen.

Beschäftigungssicherung und Abfederung sozialer Risiken in Zeiten wirtschaftlicher Krisen sind häufig auch Gegenstand von Tarifpolitik. Reinhard Bispinck zeigt in seinem Beitrag die wechselseitige Verknüpfung von gesetzlicher und tarifvertraglicher Regulierung seit der Durchsetzung des Flächentarifvertrags in den 1950er Jahren auf und analysiert Inhalt und Reichweite von arbeitsmarkt- und sozialpolitischen Regelungen durch Tarifvertrag im Laufe der Jahrzehnte.

Der deutsche Arbeitsmarkt ist durch ein starkes Anwachsen des Niedriglohnsektors seit Mitte der 1990er Jahre gekennzeichnet. Gerhard Bosch und Claudia Weinkopf analysieren im europäischen Vergleich die Wirkung von Tarifsystemen, gesetzlichen und branchenbezogenen Mindestlöhnen auf die Lohnungleichheit. Die größte Wirkung zur Begrenzung des Niedriglohnsektors sehen sie für Deutschland in einem branchenübergreifenden nationalen Mindestlohn, verknüpft mit allgemeinverbindlichen Entgelttarifverträgen.

Ein klassisches Feld komplexer sozialpolitischer Regulierung auf gesetzlicher, tariflicher und betrieblicher Ebene ist der Altersübergang in Rente. Matthias Knuth und Martin Brussig belegen, dass sich – durch die veränderten Regelungen am Ende des Arbeitslebens – die Arbeitslosigkeit von einem privilegierten zu einem prekären Übergangspfad gewandelt hat. Während Koalitionen für einen vorzeitigen Ausstieg leicht zu schmieden seien, falle dies bei der Verlängerung der Erwerbstätigkeitsphase offensichtlich deutlich schwerer.

Das Kernstück der Hartz-Reformen, die Zusammenlegung von Arbeitslosenhilfe und Sozialhilfe zu „Hartz IV", ist Gegenstand des Beitrags von Wilhelm Adamy. Trotz vollmundiger Versprechen bleibt Hartz IV aus seiner Sicht die Achillesferse der Arbeitsmarkt- und Sozialpolitik. Die angestrebten Ziele, von der schnelleren und passgenauen Vermittlung über die ausreichende materielle Sicherung bei Arbeitslosigkeit und die effiziente und bürgerfreundliche Verwaltung bis hin zur Vermeidung finanzieller Lastenverschiebungen, würden vielfach nicht erreicht. Das Missverhältnis von formuliertem Leitbild und praktischer Umsetzung sei nicht zu übersehen.

Das bei der Grundsicherung von Arbeitslosen zentrale Spannungsverhältnis von Armutsvermeidung und Arbeitsanreiz wird von Richard Hauser thematisiert. Er widerspricht der verbreiteten Behauptung, dass Grundsicherungsleistungen die Arbeitsanreize für Arbeitslose beeinträchtigen oder sogar aufheben würden. Er entwickelt einen Reformvorschlag für eine Kindergrundsicherung, die die Kinderarmut zum größten Teil beseitigen und zugleich die Arbeitsanreize für gering qualifizierte Personen mit Kindern wesentlich stärken würde.

Eine Reformskizze für eine „Arbeitslosenversicherung im 21. Jahrhundert" liefert Claudia Bogedan. Es geht ihr um eine Arbeitsmarkt- und Sozialpolitik, die über das politisch „missbrauchte" Flexicurity-Konzept hinausgehend den Anspruch erhebt, Arbeitsmarktflexibilität und soziale Sicherheit miteinander zu verbinden. Die politischen Rahmenbedingungen dafür bewertet sie allerdings als schlechter als noch vor wenigen Jahren.

Die Vereinbarkeit von Erwerbstätigkeit und Pflege findet zunehmend die Aufmerksamkeit sozialpolitischer Forschung wie Gestaltung. Monika Reichert bilanziert die vorliegenden Erkenntnisse und Defizite. Angesichts der differenzierten Problemlage bei den Pflegebedürftigen wie auch ihren Angehörigen gibt es aus ihrer Sicht die ideale Form der Unterstützung für alle pflegenden ArbeitnehmerInnen nicht. Eine breite Palette von Hilfsangeboten bleibt unverzichtbar.

Gerhard Naegele diskutiert in seinem Beitrag die sozial- und arbeitsmarktpolitische Politikberatung. Am Beispiel der Politikberatung in der angewandten Gerontologie und Demografie analysiert er Leitbilder und politische Praxis und gibt Empfehlungen für eine qualitative Verbesserung und eine nachhaltige Effizienzsteigerung.

Ein zentrales Feld aktueller sozialpolitischer Reformen ist die _Gesundheitspolitik_. Rolf Rosenbrock attestiert der tradierten Gesetzlichen Krankenversicherung eine hohe Leistungsfähigkeit. Die vorhandenen Defizite seien entweder exogen verursacht oder durch Fehlreformen hervorgerufen. Sie könnten durch Reformen innerhalb des GKV-Steuerungsmodells besser überwunden werden als durch einen Pfadwechsel hin zu einem (noch) stärker marktgesteuerten System.

Arbeits- und Gesundheitsschutz wurden als Bestandteil einer präventionsorientierten Gesundheitspolitik lange vernachlässigt. Brigitte Stolz-Willig analysiert den Zusammenhang von prekärer Arbeit und ihren gesundheitskritischen Folgen und fordert nach Geschlecht differenzierende Analysen zum Zusammenhang von

Erwerbsarbeitsbedingungen, Lebenslagen und Gesundheit. Nach dem Grundsatz des Gender Mainstreaming seien Standards „anständiger flexibler Arbeit" zu entwickeln und umzusetzen.

Mehrere Beiträge dieser Festschrift beschäftigen sich mit der Leistungs- und Zukunftsfähigkeit der *Alterssicherungssysteme* in Deutschland, namentlich der gesetzlichen Rentenversicherung. Diether Döring geht der Frage nach, ob die deutsche Rentenversicherung immer noch ein leistungsstarkes System für junge Beschäftigte darstellt. Nach seiner Analyse fällt der verbindlich gewährleistete Alterssicherungslevel in Deutschland für junge Erwerbstätige im Vergleich mit fünf europäischen Kernsystemen vergleichsweise niedrig aus, bei Empfängern niedriger Entgelte sogar außerordentlich dürftig. Er spricht sich daher für eine gezielte Stärkung der Mindestsicherung bei der gesetzlichen Rentenversicherung aus, und er plädiert für Maßnahmen gegen den fortgesetzten Sinkflug des allgemeinen Rentenniveaus.

Im Anschluss daran plädiert Winfried Schmähl für einen Abschied von der „neuen deutschen Alterssicherungspolitik" und entwickelt Kernpunkte einer Alternative. Ein Erhalt der GRV mit Lohnersatzfunktion bei hinreichendem Leistungsniveau ist nach seiner Auffassung durchaus ökonomisch realisierbar und sogar weitgehend mit den geforderten Obergrenzen für den Beitragssatz vereinbar.

Auch Johannes Steffen kritisiert den Paradigmenwechsel in der Rentenpolitik: Im Ergebnis kann das neue deutsche Alterssicherungssystem nicht das leisten, wozu ehemals alleine die gesetzliche Rentenversicherung in der Lage war, nämlich zu einer Lebensstandardsicherung. Bei den drei „Säulen" handelt es sich nach seiner Analyse nicht um kongruente Sicherungssysteme; der von ihnen jeweils erfasste Personenkreis wie auch die abgesicherten Risiken sind weit entfernt von einer Deckungsgleichheit.

Simone Leiber fragt nach dem Einfluss der Finanzkrise auf das deutsche Rentensystem sowie auf die daran anschließende rentenpolitische Diskussion in Deutschland. Sie stellt fest, dass die Krise die bereits zuvor festgestellten Probleme der Privatisierung des Alterssicherungssystems akzentuiert hat, die Debatte von Befürwortern und Kritikern davon jedoch kaum beeinflusst wurde. Politisch plädiert sie ebenfalls für einen Reformansatz in Richtung einer lebensstandardsichernden Erwerbstätigenversicherung.

Zentrale Stellgröße bei vielen Rentenreformen ist die Regelaltersgrenze. Andreas Jansen und Jutta Schmitz zeigen, dass die gesetzliche Regelaltersgrenze, mit Ausnahme der ersten Jahre nach der Einführung der dynamischen Rente im Jahre 1957, nie eine wirkliche Orientierungsmarke für die Versicherten dargestellt hat. Prägender waren und sind die institutionellen Möglichkeiten zum vorzeitigen

Rentenbezug. Die zu beobachtende Heterogenität im Altersübergang, so ihre These, wird sich in Zukunft noch verstärken.

Eine der größten Herausforderungen der Rentenpolitik der vergangenen zwanzig Jahre war die Verarbeitung der deutschen Einheit. Franz Ruland zieht eine positive Bilanz. Es sei gelungen, bei großzügiger Wahrung des Besitzstandes die Grundprinzipien des westdeutschen Rentenrechts auch auf die neuen Länder anzuwenden. Kritisch sieht er, dass die enormen Kosten der Zusammenführung von rund 100 Mrd. Euro bei der Rentenversicherung abgeladen wurden. Dies sei nicht zuletzt die Ursache für zahlreiche aus Sicht des Autors problematische und fehlerhafte Eingriffe in das Rentenrecht gewesen, die noch lange Jahre zu spüren sein werden.

Gerhard Bäcker verlässt nun mit 65 Jahren die Universität. Wer ihn kennt, weiß aber, dass damit nicht etwa das Ende seiner wissenschaftlichen Arbeit eingeläutet wird. Nunmehr befreit von den Verpflichtungen der Hochschullehrertätigkeit wird er zweifellos auch in dem neuen Lebensabschnitt die aktuelle sozialpolitische Diskussion kritisch beobachten und mit seinem Fachwissen in seinem Sinne zu beeinflussen versuchen.

Dafür unser „Glück auf"!

Reinhard Bispinck　　Gerhard Bosch　　Klaus Hofemann　　Gerhard Naegele

Sozialpolitik und Sozialstaat

Walter Hanesch

Deutschland – Ein Modell im Übergang[1]

1 Das deutsche Sozialstaatsmodell

In einer auf Privateigentum basierenden Marktgesellschaft wie Deutschland ist die Lebenslage der Bevölkerung durch strukturelle Unsicherheit gekennzeichnet. Nach einer jahrzehntelangen Phase relativer Stabilität in den Produktions- und Verteilungsstrukturen hat in den letzten 15 bis 20 Jahren eine neue Phase ökonomischer und sozialer Dynamik eingesetzt. Im globalisierten Standortwettbewerb werden zunehmend Produktions- und Beschäftigungsformen flexibilisiert, damit einhergehend haben sich arbeitsmarktbedingte Existenzrisiken dramatisch zugespitzt. Daneben haben sich soziale Risiken durch die Veränderungen der Lebensformen und Haushaltsstrukturen, durch den demografischen Wandel und die ethnische Pluralisierung der Gesellschaft verschärft. Als Folge dieses Bündels langfristiger Entwicklungstrends hat die soziale Ungleichheit in Deutschland in bisher nicht gekanntem Tempo und Ausmaß zugenommen: So kam eine OECD-Studie zur Einkommensverteilung und Armut in den OECD-Ländern zu dem Ergebnis, dass die Einkommensungleichheit und die Armut in Deutschland seit 2000 stärker als in jedem anderen OECD-Land zugenommen haben (OECD 2008). Neue Studien zeigen sogar einen Trend in Richtung einer Polarisierung der Einkommensverteilung: Während die Zahl der Empfänger mittlerer Einkommen sich in den letzten Jahren rückläufig entwickelt hat, sind die unteren und oberen Ränder der Verteilung immer stärker besetzt. Während also die Mittelschicht erodiert, nehmen Armut und Reichtum immer mehr zu (Goebel et al. 2010). Interessanterweise ist diese Entwicklung durch die unterschiedlichen Konjunktur- und Wachstumsphasen der jüngsten Zeit kaum beeinflusst worden. Die jüngste weltweite Finanz- und Wirtschaftskrise hat allerdings die Labilität der neuen Weltwirtschaftsordnung erkennbar werden lassen.

Aus der international vergleichenden Sozial- bzw. Wohlfahrtsstaatsforschung ist bekannt, dass alle hochentwickelten Industrie- und Dienstleistungsstaaten Mo-

---

1 Der Beitrag basiert auf dem Vortrag „Strukturwandel sozialer Sicherheit und Sozialstaatlichkeit in Deutschland", gehalten am 25.9.2009 auf dem Forum „Sicherheit" des Bundeskongresses Soziale Arbeit in Dortmund.

delle von Sozialstaatlichkeit entwickelt haben, die sich allerdings in vielerlei Hinsicht unterscheiden. Dies wurde zum Anlass für vielfältige Klassifizierungsversuche genommen. Trotz mancher Kritik im Detail ist die Typologie von Esping-Andersen (1990) bis heute die bekannteste und gebräuchlichste geblieben. Nach Esping-Andersen zählt das deutsche Sozialstaats- und Sicherungsmodell bisher zu den *konservativen Regimetypen*, in denen der Schutz gegen allgemeine Lebensrisiken in lohnarbeits- und sozialversicherungszentrierter Form erfolgt und in denen soziale Rechte primär an den beruflichen Status gebunden und somit durch starke Ungleichheit gekennzeichnet sind. Der *sozialdemokratische Regimetyp* setzt dagegen stärker auf universalistische Sicherungsformen, bei denen ein einheitlicher Risikoschutz auf hohem Niveau erreicht werden soll. Der *liberale Regimetyp* ist wiederum durch ein insgesamt niedriges Sicherungsniveau sowie durch ein starkes Gewicht von Fürsorgesystemen gekennzeichnet, bei denen ein minimales Sicherungsniveau nur im Falle nachgewiesener Bedürftigkeit erreicht wird. Darüber hinaus kommt den privaten Risikovorsorgeaufwendungen große Bedeutung zu (vgl. z. B. Lessenich/Ostner 1998; Kaufmann 2003; Schmid 2010).

Das zunächst westdeutsche und seit 1990 gesamtdeutsche Modell von Sozialstaatlichkeit und sozialer Sicherung, das nach dem Zweiten Weltkrieg in Anknüpfung an die Vorkriegstradition konzipiert und jahrzehntelang pfadabhängig weiterentwickelt worden ist, verfolgt das Ziel, ein Mindestmaß an sozialem Schutz und sozialem Ausgleich herzustellen, um den sozialen Zusammenhalt in der Gesellschaft zu erhalten bzw. zu stärken.

Folgende Kriterien kennzeichnen dieses Modell:
- Seine soziale Sicherung umfasst als primäres Netz eine Reihe von beitragsfinanzierten Sozialversicherungssystemen, die auf einer spezifischen Verbindung von Versicherungs- und Solidarprinzip basieren.
- Die Sozialversicherung dient vorrangig der Absicherung klassischer Arbeitnehmerrisiken und ist insofern durch eine Lohnarbeitszentrierung sowie ergänzend durch Elemente einer Ehezentrierung (Mitversicherung von Familienangehörigen) gekennzeichnet.
- Mit dem Ziel der Lebensstandardsicherung bei den monetären Transferleistungen soll eine auf den Erwerbsstatus bezogene Statussicherung erreicht werden. Zugleich wird damit die soziale Ungleichheit in der Erwerbsarbeit auf Phasen der Nichterwerbsarbeit übertragen.
- Die Kranken- und Pflegeversicherung, die traditionell auf dem Prinzip der Bedarfsdeckung (neuerdings in Verbindung mit dem Budgetprinzip) basieren, sind durch eine Spaltung zwischen der gesetzlichen Absicherung für untere und mittlere Einkommensgruppen und einem privilegierten Wahlrecht zwi-

schen gesetzlicher und privater Absicherung für obere Einkommensgruppen gekennzeichnet.

- Die Aufgabe der Absicherung gegenüber dem Armutsrisiko ist hingegen der fürsorgerechtlich ausgestalteten Sozialhilfe übertragen, die traditionell nur marginale Bedeutung besitzt.
- Die Bereitstellung sozialer Dienste ist durch das Subsidiaritätsprinzip bestimmt; daher wird für Erziehungs- und Pflegeleistungen vorrangig der familiäre Unterhaltsverband in die Pflicht genommen, darüber hinaus sind für die Versorgung der Bürger auf lokaler Ebene in erster Linie die Angebote der freien Wohlfahrtspflege zuständig (vgl. z. B. Bäcker et al. Bd. 1 2008).

Trotz gewisser Schwankungen in den Konjunktur- und Wachstumszyklen ist die Sozialleistungsquote, das heißt der Anteil der Sozialleistungen am Bruttoinlandsprodukt, seit Mitte der 1970er Jahre in Deutschland relativ konstant geblieben. Dies gilt auch für die Phase seit der deutschen Vereinigung. Von einem – in Politik und Medienöffentlichkeit häufig unterstellten – übermäßigen Anstieg der Sozialleistungen kann daher keine Rede sein. Dennoch erreichte Deutschland im Jahr 2006 mit einer Quote von 30,3 Prozent (oder gemäß dem etwas enger definierten Messkonzept von EUROSTAT von 28,7 Prozent) eine der höchsten Quoten in der Europäischen Union (BMAS 2009). Diese Tatsache signalisiert zum einen ein vergleichsweise hohes Transfervolumen des deutschen Sicherungsmodells; zum anderen wird dadurch auch ein hohes Niveau sozialer Sicherheit suggeriert. Tatsächlich wird im deutschen Modell jedoch nur ein mittlerer Wirkungsgrad erzielt: Dies ist unter anderem darauf zurückzuführen, dass die Mittel überwiegend als Sozialversicherungsbeiträge aufgebracht werden und im Rahmen der Sozialversicherungssysteme primär für eine intertemporale, kaum aber für eine interpersonale Umverteilung eingesetzt werden. Darüber hinaus sind viele der steuerfinanzierten Leistungen und vor allem die indirekten Sozialleistungen (Steuervergünstigungen) wenig bedarfsgerecht ausgerichtet, sondern fließen in erheblichem Umfang solchen Gruppen zu, bei denen ein sozialpolitischer Bedarf umstritten ist.

Nach einer langen Phase relativer Stabilität des deutschen Sozialmodells hat sich die Diskussion um dieses Modell in den beiden letzten Jahrzehnten intensiviert. Das Modell sah und sieht sich von zwei Seiten her mit Kritik konfrontiert: Einerseits wird beanstandet, dass dieses Sozialmodell aufgrund des hohen Mittelbedarfs mit der zunehmenden weltwirtschaftlichen Standortkonkurrenz und mit einer florierenden Marktökonomie immer weniger zu vereinbaren sei und vor allem für Erwerbsfähige falsche Anreize setze. Andererseits werden Sicherungslücken kritisiert und es wird in Frage gestellt, ob mit diesem Modell überhaupt zieladäquate Lösungen für die wachsenden bzw. sich verändernden sozialökonomischen Risiken gefunden werden können. Entsprechend sind in den beiden letzten Jahrzehnten höchst unterschiedliche Reformansätze zu einer bedarfsgerechten Weiterentwicklung oder zu einem grundlegenden Umbau dieses Modells propagiert und diskutiert worden. Gleichzeitig ist – vor allem im Kontext neoliberaler Umbaukonzepte – eine angebliche „Blockierung" des notwendigen Reformumbaus beklagt worden, ein Vorwurf, der aber vor allem seit Antritt der rot-grünen Regierungskoalition auf Bundesebene Ende der 1990er Jahre an Bedeutung verloren hat.

Analysen der Sozialpolitik der Ära Kohl haben gezeigt, dass in dieser Phase von einem „Reformstau" keine Rede sein konnte. Vielmehr war diese Phase durch eine Vielzahl von Reformen gekennzeichnet, die jedoch maßgeblich den historisch gewachsenen Pfaden der Sozialversicherungen folgten. Die Sozialpolitik der Regierung Kohl kann daher als „Politik des Sozialversicherungsstaates" bezeichnet werden (Jochem 1999). Die Abfederung der sozialen Folgen des Vereinigungsprozesses durch die sozialen Sicherungssysteme führte in den 1990er Jahren zu einem massiven Bedeutungszuwachs der Sozialpolitik. Zugleich hat sich dadurch das Spannungsverhältnis zwischen einem Sozialstaatsausbau und den tatsächlichen oder vermeintlichen Erfordernissen des globalisierten Standortwettbewerbs verschärft. Vor dem Hintergrund einer angeblichen „Krise des Sozialstaats" hat eine breite Debatte um eine grundlegende Neuorientierung des deutschen Sozialstaats eingesetzt, in deren Gefolge neue sozialstaatliche Leitbilder und Leitkonzepte propagiert wurden, wie jenes „vom Wohlfahrtsstaat zum Wettbewerbsstaat" (Heinze et al. 1999) oder „vom fürsorgenden zum aktivierenden Sozialstaat" (Mezger/West 2000).

Tatsächlich sind seit Anfang des letzten Jahrzehnts weitreichende Umbaumaßnahmen im Bereich der sozialen Sicherung eingeleitet worden. Damit wird die Frage aufgeworfen, ob es sich hierbei noch um Umbaumaßnahmen auf dem bisher vorgegebenen Modellpfad handelt oder ob durch diese Reformen nicht eine grundlegende Neuausrichtung des deutschen Sozialstaatsmodells eingeleitet worden ist. Im Folgenden wird der Versuch unternommen, die These zu begründen, dass das deutsche Modell von Sozialstaatlichkeit gegenwärtig tatsächlich neu ausgerichtet wird und sich insofern ein Einmünden in einen neuen Modellpfad abzeichnet. Dabei muss offenbleiben, ob der Prozess der Neuausrichtung auch tatsächlich zu einem Abschluss kommen wird.

2   Reformprojekte zum Sozialstaatsumbau zwischen Anspruch und Wirklichkeit

Die erste rot-grüne Regierungskoalition auf Bundesebene hat in der Phase zwischen ihrem Regierungsantritt 1998 und ihrem vorzeitigen Ende 2005 Reformen eingeleitet, mit denen vor allem zwei zentrale Elemente des bisherigen Sicherungs-systems – die Rentenversicherung und die Arbeitslosenversicherung – einer grundlegenden Umgestaltung unterzogen worden sind.

Beide Reformprojekte waren maßgeblich durch eine Neuausrichtung des sozi-aldemokratischen Sozialstaatskonzepts – im Zuge der engen Kooperation zwi-schen Gerhard Schröders SPD und Tony Blairs New Labour – bestimmt (Blair/Schröder 1999). Im Interesse eines langfristigen Machterhalts wurde auf der Suche nach einem „dritten Weg" zwischen Kapitalismus und Sozialismus (Giddens 1999), mit Blick auf die angeblich wahlentscheidende Zielgruppe der „neuen Mit-te", eine „Modernisierung" im Sinne der marktorientierten Umgestaltung der sozi-alstaatlichen Sicherungssysteme in Angriff genommen, durch die eine bessere Ver-einbarkeit von Ökonomie und Sozialstaat sichergestellt werden sollte. Beide Re-formprojekte wurden als Antworten auf strukturelle Probleme sowohl im Bereich der Alterssicherung als auch im Bereich der sozialen Sicherung bei Arbeitslosigkeit konzipiert. Bei beiden Reformprojekten klafften jedoch Reformanspruch und Re-formwirklichkeit weit auseinander, wie im Folgenden skizziert werden soll.

2.1 Das Projekt Riesterreform

Der Umbau der gesetzlichen Rentenversicherung (GRV) im Rahmen der so ge-nannten Riesterreform 2001 wurde vor allem mit dem Argument begründet, dass der demografische Wandel eine Anpassung des deutschen Systems der gesetzli-chen Rentenversicherung erzwinge. Auch wenn der demografische Wandel tat-sächlich mittel- und langfristig durch die Verschiebung des Verhältnisses zwischen aktiver und inaktiver Bevölkerung eine gravierende Herausforderung für die Al-terssicherung in Deutschland wie auch in den anderen europäischen Ländern dar-stellt, resultierte der primäre Handlungsdruck für die Reform vor allem aus einer chronischen Finanzkrise in der gesetzlichen Rentenversicherung. Diese war auf die anhaltende Beschäftigungs- und Arbeitsmarktkrise und die damit einhergehenden Einnahmeausfälle in den Rentenkassen zurückzuführen. Um eine andernfalls not-wendige Anhebung der Beitragssätze, die als unvereinbar mit einer marktkonfor-men Ausgestaltung der sozialen Sicherung galt, dauerhaft zu vermeiden, wurde eine grundlegende Systemumgestaltung eingeleitet.

Im Mittelpunkt der Reform stand der Übergang von dem bisherigen umlage-finanzierten System der gesetzlichen Rentenversicherung zu einem Mischsystem mit ergänzenden privaten Kapitalfonds, durch die das bisherige Ziel der Lebens-standardsicherung in der Rentenversicherung de facto preisgegeben und einer schrittweisen Anpassung des Rentenniveaus nach unten der Weg geebnet wurde.

Zur Erreichung bisheriger Sicherungsniveaus wurden private Zusatzsicherungen notwendig, die zwar öffentlich gefördert werden, aber nicht verpflichtend für alle Rentner eingeführt wurden. Zusätzlich wurde eine Grundsicherung für Ältere und dauerhaft voll Erwerbsgeminderte als bedarfsabhängige Mindestsicherung für Ältere außerhalb der Sozialhilfe eingeführt (2003), die später mit der Umwandlung des bisherigen BSHG ins SGB XII in dieses neue Leistungsrecht eingegliedert wurde. In den Folgejahren wurden wiederholt Nachkorrekturen vorgenommen. Die vorerst letzte dieser Nachkorrekturen beinhaltete die stufenweise Anhebung der Regelaltersgrenze im Zeitraum 2012 bis 2029 von bisher 65 auf 67 Jahre. Durch diese Folgereformen sind die Wirkungen der Riesterreform weiter verstärkt worden.

„Für die Stabilisierung der Finanzsituation der Sozialversicherungseinrichtungen wurde – von den Ansätzen zur Verstärkung betrieblicher und privater Altersvorsorge abgesehen – aus der Not der Finanzklemme und der demographisch absehbaren Zukunftsbelastung die ‚Tugend' der einnahmeorientierten Begrenzung der Ausgaben entwickelt" (Kleinhenz 2005, S. 38). Die dabei eingeführten oder für die Zukunft geplanten Reduzierungen des Rentenniveaus stellen den Verzicht auf die Lebensstandardsicherung durch die gesetzliche Altersrente dar. Damit wurde bzw. wird in Kauf genommen, dass sich das aus der Lebensarbeitsleistung erzielbare Rentenniveau für wachsende Teilgruppen der Erwerbsbevölkerung künftig dem durch das Sozialhilfe- bzw. Grundsicherungsniveau definierten sozialkulturellen Existenzminimum annähern wird.

Tatsächlich ist mit der Riesterreform und den Reformen der Folgejahre ein zunehmendes Angewiesensein auf Leistungen der Grundsicherung im Alter und bei Erwerbsminderung für die Zukunft vorprogrammiert. Diese Entwicklung, die bereits zum Reformzeitpunkt absehbar war, resultiert zum einen aus dem Strukturwandel des Arbeitsmarkts, der sich in einer Zunahme an Unterbrechungen der Erwerbsbiografien sowie in einer Zunahme von Beitragszeiten mit Niedrigverdiensten niederschlägt. Sie resultiert zum anderen aus der mit den Rentenreformen eingeleiteten Absenkung des Rentenniveaus. Selbst die für ihre marktorientierte Ausrichtung bekannteOECD hat auf die Gefahren der deutschen Reformstrategie hingewiesen (OECD 2009). Da in keinem anderen OECD-Mitgliedsstaat die Rentenanwartschaft bei Geringverdienern so niedrig ist wie in dem strikt am Äquivalenzprinzip ausgerichteten Rentensystem in Deutschland, erwartet die OECD als Folge der Reformen in den kommenden Jahren einen dramatischen Anstieg der Altersarmut in Deutschland. Vor allem das Fehlen von Mindestrenten innerhalb der Rentenversicherung wird dazu beitragen, dass mit der Absenkung des Rentenniveaus die Armutsrisiken überproportional ansteigen werden.

Das BMAS hat solche Bedenken nicht zuletzt mit Hinweisen auf die absehbare Entwicklung der gesamten Einkommenslage im Alter zu zerstreuen versucht, wobei aber wesentliche Aspekte nicht berücksichtigt wurden. So lässt sich den im Auftrag des BMAS herausgegebenen Modellberechnungen zur „Alterssicherung in Deutschland" zwar entnehmen, dass die Rentner künftig über höhere zusätzliche Einkünfte neben den GRV-Renten verfügen werden. Diese Zusatzeinkommen fallen jedoch bei den Gruppen (und in den Regionen) am geringsten aus, bei denen das Niveau der GRV-Renten am niedrigsten und der Bedarf an ergänzenden Einkünften am höchsten ist (TNS Infratest Sozialforschung 2009). Insofern werden durch die absehbaren Zusatzeinkommen kaum Kompensationen für unzureichende Renteneinkünfte möglich sein. Vielmehr werden die aus den Rentenleistungen resultierenden Einkommensdifferenzen dadurch weiter verstärkt werden.

Auch die neu eingeführte Riesterrente wird die Entstehung von Altersarmut nicht verhindern können. Da bei ihrer Einführung die Festsetzung einer Zwangsversicherung als nicht legitimierbar angesehen wurde, weist der Kreis der Versicherten bis heute große Lücken auf, vor allem im Bereich der Niedrigverdiener. Dies ist nicht nur auf eine geringe Spar*fähigkeit* innerhalb dieser Gruppe zurückzuführen. Vielmehr wird auch die Spar- und Versicherungs*bereitschaft* durch die gesetzlichen Regelungen zur Riesterrente gebremst, da die daraus resultierenden Einkünfte auf die Grundsicherung im Alter angerechnet werden. Das öffentlich geförderte Ansparen zu Alterssicherungszwecken ist daher für solche Erwerbstätigengruppen wenig sinnvoll, die Gefahr laufen, bei Erreichen der Altersgrenze mit ihren Alterseinkommen unter das Grundsicherungsniveau zu geraten. Als Fazit ist festzuhalten, dass das Risiko der Altersarmut umso größer ist, je niedriger die Altersrente ausfällt, da gerade für diesen Personenkreis weitere Einkünfte im Alter in der Regel kaum verfügbar sind.

Diese Entwicklung spielte in der Reformdiskussion zur gesetzlichen Rentenversicherung – von wenigen kritischen Stimmen abgesehen – kaum eine Rolle. Stattdessen dominierte die Euphorie darüber, eine grundlegende Reform des deutschen Alterssicherungssystems einleiten zu können. Erst in jüngster Zeit kommen kritische Stellungnahmen auch aus Kreisen, deren Vertreter vorher noch zu den bekanntesten und wichtigsten Reformbefürwortern zu zählen waren. So stellte der Sachverständigenrat zur Begutachtung der gesamtwirtschaftlichen Entwicklung in seinem Jahresgutachten 2008/09 fest, dass für eine beachtliche Zahl von Beziehern niedriger Einkommen, Teilzeitbeschäftigten oder Personen mit unterbrochenen Erwerbsbiografien, wenn sie ohne nennenswerten Vermögensbesitz oder familiäre Absicherung sind, der Rentenversicherungsbeitrag immer mehr zu einer Zwangsabgabe ohne Anspruch auf Gegenleistung mutiert. Wenn die Renten von langjährig Versicherten erwartbar unter dem Grundsicherungsniveau liegen, erwachsen daraus Anreize, sich diesem System zu entziehen, sowie Fehlanreize hinsichtlich der privaten Altersvorsorge (SVR 2008).

Auch Winfried Schmähl, der langjährige Vorsitzende des Sozialbeirats, hat kürzlich darauf hingewiesen, dass die „neue deutsche Alterssicherungspolitik" ... „tiefgreifende Folgen für die Einkommenslage im Alter wie auch für das System der gesetzlichen Rentenversicherung haben wird, sofern der eingeschlagene Weg weiter beschritten wird" (Schmähl 2011). Er fordert daher ein Umsteuern in Richtung einer alternativen Strategie, durch die wieder eine GRV-Rente mit Lohnersatzfunktion erreicht werden soll, die bei längerem Vollzeiterwerb ein gegenüber der am sozialkulturellen Minimum orientierten Grundsicherung deutlich höheres Leistungsniveau sichern soll. Auch wenn die Schlussfolgerungen und Empfehlungen der verschiedenen Akteure sehr unterschiedlich ausfallen (vgl. z. B. Hanesch 2010), hat die neue liberalkonservative Regierungskoalition diese Bedenken doch zur Kenntnis genommen und in ihrem Koalitionsvertrag vereinbart, eine Expertenkommission zum Thema Altersarmut einzusetzen. Inzwischen hat Ministerin von der Leyen eigene Vorschläge zur Bekämpfung der Altersarmut vorgelegt (BMAS 2011), die auf eine so genannte Zuschuss-Rente fokussiert sind und damit dem Problem in keiner Weise gerecht werden (vgl. Strengmann-Kuhn 2011). Auch wenn somit eine breite fachliche und politische Diskussion zu den Folgen der Rentenreformen eingesetzt hat, die in den kommenden Jahren mit dem weiteren Anstieg der Altersarmut an Bedeutung und Brisanz gewinnen wird, spricht dennoch wenig dafür, dass es zu grundlegenden Korrekturen des eingeschlagenen Reformwegs kommen wird.

2.2   Das Reformprojekt Hartz IV

Seit Mitte der 1990er Jahre hatte sich die Auseinandersetzung um die Ursachen und die Folgen der anhaltenden Massenarbeitslosigkeit und um die zunehmende Langzeitarbeitslosigkeit in Deutschland verschärft. Im Rahmen des Hartz-Reformpakets sollten daher nach dem Willen der damaligen rot-grünen Regierungskoalition die Handlungsfähigkeit der Regierung unterstrichen und die Strukturprobleme am Arbeitsmarkt einer sachgerechten Lösung zugeführt werden. Konzentrierten sich die ersten drei Reformbausteine Hartz I bis III auf die arbeitsmarktpolitischen Instrumente des SGB III sowie auf die institutionelle Struktur und Leistungsfähigkeit der Bundesagentur für Arbeit, so standen im Mittelpunkt des Projekts Hartz IV die Neugestaltung der sozialen Sicherung für Langzeitarbeitslose und ihre Eingliederung.

Hauptinhalt dieser Reform war die Zusammenführung der bisherigen Arbeitslosenhilfe gemäß SGB III und der Sozialhilfe für erwerbsfähige Hilfebedürftige gemäß BSHG im Rahmen der Einführung einer neuen Grundsicherung für Arbeitsuchende. Dieser Reform lag ein breites Bündel von arbeitsmarkt-, sozial- und finanzpolitischen Zielen zugrunde. Erreicht werden sollten unter anderem der Abbau von rechtlichen und institutionellen Doppelstrukturen, die kundenorientierte Ausgestaltung der Einrichtungen und Dienstleistungen für Arbeitslose (alle Leistungen aus einer Hand), die Verringerung der Hilfebedürftigkeit in Verbindung mit einer Stärkung der Eigenverantwortung der Betroffenen, die Stärkung der Anreize und Zwänge zur Annahme einer Erwerbsarbeit sowie die Verringerung der öffentlichen Finanzierungslasten.

Zentrale Begründung für die Einführung der im SGB II konkretisierten Philosophie des „aktivierenden Sozialstaats" lieferte die Hypothese einer Arbeitslosigkeitsfalle (vgl. Hanesch 1999). Danach sei vor allem die hohe Langzeitarbeitslosigkeit in Deutschland auf Fehlanreize zurückzuführen, welche von der bisherigen sozialen Sicherung bei Arbeitslosigkeit ausgegangen seien. Diese führe zu Motivations- und Verhaltensproblemen der Arbeitslosen und begünstige ein „Leben in der sozialen Hängematte". Tatsächlich war und ist diese Hypothese theoretisch sehr umstritten, da sie die Arbeitslosigkeit primär auf das Verhalten der Arbeitslosen zurückführt, während strukturelle Aspekte völlig ausgeblendet bleiben. Zudem existiert bis heute keine einzige empirische Studie, die die tatsächliche Relevanz dieser Hypothese für den deutschen Arbeitsmarkt nachgewiesen hätte. Stattdessen wurde in den bisher vorliegenden Studien eine hohe Arbeitsmotivation und Konzessionsbereitschaft bei Langzeitarbeitslosen festgestellt (vgl. z. B. Brenke 2008; Beste et al. 2010). Dennoch bildete und bildet bis heute diese Argumentation die zentrale Grundlage der Hartz-IV-Reform. Bezeichnenderweise hat sich der für die damalige Reform verantwortliche Bundesarbeitsminister Clement mit einer Kampagne mit dem Titel „Vorrang für die Anständigen – Gegen Missbrauch, Abzocke und Selbstbedienung im Sozialstaat" (BMWA 2005) aus seinem Amt verabschiedet, die an einer pauschalen Missbrauchsbehauptung festhielt, ohne jedoch dafür den empirischen Beleg zu erbringen.

Kennzeichnend für die 2003 verabschiedete und 2005 in Kraft getretene Hartz-IV-Reform waren insbesondere die folgenden Elemente:

- Die Einführung einer am sozialkulturellen Existenzminimum ausgerichteten Basissicherung für Langzeitarbeitslose. Mit dem Übergang zum neuen SGB II waren vor allem für viele ehemalige Arbeitslosenhilfebezieher massive Einkommenseinbußen verbunden.

- Eine anreizorientierte Ausgestaltung der monetären Transferleistungen – insbesondere durch eine Pauschalierung der Leistungen und die Deckelung des Leistungsniveaus mittels einer sehr restriktiven Ausgestaltung des Bemessungssystems.
- Ein sehr spezifischer Aktivierungsansatz mit einer Dominanz des Forderns gegenüber dem Fördern: dem pauschalierten Missbrauchsverdacht entsprach der Vorrang von Kontrolle und Sanktionierung.
- Statt einer nachhaltigen Integration der Adressaten in die Erwerbsarbeit und in die Gesellschaft steht das kurzfristig ausgerichtete Ziel der Eingliederung in das Beschäftigungssystem zur Senkung von Fallzahlen und Kosten im Vordergrund.

Das Reformprojekt Hartz IV gilt als das Kernstück des Paradigmenwechsels hin zum „aktivierenden Staat". Zentrale Zielsetzung der neu eingeführten Grundsicherung für Arbeitsuchende ist die Stärkung der Eigenverantwortung und die Unterstützung der Hilfebedürftigen bei der Überwindung ihrer Hilfebedürftigkeit – insbesondere durch die Aufnahme und Beibehaltung einer Erwerbstätigkeit. Insofern haben die Dienstleistungen im SGB II zur Beendigung oder Verringerung der Hilfebedürftigkeit insbesondere durch Eingliederung in Erwerbsarbeit Vorrang vor den Transferleistungen zur Sicherung des Lebensunterhalts.

Auf Basis umfangreicher Evaluationen ist das IAB zu einer insgesamt eher positiven Bewertung der arbeitsmarktpolitischen Wirkungen der Reformen gekommen (vgl. Koch et al. 2009). Gemäß IAB hat der Arbeitsmarkt von den Reformen profitiert, allerdings zeigen die Eingliederungserfolge ein „gemischtes Bild". Als zentrales Defizit erweist sich die Tatsache, dass der Anspruch, „individuell passende Betreuungs- und Förderleistungen" anzubieten, in der Praxis bisher nicht hinreichend verwirklicht worden ist.

- Die Fallzahlentwicklung bei den Leistungsempfängern war zunächst durch einen massiven Anstieg und danach durch einen leichten Rückgang bzw. ein Stagnieren auf hohem Niveau gekennzeichnet. Insofern hielt sich der Reformerfolg aufgrund der begrenzten Aufnahmefähigkeit des deutschen Arbeitsmarkts in engen Grenzen. Auch die kurzzeitige Aufschwungphase hat die Langzeitarbeitslosen kaum erreicht. Von der zeitweilig verbesserten Beschäftigungslage haben im SGB II bestimmte Gruppen kaum profitiert (Frauen, Ältere), im Wettbewerb um die knappen Jobs ziehen nach wie vor in erster Linie Geringqualifizierte den Kürzeren.
- Maßgeblich für die Eingliederungserfolge waren und sind vor allem die jeweiligen regionalen Arbeitsmarktbedingungen (Regionen mit hoher Arbeitslo-

senquote sind auch durch längere Bezugsdauern charakterisiert). Daneben tragen Faktoren wie fehlende Kinderbetreuungsmöglichkeiten, gesundheitliche Probleme und Entmutigungseffekte dazu bei, dass eine erfolgreiche Eingliederung in den Arbeitsmarkt erschwert wird.

- Trotz verstärkter Aktivierungs- und Eingliederungsbemühungen der SGB-II-Agenturen gibt es einen beträchtlichen Sockel an Erwerbspersonen und Bedarfsgemeinschaften, denen der Ausstieg aus dem Leistungsbezug nicht gelingt. Fast die Hälfte derer, die 2005 SGB-II-Leistungen neu bezogen, waren 2008 noch auf diese angewiesen. Aber auch wenn es gelingt, eine Erwerbstätigkeit aufzunehmen, reicht dies häufig nicht aus, um den Hilfebezug zu überwinden. Viele der in Erwerbsarbeit eingegliederten Langzeitarbeitslosen verbleiben als Aufstocker weiter im SGB-II-Leistungsbezug.
- Die anhaltend hohen Fallzahlen und Kosten haben daher zu wiederholten Gesetzeskorrekturen geführt, die in der Regel weitere Verschlechterungen der Lage der Adressaten zur Folge hatten.

Die versprochenen arbeitsmarktpolitischen Effekte der Hartz-IV-Reform sind somit bisher ausgeblieben. Trotz großer Anstrengungen halten sich die Eingliederungserfolge in Grenzen. Zudem sind Höhe und Bedingungen der Leistungsgewährung bei den materiellen Leistungen mehr denn je umstritten. Das politische Argument, Einschnitte in der materiellen Sicherung seien zur Überwindung der Armutsfalle und damit zur Erzielung besserer Eingliederungserfolge notwendig, ist bis heute ein uneingelöstes Versprechen geblieben.

Angesichts der „umfangreichsten Sozialleistungskürzung seit Bestehen der Bundesrepublik" (Trampusch 2005) ist es wenig erstaunlich, dass die Hartz-IV-Reform von heftigen sozial- und gesellschaftspolitischen Auseinandersetzungen begleitet wurde. Auch nach mehr als fünf Jahren „Bewährung" ist diese Debatte bis heute kaum abgeebbt. Die Kritik richtete sich sowohl auf die – in 2010 vom Bundesverfassungsgericht als verfassungswidrig erklärte – Ausgestaltung der Transferleistungen (BVerfG 2010) als auch auf die wiederholte Umgestaltung der Eingliederungsleistungen sowie auf die spezifischen Trägerstrukturen dieses neuen letzten Netzes sozialer Sicherung. Trotz dieser Kritik und trotz einer Fülle von Reformvorschlägen zu Detailregelungen des Gesetzes hat sich das SGB II als solches etabliert und wird heute in der Verbände- und Parteienlandschaft kaum mehr in Frage gestellt.

Dennoch haben die anhaltend hohen Fallzahlen und Aufwendungen in der Grundsicherung für Arbeitsuchende einerseits sowie die ausgebliebenen Arbeitsmarktintegrationswirkungen andererseits Vorschläge provoziert, dieses Sicherungsnetz weiter umzugestalten und dem liberal-angelsächsischen Sozialhilfemodell anzunähern. So hat etwa das ifo Institut in seinem Modell der „Aktivierenden Sozialhilfe" (Sinn et al. 2002 und 2006) eine Absenkung des Grundsicherungsniveaus für Erwerbsfähige unter das sozialkulturelle Minimum vorgeschlagen, die in Anlehnung an das amerikanische Modell in Form einer negativen Einkommensteuer realisiert werden sollte. Diese modifizierte Grundsicherung müsste allerdings – aufgrund der Vorgaben des Bundesverfassungsgerichts – durch eine kommunale Beschäftigungsgarantie für alle Erwerbslosen im Grundsicherungsbezug ergänzt werden. Die Folge wäre nicht nur eine staatlich garantierte Dauersubventionierung von Niedriglohnjobs, sondern auch ein enormer Ausbau eines öffentlichen Beschäftigungssektors für Grundsicherungsbezieher. Die Einführung eines solchen Modells würde die Kommunen vor kaum zu bewältigende organisatorische und finanzielle Herausforderungen stellen, sie wäre zudem mit tiefgreifenden Einschnitten in das deutsche Beschäftigungs- und Sozialsystem verbunden.

3 Die neue Kontur sozialer Sicherung

Eine Folge der genannten Reformprojekte war eine Ausdifferenzierung des bisherigen letzten Netzes zu einem Flickenteppich letzter Netze sozialer Sicherung in Deutschland. Während zuvor das letzte Netz traditionell durch das Leistungssystem der Sozialhilfe gebildet wurde, wobei die Aufgabe insbesondere darin lag, ein sozialkulturelles Existenzminimum zu sichern und Unterstützung zur Überwindung der Hilfebedürftigkeit zu gewähren, sind in den letzten beiden Jahrzehnten weitere Netze hinzugekommen:

- Bereits 1993 wurden Asylbewerber und Bürgerkriegsflüchtlinge aus dem damaligen Bundessozialhilfegesetz ausgegliedert. Mit der Begründung, nur dadurch ließe sich der Zustrom von Scheinasylanten und Wirtschaftsflüchtlingen nach Deutschland eindämmen, erhält dieser Personenkreis seitdem im Rahmen des neu eingeführten Asylbewerberleistungsgesetzes deutlich abgesenkte Leistungen zur Deckung ihres notwendigen Lebensbedarfs, die zudem im Regelfall nur als Sachleistungen gewährt werden.
- Im Jahre 2003 wurde das bisherige letzte Netz durch die neu eingeführte Grundsicherung im Alter und bei Erwerbsminderung ergänzt. Niveau und Bedingungen der Leistungsgewährung orientierten sich an der Sozialhilfe, wobei der Kreis der Unterhaltspflichtigen gegenüber der Sozialhilfe eingeschränkt wurde. Mit Überführung der Sozialhilfe in das Sozialgesetzbuch ist die Grundsicherung wieder in das Sozialhilferecht integriert worden.

- Seit 2005 ist das letzte Netz mit der Einführung der Grundsicherung für Erwerbsfähige schließlich noch einmal in ganz erheblichem Umfang erweitert worden. Auch in dieser neuen Grundsicherung ist die Höhe der Leistungen grundsätzlich an der Sozialhilfe ausgerichtet, wobei die Leistungen hier strikt pauschaliert sind, ohne durch entsprechende Öffnungsklauseln die Deckung besonderer, atypischer Bedarfslagen zu ermöglichen.

Insgesamt umfasst das letzte Netz daher mittlerweile eine ganze Palette von Mindestsicherungsleistungen, die im Prinzip ähnlich ausgestaltet sind: Der Zugang ist von der Einkommens- und Vermögenslage abhängig und unterliegt einer strengen Bedürftigkeitsprüfung; die Leistungshöhe ist – abgesehen von den Regelungen beim Asylbewerberleistungsgesetz – am notwendigen Lebensbedarf im Sinne des sozialkulturellen Existenzminimums orientiert, die Bedingungen der Leistungsgewährung weisen im Detail allerdings Unterschiede auf. Als Ergebnis dieser Entwicklung wird seit neuestem von einem System „sozialer Mindestsicherungsleistungen" in Deutschland gesprochen, wobei die Zuordnung von Leistungen zu diesem System sozialer Mindestsicherung von den Statistischen Ämtern geringfügig anders vorgenommen wird als in Tabelle 1 ersichtlich (vgl. z. B. Statistische Ämter des Bundes und der Länder 2009).

Insgesamt ist durch die genannten Entwicklungen eine deutliche Akzentverschiebung im deutschen System sozialer Sicherung eingeleitet worden.

Auf der einen Seite zeichnet sich ein tendenzieller Bedeutungsverlust des primären Sicherungsnetzes der Sozialversicherungen ab:

- Die Arbeitslosenversicherung ist im Hinblick auf soziale Sicherungs- wie Eingliederungsleistungen derzeit nur noch für rund ein Drittel aller registrierten Arbeitslosen zuständig; die übrigen zwei Drittel sind dagegen der Grundsicherung für Arbeitsuchende zugeordnet und auf deren Sicherungs- und Eingliederungsleistungen angewiesen.
- Eine ähnliche Entwicklung ist bei der gesetzlichen Rentenversicherung erst mit Verzögerung zu erwarten. Hier ist zu erwarten, dass in den kommenden Jahren der Anteil derer dramatisch zunehmen wird, die aufgrund einer unzureichenden Rente auf ergänzende Grundsicherungsleistungen angewiesen sind.

Dem steht ein starker Bedeutungszuwachs der letzten Netze sozialer Sicherung gegenüber:

- Kennzeichnend hierfür ist die dramatische Zunahme der Leistungsempfängerzahlen bei den sozialen Mindestsicherungsleistungen. Allein im Zeitraum von 2004 bis 2008 ist der Anteil der Leistungsempfänger an der Bevölkerung von rund vier Prozent auf über neun Prozent angestiegen, wobei vieles für einen weiteren Anstieg der Empfängerzahlen spricht.

- Während dieser Zuwachs bisher vor allem durch den Anstieg der Leistungsempfängerzahl in der Grundsicherung für Arbeitsuchende gemäß SGB II zustande kam, wird ein weiterer Anstieg in den kommenden Jahren vor allem im Bereich der Grundsicherung im Alter und bei Erwerbsminderung gemäß SGB XII erwartet.

Tabelle 1: Entwicklung der sozialen Mindestsicherungsleistungen jeweils zum Jahresende 2004 bis 2008

	2004	2005	2006	2007	2008
Grundsicherung für Arbeitsuchende (SGB II)	–	7.101.000	7.284.000	7.020.000	6.610.000
Laufende Hilfe zum Lebensunterhalt (SGB XII)	2.926.000	273.000	304.000	312.000	325.000
Grundsicherung im Alter und bei Erwerbsminderung (SGB XII)	526.000	630.000	682.000	733.000	768.000
Regelleistungen nach dem Asylbewerberleistungsgesetz	232.000	212.000	195.000	154.000	128.000
Summe	3.684.000	8.216.000	8.465.000	8.219.000	7.831.000

Datenquelle: Statistische Ämter des Bundes und der Länder 2009.

Der skizzierte Strukturwandel des sozialen Sicherungssystems bedeutet in der Konsequenz, dass es im letzten Jahrzehnt zu einem Rückbau sozialer Schutzstandards im Hinblick auf das Leistungsniveau und die Bedingungen der Leistungsgewährung gekommen ist. Gleichzeitig ist durch den Bedeutungsgewinn der bedürftigkeitsabhängigen Mindestsicherungsleistungen ein Verlust an Erwartbarkeit und Berechenbarkeit sozialer Sicherungsleistungen eingetreten.

Dieser Umbau wurde und wird unter anderem damit rechtfertigt, dass mit den final ausgerichteten Mindestsicherungsleistungen eine wirksamere Armutsbekämpfung erreicht werden könne. Allerdings ist eine solche Begründung und Rechtfertigung zumindest für das deutsche System von Mindestsicherungsleistungen kaum haltbar, denn:

- zum einen ist bei den Mindestleistungen ein hoher Anteil an Nichtinanspruchnahme zustehender Leistungen zu verzeichnen (Dunkelzifferproblem);
- zum anderen liegt für die meisten Haushaltstypen das Mindestsicherungsniveau unter der entsprechenden Armutsschwelle (bei Zugrundelegung der gängigen Messkonzepte für relative Einkommensarmut).

Eine Armutsprävention durch das heutige System sozialer Mindestsicherungsleistungen wird also dadurch eingeschränkt, dass nicht alle Anspruchsberechtigten erreicht werden und dass die Leistungen keineswegs ein Leben frei von Armut garantieren.

Es ist daher wenig überraschend, dass trotz des Bedeutungszuwachses der Mindestsicherungsleistungen die Zunahme der Armut nicht gebremst wurde. Als Folge einer zunehmenden Polarisierung der Einkommensverteilung ist das Risiko der Einkommensarmut in den letzten zehn Jahren nahezu kontinuierlich gestiegen, wobei entsprechend den Konventionen der Armutsforschung Personen als arm gelten, die über ein bedarfsgewichtetes Haushaltsnettoeinkommen verfügen, das unterhalb des Schwellenwerts von 60 Prozent des Medianmittelwerts aller bedarfsgewichteten Haushaltsnettoeinkommen liegt. Laut der jüngsten Auswertung des Sozio-ökonomischen Panels durch das Deutsche Institut für Wirtschaftsforschung (Grabka/Frick 2010) hat die Armutsquote allein im Zeitraum von 1998 bis 2008 von 10,5 Prozent um knapp 40 Prozent auf 14,0 Prozent zugenommen.

Im gleichen Zeitraum war – wie in einem Gutachten für den 3. Armuts- und Reichtumsbericht dargestellt (vgl. Grabka et al. 2007) – eine Verringerung der armutspräventiven Wirkung des sozialen Transferleistungssystems zu beobachten. Durch den genannten Umbau ist also nicht nur der soziale Schutzstandard insgesamt verringert worden, darüber hinaus haben sich die neuen sozialen Mindestleistungen, gerade auch im Hinblick auf das Ziel der Armutsvermeidung, als wenig effektiv erwiesen.

Paul Pierson (2001) hat argumentiert, dass die Politik des Sozialstaatsumbaus in den meisten Sozialstaaten die bisherigen „Drei Welten des Kapitalismus" nach Esping-Andersen verändern werde und die verschiedenen Reformstrategien entsprechend den jeweiligen nationalen Bedingungen zu neuen Formen von Sozialstaatlichkeit führen würden. Daran anknüpfend haben Lamping/Rüb (2004), ausgehend von einer Analyse der Rentenreformen des letzten Jahrzehnts, die vorsichtige Vermutung geäußert, dass der konservative Regimetyp in Deutschland gegenwärtig auf dem Weg zu „something uncertain else" sei.

Wie der vorliegende Beitrag am Beispiel der Reformen in den Renten- und der Arbeitsmarktpolitik aufzeigt, gibt es viele Hinweise, die darauf hindeuten, dass gegenwärtig ein Umbau des deutschen Sozialstaatsmodells in Richtung des liberalangelsächsischen Regimetyps stattfindet. Die bisherige Serie von Umbaumaßnahmen in der Alterssicherung und in der sozialen Sicherung und Integration bei Arbeitslosigkeit wurde in der kurzen Phase der Großen Koalition 2005 bis 2009 weitergeführt, und alles spricht dafür, dass sie auch in der Amtszeit der neuen liberalkonservativen Regierungskoalition eine Fortsetzung finden wird. Im Mittelpunkt steht nunmehr das Gesundheitssystem, und hier insbesondere das Leistungssystem der gesetzlichen Krankenversicherung. Darüber hinaus ist eine marktorientierte Neugestaltung der Pflegeversicherung angekündigt worden. Zwar konnte bisher ein Durchbruch noch nicht erzielt werden. Dennoch spricht vieles dafür, dass künftig der Anteil der privaten Vorsorgeaufwendungen nicht nur in der Alterssicherung, sondern auch im Gesundheits- und Pflegewesen weiter ansteigen wird. Parallel dazu ist im Bereich der sozialen Dienste die Durchsetzung eines Trends zu einer Versorgung nach den Regeln des Marktes in Verbindung mit einer immer stärkeren Privatisierung der Finanzierungslasten zu beobachten. Auch diese Elemente tragen dazu bei, dass die Wirklichkeit des deutschen Sozialmodells sich dem liberal-angelsächsischen Sicherungsmodell künftig noch mehr annähern wird.

Wie weit dieser Weg zum Betreten eines neuen Pfades bzw. zu einem neuen Regime von Sozialstaatlichkeit führen wird, ist noch offen. Dafür sprechen nicht nur die anhaltenden und in hohem Maße kontroversen Diskussionen in der Rentenpolitik und der Arbeitsmarktpolitik über die Folgen und Ergebnisse der bisherigen Reformen. Dafür sprechen auch die Veränderungen in der Parteienlandschaft, die sich in der letzten Dekade vollzogen haben. Die Enttäuschung darüber, dass Anspruch und Wirklichkeit der Reformen auseinanderklaffen und als Folge der Reformen die materiellen Existenzrisiken zugenommen haben, hat vor allem die SPD getroffen. Die ehemalige Volkspartei hat innerhalb von zwei Legislaturperioden nicht nur ihr traditionelles Selbstverständnis, sondern auch den Großteil ihrer Wählerschaft verloren. Es bleibt abzuwarten, wie sich der Umbau des Sozialstaatsmodells auf Dauer auf die deutsche Gesellschaft auswirken wird. Einerseits ist der skizzierte Umbau selbst Ausdruck einer Erosion traditioneller Sozial- und Solidarstrukturen in unserer Gesellschaft. Andererseits werden die zunehmende soziale Ungleichheit und die Allgegenwart von Armut dazu beitragen, das Zusammenleben und den sozialen Zusammenhalt in unserer Gesellschaft nachhaltig zu verändern.

Literaturverzeichnis

Bäcker, G., SGB II (2008), Grundlagen und Bestandsaufnahme, in: Klute, J./Kotlenga, S. (Hrsg.), Sozial- und Arbeitsmarktpolitik nach Hartz, Göttingen

Bäcker, G. et al. (2008), Sozialpolitik und soziale Lage in Deutschland, Bd. 1 und 2, 4., grundlegend überarbeitete und erweiterte Auflage, Wiesbaden

Becker, I./Hauser, R. (2006), Verteilungseffekte der Hartz IV-Reform. Ergebnisse von Simulationsanalysen, Berlin

Beste, J./Bethmann, A./Trappmann, M. (2010), Arbeitsmotivation und Konzessionsbereitschaft. ALG-II-Bezug ist nur selten ein Ruhekissen, IAB-Kurzbericht 15

Blair, T./Schröder, G. (1999), Der Weg nach vorne für Europas Sozialdemokraten, o. O.

Blancke, S./Schmid, J., Bilanz der Bundesregierung Schröder im Bereich der Arbeitsmarktpolitik 1998–2002: Ansätze zu einer doppelten Wende, in: Egle, C./Ostheim, T./Zohlnhöfer, R. (Hrsg.), Das rot-grüne Projekt, Wiesbaden 2003

BMAS (Bundesministerium für Arbeit und Soziales), Regierungsdialog Rente, Informationen für die Presse vom 12.9.2011

Boss, A./Christensen, B./Schrad, K. (2010), Die Hartz IV-Falle: Wenn Arbeit nicht mehr lohnt, Institut für Weltwirtschaft, Kiel

Bothfeld, S./Sesselmeier, W./Bogedan, C. (Hrsg.) (2009), Arbeitsmarktpolitik in der sozialen Marktwirtschaft, Wiesbaden

Brenke, K. (2008), Arbeitslose Hartz IV-Empfänger: Oftmals gering qualifiziert, aber nicht weniger arbeitswillig, Wochenberichte des DIW Berlin, 43

Bundesministerium für Arbeit und Soziales (BMAS) (2009), Sozialbericht 2009, Berlin

Bundesministerium für Wirtschaft und Arbeit (BMWA) (2005), Vorrang für die Anständigen. Gegen Missbrauch, „Abzocke" und Selbstbedienung im Sozialstaat, Berlin

Bundesregierung (2003), Agenda 2010. Deutschland bewegt sich, Berlin

Bundesverfassungsgericht (BVerfG) (2010), 1 BvL 1/09 vom 9.2.2010, verfügbar unter: http://www.bverfg.de/entscheidungen/ls20100209_1bvl000109.html, abgerufen am 15.8.2011

Eichhorst, W./Sesselmeier, W. (2006), Die Akzeptanz von Arbeitsmarktreformen am Beispiel von Hartz IV, Bonn

Esping-Andersen, G. (1990), The Three Worlds of Welfare-Capitalism, Cambridge

Giddens, A. (1999), Der dritte Weg. Die Erneuerung der sozialen Demokratie, Frankfurt a. M.

Goebel, J./Gornik, M./Häusermann, H. (2010), Polarisierung der Einkommen: Die Mittelschicht verliert, in: Wochenbericht des DIW Berlin, 24

Gohr, A./Seeleib-Kaiser, M. (Hrsg.) (2003), Sozial- und Wirtschaftspolitik unter Rot-Grün, Wiesbaden

Grabka, M. et al. (2007), Integrierte Analyse der Einkommens- und Vermögensverteilung, Frankfurt a. M.

Grabka, M./Frick, J. (2010), Weiterhin hohes Armutsrisiko in Deutschland: Kinder und junge Erwachsene sind besonders betroffen, Wochenbericht des DIW Berlin, 7

Hanesch, W. (1999), The Debate on Reforms of Social Assistance in Western Europe, in: European Foundation for the Improvement of Living and Working Conditions (Hrsg.), Linking Welfare and Work, Dublin

Hanesch, W. (2001), Neuordnung der sozialen Sicherung bei Arbeitslosigkeit: Zur Integration von Arbeitslosenhilfe und Sozialhilfe, in: Becker, I./Ott, N./Rolf, G. (Hrsg.), Soziale Sicherung in einer dynamischen Gesellschaft. Festschrift für Richard Hauser zum 65. Geburtstag, Frankfurt a. M./New York

Hanesch, W. (2010), Die Entwicklung der Grundsicherung im Alter im Zeitraum 2008 bis 2020. Expertise für den Sozialverband VdK Hessen-Thüringen, Darmstadt

Heinze, R./Schmid, J./Strünck, C. (1999), Vom Wohlfahrtsstaat zum Wettbewerbsstaat. Arbeitsmarkt- und Sozialpolitik in den 90er Jahren, Opladen

Jochem, S. (1999), Sozialpolitik in der Ära Kohl: Die Politik des Sozialversicherungsstaates, ZeS-Arbeitspapier Nr. 12, Bremen

Kaufmann, F.-X. (2003), Varianten des Wohlfahrtsstaats, Frankfurt a. M.

Kleinhenz, G. (2005), Marktwirtschaft und Sozialstaat: Zukunftsmodell für Deutschland, in: Aus Politik und Zeitgeschichte Nr. 43

Koch, S./Kupka, P./Steinke, J. (2009), Aktivierung, Erwerbstätigkeit und Teilhabe, Gütersloh

Lamping, W./Rüb, F. (2004), From the Conservative Welfare State to „Something Uncertain Else": German Pension Politics in Comparative Perspective, in: Policy and Politics Volume 32, Number 2

Lenze, A. (2010), Abschied von der Solidargemeinschaft, in: Kritische Justiz Heft 2/2010

Lenze, A. (2010), Hartz IV Regelsätze und gesellschaftliche Teilhabe. Das Urteil des BVerfG vom 9.2.2010 und seine Folgen, Friedrich-Ebert-Stiftung, Berlin

Lessenich, S./Ostner, I. (Hrsg.) (1998), Welten des Wohlfahrtskapitalismus, Frankfurt a. M.

Mezger, E./West, K. (Hrsg.) (2000), Aktivierender Sozialstaat und politisches Handeln, Marburg

Möller, J. et al. (2009), Der Arbeitsmarkt hat profitiert. Fünf Jahre SGB II: Eine IAB-Bilanz, IAB-Kurzbericht Nr. 29, Nürnberg

Mohr, K. (2008), Creeping Convergence – Wandel der Arbeitsmarktpolitik in Großbritannien und Deutschland, in: Zeitschrift für Sozialreform, H. 2/2008

Mohr, K. (2009), Von „Welfare to Workfare"? Der radikale Wandel der deutschen Arbeitsmarktpolitik, in: Bothfeld, S./Sesselmeier, W./Bogedan, C. (Hrsg.), Arbeitsmarktpolitik in der sozialen Marktwirtschaft, Wiesbaden

Nullmeier, F./Ruland, F./Schmähl, W. (2008), Alterssicherung im Umbruch, ZeS-Arbeitspapier Nr. 2, Bremen

OECD (2008), Growing unequal? Income Distribution and Poverty in OECD Countries, Paris

OECD (2009), Pensions at a Glance 2009: Retirement-Income Systems in OECD Countries, Paris

Parlier, B./Martin, C. (2007), Editorial Introduction. From „a Frozen Landscape" to Structural Reforms: The Sequential Transformation of Bismarckian Welfare Systems, Social Policy and Administration 7/2007

Pierson, P. (ed.) (2001), The New Politics of the Welfare State

Sachverständigenrat zur Begutachtung der gesamtwirtschaftlichen Entwicklung (2008), Jahresgutachten 2008/2009, Berlin

Schmähl, W. (2011), Warum ein Abschied von der „neuen deutschen Alterssicherungspolitik" notwendig ist, ZeS-Arbeitspapier Nr. 01, Bremen

Schmid, J. (2010), Wohlfahrtsstaaten im Vergleich, 3., aktualisierte und erweiterte Auflage, Opladen

Seeleib-Kaiser, M. (ed.) (2008), Welfare State Transformations. Comparative Perspectives. Basingstoke

Sinn, H.-W. et al. (2002), Aktivierende Sozialhilfe: Ein Weg zu mehr Beschäftigung und Wachstum, ifo Institut, München

Sinn, H.-W. et al. (2007), Aktivierende Sozialhilfe 2006: Das Kombilohn-Modell des ifo Instituts, München

Statistische Ämter des Bundes und der Länder (2009), Soziale Mindestsicherung in Deutschland, Wiesbaden

Strengmann-Kuhn, W., Bewertung der Vorschläge des BMAS zur Bekämpfung von Altersarmut, gepostet am 11.9.2011, verfügbar unter: http://www.strengmann-kuhn.de/2011/09/11/bewertung-der-vorschlage-des-bmas-zur-bekampfung-von-altersarmut/

TNS Infratest Sozialforschung (2009), Alterssicherung in Deutschland 2007 (asid 2007). Zusammenfassung wichtiger Untersuchungsergebnisse, Forschungsbericht Band 391/Z des BMAS, Berlin

Trampusch, C. (2005), Sozialpolitik in Post-Hartz Germany, vervielfältigtes Manuskript, Max-Planck-Institut für Gesellschaftsforschung, Köln

Stephan Lessenich

„Aktivierender" Sozialstaat: eine politisch-soziologische Zwischenbilanz

> *„Unübersehbar ist, dass sich die Grundprinzipien des deutschen Sozialstaatsmodells verschoben bzw. verändert haben und sich neue Strukturen herausbilden."*
>
> (Bäcker et al. 2008, S. 77)

1 Sozialpolitische Problemdiagnosen im „konservativen" Sozialstaat

In der sozialwissenschaftlichen Forschung herrscht weitgehendes Einvernehmen darüber, dass der deutsche Sozialstaat in den beiden vergangenen Jahrzehnten – der Zeit nach der Wiedervereinigung – einen Prozess strukturellen Wandels durchlaufen hat. Zwar gibt es durchaus unterschiedliche Positionierungen mit Blick auf die Frage, wie weitreichend und tiefgreifend dieser sozialpolitische Wandel gewesen ist: ob es dabei – in der mittlerweile geradezu klassisch gewordenen Systematisierung Peter Halls (1993) – letztlich „nur" um veränderte Muster des Einsatzes bereits bekannter Instrumente, um die darüber hinausgehende Einführung neuartiger Modi öffentlicher Intervention oder gar um die Institutionalisierung alternativer Zielvorstellungen sozialstaatlichen Handelns, einen veritablen „Paradigmenwechsel" also, geht. Es kann als eine *déformation professionnelle* der Soziologie angesehen werden, regelmäßig gesellschaftliche Umbrüche entdecken zu „müssen", als deren wahlweise abgeklärte/r oder aber dramatisierende/r Deutungsexperte/in die bzw. der Professionsangehörige dann auftreten kann. Insofern ist weise Zurückhaltung respektive kritische Distanz gegenüber allfälligen Diagnosen irreversibler Strukturverschiebungen, abgebrochener Entwicklungspfade oder angebrochener Post-was-auch-immer-Zeiten durchaus angezeigt. *The end of the world as we know it* vollzieht sich nicht jedes Quartal, alle Jahre oder auch nur Jahrzehnte wieder, wirklich grundlegender sozialer Wandel und wahrlich paradigmatische Politikwechsel machen sich in der Gesellschaftsgeschichte rar – der Mensch ist, auch als Sozialwesen, ein Gewohnheitstier.

Und dennoch ist es, jen- bzw. diesseits der voreiligen Ausrufung eines neuen sozialpolitischen Zeitalters, in der Tat „unübersehbar" – wie es Gerhard Bäcker und Mitautor/-innen in den jüngeren Auflagen ihres Standardwerkes zu Sozialpolitik und sozialer Lage in Deutschland ausdrücken –, dass der (gesamt)deutsche Sozialstaat dabei ist, sein Gesicht zu ändern. Die Hintergründe und Rahmenbedingungen, Triebkräfte und Einflussfaktoren dieses Wandels sind gewiss vielfältig – von der ökonomischen Globalisierung bis zur Individualisierung der Lebensstile wäre diesbezüglich ein ganzer Kranz an einschlägigen Aspekten und Dimensionen zu nennen. Doch auch in dieser Hinsicht ist für den interessierten Beobachter nicht zu übersehen, dass es, eingewoben in ein überaus komplexes Verursachungsgeflecht, nicht zuletzt ein genuin politischer „Einsatz" war, der die soziale Realität neuer sozialstaatlicher Strukturen hervorgebracht hat: ein politischer Einsatz, der sich – bis heute – der offiziellen Programmformel der „Aktivierung" bedient. Der Umbau des Sozialstaats in „aktivierender" Absicht ist das charakteristische Merkmal des sozialpolitischen Geschehens im Deutschland nach der „Wende", er markiert dieses im Großen wie im Kleinen: Seien es nun die Einführung der „Riester-Rente" oder die Arbeitsmarktreformen der „Hartz"-Gesetze, die politischen Initiativen zur Ausdehnung der öffentlichen Kinderbetreuung oder die jüngsten höchstrichterlichen Entscheidungen zur Ausgestaltung des Unterhaltsrechts – stets ging und geht es der regulativen Idee nach darum, aus mehr oder weniger marktfernen Sozialstaatsbürger/-innen durch sozialpolitische Intervention (pro)aktive Marktsubjekte werden zu lassen.

Als Ausgangspunkt dieser „aktivierenden" Wende, die sich in Deutschland seit Mitte der 1990er Jahre abzuzeichnen begann und spätestens mit der Regierungsübernahme der rot-grünen Koalition unter Bundeskanzler Schröder regulative Gestalt annahm, kann die sozialpolitische Problemdiagnose gelten, die sich zu jener Zeit in der vergleichenden Wohlfahrtsstaatsforschung bereits als wissenschaftlich-politischer *common sense* durchgesetzt hatte: Die so genannten „konservativen" Wohlfahrtsstaaten (Esping-Andersen 1990, S. 21ff) seien, darin waren sich die international führenden Sozialpolitikexperten weitgehend einig, strukturell gefangen in der „ ‚welfare without work' trap" (Esping-Andersen 2004, S. 17). Der deutsche Sozialstaat, historischer Vorreiter und prototypischer Repräsentant der in Kontinentaleuropa verbreiteten „Bismarckian welfare systems" (Palier/Martin 2008), geriet dabei als Paradebeispiel des überkommenen, offensichtlich krisenhaften und gleichwohl veränderungsresistenten, somit also nicht nur gesellschaftspolitisch, sondern auch reformpolitisch als „konservativ" zu bezeichnenden „welfare-state/family/work nexus" (Esping-Andersen 1996, S. 79) in den Fokus der Kritik. Die den sozioökonomischen Gegebenheiten des Industriezeitalters angepassten Bismarck-Sozialstaaten, so deren Tenor, seien für den Übergang zur postindustriellen Gesellschaft denkbar schlecht gewappnet: „In brief, these systems find themselves locked into a self-reinforcing negative spiral, and are today particularly ill-suited to address pressures for greater labour market flexibility and women's demand for economic independence" (ebd., S. 68).

Das damit angesprochene Problemsyndrom „konservativer" Sozialpolitik ist in seiner Grundstruktur rasch umrissen (Lessenich 2005a, S. 22f): Im Kern geht es um das – ideologisch unterfütterte – institutionelle Arrangement eines Sozialstaats, der als Versicherungsinstanz des (männlichen) Normalarbeitnehmers bzw. seiner (relativen) Einkommensposition und (typisierten) Haushaltskonstellation auftritt. Diese institutionelle Konstruktion als „Sozialversicherungsstaat" (Lessenich 2003a, S. 143ff) verursacht der wissenschaftlich-politisch dominanten Diagnose zufolge unter veränderten gesellschaftlichen Rahmenbedingungen diverse, miteinander verkoppelte Funktionsprobleme spätindustrieller Ökonomien: ein Arbeitsmarktproblem, weil mit Strategien zur Begrenzung des Arbeitsangebots (insbesondere in Form von Frühverrentungspolitiken) maßgeblich auf die stabile Beschäftigung eines „produktiven Kerns" industrieller Arbeitnehmer gesetzt wird; ein Wachstumsproblem, weil die damit geförderte Sektoralstruktur der Wirtschaft („Dienstleistungslücke") sowie die mit der Beitragsfinanzierung der sozialen Sicherung verbundene Belastung durch „Lohnnebenkosten" als Wachstumsbremsen wirken; ein Bildungsproblem, weil die starke Transferlastigkeit des Systems (vor allem in der Alters-, aber auch in der Arbeitslosensicherung) auf Kosten „sozialinvestiver" Maßnahmen im Bereich des Bildungs- und Erziehungswesens geht; ein Geschlechterproblem, weil die systematisch behinderte Erwerbstätigkeit von Frauen nicht nur die produktiven Potenziale im Schnitt gut ausgebildeter potenzieller Erwerbspersonen verschenkt, sondern auch eine geschlechtsspezifische Arbeitsteilung zementiert, die wiederum die Ausdehnung des besonders beschäftigungsintensiven Dienstleistungssektors hemmt; schließlich ein Demografieproblem, weil der Verzicht auf den Ausbau des öffentlichen Systems personenbezogener Dienstleistungen gerade im Bereich von Bildung und Erziehung (aber auch im Gesundheitswesen und im Pflegesektor) einen nicht unerheblichen Beitrag zu dem in den „konservativen" Wohlfahrtsregimen verbreiteten Phänomen anhaltender „Niedrig(st)fertilität" leistet – welche ihrerseits wiederum die langfristige Finanzierbarkeit der sozialen Sicherungssysteme in Frage stellt.

So beeindruckend diese sozialpolitische Mängelliste auch wirken mag: Als entscheidender Faktor für den Siegeszug einer sozialpolitischen Gegenprogrammatik zur problembeladenen bzw. -erzeugenden Operationslogik des „konservativen" Modells ist zweifelsohne die Tatsache zu sehen, dass im Zuge des wissenschaftlichen wie politischen „Aktivierungs"-Diskurses die systemischen Funktionsprobleme dieses Arrangements in überzeugender Weise als Gerechtigkeitsprobleme gerahmt wurden. Der Bismarcksche Sozialversicherungsstaat erschien in diesem Kontext als die gegenüber dem universalistischen („sozialdemokrati-

schen") Versorgungs- und selbst noch verglichen mit dem residualen („liberalen")
Fürsorgestaat „unmoderne" Variante moderner Wohlfahrtsstaatlichkeit, und zwar
nicht nur im Sinne einer geringeren ökonomischen Effizienz, sondern zudem auch
mit Blick auf die Verwirklichung von Wertideen wie Gleichheit und Teilhabe, Partizipation und Autonomie. Der erschwerte Arbeitsmarktzugang für Frauen und
Jugendliche und die Ausgliederung älterer Arbeitnehmer/-innen aus dem Beschäftigungssystem, die geringen öffentlichen Investitionen auf allen Ebenen des Bil-
dungssystems (jedenfalls gemessen am hohen Sozialaufwand für Renten- und Pen-
sionszahlungen), die systematisch geförderte Bindung von Müttern an Haushalt
und Familie bzw. die bestenfalls inkonsequenten Maßnahmen zugunsten der Vereinbarkeit von Familie und Beruf: all dies zusammengenommen fügte sich zu einem Bild von vielfältigen Phänomenen sozialer Exklusion bzw., genauer, des sozialpolitisch produzierten Ausschlusses nicht nur einzelner Personen, sondern ganzer Personengruppen und Sozialkategorien von materieller Teilhabe und
gesellschaftlichen Lebenschancen.

Die von den Propagandisten eines „dritten Weges" (Giddens 1998) moderni-
sierter – sprich „aktivierender" – Sozialpolitik ausgemalte Vorstellung einer „guten
Gesellschaft" (Esping-Andersen 2004) war insofern das institutionelle Gegenbild
nicht nur zu kruden „neoliberalen" Visionen einer deregulierten, entstaatlichten
Marktgesellschaft, sondern folgerichtig auch zu der, gerade unter normativen Gesichtspunkten, für inakzeptabel erklärten Funktionslogik der real existierenden
„konservativen" Wohlfahrtsstaaten. Und anders als die Ideologie des radikalen
Marktliberalismus, die auf dem europäischen Kontinent nie wirklich breite gesellschaftliche Akzeptanz gewinnen konnte, wies die politische Philosophie der „Aktivierung" durchaus eine gefühlte Nähe zum gesellschaftlichen Wertehaushalt
ihrer Zeit auf: „No doubt, it succeeded better in catching the mood of the times, in
large part by retaining some of the more credible and popular aspects of neo-
liberalism, including its accent on individual responsibility and a more competitive
reward structure, while fusing these with a concomitant *public* responsibility"
(Esping-Andersen 2004, S. 4; Hervorhebung im Original). Das damit angesprochene Zusammenspiel von öffentlicher und individueller Verantwortung, die Ver-
schränkung von Verhältnis- und Verhaltenssteuerung, bezeichnet den funktionalen Kern der „Aktivierungs"-Programmatik – und zugleich die operative Schnittstelle für die, zumal in Deutschland, erstaunlich breite politische Koalitionsbildung
zugunsten entsprechender sozialpolitischer Interventionen. Mit der Legitimations-
semantik der „Aktivierung" ausgestattet, wurden die vermeintlich reformunfähi-
gen „konservativen" Wohlfahrtsstaaten Kontinentaleuropas im vergangenen Jahrzehnt zu Schauplätzen einer – jedenfalls für die meisten Expert/-innen – ungeahn-
ten politischen Reformaktivität (Palier/Martin 2008; Lessenich 2005b). Im

(vorläufigen) Ergebnis derselben haben sich nun tatsächlich die Grundprinzipien (nicht nur) des deutschen Sozialstaatsmodells verschoben.

2 Zwischen Subjektivierung und Resozialisierung: zur Soziologie der „Aktivierung"

Was meint nun eigentlich „Aktivierung", was bedeutet der sozialpolitische Programmbegriff aus soziologischer Perspektive? Ausgehend von der Arbeitsmarktpolitik (Marquardsen 2007), wo „Aktivierung" hierzulande zwischenzeitlich den Status geradezu einer politischen Kampfformel erlangt hat, ist das Konzept auch in andere Felder sozialpolitischer Intervention „gewandert" – und stets sind feldübergreifend zwei Bestimmungsmerkmale desselben konstitutiv: der Marktbezug zum einen, der Arbeitsbezug zum anderen. Das eine – „Vermarktlichung der Sozialpolitik" (Bäcker et al. 2008, S. 77) – kann als das *„liberale"* Moment der Aktivierungspolitik, das andere – „Förderung der Beschäftigungsfähigkeit" (ebd., S. 78) – als deren *„laborale"* Dimension verstanden werden. Zwischen diesen beiden Aspekten und ihrem jeweiligen regulativen Bezug auf gesellschaftliche Verhältnisse einerseits und auf individuelles Verhalten andererseits spannt sich der Bedeutungs-, Begründungs- und Wirkungszusammenhang je feldspezifischer Politiken der „Aktivierung" auf, der hier in aller gebotenen Kürze und Schematik skizziert werden soll (Lessenich 2008, S. 73ff, 2009).

Konstitutiv für „Aktivierungs"-Politiken, und zugleich ein ostentativer Bruch mit klassisch „dekommodifizierenden", also von ihrer Intention her die Marktmechanismen begrenzenden und die Sozialstaatsbürger/-innen von Marktzwängen befreienden Formen der Sozialpolitik, ist *zum einen* der positive Bezug auf den Markt als Ort und Instrument der Wohlfahrtsproduktion: „[…] rather than tame, regulate, or marginalize markets so as to ensure human welfare, the idea is to adapt and empower citizens so that they may be far better equipped to satisfy their welfare needs within the market" (Esping-Andersen 2004, S. 5). Die damit angestrebte „Vermarktlichung" (Nullmeier 2004) von Sozialpolitik hat zwei analytisch zu unterscheidende Dimensionen. In der institutionellen Dimension geht es um die Etablierung von „Wohlfahrtsmärkten", auf denen Sozialleistungen – wahlweise Alterssicherungs- oder Pflegedienst-, Gesundheits- oder Kinderbetreuungsleistungen – produziert und vertrieben werden, sei es ergänzend zu reduzierten öffentlichen Angeboten oder stellvertretend für staatliche Akteure, in der Regel jedoch unter deren Kontrolle (Berner 2008). In der individuellen Dimension besteht das komplementäre politische Steuerungsziel darin, die Sozialstaatsbürger/-innen zu kompetenten, handlungs- und entscheidungsfähigen Akteuren – Kon- bzw. Prosument/-innen – auf ebendiesen Märkten werden zu lassen, die, bei entsprechender regulativer Rahmung und effektivem bürgerschaftlichem *empowerment*, als die gegenüber staatlich-hierarchischen Formen der Leistungserbringung nicht nur effizienteren, sondern im Zweifel auch problemangemesseneren, zielgenaueren und damit eben gerechteren Allokations- und Verteilungsinstanzen gelten. „Aktivierung" meint in dieser Hinsicht also die doppelte politische Konstitutionsdynamik der Herstellung von Marktstrukturen und der „Verwandlung" von Staatsklienten zu Marktsubjekten im Feld der damit „hybrid" (ebd.) werdenden, nunmehr öffentlich-privaten Wohlfahrtsproduktion.

Das *zweite* Bestimmungsmerkmal „aktivierender" Sozialpolitik, ihr konsequenter Bezug auf Arbeit, genauer auf Erwerbsarbeit, und namentlich auf lohnabhängige Beschäftigung als gesellschaftlich „normale" und politisch normalisierte Form individueller Existenzsicherung und gesellschaftlicher Integration, steht in einem engen Bedingungs- und Verweisungszusammenhang mit ihrem konstitutiven Marktbezug: Es sind der Arbeitsmarkt und dessen Funktionsmechanismen einerseits, die Sozialstaatsbürger/-innen als faktische oder potenzielle Arbeitsmarktakteure andererseits, auf die sämtliche „Aktivierungs"-Politiken direkt oder indirekt, mittelbar oder unmittelbar zielen. Ob nun „harte" gesetzliche Regelungen, wie „Hartz IV" und die Neugestaltung des Elterngelds, oder „weiche" Anreizprogramme zur Förderung frühkindlicher Bildung und der Beschäftigung älterer Arbeitnehmer/-innen, stets erweist sich die Lohnarbeitszentrierung des deutschen Sozialstaats (Vobruba 1990) als das funktionale Gravitationszentrum auch des „aktivierenden" Modus sozialpolitischer Intervention. Mehr noch: Nie war der deutsche Sozialstaat lohnarbeitszentrierter als in den Zeiten und im Zeichen der „Aktivierung", nie war die deutsche Gesellschaft stärker Lohnarbeitsgesellschaft als heute (den spezifischen Fall der DDR als Institutionalisierung einer totalen Nichtlohn-Arbeitsgesellschaft hier einmal ausgenommen). Die institutionelle und individuelle Dimension von „Aktivierungs"-Politik als explizite oder implizite Arbeits-Marktpolitik sind wechselseitig aufeinander bezogen: Institutionell geht es um eine Ausdehnung des Marktsektors gesellschaftlicher Arbeit (zu messen an hohen bzw. steigenden Erwerbs- und Beschäftigungsquoten), individuell um die Förderung der „Beschäftigungsfähigkeit" der Leute, um die Herstellung bzw. Verbesserung der Marktverwertbarkeit der ihnen zur Verfügung stehenden Arbeitskraftressourcen (was wiederum bestimmbare institutionelle Voraussetzungen hat). In beiden Dimensionen geht es somit im Kern um die Entgrenzung des Marktes bzw. um die Verschiebung von Marktgrenzen – in Bezug auf die gesellschaftliche Organisation der Arbeit ebenso wie mit Blick auf das individuelle „Management" von Arbeitsvermögen (Brinkmann 2003).

Jenseits der strukturell möglichen, doppelten Lesart der im Namen und Geiste der „Aktivierung" betriebenen Konstitution von Arbeits-/Wohlfahrts-Märkten bzw. von Arbeits-/Wohlfahrts-Marktsubjekten – nämlich wahlweise als „liberaler" Akt der Herstellung von Marktfreiheit und -gleichheit und somit von individueller Autonomie oder aber als „laborale" Agenda zur Garantie einer verallgemeinerten Erwerbspartizipation und damit von sozialer Inklusion – liegt in ebendiesem Entgrenzungs- und Verschiebungsprozess die soziologische Pointe der „aktivierenden" Wende. Es ist die der „Aktivierungs"-Programmatik inhärente Tendenz zur Subjektivierung, die für eine Soziologie der Sozialpolitik von besonderem analytischen Interesse ist – und zwar nicht zuletzt deshalb, weil sich sozialstaatliches Handeln damit gleichsam im Einklang befindet mit zeitdiagnostisch bedeutsamen makrosozialen Entwicklungstrends. Was in der Arbeits- und Industriesoziologie seit nunmehr zwei Jahrzehnten unter dem Stichwort „Subjektivierung der Arbeit" diskutiert wird (Baethge 1991; Voß/Pongratz 1998; Moldaschl/Voß 2002), ist als funktional äquivalenter – und kausal verknüpfter – Strukturwandel auch im Bereich der Sozialpolitik zu konstatieren: die fortschreitende „Subjektivierung des Sozialen" (Lessenich 2003b), sprich von individueller und gesellschaftlicher Wohlfahrt. Kurz gesagt, ist damit gemeint: Die Aufgabe der Wohlfahrtsproduktion, die in demokratisch-kapitalistischen Gesellschaften – in historisch wie regional wechselnden Mischungsverhältnissen – in die Hände von Staat und Markt, Verhandlungs- und Expertensystemen, Organisationen und Gemeinschaften gelegt worden ist (Kaufmann 2005), wird von der „aktivierenden" Sozialpolitik den Subjekten, also jedem bzw. jeder einzelnen Sozialstaatsbürger/-in selbst, überantwortet. Jede bzw. jeder Einzelne wird hier tendenziell nicht nur für die eigene Chancensuche, -verbesserung und -verwertung auf Arbeits- und Wohlfahrtsmärkten verantwortlich gemacht, sondern zudem auch – über ebendiese Marktaktivitäten vermittelt – für die Gewährleistung des gesellschaftlichen Wohlergehens, für die Sicherstellung des „gemeinen Wohls" (Offe 2001). Die selbstverantwortliche Jobsuche, die eigeninitiative Weiterbildung, die selbststeuernde Gesundheitsprophylaxe, die eigentätige Altersvorsorge, auf einen Nenner gebracht: die selbstverständliche Sorge um die eigene Wohlfahrt ist in dieser sozialpolitischen Logik zugleich von (gesamt)wirtschaftlichem Wert und (gesamt)gesellschaftlichem Nutzen.

Die Subjektivierung des Sozialen im Zeichen der „Aktivierung" entspricht damit gewissermaßen einer Sozialisierung der Subjekte, oder genauer – im Lichte des historisch überkommenen, als Fehlsteuerungsarrangement kritisierten Sozialversicherungsstaats besehen –, ihrer sozialpolitischen Resozialisierung: An die Stelle „passiven" Leistungsbezugs soll hier aktive Leistungserbringung treten, aus Versorgungsempfängern sollen Leistungsanbieter werden – ein Jeder und eine Jede nach seinen/ihren Fähigkeiten. Das institutionelle Angebot von gesellschaftlichen Beteiligungschancen und die institutionalisierte Erwartung ihrer individuellen Wahrnehmung, die *Möglichkeit* und die *Verpflichtung* zur (Markt-)Teilnahme liegen hier nah beieinander. An ebendieser Schnittstelle von Angebot und Erwartung, Möglichkeit und Verpflichtung, institutioneller Verhältnis- und individueller Verhaltenssteuerung entscheidet sich denn auch die Art und Qualität empirisch-konkreter Politiken der „Aktivierung" (Walther 2003; Ullrich 2004; Betzelt/Bothfeld 2011). Und zugleich bilden sich an ihr jene sozialpolitischen Wahlverwandtschaften, die allein die partei-, ja lagerübergreifenden Sympathien für „aktivierende" Reformen des deutschen Sozialstaats erklären können.

3   Falsche Freunde? Sozialpolitische Diskurskoalitionen im „aktivierenden" Sozialstaat

Der politische Erfolg der „Aktivierungs"-Agenda in den kontinentaleuropäischen Wohlfahrtsstaaten, und namentlich in Deutschland, kommt nicht von ungefähr. „Aktivierung" hat sich hierzulande als eine flexibel ausdeutbare Leitidee sozialpolitischer Intervention erwiesen, die als semantische Klammer des liberalen Vermarktlichungs- und des sozialdemokratischen („laboralen") Beschäftigungsparadigmas fungiert – und in deren Sog der „konservative" deutsche Wohlfahrtsstaat sein Gesicht verändert hat: Er trägt heute nicht mehr das leicht angestaubt wirkende, sozialkatholische, statuszentriert-paternalistische Antlitz des Sozialministers Norbert Blüm, sondern die modernisierten, liberalprotestantischen, erfolgsorientiert-partizipatorischen Züge der Arbeitsministerin Ursula von der Leyen. Ihre Person verkörpert in geradezu idealer Weise die (ganz) Große Koalition der „Aktivierer", deren scheinbar antagonistische Kooperation den Strukturwandel des deutschen Sozialstaats ermöglicht hat: Während die Einen in ihrem Bezug auf das Leitbild der „Aktivierung" eher die institutionellen Gelegenheitsstrukturen für die arbeitsmarktvermittelte gesellschaftliche Teilhabe der Bürger/-innen betonen, stellen die Anderen unter Bezugnahme auf die gleiche Programmformel die individuelle Verpflichtung zur eigenverantwortlich betriebenen Beteiligung am Arbeitsmarktgeschehen in den Mittelpunkt. In zugegebenermaßen übermäßiger Unterkomplexität ließe sich sagen: Für die Einen steht das Fördern und damit die institutionelle Verantwortung für die Marktbefähigung der Individuen, für die Anderen das Fordern und somit die Verantwortlichkeit der Individuen für die Nutzung ihrer Marktfähigkeiten im Vordergrund – eine vermeintlich eindeutige Gegensätzlichkeit, die allerdings durch die faktische Existenz von Grauzonen, Verknüpfungen und Seitenwechseln zwischen diesen beiden Positionen vielfältig durchbrochen wird.

Insofern kann die „aktivierende" Reform des deutschen Sozialstaats auch als dessen „Lib-Laboralisierung" gelesen werden: „Neoliberale" und „Neosozialdemokraten", Parteigänger/-innen der Markt- und der Arbeitsgesellschaft aller Parteien konnten und können sich unter diesem programmatischen Dach sozialpolitisch nahekommen. Sozial- und politikhistorisch ist der so genannte „Lib-Lab"-Pfad als eine der spezifischen Entstehungskonstellationen europäischer Wohlfahrtsstaaten rekonstruiert worden – als „path to the welfare state that resulted from *the strategic responses of Liberal government to growing labor strength*" (Hicks et al. 1995, S. 330; Hervorhebung im Original). Entsprechend müsste der in Deutschland unter rot-grüner Ägide eingeschlagene Weg der „Aktivierung" im Grunde als ein „Lab-Lib-Modell" (Borchert 1998, S. 159) der Sozialstaatsreform bezeichnet werden: als strategische Antwort der politischen Linken auf die politisch-kulturelle Hegemonie des Marktliberalismus. Und in der Tat lässt sich die jüngere deutsche Sozialpolitikgeschichte so wohl ganz gut verstehen: Eine nach der Erschöpfung des christlich-liberalen Wiedervereinigungsregimes an die Macht gespülte, ideologisch jedoch in der Defensive befindliche und intellektuell ausgezehrte Sozialdemokratie verschränkt ihre historische Option für die Arbeitsgesellschaft (Przeworski 1985) unter veränderten globalpolitischen Bedingungen mit der Anpassung an die marktgesellschaftliche Orthodoxie. Dass sich in der Folge die Schwerkraft des liberalen Pols innerhalb dieses Spannungsverhältnisses durchsetzte – und also die individualistische, fordernde, verpflichtende Variante der „Aktivierung" hierzulande sozialpolitisch die Oberhand gewann, erscheint angesichts der Dominanz marktfreundlicher Deutungsmuster im öffentlichen Diskurs, der längerfristigen Wirksamkeit gesellschaftlicher Entsolidarisierungstendenzen und des politisch im Zweifel gern in Anspruch genommenen „Diktats knapper Kassen" rückblickend durchaus wenig überraschend.

Bot die „Aktivierungs"-Programmatik somit gleichsam einen politischen „Schleichweg aus der Pfadabhängigkeit" (Lessenich 2003a, S. 299ff) des „konservativen" Sozialstaats, so sind aus soziologischer Perspektive die durchaus ambivalenten Effekte dieser quasi-konsensualen, liberal-laboralen sozialpolitischen Strategie zu konstatieren. Wo nämlich qua „Aktivierung" das vermeintlich die sozialen Sicherungssysteme Rettende gefunden schien, wuchs zugleich die Gefahr für deren faktische soziale Schutz- und Sicherungsfunktion – denn die neue sozialpolitische Agenda machte tendenziell vor keiner Lebensphase oder Lebenslage halt, um Aktivität, Mobilität und Flexibilität als kollektiv-individuelle Lebensführungsnorm zu bestimmen und damit eine neue gesellschaftliche Differenzierungslinie zu etablieren (Lessenich 2006, 2009; Boltanski/Chiapello 2003, S. 499ff). Die liberal-individualistische Schlagseite der praktizierten „Aktivierungs"-Politik – der Überhang fordernder gegenüber fördernden Interventionen – aktualisierte die in ihr strukturell angelegte Möglichkeit, dass sich individuelle Ansprüche auf Befähigung in institutionelle Forderungen nach Selbstverantwortung verkehren, dass die zu inkludierenden *outsider* im Falle erfolgloser Marktzugangsbemühungen dazu angehalten werden, sich ihre fortdauernde Exklusion selbst zuzuschreiben, dass aus einem sozialpolitischen Ermächtigungsversprechen gegebenenfalls eine paraautoritäre Erzwingungsagenda werden kann (Honneth 2002). Im Sinne der Theorie einer „laboristischen Ökonomie" (Vogt 1986) entspricht eine politökonomische Konstellation dann – und nur dann – deren Kriterien, wenn in ihr die Interessen der Arbeitenden zur Geltung kommen, vor allen Dingen hinsichtlich der Gestaltung der Arbeitsbedingungen wie auch der Bedingungen zur Aufnahme (und Beendigung) eines Arbeitsverhältnisses. Gerade das Gegenteil aber ist im Kontext des „Lib-Lab"- bzw. „Lab-Lib"-Modells des „aktivierenden" Sozialstaats der Fall: Was Arbeitsmarktinklusion bedeutet, wie sie abzulaufen hat und wann sie „erfolgreich" ist, welche und wie viel „Aktivität" zu zeigen und wann diese hinreichend unter Beweis gestellt ist – all dies (und noch viel mehr) bestimmen hier stets die Anderen.

Dass eine Soziologie der Sozialpolitik zu genau solchen Fragen nicht schweigen sollte, ist als methodologische Devise nicht unumstritten – und gleichwohl gut zu begründen. „Ebenso wie die praktische Sozialpolitik in ihren Ausprägungen und Prinzipien sowie deren Veränderungen [...]" – zuletzt in ihrem „aktivierenden" Gestaltwandel – „[...] nachhaltig von mehrheitlich vertretenen und politisch durchgesetzten Leitvorstellungen geprägt ist, also ohne ihre normativen Hintergründe nicht zu verstehen ist, beruht eine wissenschaftliche Analyse und Bewertung der Sozialpolitik und ihrer Entwicklungstrends immer auch auf Wertvorstellungen und normativ geprägten Einschätzungen" (Bäcker et al. 2008, S. 80). Dass diese Wertvorstellungen sich im Falle Gerhard Bäckers – anders als bei vielen anderen Kolleg/-innen – den liberal-laboralen Leitvorstellungen des „aktivierenden" Sozialstaats nicht angepasst haben, ist nach Lage der politisch-sozialen Dinge durchaus aller Ehren wert. Nach wie vor gehe es darum, so das Bäckersche Autor/-innenkollektiv in seinem sozialpolitikwissenschaftlichen Standardwerk, „[...] Sozialstaat und Sozialstaatsprinzip zugleich zu bewahren und weiter zu entwickeln und Alternativen zu formulieren gegenüber dem Mainstream in der öffentlichen bzw. veröffentlichten Meinung und in der Politik. Denn der eingeschlagene Weg des Ab- und Umbau [sic!] des Sozialstaates in Richtung von Basissicherung, Privatisierung, Marktorientierung und Eigenverantwortung widerspricht den Zielen einer Gesellschaft, die durch soziale Sicherheit und sozialen Ausgleich charakterisiert ist und in der der Staat dementsprechend eine aktive und gestaltende Rolle spielt. Erst auf dieser Basis bieten sich für *alle* Bürgerinnen und Bürger die Möglichkeiten einer freien Entfaltung und gleichberechtigten Teilhabe" (ebd.; Hervor-

hebung im Original). Die Institutionalisierung von freier Entfaltung und gleichbe-
rechtigter Teilhabe aller Bürger/-innen: der Strukturwandel des deutschen Sozialstaats unter dem Signum der „Aktivierung" hat sie nicht mit sich gebracht. Für
eine kritische Soziologie der Sozialpolitik bleibt ebendies jedoch weiterhin der
normative Anspruch an eine zukünftige – mit welchen programmatischen Etiket-
ten auch immer versehene – sozialstaatliche Institutionenordnung.

Literaturverzeichnis

Bäcker, G./Naegele, G./Bispinck, R./Hofemann, K./Neubauer, J. (2008), Sozialpolitik und
soziale Lage in Deutschland, Band 1, 4. Auflage, Wiesbaden: VS

Baethge, M. (1991), Arbeit, Vergesellschaftung, Identität. Zur zunehmenden normativen
Subjektivierung der Arbeit, in: Soziale Welt 43 (1), S. 6-19

Berner, F. (2008), Der hybride Sozialstaat. Die Neuordnung von öffentlich und privat in der
sozialen Sicherung, Frankfurt/New York: Campus

Betzelt, S./Bothfeld, S. (Hrsg.) (2011), Activation and Labour Market Reforms in Europe.
Challenges to Social Citizenship, Houndmills/New York: Palgrave Macmillan

Borchert, J. (1998), Ausgetretene Pfade? Zur Statik und Dynamik wohlfahrtsstaatlicher Regime, in: Lessenich, S./Ostner, I. (Hrsg.), Welten des Wohlfahrtskapitalismus. Der Sozialstaat in vergleichender Perspektive, Frankfurt/New York: Campus, S. 137-176

Boltanski, L./Chiapello, E. (2003), Der neue Geist des Kapitalismus, Konstanz: UVK

Brinkmann, U. (2003), Die Verschiebung von Marktgrenzen und die kalte Entmachtung der
WissensarbeiterInnen, in: Schönberger, K./Springer, S. (Hrsg.), Subjektivierte Arbeit:
Mensch – Technik – Organisation in einer entgrenzten Arbeitswelt, Frankfurt/New
York: Campus, S. 63-94

Esping-Andersen, G. (1990), The Three Worlds of Welfare Capitalism, Cambridge: Polity

Esping-Andersen, G. (1996), Welfare States without Work: the Impasse of Labour Shedding
and Familialism in Continental European Social Policy, in: Esping-Andersen, G.
(Hrsg.), Welfare States in Transition. National Adaptations in Global Economies, London: Sage, S. 66-87

Esping-Andersen, G. (2004), Towards the Good Society, Once Again?, in: Esping-Andersen,
G./Gallie, D./Hemerijck, A./Myles, J., Why We Need a New Welfare State, Oxford: Oxford University Press, S. 1-25

Giddens, A. (1998), The Third Way. The Renewal of Social Democracy, Cambridge: Polity

Hall, P. (1993), Policy Paradigms, Social Learning, and the State. The Case of Economic Poli-
cymaking in Britain, in: Comparative Politics 25 (3), S. 275-296

Hicks, A./Misra, J./Ng, T. N. (1995), The Programmatic Emergence of the Social Security
State, in: American Sociological Review 60 (3), S. 329-349

Honneth, A. (2002), Organisierte Selbstverwirklichung. Paradoxien der Individualisierung,
in: Honneth, A. (Hrsg.), Befreiung aus der Mündigkeit. Paradoxien des gegenwärtigen
Kapitalismus, Frankfurt/New York: Campus, S. 141-158

Kaufmann, F.-X. (2005), Steuerungsprobleme im Wohlfahrtsstaat, in: Kaufmann, F.-X., Sozialpolitik und Sozialstaat: Soziologische Analysen, 2. Auflage, Wiesbaden: VS, S. 185-218

Lessenich, S. (2003a), Dynamischer Immobilismus. Kontinuität und Wandel im deutschen Sozialmodell, Frankfurt/New York: Campus

Lessenich, S. (2003b), Soziale Subjektivität. Die neue Regierung der Gesellschaft, in: Mittelweg 36 12 (4), S. 80-93

Lessenich, S. (2005a), „Activation without Work". Das neue Dilemma des „konservativen" Wohlfahrtsstaats, in: Dahme. H.-J./Wohlfahrt, N. (Hrsg.), Aktivierende Soziale Arbeit. Theorie – Handlungsfelder – Praxis, Baltmannsweiler: Schneider Verlag Hohengehren, S. 21-29

Lessenich, S. (2005b), „Frozen Landscapes" Revisited. Path Creation in the European Social Model, in: Social Policy & Society 4 (4), S. 345-356

Lessenich, S. (2006), Beweglich – Unbeweglich, in: Lessenich, S./Nullmeier, F. (Hrsg.), Deutschland – eine gespaltene Gesellschaft, Frankfurt/New York: Campus, S. 336-352

Lessenich, S. (2008), Die Neuerfindung des Sozialen. Der Sozialstaat im flexiblen Kapitalismus, Bielefeld: Transcript

Lessenich, S. (2009), Mobilität und Kontrolle. Zur Dialektik der Aktivgesellschaft, in: Dörre, K./Lessenich, S./Rosa, H., Soziologie – Kapitalismus – Kritik. Eine Debatte, Frankfurt a. M.: Suhrkamp, S. 126-177

Marquardsen, K. (2007), Was ist „Aktivierung" in der Arbeitsmarktpolitik?, in: WSI-Mitteilungen 60 (5), S. 259-265

Moldaschl, M./Voß, G. (Hrsg.) (2002), Subjektivierung von Arbeit, München/Mering: Rainer Hampp

Nullmeier, F. (2004), Vermarktlichung des Sozialstaats, in: WSI-Mitteilungen 57 (9), S. 495-500

Offe, C. (2001), Wessen Wohl ist das Gemeinwohl?, in: Wingert, L./Günther, K. (Hrsg.), Die Öffentlichkeit der Vernunft und die Vernunft der Öffentlichkeit, Festschrift für Jürgen Habermas, Frankfurt a. M.: Suhrkamp, S. 459-488

Palier, B./Martin, C. (Hrsg.) (2008), Reforming the Bismarckian Welfare Systems, Oxford: Blackwell

Przeworski, A. (1985), Capitalism and Social Democracy, Cambridge: Cambridge University Press

Ullrich, C. G. (2004), Aktivierende Sozialpolitik und individuelle Autonomie, in: Soziale Welt 55 (2), S. 145-158

Vobruba, G. (1990), Lohnarbeitszentrierte Sozialpolitik in der Krise der Lohnarbeit, in: Vobruba, G. (Hrsg.), Strukturwandel der Sozialpolitik. Lohnarbeitszentrierte Sozialpolitik und soziale Grundsicherung, Frankfurt a. M.: Suhrkamp, S. 11-81

Vogt, W. (1986), Theorie der kapitalistischen und einer laboristischen Ökonomie, Frankfurt/New York: Campus

Voß, G./Pongratz, H. J. (1998), Der Arbeitskraftunternehmer. Eine neue Grundform der Ware Arbeitskraft?, in: Kölner Zeitschrift für Soziologie und Sozialpsychologie 50 (1), S. 131-158

Walther, A. (2003), Aktivierung: Varianten zwischen Erpressung und Empowerment. Für eine Erweiterung des Diskurses zum aktivierenden Staat im internationalen Vergleich, in: Neue Praxis 33 (3/4), S. 288-306

Kay Peter Bourcarde, Ernst-Ulrich Huster

Soziale Inklusion – Gegenstand eines neuen Mainstreaming-Prozesses?

1 Europäische Sozialpolitik im Vierebenen-Sozialstaat, neue Begrifflichkeiten, neue Zugangsweisen

Während die Europäische Union lange Zeit und im Kern bis heute vor allem eine wirtschafts- und währungspolitische Zielsetzung hatte bzw. hat, hat es daneben immer wieder Ansätze gegeben, auch die soziale Komponente in der Europäischen Einigung in den Blick zu nehmen. Unter dem Sozialisten und französischen Politiker Jacques Delors, EG-Kommissionspräsident von 1985 bis 1995, gab es erste aktive Maßnahmen zur Problematisierung der Armuts-Lebenslagen in Europa. Es war der Begriff „Armut", der die damals konservativ regierten Länder Großbritannien, Frankreich und Deutschland veranlasste, die Armutsprogramme (Armut I–III) nicht weiter fortzusetzen. Der Druck anderer Länder, die darauf insistierten, auf dem Gebiet des sozialen Zusammenhalts der Mitgliedsländer der Europäischen Union weiterzuarbeiten, führte dazu, dass über die Europäische Union neue Begrifflichkeiten auch in die jeweilige nationale Sozialpolitik-Diskussion Eingang gefunden haben. Die im englischen und im französischen Sprachraum üblichen Begriffe der „social exclusion" bzw. „exclusion sociale" (Room 1997, S. 2ff) traten, vom Gebrauch und vom Gewicht her, an die Stelle von „poverty" bzw. „pauverté", ohne diese allerdings gänzlich zu verdrängen (Huster et al. 2008, S. 13f). Kaum war über das Vertragswerk von Amsterdam (1997) und die dieses konkretisierende Lissabon-Strategie (2000) die Bekämpfung von sozialer Ausgrenzung im Rahmen der Offenen Methode der Koordination (OMK) zum Programm der Agenda 2010 erhoben worden[1], bildete sich neuer Widerstand gegen diese – wie befürchtet – politisch prominente Schau auf Ausgrenzungsprozesse in den einzelnen Mitgliedstaaten. Die „revised Nice objectives" leiteten 2005 die „Wende" ein: Nunmehr sollten einerseits der Beitrag der Inklusionsstrategien zum Wirtschaftswachstum und andererseits der Beitrag des wirtschaftlichen Wachstums zum sozialen Zusammenhalt bzw. zur sozialen Inklusion im Zentrum stehen („Feeding in"

---

1 Im nunmehr gültigen Vertrag von Lissabon ist dieses in Artikel 153 geregelt (vgl. Boeckh et al. 2011, S. 400f).

– „Feeding out"). Im Kern ging es also um eine Politikfolgenabschätzung im Rahmen einer wachstumszentrierten Inklusionspolitik (vgl. Frazer/Marlier 2008).

Aber die EU hält – bei allen Modifikationen – an dem in Artikel 3 der gemeinsamen Bestimmungen des Vertrages über die Europäische Union (2008) gesetzten Ziel fest:

> „Ziel der Union ist es, den Frieden, ihre Werte und das Wohlergehen ihrer Völker zu fördern. […] Sie bekämpft soziale Ausgrenzung und Diskriminierungen und fördert soziale Gerechtigkeit und sozialen Schutz […] Sie fördert den wirtschaftlichen, sozialen und territorialen Zusammenhalt und die Solidarität zwischen den Mitgliedstaaten" (Vertrag von Lissabon 2008).

Es gehört des Weiteren zu den Kernkompetenzen der Europäischen Union, die Diskriminierung nach Geschlecht zu bekämpfen und eine Gleichstellung der Geschlechter in der praktischen Lebenswirklichkeit umzusetzen. Die Union leitet aus dem Diskriminierungsverbot die Befugnis ab, alle politischen und privaten (bspw. unternehmerischen) Maßnahmen daraufhin zu befragen, ob sie einen Beitrag zur Überwindung der Ungleichbehandlung nach Geschlecht leisten oder nicht. Das „Gender Mainstreaming" hat, neben der normativen Aussage, die praktischen Politikfolgen zu beobachten und gegebenenfalls auf Abhilfe zu drängen. Dieser Politikansatz ist am weitesten fortgeschritten, etwa durch Erlass der so genannten Antidiskriminierungsrichtlinie, die die nationalen Mitgliedstaaten bindet (Boeckh et al. 2011, S. 407f).

Die Grundsatzentscheidung, die Ausgestaltung von Sozialstaatlichkeit in der nationalen Kompetenz zu belassen – gemeinsame Beschlüsse bedürfen hier der Einstimmigkeit –, gleichwohl aber im Rahmen der OMK Folgen nationaler Sozialpolitik zu beobachten und in einem Benchmarking-Prozess zu bewerten, führt zu zwei gegensätzlichen Prozessen: Zum einen wird der nationale soziale Zusammenhalt Gegenstand *europäischer* Beobachtung, zum anderen sucht *nationale* Politik – mal stärker, mal schwächer – unter Adaptation an die europäische Terminologie letztlich doch nach eigenen, in ihrer jeweiligen Tradition verhafteten Lösungsansätzen sozialer Konfliktlagen. Nicht umsonst hat eine Berichterstattung im Rahmen der Lissabon-Strategie über die Wahrnehmung der OMK auf nationaler Ebene eher ernüchternde Ergebnisse gezeitigt.[2]

---

2   Die Wahrnehmung der OMK wurde von Huster u. a. 2008 in einem unveröffentlichten Report im Rahmen der Arbeitsgruppe regierungsunabhängiger Experten der EU-Kommission zu Politik gegen soziale Ausgrenzung analysiert.

Gleichwohl findet im politischen, sozialen und wissenschaftlichen Rahmen eine Auseinandersetzung um ebendiese Problemfelder statt:

- soziale Eingliederung vor allem derjenigen, die am weitesten vom Arbeitsmarkt entfernt sind;
- Zugang aller zu sozialen Diensten;
- Hilfen gerade für diejenigen, die am meisten von Armut und sozialer Ausgrenzung betroffen sind;
- Zusammenhang zwischen Wirtschaftswachstum, Beschäftigung und sozialen Inklusionserfolgen;
- Fortschritte bei der Gleichstellung der Geschlechter.

Doch es ist nach wie vor offen, welcher Mehrgewinn mit dem Konzept der sozialen Inklusion bzw. Exklusion einhergeht. Denn: „Über den gesellschaftstheoretischen und analytischen Wert, die empirische Operationalisierbarkeit und Stichhaltigkeit des Konzepts sowie seine gesellschaftspolitischen Implikationen wird dabei unter Gesellschaftstheoretikern, Ungleichheits- und Sozialpolitikforschern sowie Politikern heftig gestritten" (Mohr 2007, S. 364). Handelt es sich also wirklich um einen neuen Ansatz oder um „alten Wein in neuen Schläuchen"? Für Letzteres spricht, dass teilweise die gleichen Debatten geführt werden wie zuvor und dabei lediglich die Begriffe ausgetauscht worden sind. Wird beispielsweise schon lange darüber gestritten, ob der Sozialstaat überhaupt erst die *sozialen Probleme* herbeiführt, die er zu lösen vorgibt (Lahusen/Stark 2003, S. 364), steht nun zur Diskussion, ob nicht der Sozialstaat der Verursacher *sozialer Exklusion* sei (Mohr 2007, S. 15).

Integraler Bestandteil der im Rahmen der Lissabon-Strategie beschlossenen Maßnahmen gegen soziale Ausgrenzung sind allerdings die so genannten *Laeken-Indikatoren*, durch die sowohl der Ist-Zustand in den Mitgliedsländern vergleichbar werden soll als auch Fortschritte messbar gemacht werden sollen. Dabei kann seit 2004 mit dem „European Survey on Income and Living Conditions" (EU-SILC) auch auf zumindest weitgehend einheitlich erfasste Datensätze zurückgegriffen werden, die Längsschnittbetrachtungen erlauben. Der qualitative Unterschied zu einem einkommenszentrierten Armutsbegriff liegt dabei in der mehrdimensionalen Perspektive. Andererseits ist das Konzept im Vergleich zum Lebenslagenansatz enger, da präzise eine sehr begrenzte Zahl an Indikatoren für soziale Ausgrenzung festgelegt worden ist. Zu den Hauptindikatoren gehören neben der Armutsgefährdungsquote (60 Prozent des Median), der Quote dauerhafter Armutsgefährdung, der relativen Armutsgefährdungslücke und der Langzeitarbeitslosenquote auch einige, die nicht unmittelbar an der Einkommenshöhe oder Erwerbstätigkeit anknüpfen. Solche Indikatoren sind beispielsweise die Zahl der Schulabbrecher, die

Quote all jener Haushalte mit „materiellen Entbehrungen"[3] oder die Betroffenheit von unzureichender medizinischer Versorgung (Europäische Kommission 2009, S. 17ff). Gerade Indikatoren wie die letztgenannten „sollen dabei die Multidimensionalität von Armut widerspiegeln" (Strengmann-Kuhn/Hauser 2008, S. 143). Ergänzend zu diesen primären Indikatoren, die bei den als am wichtigsten erachteten Gründen für soziale Ausgrenzung ansetzen, gibt es eine Reihe von sekundären Indikatoren. Diese bieten zusätzliche Details bzw. zeigen weitere Dimensionen der Ausgrenzungsproblematik auf, so etwa, indem auf andere Armutsrisikoschwellen zurückgegriffen wird oder Indikatoren zu Bildungsdefiziten verwendet werden (Europäische Kommission 2009, S. 15, 21ff).[4] Zuletzt wurde die Liste der gemeinsamen Indikatoren im Jahr 2009 überarbeitet (Europäische Kommission 2009).

Im Gegensatz zu dem eher widerständigen Verhältnis zwischen nationaler Politik in Deutschland und EG-Initiativen – im Rahmen der drei Armutsprogramme – beteiligt sich die nationale Politik an diesen europäischen Initiativen, allerdings bleibt der Widerspruch, dass konkrete politische Maßnahmen auf nationaler Ebene wenig Wirkungen entfalten. Die Beteiligung zeigt sich etwa im Erstellen von Nationalen Aktionsprogrammen zur Sozialen Eingliederung (NAPincl.), in Nationalen Reformprogrammen (NRP) und in den Nationalen Strategieberichten Sozialschutz und soziale Eingliederung (NSRSPSI). Die Ergebnisse fließen wiederum in Zusammenfassungen der EU-Kommission ein, so etwa in den „Joint Report on Social Protection and Social Inclusion 2010" (Europäische Kommission 2010). Auch im Rahmen des „mutual learning" beteiligen sich die nationalen Regierungen an Peer Reviews, die das Ziel verfolgen, „die Zusammenarbeit bei der Modernisierung des Sozialschutzes" sowie die „Bekämpfung von Armut und sozialer Ausgrenzung innerhalb der Europäischen Union zu fördern" (Europäische Kommission). Die Mitgliedstaaten sollen so „[...] voneinander lernen und ein Austausch über Maßnahmen, die sich als besonders wirksam herausgestellt haben, [soll] vorangetrieben werden. Zielvorstellung ist dabei, dass nationale Divergenzen abgebaut und der europäische Integrationsprozess insgesamt auf ein höheres Wachstums- und Wohlfahrtsniveau gehoben werden kann" (Krause/Ritz 2006: 156f).

---

3   Darunter wird das Unvermögen verstanden, bestimmte Dinge zu finanzieren, wie beispielsweise eine Waschmaschine, ein Telefon, ein Auto, eine einwöchige Urlaubsreise pro Jahr oder eine angemessen warme Wohnung (vgl. Europäische Kommission 2009, S. 19).

4   Den einzelnen Staaten steht es darüber hinaus frei, zusätzlich „tertiäre" Indikatoren zu verwenden, etwa um so nationale Besonderheiten besser darstellen zu können.

2   Armut und soziale Ausgrenzung: Skandalon oder Funktionalität für die Durchsetzung marktorientierter Verteilungsprozesse?

Intention des Sozialstaates ist es, die Lebenslagen jener Bevölkerungsgruppen zu schützen oder zu verbessern, die von sozialen Risiken und Problemen besonders betroffen sind. Zugleich will er einen Beitrag zur sozialen Eingliederung der Gesellschaftsmitglieder in das gesamte Gemeinwesen leisten. Klassisch hat dieses die Kaiserliche Botschaft in Deutschland vom 17. November 1881 formuliert:

> „Schon im Februar dieses Jahres haben Wir Unsere Überzeugung aussprechen lassen, dass die *Heilung der sozialen Schäden nicht ausschließlich im Wege der Repression* sozialdemokratischer Ausschreitungen, sondern gleichmäßig auf dem der *positiven Förderung* des Wohles der Arbeiter zu suchen sein werde. Wir halten es für Unsere Kaiserliche Pflicht, dem Reichstage diese Aufgabe von Neuem ans Herz zu legen; und würden Wir mit um so größerer Befriedigung auf alle Erfolge, mit denen Gott Unsere Regierung sichtlich gesegnet hat, zurückblicken, wenn es Uns gelänge, dereinst das Bewusstsein mitzunehmen, dem Vaterlande neue und dauernde Bürgschaften seines inneren Friedens und *den Hülfsbedürftigen größere Sicherheit und Ergiebigkeit des Beistandes*, auf den sie Anspruch haben, zu hinterlassen" (zit. n. Boeckh et al., S. 57).

Doch war und ist dieses nur die eine Seite der – nicht nur deutschen – sozialstaatlichen Medaille. Es ist zwar die Aufgabe der Sozialpolitik, sozial unverträgliche Folgen der Marktwirtschaft auszugleichen, aber in der Weise, dass diese Wirtschaftsform nicht in Frage gestellt wird. Hierin kommt das „konservativ-revolutionäre[ ] Doppelwesen" von Sozialpolitik zum Ausdruck, wie es Eduard Heimann klassisch formuliert hat (Heimann 1980, S. 172). Soziale Folgen privatwirtschaftlichen Wirtschaftens werden vom Ort ihres Entstehens externalisiert und außerhalb des Produktionsprozesses bearbeitet. Doch Ansprüche gegenüber diesen externen Leistungsträgern müssen zuerst „verdient" werden, ihre Leistungserbringung zielt der Sache nach auf die Reintegration in die Erwerbsarbeit bzw. bindet deren Ersatz an hohe Zugangsbarrieren.

Dieser Prozess in die Erwerbsarbeit bzw. aus der Erwerbsarbeit heraus erfolgt in Deutschland vorwiegend dadurch, dass die *Ursache* des eingetretenen Schadens erkundet und davon Leistungsansprüche abgeleitet oder verwehrt werden. Es charakterisiert den deutschen Sozialstaat, dass zwar derartige *kausal* begründete Rechtsansprüche immer stärker ausgeweitet wurden, dass dieser Weg sozialer Eingrenzung allerdings immer dort an Grenzen stößt, wo mit dem Grundsatz der Kausalität keine Rechtsansprüche erworben worden sind bzw. deren Ertrag zu niedrig ausfällt. Verankert in diesem dominierenden Grundsatz der Kausalität gibt es an sich keine Grenzen, die Anspruchsberechtigung zu erleichtern oder zu erhöhen.

Sozialstaatlichkeit hatte und hat somit auch eine disziplinierende Funktion: Der Erwerb von Rechtsansprüchen, die Limitierung und die Verweigerung dienen der Durchsetzung von Erwerbsarbeit als vorrangiger Form der Subsistenzsicherung. Die früheren Formen der Disziplinierung (Arbeitshaus, Armenpolitik etc.) wurden allmählich durch die Ausweitung der Formen, Rechtsansprüche in einem kausal orientierten Sicherungssystem zu erwerben, zurückgedrängt. Doch gerade diese Entwicklung wird derzeit angesichts europäischer und darüber hinausgehender globaler wirtschaftlicher Austauschbeziehungen eher zurückgefahren. Exklusion wird aus dieser Perspektive nicht nur als Missstand gedeutet, dem abzuhelfen ist, sondern hat auch eine Erziehungsfunktion, durch die diejenigen ausgeschlossen werden, deren Werte bzw. Verhaltensweisen als nicht „gemeinschaftsfähig" beurteilt werden (Lahusen/Stark 2003, S. 370).

3   Soziale Inklusion – Wer wird wie im Sozialstaat sozial eingegliedert?

Als Kompromiss zwischen staatlicher Fürsorge und staatsfernem Selbsthilfegedanken entstanden (Wallrabenstein 2009, S. 65ff), prägen die Bismarck'schen Arbeitnehmersozialversicherungen den deutschen Sozialstaat bis heute. Mehr als zwei Drittel aller Sozialleistungen werden über die fünf Sozialversicherungszweige abgewickelt (Bäcker et al. 2010, S. 102). Das *Versicherungsprinzip* eröffnet hier Inklusionsprozesse, zugleich aber auch Inklusionsgrenzen: Zugang zu den Leistungen der Sozialversicherungen hat zunächst einmal nur, wer als abhängig Beschäftigter auch Zugang zum Arbeitsmarkt hat bzw. hatte. In der Terminologie von Gøsta Esping-Andersen gesprochen, erlauben dementsprechend Sozialversicherungssysteme trotz ihres – vergleichsweise hohen – Leistungsniveaus nur ein begrenztes Maß an Dekommodifizierung (vgl. Ullrich 2005, S. 108)[5]: Das mit den Sozialversicherungsleistungen einhergehende Maß an Unabhängigkeit vom Arbeitsmarkt ist nämlich auf all jene begrenzt, die dort ihre Arbeitskraft im Regelfall verkaufen können. Hierfür kommt es zum einen auf den *Umfang* der geleisteten Arbeit an. Zum anderen ist auch die *Dauer* der Erwerbstätigkeit relevant, denn der Zugang zu Versicherungsleistungen ist teilweise an Anwartschaften gebunden. Während das Versicherungsprinzip über das „Ob überhaupt" der Inklusion entscheidet, bestimmen das *Äquivalenz- und das Solidarprinzip* das „Wie weit". So ist die Höhe des vorherigen Einkommens entscheidend für die Höhe des Arbeitslo-

---

5   Der Grad der Dekommodifizierung gibt nach Esping-Andersen darüber Auskunft, in welchem Maße der Warencharakter der Arbeitskraft durch sozialstaatliche Leistungen eingeschränkt wird.

sengeldes I oder auch des Krankengeldes. In besonderem Maße relevant ist dies für die Rentenversicherung, die die Berufs- und Statusunterschiede während der Erwerbsphase auf die gesamte Phase des Ruhestandes überträgt (vgl. Boeckh et al. 2011, S. 365).

Dem Gros der kausal strukturierten Leistungen, denen eigentumsrechtliche, weil durch Beitragszahlung erworbene Rechtsansprüche zugrunde liegen, steht eine Minderheit *finaler* Elemente gegenüber. Diese sind in aller Regel subsidiär und bedürftigkeitsabhängig, so etwa das Arbeitslosengeld II, die Sozialhilfe oder die Grundsicherung im Alter. Mohr akzentuiert diesen Unterschied treffend:

> „Die Fähigkeit sozialer Sicherungssysteme, gesellschaftliche Teilhabe sicherstellen und soziale Exklusion verhindern zu können, bestimmt sich aber nicht nur durch materielle Aspekte, sondern auch durch immaterielle und symbolische Eigenschaften sozialer Rechte. So wird die Erfahrung sozialer Exklusion auch davon beeinflusst, ob ihre Inanspruchnahme als gesellschaftlich legitim – als gutes Recht ‚würdiger Armer‘ – oder als ‚Gnadenakt der Fürsorge‘ gegenüber im Verdacht der Unwürdigkeit stehenden Beziehern betrachtet wird" (Mohr 2007, S. 69).

Die steuerfinanzierten, bedürftigkeitsabhängigen *Fürsorgeleistungen* können daher nicht nur mit der Stigmatisierung verbunden sein, auf Kosten der Allgemeinheit zu leben, sondern rechtfertigen zugleich soziale Härten. Kommen wie bei der Sozialhilfe noch Rückgriffsmöglichkeiten auf nahe Angehörige hinzu, kann dies zur Nichtinanspruchnahme von Leistungen führen, und damit zu verdeckter Exklusion. Hauser und Becker haben versucht, eine entsprechende Dunkelziffer zu ermitteln, und kamen zu dem Ergebnis, dass auf drei Empfänger von Sozialhilfe „mindestens zwei, eher drei weitere Berechtigte" kämen, die ihren Leistungsanspruch nicht geltend machten (Hauser/Becker 2005, S. 138). Die Grundsicherung im Alter und bei Erwerbsminderung stellt in dieser Hinsicht aufgrund ihrer erleichterten Zugangsvoraussetzungen (erweiterte Familiensubsidiarität) allerdings einen Fortschritt gegenüber der strikteren Sozialhilfe dar.

Sozialversicherungsleistungen auf der einen, Fürsorgeleistungen auf der anderen Seite – wie beim direkten Vergleich von Arbeitslosengeld I und II deutlich wird, kann man in Deutschland von sozialstaatlichen Leistungen erster und zweiter Klasse sprechen. Bei einer grundsätzlich gleichen Ausgangssituation wirken diese im einen Fall tendenziell inkludierend, im anderen Fall tendenziell exkludierend.

Erweiterung des Versichertenkreises in der GSV

In der Vergangenheit wurde die Gesetzliche Sozialversicherung auf Personenkreise erweitert, die mangels eines entsprechenden Beschäftigungsverhältnisses eigentlich nicht davon erfasst würden. Dabei wurde sehr stark von „Als-ob"-Konstruktionen Gebrauch gemacht: Kindergartenkinder, Schüler oder Studierende sind – wie Auszubildende – in der Gesetzlichen Unfallversicherung versichert, *als ob* sie sich in einer entsprechenden Qualifizierungsphase befänden. Das Gleiche gilt für Handwerker, Künstler und andere Selbstständige, die Mitglieder in der Rentenversicherung sind, *als ob* sie Angestellte oder Arbeiter wären (§ 16 SGB II).[6] Bezieher von Arbeitslosengeld II erhalten Zugang zu Maßnahmen der Beschäftigungsförderung des SGB III, *als ob* sie Mitglied der Arbeitslosenversicherung wären.[7] Spätaussiedler mit Zugang zur deutschen Staatsbürgerschaft werden innerhalb der Rentenversicherung so behandelt, *als ob* sie ihr Arbeitsleben in Deutschland verbracht und entsprechende Beitragsleistungen erbracht hätten (Bäcker et al. 2010b, S. 437). Diese Beispiele ließen sich fortsetzen. Gerade aber weil mittels solcher Als-ob-Konstruktionen immer größere Teile der Bevölkerung in ein dafür ursprünglich nicht vorgesehenes Sozialversicherungssystem integriert worden sind, stellt sich die Frage, welche Gruppen mangels entsprechender Rechtssetzung nicht inkludiert wurden bzw. durch veränderte Umstände wieder herauszufallen drohen.

Sozialversicherungspflichtigkeit und Normalarbeitsverhältnis

Gerade weil in einem Sozialversicherungsstaat wie dem deutschen die soziale Inklusion in einem hohen Maße an die Existenz eines Normalarbeitsverhältnisses anknüpft, ist soziale Ausgrenzung jedoch zumeist ein Ergebnis der Abwesenheit entsprechender Beschäftigungsmöglichkeiten. Die Veränderungen am Arbeitsmarkt führen so dazu, dass ausgerechnet diejenigen, die am meisten auf die inkludierende Wirkung der Sozialversicherungen angewiesen wären, zunehmend davon ausgeschlossen werden:

„Nicht nur – aber in besonderem Maße – die deutschen Sozialversicherungssysteme operieren durch ihren Erwerbsarbeitsbezug und den Grundsatz der Beitrags-Leistungs-Äquivalenz auf Basis des ‚unterstellten Normalitätsmodell[s] einer kontinuierlich und ausreichend entlohnten Vollzeiterwerbstätigkeit bzw. einer abgeleiteten Sicherung durch intakte Familienverhältnisse (für Frauen)' und grenzen damit ‚diejeni-

6   § 2 Abs. 1 Nr. 8a-c SGB VII; § 2 SGB VI.
7   § 16 SGB II.

gen Bevölkerungsgruppen aus der sozialen Sicherung aus [...], die dem nicht entsprechen wollen oder können' (Olk/Riedmüller 1994: 17/18)" (Mohr 2007, S. 135).

Von vornherein ausgeschlossen sind all jene, die formal aus dem Wirkungsbereich der Sozialversicherungen herausfallen. Davon betroffen ist insbesondere die steigende Zahl der versicherungsfreien Minijobber sowie die der oftmals nicht versicherten Single-Selbstständigen. Daneben werden aber auch immer mehr eigentlich sozialversicherte Erwerbstätige *faktisch* ausgeschlossen: Das Erwerbsleben ist zunehmend von Phasen der Arbeitslosigkeit, der Teilzeitarbeit und von prekären Beschäftigungsverhältnissen im Niedriglohnbereich geprägt (Statistisches Bundesamt 2009). Dies hat erhebliche Folgen für die Leistungsansprüche insbesondere in der Arbeitslosen- und Rentenversicherung. So sind die durch eine Mitgliedschaft in der Arbeitslosenversicherung erworbenen Leistungsansprüche gewissermaßen ein „Inklusionsanspruch durch und auf Zeit". Inkludiert wird nur, wer *lange genug gearbeitet* hat und *nicht zu lange arbeitslos* ist. Die Bedeutung des Arbeitslosengeldes I (ALG I) „als eigentliche Hauptleistung zur Sicherung bei Arbeitslosigkeit" hat in den vergangenen Jahren laufend abgenommen. Trotz des der Wirtschaftskrise geschuldeten Anstiegs in 2009 beziehen weniger als ein Drittel aller Arbeitslosen diese Sozialversicherungsleistung (Sozialpolitik-aktuell.de). Statt einer Normleistung mit starken Inklusionseffekten ist das ALG I so zu einer „Exklusivleistung" für einen privilegierten Kreis von Arbeitslosen geworden. Als unmittelbare Folge davon, dass die Realität dem Idealfall eines weitgehend gleichmäßig verteilten und eher kurzfristigen Arbeitslosigkeitsrisikos immer weniger entspricht, ist heute die große Mehrheit der Arbeitslosen auf diese Grundsicherungsleistung angewiesen. Deren Bezug wiederum soll eigentlich, wie Bundeskanzlerin Merkel es ausdrückte, „[...] kein Lebensschicksal sein. Unser Ziel ist es nicht, Menschen über lange Jahre oder Jahrzehnte damit zu versorgen" (Süddeutsche Zeitung 2010). Tatsächlich aber beziehen mehr als die Hälfte aller Betroffenen ALG II für länger als zwei Jahre (Statistisches Bundesamt 2010).

Auch für die Rentenansprüche hat der Bedeutungsrückgang des Normalarbeitsverhältnisses gravierende Folgen. Die steigende Teilzeitquote, die Zunahme geringfügiger Beschäftigung und der wachsende Niedriglohnbereich führen zu unterbrochenen Erwerbsbiografien mit entsprechend unzureichenden Rentenansprüchen. Ist dann kein Ausgleich durch andere Einkommen oder aufgrund von Vermögen möglich, droht eine steigende Altersarmut. Besonders bedroht sind Frauen, die (in erster Linie in Westdeutschland) deutlich häufiger in Teilzeitarbeit oder geringfügiger Beschäftigung sind und damit geringere Rentenansprüche erwerben als Männer (Bäcker et al. 2010b, S. 435f).

Die Rentenreformen des vergangenen Jahrzehnts verschärfen diese Entwicklung, hat doch der Gesetzgeber mit der Rentenreform 2001 das Ziel der Lebensstandardsicherung zu Gunsten der Beitragssatzstabilität aufgegeben (ebd., S. 425; vgl. Bourcarde 2011, S. 210ff). Das Rentenniveau soll langfristig sinken (Bourcarde 2011, S. 213). Damit ist bereits die Versorgung von durchschnittlich verdienenden Vollzeitbeschäftigten gefährdet, die nur kleinere Brüche in ihrer Erwerbsbiografie aufweisen. Nach Berechnungen der Arbeitnehmerkammer Bremen muss ein Durchschnittsverdiener, der im Jahr 2030 in den Ruhestand geht, eine Versicherungsdauer von 34 Jahren aufweisen, um das Sozialhilfeniveau zu erreichen. Wer nur 75 Prozent des Durchschnittsentgelts verdient, müsste sogar 45 Jahre lang durchgehend eingezahlt haben (Steffen 2008, S. 3). „Warum aber langjährig Beiträge zahlen, wenn im Alter auch ohne vorherige Beitragsleistung Anspruch auf eine Grundsicherung im Alter besteht, die so hoch ist wie die Rente oder diese gar übersteigt?" (Bäcker et al. 2010a, S. 438). Wie angesprochen, hat die Grundsicherung in ihrer Ausgestaltung zwar einerseits eine inkludierende Wirkung: indem, anders als bei der Sozialhilfe, nur in extremen Fällen ein Unterhaltsrückgriff auf die Angehörigen erfolgt, soll versteckter oder verschämter Altersarmut vorgebeugt werden. Dies ist insoweit als Fortschritt zu betrachten, als dass es schon immer Geringverdiener gegeben hat, deren Rentenansprüche nicht existenzsichernd waren und die auch nur unzureichend über weitere finanzielle Ressourcen verfügten, so dass sie zuvor auf die mit schärferen Zugangsbedingungen verbundene Sozialhilfe angewiesen waren. Andererseits bleibt auch die Grundsicherung eine bedürftigkeitsabhängige Sozialleistung, die nicht in gleichem Maße „mit erhobenem Kopf" bezogen werden kann wie etwa eine staatliche Mindestrente, die jedem unabhängig davon, ob er nun arm ist oder nicht, gewährt wird.

Als Ausgleich für die drohende Versorgungslücke sieht die so genannte „Riester-Rente" zwar eine staatlich geförderte Privatvorsorge vor. Doch von dieser geht eine stark exkludierende Wirkung aus, setzt sie doch voraus, dass die Förderungsberechtigten zumindest über gewisse finanzielle Spielräume verfügen. Eine bereits 2005 erschienene Studie des von deutschen Banken getragenen „Instituts für Altersvorsorge" hat errechnet, dass aufgrund der stark ungleichen Vermögensverteilung sowie ihres Sparverhaltens deutlich mehr als die Hälfte aller deutschen Haushalte die Versorgungslücke nicht wird ausgleichen können (Börsch-Supan et al. 2005, S. 35ff; Corneo et al. 2007). Laut DIW erhalten 60 Prozent der Zulagenempfänger die staatliche Förderung nicht in vollem Umfang, weil sie die erforderlichen Eigenbeträge nicht aufbringen wollen oder nicht aufbringen können. Insgesamt hat schätzungsweise nur jeder Dritte der Förderberechtigten bislang überhaupt einen Riestervertrag abgeschlossen (Hagen/Reisch 2010, S. 8ff).

Der aktivierende Sozialstaat – ein Weg zur Inklusion?

In einem Sozialversicherungsstaat wie in Deutschland mit seinen vornehmlich kausal ausgerichteten Leistungen ist soziale Inklusion somit ohnehin in einem sehr starken Maße von der Integration in den Arbeitsmarkt abhängig. Durch den Übergang hin zum aktivierenden Sozialstaat mit seinem Grundsatz des „Forderns und Förderns" ist dieser Zusammenhang noch enger geworden. Vertreter des so genannten „dritten Weges" setzen „Exklusion kurzerhand mit dem Ausschluss aus Erwerbsarbeit" (Mohr 2007, S. 14) gleich, was dementsprechend auch deren sozialpolitische Strategien nachhaltig prägt. Eine solche Ausrichtung auf Beteiligung an der Erwerbsarbeit hat jedoch nur dann Sinn, wenn der Einzelne auch die Möglichkeit hat, durch seine Integration in den Arbeitsmarkt seinen Pflichten zu genügen.

Dies ist zum einen von der Lage am Arbeitsmarkt abhängig: „Der fordernde Sozialstaat ist in sehr viel stärkerem Maße auf einen funktionierenden Arbeitsmarkt angewiesen als der fördernde" (Lahusen/Stark 2003, S. 371). Mohr bezeichnet die Aktivierungsmaßnahmen daher als „Politik im Namen der Inklusion". Gerade bei einem derart engen Verständnis von Inklusion kann diese nicht, unabhängig von der Qualität und Dauerhaftigkeit der vermittelten Arbeitsplätze, einfach als gegeben betrachtet werden (Mohr 2007, S. 70). So zeigt etwa das Beispiel der Leiharbeiter, von denen nur eine Minderheit den Weg in ein normales Beschäftigungsverhältnis schafft (Lehmer/Ziegler 2010), dass die Beendigung von Arbeitslosigkeit nicht mit Inklusion gleichgesetzt werden darf. Dies gilt für den Niedriglohnsektor insgesamt, bietet doch selbst Vollzeitarbeit für einen wachsenden Teil der Erwerbstätigen kein Einkommen oberhalb des ALG-II-Niveaus mehr. Dementsprechend hat die Zahl der Aufstocker in den vergangenen Jahren kontinuierlich zugenommen (Rudolph 2009, S. 3; Bundesagentur für Arbeit 2010). Auch hier kann trotz einer Integration in den Arbeitsmarkt nur begrenzt von sozialer Inklusion gesprochen werden, besteht doch die Abhängigkeit von einer bedürftigkeitsabhängigen Grundsicherung weiter.

Zum anderen aber muss der Betroffene selbst in der Lage sein, sich in den Arbeitsmarkt einzugliedern.

> „In dieser Konstruktion ist der leistungsfähige, aber nicht leistungswillige Mensch unterstellt. Nur unter der Bedingung, dass die Personen, auf die sich die aktivierenden Hilfen richten, auch tatsächlich über die Kompetenzen und Ressourcen für aktive Bewältigungsstrategien verfügen, schafft eine solche Politik keine neuen Ungerechtigkeiten" (Wohlfahrt 2007, S. 19).

Diese Kompetenzen und Ressourcen sollen zwar, wie die Öffnung der Leistungen des SGB III für Arbeitslosengeld-II-Empfänger zeigt, nun in besonderem Maße gefördert werden. Bei einer aktivierenden Politik aber hat die schnelle Integration in den Arbeitsmarkt absolute Priorität. Damit besteht das Risiko, dass Maßnahmen auf die leichter vermittelbare Zielgruppe konzentriert werden, wohingegen Langzeitbezieher mit hohen Vermittlungshemmnissen vernachlässigt und „als hoffnungslose Fälle abgeschrieben" werden (Anhorn 2008, S. 211). So macht die Bundesagentur für Arbeit die Eingliederungsmaßnahmen von einem individuellen Profil der Arbeitslosen abhängig, die in vier Kundengruppen eingeordnet werden. Gerhard Bäcker spitzt sarkastisch zu: „Die ‚Bestenauslese' findet sich somit nicht mehr nur als unerwünschter Effekt in der Programmumsetzung, sondern ist nun selbst integraler Bestandteil der (neuen) Programme in der Arbeitsmarktpolitik geworden (‚institutionalisiertes creaming')" (Bäcker/Neugebauer 2008, S. 515). Indem der Staat eine bestimmte Bevölkerungsgruppe faktisch als für den Arbeitsmarkt verloren aufgibt, sie dabei aber zugleich weiterhin jenen Mechanismen unterwirft, die soziale Inklusion hauptsächlich über Arbeitsmarktintegration herstellen wollen, wird ihre Exklusion geradezu zementiert.

Vergröbert betrachtet sind damit zwei gegensätzliche Trends beobachtbar. Einerseits gibt es die langfristige Entwicklungslinie, innerhalb der die an abhängige Beschäftigungsverhältnisse anknüpfenden Sozialversicherungssysteme durch „Als-ob"-Konstruktionen auf immer größere Teile der Bevölkerung ausgeweitet wurden. Andererseits aber ist insbesondere innerhalb der vergangenen zehn Jahre eine dazu konträre Politik des „aktivierenden Staates" zu beobachten, durch die diejenigen Bevölkerungsgruppen stärker ausgeschlossen werden, die keinen Zugang zum Arbeitsmarkt finden. Während also über eine lange Zeit hinweg eine zunehmende Inklusion von Personen erfolgte, die nicht abhängig beschäftigt waren, dies aber völlig zweifellos auch nicht sein *konnten*, werden nun alle jene exkludiert, denen in irgendeiner Weise *unterstellt* wird, dass sie nicht abhängig beschäftigt sein *wollen*.

4   Mainstreaming – Soziale Inklusion ein übergreifendes Ziel?

Es gibt kein europäisches Sozialmodell, es zeichnet sich auch keines ab. Der auf Vorschlag des vormaligen deutschen Bundeskanzlers Helmut Kohl in das Vertragswerk von Amsterdam aufgenommene Begriff der „Subsidiarität" schien eine elegante Lösung zu eröffnen, nämlich, abgeleitet aus dem abgestuften Interventionsmodell in der katholischen Soziallehre, den „kleineren" Einheiten – den Nationalstaaten – nur dann zu Hilfe zu kommen, wenn diese es aus eigener Kraft heraus nicht schaffen. Dass der Begriff in mehr als einer Hinsicht fehl am Platze ist, soll hier nicht weiter problematisiert werden; nur so viel: er erfasst weder die qualitative Dimension noch tatsächlich die privaten, kommunalen und staatlichen Interventionsstrategien (Huster 1985, S. 370ff), denen nun quasi eine vierte zugeordnet würde – diese vierte Ebene, die europäische, hat keine mit jenen der staatlichen Handlungsebene vergleichbaren Kompetenzen bekommen! Artikel 153 des Vertrages von Lissabon sieht ausdrücklich den „Ausschluss jeglicher Harmonisierung der Rechts- und Verwaltungsvorschriften der Mitgliedstaaten" auf dem Gebiet der sozialen Inklusion vor (Boeckh et al. 2011, S. 400f). Es wird vielmehr auf die weichen Steuerungsinstrumente verwiesen: Information und Zielvereinbarungen – letztere im allgemeinen Konsensverfahren. Zudem darf nicht übersehen werden, dass einkommensbezogene Inklusions-Indikatoren lediglich Ungleichheiten innerhalb der jeweiligen Länder widerspiegeln und nicht anzeigen, inwieweit sich die ökonomischen Lebensverhältnisse EU-weit annähern.

Trotz aller Unklarheit des Begriffs „Soziale Inklusion" geht von ihm eine strukturell finale Orientierung von Sozialpolitik aus. Entscheidend ist für einen derartigen Politikansatz nicht das Warum (causa), sondern das Wohin (finis)! Des Weiteren bewirken der inzwischen breite Austausch von Informationen – Sozialstatistische Daten, Rechtsvergleiche (MISSOC), Parallelstrategien etwa zwischen Beschäftigung, Alterssicherung, Gesundheit/Pflege und sozialer Inklusion – und die Verständigung auf Ziele in einem gewissen Zeitraum zweierlei: einmal das allgemeine Agenda-Setting, zum anderen die Möglichkeit, Politik im gesamteuropäischen Vergleich auf Effizienz und Zielerreichung(-sdefizite) hin zu untersuchen. Der gesamte Prozess ist nicht sanktionsbewehrt, aber auch nicht folgenlos. So musste beispielsweise die Regierung eines bedeutenden Mitgliedstaates schon die dicke Reißlinie ziehen, um ihr partielles Nichteinhalten von Vereinbarungen durchzusetzen – aber nur einmal und auch ohne nachhaltigen Erfolg! Insgesamt kommen unterschiedliche Zielsetzungen von nationaler Sozialpolitik ins Blickfeld – non vi sed saepe cadendo[8]! Ist dies ein neues Feld für Mainstreaming?

Dabei geht es auch um das Voneinander-Lernen. Ein Gegenmodell zu den kausal strukturierten Sozialversicherungen etwa in Deutschland sind die universalistisch ausgerichteten Sozialleistungen. Ein Beispiel hierfür ist die „Algemene Ouderdomswet" (AOW) in den Niederlanden, die parallel zu einer betrieblichen und einer privaten Altersvorsorge besteht. Bei der AOW handelt es sich um eine Altersrente in Form eines Basiseinkommens, auf das jeder Anspruch hat, der sein Leben in den Niederlanden verbracht hat. Unabhängig von einer Erwerbstätigkeit bauen diese Personen für jedes Jahr, das sie zwischen ihrem 15. und 65. Lebensjahr in den Niederlanden gewohnt haben, Ansprüche auf zwei Prozent der Rentenzahlung auf. Finanziert wird die Rente größtenteils aus Beitragszahlungen der Er-

---

8 „Nicht durch Kraft, sondern durch stetes Fallen" – höhlt das Wasser den Stein aus.

werbstätigen.[9] Eine solche bedarfsunabhängige Grundrente hat eine stark inkludierende Wirkung, Statusunterschiede während der Erwerbsphase werden durch das niederländische Rentensystem nur begrenzt reproduziert. Gerade aus diesem Grund scheint es hierzulande für solche Modelle keine Mehrheiten zu geben, ist doch das Äquivalenzprinzip offenbar fest im Bewusstsein der Bevölkerung verankert. Dementsprechend stößt die Idee einer steuerfinanzierten Grundrente „in Deutschland auf wenig Gegenliebe" (Lahusen/Stark 2003, S. 368).

Aber nicht nur auf der Leistungsseite werden Vergleiche angestellt. Der deutsche Sozialstaat finanziert sich, wie wir gesehen haben, stark über Sozialversicherungsbeiträge, der skandinavische Sozialstaat hingegen stärker über Steuereinnahmen, noch dazu über indirekte Steuern, ohne dass dort dadurch etwa der Lebensstandard der Bezieher unterer Einkommen niedriger ausfällt als etwa in Deutschland. Vergleicht man beispielsweise die Armutsquoten in Schweden und in Deutschland jeweils vor und nach Sozialleistungen, dann zeigt sich zugleich die deutlich höhere armutsvermeidende Potenz des schwedischen Systems: Dieses vermag die Armutsquote um 50 Prozent, das deutsche System hingegen nur um 36 Prozent abzusenken (Eurostat 2010). Richard Hauser hat aktuell bestätigt, dass in Deutschland vor allem das Rentensystem armutsreduzierend wirkt, während die anderen sozialpolitischen Leistungen die Verschlechterung der Markteinkommen kaum noch abzufedern in der Lage sind (vgl. Hauser 2008, S. 42ff).

Es bleiben die wichtigen, eingangs zitierten Grundsatzforderungen: die soziale Eingliederung gerade derjenigen, die am weitesten vom Arbeitsmarkt entfernt sind, die Sicherstellung des Zugangs aller zu sozialen Diensten, die Suche nach Hilfen gerade für diejenigen, die am meisten von Armut und sozialer Ausgrenzung betroffen sind und die Politikfolgenabschätzung im Zusammenhang mit Wirtschaftswachstum, Beschäftigung sowie sozialer Inklusion. Es wird zugleich deutlich, dass der Inklusionsbegriff einen breiten Interpretationsspielraum zulässt, wie die Begriffe Arbeit, Armut, Alter und andere auch. Gleichwohl bietet diese Begrifflichkeit den Ansatzpunkt, ex negativo die Überwindung von sozialer Ausgrenzung als Ziel zu formulieren, auch wenn „Soziale Inklusion" sowohl als Ziel als auch als Prozess offenbleibt, offenbleiben muss. Denn diese Zielvorstellungen und die dahin führenden Schritte werden letztlich von sozialen und politischen Interessenträgern bestimmt, verworfen, ideologisch überhöht etc.

So sehr das Konzept der sozialen Inklusion auf ein breiteres, mehrdimensionales Verständnis von Armut abstellt, so wenig spiegelt sich dies oftmals in politischen Ansätzen wider, die – wie gezeigt – gerade im aktivierenden Sozialversicherungsstaat, ganz im Sinne von „Sozial ist, was Arbeit schafft", vornehmlich darauf setzen, soziale Inklusion über die Integration in den Arbeitsmarkt zu erreichen.

---

9   Vgl. Dutch Association of Industry-wide Pension Funds (VB) 2009, S. 9.

Dass Arbeitslosigkeit eine Hauptursache von Armut ist, kann nicht bestritten werden. Aber angesichts erheblicher Defizite an Arbeitsplätzen, noch dazu, wenn man den Maßstab anlegt, dass Erwerbsarbeit eine den Lebensunterhalt sichernde Entlohnung gewährleisten soll, und angesichts der nach wie vor ethnisch und qualifikatorisch segmentierten Arbeitsmärkte fehlt ein Konzept sozialer Inklusion gerade für diejenigen, die am weitesten vom Arbeitsmarkt entfernt sind. Hier muss auch nach Lösungen außerhalb des – ersten – Arbeitsmarktes gesucht werden. Doch insgesamt gibt es nun ein ganzes Set von verbindlichen Indikatoren – auch wenn dieses noch nicht alle Dimensionen sozialer Ausgrenzung abdecken mag[10] –, um den Inklusionserfolg verschiedener Ansätze zu überprüfen, zu vergleichen und Kurskorrekturen einzufordern. Kurz gesagt liegt die Stärke des Konzepts der sozialen Inklusion also in dessen Operationalisierung.

Auch wenn es in seiner mehrdimensionalen Perspektive dem komplexen Lebenslagenansatz ähnlich ist[11], kann daher von diesem Konzept in Deutschland eine weitere inhaltliche Füllung des Sozialstaatsverständnisses ausgehen. Der Staatsrechtler Helmut Ridder sprach dem Sozialstaatsgedanken im Grundgesetz die Aufgabe einer „Generalnorm" zu (Ridder 1975); mit dem Zusatz „Soziale Integration" könnte diese präzisiert werden. Schon Ridder sah in dem Sozialstaatsbegriff mehr eine Prüfnorm für konkrete Politik, ohne dass sich daraus konkrete Ansprüche auf soziale Institute verfassungsrechtlich ableiten ließen. In diesem Sinne könnte der Inklusionsbegriff zur Prüfnorm werden, mittels derer Zwischenstufen und Ziele dieses Prozesses im Mainstreaming verfolgt werden. Wenn schon der Konservative Bismarck mit der Sozialversicherung eine soziale und eine politische Inklusionsleistung verbunden hatte, dann wäre unter den politischen Bedingungen des 21. Jahrhunderts und angesichts der Folgen weitreichender sozialer und politischer Destabilisierungen, als Folge nationaler und internationaler Wirtschafts- und Finanztransaktionen, eine europäische Auffangstrategie wichtiger denn je. Diese wird zumindest jetzt nicht und auch nicht in absehbarer Zeit in einen europäischen Sozialstaat münden, könnte aber dazu führen, dass die weicheren Steuerungsinstrumente immer stärker und konsequenter angewendet werden. Und für ebendiesen Prozess bietet das Konzept der sozialen Inklusion sicher einen handhabbaren Zugang.

---

10 Darauf weisen Krause/Ritz 2006, S. 171, hin.
11 Vgl. zur Abgrenzung Engels 2006.

Literaturverzeichnis

Anhorn, R. (2008), Sozialer Ausschluss und soziale Arbeit. Positionsbestimmungen einer kritischen Theorie und Praxis sozialer Arbeit, 2. Auflage (Perspektiven kritischer sozialer Arbeit, Band 2), Wiesbaden

Bäcker, G./Naegele, G./Bispinck, R./Hofemann, K./Neubauer, J. (2010a), Sozialpolitik und soziale Lage in Deutschland. Band 1: Grundlagen, Arbeit, Einkommen und Finanzierung, Wiesbaden

Bäcker, G./Naegele, G./Bispinck, R./Hofemann, K./Neubauer, J. (2010b), Sozialpolitik und soziale Lage in Deutschland. Band 2: Gesundheit, Familie, Alter und Soziale Dienste, Wiesbaden

Bäcker, G./Neubauer, J. (2008), Soziale Sicherung und Arbeitsförderung bei Armut durch Arbeitslosigkeit, in: Huster, E.-U./Boeckh, J./Mogge-Grotjahn, H. (Hrsg.) (2008), Handbuch Armut und Soziale Ausgrenzung, Wiesbaden, S. 501-522

Boeckh, J./Huster, E.-U./Benz, B. (2011), Sozialpolitik in Deutschland. Eine systematische Einführung, 3. Auflage, Wiesbaden

Börsch-Supan, A./Essig, L./Wilke, C. B. (2005), Rentenlücken und Lebenserwartung. Wie sich die Deutschen auf den Anstieg vorbereiten, Köln

Bourcarde, K. (2011), Die Rentenkrise: Sündenbock Demographie. Kompromissbildung und Wachstumsabkopplung als Ursachen von Finanzierungsengpässen, Wiesbaden

Bundesagentur für Arbeit (2010), Erwerbstätige Arbeitslosengeld II-Bezieher. Juni 2010, verfügbar unter: http://statistik.arbeitsagentur.de/Statistikdaten/Detail/201011/iiia7/ehb-einkommen/ehb-einkommen-d-0-xls.xls, abgerufen am 14.4.2011

Corneo, G./Keese, M./Schröder, C. (2007), Erhöht die Riester-Förderung die Spareigung von Geringverdienern?, verfügbar unter: http://www.wiwiss.fu-berlin.de/institute/finanzen/corneo/dp/Riester_CKS.pdf, abgerufen am 14.4.2011

Dutch Association of Industry-wide Pension Funds (VB) (2009), Das niederländische Rentensystem. Eine Übersicht über die wichtigsten Aspekte, verfügbar unter: http://www.opf.nl/SiteCollectionDocuments/Brochure%20Nederlandse%20pensioensysteem%20(Duitstalige%20versie).pdf, abgerufen am 14.4.2011

Engels, D. (2006), Lebenslagen und soziale Exklusion. Thesen zur Reformulierung des Lebenslagenkonzepts für die Sozialberichterstattung, in: Sozialer Fortschritt, Nr. 5, 2006, S. 109-117

Europäische Kommission (2009), Portfolio of indicators for the monitoring of social protection and social inclusion, verfügbar unter: http://ec.europa.eu/social/BlobServlet?docId=3882&langId=en, abgerufen am 14.4.2011

Europäische Kommission (2010), Joint Report on Social Protection and Social Inclusion 2010, verfügbar unter: http://ec.europa.eu/social/BlobServlet?docId=4667&langId=en, abgerufen am 14.4.2011

Europäische Kommission (2011), Peer Review in Social Protection and Social Inclusion and Assessment in Social Inclusion, verfügbar unter: http://www.peer-review-social-inclusion.eu/peer-review-und-bewertung-im-bereich-soziale-eingliederung?set_language=de, abgerufen am 24.3.2011

Eurostat (2010), Armutsgefährdungsquoten vor und nach Sozialleistungen, verfügbar unter: http://epp.eurostat.ec.europa.eu/portal/page/portal/employment_social_policy_equalit y/omc_social_inclusion_and_social_protection/overarching, abgerufen am 14.4.2011

Frazer, H./Marlier, E. (2008), Assessment of the extent of synergies between growth and jobs policies and social inclusion policies across the EU as evidenced by the 2008–2010 National Reform Programmes: Key lessons, Synthesis Report, verfügbar unter: http://www.peer-review-social-inclusion.eu/network-of-independent-experts/2008/ reports/2008-second-semester/synthesis-report-2nd-semester-2008, abgerufen am 13.4.2011

Hagen, K./Reisch, L. A. (2010), Riesterrente: Politik ohne Marktbeobachtung, in: DIW-Wochenbericht, Nr. 8, 2010, S. 2-14

Hauser, R. (2008), Überwindung von Armut und sozialer Ausgrenzung – eine Illusion?, in: Huster, E.-U./Boeckh, J./Mogge-Grotjahn, H. (Hrsg.) (2008), Handbuch Armut und Soziale Ausgrenzung, Wiesbaden, S. 35-51

Hauser, R./Becker, I. (2005), Nicht-Inanspruchnahme zustehender Sozialhilfeleistungen, Bundesministerium für Arbeit und Soziales, verfügbar unter: http://www.bmas.de/ portal/1736/property=pdf/nicht_inanspruchnahme_zustehender_sozialhilfe.pdf, abgerufen am 2.4.2011

Heimann, E. (1980), Soziale Theorie des Kapitalismus. Theorie der Sozialpolitik, Frankfurt a. M.

Huster, E.-U. (1985), Subsidiarität – Historische und systematische Aspekte zu einem Leitprinzip in der Sozialpolitik, in: WSI-Mitteilungen Heft 7/1985, Seite 370ff

Huster, E.-U./Benz, B./Bourcarde, K./Boeckh, J. (2008): The Social Inclusion Strand of the EU Social Protection and Social Inclusion Process: awareness and perception of the process in Member States, strengths and weaknesses to date and suggestions to enhance its future impact. A Study of National Policies, nicht veröffentlichter Bericht an die Europäische Kommission

Huster, E.-U./Boeckh, J./Mogge-Grotjahn, H. (Hrsg.) (2008), Handbuch Armut und Soziale Ausgrenzung, Wiesbaden

Krause, P./Ritz, D. (2006), EU-Indikatoren zur sozialen Inklusion in Deutschland, in: Vierteljahreshefte zur Wirtschaftsforschung, Nr. 75, 2006, S. 152-173

Lahusen, C./Stark, C. (2003), Integration: Vom fördernden und fordernden Wohlfahrtsstaat, in: Lessenich (Hrsg.) (2003), S. 353-372

Lehmer, F./Ziegler, K, (2010), Brückenfunktion der Leiharbeit: Zumindest ein schmaler Steg, in: IAB-Kurzbericht, Nr. 13, 2010, S. 1-8

Lessenich, S. (2003), Wohlfahrtsstaatliche Grundbegriffe. Historische und aktuelle Diskurse (Theorie und Gesellschaft, Band 52), Frankfurt a. M. [u. a.]

Mohr, K. (2007), Soziale Exklusion im Wohlfahrtsstaat. Arbeitslosensicherung und Sozialhilfe in Großbritannien und Deutschland, Wiesbaden

Ridder, H. (1975), Die soziale Ordnung des Grundgesetzes: Leitfaden zu den Grundrechten einer demokratischen Verfassung, Opladen

Room, G. J. (1997), Beyond the threshold. The measurement and analysis of social exclusion, Bristol

Rudolph, H. (2009), „Working Poor?: Aufstocker im SGB II", Institut für Arbeitsmarkt- und Berufsforschung (IAB), verfügbar unter: http://doku.iab.de/veranstaltungen/2009/2009 _ws_aktivierung_rudolph.pdf, abgerufen am 12.4.2011

Sozialpolitik-aktuell.de (2011), Anteil der Arbeitslosengeld I-EmpfängerInnen am Bestand der Arbeitslosen 1999–2009, verfügbar unter: http://www.sozialpolitik-aktuell.de/ tl_files/sozialpolitik-aktuell/_Politikfelder/Arbeitsmarkt/Datensammlung/PDF-Dateien/abbIV50a.pdf, abgerufen am 23.3.2011

Statistisches Bundesamt (2009), Niedrigeinkommen und Erwerbstätigkeit, verfügbar unter: http://www.destatis.de/jetspeed/portal/cms/Sites/destatis/Internet/DE/Presse/pk/2009/E rwerbstaetigkeit/begleitheft__Erwerbstaetigkeit,property=file.pdf, abgerufen am 12.4.2011

Statistisches Bundesamt (2010), Verweildauern im SGB II – Daten mit einer Wartezeit von 3 Monaten. Juni 2010, Wiesbaden, verfügbar unter: http://statistik.arbeitsagentur.de/ Statistikdaten/Detail/201006/iiia7/dauern/dauern-d-0-xls.xls, abgerufen am 12.4.2011

Steffen, J. (2008), Grundsicherung im Alter und die „Riester"-Rente, URL: http://www.ak-sozialpolitik.de/doku/01_aktuell/ticker/2008/2008_01_28_Grusi%20und%20Riester-Rente.pdf, abgerufen am 23.3.2011

Strengmann-Kuhn, W./Hauser, R. (2008), International vergleichende Armutsforschung, in: Huster, E.-U./Boeckh, J./Mogge-Grotjahn, H. (Hrsg.) (2008), Handbuch Armut und Soziale Ausgrenzung, Wiesbaden, S. 133-150

Süddeutsche Zeitung (2010), „Hartz IV soll kein Lebensschicksal sein". Interview mit Kanzlerin Angela Merkel, 29.9.2010, S. 5

Ullrich, C. G. (2005), Soziologie des Wohlfahrtsstaates. Eine Einführung, Frankfurt a. M. [u. a.]

Vertrag von Lissabon (2008), in der Fassung des Vertrages über die Arbeitsweise der Europäischen Union vom 13. Dezember 2007, hrsg. von der Bundeszentrale für politische Bildung, Bonn

Wallrabenstein, A. (2009), Versicherung im Sozialstaat (Ius publicum, Band 186), Tübingen

Wohlfahrt, N. (2007), Ausgrenzung durch Inklusionspolitiken, in: Ethik und Gesellschaft, Nr. 1/2007, S. 1-29

Annelie Buntenbach

Privatisierung von Lasten und Risiken – gefährlicher Irrweg in der deutschen Sozialpolitik

1   Einleitung

Als Wolfgang Schäuble Anfang der neunziger Jahre von den „Zwangssystemen der Sozialversicherung" sprach – und aus „Zwangssystemen" sich zu befreien, ist ja den Schweiß der Edlen wert –, brachte er damit Wunsch und Programm neoliberaler Politik in Deutschland auf einen kurzen Nenner.

Zieht man heute, zwei Jahrzehnte später, Bilanz, muss man feststellen, dass diese „Befreiung" inzwischen bedrückend weit gediehen ist und für viele zu „Freiheit" von sozialer Sicherheit geführt hat. Die Solidarität der sozialen Sicherungssysteme hat in den vergangenen Jahren in vielfältiger Hinsicht Schaden genommen, immer mehr Menschen drohen in die Bedürftigkeit abzurutschen. Doch gerade die, die nicht über die großen privaten Vermögen oder die eigenen Fabriken verfügen, können die großen Lebensrisiken – Alter, Krankheit, Pflege, Arbeitslosigkeit – nicht individuell schultern. Deshalb waren und sind leistungsfähige soziale Sicherungssysteme für die Arbeiter- und Gewerkschaftsbewegung ein wichtiges Anliegen. Je mehr Risiken aus deren Schutz herausgebrochen und privatisiert werden, desto stärker werden untere und mittlere Einkommen belastet und überlastet – und die Schere zwischen Arm und Reich geht noch weiter auseinander.

Angesichts dieser Bilanz ist eine grundsätzliche Neuorientierung der Politik umso dringender. Eine Neuorientierung, der das Leitbild zugrunde liegt, dass man von seiner Arbeit wieder leben können muss und dass die Ausweitung des Niedriglohnbereichs Teil des Problems und nicht der Lösung ist. Zum Leitbild gehören auch die gerechte Verteilung der Lasten und die Chance für alle auf Teilhabe am gesellschaftlichen Wohlstand. Dafür bedarf es eines handlungsfähigen Sozialstaats, der nicht ständig weiter zusammengekürzt wird. Haushaltskonsolidierung darf nicht allein über die Ausgabenseite betrieben werden – stattdessen muss der Sozialstaat über eine zukunftstaugliche Steuerpolitik und über universelle soziale Sicherungssysteme auf eine breite Grundlage gestellt werden. Sonst entwickelt sich die deutsche Gesellschaft immer weiter vom Sozialstaat zu einem Sozialhilfestaat, wo die Menschen nicht Rechte und Ansprüche auf soziale Absicherung haben, sondern zurückfallen in entwürdigende Bedürftigkeitsprüfungen und Armenfürsorge.

Aber, so eilig dieses Umsteuern der Politik auch ist, für einen Buchbeitrag gilt der Grundsatz: eins nach dem andern. Deshalb folgen zunächst ein genauerer Blick auf einige Aspekte der sozialpolitischen Entwicklung der letzten zwanzig Jahre, um den Prozess der Privatisierung sozialer Absicherung nachzuzeichnen, und anschließend einige Gedanken zu einer gewerkschaftlichen Gegenstrategie.

Weitreichende gesetzgeberische Eingriffe ins Renten- und im Krankenversicherungssystem, aber auch in die soziale Absicherung von Arbeitslosen haben das Gesicht des deutschen Sozialstaats verändert.

Die Arbeitsmarktreformen – bekannt unter dem Stichwort „Hartz-Reformen" – sollen hier aus Platzgründen außen vor bleiben. Sie setzen aber einen wichtigen Rahmen für den Sozialstaat insgesamt, da sie den Ausbau des Niedriglohnsektors massiv vorangetrieben haben und mit Hartz IV fast jede Arbeit als zumutbar definiert wurde. Und weil die Hartz-Gesetze damit einerseits dazu beitragen, die Finanzierungsbasis der Sozialversicherungssysteme zu untergraben, und andererseits zu neuen Anforderungen an die soziale Sicherung führen.

In diesem Artikel möchte ich dennoch den Fokus richten auf die Veränderungen in den Bereichen *Alterssicherung* und *Gesundheit*. In beiden Sicherungsbereichen fand eine Privatisierung von Risiken und Kosten – das heißt eine Übertragung von Lasten auf die Versicherten – statt. Wie tiefgreifend waren die Veränderungen, was ist das Gemeinsame, worin bestehen die Unterschiede? Was sind die Folgen und neuen Herausforderungen für die gewerkschaftliche Sozialpolitik und für die gewerkschaftliche Strategie?

2   Riester-Reform – Paradigmenwechsel und Systembruch

In den neunziger Jahren gab es mehrere kurzfristig orientierte, die Ausgaben senkende Eingriffe in die gesetzliche Rentenversicherung. Sie betrafen insbesondere Leistungen des sozialen Ausgleichs – z. B. die Bewertung von Zeiten der Arbeitslosigkeit oder der Ausbildung. Nachdem die rot-grüne Bundesregierung 1999 noch ihr Versprechen wahr gemacht hatte, die Blümsche Rentenreform von 1997 zurückzunehmen, kam es wenige Jahre später zu einem Kursschwenk. Der Gesetzgeber setzte im Zuge der Rentenreform 2001 auf eine neue Rentenformel, die das Rentenniveau deutlich senkt. Gleichzeitig wurde die Förderung der zusätzlichen Vorsorge eingeführt. Außerdem legte der Gesetzgeber ein Beitragssatzziel für die gesetzliche Rentenversicherung – und damit eine Belastungsobergrenze vor allem für die Arbeitgeber – für die Jahre 2020 und 2030[1] sowie ein Leistungsziel[2] fest. Die Reform war einerseits – „klassisch" – auf Leistungsbeschränkung angelegt, andererseits offen auf eine Privatisierung der Lasten ausgerichtet, verbunden mit der politischen, förderrechtlich unterstützten Aufforderung an die Arbeitnehmerinnen und Arbeitnehmer, in privat-wirtschaftliche Versicherungssysteme zu investieren.[3]

Beitrags- und Leistungsziele wurden in der Reform 2001 zwar formal als gleichrangig geregelt, aber mit dem RV-Nachhaltigkeitsgesetz (2004) wurde das im Jahr 2001 gegebene Leistungsversprechen bereits gebrochen. Der in die Rentenformel eingeführte Nachhaltigkeitsfaktor berücksichtigt das sich verändernde zahlenmäßige Verhältnis von Rentenbezieher/-innen und Beitragszahler/-innen bei der Rentenanpassung und führt wegen der demografischen Veränderungen zu einer weiteren drastischen Kürzung des Rentenniveaus.

Die gesetzliche Rentenversicherung wird durch den Abbau des Leistungsumfangs so stark geschwächt, dass sie das Ziel der Lebensstandardsicherung auch bei langen Versicherungsbiografien weit verfehlt. Die zusätzliche Vorsorge wurde damit *unabdingbar* für auskömmliche Alterseinkommen und die Lebensstandardsicherung gemacht und explizit in das System der Alterssicherung eingebunden. Die im Gesetz genannten Niveausicherungsziele gelten nur bis zum Jahr 2030 – und dies offensichtlich auch nur im Rahmen der Beitragsobergrenzen. Der Gesetzgeber verzichtete damit auf die Formulierung eines verlässlichen sozialpolitischen Leitbilds für die gesetzliche Rentenversicherung.

Mangelnde gesetzgeberische Stringenz liegt auch bei der geförderten privaten Vorsorge im Hinblick auf den Verbraucherschutz vor. Die Verbraucher sehen sich einer Unzahl von Produkten und Anbietern gegenüber. Dabei gibt es keine verlässlichen Kriterien, nach denen die Verbraucher die Produkte beurteilen könnten. Abschluss- und Verwaltungskosten sind in den Verträgen völlig unterschiedlich und häufig versteckt geregelt, und die Renditeerwartungen sind naturgemäß ohnehin unsicher. Die Anbieter kommen ihren Informations- und Transparenzpflichten völlig unzureichend nach, ein Vergleich der Produkte wird damit unmöglich und die Auswahl im Grunde zur Lotterie (vgl. Oehler 2009). Angesichts der Leistungskürzungen in der gesetzlichen Rentenversicherung und der großen Bedeutung, die die zusätzliche Altersvorsorge damit bekommt, und auch angesichts der staatlichen Förderung für die Riesterprodukte besteht hier dringender Handlungsbedarf in Bezug auf verbraucherorientierte Regulierung. Geprüft werden muss, wie der Gesetzgeber einerseits preisregulierend eingreifen und die Kos-

---

1 Von 20 bzw. 22 Prozent.
2 Nettorentenniveau von 67 Prozent.
3 Eine Übersicht zum Alterssicherungssystem findet sich in Bäcker (2010), Band 2, S. 389ff, und zur Neuregelung der Rentenanpassung S. 423ff.

ten für die Riesterverträge beschränken, und wie er andererseits mehr Transparenz und Vergleichbarkeit der Verträge erzwingen kann.

Davon abgesehen wird immer deutlicher, dass der Anspruch der „Lebensstandardsicherung aus drei Säulen", wie ihn die Bundesregierung und der Gesetzgeber formulieren, auf einer Fiktion beruht: nämlich auf der unrealistischen Vorstellung, dass alle Arbeitnehmerinnen und Arbeitnehmer am Drei-Säulen-System (ausreichend) partizipieren (können und wollen). An die Seite der *obligatorischen*, aber im Leistungsumfang geschwächten gesetzlichen Rente wird die *freiwillige* kapitalgedeckte Vorsorge gestellt. Das von der Politik propagierte „Drei-Säulen-System" kann aber schon aus systematischen Gründen nicht funktionieren, weil die in die gesetzliche Rentenversicherung gerissene Lücke für die meisten Arbeitnehmer/-innen viel zu groß geworden ist, um durch die zusätzliche Vorsorge geschlossen zu werden. Mit der Anhebung des gesetzlichen Renteneintrittsalters auf 67 Jahre wird sich diese Lücke für viele noch einmal erheblich ausweiten – und zwar für diejenigen, die vor dem gesetzlichen Rentenalter ausscheiden müssen und keinen Zugang mehr zum Arbeitsleben finden. Die Erhöhung des gesetzlichen Rentenalters kann damit die Rente – als Gegenwert für die Lebensleistung – drastisch beschädigen und die Gefahr der Altersarmut erhöhen (vgl. hierzu Bäcker/Kistler 2009).

Der Umfang der Förderung reicht nicht aus, um die Senkung des Rentenniveaus auszugleichen – das zeigen die Rentenversicherungsberichte der Bundesregierung[4], aber auch wissenschaftliche Untersuchungen (vgl. Börsch-Supan 2008). Darüber hinaus bleiben wichtige biometrische Risiken, die in der gesetzlichen Rentenversicherung abgesichert werden, in der zusätzlichen Vorsorge weitgehend unberücksichtigt. Dies gilt insbesondere für die Absicherung bei Erwerbsminderung. Fast 20 Prozent eines jeden Jahrgangs von Neurentnern/-rentnerinnen muss eine Erwerbsminderungsrente in Anspruch nehmen – ohne sich dagegen aktuell und absehbar im Drei-Säulen-System adäquat absichern zu können (vgl. Rische 2010, S. 5f; Nürnberger 2009). Zudem wird eine flächendeckende Verbreitung der zusätzlichen Altersvorsorge in einem freiwilligen System nicht erreichbar sein. Die vorhandenen Untersuchungen[5] sind ernüchternd: Insgesamt gibt es aktuell ca. 15 Millionen Riesterverträge – bei ca. 39 Millionen förderberechtigten Personen. Dazu kommen ca. 17,5 Millionen Arbeitnehmer/-innen mit einer betrieblichen Altersvorsorge. Unter Berücksichtigung der Personen, die in beiden kapitalgedeckten Säulen Vorsorge betreiben, wird davon ausgegangen, dass ungefähr ein Fünftel

---

4   Zuletzt: Bundesregierung, Rentenversicherungsbericht 2010, S. 39.
5   Die Datenlage ist unbefriedigend, weil es bislang keine umfassenden empirischen Erhebungen zur Reichweite zusätzlicher geförderter Vorsorge gibt – ein gravierendes Versäumnis angesichts der Bedeutung des Themas. Vgl. zur Darstellung der Forschungslage: Rieckhoff (2011), S. 87ff.

der sozialversicherungspflichtigen Beschäftigten und der Arbeitslosen keinerlei Vorsorge betreiben (vgl. Buntenbach 2011, S. 1129).

Besorgniserregend ist auch, dass im Durchschnitt zu wenig gespart wird: Bei der Entgeltumwandlung liegt der Durchschnittsbeitrag bei ca. 100 Euro pro Monat. Bei der Riester-Rente wiederum wird der Förderrahmen häufig nicht ausgeschöpft. 40 Prozent der geförderten Personen erhalten nicht die volle Zulage, weil ihr Beitrag unter vier Prozent des individuellen Einkommens liegt (vgl. Stolz/Rieckhoff 2010, S. 362). Andererseits gibt es andere Arbeitnehmer/-innen – insbesondere solche mit höheren Einkommen –, die ihre Altersvorsorge so gestalten können, dass sie in beiden Säulen die staatliche Unterstützung in Form von Zulagen, Steuerfreiheit und Sozialversicherungsfreiheit abrufen können. Schon allein dies sorgt für ungünstige Verteilungswirkungen des Drei-Säulen-Systems. Gravierender noch ist, dass die staatliche Förderung den Arbeitgeberbeitrag, der bei privaten Riesterverträgen immer und bei betrieblicher Altersversorgung häufig fehlt, nicht ausgleichen kann. Dies gilt vor allem für die Riesterförderung: Die Zulagenquote beläuft sich auf im Durchschnitt ca. 30 Prozent – bei den Frauen auf 41, bei den Männern auf 18 Prozent (ebd.) –, und liegt damit jeweils deutlich unterhalb der Parität, wie sie bei der gesetzlichen Rentenversicherung zwischen Arbeitgebern und Arbeitnehmern noch besteht. Zudem finanzieren die Arbeitnehmerinnen und Arbeitnehmer die staatliche Förderung durch ihre Steuern zum Großteil selbst.

Insgesamt bedeutet damit die Teil-Privatisierung der Alterssicherung, dass es zu einer Umverteilung in erheblichem Umfang innerhalb der Gruppe der Arbeitnehmerinnen und Arbeitnehmer und vor allem zwischen Beschäftigten und Arbeitgebern kommt – und zwar jeweils in die falsche Richtung. Arbeitnehmer/-innen mit höheren Einkommen sind eher in der Lage, die Sicherungslücken in der gesetzlichen Rentenversicherung durch zusätzliche Vorsorge zu schließen und dabei die staatliche Unterstützung in Anspruch zu nehmen. Und die Unternehmen werden aus der Verantwortung entlassen, die Lasten der Alterung der Gesellschaft mitzufinanzieren.

Neben den Arbeitgebern gehören die privaten Versicherungsunternehmen zu den Profiteuren. Ihnen wurden neue, profitable Märkte eröffnet. Bundeskanzler Gerhard Schröder erklärte den Versichertenvertretern des Maschmeyer-Konzerns bei einem Auftritt, sie erfüllten eine staatsersetzende Funktion und müssten die Menschen fürs Alter absichern – die gesetzliche Rente könne dies nicht mehr. Wie leichtsinnig die Politik hier Türen geöffnet hat!

Spätestens nach der Finanzmarktkrise sollte allerdings klar sein, dass der Aktienmarkt für die Alterssicherung nicht taugt. Die umlagefinanzierte Rente ist und bleibt die überlegene Vorsorgeform – erst recht, wenn man sie für die Zukunft auf eine breitere Grundlage stellt.

3   GKV-Reformen – unsolidarisch und das Gegenteil von „nachhaltig"

Auch im Bereich der gesetzlichen Krankenversicherung (GKV) gab es in den vergangenen Jahren eine Reihe von Eingriffen ins Leistungsrecht, die die Ausgaben der GKV gesenkt haben und die Belastungen für die Leistungsempfänger erhöhten: zum Beispiel die Abschaffung der Kostenübernahme bei so genannten „Bagatellmedikamenten", die Einführung von Zuzahlungen zum Beispiel zu Heil- und Hilfsmitteln, bei Zahnersatz oder bei Krankenhausaufenthalten sowie die Schaffung von – meistens bei weitem nicht ausreichenden – Festkostenzuschüssen. Allein die gesetzlichen Zuzahlungen machen ungefähr fünf Milliarden Euro aus. Ähnlich wie in der Rentenversicherung versuchte der Gesetzgeber bis zu diesem Zeitpunkt, durch Leistungsausgrenzungen und -beschränkungen die Ausgaben zu dämpfen.

Der offene Bruch mit der paritätischen Finanzierung der GKV-Ausgaben erfolgte im Jahr 2005 mit der Einführung des Sonderbeitrags von 0,9 Prozent für die Arbeitnehmerinnen und Arbeitnehmer. Dies führte zu einer Mehrbelastung der Arbeitnehmerinnen/Arbeitnehmer gegenüber den Arbeitgebern von ca. neun Milliarden Euro.

Die Große Koalition schuf im Jahr 2009 – nach langem und erbittertem Streit – den Gesundheitsfonds. Der Gesundheitsfonds löste die kassenindividuellen Beitragssätze ab und führte einen für alle gesetzlichen Kassen einheitlichen Beitragssatz von anfangs 15,5 Prozent ein. Gleichzeitig wurde ein morbiditätsorientierter Risikostrukturausgleich etabliert, der die unterschiedliche Versichertenstruktur und das entsprechend unterschiedlich häufige Vorkommen bestimmter Krankheiten zumindest teilweise ausgleichen sollte.

Die Einführung des Gesundheitsfonds war aber auch mit dem Zwang für die Krankenkassen verbunden, von Arbeitnehmerinnen und Arbeitnehmern in begrenztem Umfang Zusatzbeiträge zu verlangen, wenn die Zuweisungen aus dem Gesundheitsfonds für die Deckung der Ausgaben nicht ausreichten. Die Begrenzungen bezüglich des Zusatzbeitrags bestanden darin, dass zum Ersten maximal ein Prozent[6] des beitragspflichtigen Einkommens als Zusatzbeitrag erhoben werden konnte – bei einem Durchschnittsverdiener wären das aber immerhin ca. 23 Euro im Monat gewesen –, zum Zweiten sollte der allgemeine Beitragssatz erst dann angehoben werden, wenn der Fonds die Ausgaben der gesetzlichen Krankenkassen zwei Jahre hintereinander zu weniger als 95 Prozent abdeckte. Die Gewerkschaften haben diese Reform scharf kritisiert, weil sie die Arbeitnehmerinnen und Arbeitnehmer massiv und einseitig belastete und weil die strukturellen Ein-

---

6   Pauschal, d. h. ohne Einkommensprüfung, konnten auch 8 Euro erhoben werden.

nahmeprobleme nicht angegangen wurden. Zurzeit finanzieren die Versicherten ca. 60 Prozent der Ausgaben der GKV, die Arbeitgeber nur noch 40 Prozent.

Die schwarz-gelbe Koalition baute auf den Vorarbeiten der Großen Koalition auf. Zwei strategische Entscheidungen wurden beim GKV-Finanzierungsgesetz 2010 getroffen: *Erstens* wird der allgemeine Beitragssatz von 15,5 Prozent eingefroren – und damit auch der Finanzierungsanteil von 7,3 Prozent für die Arbeitgeber. Dabei wurde letztmalig der allgemeine Beitragssatz paritätisch um 0,6 Prozentpunkte von 14,9 auf 15,5 Prozent erhöht.[7] Die Arbeitgeber sollen damit bewusst von künftigen Kostensteigerungen, soweit sie nicht über den festgeschriebenen allgemeinen Beitragssatz gedeckt werden können, komplett verschont bleiben. Die *zweite* strategische Entscheidung besteht darin, dass die zu erwartenden Kostensteigerungen allein von den Versicherten übernommen werden sollen, und zwar in Form von Kopfpauschalen – im Gesetz „kasseindividuelle einkommensunabhängige Zusatzbeiträge" genannt. Die Zusatzbeiträge bedeuten den Bruch mit dem Solidaritätsprinzip – für Geringverdiener und Rentner stellt schon eine Kopfpauschale von 20 Euro eine Einkommenskürzung von zwei Prozent dar, der Bezieher von Einkommen an der Beitragsbemessungsgrenze wird hingegen nur mit 0,5 Prozent belastet. Gleichzeitig erleichterte das Gesetz es den Arbeitnehmerinnen und Arbeitnehmern mit Einkommen an und oberhalb der Versicherungspflichtgrenze durch die Verkürzung der Wartezeit, in die private Krankenvollversicherung zu wechseln.

Zwar soll es für die gesetzlich Versicherten bei Belastungen oberhalb von zwei Prozent der Einkommen zu einem theoretischen „Sozialausgleich" kommen. Aber dieser Sozialausgleich ist völlig unzureichend: Die Belastungsgrenze ist viel zu hoch – bei einem monatlichen Durchschnittseinkommen von ca. 2.300 Euro brutto können Zusatzbeiträge von bis zu 555 Euro im Jahr verlangt werden, ohne dass der Sozialausgleich greift. Bei Rentnerinnen und Rentnern, die aktuell im Durchschnitt eine Altersrente von ca. 740 Euro erhalten, erfolgt ein Sozialausgleich erst bei einer Belastung ab ca. 15 Euro pro Monat. Außerdem orientiert sich der Sozialausgleich nur an den theoretischen durchschnittlichen Zusatzbeiträgen aller Versicherten in allen Krankenkassen – und nicht am tatsächlichen Zusatzbeitrag der Krankenkasse, bei der der Arbeitnehmer oder der Rentner versichert ist. Das heißt, in vielen Fällen werden die realen Lasten gar nicht ausgeglichen.

Die Belastungen für die Arbeitnehmerinnen und Arbeitnehmer werden relativ schnell anwachsen. Nach Berechnungen des Gesundheitsministeriums könnten 2014 schon durchschnittliche Zusatzbeiträge von 16 Euro monatlich notwendig

---

7   Der Beitragssatz war zuvor für zwei Jahre, als Teil des Konjunkturpakets zur Bekämpfung der Wirtschaftskrise, um 0,6 Prozentpunkte gesenkt worden. Die Finanzlücke wurde in dieser Zeit durch einen Steuerzuschuss gedeckt.

sein. Verläuft die Ausgabendynamik der GKV so, dass die Ausgaben regelmäßig zwei Prozentpunkte höher liegen als die Entwicklung der beitragspflichtigen Einnahmen – was angesichts des demografischen Wandels und des technologischen Fortschritts nicht unrealistisch ist –, dann wachsen die monatlichen Zusatzbeiträge bis 2020 auf ca. 56 und bis 2025 auf fast 100 Euro an. 2020 wären dann über 70 Prozent der Haushalte vom Sozialausgleich abhängig, fünf Jahre später wären alle Haushalte darauf angewiesen (vgl. DGB-Bundesvorstand 2010).

Die Versicherten werden durch die Reform und vor allem durch den unzureichenden Sozialausgleich zum „Kassen-Hopping" angehalten – dies verschärft den Preiswettbewerb zwischen den gesetzlichen Krankenkassen und behindert den ursprünglich gewollten Qualitätswettbewerb. Zudem werden bestimmte Versicherte – z. B. ältere Personen und Versicherte mit Behinderungen, die auf eine örtlich gut erreichbare Krankenkasse angewiesen sind – weniger bereit zum Krankenkassen-Wechsel sein. Damit werden Krankenkassen mit einer versichertennahen Dienstleistungsstruktur sogar im Preiswettbewerb benachteiligt. Es ist insgesamt zu vermuten, dass die Krankenkassen ihre Geschäftspolitik nicht mehr vorrangig auf die beste Versorgung, sondern auf die Reduzierung von Kosten und damit auf die Verhinderung von (höheren) Zusatzbeiträgen ausrichten müssen. Hier sind dringend Aktivitäten in der Versorgungsforschung notwendig, um die Wirkungen zu untersuchen.

Zu beachten ist dabei auch, dass die Reform nicht nur die Finanzierungsverteilung verändert, sondern auch die Machtverteilung im Gesundheitssystem: Voraussichtlich gewinnen die Leistungserbringer weiter an Macht, weil die Arbeitgeber künftig als Gegengewicht zu Kostensteigerungen fehlen. Ihr Interesse an der Dämpfung der Krankheitskosten nimmt ab, da sie steigende Kosten ja nicht mehr mittragen müssen. Das ist übrigens auch deswegen eine gravierende politische Fehlentscheidung, weil die Kosten für arbeitsbedingte Erkrankungen, die gesamtwirtschaftlich im vergangenen Jahr etwa 44 Milliarden Euro betragen haben, damit immer weniger von den Arbeitgebern mitzufinanzieren sind.

Diese Gesundheitsreform der schwarz-gelben Bundesregierung ist von ihrer systemverändernden Reichweite her mit der Rentenreform 2001 mindestens vergleichbar – wenn sie in ihren Wirkungen nicht aufgehalten werden kann. Aber: Selbst in der Logik derjenigen, die den Sozialstaat zurückdrängen wollen und die bei der Riester-Rente noch auf die ergänzende kapitalgedeckte Vorsorge gesetzt haben, ist diese Gesundheitsreform das Gegenteil von „nachhaltig". Die Finanzierungsbasis der GKV wurde drastisch verkleinert und auf die Arbeitnehmereinkommen konzentriert. Die Entlastung der Arbeitgeber erfolgt noch direkter und unverhüllter als bei der Riester-Reform. Mit dem GKV-Finanzierungsgesetz ist keine Strategie verbunden, die künftig steigenden Lasten für die Arbeitnehmerinnen und Arbeitnehmer in Schach zu halten. Ganz im Gegenteil, mit der Begrenzung des Arbeitgeberanteils ist das Ventil auf der Aufgabenseite ein ganzes Stück weit geöffnet worden.

4   Gewerkschaftliche Gegenstrategie – gute Konzepte und Bündnisse für ein solidarisches Sozialsystem

DGB und Gewerkschaften haben sich sowohl in der Renten- als auch in der Gesundheitspolitik in alle Reformprozesse eingemischt. In einigen Fragen konnten sie Verbesserungen erreichen, etwa bei der Förderung der betrieblichen Altersversorgung, und manchmal auch Schlimmeres verhindern. Aber zur ehrlichen Analyse gehört es auch, festzuhalten, dass die parlamentarischen Mehrheiten in den strategischen Fragen gegen gewerkschaftliche Positionen und für eine Umverteilung zu Lasten der Arbeitnehmerinnen und Arbeitnehmer entschieden haben.

„Zurück auf Los" hilft nach zwei Jahrzehnten der Umstrukturierungen in den sozialen Sicherungssystemen nicht. Es ist wohl kaum sinnvoll, zum Beispiel jetzt nach zehn Jahren die Förderung der zusätzlichen Altersvorsorge wieder zurückzunehmen; sie erleichtert schließlich auch denjenigen mit geringen Einkommen das Sparen und ist zu einem integralen Bestandteil der Umstellung auf die nachgelagerte Besteuerung von Alterseinkommen geworden. Oder zum Beispiel die Einführung eines morbiditätsorientierten Risikostrukturausgleichs: Sie bedeutet wiederum eine Weichenstellung, die für eine solidarische Weiterentwicklung der GKV nutzbar ist.

Es geht also um eine nach vorn gerichtete Strategie – zu ihr gehört auch, für die Korrektur von wesentlichen Fehlentscheidungen zu streiten. Zu diesen Fehlentscheidungen zählt in der Alterssicherung der radikale Abbau des sozialen Ausgleichs und des allgemeinen Leistungsniveaus der gesetzlichen Rentenversicherung. Im Bereich der gesetzlichen Krankenversicherung geht es zuallererst darum, die paritätische Finanzierung wiederherzustellen und die überholte Trennung in gesetzliche und private Krankenversicherung zu beenden. Darüber hinaus müssen die Sozialversicherungszweige aber auch auf neue Herausforderungen eingestellt werden. Die größte dieser Herausforderungen ist die veränderte Arbeitswelt, die geprägt ist von freiwilliger Flexibilität, vor allem aber auch von erzwungener Prekarität. Das hat Auswirkungen auf die Beitrags- und Leistungshöhen und zum Teil auch darauf, ob die Erwerbstätigen überhaupt von der Versicherungspflicht erfasst sind. Parallel dazu hat sich auch die Verteilung der Markteinkommen verändert, die sinkende Lohnquote führt zu einer schrumpfenden Finanzierungsbasis der Sozialversicherungen.[8]

DGB und Gewerkschaften haben in den vergangenen Jahren einen Gegenentwurf zur Privatisierungsstrategie erarbeitet, der Antworten auf diese Herausforderungen gibt und die Sozialversicherungen zukunftsfest gestaltet. Wir verfolgen dabei für die Zweige Renten-, Kranken- und Pflegeversicherung grundsätzlich die gleichen Ziele: Die Sozialversicherungen sollen universeller werden, d. h. mehr Menschen sollen in die Solidarität und in den Schutz, den sie gewähren, einbezogen werden. Die Finanzierungsbasis soll zudem gerechter und breiter gestaltet werden, indem auch andere Einkommensbestandteile und Einkommensarten, die bislang bei der Beitragserhebung nicht berücksichtigt werden, zur Finanzierung beitragen. Dadurch entstehen Spielräume, um notwendige Leistungsverbesserungen zu ermöglichen und sozialen Herausforderungen gerecht zu werden, die mit dem sich wandelnden Arbeitsmarkt und mit der demografischen Veränderung zusammenhängen. Durch diesen Dreiklang – ein System für alle / breitere Finanzierungsbasis / gute Leistungen – können die Sozialversicherungssysteme, gleichsam als Bollwerk gegenüber einer Ideologie der Privatisierung, gestärkt werden. An dieser Stelle kann ich nur grob skizzieren, was darunter zu verstehen ist:

In die Rentenversicherung sollen langfristig alle erwerbstätigen Personen mit einbezogen werden. Die Versicherungspflicht soll dabei in einem ersten Schritt auf Selbstständige ausgeweitet werden, die bislang nicht von einem obligatorischen System (z. B. berufsständische Versorgung) erfasst worden sind. Das betrifft vor allem so genannte Solo-Selbstständige. Nach einer Übergangszeit sollen aber auch alle neu hinzukommenden Selbstständigen – auch solche in verkammerten Berufen – und die Beamten aufgenommen werden. Dies ist eine zeitgemäße Antwort auf die zunehmenden Wechsel zwischen den Erwerbsformen und ermöglicht mehr Durchlässigkeit in den Erwerbsbiografien. Die Finanzierungsbasis soll zusätzlich dadurch stabilisiert werden, dass auch weiterhin ein angemessener steuerfinanzierter Bundeszuschuss zur gesetzlichen Rentenversicherung gezahlt wird – als Ausgleich für die nicht beitragsgedeckten, gesamtgesellschaftlichen Leistungen, aber auch als Antwort auf den demografischen Wandel, der ebenfalls durch die Gesamtgesellschaft (und nicht nur allein durch die Versichertengemeinschaft) aufgefangen werden muss.

DGB und Gewerkschaften wollen auch die Beitrags- und Leistungsziele neu justieren – und damit die Privatisierung der Alterssicherung in erheblichem Umfang rückgängig machen: Die Kürzungen bei den Rentenanpassungen müssen ein Ende haben, das Rentenniveau darf nicht weiter gesenkt werden. Dazu muss insbesondere der Nachhaltigkeitsfaktor beseitigt werden. Auch die geförderte zusätz-

---

8   Ausführlich dazu: Buntenbach (2011), S. 1131.

liche Altersvorsorge wird so wirksamer und attraktiver, weil die Arbeitnehmerinnen und Arbeitnehmer nicht mehr gezwungen werden, immer größer werdenden Lücken in der gRV hinterherzusparen. Dies erleichtert die Lebensstandardsicherung. Wichtig ist es aber auch, die Rentenversicherung armutsfester zu gestalten. Als Antwort auf die moderne Arbeitswelt müssen – gegenfinanziert durch Steuern – geringe Einkommen und längere Zeiten von Arbeitslosigkeit für die Rentenberechnung höher bewertet werden. Von herausragender Bedeutung für die Bekämpfung von Altersarmut ist es zudem, erwerbsgeminderte Menschen wieder besser abzusichern: Die Abschaffung der – ohnehin systemwidrigen – Abschläge würde ihre Rentenleistungen im Durchschnitt um ca. zehn Prozent erhöhen; eine vergleichbare Wirkung kann durch eine entsprechende Verlängerung der Zurechnungszeiten erreicht werden.

Die gesetzliche Krankenversicherung muss ebenfalls gestärkt werden, indem schrittweise alle Bürgerinnen und Bürger in das Solidarsystem einbezogen werden. Die private Krankenversicherung als Vollversicherung ist ein Auslaufmodell. In einem ersten Schritt müssen die privaten Krankenversicherungen in den Finanzausgleich einbezogen werden. Als nächstes sollen die privat Versicherten einmalig ein Wahlrecht zwischen den beiden Systemen (gesetzliche und private Krankenversicherung) erhalten (und das Recht, die Altersrückstellungen mit in die GKV zu nehmen) – dies wäre wohl der einzige rechtlich gangbare Weg, um möglichst viele Versicherte aus der Einbahnstraße private Krankenversicherung herauszuholen. Der Neuzugang in die Vollversicherung einer privaten Krankenversicherung wird versperrt, alle neuen Selbstständigen, Beamten und Arbeitnehmerinnen/Arbeitnehmer werden – unabhängig vom Einkommen – in der GKV versichert. Bei Beamtinnen und Beamten muss sichergestellt werden, dass der Dienstherr die Arbeitgeberbeiträge übernimmt. Arbeitnehmerinnen und Arbeitnehmer sowie ihre Arbeitgeber zahlen dabei auf die Erwerbseinkommen wieder paritätische Beiträge. Die Beitragsbemessungsgrenze sollte angehoben werden, naheliegenderweise auf das Niveau von Renten- und Arbeitslosenversicherung. Eine komplette Aufhebung der Beitragsbemessungsgrenze würde mit hoher Wahrscheinlichkeit an verfassungsrechtliche Grenzen stoßen, da die Beiträge dadurch steuerähnlich würden. Insgesamt entstehen durch eine solche Weiterentwicklung der gesetzlichen Krankenversicherung erhebliche finanzielle Spielräume, die für dringend gebotene Leistungsverbesserungen verwendet werden sollten – insbesondere im Bereich der Prävention, der betrieblichen Gesundheitsförderung und bei derzeit ausgegliederten Leistungen, wie beim Zahnersatz. Darüber hinaus kann die Verbreiterung der Finanzierungsbasis unter Umständen auch zu einer Senkung des allgemeinen Beitragssatzes genutzt werden.

In beiden Sicherungsbereichen besteht die Notwendigkeit, die Konzepte weiter zu konkretisieren. Es reicht nicht aus, ordnungspolitisch eine saubere Lösung anzubieten, nämlich „ein System für alle", sondern die Konzepte müssen auch (verfassungs-)rechtlich und politisch umsetzbare Schritte formulieren. So muss die Frage beantwortet werden, wie die Einbeziehung von selbstständig Erwerbstätigen in die gRV erfolgen und dabei die Tragung der Beiträge geregelt werden soll. Bei der Weiterentwicklung der GKV stellen sich ähnlich gewichtige Fragen: Wie werden andere Einkommensarten weitgehend unbürokratisch zur Finanzierung der Gesundheitsausgaben herangezogen – über eine Beitragslösung in einer oder mehreren Säulen? Die Konkretisierung und Formulierung umsetzbarer Schritte ist deshalb notwendig, um denjenigen den Boden zu entziehen, die aus purem Eigeninteresse die Machbarkeit anzweifeln, etwa die privaten Versicherungen.

Darüber hinaus muss es DGB und Gewerkschaften auch darum gehen, diejenigen Erwerbstätigen zu überzeugen, deren Situation sich mit der Ausweitung der Finanzierungsbasis und des Versichertenkreises verändert und die neue Belastungen fürchten.

Gerade im Gesundheitswesen werden die Vorbehalte gewaltig sein, zu viele profitieren von der derzeitigen Situation: die privaten Krankenversicherungen, aber auch Ärzte als Leistungserbringer, die am Zwei-Klassen-System verdienen. Zudem profitieren zweifelsohne auch bestimmte Erwerbstätige von dem aktuellen, die Menschen entsolidarisierenden System. Deshalb werden harte politische Auseinandersetzungen unumgänglich sein, die dann auch mit Mehrheit zu entscheiden sind. Privat versicherten Arbeitnehmerinnen und Arbeitnehmern muss – und kann – aber auch klargemacht werden, dass ihre Versicherungen so oder so in große Schwierigkeiten hineinlaufen: Der demografische Wandel schlägt in den kleineren Versicherungskollektiven der privaten Versicherungen noch stärker als in der GKV zu. Außerdem werden die privaten Versicherungen auch künftig kaum über wirksame Instrumente zur Kostendämpfung verfügen – anders als die gesetzlichen Krankenkassen, deren Kosten in deutlich geringerem Maße steigen als die der privaten Konkurrenz. Darüber hinaus können die Mehrbelastungen durch die Senkung des GKV-Beitragssatzes in Grenzen gehalten werden, und die Arbeitnehmerinnen und Arbeitnehmer mit höheren Einkommen profitieren besonders von der steuerlichen Absetzbarkeit der Krankenversicherungsbeiträge.

Insgesamt müssen die gewerkschaftlichen Konzepte so attraktiv und überzeugend formuliert werden, dass ein Bündnis für mehr Solidarität auch innerhalb der Arbeitnehmerschaft gestärkt wird: Die „Gegner" sind schließlich ja nicht die Arbeitnehmer mit Einkommen oberhalb der Beitragsbemessungsgrenze. Die „Gegner" sind parlamentarische und gesellschaftliche Interessenkoalitionen, die die Menschen gegeneinander in Stellung bringen, indem sie mit Verweis auf die „notwendige Eigenvorsorge" und auf die angeblich verletzte Generationengerechtig-keit die Leistungen kürzen, die Belastungen der Arbeitnehmerinnen und Arbeit-nehmer einseitig erhöhen und die solidarische Finanzierungsbasis der obligatori-schen Sicherungssysteme untergraben.

Hinter beiden Reformkonzeptionen stehen außer dem DGB und den Gewerk-schaften weitere wichtige Akteure. Die derzeitigen Oppositionsparteien, aber auch die großen Sozial- und Wohlfahrtsverbände verfolgen dieselben generellen Ziele. Das Konzept einer Erwerbstätigenversicherung zur Weiterentwicklung der gesetz-lichen Rentenversicherung wurde vom DGB gemeinsam mit SoVD und Volkssoli-darität erarbeitet (Sozialverband Deutschland u. a. 2007). Die Bürgerversicherung in der gesetzlichen Krankenversicherung wurde zuletzt von der Reformkommissi-on „Für ein solidarisches Gesundheitssystem der Zukunft" bekräftigt, in der Wis-senschaft, DGB und Gewerkschaften, Deutscher Frauenrat und Deutscher Bundes-jugendring, Arbeitnehmerorganisationen der Oppositionsparteien sowie die gro-ßen Sozial- und Wohlfahrtsverbände zusammengearbeitet haben (Reform-Kommission 2010). Eine solche Zusammenarbeit mit anderen gesellschaftlichen Partnern ist dringend nötig, um ein fundiertes Gegengewicht zum wissenschaftli-chen und publizistischen Mainstream zu schaffen, der allzu oft immer noch für Leistungskürzungen und Privatisierung von Lasten plädiert.

Je konkreter formuliert und je besser praktisch umsetzbar die Reformkonzepte sind, die DGB und Gewerkschaften in die politische Auseinandersetzung bringen, desto mehr sind die eigenen Mitglieder, die Bündnispartner, aber auch eine breite Öffentlichkeit für einen Politikwechsel zu gewinnen und zu begeistern. Es gibt konkrete Alternativen zum Streichen, Kürzen und zur Verteilung von unten nach oben. Die nächsten Jahre bis zur Bundestagswahl müssen dafür genutzt werden, einen Meinungsumschwung für eine sozial gerechte Politik zu schaffen – und zwar so nachdrücklich, dass künftige Regierungskonstellationen an gewerkschaftlichen Konzepten für die Weiterentwicklung der Sozialen Sicherheit nicht vorbeikom-men.

Literaturverzeichnis

Bäcker, G./Kistler, E. (2009), Rente mit 67 – Erhöhtes Risiko von Einkommenseinbußen und Altersarmut, Zweiter Monitoring-Bericht des Netzwerks für eine gerechte Rente, Berlin
Bäcker, G. (2010), Sozialpolitik und soziale Lage in Deutschland, Band 1 und 2, Wiesbaden
Börsch-Supan, A. (2008), Zum künftigen Stellenwert der ersten Säule im Gesamtsystem der Alterssicherung, MEA discussion paper 158
Bundesregierung (2010), Rentenversicherungsbericht 2010

Buntenbach, A. (2011), Die sozialpolitische Bedeutung der Rentenversicherung aus Sicht der Gewerkschaften, in: Eichenhofer, E./Schmähl, W./Rische, H. (Hrsg.), Handbuch der gesetzlichen Rentenversicherung, Köln, S. 1113-1155

DGB-Bundesvorstand, Buntenbach A. (Hrsg.) (2010), Reform-Kommission „Für ein solidarisches Gesundheitssystem der Zukunft": Bürgerversicherung statt Kopfpauschale. Gemeinsame Erklärung für ein solidarisches Gesundheitssystem der Zukunft, 2., durchgesehene Auflage, Berlin

Nürnberger, I. (2009), Notwendige Reform der Erwerbsminderungsrenten: Erwerbsgeminderte besser absichern!, in: Soziale Sicherheit 3/2009, S. 85-92

Oehler, A. (2009), Alles Riester? Die Umsetzung der Förderidee in der Praxis, Gutachten im Auftrag des Verbraucherzentrale Bundesverbands e. V., Berlin

Reform-Kommission (2010), „Für ein solidarisches Gesundheitssystem der Zukunft": Bürgerversicherung statt Kopfpauschale. Gemeinsame Erklärung für ein solidarisches Gesundheitssystem der Zukunft, Berlin

Rieckhoff, C. (2011), Wohin steuert die Riester-Rente? Stand der Forschung, Kritik der Ergebnisse und zukünftiger Forschungsbedarf, in: Deutsche Rentenversicherung 1/2011, S. 87ff

Rische, H. (2010), Die Absicherung des Erwerbsminderungsrisikos – Handlungsbedarf und Reformoptionen, in: RVaktuell 1/2010, S. 2-9

Sozialverband Deutschland, Volkssolidarität Bundesverband und Deutscher Gewerkschaftsbund (2007), Erwerbstätigenversicherung: Rente mit Zukunft, Berlin

Stolz, U./Rieckhoff, C. (2010), Beitragsjahr 2007: Zulagenförderung nochmals um mehr als ein Viertel gestiegen, in: RVaktuell 11/2010, S. 355-362

Hans-Jürgen Urban

Sozialstaatliche Erneuerung und gewerkschaftliche Revitalisierung – zwei Seiten einer Medaille

Das Aufatmen nach der großen Krise des Finanzmarkt-Kapitalismus war deutlich zu vernehmen. Unerwartet schnell startete die Konjunktur wieder durch. In der besonders krisengebeutelten exportorientierten Industrie blieben nicht nur die befürchteten Massenentlassungen aus. Der Export erwies sich schnell erneut als Treiber des rasanten Wirtschaftswachstums. Kurzum, der deutsche Export-Weltmeister-Kapitalismus scheint die Jahrhundertkrise weitgehend unbeschadet überstanden zu haben.

1 Gewerkschaften im Finanzmarkt-Kapitalismus

Und die Gewerkschaften? Ihre Krisen-Bilanz ist keineswegs einfach aufzustellen. Auf der Habenseite kann zunächst ihre weitgehend anerkannte, bedeutende Rolle bei Krisenbewältigung und Beschäftigungssicherung verbucht werden. Die Gewerkschaften wurden in Verhandlungsrunden mit Regierung und Wirtschaftsverbänden konsultiert und wichtige Kriseninterventionsinstrumente gingen auf ihr Betreiben zurück. Diese interessenpolitischen Erfolge unter schwierigen Rahmenbedingungen blieben weder in der Öffentlichkeit noch in der Gewerkschaftsforschung unbemerkt. Die Wochenzeitschrift „Die Zeit" konstatierte bereits im Krisenjahr 2009: „Die Gewerkschaften sind zurück" (Die Zeit vom 30.4.2009). Und selbst ansonsten eher korporatismuskritische Stimmen verweigern den gewerkschaftlichen Führungsgruppen und ihrer Politik in den tripartistischen Aushandlungsrunden nicht die Anerkennung. „Sie haben sich als Krisenmanager bewährt und im politischen Tausch Zugeständnisse (großzügige Kurzarbeitsregelungen, Abwrackprämie) und Ergebnisse (Sicherung von Stammbelegschaften) erreicht, die in anderen Ländern selbst mit militanten Protesten nicht durchzusetzen waren" (Dörre 2011, S. 268).

Auf den ersten Blick könnte die Krisen-Geschichte der Gewerkschaften also als ungetrübte Erfolgs-Story erscheinen. Offensichtlich eröffnete der neuen „Krisen-Korporatismus" ihnen Einflusskanäle, die sie zur Stabilisierung von Beschäftigung und Industriestrukturen nutzen konnten (Urban 2010a). Ob diese Erfolge außerhalb dieser Arrangements und bei Einsatz einer ausschließlich konfliktorientierten Strategie möglich gewesen wären, kann – gerade mit Blick auf Entwicklungen in anderen Ländern – durchaus bezweifelt werden (Hyman/Gumbrell-McCormick 2010). Doch eine Bilanz ist ohne die Kostenseite nicht aussagefähig. Wie andere korporatistische Aushandlungssysteme so beruhte auch der deutsche Krisen-Korporatismus auf dem Prinzip des politischen Tausches. In diesem sind Erfolge in der Regel nicht ohne Zugeständnisse zu erlangen. Dabei wirkt die interne Aushandlungslogik als Forderungsfilter, der Ansprüche eines korporativen Akteurs, die mit den Interessenlagen der Anderen zu stark konfligieren, aussortiert. Welche Interessenlage und Forderungen sich am Ende als durchsetzungsfähig erweisen, hängt auch vom Verhandlungsgeschick und von den institutionellen Regeln des Tausches, letztlich aber vor allem von der Ausstattung mit Verhandlungsmacht ab.

Eine Analyse, die den Blick auf die Machtkonstellationen richtet, welche sich hinter der deutschen Krisenpolitik verbergen, lässt nicht nur die Preise sichtbar werden, die für die krisenpolitischen Erfolge zu zahlen waren. So ging die Sicherung von Beschäftigung durch Maßnahmen der Arbeitszeitreduktion mit einem Abbau von Leiharbeitsplätzen und erheblichen Zugeständnissen der Stammbelegschaften bei Entgelten und Arbeits- und Leistungsstandards einher. Neben relativ geringen nominalen Tarifsteigerungen waren Tendenzen zur Verlängerung der Tariflaufzeiten und zur Verzögerung des Inkrafttretens von Lohnerhöhungen zu beobachten. Auch Pauschal- und Einmalzahlungen nahmen zu, die den künftigen Lohnanstieg dämpfen (Bispinck et al. 2011). Zugleich ging die Beschäftigungssicherung mit einer forcierten Restrukturierung in vielen Unternehmen einher, die mit weitreichenden Leistungsintensivierungen und Gesundheitsbelastungen der Beschäftigten verbunden war (Schröder/Urban 2011).

Der machttheoretische Blick fördert aber auch die Grenzen dieses Politikmodells zutage und macht verständlich, warum zentrale Punkte der gewerkschaftlichen Krisenüberwindungsstrategie nicht zu realisieren waren. So lagen etwa die Hortung von Arbeitskräften (z. B. durch die Kurzarbeit) und die Sicherung von industrieller Wertschöpfung (z. B. durch die Abwrackprämie) im Interesse der Gewerkschaften und der Arbeitgeberverbände sowie einer um Zustimmung in der Bevölkerung besorgten Regierung; sie waren daher konsens- und durchsetzungsfähig. Anders verhielt es sich mit krisenpolitischen Essentials der Gewerkschaften, die sich nicht in der interessenpolitischen Schnittmenge aller Akteure bewegten und keine Entscheidungskoalitionen zwischen den Beteiligten hervorbrachten. Zu nennen wäre hier die Forderung der IG Metall nach einem Public-Equity-Fonds. Dieser sollte sich aus einer Abgabe auf private Vermögen speisen und als eine Institution fungieren, die eine krisenpolitische Intervention in die wirtschaftliche Eigentumsordnung und eine politische Regulierung des unverzichtbaren wirtschaftlichen Strukturwandels erlaubt (dazu Urban 2009). Dieser Vorschlag wäre auf eine strukturelle, die Regeln des Ökonomischen verändernde Krisenintervention hinausgelaufen, die von den Gewerkschaften und durchaus relevanten Teilen der Öffentlichkeit für unverzichtbar gehalten wurde. Doch offensichtlich geriet der Vorschlag zu deutlich in Konflikt mit den Eigentums- und Machtinteressen der Kapitalverbände und den ordnungspolitischen Leitbildern einer wirtschaftsliberalen Regierung, als dass er es auch nur auf die Agenda der Verhandlungsrunden hätte schaffen können. Auch die gewerkschaftliche Verhandlungsmacht reichte offensichtlich nicht aus, dies zu ändern.

Voraussetzungen, Mechanismen und Restriktionen des deutschen Krisen-Korporatismus stellen für die sozialwissenschaftliche Forschung ein sicherlich fruchtbares, weites Feld dar. Forschungsergebnisse können mit Spannung erwartet werden. Doch bereits der hier gewagte, kursorische Blick lässt deutlich werden, dass sich die Gewerkschaften trotz Aufschwungs und Beschäftigungszuwächsen in einer Konstellation befinden, die alles andere als komfortabel ist. Den ansehnlichen Defensiverfolgen in der Krise stehen strukturelle Probleme gegenüber, mit deren Bewältigung sich die Gewerkschaften schwertun. Bereits die (Verteilungs-)Bilanz der staatlichen Wirtschafts- und Sozialpolitik *vor* der Krise kann aus gewerkschaftlicher Sicht nicht befriedigen. Maßnahmen wie die Rente ab 67, der endgültige Abschied von der paritätischen Finanzierung in der gesetzlichen Krankenversicherung oder die Verweigerung einer verfassungsgemäßen Ausgestaltung der Hartz-IV-Regelsätze sprechen eine klare Sprache. Es ging um die Verschiebung der finanziellen Tragelast in den Sozialversicherungen zu Lasten der Versicherten bei mitunter gleichzeitigen Verschlechterungen auf der Leistungsseite. Selbst Arbeitsmarktaufschwünge blieben für weite Teile der Lohnabhängigen nicht ohne Risiken. Sie basierten in nicht geringem Maße auf einer Substitution sozial geschützter Vollzeitbeschäftigung durch oftmals schlecht abgesicherte Arbeitsverhältnisse in Teilzeit, Befristung oder in Form „abhängiger Selbstständigkeit".

Auch die Verteilung des Volkseinkommens fällt zu Lasten des Faktors Arbeit aus. So sind die Netto-Reallöhne in Deutschland seit Beginn der 1990er Jahre kaum gestiegen, und die im Vergleich zur vorangegangenen Stagnation durchaus kräftige Wachstumsphase zwischen 2004 und 2008 ging sogar mit einer mehrjährigen Netto-Reallohnsenkung einher. Diese ging keineswegs auf gestiegene Belastungen der Lohneinkommen durch Sozialstaatskosten, also Steuern oder Beiträge, sondern auf „die – auch im internationalen Vergleich – außerordentlich schwache Steigerung der Entgelte" zurück (Brenke 2009, S. 550). Im Gegenzug stieg der Anteil der Vermögenseinkommen und Unternehmensgewinne am gesellschaftlichen Reichtum (Schäfer 2010). Die Verteilungsanalyse der letzten Jahre fällt eindeutig aus: „Kapital gewinnt – Arbeit verliert" (Horn/Stein 2010).

Für die Gewerkschaften ergibt sich aus dieser sozial- und arbeitsmarktpolitischen Verteilungsbilanz kein positiver Saldo. Im Gegenteil: Vor allem die „Rückkehr sozialer Unsicherheit" (Castel/Dörre 2009) in die Lohnabhängigenexistenz stellte bereits vor der Krise gewerkschaftliche Verhandlungs- und Organisationsmacht in ihrem innersten Kern infrage. Insgesamt drohen die Gewerkschaften im Zusammenspiel von verbleibender Arbeitslosigkeit, der Prekarisierung von Arbeit und der sozialstaatlichen Um- und Abbaupolitik des Krisenstaates in eine verteilungs- und machtpolitische Abwärts-Spirale zu geraten, die von Phasen konjunktureller Aufschwünge unterbrochen, aber sicherlich nicht außer Kraft gesetzt werden kann (zur These der Abwärts-Spirale siehe Urban 2010a).

Gefordert sind also Strategien der Stabilisierung und Erneuerung gewerkschaftlicher Macht. Mit der Perspektive einer solchen machtpolitischen Revitalisierung der Gewerkschaften befasst sich ein neuerer Zweig der Gewerkschaftsforschung, der als „Strategic-Unionism-Approach" bezeichnet wird und dessen Arbeiten als „Labor Revitalisation Studies" allmählich einen eigenen Forschungszweig zu konstituieren beginnen (dazu Brinkmann et al. 2008; Dörre 2011). Er beruht auf der Prämisse, dass sozialen Akteuren gerade in Perioden struktureller Veränderungen prinzipiell unterschiedliche strategische Handlungsoptionen zur Verfügung stehen, die mit Blick auf die anvisierten Ziele unterschiedliche Eignungen aufweisen. Wie erfolgreich die Akteure bei der Auswahl der Strategieoptionen sind und wie ausgeprägt ihre Fähigkeit zur Generierung innovativer Praktiken ist, hängt vor allem von einer realistischen Analyse des Handlungskontextes, problemadäquaten Handlungsstrategien und der Fähigkeit zur Generierung von Durchsetzungsmacht, will sagen: einer problemadäquaten Strategie ab. Die These, die hier vertreten werden soll, lautet: Für die machtpolitische Revitalisierung der Gewerkschaften stellt eine arbeitsmarkt- und sozialpolitische Strategie, die unabhängig von der konjunkturellen Lage auf eine Erneuerung sozialstaatlicher Institutionen orientiert, keine hinreichende, aber eine notwendige Anforderung dar. Die Bedrohung gewerkschaftlicher Organisations- und Verhandlungsmacht resultiert aus sozial-ökonomischen Veränderungen im gegenwärtigen Finanzmarkt-Kapitalismus, die struktureller Natur sind und vor der großen Krise einsetzten. Mit einer Sozialpolitik der Status-Quo-Orientierung können sie nicht adäquat beantwortet werden. Gefordert ist eine strategische Interessenpolitik der Gewerkschaften, die sich analytisch des Zusammenhangs zwischen Gewerkschaftsmacht und sozialstaatlicher Regulierung vergewissert und politisch auf eine entsprechende Reformpolitik setzt.

2 Gewerkschaftliches Kerngeschäft und sozialpolitisches Mandat

Diese Einschätzung dürfte in den gewerkschaftsinternen Debatten über die zukünftige Politik, wo sie überhaupt stattfinden, nicht auf ungeteilte Zustimmung stoßen. Bereits vor der Krise nahmen in den Gewerkschaften Tendenzen zu, sich auf das vermeintliche gewerkschaftliche Kerngeschäft der Betriebs-, Tarif- und Organisationspolitik zurückzuziehen. Die Sozialpolitik wird aus dieser Perspektive als ein durchaus relevantes Politikfeld bewertet, das gleichwohl nicht den „mitgliedernahen" Einzelgewerkschaften, sondern dem „politiknahen" Dachverband zugeordnet wird. Auch wenn diese Orientierung kaum ausformulierte, elaborierte Strategiepläne hervorbringt – in der gewerkschaftlichen Realpolitik ist sie durchaus virulent.

Hier soll eine andere Sicht der Dinge stark gemacht werden. Demnach würde ein Verzicht auf eine aktive Interessenvertretung der Lohnabhängigen in den Feldern der Beschäftigungs-, Arbeitmarkt- und Sozialpolitik essenzielle Interessenfelder brachliegen lassen und gleichsam auf eine halbierte Interessenvertretung hinauslaufen. Dass in den Gesellschaften des entwickelten Kapitalismus sozialpolitische Regulierungen und Institutionen für die Reproduktion der Arbeitskraft sowie für die gesamte Lebenslage der Lohnabhängigen von essenzieller Bedeutung sind, müsste eigentlich als evident akzeptiert werden (dazu das Standardwerk von Bäcker et al. 2008). Und die internationale Debatte über die Perspektiven des traditionellen Wohlfahrtsstaates hat vielfältige Hinweise auf institutionelle Transformationen hervorgebracht, die sich in harten, machtbasierten Konflikten vollzogen haben und noch vollziehen werden (als Überblick über die international vergleichende Wohlfahrtsstaatsforschung siehe Castles et al. 2010). Sich als Gewerkschaften aus diesen Konflikten um die Zukunft des Wohlfahrtsstaates verabschieden zu wollen, dürfte mit rationalen Argumenten kaum zu begründen sein. Auch in Deutschland täten die Gewerkschaften also gut daran, sich Fragen der Verteidigung und Erneuerung des Sozialstaates mit neuer, strategischer Aufmerksamkeit zuzuwenden. Die Argumente dafür liegen auf der Hand (dazu auch Urban et al. 2010):

- Säkulare Trends wie die „Alterung" der Gesellschaft, Veränderungen in den Lebensentwürfen der Menschen sowie der strukturelle Wandel auf dem Arbeitsmarkt erzeugen für die sozialen Sicherungssysteme einen hohen Veränderungsdruck. Der Rückkehr sozialer Unsicherheit muss mit einem neuen Regime sozialer Sicherheit begegnet werden, das in Macht- und Verteilungskonflikten durchgesetzt werden muss. Dazu sind eine kraftvolle gesellschaftliche Reformbewegung und entsprechende Kräfteverhältnisse in den politischen

Entscheidungsarenen unverzichtbar. Mit einer Orientierung der sozialpolitischen Enthaltsamkeit würden sich die Gewerkschaften einer solchen Bewegung verweigern und sich als sozialpolitische Interessenvertretung weitgehend abmelden. Interne Strategiekonflikte und die Kollision mit den Erwartungen der Mitgliedschaft wären vorprogrammiert.

- Zudem ist die Wahrscheinlichkeit hoch, dass weitere Sozialabbaurunden noch
  bevorstehen und der Zenit der verteilungspolitischen Auseinandersetzungen
  längst nicht überschritten ist. Neue Risiken für Arbeits- und Sozialverfassung
  werden sich auch aus dem gegenwärtigen Pfad der europäischen Integration
  und aus dem im März 2011 von den Staats- und Regierungschefs des Euro-
  Währungsgebiets verabschiedeten „Euro-Plus-Pakt" ergeben. Maßgeblich auf
  Betreiben von Bundeskanzlerin Merkel und des französischen Präsidenten
  Sarkozy sollen die Euro-Länder mit lohn- und sozialpolitischen Maßnahmen
  die Wettbewerbsfähigkeit wirtschaftlich schwacher Mitgliedstaaten erhöhen
  und die durch die Finanz- und Wirtschaftkrise angeschlagenen öffentlichen
  Haushalte sanieren. Bei den Gewerkschaften sollten die Alarmglocken läuten.
  Die formulierten Vorgaben für die Entwicklung von Löhnen und Produktivität, aber auch von Renten, Gesundheits- und anderen Sozialleistungen unterwerfen die gesamte Arbeits- und Sozialverfassung der Mitgliedstaaten einer
  übergeordneten Wettbewerbs- und Stabilitätspolitik und greifen tief in den
  Mechanismus der nationalen Kapital-Arbeit-Staat-Beziehungen ein. Zweifelsohne variieren die Wettbewerbssituation und die Lage der öffentlichen Haushalte in den europäischen Ländern stark, und zweifelsohne werden sich die
  Bedingungen in Deutschland auf absehbare Zeit von denen in Griechenland,
  Irland oder Portugal unterscheiden. Doch die rigiden Vorgaben für Haushalte
  und Sozialstandards sowie die restriktiven Automatismen der Konsolidierung
  werden nicht nur die Schuldensünder unter Druck setzen, sondern auch die
  wirtschaftlichen, sozialen und demokratiepolitischen Probleme in der gesamten EU verschärfen (Urban 2011).

- Schließlich enthält der Konflikt um die Arbeits- und Sozialverfassung für die
  Gewerkschaften auch eine machtpolitische Dimension. Die Förderung prekärer Beschäftigung und verschärfte Regelungen beim Sozialleistungsbezug haben den Konkurrenzdruck zwischen den Lohnabhängigengruppen – zwischen
  Prekariat und Stammbelegschaften sowie zwischen Beschäftigten und Arbeitslosen – erhöht. Die aktivierende Sozialpolitik der letzten Jahre hat weniger die
  Selbsthilfepotenziale der Betroffenen gestärkt als vielmehr den klassischen
  Druckmechanismus der industriellen Reservearmee in Gang gesetzt. In einschlägigen Studien wird der (zweifelhafte) Erfolg dieser Maßnahmen konstatiert (dazu etwa Bäcker 2008). So stellt das Institut für Arbeitsmarkt- und Be-

rufsforschung fest, dass sich Arbeitsuchende infolge des Hartz-IV-Regimes „häufiger als früher auch um inadäquate Arbeitsplätze bemühen" und dass befragte Betriebe bekannt gaben, dass „die Konzessionsbereitschaft arbeitsloser Bewerber in Hinblick auf die Lohnhöhe, die Arbeitsbedingungen und das Qualifikationsniveau der Stelle gestiegen" sei (Kettner/Rebien 2007, S. 1). Ähnliches scheint für die Interessenvertretungen der Fall zu sein. Nicht ohne Genugtuung konstatiert die Deutsche Bundesbank, dass „[…] infolge der Sozial- und Arbeitsmarktpolitik in der ersten Hälfte der Dekade die Kompromissbereitschaft der Arbeitnehmervertreter zugenommen hat" (Deutsche Bundesbank 2009, S. 20). Eine Erneuerung gewerkschaftlicher Verhandlungsmacht dürfte unter diesen Bedingungen blockiert sein. Damit avanciert eine neue De-Kommodifizierung der Arbeitskraft zu einer Conditio sine qua non gewerkschaftlicher Revitalisierung.

3 Sechs Leitlinien sozialstaatlicher Erneuerung

Das Engagement für einen erneuerten Sozialstaat gehört also aus interessenpolitischen und organisations- und machtpolitischen Gründen auf die gewerkschaftliche Agenda. Doch in welche Richtung sollten die reformpolitischen Impulse für eine sozialstaatliche Erneuerung gehen? Die nachfolgenden Anmerkungen versuchen, Leitlinien für einen Entwicklungspfad des deutschen Wohlfahrtsstaatsmodells zu skizzieren, auf dem bewährte Strukturen stabilisiert und zugleich notwendige institutionelle Reformen implementiert werden.

3.1 Überwindung des ökonomistischen Sozialstaatsverständnisses

Die ökonomistische Engführung der Sozialstaatsdebatte, die auch in gewerkschaftlichen Debatten anzutreffen ist, wird dem Wert des Sozialstaates in kapitalistischen Demokratien nicht gerecht. Hier wird ein diskurspolitischer Reformbedarf deutlich. Neben den produktiven ökonomischen Funktionen gilt es den „gesellschaftlichen Zusatznutzen" (Georg Vobruba) sozialstaatlicher Interventionen wiederzuentdecken. Anknüpfungspunkt kann die Wiederentdeckung der makroökonomischen Funktion der sozialen Sicherungssysteme als automatische Stabilisatoren des wirtschaftlichen Wachstums in Zeiten der Krise und damit als Generatoren von Wohlfahrt und Beschäftigung sein.

Aber auch die unbestreitbare Dienstleistung des Sozialstaates für die politische Demokratie gilt es neu zu entdecken. Die materielle Entlastung, die sozialstaatliche Leistungen für die alltägliche Lebensbewältigung bereitstellen, schafft das Fundament, auf dem der Einzelne zum aktiven Staatsbürger werden kann. Wo materielle Sicherheiten existieren, entstehen Spielräume für gesellschaftliches und politisches Engagement. Und: wo eine Gesellschaft öffentlich Verantwortung für die solidarische Absicherung der sozialen Risiken des Lebens und des Marktes übernimmt, steigt die Zustimmung zum gesellschaftlichen und politischen System.

3.2 Universalisierung von Beitragspflicht und Versicherungsschutz in den deutschen Sozialversicherungssystemen

Der kategoriale Zuschnitt der deutschen Sozialversicherung auf Arbeitnehmerstatus und Normalarbeitsverhältnis erzeugt auf der Finanzierungs- wie auf der Leistungsseite strukturelle Probleme. Seit geraumer Zeit hat diese Variante eines arbeitszentrierten Sozialstaatsmodells mit großen Problemen zu kämpfen. Ein hinreichender Risikoschutz ist in diesen Arbeitnehmer-Versicherungen an eine kontinuierliche, tariflich entlohnte und sozialversicherungspflichtige Erwerbsarbeit geknüpft. Dieser Konstruktion macht vor allem zu schaffen, was als „doppelte Exklusion" (Anthony Giddens) bezeichnet wurde und was im Kern darauf hinausläuft, den Deckungsgrad der sozialstaatlichen Versicherungssysteme zu reduzieren.

Am unteren Rand der Gesellschaft werden immer größere Teile der Bevölkerung in Dauerarbeitslosigkeit und in eine Zone prekärer und unterwertiger Beschäftigung abgedrängt. Die Betroffenen werden aus den ökonomischen und sozialen Mechanismen ausgegrenzt, die soziale Sicherheit und Anerkennung ermöglichen. Die Folgen sind defizitäre Sicherungsansprüche, materielle Unterversorgungslagen und soziale Ausgrenzung. Doch auch am oberen Ende der Erwerbsgesellschaft greifen Erosionsprozesse. Immer neue Formen der Revolte der Eliten gegen den Sozialstaat untergraben nicht nur die gesellschaftliche Anerkennung eines ausgebauten Sozialstaates als Garant für eine gute gesellschaftliche Entwicklung. Der Flucht aus öffentlichen Sozialinstitutionen folgt die Hinwendung zu und die Förderung einer Parallelstruktur privater und privilegierten Institutionen der Alterssicherung, der Krankenversorgung und Pflege und nicht zuletzt der Bildung. Diese entzieht den staatlichen Systemen personelle und finanzielle Ressourcen sowie gesellschaftliche Akzeptanz.

Auf der Suche nach einer reformpolitischen Alternativstrategie muss die sozialversicherungsrechtliche Arbeitnehmerversicherung von den universellen Staatsbürgerversicherungen der sozialdemokratischen Wohlfahrtswelt lernen. Vor allem in den skandinavischen Ländern sind alle Bürgerinnen und Bürger des Landes von den hauptsächlich aus Steuern finanzierten Systemen des Sozialschutzes erfasst; dort leiten sich Ansprüche nicht aus beitragsbasierten Anwartschaften, sondern, allgemeinen Leistungs- und Bedarfsregelungen folgend, aus dem Bürgerstatus ab. Im Kontext der deutschen Sozialversicherungen würde institutionelles Policy-Learning bedeuten, Beitragspflicht und Versicherungsschutz auf alle Erwerbstätigen bzw. alle Bürgerinnen und Bürger auszudehnen. Dies liefe auf eine Überwindung des kategorialen Zuschnitts und eine Universalisierung der deutschen Versicherungssysteme hinaus. Auf dieser Zielsetzung beruht die Forderung, die gesetzliche Rentenversicherung zu einer allgemeinen Erwerbstätigenversicherung und die gesetzliche Krankenversicherung zu einer umfassenden Bürgerversicherung weiterzuentwickeln (Urban et al. 2010).

3.3 Mehr Mindestsicherung und Lebenslauforientierung

Die ausgeprägte Äquivalenz von Beiträgen und Leistungen erschwert der deutschen Arbeitslosen- und Rentenversicherung eine sozialstaatlich angemessene Reaktion auf die Erosion der Normalarbeit und auf die Pluralisierung von Lebensentwürfen und individuellen Erwerbspräferenzen. Unter diesen institutionellen Voraussetzungen müssen diskontinuierliche Erwerbsbiografien sowie sozialversicherungsfreie und niedrig entlohnte Beschäftigungsverhältnisse zu entsprechend geringen Anwartschaften und sozialen Sicherungsproblemen führen. Auch aus der Ehe abgeleitete Leistungen sind vielfach zur materiellen Kompensation dieser Ausfälle nicht in der Lage und haben überdies aufgrund geschlechterpolitischer Einwände gegen das ihnen zugrunde liegende traditionalistische Rollenverständnis erheblich an Reputation verloren.

Systeme mit stärker ausgeprägten erwerbsverlaufsunabhängigen Mindestsicherungselementen scheinen besser auf die Flexibilisierung und Prekarisierung der Lohnarbeit vorbereitet (Leschke 2009). Die Problemverarbeitungskapazitäten der äquivalenzgeprägten Versicherungssysteme könnten durch die Implementierung von Elementen einer an konkreten Lebens- und Bedarfslagen ausgerichteten Grundsicherung erhöht werden. Hier kann an die lange Debatte über die Implementierung einer bedarfsorientierten Mindestsicherung in die Beitragssysteme angeknüpft werden. Der Kern dieses Vorschlags besteht darin, durch eigene Beitragsleistungen erworbene unzureichende Anwartschaften durch steuerfinanzierte Anwartschaften aufzustocken oder diese durch Leistungsansprüche zu ergänzen. Die Ergänzung der Sozialversicherungssysteme durch eine steuerfinanzierte, bedarfsorientierte Grundsicherung würde die prinzipielle Koppelung zwischen Erwerbsarbeit und sozialer Sicherheit nicht aufgeben, jedoch würde sie im unteren Einkommensbereich durch bedarfsorientierte Leistungen ergänzt.

3.4 Neugewichtung von Geldtransfers, Dienstleistungen und öffentlichen Gütern

In der deutschen Arbeitslosen- und Rentenversicherung werden im Versicherungs-fall nach definierten Anspruchsvoraussetzungen und Zumutbarkeitsregelungen Risiken durch Geldleistungen kompensiert, während sozialen, persönlichen und haushaltsorientierten Sach- und Dienstleistungen ein nachrangiger Stellenwert zukommt. Auch wenn das Sozialgesetzbuch bei den vorgesehenen Leistungsarten Dienst-, Sach- und Geldleistungen ohne Prioritätensetzung als mögliche Sozialleis-tungen vorsieht (§ 11 SGB I), gilt das deutsche Sozialversicherungssystem als geldleistungslastig.

Diese Fokussierung auf Geldtransfers ging mit einem Verfall der öffentlichen Infrastruktur einher. Die Zustände an vielen Universitäten, Schulen oder Kinder-krippen spotten, nach Jahren aufgeregter öffentlicher Debatten, jeder Beschrei-bung. In diesen Debatten wurde vielfach die Forderung erhoben, die Sozialpolitik müsse von einer Orientierung an Verteilungs- und Ergebnisgerechtigkeit zu einer Orientierung an Chancen- und Teilhabegerechtigkeit übergehen. Entsprechend gelte es, öffentliche Gelder von konsumtiven Lohnersatz- und Kompensationszah-lungen zu investiven Bildungsausgaben umzuschichten. Doch die so begründete Politik war fatal. In der Renten- und Arbeitsmarktpolitik kam es zwar durch Ries-ter-, Hartz- und andere Reformen zu drastischen Kostensenkungsmaßnahmen; doch frei werdende Ressourcen flossen kaum in öffentliche Investitionen. Was als innovative Umwidmung sozialstaatlicher Mittel angekündigt wurde, endete als profane Leistungskürzung.

Diese Erfahrungen sollten zur Achtsamkeit mahnen, jedoch nicht eine Diskus-sion über das Verhältnis von (Geld-)Transfers und öffentlichen Dienstleistungen und Gütern blockieren. Gerade unter Bedingungen knapper werdender Ressour-cen ist der wohlfahrtsökonomische Grenznutzen öffentlicher Ausgaben zu prüfen. In der Familien- und Bildungspolitik könnte eine Verschiebung von individuellen Geldleistungen zu besseren öffentlichen Angeboten durchaus zusätzliche Wohl-fahrtsgewinne abwerfen. Dies könnte auch durch die Umwidmung von Mitteln aus der privaten Eigenheimförderung in die Modernisierung von Schulen und Universitäten erreicht werden. Hinzukommen müssten zusätzlich Investitionen im Bereich von Mobilität und Kommunikation, um den Ausbau öffentlicher Güter mit Konzepten des ökologischen Umbaus großer Bereiche industrieller Wertschöpfung zu verbinden. Kurzum, in einer reformpolitischen Debatte spricht vieles dafür,

neben einer generellen Erhöhung des öffentlichen Sozialbudgets und einer Ausweitung öffentlicher Infrastrukturinvestitionen auch den Nutzen sozialstaatsinter-
ner Umschichtungen zu prüfen.

3.5 Neuverteilung der sozialstaatlichen Tragelast innerhalb der und zwischen den Klassen

Eine zentrale Ursache der Finanzierungsprobleme des Sozialstaates besteht in der
seit Jahren anhaltenden Umverteilung zu Lasten der Arbeit. Die globalisierungs-
und krisenbedingte Schwächung der Verhandlungsmacht der Beschäftigten in den
Betrieben und der Gewerkschaften in den Arenen der Tarif- und Sozialpolitik führte zu einem erheblichen Absacken der Lohnquote am Volkseinkommen sowie der
Nominaleinkommen der Lohnabhängigen (Schäfer 2010). Da die Sozialversicherungsbeiträge auf die Bruttoentgelte der Beschäftigten erhoben werden, leiden die
Sozialkassen aufgrund der einkommenspolitischen Fehlentwicklungen an Ein-
nahmeverlusten. Hätte sich die Lohnquote auf dem Stand von Anfang der 1990er
Jahre stabilisieren können, wären die Arbeitnehmerentgelte entsprechend höher,
und das heutige Finanzvolumen der Sozialversicherungen ließe sich mit einem um
etwa 2,5 Beitragssatzpunkte niedrigeren Gesamtsozialversicherungsbeitrag aufbringen (Logeay/Weiß 2010). Aber auch die größere Lohnspreizung führt zu Ein-
nahmeausfällen und verschärft die Finanzprobleme der Kassen. Zum einen in dem
Maße, in dem der Anteil an Einkommen oberhalb der Beitragsbemessungs- bzw.
Versicherungspflichtgrenzen steigt. In diesen Fällen gehen der Sozialversicherung
Einnahmen durch Abwanderung der Versicherten in die Privatversicherungen
ganz oder durch steigende Anteile der beitragsfreien Entgeltbestandteile teilweise
verloren. Aber auch die rasante Zunahme von Teilzeit- und Niedriglohnbeschäftigung sowie in der Regel schlechter bezahlter Zeitarbeit schwächt die Finanzbasis
der Sozialkassen. Dies gilt vor allem dann, wenn diese Beschäftigungsformen sozialversicherungspflichtige und tariflich geschützte Vollzeitbeschäftigung verdrängen.

Eine auf Verteilungsgerechtigkeit und höhere Ergiebigkeit zielende Politik
muss auf die Wiederherstellung der Parität zwischen Kapital und Arbeit in der
Sozialversicherung bestehen. In der gesetzlichen Krankenversicherung liefe dies
auf die Rückführung des Sonderbeitrages der Versicherten und der vielfältigen
Zuzahlungsregeln sowie auf die Verhinderung weiterer kassenindividueller Zusatzbeiträge hinaus. Hinzu käme, dass der von der schwarz-gelben Bundesregierung „eingefrorene" Arbeitgeberbeitrag wieder „aufgetaut" werden müsste.
Gleichwohl besteht auch innerhalb der Gruppe der Versicherten Handlungsbedarf.
Dringlich wäre die Korrektur der degressiven Wirkung des Beitragssystems durch

die Auf- bzw. Anhebung der Beitragsbemessungs- und Versicherungspflichtgrenzen in der gesetzlichen Krankenversicherung. Dies würde besser verdienende Versichertengruppen oberhalb der heutigen Beitragsbemessungsgrenze angemessen einbeziehen. In die gleiche Richtung weisen Überlegungen, über die Arbeitseinkommen hinaus weitere Einkommensarten wie Einkommen aus großen Geldvermögen oder aus Vermietung und Verpachtung zu verbeitragen.

3.6   Neuordnung des Arbeitsmarktes und Entprekarisierung von Arbeit

In der wissenschaftlichen Debatte sind die Verdrängung statussichernder Lohnersatzleistungen durch lediglich existenzsichernde steuerfinanzierte Grundsicherungsleistungen, die neuen Zumutbarkeitsregelungen bei der Arbeitsaufnahme und die Beschneidung korporatistischer Mitwirkungsrechte der Gewerkschaften in der Arbeitsmarktpolitik als institutioneller Pfadwechsel im konservativ-korporatistischen Wohlfahrtsregime Deutschlands interpretiert worden (Hassel/Schiller 2010). Zugleich wurde die Erosion der Normalarbeit durch eine Sequenz von Reformen der Arbeits- und Sozialverfassung ermöglicht und dynamisiert. Zwischen dem Sektor des Normalarbeitsverhältnisses – dessen Anteil am Beschäftigungssystem auf etwa zwei Drittel zurückgegangen ist – und dem Segment der Arbeitslosigkeit expandiert eine Zone der Prekarität, die Erwerbsformen wie befristete und geringfügige Beschäftigung, Teilzeitbeschäftigung und Zeitarbeit, aber auch so genannte Solo-Selbstständigkeit umfasst. Dabei weist atypische Beschäftigung nicht nur im Hinblick auf die institutionelle Integration in die Systeme der Alters- und Arbeitslosenversicherung Defizite auf. Sie geht auch mit einem vielfach höheren Risiko einher, in den mittlerweile auf 22 Prozent angewachsenen Niedriglohnsektor abgedrängt und bereits während der Erwerbsphase in Armutslagen gezwungen zu werden (Wingerter 2009).

Im Zentrum einer solidarischen Neuordnung des Arbeitsmarktes müsste die Integration prekärer (abhängiger wie selbstständiger) Beschäftigung in sozial geschützte Arbeitsverhältnisse und in die sozialen Sicherungssysteme stehen. Wichtige Elemente wären die Ausdehnung der Versicherungspflicht auf „abhängig Selbstständige", der Ausbau des Kündigungsschutzes, das Verbot sachgrundloser Befristungen sowie die Zurückdrängung und soziale Regulierung von Leiharbeit („equal payment" und „equal treatment"). Zugleich hätte ein flächendeckender Mindestlohn über Wirtschaftszweige und Sektoren hinweg die Untergrenze der Entlohnung sicherzustellen, ohne die vorhandenen Unterschiede mit Blick auf Produktivität, Wettbewerbskraft und Entgelttraditionen außer Acht zu lassen. Dies könnte durch ein Modell realisiert werden, in dem untere Entgeltgruppen geltender Tarifverträge für allgemeinverbindlich erklärt werden, wobei ein allgemeiner Mindestlohn die gesetzliche, nicht zu unterschreitende Untergrenze darstellt. Hinzukommen müsste eine grundlegende Korrektur der Hartz-Reformen, um im Falle von Erwerbslosigkeit den Lebensstandard zu sichern und Armut zu vermeiden. Dazu gehört sicherlich ein sozialstaatliches Leistungsrecht mit bedarfsgerechten und existenzsichernden Regelsätzen und Zumutbarkeitsregelungen, die vor Lohndumping schützen.

4   Ausblick: mosaik-linke Perspektiven

Die hier umrissenen Politikfelder und Leitlinien markieren längst nicht alle Aufgaben, vor denen (nicht nur) die Gewerkschaften im gegenwärtigen Kapitalismus stehen. Die Bewältigung der Schulden- und Finanzkrise in der Europäischen Union und der öko-soziale Umbau der Industriegesellschaften stehen mit Blick auf Komplexität und Dringlichkeit der Erneuerung des Sozialstaates in nichts nach. Doch bereits das Projekt sozialstaatlicher Erneuerung verlangt nach machtvolleren Gewerkschaften, als sie heute in den meisten kapitalistischen Gesellschaften existieren. Gefordert sind also vitale Organisationen, die sich der gegenwärtigen Defensive bewusst sind und mit aller Kraft an einer machtpolitischen Revitalisierung arbeiten. Selbstverständlich müssen die Gewerkschaften dabei in den Feldern der Betriebs- und Tarifpolitik alles daransetzen, Beschäftigung zu sichern, den Absturz der Lohnquote zu stoppen und Lohnkürzungen zu verhindern. Und in den betrieblichen Restrukturierungsprozessen müssen sie die Interessen der lebendigen Arbeit gegen den wachsenden Leistungs- und Rationalisierungsdruck verteidigen. Doch mit der Zunahme der Restriktionen in den Arenen der Primärverteilung wächst die Bedeutung der Sekundärverteilung. Über das Gelingen der überfälligen verteilungspolitischen Wende wird nicht zuletzt in der Steuerpolitik, in den Sozialversicherungssystemen und durch das Ausmaß der Gewährleistung von öffentlichen Gütern entschieden.

In dieser Konstellation müssen sich die Gewerkschaften ein solches Selbstverständnis als betrieblich verankerter Interessenverband mit sozialpolitischem Mandat noch erarbeiten. Leitbild könnte hier die Rolle des konstruktiven Vetospielers sein (Urban 2005). Oberste Zielsetzung wäre, gewerkschaftliche Verhandlungs- und Organisationsmacht durch eine stärkere Verankerung in den Betrieben, durch innovative Organizing-Strategien und durch eine neue De-Kommodifizierung der Arbeitskraft auszubauen. Dies, um die neue Durchsetzungskraft als Vetomacht gegen falsche Weichenstellungen in Betrieben und Politik zu mobilisieren und den

Zumutungen des Finanzmarktkapitalismus entgegenzutreten; dies aber auch, um solidarische Wege zu einem erneuerten Sozialstaat gangbar zu machen.

Ein so reformuliertes (sozial-)politisches Mandat beinhaltet keine Erfolgsgarantie für eine Revitalisierung der Gewerkschaften. Aber ein Verzicht darauf dürfte mit höchster Wahrscheinlichkeit auf das Ende einer Gewerkschaftsbewegung hinauslaufen, die sich den umfassenden Arbeits- und Lebensinteressen der Lohnabhängigen und einer autonomen Interessenpolitik verpflichtet weiß. Ihre Revitalisierungsbemühungen sollten die Gewerkschaften gleichwohl in einen breiteren bündnispolitischen Kontext stellen. Dafür steht die Metapher der „Mosaik-Linken" (Urban 2009). Sie bringt den Anspruch zum Ausdruck, die Lösung anstehender Aufgaben nicht als Herausforderungen isolierter Organisationen, sondern als Projekt eines zivilgesellschaftlichen Kollektiv-Akteurs zu definieren. Dieser hätte sich aus denjenigen Kräften zusammenzusetzen, deren Interessen durch die ungebrochene Dynamik des Finanzmarktkapitalismus und das sozialpolitische Versagen der Eliten unter die Räder zu geraten drohen. Für eine revitalisierte Gewerkschaftsbewegung wäre dies eine allemal lohnenswerte Perspektive.

Literaturverzeichnis

Bäcker, G. (2008), SGB II: Grundlagen und Bestandsaufnahme, in: Kotlenga, S./Klute, J. (Hrsg.), Sozial- und Arbeitsmarktpolitik nach Hartz: Fünf Jahre Hartzreformen: Bestandsaufnahme – Analysen – Perspektiven, Göttingen, S. 20-42

Bäcker, G./Naegele, G./Bispinck, R./Hofemann, K./Neubauer, J. (2008), Sozialpolitik und soziale Lage in Deutschland, 2 Bde., Wiesbaden

Bispinck, R./WSI-Tarifarchiv (2011), Tarifpolitischer Jahresbericht 201: Beschäftigungssicherung und gedämpfte Lohnentwicklung, in: WSI-Mitteilungen 3, S. 123-130

Brenke, K. (2009), Reallöhne in Deutschland über mehrere Jahre rückläufig, in: DIW-Wochenbericht, Nr. 33, S. 550-560

Brinkmann, U. et al. (2008), Strategic Unionism: Aus der Krise zur Erneuerung?, Wiesbaden

Castel, R./Dörre, K. (Hrsg.) (2009), Prekarität, Abstieg, Ausgrenzung. Die soziale Frage am Beginn des 21. Jahrhunderts, Frankfurt a. M.

Castles, F./Leibfried, S./Lewis, J./Obinger, H./Pierson, C. (2010) (Hrsg.), The Oxford Handbook of the Welfare State, Oxford

Deutsche Bundesbank (2009), Monatsbericht Dezember 2009, Frankfurt a. M.

Dörre, K. (2011), Funktionswandel der Gewerkschaften. Von der intermediären zur fraktalen Organisation, in: Haipeter, T./Dörre, K. (Hrsg.), Gewerkschaftliche Modernisierung, Wiesbaden, S. 267-301

Hassel, A./Schiller, C. (2010), Sozialpolitik im Finanzföderalismus. Hartz IV als Antwort auf die Krise der Kommunalfinanzen, in: Politische Vierteljahresschrift 1, S. 95-117

Horn, G. A./Stein, U. (2010), Kapital gewinnt – Arbeit verliert, in: Wirtschaftsdienst 7, S. 439-443

Hyman, R./Gumbrell-McCormick, R. (2010), Trade unions and the crisis: a lost opportunity?, in: Socio-Economic Review 2, S. 364-372

Kettner, A./Rebien, M. (2007), Hartz IV-Reform. Impulse für den Arbeitsmarkt, in: IAB-Kurzbericht, Nr. 19

Leschke, J. (2009), Flexible Erwerbsverläufe und Sozialversicherungen, in: WSI-Mitteilungen 7/2009, S. 383-389

Logeay, C./Weiß, T. (2010), Hausgemachtes Defizit. Reallohnverluste und die Misere der Sozialversicherungen, in: Blätter für deutsche und internationale Politik (2/2010), S. 85-94

Schäfer, C. (2010), Zukunftsgefährdung statt Krisenlehren – WSI-Verteilungsbericht 2010, in: WSI-Mitteilungen 12/2010, S. 636-645

Schröder, L./Urban, H.-J. (2011), Gute Arbeit: Folgen der Krise, Arbeitsintensivierung, Restrukturierung, Frankfurt a. M.

Urban, H.-J. (2005), Gewerkschaften als konstruktive Vetospieler? Kontexte und Probleme gewerkschaftlicher Strategiebildung, in: Forschungsjournal Neue Soziale Bewegungen (2), S. 44-60

Urban, H.-J. (2009), Die Mosaik-Linke. Vom Aufbruch der Gewerkschaften zur Erneuerung der Bewegung, in: Blätter für deutsche und internationale Politik (5), S. 231-238

Urban, H.-J. (2010a), Niedergang oder Comeback der Gewerkschaften?, in: Aus Politik und Zeitgeschichte 13-14/2010, S. 3-7

Urban, H.-J. (2010b), Wohlfahrtsstaat und Gewerkschaftsmacht im Finanzmarkt-Kapitalismus: Der deutsche Fall, in: WSI-Mitteilungen 9/2010, S. 443-450

Urban, H.-J. (2011), Stabilitätsgewinn durch Demokratieverzicht? Europas Weg in den Autoritarismus, in: Blätter für deutsche und internationale Politik (7/2011), S. 77-88

Urban, H.-J./Ehlscheid, C./Gerntke, A. (Hrsg.) (2010), Der neue Generationenvertrag. Sozialstaatliche Erneuerung in der Krise, Hamburg

Wingerter, C. (2009), Der Wandel der Erwerbsformen und seine Bedeutung für die Einkommenssituation Erwerbstätiger, in: Wirtschaft und Statistik (11), S. 1080-1098

Heinz Stapf-Finé

Finanzmarktkrise und Sozialstaat

Vorbemerkung

Das Thema Wirtschafts- und Finanzkrise und ihre Auswirkungen auf den Sozialstaat ist ein Beispiel dafür, wie eng Sozialpolitik mit Ökonomie verknüpft ist. Diesen engen Zusammenhang macht Gerhard Bäcker immer deutlich, wobei er sich
von vielen Mainstream-Ökonomen dadurch unterscheidet, dass er den Sozialstaat
nicht als etwas ansieht, das der ökonomischen Entwicklung im Wege steht. Vielmehr ist er ein Verteidiger der Idee, dass Wirtschaften nur dann sozial nachhaltig
ist, wenn die soziale Lage der Bevölkerung einigermaßen ausgewogen ist. Allerdings befindet er sich – wie viele Kollegen, denen Sozialpolitik und Sozialstaatlichkeit am Herzen liegt – in einer defensiven Position. Als der großen Finanz- und
Wirtschaftskrise 2008/2009 mit breit angelegten Konjunkturprogrammen begegnet
wurde, dachte man für einen Moment lang, die Stunde des Staates und der staatlichen Regulierung sei wieder gekommen. Leider hat sich dies nicht bewahrheitet.
Im Gegenteil: Gegenwärtig dominiert wieder der kaum re-regulierte Markt das
Geschehen. Die EU lässt sich infolge der Spekulation gegen den Euro von Rating-
Agenturen zu immer neuen Stützungsmaßnahmen treiben. In den betroffenen
Ländern – die sich angeblich nicht genug anstrengen – werden der Bevölkerung
massive Sparmaßnahmen aufgezwungen, ohne ihnen jedoch eine Perspektive zu
bieten, wie sie damit aus dem Teufelskreis von Sparen und Abschwächen des wirtschaftlichen Wachstums je wieder herauskommen sollen. Das wäre eigentlich für
die deutschen Gewerkschaften ein Anlass, die internationale Solidarität aufleben
zu lassen. Denn von dieser Entwicklung sind vielfältige soziale Verwerfungen zu
erwarten, die noch lange spürbar sein werden.

1   Ursachen der Wirtschafts- und Finanzkrise 2008/2009

In der veröffentlichten Meinung wurde viel über „Heuschrecken" oder die Gier
von Investmentbankern als Krisenursachen gesprochen. Paradigmatisch für den
Buhmann steht der Deutsche-Bank-Chef Josef Ackermann, der mitten in der Wirt-
schafts- und Finanzkrise auf einem Renditeziel von 25 Prozent beharrte (Welt onli-

ne, 26.5.2009). Doch solche Beobachtungen bewegen sich zu sehr an der Oberfläche und lenken von den eigentlichen Ursachen ab. Zu stark ins Detail gehende Analysen wie etwa die folgende gehen ebenso am Kern des Problems vorbei: „In ihrem Kern liegt die Ursache der Krise beim Rechtsinstitut der Haftungsbeschränkung, also dem Umstand, dass Gläubiger von Kapitalgesellschaften nicht auf das persönliche Eigentum der Inhaber dieser Gesellschaften zurückgreifen können" (IFO-Standpunkt, 4.10.2008).

Hilfreich ist eine grundlegende makroökonomische Analyse der Ursachen, die von anderen bereits ausführlich vorgenommen worden ist.[1] Daher seien im Folgenden die makroökonomischen Ursachen lediglich kurz herausgearbeitet.

Als *erste*, unmittelbar einleuchtende Ursache ist die Anhäufung einer großen Menge von Liquidität in den internationalen Finanzmärkten anzuführen: „Betrug das weltweite liquide Finanzvermögen 1980 noch 12 Billionen US-Dollar, so lag der Wert 2007 bei rund 196 Billionen US-Dollar. Dies entspricht in 27 Jahren einer Steigerung von weit über 1.500 Prozent!" (Bontrup 2010, S. 19).

Festzuhalten ist auch, dass die Finanzmärkte ihren Charakter verändert haben. Früher waren sie dazu da, Finanzmittel für Investitionen bereitzustellen. Heute geht es um das Finden von Anlagemöglichkeiten für überschüssige Liquidität.

Die Entwicklung des Bruttosozialprodukts konnte mit der Ausweitung des internationalen Finanzkapitals nicht Schritt halten, so dass sich die Schere zwischen Finanz- und Realwirtschaft immer weiter öffnete.

Schaubild 1

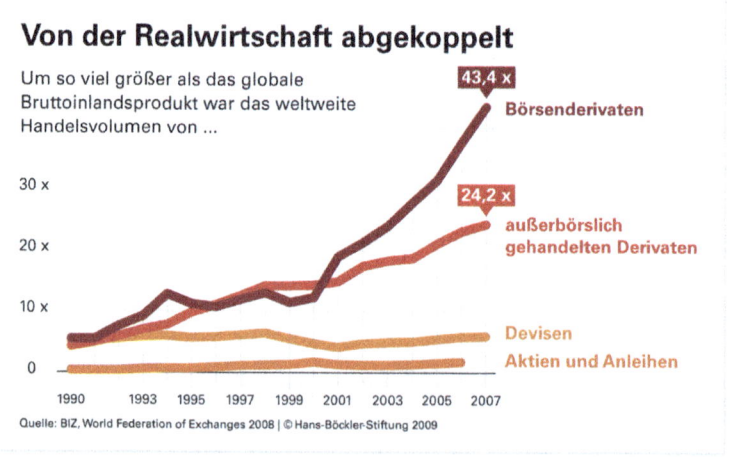

Quelle: http://www.boeckler-boxen.de/5226.htm.

---

1   Zu empfehlen sind insbesondere: Bontrup 2010; Döring et al. 2009; und die IMK-Reports 38/2009 und 40/2009.

Wie in der Grafik ebenfalls sichtbar wird, sind es insbesondere neuere Finanz-marktprodukte, welche sich am stärksten von der realwirtschaftlichen Entwick-lung abgekoppelt haben. Das hat seinen Grund darin, dass das viele Geld der An-leger auf solvente Kreditnehmer verteilt werden muss. Da Kreditnehmer aber nicht immer solvent sind, wurden auch Kredite wie Waren gehandelt (vgl. Bontrup 2010, S. 20). Die neuen Finanzmarktprodukte sollten eigentlich Risiken streuen und damit Sicherheit erzeugen. Aber letztendlich führte die breite Streuung von Risi-ken und der intransparente Charakter der neuen Finanzmarktprodukte zu einem Vertrauensverlust gegenüber dem Finanzsystem, wie man im Verlauf der Immobi-lienkreditkrise in den USA beobachten konnte (vgl. Arbeitskreis Finanzkrise 2009, S. 5f). Dass sich das Finanzmarktkapital auf der Grundlage von Derivaten so stark ausbreiten konnte, liegt an einer über die vergangenen Jahrzehnte betriebenen Politik der Deregulierung. Im Ergebnis konnten sich auch Nicht-Banken, wie Hedge- und Private-Equity-Fonds, auf den Finanzmärkten tummeln. Wie krisen-anfällig das Spiel im internationalen Casino ist, zeigt sich anhand der Derivate, die nichts anderes sind als Wetten auf eine unsichere Zukunft. Dass es Verlierer geben würde, war vorprogrammiert, und das verlorene Geld hätte viel produktiver ver-wendet werden können (vgl. ebenda).

Der geneigte Leser wird sich fragen, wo das viele Geld auf den Finanzmärkten herkommt, schließlich muss es von irgendjemandem realwirtschaftlich erarbeitet werden. Die Antwort lautet: Es hat jahrzehntelang einen Trend zu einer stärkeren Umverteilung von unten nach oben gegeben. Wenn man einem Menschen, der schon genug Geld hat, noch mehr davon in die Hand gibt, was wird dieser nun machen? Richtig: „sein Geld arbeiten lassen", also im internationalen Casino spie-len gehen. Damit sind wir bei der *zweiten* Ursache für die Wirtschafts- und Finanz-krise angelangt, und zwar bei einer, die sehr viel mit Sozialpolitik und Sozialstaat bzw. dessen Abbau zu tun hat. Die Aussage der Umverteilung von unten nach oben muss noch belegt werden. Zum einen kann dies anhand der funktionalen Einkommensverteilung nachgewiesen werden. Der Anteil der Lohneinkommen am Volkseinkommen ist zu Gunsten der Gewinneinkommen in den führenden Industrieländern gesunken.

Schaubild 2

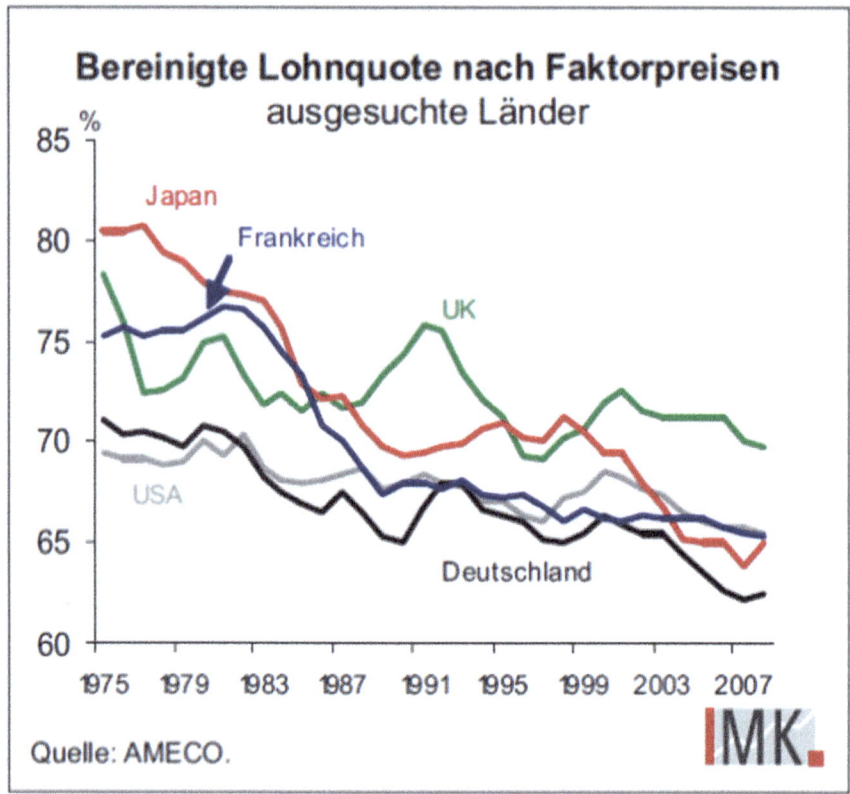

Bereinigte Lohnquote nach Faktorpreisen
ausgesuchte Länder

Quelle: AMECO.

Quelle: IMK-Arbeitskreis Finanzkrise 2009, S. 3.

Aber auch im Hinblick auf die personelle Einkommensverteilung kann gezeigt werden, dass sich diese zu Gunsten der hohen Einkommen entwickelte.

Die Ursachen hierfür sind vielfältig. Im Hinblick auf die Verteilung des Markteinkommens sind sie in der Schwäche der Gewerkschaften zu finden, die auf einer zunehmenden Individualisierung und einer stärkeren Dienstleistungsorientierung der Gesellschaft beruht – womit ein Rückgang der Zahl von in Gewerkschaften organisierten Arbeitnehmern einhergeht –, aber auch in einer Wirtschaftspolitik, die in starken Gewerkschaften ein Hemmnis für das Wachstum sieht (vgl. IMK-Arbeitskreis Finanzkrise 2009, S. 3). Bezüglich der Sekundärverteilung durch den Sozialstaat hat dies mit den Auswirkungen jahrelanger so genannter „Reformen" zu tun, die dem Paradigma folgten, so genannte „hohe Lohnnebenkosten" seien ein Hemmnis für die internationale Wettbewerbsfähigkeit.

Schaubild 3

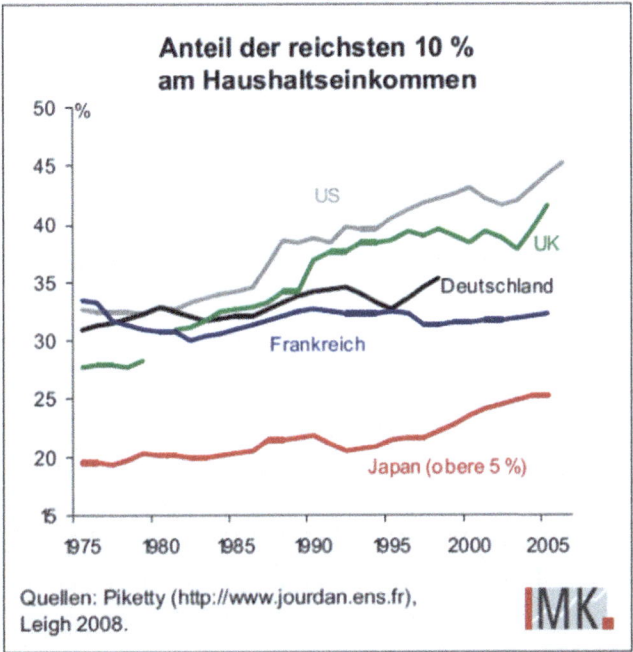

**Anteil der reichsten 10 %
am Haushaltseinkommen**

Quellen: Piketty (http://www.jourdan.ens.fr),
Leigh 2008.

Quelle: IMK-Arbeitskreis Finanzkrise 2009, S. 3.

Gerhard Bäcker hat das Dogma auf den Prüfstand gestellt und kommt zu dem Schluss: „Wenn selbst die dramatische Veränderung der Währungsparität des Euro die Wettbewerbsfähigkeit der deutschen Exportindustrie nicht beeinträchtigt hat, ist und bleibt es ein Geheimnis, warum die Senkung der Lohnnebenkosten als das oberste wirtschafts- und sozialpolitische Ziel angesehen wird" (Bäcker 2008, S. 343).

Jedoch der Mainstream befasst sich mit solchen Argumenten gar nicht mehr. Das Muster ist dabei seit Jahren dasselbe: Wenn Politiker in Fernseh-Talkshows ohne nähere Erläuterung von sich geben, es sei doch klar, dass wir alle den Gürtel enger schnallen müssten, es sei nichts mehr zum Verteilen da, dann bekommen sie sogar Applaus. Dem Gewerkschafter dagegen, der mit Argumenten versucht, den Menschen ihre Situation zu erläutern, hört nach einigen Minuten keiner mehr zu (auf die angesprochene Sendung nimmt Bezug: Spiegel online, 3.2.2003: Merz und Bsirske drohen sich).

Jedenfalls führte die am Lohnnebenkosten-Paradigma orientierte Politik zu einer Reihe von Kürzungen in den sozialen Sicherungssystemen.

Der Abbau des Sozialstaats vollzog sich dabei nach folgendem Muster: Einerseits wurden Leistungskürzungen vorgenommen. Beispiele hierfür sind Renten-

Nullrunden, die Verkürzung der Bezugszeiten bestimmter Leistungen (ALG II) oder schwerer zu erreichende Anspruchsvoraussetzungen (EM-Rentenreform 2001).

Andererseits wurden strukturelle Veränderungen vorgenommen, wie die Teilprivatisierung von Risiken (Riester-Rente, Zusatzprämie zur GKV), verschärfte Sanktionsmöglichkeiten gegenüber Leistungsempfängern (ALG II) oder eine Ausweitung von prekären Beschäftigungsverhältnissen.

Aber das ist nur die eine Seite der Medaille – Transferempfänger/-innen wird nicht nur etwas genommen, sondern es werden auch Steuerzahler/-innen entlastet. Bontrup errechnet für den Zeitraum zwischen 2000 und 2013 Steuerausfälle in Höhe von 490,35 Milliarden Euro (vgl. Bontrup 2010, S. 15). Eine ganze Menge Geld, das der öffentlichen Hand für eine Reihe wichtiger Aufgaben fehlt, aber auch zum Abbau der Staatsverschuldung hätte eingesetzt werden können. Die Schuldenstandsquote ist in Deutschland krisenbedingt angewachsen von 64,9 Prozent im Jahr 2007 auf 83,2 Prozent im Jahr 2010 (Eurostat 2011a).

Jedoch gibt es ganz erhebliche Unterschiede zwischen einzelnen Gruppen von Staaten im Hinblick darauf, wie das durch die Einkommensverteilung von unten nach oben ausgelöste Problem der Unterkonsumtion der breiten Masse der Bevölkerung gelöst wird.

Schaubild 4

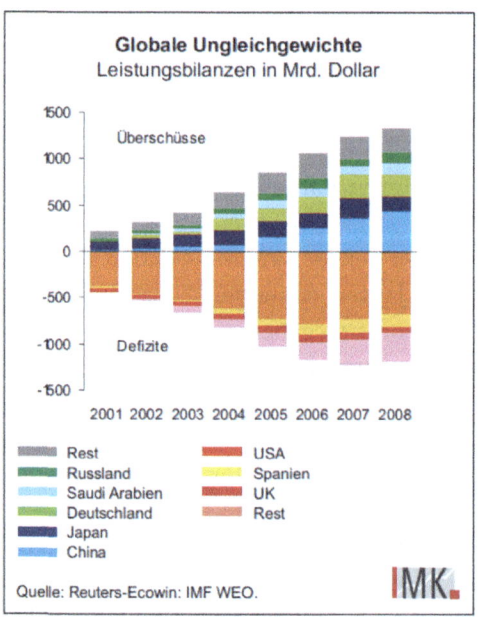

Quelle: IMK-Arbeitskreis Finanzkrise 2009, S. 5.

In einer Ländergruppe, dafür stehen paradigmatisch China, Japan und Deutschland, wird der durch niedrige Löhne ausgelöste Wettbewerbsvorteil intensiv für die Exportorientierung ihrer Volkswirtschaften genutzt. Eine andere Gruppe bilden Länder wie die USA, Spanien und das Vereinigte Königreich, welche die Nachfrage der Bevölkerung durch günstige Kredite, insbesondere im Immobiliensektor, aber auch im Konsumbereich aufrechterhalten. Das ging eine ganze Weile gut, weil das in den Überschussländern durch den Export angehäufte Kapital in die Defizitländer geflossen ist (vgl. IMK-Arbeitskreis Finanzkrise 2009, S. 5). Es ging so lange gut, bis die Zweifel an der Solvenz der Kreditnehmer zu groß wurden.

Die *dritte* Hauptursache der Wirtschafts- und Finanzkrise besteht also in erheblichen globalen wirtschaftlichen Ungleichgewichten.

Es stellt sich nun die Frage, ob aus dieser Krise die nötigen Lehren gezogen wurden? Doch zunächst wollen wir uns die Rolle des Sozialstaats bei der Überwindung der Krise näher anschauen, und zur Euro-Krise müssen auch noch einige Worte verloren werden.

2 Rolle des Sozialstaates bei der Überwindung der Wirtschafts- und Finanzkrise 2008/2009

Es kann nicht genug betont werden, welch tragende Rolle der Sozialstaat in Deutschland bei der Überwindung der Wirtschafts- und Finanzkrise gespielt hat. Einen wesentlichen Beitrag haben die Sozialversicherungen geleistet, die im Krisenverlauf eine wichtige Stabilisierungsfunktion ausgeübt haben. Eine zentrale Rolle spielte hierbei die Arbeitslosenversicherung, die vor allem zum Erhalt der sozialversicherungspflichtigen Beschäftigung durch die Finanzierung von Kurzarbeit beigetragen hat. Aber auch durch die Finanzierung von Arbeitslosen besitzt sie ein stabilisierendes Potenzial (vgl. Döring et al. 2009, S. 5).

Auch von der gesetzlichen Rentenversicherung ging eine konjunkturstabilisierende Wirkung aus, da sie die Kaufkraft der Rentner aufrechterhalten hat. Denn die Rentenanpassung erfolgt zeitverzögert; die Renten eines Jahres werden gemäß der Entwicklung der beitragspflichtigen Löhne des Vorjahres angepasst. Die Löhne wiederum reagieren ebenfalls zeitverzögert und nicht so massiv wie der Einbruch von Konjunktur und Beschäftigung. Folglich ist die Rentenversicherung ein guter Stabilisator zur Überwindung von nicht zu lange andauernden Konjunktureinbrüchen (vgl. ebenda, S. 14f). Kapitalgedeckte Systeme reagieren hingegen sofort auf Krisen und wirken destabilisierend auf die Konjunktur (vgl. ebenda, S. 15).

Die OECD beschreibt den krisenbedingten Verlust der privaten Pensionspläne wie folgt: „With asset values dropping by 20% on average in the OECD countries between January and October 2008, the ongoing crisis is affecting the retirement savings of millions of individuals around the world […]. Even if long-term investment performance figures are still relatively healthy […], workers are rightly worried about the security of their pensions and there is growing pressure on governments to act" (OECD Private Pensions Outlook 2009, S. 1).

Auch die gesetzliche Krankenversicherung wurde der Aufgabe der Stabilisierung gerecht, denn sie finanziert zu einem großen Teil die personalintensive Gesundheitswirtschaft und wirkt antizyklisch, indem sie die Nachfrage stabilisiert (vgl. Döring et al., S. 20).

Insgesamt bewies die Sozialversicherung in Deutschland, nachdem sie die Wiedervereinigung gemeistert hatte, erneut ihre Flexibilität, aber auch ihre Bedeutung für die Stabilisierung der Volkswirtschaft.

Ein anderer wesentlicher Einflussfaktor, der bei der Überwindung der Krise half, war das verantwortungsvolle Verhalten der Sozialpartner. Anstatt Arbeitskräfte krisenbedingt freizusetzen, wurden sie in den Betrieben gehalten (vgl. hierzu: Herzog-Stein et al. 2010). Aus Sicht der Arbeitgeber war dies durchaus vernünftig, denn durch das Entlassen und spätere Wiedereinstellen wären Suchkosten für entsprechend Qualifizierte entstanden, zudem wäre wichtiges Know-how in der Zwischenzeit verloren gegangen. Vielmehr wurden Instrumente wie der Abbau von Überstunden, der Abbau von Guthaben auf Arbeitszeitkonten und die bereits erwähnte Kurzarbeit genutzt. Dabei handelt es sich um Instrumente der internen Flexibilität, also der Verkürzung von Arbeitszeit innerhalb des Unternehmens. So wurden durch die Verkürzung von Arbeitszeit 1,1 Millionen Arbeitsplätze erhalten und durch die Hinnahme einer geringeren Stundenproduktivität ca. zwei Millionen (vgl. ebenda, S. 15). Davon zu unterscheiden sind Maßnahmen der externen Flexibilität, die Entlassungen erleichtern; von ihnen wurde kaum Gebrauch gemacht. Da die Maßnahmen der Arbeitsmarktreformen seit 2002 vor allem auf die Erleichterung externer Flexibilität gesetzt haben, kann gefolgert werden, dass die Arbeitsmarktreformen zur Überwindung der Krise gar nicht beigetragen haben, weil die von ihr bereitgestellten Instrumente nicht eingesetzt wurden. Im internationalen Vergleich zeigt sich auch, dass Länder mit hoher externer Flexibilität (geringerer Kündigungsschutz, hoher Anteil an befristeter Beschäftigung) in der Regel die Krise nicht so gut überwunden haben und einen viel stärkeren Anstieg der Arbeitslosigkeit zu verzeichnen haben (vgl. ebenda, S. 8). Das deutsche Beschäftigungswunder lässt sich also durchaus erklären, hat jedoch nichts mit dem Erfolg so genannter „Reformen" zu tun.

3 Wurden die nötigen Lehren aus der Krise gezogen?

Wenn wir uns die Situation heute betrachten, so ist offensichtlich, dass aus der Wirtschafts- und Finanzkrise nicht die entsprechenden Lehren gezogen worden sind. Denn im Augenblick ist es nicht etwa so, dass die Politik die nötigen Maßnahmen zur Re-Regulierung getroffen und das Heft des Handelns in der Hand hätte. Vielmehr lässt sich die EU im Verlauf der Euro-Krise von drei privaten US-Firmen, den Rating-Agenturen, von einer Krisensitzung in die nächste treiben. Die deutsche Politik gibt dabei keine gute Figur ab und zeigt mit dem Finger auf andere. So ist zum Beispiel von Kanzlerin Angela Merkel das Zitat überliefert: „Wir können Griechenland im Augenblick dadurch am besten helfen, dass wir deutlich machen: Griechenland soll seine Hausaufgaben machen" (dpa, 28.02.2010, 16.30 Uhr).

Von dem Problem abgesehen, dass man für Hausaufgaben Zeit braucht, welche die Märkte Griechenland im Augenblick aber gar nicht lassen, wäre, anstatt den Schwarzen Peter weiterzureichen, eine sinnvolle Analyse notwendig, auf der aufbauend gehandelt wird. Eine der Ursachen der aktuellen Eurokrise liegt darin, dass die Wirtschaftskrise die öffentlichen Finanzen einer Reihe von EU-Ländern geschwächt hat. Durch die bereits angehäufte Schuldenlast steigen die Zinsen. Im Falle Griechenlands kommt noch hinzu, dass der Staat zu wenige Steuern einnimmt und eine Zeit lang die wahre Lage durch statistische Tricks verschleiern konnte (vgl. Horn et al. 2011).

Nun sind die Ursachen der Eurokrise vielfältig und nur mit einem Bündel von sinnvollen Maßnahmen zu bewältigen, wobei hier nicht der Ort ist, dies zu vertiefen. Wichtig wären jedenfalls eine Abkehr von eingetretenen Pfaden, die bisher nicht zum Ziel geführt haben, und eine bessere Abstimmung auf europäischer Ebene. Und die EZB sollte ihrer Rolle endlich gerecht werden. Anders die Federal Reserve – sie hat massenweise US-Staatsanleihen aufgekauft:

> „Ziel der Aktion war es, den Banken ihre Papiere abzunehmen und sie mit Geld zu versorgen – also Geld in die Wirtschaft zu pumpen. Gleichzeitig sorgte die Fed durch ihre Nachfrage für steigende Kurse bei Anleihen und damit für sinkende Zinsen, also billige Kredite" (Kaufmann 2011).

Somit spielte dort die Zentralbank eine wichtige Rolle zur Aufrechterhaltung der Konjunkturentwicklung.

In Reaktion auf die drei Hauptursachen der Krise hätten die drei Haupthandlungsstränge sein müssen:

- Re-Regulierung der Finanzpolitik: hier ist zwar einiges geschehen, aber wir warten noch immer vergeblich auf eine europäische Finanztransaktionssteuer.
- Abschaffung der ökonomischen Ungleichgewichte: hier gilt es weiterhin, viele nationale Egoismen zu überwinden; Deutschland wollte über dieses Thema im G8-Rahmen zunächst nicht reden.
- Überwindung der sozialen Ungleichheit: dazu im nächsten Abschnitt mehr.

4   Wie wird der Sozialstaat abschneiden?

Für einen Moment schien es, als könnten Staat und Sozialstaat gestärkt aus der Krise hervorgehen. Doch wer dachte, das wirtschaftspolitische Umdenken würde länger anhalten, sah sich getäuscht. Auf die mutigen Konjunkturprogramme folgten Sparprogramme überall in Europa.[2] Die Liste der Streichungen und Kürzungen liest sich dabei in fast allen Ländern gleich: Rentenkürzungen, Mehrwertsteuererhöhungen, Kürzungen der Gehälter im öffentlichen Dienst und Einsparungen bei den öffentlichen Ausgaben. Abgesehen vom Problem, dass diese Maßnahmen die sich wieder erholende Konjunktur abwürgen, stellt sich die Frage: Waren nicht globale wirtschaftliche Ungleichgewichte die Ursache für die Wirtschafts- und Finanzkrise? Und im Anschluss daran: Würde dies nicht unterschiedliche Strategien für die einzelnen Länder erfordern, je nach ihrer Lage als Überschuss- oder Defizitland? Hätten Überschussländer wie Deutschland hier nicht eine besondere europäische Verantwortung?

Die Konsolidierungspolitik wird, wenn ihr nicht bald Alternativen entgegengesetzt werden, dem Sozialstaat die Finanzierungsgrundlagen weiter abgraben. Folge wird sein, dass die soziale Ungleichheit, eine der Hauptursachen der Krise, weiter zunehmen wird. Und zwar betrifft dies einerseits die soziale Ungleichheit innerhalb der europäischen Länder. Wahrscheinlich wird sich andererseits der Graben zwischen einzelnen europäischen Ländern und Regionen noch mehr vertiefen, als dies ohnehin schon der Fall ist.

---

2   Einen Überblick gibt: http://www.etuc.org/r/1611.

Schaubild 5: Armutsgefährdungsquote in der Europäischen Union 2001 und 2009 (Armutsschwelle: 60 Prozent des Medians des gewichteten Netto-Äquivalenz-Einkommens)

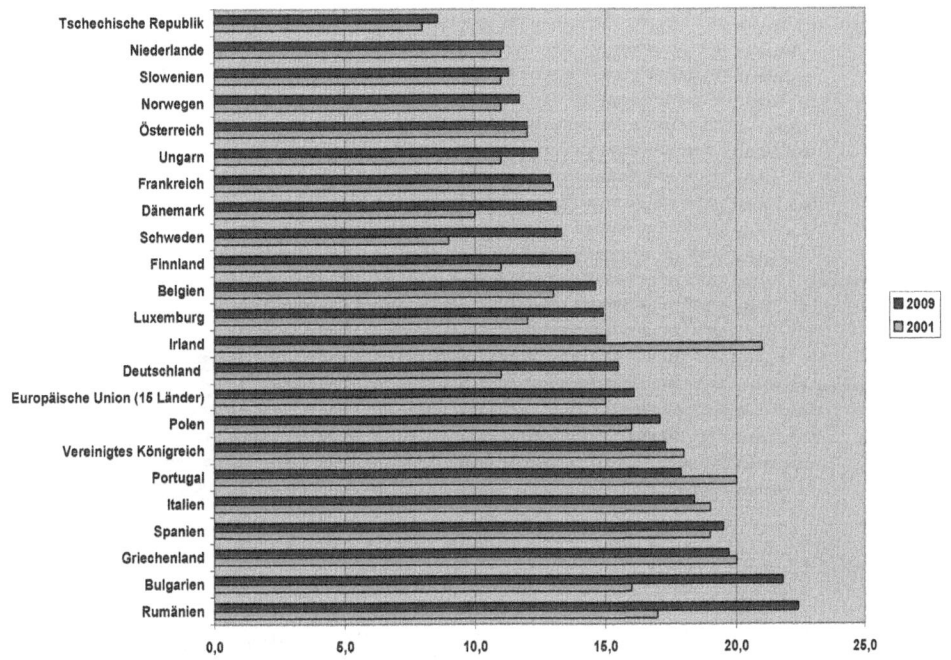

Quelle: Eurostat 2011b, EU-SILC.

Die Betrachtung der Armutsgefährdungsquote zeigt, wie groß die sozialen Unterschiede zwischen den europäischen Ländern sind. Die höchste Armutsgefährdung weisen Rumänien und Bulgarien auf, dicht gefolgt von Griechenland, Spanien, Italien und Portugal. Deutschland liegt im Mittelfeld und hat zwischen 2001 und 2009 einen Anstieg der Armutsgefährdung um knapp 41 Prozent erlebt. Nur in Schweden verlief die Zunahme der Armutsgefährdung mit fast 48 Prozent noch rasanter. Insgesamt zeigt sich in der EU ein leichter Anstieg um 7,3 Prozent. Nur in sieben der betrachteten Länder hat die Armut abgenommen, insbesondere war diese Entwicklung in Irland und Portugal ausgeprägt.

Schaubild 6: Einkommensverteilung in der EU: Gini-Index 2001 und 2009

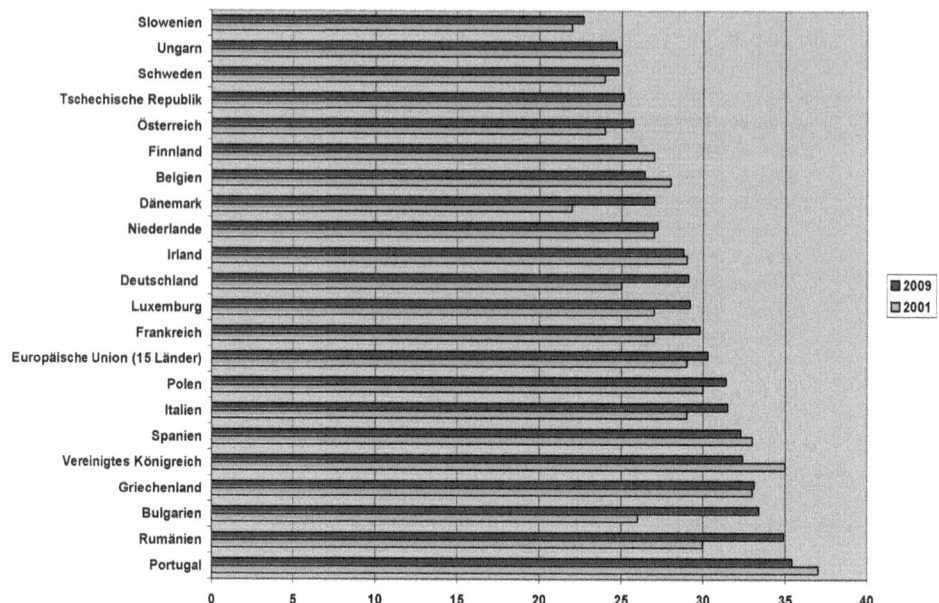

Quelle: Eurostat 2011c, EU-SILC.

Auch hinsichtlich der Einkommensverteilung ist die Situation in der EU sehr hete-
rogen. Ungleicher als im Durchschnitt der EU ist das Einkommen in Portugal, Rumänien und Bulgarien verteilt. Auch weitere Länder wie Griechenland, Spanien
und Italien, die in der Diskussion um die Stabilität des Euro immer genannt werden, gehören in diese Gruppe. Auffällig ist, dass im EU-Durchschnitt die Einkommensverteilung ungleicher geworden ist, der Gini-Index[3] stieg zwischen 2001 und
2009 um 4,5 Prozent. In Deutschland dagegen ist die stärkere Ungleichverteilung
viel rasanter vorangeschritten, hier beträgt der Anstieg 16,4 Prozent. Dies wird
noch übertroffen von Dänemark (22,7 Prozent) und Bulgarien (28,5 Prozent). Lediglich in sieben Ländern ging im gleichen Zeitraum der Trend in Richtung einer
stärkeren Gleichverteilung der Einkommen.

　　Es steht also zu befürchten, dass der Trend zu mehr Armut und einer stärkeren Ungleichverteilung der Einkommen ungebrochen weitergehen wird. Die Aus-
gangsposition in den Staaten, denen besondere Sparprogramme auferlegt werden,

---

3　Der Gini-Index ist ein Maß für die Einkommensverteilung in einer Gesellschaft. Er kann Werte von
　0 bis 100 % annehmen. 0 % würde Gleichverteilung bedeuten, 100 % würde bedeuten, dass ein
　Haushalt im Besitz des gesamten Einkommens einer Gesellschaft ist. Je höher der Index, desto hö-
　her die Ungleichverteilung.

ist dabei jetzt schon als sehr kritisch zu betrachten. Ebenso ist festzustellen, dass Deutschlands Exportboom immer stärker auf dem Rücken der Bevölkerung ausgetragen wird, um den Preis von mehr Armut und mehr Ungleichheit. Die Wirtschaftskraft für eine gerechtere Verteilungspolitik wäre da. Und außerdem steht das Land international in der Verantwortung, etwas für den Abbau globaler Ungleichgewichte zu tun, weshalb es ihm gut anstünde, die Binnenwirtschaft zu stärken.

Dass sich der Einsatz für Gleichheit lohnt, haben Wilkinson/Pickett (2010) nachgewiesen.

Schaubild 7

Health and Social Problems are Worse in More Unequal Countries

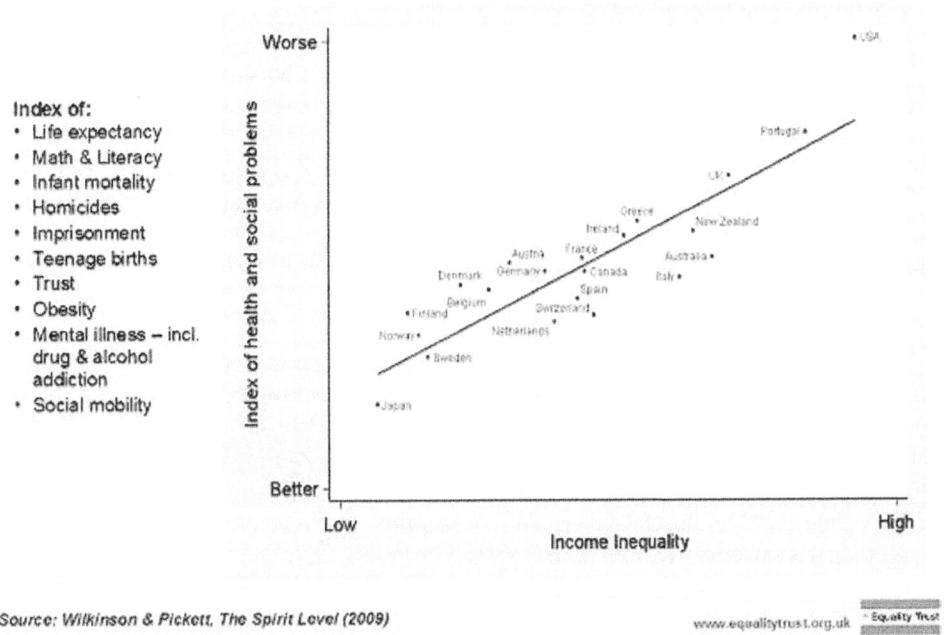

Source: Wilkinson & Pickett, The Spirit Level (2009)   www.equalitytrust.org.uk

In Ländern, die sich durch eine stärkere ökonomische Gleichverteilung auszeichnen, deutet eine Reihe von Indikatoren darauf hin, dass dort Folgeprobleme von sozialer Ungleichheit, wie Kindersterblichkeit, Gewaltverbrechen oder Drogen- und Alkoholsucht, weniger stark verbreitet sind. Auch sind die Lebenserwartung, die Alphabetisierungsquote oder die soziale Mobilität in Ländern mit stärkerer Gleichheit höher. Mehr Gleichheit wäre also eine wichtige Voraussetzung für ein produktives Wirtschaftsklima.

Literaturverzeichnis

Bäcker, Gerhard (2008), Lohnnebenkosten als Dreh- und Angelpunkt für den Arbeitsmarkt?, in: Soziale Sicherheit 10/2008, S. 338-343

Bontrup, H. J. (2010), Durch Umverteilung von unten nach oben in die Krise, in: Wiso-Diskurs 12/2010, Bonn

Döring, D./Greß, S./Logeay, C./Zwiener, R. (2009), Kurzfristige Auswirkungen der Finanzmarktkrise auf die sozialen Sicherungssysteme und mittelfristiger Handlungsbedarf, in: Wiso-Diskurs, September 2009, Bonn

European Trade Union Confederation (2011), verfügbar unter: http://www.etuc.org/r/1611, abgerufen am 1.8.2011

Eurostat (2011a), verfügbar unter: http://epp.eurostat.ec.europa.eu/tgm/table.do?tab=table&init=1&plugin=1&language=de&pcode=teina225, abgerufen am 26.7.2011

Eurostat (2011b), verfügbar unter: http://epp.eurostat.ec.europa.eu/tgm/table.do?tab=table&init=1&plugin=1&language=de&pcode=tesov110, abgerufen am 25.7.2011

Eurostat (2011c), verfügbar unter: http://epp.eurostat.ec.europa.eu/tgm/table.do?tab=table&init=1&plugin=1&language=de&pcode=tessi190, abgerufen am 1.8.2011

Herzog-Stein, A./Lindner, F. /Sturn, S./van Treeck, T. (2010), Der deutsche Arbeitsmarkt im Wandel, in: IMK-Report Nr. 56

Horn, A. G./Joebges, H./Zwiener, R. (2009),Von der Finanzkrise zur Weltwirtschaftskrise (II). Globale Ungleichgewichte: Ursache der Krise und Auswegstrategien für Deutschland, in: IMK-Report Nr. 40

Horn, A. G. /Lindner, F./Niechoj, Th. (2011), Schuldenschnitt für Griechenland – ein gefährlicher Irrweg für den Euroraum, in: IMK-Report Nr. 63

IFO-Standpunkt Nr. 100, 4.10.2008

IMK-Arbeitskreis Finanzkrise des Instituts für Makroökonomie und Konjunkturforschung (Hrsg.) (2009), Von der Finanzkrise zur Weltwirtschaftskrise (I). Wie die Krise entstand und wie sie überwunden werden kann, in: IMK-Report Nr. 38

Kaufmann, S. (2011), Amerikas Geldschwemme, in: Berliner Zeitung, 24.6.2011

OECD Private Pensions Outlook (2009), Paris

Welt online (2009), Josef Ackermann verteidigt 25-Prozent-Ziel, verfügbar unter: http://www.welt.de/wirtschaft/article3804582/Josef-Ackermann-verteidigt-25-Prozent-Ziel.html, abgerufen am 12.7.2011

Wilkinson, R./Pickett, K. (2010), Gleichheit ist Glück. Warum gerechte Gesellschaften für alle besser sind, Frankfurt a. M.

Claus Schäfer

Kindergrundsicherung

1   Vorbemerkung

Es gibt wohl kaum einen Politikbereich in Deutschland, in dem die Kluft zwischen Anspruch und Wirklichkeit so groß ausfällt wie bei der sozialstaatlichen Förderung von Kindern und Jugendlichen. Oft genug werden sie in politischen Sonntags- und Alltagsreden als die Zukunft der Gesellschaft beschworen. Aber die soziale Wirklichkeit vieler Kinder und Jugendlicher widerspricht dieser Beschwörung und verheißt gerade für die Zukunft auch der Gesellschaft nichts Gutes. Wenn allein nach offiziellen Kriterien mehrere Millionen Kinder als materiell arm bezeichnet werden müssen – oder auch als ausgeschlossen von der Teilhabe am normalen sozialen Leben einschließlich Bildung und Arbeitsmarkt –, so ist das eigentlich nicht hinnehmbar. Das gilt erst recht, wenn über die Armutsschwelle hinaus weitere große Kreise von mehr oder weniger Unterprivilegierten in den Blick genommen werden, insbesondere Kinder und Jugendliche mit Migrationshintergrund und damit verbundenen Defiziten. Auch weitere propagierte politische Herausforderungen – wie etwa die „Wissensgesellschaft" oder der „Demografische Wandel" bzw. das Schrumpfen der Bevölkerung oder auch der so genannte „Facharbeitermangel" – müssten Politik und Gesellschaft schon lange veranlassen, wesentlich mehr für die Förderung heutiger Kinder, und auch heutiger potenzieller Eltern, sowie für die Verbesserung ihrer Rahmenbedingungen zu unternehmen. Denn es ist doch ein unakzeptabler Widerspruch, wenn einerseits beklagt wird, dass zukünftig Arbeitskräfte und Wissensträger fehlen werden, und andererseits heute vorhandene Ressourcen und Potenziale nicht ausgeschöpft werden.

Zweifellos ist die öffentliche Sensibilität in diesen Fragen seit einigen Jahren gestiegen, nicht zuletzt durch nationale Armuts- und Reichtumsberichte und andere Lebenslagenberichte aus Wissenschaft und Politik zu Kindern, oder durch international vergleichende Studien, wie von der OECD, zu kindlichen Defiziten in der Bildung (PISA) und in anderen Bereichen in Deutschland. Die jüngste OECD-Untersuchung (2011) hat gerade noch einmal deutlich gemacht, dass vor allem Defizite in frühen Jahren sich langfristig nachteilig auf die Kinder wie auch die Gesellschaft auswirken und deswegen der Fokus der Förderung vor allem auf jenen Jahren liegen sollte. Doch gemessen an solchen Stimmen und den dazugehörigen empirischen Befunden bewegt sich die deutsche Politik außerordentlich langsam bis gar nicht: Im Mai 2011 wurde wieder einmal berichtet, wie schleppend der schon seit Jahren versprochene Ausbau der Krippenplätze für Kinder bis zu drei Jahren vonstattengeht, so dass das für 2014 angepeilte Ziel einer Versorgung von rund einem Drittel aller entsprechenden Kinder wahrscheinlich nicht erreicht wird (Der Tagesspiegel 2011a). Oder man konnte um die Jahreswende 2010/2011 verfolgen, wie widerständig, ja sogar verfassungswidrig sich die Bundesregierung bei der Umsetzung des Verfassungsgerichtsurteils zu den Hartz-IV-Regelsätzen verhielt, um diese für Kinder eben nicht erhöhen zu müssen (s. z. B. Becker 2011a; Münder 2011). Und das als Beschwichtigung gedachte so genannte Bildungspaket für Kinder erweist sich immer mehr als ein billiger bis kosmetischer Kompromiss, ja sogar als bürokratischer Moloch, in dem sich weder die potenziellen Leistungsempfänger noch die kommunalen Leistungsersteller zurechtfinden (Der Tagesspiegel 2011b).

Leider wird der Politik diese Haltung erleichtert durch gesellschaftliche Strukturen, hinter denen sie in Deckung gehen kann. So wird von ihr immer wieder auf fehlende Finanzmittel hingewiesen, oder auf Kompetenzstreitigkeiten zwischen Bund, Ländern und Gemeinden. Dabei sind die finanziellen Engpässe zum großen Teil selbst verschuldet durch die ebenso unangemessenen wie kontraproduktiven Steuerentlastungsmaßnahmen der letzten 15 Jahre zu Gunsten hoher Einkommen und Vermögen (siehe z. B. Truger 2009). Genauso problematisch sind häufig verbreitete Vorurteile in der Öffentlichkeit gerade bezüglich armer Kinder und ihrer Eltern. So wird immer wieder behauptet, dass beispielsweise die Verbesserung finanzieller Transfers für Kinder sich nicht lohne, weil diese von den egoistischen Eltern zweckwidrig verbraucht würden. Dabei gibt es, nach der älteren so genannten Nürnberg-Studie, die mehrere hundert bedürftige Nürnberger Familien über einen längeren Zeitraum begleitet hat, seit kurzem auch eine vergleichbare Studie aus der Region Braunschweig – beide belegen, dass auch arme Eltern zu Gunsten ihrer Kinder am ehesten bei sich selbst sparen und auch ansonsten nicht den Klischees von gleichgültigen bis schicksalsergebenen Eltern entsprechen (siehe Böckler Impuls 2008; Diakonie Braunschweig 2011). Im Zusammenhang damit besagt ein weiteres Vorurteil, dass wegen des angeblich kritikwürdigen Elternverhaltens, aber auch wegen größerer Zielgenauigkeit öffentliche Infrastrukturangebote den finanziellen Hilfen bzw. staatlichen Transfers bei weitem vorzuziehen sind. Damit ist das Argument nicht nur wieder bei der angeblich nicht finanzierbaren Infrastruktur gelandet. Es negiert auch, dass individuelle bzw. familiäre Finanzhilfen und kollektive Infrastruktur nicht beliebig austauschbar sind: Was nutzt etwa ein kostenfreier Zugang zu Sportvereinen für bedürftige Kinder, wenn die mehr oder weniger teure Sportausrüstung von den Eltern nach wie vor nicht bezahlt werden kann?

Ein drittes Vorurteil ist schließlich, dass das Ausmaß der „gemessenen" Kinderarmut in Deutschland „halb so schlimm" ausfalle, wofür „freundliche" statistische Ergebnisse herangezogen werden oder die wissenschaftlichen Beobachter von Kinderarmut gar der Manipulation geziehen werden. So hat sich z. B. die schwarzrote Bundesregierung im letzten regierungsamtlichen Armuts- und Reichtumsbericht von 2008 bei der ausführlichen Darstellung von Armutsquoten auf die, methodisch problematische, Datenbasis von EU-SILC bezogen – und die viel höheren Armutsquoten auf der Basis des Soziökonomischen Panels (SOEP) beim Deutschen Institut für Wirtschaftsforschung (DIW) unkommentiert in den damaligen Berichtsanhang verbannt. Und im Frühjahr 2011 wurde eine Veröffentlichung der OECD zur Kinderarmut selbst in der seriösen Presse (z. B. Rudzio 2011 und Financial Times Deutschland 2011) zum Anlass genommen, das Kinderarmutsproblem herunterzuspielen und die DIW-Forscher anzuklagen, sie hätten der OECD jetzt erstmals die „richtigen" SOEP-Basisdaten für eine weit niedrigere als bislang kommunizierte Kinderarmutsquote in Deutschland geliefert. Aber die früheren und neueren Berechnungen zur Kinderarmut zugrunde liegenden methodischen Unterschiede wurden in der Presse nicht explizit diskutiert, obwohl sie den Schlüssel zum Verständnis einer vermeintlichen Halbierung der deutschen Kinderarmut darstellen (siehe im Detail Becker 2011b): So geht in der neueren Version einer Armutsanalyse der OECD die Halbierung der Kinderarmutsquote von rund 16 Prozent auf jetzt rund acht Prozent für das Jahr 2008 zur Hälfte zurück auf ein abweichendes Vorgehen der OECD bei der Abgrenzung der Einkommen im Rahmen der SOEP-Ursprungsdaten, bei der Gewichtung der Haushaltsgrößen und bei der Definition der Armutsschwellen im Vergleich zum DIW-Vorgehen. Die andere Hälfte der Differenz geht auf eine Datenrevision des DIW bezüglich seiner eigenen SOEP-Erhebung zurück, die nun, im Gegensatz zu früher, befragten Personen ohne Einkommensangaben einen geschätzten Einkommenswert zuordnet und damit die Haushaltseinkommen insgesamt erhöht bzw. in diesem Zusammenhang die Armutsquote senkt. Aber auch dieses Vorgehen ist durchaus kritikwürdig (siehe Becker 2011b). Doch selbst wenn man diese DIW-Revision akzeptiert, sinkt nach DIW-Kriterien die deutsche Armutsquote für Kinder zwar für 2008 von rund 26 Prozent auf „nur" noch 16 Prozent, bleibt damit aber nach wie vor eine große gesellschaftliche Herausforderung, zumal diese „gemessene" Kinderarmut nur einen Teil der problematischen Lage von Kindern und Jugendlichen ausmacht.

Ein letztes öffentlich gepflegtes Vorurteil lautet, dass für Kinder und Jugendliche bereits sehr viel öffentliches Geld ausgegeben wird. Doch die entscheidende Frage in diesem Zusammenhang muss sein, ob es bei den Bedürftigen ankommt und wieweit es dort als ausreichend angesehen werden kann. Diese beiden Fragen sollen im Folgenden im Fokus dieses Beitrags stehen und beantwortet werden. Er nimmt zunächst das Transfersystem des öffentlichen Kinderlastenausgleichs in den Blick, der aus mehreren einzelnen Leistungssystemen besteht, darunter am wichtigsten Hartz IV, Kinderzuschlag und Kindergeld, Wohngeld für Kinder und schließlich steuerliche Erleichterungen wegen Kindern.[1] Weil die entsprechende Analyse zu einer fundamentalen Kritik an diesem System führt, werden in einem zweiten Abschnitt Reformalternativen vorgestellt, die als Kindergrundsicherung im weitesten Sinn bezeichnet werden und eine mehr oder weniger umfassende Ersetzung der vorhandenen Systeme bedeuten. Es soll schon an dieser Stelle betont werden, dass das Konzept der Kindergrundsicherung trotz einer gewissen begrifflichen Verwandtschaft inhaltlich nicht mit dem des bedingungslosen Grundeinkommens für alle Bürger verwandt ist. Und es kann an dieser Stelle auch schon hervorgehoben werden, dass die Kindergrundsicherung als zunächst wissenschaftlich „geborene" Idee innerhalb kurzer Zeit bereits viel Anhängerschaft in Wohlfahrtsverbänden und auch Parteien gefunden hat.[2]

2   Der Kinderlastenausgleich steht bisher auf dem Kopf

Betrachtet man die direkten und indirekten Transfers des bisherigen Kinderlastenausgleichs kritisch, so widerspricht dieses System aus mehreren Gründen sozialstaatlichen Prinzipien:

- Die Transfers weisen ein eindeutiges Gefälle auf zu Lasten unterer Einkommen bzw. bedürftiger Familien und ihrer Kinder bzw. zu Gunsten oberer Einkommen. Dieses Gefälle ist zwar durch diverse Transferänderungen in den letzten Jahren etwas nivelliert worden, aber im Prinzip immer noch sehr deutlich (siehe Übersicht 1): Allein der geldwerte Vorteil eingesparter Steuern durch den so genannten Kinderfreibetrag (genauer: die Summe aus dem Freibetrag für das sächliche Existenzminimum sowie dem Freibetrag für Betreuung, Erziehung und Ausbildung) übersteigt die gezahlten Regelleistungen im Rahmen von Hartz IV für Kinder wie auch das gezahlte Kindergeld in der Regel bei weitem, wenn der Spitzensteuersatz (einschließlich Reichensteuer und Solidaritätsbeitrag) gezahlt werden muss. Aber auch schon unterhalb einer Spitzensteuerbelastung sind ab einer bestimmten Schwelle des zu versteuern-

---

1   Weitere Bestandteile dieses heutigen Systems über die genannten hinaus lassen sich aus Übersicht 3 unter „Einsparungen" ablesen.
2   Siehe z. B. das Verbände-„Bündnis Kindergrundsicherung".

den Einkommens die Vorteile des Steuerfreibetrages größer als die anderen genannten Leistungen. Zudem haben mittlere und erst recht obere Einkommen die – wahrscheinlich häufig genutzte – Möglichkeit, neben dem pauschal gewählten Steuerfreibetrag weitere belegbare Ausgaben für die häusliche oder außerhäusliche Betreuung ihrer Kinder (wie z. B. durch eine Tagesmutter oder eine Privatschule) bis zu einem Jahresbetrag von 4.000 bzw. 3.000 Euro steuerlich abzusetzen. Der entsprechende geldwerte Vorteil beim Spitzensteuersatz von 160 bzw. 200 Euro erhöht den steuerlich möglichen Vorteil auf maximal insgesamt 436 bzw. 476 Euro für obere Einkommen (häusliche und außerhäusliche Betreuung sind faktisch nicht gleichzeitig nutzbar). Diese Vorteile beziehen sich auf das einzelne Kind, kumulieren sich also mit steigender Kinderzahl. Vor allem aber muss noch einmal konstatiert werden, dass die nicht bedürftigen Familien und ihre Kinder den größten Vorteil erhalten.

- Tatsächlich sind mit diesem eben genannten Gefälle nur die Eckwerte eines Systems beschrieben, das zum Beispiel mit dem Kinderzuschlag zum Kindergeld oder auch mit den für Kinder anteilig übernommenen Wohnkosten im Rahmen des Wohngelds weitere „dazwischen" liegende Leistungen kennt, die das genannte Gefälle mehr oder weniger nivellieren, aber nicht egalisieren können. Berechnungen von Irene Becker und Richard Hauser (2009; 2010) im Rahmen eines von der Hans-Böckler-Stiftung in Auftrag gegebenen Gutachtens zeigen zudem, dass es gerade beim Wechsel von einem Untersystem zum anderen – etwa von Hartz IV auf Kindergeld und Kinderzuschlag – Leistungssprünge bzw. „holprige" oder unangemessene Übergänge gibt. Vor allem aber sind die Untersysteme, die den besonders niedrigen Familieneinkommen zugedacht werden, alle gekennzeichnet durch einen Antrag, der als Voraussetzung für die Leistungsgewährung gestellt werden muss. Der aber bleibt außerordentlich häufig aus, weil Informationen fehlen oder weil Grenzen der Scham oder auch der Antragsmühen nicht überwunden werden. Diesbezügliche aktuelle Berechnungen von Irene Becker, die amtliche Daten der Inanspruchnahme solcher Systeme und Simulationsdaten für die potenziell Anspruchsberechtigten einander gegenübergestellt hat, zeigen erschreckend hohe Dunkelziffern (siehe Übersicht 2 bzw. Becker 2011c). Danach nehmen bei Wohngeld und Kinderzuschlag zwei Drittel der Berechtigten ihren Anspruch nicht wahr; und auch mögliche Ansprüche an das Hartz-IV-System werden von mehr als 40 Prozent der Anspruchsberechtigten nicht abgerufen.

Demgegenüber wird der geldwerte Vorteil des pauschalen steuerlichen Freibetrags für Kinder vom Sozialstaat automatisch gewährt, weil die Finanzämter im Rahmen der elterlichen Einkommensteuererklärung immer von sich aus die Vorteilhaftigkeit von Kindergeld oder Kinderfreibeträgen abwägen und den günstigeren Transfer leisten. Die zusätzliche steuerliche Absetzbarkeit von häuslichen oder außerhäuslichen Betreuungskosten für Kinder ist zwar auch auf einen Antrag angewiesen, mit entsprechenden Belegen über die diesbezüglichen familiären Ausgaben. Aber man kann davon ausgehen, dass zumindest bei oberen Einkommen diese Möglichkeit aufgrund einer guten Informationslage und hilfreicher Steuerberater ebenfalls quasi automatisch ausgeschöpft wird. Das schon beschriebene materielle Gefälle im Rahmen des Kinderlastenausgleichs wird also begleitet von einem ebenfalls problematischen Gefälle auf der operativen Ebene des Sozialstaats bei Umsetzung seiner Leistungen: Während sich der Staat gegenüber den oberen Einkommen wie der Butler mit ausgestrecktem Silbertablett präsentiert, verschränkt er gegenüber den unteren Einkommen seine Hände hinter dem Rücken und wartet passiv auf einen entsprechenden Antrag. Und er bleibt auch untätig, wenn der Antrag ausbleibt.

Angesichts dieser strukturellen Defizite ist das genannte System des Kinderlastenausgleichs schon lange nicht mehr hinnehmbar. Doch fundamentale Kritik war bisher wenig zu vernehmen. Und wenn sie kam, prallte sie weitgehend ab oder wurde resignativ vorgetragen, weil man sich mit Urteilen des Bundesverfassungsgerichts zum Kinderlastenausgleich konfrontiert sah, die scheinbar gerade die steuerlichen Vorteile im Sinn der gerichtlich entwickelten Konzepte von „horizontaler Gerechtigkeit" und „subjektivem Nettoprinzip" festgeschrieben hatten.[3] Darauf wird zurückzukommen sein, wenn angesichts der Defizite des gegenwärtigen Systems weiter unten auf Reformnotwendigkeiten und -möglichkeiten eingegangen wird.

3   Den Kinderlastenausgleich auf die Füße stellen

Aus den geschilderten Defiziten des gegenwärtigen Kinderlastenausgleichs ergeben sich im Umkehrschluss die Hauptbedingungen für die Strukturen eines alternativen Systems, das hier generell Kindergrundsicherung genannt wird:

- Die Leistungen des neuen Systems müssen, soweit es irgend möglich ist, für die Begünstigten automatisch erfolgen. Oder anders formuliert: Es darf keine

---

3   Diese Konzepte des Bundesverfassungsgerichts bedeuten grob gesprochen: „Auch Millionäre mit Kindern müssen wegen der Kinder vom Sozialstaat (steuerlich) bessergestellt werden als Millionäre ohne Kinder"; und: „Steuerpflichtige müssen ,elementare' Ausgaben für ihre Familien von der (steuerlichen) Bemessungsgrundlage abziehen können"; Details s. z. B. Moes 2011).

Anträge und antragsbezogenen Verfahren mehr geben, die auch eine ernst zu nehmende Dunkelziffer produzierten könnten. Der Sozialstaat sollte sich vielmehr als Butler für alle Kinder betätigen. Eine solche Automatisierung scheint z. B. im Prinzip über die Geburtenregister und den Eintrag der jeweiligen Kinder in die persönlichen Lohnsteuerkarten ihrer Eltern möglich, die bisher auch ohne ausgeübte persönliche Erwerbstätigkeit jedem Erwerbsfähigen von seiner Gemeinde zugeschickt wurden – und relativ schnell reaktiviert werden könnten. Zugleich würde ein Duplikat der Lohnsteuerkarte oder eines denkbaren elektronischen Ersatzes an die Kinderkassen der Finanzämter gehen, die von sich aus die monatliche Auszahlung der Kinderleistung in die Wege leiten würden. Im Einzelnen ist dann zu klären, wie die Kinderkassen bei Nicht-Erwerbstätigen bzw. nicht bei den Finanzämtern geführten Steuerpflichtigen die Information beispielsweise über die Bankverbindung der jeweiligen Eltern erhalten, wie getrennt lebende Eltern zu behandeln sind usw. Diese „technischen" Probleme scheinen allemal lösbar.

- Eine zweite Bedingung ist aus der erstgenannten schon abzuleiten, nämlich: die Grundsicherung sollte möglichst viele der heutigen Untersysteme des Kinderlastenausgleichs ersetzen, damit eben nicht nur kein Antrag mehr auf Hartz IV, Wohngeld usw. gestellt werden muss, sondern auch z. B. kein Antrag mehr für den Unterhaltsvorschuss als Ersatzleistung für unterhaltspflichtige Eltern. Kein Antrag mehr in vielen Untersystemen bedeutet aber auch zugleich die weitgehende Abschaffung entsprechender Bürokratie. Trotzdem wird es realistischerweise in einigen Fällen aus praktischen wie strukturellen Gründen weiter Anträge geben müssen – wenn auch nicht mehr für Kinder, so doch für ihre Eltern –, weil die neue Kinderleistung nicht alle auch auf die Eltern bezogenen familiären Leistungen ersetzen kann. Dies gilt beispielsweise ganz offensichtlich für das familienbezogene Wohngeld, auch wenn in der Kindergrundsicherung ein pauschalierter Betrag für den Anteil jedes einzelnen Kindes an den Kosten der Unterkunft enthalten sein kann.
- Eine dritte Bedingung für die Kindergrundsicherung schließlich würde den bisherigen Kinderlastenausgleich endgültig vom Kopf auf die Füße stellen: Anders als heute muss die Leistung bei Bedürftigen bzw. unteren Einkommen am größten und bei oberen Einkommen am geringsten ausfallen; und zugleich muss diese Leistung möglichst kontinuierlich mit steigendem Einkommen abgeschmolzen werden, um den Gerechtigkeitspflichten des Sozialstaats wie der Leistungsfähigkeit des Fiskus zu entsprechen. Diese Bedingung lässt sich am einfachsten erfüllen, wenn man eine formal zunächst gleich hohe Transferleistung der Kindergrundsicherung mit steigendem Einkommen dem Grenzsteuersatz des elterlichen Einkommens vor Hinzurechnung der Kindergrundsiche-

rung unterwirft. Dann erhalten die unteren Einkommen, die wegen ihrer niedrigen Höhe keine Steuern entrichten können bzw. müssen, die Kindergrundsicherung in ungeschmälerter Höhe. Und die oberen Einkommen erhalten die Kindergrundsicherung angesichts des heute bestehenden maximalen Grenzsteuersatzes einschließlich Solidaritätszuschlag und Reichensteuersatz nur noch für gut die Hälfte des Ursprungsbetrages. Um zugleich die bei hohen Einkommen häufig beobachtbaren Praktiken der Steuerumgehung einzudämmen – damit Reiche sich nicht „arm" rechnen –, könnte z. B. in Anlehnung an die heutigen Wohngeldbestimmungen ein modifizierter Einkommensbegriff für die Besteuerung der Kindergrundsicherung zugrunde gelegt werden, der steuerliche Gestaltungsmöglichkeiten insbesondere in Verbindung mit Kapitaleinkommen oder Einkommen aus Vermietung und Verpachtung beschränkt. Begünstigt heute also der Abzug des bestehenden Kinderfreibetrags von der steuerlichen Bemessungsgrundlage insbesondere die oberen Einkommen, so würde morgen nach Einführung der Kindergrundsicherung die Anwendung des Grenzsteuersatzes der Eltern auf die neue Leistung genau den gewünschten gegenteiligen und zugleich gleitenden Effekt bewirken. Dieser Mechanismus würde im Prinzip auch das Instrument der progressiven Einkommensteuer stärken, das als Grundelement eines demokratischen und sozialen Staates nicht zu unterschätzen ist.

Um die gewünschte Wirkung der Kindergrundsicherung sicherzustellen, kommen übrigens im Rahmen des Einkommensteuersystems andere Mechanismen nicht in Frage. Würde z. B. statt des heutigen steuerlichen Kinderfreibetrags, der „von oben" die Beitragsbemessungsgrundlage und damit auch die Progression kürzt, ähnlich dem Erwachsenenfreibetrag ein zusätzlicher Kindergrundfreibetrag „von unten" eingeführt, so wäre zwar die Bemessungsgrundlage auch gekürzt, aber gleichzeitig der Eingangssteuersatz für das elterliche Einkommen umso höher, je mehr Kinder in der Familie vorhanden sind. Wollte man diesen letztgenannten Effekt vermeiden, müsste in Abhängigkeit von der Kinderzahl der Einkommensteuertarif jeweils nach rechts verschoben werden, womit der Kindergrundfreibetrag letztlich denselben Effekt hätte wie der heutige steuerliche Kinderfreibetrag.

4   Die Höhe der Kindergrundsicherung – die Suche nach dem kindlichen Existenzminimum

Die Bedeutung der eben aufgezählten Hauptbedingungen der Kindergrundsicherung steht und fällt natürlich in Verbindung mit der angestrebten bzw. angemessenen Höhe der entsprechenden öffentlichen Transferleistung pro Kind. Und diese sollte sich wiederum nach dem Mindestbedarf von Kindern richten, oder anders formuliert: nach dem kindlichen Existenzminimum. Dass die Frage danach mit der Entscheidung von Bundesregierung und Bundestag im Jahr 2011, die bisherigen Kinderregelsätze von Hartz IV trotz des vorangegangenen Urteils des Bundesverfassungsgerichts nicht zu erhöhen, unbefriedigend beantwortet wird, steht außer Frage. Doch der Sozialstaat hat an anderer Stelle schon lange das kindliche Existenzminimum durchaus eindeutig und in ansehnlicher Höhe festgelegt: nämlich durch den Kinderfreibetrag bzw. seine beiden Komponenten, das sächliche Existenzminimum und das Existenzminimum für Betreuung, Erziehung und Ausbildung. Denn dieser Freibetrag muss doppelt gelesen werden: Zum einen ist er Bemessungsgrundlage für den oben schon angeführten geldwerten Vorteil hoher Einkommen von Eltern mit Kindern; zum anderen entspricht die Bemessungsgrundlage selbst, d. h. die zurzeit geltenden 584 Euro laut Übersicht 1, der offiziellen Niveaufestlegung des kindlichen Existenzminimums. An dieser Stelle macht auch noch einmal der Vergleich zwischen der genannten Höhe des Kinderfreibetrags und dem weit niedrigeren Zahlbetrag der gegebenen Hartz-IV-Regelsätze für Kinder deutlich, welches Gefälle im Kinderlastenausgleich herrscht bzw. wie wenig die Sozialleistung für Kinder in Hartz IV dem steuerrechtlichen Existenzminimum entspricht. Die Kinderfreibeträge erfahren übrigens nicht nur per se eine spezifische Legitimation durch das Steuerrecht, sondern auch durch die Unterlegung des sächlichen „Steuer"-Existenzminimums mit dem alle zwei Jahre von der Bundesregierung erstellten Existenzminimumbericht.

Wegen dieser Legitimation knüpfen Irene Becker und Richard Hauser (2009 und 2010) in ihrem schon erwähnten Gutachten für die Hans-Böckler-Stiftung mit ihrer Kindergrundsicherung an die Höhe der steuerlichen Kinderfreibeträge an, mit 502 Euro pro Monat und Kind allerdings an die steuerlichen Bestimmungen vor 2010, als der Freibetrag für Betreuung, Erziehung und Ausbildung noch 180 Euro betrug und für das sächliche Existenzminimum noch 322 Euro. Diese Anknüpfung ist angesichts der gegebenen Legitimationsbasis mehr als naheliegend. Sie führt allerdings wegen der Höhe der Grundsicherungsleistung – trotz der vorgeschlagenen Abschmelzung bei steigendem Einkommen mit dem Grenzsteuersatz der Eltern – zu einem Nettofinanzierungsbedarf bei Einführung der Kindergrundsicherung von mehr als 30 Mrd. Euro, obwohl sich durch sie viele andere heute vorhandenen Bestandteile des Kinderlastenausgleichs erübrigen werden (siehe Übersicht 3). Dieser Finanzierungsbedarf würde mit den ab 2010 geltenden Kinderfreibeträgen weiter steigen und damit diesen „Königsweg" der Bewältigung des Kinderlastenausgleichs fiskalisch noch teurer machen. In Zeiten der staatlichen Schuldenbremse einerseits und der durch Steuerentlastungen ausgetrockneten

Steuereinnahmen des Staates andererseits scheint damit dieser Vorschlag schwer in die Praxis umsetzbar. Die finanzielle Umsetzungshürde bleibt auf den ersten Blick auch deswegen unvermeidbar so hoch, weil aus vermeintlich verfassungsrechtlichen Gründen (horizontale Steuergerechtigkeit, subjektives Nettoprinzip) die oberen Einkommen auch nach einer Reform des Kinderlastenausgleichs mindestens denselben Vorteil wie heute erhalten müssen.

Doch diese juristische Interpretation verschiedener Urteile des Bundesverfassungsgerichts im Zeitenverlauf, insbesondere der jüngeren Urteile, war immer schon umstritten und wird in letzter Zeit zunehmend verneint (z. B. von Lenze 2008; Moes 2011; Wieland 2011). Nach Lesart dieser Jurist/-innen ist der Sozialstaat letztlich überhaupt nicht gezwungen, den Kinderlastenausgleich über steuerliche Freibeträge zu gewähren, was den Weg für alternative Instrumente wie die Kindergrundsicherung frei macht. Damit könnte die Kindergrundsicherung auch in der Höhe sinken und den gesamten dafür nötigen Finanzbedarf niedriger gestalten – solange damit das kindliche Existenzminimum nicht unterschritten wird. Tatsächlich sind die heutigen steuerlichen Freibeträge trotz ihrer legitimatorischen Kraft für das kindliche Existenzminimum von Seiten des zugrunde liegenden kindlichen Bedarfs nur begrenzt unterfüttert: Der Freibetrag für Betreuung, Erziehung und Ausbildung beispielsweise ist vom Gesetzgeber immer willkürlich gegriffen worden und kann nicht den Anspruch erheben, etwa ein Bildungs-Existenzminimum für Kinder angemessen oder realitätsnah abzubilden. Und auch dem alle zwei Jahre vorzulegenden regierungsamtlichen Existenzminimumbericht, der den sächlichen Kinderfreibetrag rechtfertigen soll, muss man in seiner Begründung nicht folgen, weil diese im Wesentlichen an den Hartz-IV-Regelsätzen festgemacht wird.

Hinzu kommt, dass die jetzige Bundesregierung den sächlichen steuerlichen Kinderfreibetrag im Jahr 2010 völlig unabhängig vom ihm zugrunde liegenden 7. Existenzminimumbericht aus 2008 um 40 Euro auf die heute gültige Höhe heraufgesetzt hat, ohne diese 40 Euro inhaltlich zu erklären. Ebenso willkürlich könnte man in diese 40 Euro Anteile eines wie auch immer gearteten Bildungsexistenzminimums hineininterpretieren, um den Finanzbedarf der Kindergrundsicherung letztlich zu senken. Von den Kriterien Finanzbedarf und Durchsetzbarkeit scheint deshalb auch eine inzwischen bekannt gewordene Variante der Kindergrundsicherung getragen zu werden, die die Höhe der Kindergrundsicherung aus sächlichem steuerlichem Freibetrag plus halbem Kindergeld zusammensetzt, wie das dem Vorgehen im Unterhaltsrecht entspricht (siehe Bronke, Nullmeier et al. 2011). Doch das Unterhaltsrecht geht mit der Festsetzung des halben Kindergelds als denkbares Äquivalent für ein kindliches Bildungsexistenzminimum auch willkürlich vor.

An dieser Stelle muss ausdrücklich vor einer rein fiskalischen Argumentation in Bezug auf die Höhe einer zukünftigen Kindergrundsicherung gewarnt werden, auch wenn die Durchsetzbarkeit eines solchen Vorschlags natürlich eine berechtigte Rolle spielt. Die Durchsetzbarkeit hängt aber mindestens genauso von der Legitimation des kindlichen Mindestbedarfs ab, der notwendigerweise erstmals auch unter Einbeziehung einer Bildungskomponente öffentlich diskutiert und festgelegt werden müsste. Im Rahmen der Debatte um die (Nicht-)Erhöhung der Hartz-IV-Regelsätze für Kinder haben verschiedene Seiten, vor allem Wohlfahrtsverbände und Wissenschaft, bereits viel Vorarbeit für eine verfassungsgemäße Definition des sächlichen Existenzminimums von Kindern geleistet (siehe z. B. Der Paritätische Gesamtverband 2008). Zusätzlich müsste nun die Bestimmung des Bildungsminimums hinzukommen, ob auf demselben Weg wie die aktuelle Bestimmung des sächlichen Minimums mit der so genannten Statistikmethode auf Basis der Einkommens- und Verbrauchsstichprobe (EVS) – oder wie vor Jahrzehnten im Rahmen der früher praktizierten Warenkorbmethode. Es ist aber nicht von der Hand zu weisen, dass die Festlegung des Bildungsminimums für Kinder weit schwieriger sein dürfte als die des sächlichen Existenzminimums. Beispielsweise dürfte man im Rahmen der Statistikmethode gerade bei unteren Einkommen Ausgaben für Nachhilfeunterricht gar nicht feststellen können, weil die angesichts der elterlichen Rahmenbedingungen nicht zu leisten sind. Deshalb wird man auch hier mit gewissen Setzungen arbeiten müssen. Und letztlich wird sich dann die Summe aus sächlicher und bildungsbezogener Kindergrundsicherung wahrscheinlich zwischen 364 Euro und 584 Euro pro Monat und Kind belaufen.

5 Übergangslösungen

Aber selbst mit „nur" 364 Euro wäre der Vorschlag einer Kindergrundsicherung mit insgesamt schätzungsweise 20 Mrd. Euro immer noch recht teuer. Deshalb bewegt sich die zurzeit beobachtbare Debatte in den Reihen der Verfechter einer Kindergrundsicherung zwischen zwei Polen: Einerseits könnte an weiteren Stellschrauben des Konzepts gedreht werden, um es „preiswerter" und durchsetzungsfähiger zu machen. Oder es könnten Übergangslösungen erwogen werden, die als relativ kleine, aber wirksame Reformschritte zur Eindämmung heutiger Kinderarmut und zur Vorbereitung einer zukünftigen „vollen" Kindergrundsicherung gelten könnten.

Zu den systeminternen Stellschrauben gehört z. B. die Überlegung, die Kindergrundsicherung nicht – wie bisher von Becker und Hauser angedacht – bis zum 27. bzw. 25. Lebensjahr auszuzahlen, solange die Kinder sich wie beim heutigen

Kindergeld noch in Ausbildung befinden, sondern nur bis zum Erreichen der Volljährigkeit mit dem 18. Lebensjahr. In jedem Fall aber müsste die Kindergrundsicherung mit dem heutigen System der Ausbildungsförderung verknüpft werden,
damit die Gesamtleistung, allein wegen der Kosten für eine mögliche auswärtige
Unterbringung der Kinder, höher ausfällt. D. h., wird die Kindergrundsicherung
auch während einer Ausbildung über die Volljährigkeit hinaus ausgezahlt, so wird
sie durch eine ergänzende Förderung „aufgestockt". Oder der Kindergrundsicherung müsste, wenn sie selbst mit dem 18. Lebensjahr enden soll, eine entsprechend
höhere Anschlussleistung in einem eigenen Ausbildungsförderungssystem folgen.
Eine weitere Stellschraube könnte sein, die Leistung der Kindergrundsicherung
nach dem Alter der Kinder zu staffeln, wie es bisher bei Hartz-IV-Regelsätzen und
Kindergeld praktiziert wird. Doch vieles deutet darauf hin, dass dies dem Kindes-
bedarf nicht gerecht würde, weil mit sinkendem Kindesalter der Bedarf nicht
gleichzeitig auch sinkt, sondern nur andere Formen und Strukturen annimmt.
Wenn z. B. laut OECD (2011) die Förderung in jungen Jahren besonders wichtig
bzw. für die Lebensperspektive prägend ist, sollte man gerade in diesen Jahren
nicht an der Förderung sparen. Kritisch besehen bringen also zumindest die beiden
erwähnten Stellschrauben faktisch wenig finanziellen Handlungsspielraum oder
möglicherweise sogar kontraproduktive Effekte.

Beides muss für Übergangslösungen nicht gelten, wenn sie mit Blick auf eine
spätere vollständige Kindergrundsicherung angelegt werden. Dafür zu nennen ist
in erster Linie die Erhöhung des Kinderzuschlags, der jetzt zusätzlich zum Kindergeld an Familien kurz vor der Hartz-IV-Schwelle gezahlt wird, um sie vor dem
Abrutschen ins Hartz-IV-System aufgrund des Bedarfs ihrer Kinder zu bewahren.
Wenn man diese Zielsetzung besser realisieren will und in diesem Rahmen auch
die oben genannte Dunkelziffer deutlich reduzieren will, müssen allerdings die
Antragsvoraussetzungen großzügiger gestaltet und die Anrechnung des elterlichen Einkommens weniger restriktiv als bisher ausgerichtet werden. Zusätzlich
sind Aufklärungskampagnen des Staates an die Adresse der potenziell Anspruchsberechtigten denkbar, damit die Bedürftigen weit mehr als bisher zu ihrem
Recht kommen. Nehmen dann 75 Prozent der Anspruchsberechtigten diese Leistung wahr, so eine Simulation von Becker und Hauser (2010), kostet dieser reformierte Kinderzuschlag nur rund vier bis fünf Mrd. Euro im Jahr und senkt trotzdem die Armutsquoten spürbar. Eine weitere mögliche Variante ist bereits 2007
entwickelt worden: sie sieht vor, den Kinderzuschlag aufs Kindergeld für heute
relativ wenige berechtigte Kinder zu einem zukünftigen Kindergeldzuschlag für
alle Kinder zu erweitern (siehe Becker/Hauser 2007). Fällt dieser Kindergeldzuschlag, den wohlgemerkt auch nicht kindergeldberechtigte Hartz-IV-Kinder erhalten sollen, allerdings sehr hoch aus, kann auch dieser Weg im Vergleich zu einer

besteuerten Kindergrundsicherung sehr teuer werden und zugleich wenig wirksam bei der Armutsreduzierung sein (s. zu entsprechenden Berechnungen von Kosten und Armutsfolgen dieser Variante Becker/Hauser 2009 und 2010).

6 Fazit

Viele der Argumente, die zumindest auf die kurzfristige Durchsetzbarkeit einer Kindergrundsicherung oder einer Übergangslösung abzielen, haben mit dem befürchteten oder erwarteten Konkurrieren um öffentliche Mittel angesichts vieler sozialstaatlicher Defizite zu tun, die insgesamt beseitigt werden müssten. Allein im Rahmen von Kinderförderung im weitesten Sinne steht neben der Verbesserung finanzieller Leistungen für Personen und Familien selbstverständlich auch die Verbesserung kollektiver Infrastrukturangebote im Raum. Und noch einmal: Beide Leistungsebenen des Sozialstaats lassen sich nur sehr bedingt gegenseitig substituieren – öffentliche Schulen, Kindergärten und Kinderkrippen, ein nachholendes Erwachsenenbildungssystem für Personen mit armutsbedingten und/oder migrationsbedingten Defiziten usw. können nicht privat finanziert werden. Aber die öffentliche Infrastruktur kann Geldtransfers an Eltern bzw. Kinder durchaus gefährden, wenn Kommunen oder andere quasi-öffentliche Betreiber für die Infrastrukturnutzung von den privaten Haushalten so hohe Gebühren verlangen, dass auch eine angemessene Kindergrundsicherung entwertet wird. Diese Gefahr auszuschließen, ist ebenfalls eine der wichtigen Rahmenbedingungen für die Effizienz einer Kindergrundsicherung. Und schließlich ist es eine weitere Voraussetzung, den Eltern mehr Zeit zu gewähren, damit sie die Vorzüge von Kindergrundsicherung bzw. finanziellen Transfers und öffentlichen Infrastrukturangeboten mit ihren Kindern auch ausschöpfen können.

Literaturverzeichnis

Becker, I. (2011a), Ist die Nicht-Erhöhung der Hartz IV-Regelsätze für Kinder 2011 verfassungsgerecht? Gutachten aus ökonomischer Sicht für die Hans-Böckler-Stiftung, im Erscheinen

Becker, I. (2011b), Revidierte (SOEP/OECD-)Zahlen zur Kinderarmut – ist das Problem halb so schlimm, so dass eine Kindergrundsicherung nicht notwendig ist? Statement auf dem Workshop der Friedrich-Ebert-Stiftung „Kindergrundsicherung – (k)eine gute Idee?" am 19.5.2011 in Berlin

Becker, I. (2011c), Das kindliche Existenzminimum sichern!? Mögliche Handlungsoptionen. Vortrag auf der Tagung des Bündnisses Kindergrundsicherung „Das kindliche Exis-

tenzminimum sichern!?" am 4.5.2011 in Berlin, verfügbar unter: http://www.
kinderarmut-hat-folgen.de/download/vortrag_dr.becker.pdf

Becker I./Hauser, R. (2007), Vom Kinderzuschlag zum Kindergeldzuschlag: ein Reformvorschlag zur Bekämpfung der Kinderarmut. Arbeitspapier Nr. 5 des Projekts „Soziale Gerechtigkeit" an der Johann Wolfgang Goethe-Universität, Fachbereich Wirtschaftswissenschaften, gefördert durch die Hans-Böckler-Stiftung, Frankfurt a. M.

Becker I./Hauser, R. (2009), Familienleistungsausgleich: Systematische Gegenüberstellung
aktueller Reformvorschläge – Ergebnisse des Teilprojekts „Vom Kindergeld zu einer
Grundsicherung für Kinder" im Auftrag der Hans-Böckler-Stiftung, Arbeitspapier
Nr. 6 des Projekts „Soziale Gerechtigkeit" an der Johann Wolfgang Goethe-Universität,
Fachbereich Wirtschaftswissenschaften, gefördert durch die Hans-Böckler-Stiftung,
Frankfurt a. M.

Becker I./Hauser, R. (2010), Kindergrundsicherung, Kindergeld und Kinderzuschlag: Eine
vergleichende Analyse aktueller Reformvorschläge. Abschlussbericht des von der
Hans-Böckler-Stiftung geförderten Projekts „Vom Kindergeld zu einer Grundsicherung
für Kinder. Fiskalische und Verteilungswirkungen eines Existenz sichernden und zu
versteuernden Kindergeldes", Düsseldorf, verfügbar unter: http://www.boeckler.de/
pdf_fof/S-2008-182-4-3.pdf

Böckler Impuls (2008), Die Kinder kommen zuerst. Ergebnisse der so genannten Nürnberg-
Pass-Studie, Düsseldorf; verfügbar unter: http://boeckler.de/32014_92691.html

Bronke, K./Nullmeier, F./Schröder, J./Schuster, J./Wenzel G. (2011), Konzeptentwurf für eine
Kindergrundsicherung – vorgestellt auf dem Workshop der Friedrich-Ebert-Stiftung
„Kindergrundsicherung – (k)eine gute Idee?" am 19.5.2011 in Berlin, Bremen

Bundesministerium für Arbeit und Soziales (BMAS) (2011), Bildungs- und Teilhabepaket
startet, verfügbar unter: http://www.bmas.de/portal/S1072, abgerufen am 7.4.2011

Bundesregierung (2008), Lebenslagen in Deutschland. 3. Armuts- und Reichtumsbericht der
Bundesregierung, verfügbar unter: http://www.bmas.de/portal/26742/property=pdf/
dritter_armuts_und_reichtumsbericht.pdf, abgerufen am 30.3.2011

Bündnis Kindergrundsicherung (2010), Kinder brauchen mehr! Unser Vorschlag für eine
Kindergrundsicherung, verfügbar unter: www.kinderarmut-hat-folgen.de/download/
122010_Papier_KGS_neu_endg.pdf, abgerufen am 28.03.2011

Der Paritätische Gesamtverband (Hrsg.) (2008), Expertise. Was Kinder brauchen … Für eine
offene Diskussion über das Existenzminimum für Kinder nach dem Statistikmodell
gem. § 28 SGB XII (Sozialhilfe), Berlin

Der Tagesspiegel (2011a), Länder sollen mehr für Betreuung zahlen – Bundesfamilienministerium sieht Ausbauziel für Kita-Plätze in Gefahr. Kommunen drohen mit Klagen, in
Ausgabe vom 19.5.2011, Berlin, S. 4

Der Tagesspiegel (2011b), Lehrer verzweifeln am Bildungspaket – Nur wenige Familien
stellen Anträge. Bearbeitet werden sie oft noch nicht. Schulen befürchten bürokratischen Aufwand, in Ausgabe vom 19.5.2011, Berlin, S. 9

Deutscher Kinderschutzbund (2011), Kinderarmut in Deutschland, verfügbar unter:
http://www.dksb.de/CONTENT/SHOWPAGE.ASPX?CONTENT=459&TPL=0

Diakonisches Werk der Evangelisch-Lutherischen Landeskirche in Braunschweig (Hrsg.)
(2011), Wirksame Wege für Familien mit geringem Einkommen im Braunschweiger

Land gestalten. Umfrage und Auswertung in Zusammenarbeit mit der Stiftung Braunschweigischer Kulturbesitz, Braunschweig, verfügbar unter: www.diakonie-braunschweig.de

Feil, M./Wiemers, J. (2008), Höheres ALG II und Kindergrundsicherung. Teure Vorschläge mit erheblichen Nebenwirkungen, in: IAB-Kurzbericht (11), Nürnberg

Financial Times Deutschland (2011), Kinderüberraschung! Teurer Statistikfehler: Offenbar viel weniger Kinderarmut in Deutschland als jahrelang behauptet, in: Ausgabe vom 6.5.2011, S. 1

Heinz, D. (2010), Einige Überlegungen zu den die Existenz sichernden Leistungen für die Kosten der Ernährung bei Kindern, zu möglicher Fehlernährung in Folge zu geringer Leistungen und möglichen rechtlichen Konsequenzen, in: Zeitschrift für das Fürsorgewesen, Nr. 4/2010, S. 73ff

Lenze, A. (2011), Die Sicherung des kindlichen Existenzminimums – politische Antworten, Vortrag auf der Tagung des Bündnisses Kindergrundsicherung „Das kindliche Existenzminimum sichern!?" am 4.5.2011 in Berlin, verfügbar unter: http://www.kinderarmut-hat-folgen.de/informationen-material.php

Lenze, A. (2008), Die Verfassungsmäßigkeit eines einheitlichen und der Besteuerung unterworfenen Kindergeldes. Arbeitspapier 151 der Hans-Böckler-Stiftung, Düsseldorf

Martens, R. (2007), Konzeptionelle Vorschläge zur Weiterentwicklung des Kinderzuschlags, herausgegeben vom Deutschen Paritätischen Wohlfahrtsverband, Berlin

Moes, C. (2011), Die Steuerfreiheit des Existenzminimums vor dem Bundesverfassungsgericht. Eine ökonomische, steuersystematische und grundrechtsdogmatische Kritik des subjektiven Nettoprinzips, Dissertation im Fachbereich Rechtswissenschaft der Johann Wolfgang Goethe-Universität Frankfurt am Main, in: Steuerwissenschaftliche Schriften, Band 25, Baden-Baden

Münder, J. (2011), Ist die Nicht-Erhöhung der Hartz IV-Regelsätze für Kinder 2011 verfassungsgerecht? Gutachten aus juristischer Sicht für die Hans-Böckler-Stiftung, im Erscheinen

OECD (2011), Doing Better for Families, Paris (www.oecd.org/social/family/doingbetter)

Rudzio, K. (2011), Der Armuts-Irrtum. Es gibt in Deutschland offenbar viel weniger arme Kinder als bisher gedacht – Forscher wollten das für sich behalten, in: Die Zeit (20) v. 12.5.2011, S. 27

Truger, A. (2009), Ökonomische und soziale Kosten von Steuersenkungen, in: Prokla 154, 1/2009, S. 27-46

Wieland, J. (2011), Verfassungsfragen der steuerrechtlichen Behandlung von Kindesexistenzminimum und Betreuungs-, Erziehungs- und Ausbildungsbedarf. Rechtsgutachten für die Friedrich-Ebert-Stiftung, Speyer

Übersicht 1		
Der heutige Kinderlasten„ausgleich" steht auf dem Kopf – monatliche staatliche Geldtransfers pro Kind in Euro bei wichtigen Untersystemen –		
1.	**Hartz-IV-Regelsätze für Kinder** seit 2009[1]	
	- unter 6 Jahre	215
	- 6 bis 13 Jahre	251
	- ab 14 Jahre	287
2.	**Kindergeld seit 2010**	
	- für das 1. und 2. Kind	184
	- für das 3. Kind	190
	- für jedes weitere Kind	215
3.	**Kinderzuschlag „vor" der Hartz-IV-Schwelle** (zusätzlich zum Kindergeld)	max. 140
4.	**Steuerersparnisse seit 2011**[2]	
	- Kinderfreibetrag für sächliches Existenzminimum 354[3] Euro/M.	max. 170
	- Kinderfreibetrag für Betreuung, Erziehung, Ausbildung 220[4] Euro/M.	max. 106
	- Weitere Steuerersparnisse durch absetzbare Kosten	
	für häusliche Betreuung (bis 14 J. max. 4.000 Euro/J.)	max. 160
	oder externe Betreuung/Privatschule (max. 5.000 Euro/J.)	max. 200
	Steuerersparnisse zusammen	**max. 476**

[1] Ohne das ab 2011 bestehende „Bildungs- und Teilhabepaket" von schätzungsweise 30 Euro pro Monat bei voller (unrealistischer) Ausschöpfung und ohne die kindbezogenen Kosten der Unterkunft von mind. 50 Euro und mehr je nach Region bzw. Mietniveau.
[2] Maximale Ersparnis bei Wirkung von Spitzensteuersatz, Solidaritätszuschlag und Reichensteuer.
[3] Vor 2011: 322 Euro.
[4] Vor 2011: 180 Euro.

Quelle: Berechnungen des Autors.

Übersicht 2

Kluft zwischen Anspruch und Wirklichkeit des Sozialstaats: Zur Nicht-Inanspruchnahme von Kinderzuschlag, Wohngeld und Hartz IV
(amtliche Statistiken für tatsächliche Inanspruchnahme; Simulationsrechnungen für alle Anspruchsberechtigten; Angaben für 2007–2009)

Transferart	Tatsächliche Transfer-empfänger	Prinzipiell Berechtigte	Nicht-Inanspruchnahme	
	lt. amtlichen Daten[1] in Mio. Pers.	lt. Mikro-Simulation[2] in Mio. Pers.	absolut (3 = 2 – 1) in Mio. Pers.	Quote (3/2) in %
Kinderzuschlag ab 10/08	0,103 (04/09)	0,310[1]	0,207	67%
Wohngeld bis 12/08	0,545 (12/07)	1.588[1]	1.043	66%
Grundsicherung Hartz IV für Arbeitsuchende	4,9 (2007)	<8,9[2]	<4,0[2]	41-45%[2]
darunter Personen in 0,9 Mio. Bedarfsgemeinschaften mit Kindern	3,2	<5,6[2]	<2,4[2]	39-43%[2]

[1] Von Michael Feil und Jürgen Wiemers / IAB 2008.
[2] Von Irene Becker 2011c.

Quelle: Irene Becker 2011c.

Übersicht 3

Fiskalische Effekte der Kindergrundsicherung: Minderausgaben, Mehreinnahmen und Nettokosten

– eine Makroschätzung in Mrd. Euro –

I.	**Bruttoaufwendungen des Staates für KGS**	**110,8**
II.	**Einsparungen bei ...**	
	1. Kindergeld	-34,22
	2. Sozialgeld (Hartz-IV-Regelsätze)	-3,43
	3. Kinderzuschlag	-0,35
	4. Wohngeld	-0,36
	5. Arbeitslosengeld I	-0,67
	6. Waisenrenten	(n.a.) [1]
	7. Ausbildungsförderung	-2,09
	8. Leistungen der Unterhaltsvorschusskassen	-0,71
	9. Leistungen nach dem SGB XII	-0,71
	10. Kinderzuschläge für Beamte	-1,71
	Einsparungen insgesamt	**-43,9**
III	**Steuermehreinnahmen durch ...**	
	1. Wegfall der Kinderfreibeträge	2,8
	2. Besteuerung der Kindergrundsicherung [2]	27,7
	Steuermehreinnahmen insgesamt	**30,5**
IV	**Nettoaufwendungen**	**36,4**

[1] Nicht genau quantifizierbar.

[2] Mit dem Grenzsteuersatz der Eltern vor Hinzurechnung der Kindergrundsicherung (KGS).

Quelle: Becker/Hauser 2010.

Rudolf Hickel

Reformbedarf Mehrwertsteuer: Soziale Gestaltung ausbauen

Vorbemerkung

Für Gerhard Bäcker einen Beitrag in seiner Festschrift einbringen zu dürfen, ist eine Ehre. Er hat die wissenschaftliche Analyse zu den Grundlagen einer Sozialpolitik maßgeblich über Deutschland hinaus vorangetrieben und nachhaltig geprägt. Zwei Charakteristika kennzeichnen den wissenschaftlichen und gewerkschaftlichen Kollegen: Zum einen hat der studierte Volkswirt die Wirtschaftswissenschaften immer auch als Auftrag zur Analyse sozialer Zusammenhänge verstanden. Was für ihn immer schon eine methodische Einheit war, wird heute als Bereitschaft zur Interdisziplinarität beschrieben. Damit rückt er die sich unterscheidenden sozialen Voraussetzungen sowie die Folgen des Wirtschaftens in den Mittelpunkt. Zum anderen strebt er eine analytisch fundierte Praxisrelevanz an. Mit seinem Werk hat er ein großes Potenzial für eine produktive Beratung geschaffen.

Soziale Strukturen zu berücksichtigen heißt, auf die im kapitalistischen Wirtschaftssystem angelegten Interessengegensätze einzugehen. Den Unternehmen, mit dem „Investitionsmonopol" (Erich Preiser) ausgestattet, sowie den Vermögenden und Einkommensstarken stehen die von Arbeitsplätzen Abhängigen sowie sozial Schwachen außerhalb des Erwerbssystems gegenüber. Gerhard Bäcker hat seine Forschung und Lehre auf wissenschaftlich begründete Vorschläge zu einem Abbau dieser gesellschaftlichen Spaltung konzentriert. Dabei steht eine aktiv gestaltende Sozialpolitik im Zentrum. Was im Konzept der Sozialen Marktwirtschaft in den 1950er Jahren angedacht war, hat er ausgebaut: Kapitalistische Marktsysteme sind aus sich heraus unsozial. Um deren ökonomische Effizienzvorteile jedoch nutzen zu können, muss eine gesetzlich garantierte Säule des sozialen Schutzes etabliert werden. Diese Sozialpolitik verliert durch die Globalisierung nicht an Bedeutung, im Gegenteil, sie wird zur Bewältigung von deren Folgen unverzichtbar.

Die soziale Dimensionierung des Wirtschaftens beschränkt sich jedoch nicht nur auf den individuellen Schutz beim Verlust der Erwerbsarbeit im Zuge von Arbeitslosigkeit, Alter und Erkrankung. Darüber hinaus müssen die positionsbestimmenden großen Verteilungsebenen in der Gesellschaft berücksichtigt werden. Hier rückt der Staat in den Mittelpunkt. Der Staat wirkt wie eine riesige Umverteilungsmaschine. Mit den Steuern wird letztlich Einkommen abgeschöpft. Je nachdem, in welchem Ausmaß soziale Gruppen sowie Unternehmen zur Finanzierung des Gesamtsteueraufkommens beitragen, wird die Steuerlast verteilt und werden damit die originären Einnahmen umverteilt. Die Verteilungswirkungen des Steuersystems und eine darauf zielende Reformpolitik zur Schaffung einer gerechten Steuerpolitik sind bisher viel zu wenig untersucht worden. Dieser Beitrag zur Festschrift von Gerhard Bäcker greift exemplarisch eine in ihren Verteilungswirkungen höchst umstrittene Steuer auf. Es geht um die Mehrwertsteuer. Ferdinand Lassalle hatte bereits 1863 in seinem Beitrag „Die indirecte Steuer und die Lage der arbeitenden Klassen" die heute noch dominierende These vertreten: die allgemeine Mehrwertsteuer sei ungerecht, weil mit wachsendem Einkommen die relative Belastung sinke. Diese Regressivität ist heute umstritten. Eindeutig wird sie jedoch dadurch gemildert, dass sozial relevante Güter und Dienstleistungen nicht oder nur mit einem ermäßigten Mehrwertsteuersatz belastet werden. Eine große Mehrheit in der Finanzwissenschaft will diesen ermäßigten Steuersatz, der leider auch durch einen ärgerlichen Wildwuchs gekennzeichnet ist, abschaffen. Nachfolgend wird gezeigt, dass die soziale Differenzierung beibehalten werden muss, jedoch die unsinnigen Ausnahmen zu Gunsten eines ermäßigten Steuersatzes abgeschafft werden müssen.

Mehrwertsteuer: Grundlagen, Verteilungswirkungen, Reformbedarf

Der gesetzliche Begriff für die Mehrwertsteuer lautet „allgemeine Umsatzsteuer". Dieser Begriff wird vom Gesetzgeber und der Rechtsprechung in Deutschland benutzt. Die allgemeine Umsatzsteuer erfasst jedoch begrifflich nicht die ökonomische Grundlage dieser Steuer. Wie noch gezeigt wird, wird auf jeder Stufe der Produktion eine Art Mehrwert erfasst und besteuert. Die auf die Lieferungen an das Unternehmen erhobene Mehrwertsteuer wird im Rahmen des Vorsteuerabzugs von der auf den gesamten Umsatz erhobenen Mehrwertsteuer (Nettoprinzip) abgezogen. Im EU-Recht und in vielen Staaten wird die deutsche allgemeine Umsatzsteuer zutreffend als Mehrwertsteuer bezeichnet.

Die Mehrwertsteuer (allgemeine Umsatzsteuer) ist die wichtigste Einnahmequelle der öffentlichen Haushalte in Deutschland. Aus dieser Gemeinschaftssteuer flossen 2009 dem Bund 54,7 Prozent, den Ländern 43,3 Prozent und ca. zwei Prozent den Kommunen zu. 2009 konnten durch die inländische Umsatzsteuer (142 Mrd. Euro) sowie die Einfuhrumsatzsteuer (35 Mrd. Euro) insgesamt 177 Mrd. Euro an staatlichen Einnahmen erzielt werden. Während der Anteil dieser Einnahmen am gesamten Steueraufkommen 1950 noch bei 21,7 Prozent lag, sind 2009 knapp 34 Prozent erreicht werden. Seit Anfang dieses Jahrtausends hat die Mehrwertsteuer die „Königin der Steuern", die Lohnsteuer, mit einem Anteilswert von 25,8 Prozent am Gesamtsteueraufkommen im Jahr 2009 überholt. Gesamtwirtschaftlich gesehen erweist sich diese Steuer selbst im konjunkturellen Zyklus als eine recht stabile Einnahmequelle. Diese Einnahmenstabilität wird maßgeblich durch die Bemessungsgrundlage „privater Konsum", dessen Wachstumsrate allerdings seit 2003 im Trend stagniert, bestimmt. Einnahmensprünge sind maßgeblich auf die Veränderung der Steuersätze zurückzuführen. In der finanzwissenschaftlichen Literatur wird oftmals von einer „heimlichen Steuer" gesprochen. Allerdings hat der seit der Einführung der Mehrwertsteuer größte Sprung beim Normalsteuersatz von 16 Prozent auf 19 Prozent ab dem 1.1.2007 eine intensive Debatte über die gesamtwirtschaftlichen Auswirkungen vor allem auf das Preisniveau, die Benachteiligung der mittleren und kleinen Zulieferfirmen sowie die zunehmende Umgehung durch Schwarzarbeit ausgelöst (Hickel 2005). Die Kennzeichnung als „heimliche Steuer" geht darauf zurück, dass es sich im Gegensatz etwa zur Einkommensteuer um eine indirekte Steuer handelt. Nach dem Gesetz soll die Mehrwertsteuer über die verschiedenen Stufen der Produktion und des Handels auf den Endverbrauch übergewälzt werden (legale Inzidenz). In welchem Ausmaß die Überwälzung gelingt, hängt von der gesamtwirtschaftlichen Lage sowie vor allem von der Preissetzungsmacht der Unternehmen ab. Unternehmen mit Marktmacht sind in der Lage, die Überwälzung der Mehrwertsteuer mit Hilfe von abhängigen Zulieferfirmen zu blockieren.

1 Prinzipien und Kritik des Mehrwertsteuersystems

Das heute gültige Mehrwertsteuersystem ist zum 1.1.1968 in Kraft getreten. Die seit 1918 geltende Allphasenumsatzsteuer ist damit auf die Nettoallphasenumsatzsteuer umgestellt worden. Dieser tiefgreifende Systemwechsel stellt wohl die letzte gelungene, fundamentale Steuerreform in Deutschland dar. Die Allphasenumsatzsteuer, bei der die Steuer auf jeder Produktions- und Handelsstufe erhoben wurde, war nicht wettbewerbsneutral. Dazu ein Beispiel: In einer Kette von selbstständigen Unternehmen, von der agrarwirtschaftlichen Produktion des Getreides über die Verarbeitung zu Mehl bis hin zur Herstellung von Brot, wird jeweils die Umsatzsteuer erhoben. Gegenüber der sich ergebenden Summe durch eine Allphasenumsatzsteuer fällt bei einem Unternehmen, das alle Produktionsstufen zusammenfasst, die Vorsteuer auf die Vorleistungen weg. Am Ende wird nur der durch das Gesamtunternehmen erzeugte Umsatz besteuert. Durch die Allphasenumsatzsteuer wurde die vertikale Konzentration – also die Zusammenfassung von Produktionsstufen unter einem Dach – befördert. Dagegen sieht die Nettoallphasensteuer auf jeder Stufe den Abzug der Vorsteuer für Zulieferungen von der für den Weiterverkauf berechneten Bruttosteuer vor. Es handelt sich also um eine Steuer, bei der auf die Nettowertschöpfung („net added value") abgestellt wird.

Das heute geltende System der Mehrwertsteuer wird vor allem in der Finanz- bzw. Steuerwissenschaft grundlegend kritisiert. Dabei ist die folgende Beobachtung wichtig: An dem zum 1.1.1968 gesetzlich verankerten Prinzip der Besteuerung der unternehmerischen Wertschöpfung durch das Institut des Vorsteuerabzugs gibt es keinen Zweifel. Die an Bedeutung zunehmende Kritik konzentriert sich dagegen auf folgende Schwerpunkte:

- Grundsätzlich wird eine Ausweitung der indirekten Besteuerung vor allem mit dem Instrument der Mehrwertsteuer zum Abbau der direkten Steuern angestrebt. Dieser Umbau des Steuersystems zielt maßgeblich auf eine Zurückdrängung der Progression des Einkommensteuertarifs, die dafür sorgt, dass mit wachsendem zu versteuerndem Einkommen die relative Steuerlast zunimmt (derzeit linear steigende Grenzsteuersätze in der Zone der Progression). Gegenstand der Besteuerung ist nicht das Einkommen als ökonomischer Indikator der relativen Leistungsfähigkeit, sondern der private Konsum. Hier gilt jedoch, wie noch nachgewiesen wird, die Tatsache, dass im Prinzip die Belastung mit Mehrwertsteuer bei steigendem Einkommen relativ zurückgeht, sich also ein regressiver Belastungsverlauf ergibt. Die Ablösung einer zumindest noch im Bereich der linearen Progression gerecht angelegten Einkommensteuer durch die regressiv wirkende Mehrwertsteuer würde zu einer stärkeren Steuerbelastung vor allem in den unteren Einkommensgruppen führen.

- Ein weiterer Kritikpunkt konzentriert sich auf die derzeit geltende Differenzierung der Sätze bei der Mehrwertsteuer. Dabei sind folgende Steuersätze zu unterscheiden: der Normalsteuersatz von derzeit 19 Prozent sowie der ermäßigte Steuersatz von sieben Prozent für definierte Güter und Dienstleistungen. Es gibt jedoch im Gesetz auch kasuistisch aufgelistete Warenumsätze, für die die Nullbesteuerung („unechter" Steuersatz, d. h. ohne Vorsteuerabzug, § 4 UStG) gilt. Schließlich werden Umsätze im Rahmen von Exporten (mit Vorsteuerabzug) nicht besteuert. Importe werden von der ausländischen Steuer freigestellt und nach dem deutschen Recht besteuert. Der Normalsteuersatz ist vom Ausgangswert mit zehn Prozent in 1968 in sieben Schritten um jeweils einen Prozentpunkt bis 2006 angehoben worden. Zum 1.1.2007 sprang der Steuersatz – erstmals in diesem Ausmaß – um drei Prozentpunkte auf 19 Prozent. Der ermäßigte Steuersatz mit fünf Prozent ab dem 1.1.1968 ist in vier Schritten erhöht worden und liegt seit dem 1.1.1993 bis heute bei sieben Prozent.

Der nach einem gesetzlich definierten Katalog von Gütern und Dienstleistungen ermäßigte Steuersatz von sieben Prozent sowie die Ausnahmen mit einer Nullsteuer stehen in der Kritik. So schlägt Rolf Peffekoven vor, den ermäßigten Steuersatz sowie die Nullbesteuerung zu Gunsten eines einheitlich geltenden Normalsteuersatzes von 16 Prozent abzuschaffen (Peffekoven 2010). Die Reform reduziert sich nicht auf die unbestreitbar berechtigte Überprüfung von geringer besteuerten Produkten, die nichts mit der grundsätzlichen Begründung eines sozialen Ausgleichs bei der relativen Belastung Einkommensschwacher mit Mehrwertsteuer zu tun hat (etwa sieben Prozent für Umsätze beim Handel mit Zuchtpferden, Mauleseln, Hundefutter und Trüffeln). Vielmehr wird die grundlegende soziale Rechtfertigung dieser Ausnahmen für Waren, die der Sicherung des Existenzminimums dienen, angezweifelt. Anstelle der bisherigen Steuerung mit Steuern zum sozialen Ausgleich soll dieses Ziel nicht mehr mittels der Gestaltung der Mehrwertsteuer, sondern durch eine auf Personen bezogene soziale Hilfe zur Sicherung des Existenzminimums im Falle der Armut durchgesetzt werden. Diesem Vorschlag wird nachfolgend massiv widersprochen.

- Bei der Realisierung der Mehrwertsteuer zeigt sich ein riesiges Potenzial. Die Mehrwertsteuer ist besonders betrugsanfällig. Beispielsweise wird sie im Rahmen der Handwerksleistungen ohne Rechnung hinterzogen. Mit der Entstehung des EU- Binnenmarktes sind zugleich Möglichkeiten des Mehrwertsteuerbetrugs nutzbar geworden. Das Ifo-Institut hat für das Jahr 2007 die Einnahmeausfälle durch Umsatzsteuerbetrug auf über 17 Mrd. Euro geschätzt. Dazu gehört im Inland das Ausweichen auf Schwarzarbeit. Allerdings wird der Steuerbetrug, der durch die oftmals kritisierte Unterscheidung zwischen sieben Prozent Besteuerung bei Mitnahme gastronomischer Produkte außer Haus und 19 Prozent beim Verzehr im Haus möglich wird, überschätzt. Dagegen hat der organisierte Steuerbetrug beim EU-innergemeinschaftlichen Handel mittels so genannter Karussellgeschäfte enorme Ausmaße angenommen. Dieses Betrugspotenzial entsteht durch die immer noch geltende Besteuerung mit Mehrwertsteuer auf importierte Produkte nach dem Bestimmungsland, also nicht nach dem Herstellerland innerhalb der EU. Bei den illegalen Umsatzsteuer-Karussellgeschäften wird ein Scheinunternehmen eingeschaltet. Es bietet einem real existierenden Unternehmen die Möglichkeit des Vorsteuerabzugs. Das Scheinunternehmen führt jedoch die in Rechnung gestellte

Umsatzsteuer nicht an das Finanzamt ab. Versucht das Finanzamt diese Beiträge einzutreiben, ist das Scheinunternehmen in der Regel von der Bildfläche
verschwunden. Im April 2010 ist der Betrug mit dem Handel von CO_2-
Umweltzertifikaten durch ein kriminelles Netzwerk aufgeflogen. Deutschland
präferiert zur Vermeidung dieser Karussellgeschäfte das Reserve-Charge-
Verfahren innerhalb der EU. Danach wird die Umsatzsteuerschuld vom leis-
tenden Unternehmen auf den unternehmerischen Leistungsempfänger verla-
gert. Leider findet dieses Verfahren nicht in allen Ländern der EU Zustimmung (Hickel 2010).

2   Steuerlastverteilung: regressiver Belastungsverlauf

Bei dem durch Rolf Peffekoven unterbreiteten Vorschlag geht es um die Abschaffung des ermäßigten Steuersatzes sowie der Nullsteuer zu Gunsten eines einheitlichen Steuersatzes von 16 Prozent für alle Waren- und Handelsumsätze. Die aus
dem Normalsteuersatz herausgenommenen Güter und Dienstleistungen, mit sieben bzw. null Prozent Besteuerung, sind bisher mit der sozialen Funktion einer
geringeren Belastung für Einkommensschwache bei der Sicherung des Existenzminimums begründet worden. Damit stellt sich zuerst die Frage, inwieweit mit
den beiden Steuersätzen die relative Belastung mit Mehrwertsteuer bei den Beziehern unterer Einkommen bzw. bei Armut erfolgreich reduziert werden konnte.
Spiegelbildlich dazu ist die Frage zu beantworten, ob ohne die prinzipiell sozial
ausgerichtete Besteuerung mit sieben bzw. null Prozent mit steigendem Einkommen der relative Belastungsverlauf signifikant sinken würde, also ein verschärfter
regressiver Verlauf zu erwarten wäre. Zu untersuchen ist sodann, inwieweit diese
soziale Zielsetzung für die einkommensschwachen Schichten durch eine Erhöhung
sozialer Hilfen, auf Personen bezogen, treffsicher erreicht werden kann und sich
die entsprechende Neuregelung auch politisch als stabil erweist.

Zwei umfangreiche Studien zum Verlauf der Belastung mit Mehrwertsteuer
bezogen auf steigende Einkommen der privaten Haushalte liegen für Deutschland
vor. Trotz empirischer und methodischer Unterschiede kommen die Studie von
Stefan Bach (Deutsches Institut für Wirtschaftsforschung, DIW) sowie ein Forschungsbericht des Rheinisch-Westfälischen Instituts für Wirtschaftsforschung
(RWI Essen) zusammen mit dem Finanzwissenschaftlichen Forschungsinstitut an
der Universität zu Köln (FiFo Köln) im Auftrag des Bundesministeriums für Arbeit
und Soziales zu folgendem Ergebnis: Die relative Belastung nach dem geltenden
Mehrwertsteuersystem verläuft regressiv, d. h. mit wachsendem Nettoeinkommen
der privaten Haushaltseinkommen nehmen die darauf bezogenen Ausgaben für

die Mehrwertsteuer ab (Bach 2005; RWI-FiFo 2007). Die Studie von Stefan Bach lässt auch eine separierte Betrachtung der relativen Belastungen bei sieben Prozent und des Normalsteuersatzes in Abhängigkeit von der Einkommenshöhe zu. Beim Verlauf der Belastung mit Mehrwertsteuer in Abhängigkeit vom Haushaltsnetto-einkommen müssen folgende Einflüsse unterschieden werden: (1) Die Entwick-lung der Sparquote hat deutlichen Einfluss auf den Regressionsverlauf. Nach Einkommensdezilen differenziert, verfügen die oberen zehn Prozent in der Ein-kommenshierarchie über die höchsten Sparquoten, während die „armen Einkom-mensgruppen" kaum sparen bzw. Kredite aufnehmen müssen. Wer mehr spart, der zahlt auch weniger Mehrwertsteuer. (2) Einfluss auf das Ausmaß der Regressi-on haben die nach den drei Steuersätzen unterschiedenen Konsumausgaben. Es liegt auf der Hand, dass durch die Besteuerung der Güter und Dienstleistungen mit dem ermäßigten Steuersatz von sieben bzw. null Prozent die ansonsten durch-gängige regressive Wirkung zumindest reduziert wird.

Aus den national wie international umfangreichen Untersuchungen werden hier zwei Ergebnisse referiert: Erstens sinkt bezogen auf das steigende Haushalts-nettoeinkommen die Belastung mit den Ausgaben für Mehrwertsteuer kontinuier-lich. Zweitens würde der regressive Verlauf ohne den ermäßigten Steuersatz und die Nullbesteuerung deutlich stärker ausfallen. Im Mittelpunkt der hier zusam-mengefassten Studien steht der Vergleich des Verlaufs der Mehrwertsteuerbelas-tung für die Jahre 1998 und 2003 bzw. für das Jahr 2003. Die empirische Basis bil-det die jeweilige Einkommens- und Verbraucher-Stichprobe (EVS). 2003 wurden 132 Endprodukte nach den damals geltenden Steuersätzen 16 Prozent, sieben Pro-zent und null Prozent berücksichtigt. Mangels ausreichender Daten wird von der kompletten Überwälzung über alle Produktions- und Handelsstufen der Mehr-wertsteuer auf den Endverbraucher (legale Inzidenz) ausgegangen.[1] Somit wird die nicht gelungene Überwälzung auf einzelnen Stufen ausgeschlossen. Dabei ist klar, dass Unternehmen, die in der Überwälzungskette über ökonomische Macht verfügen, den kleinen und mittleren Zulieferunternehmen die Weitergabe der Mehrwertsteuer im Preis auch verweigern können. Die nicht überwälzte Mehr-wertsteuer führt zu Kosten, die das Zulieferunternehmen zu tragen hat. Derartige Einflüsse werden hier nicht berücksichtigt. Auch werden nach der EVS die Ein-kommensgruppen mit mehr als 18.000 Euro pro Monat Haushaltsnettoeinkommen aus der Untersuchung ausgeschlossen. Diese beiden methodischen Annahmen – legale Inzidenz sowie die Abschneidegrenze bei den Beziehern hoher Einkommen – ändern jedoch grundsätzlich nichts am Prinzip der Regressivität.

---

1   Bei der RWI-FiFo-Studie wird die Zahlung von Mehrwertsteuer der öffentlichen Hand heraus-gerechnet.

Bezogen auf die Haushaltsnettoeinkommen in Euro pro Monat ergeben sich nach der Untersuchung von Stefan Bach die folgenden Eckwerte: Die unteren zehn Prozent der privaten Haushalte (1. Dezil) wurden mit 9,2 Prozent an Mehrwertsteuer belastet. Bei den oberen zehn Prozent (10. Dezil) in der Einkommenshierarchie liegt die relative Belastung nur bei 5,8 Prozent. Zwar steigen absolut die Ausgaben für die Mehrwertsteuer, jedoch nehmen die Einkommen deutlich stärker zu, der Belastungsverlauf ist also regressiv. Über den gesamten Verlauf von den untersten bis zu den obersten zehn Prozent sinkt die relative Belastung mit Mehrwertsteuer kontinuierlich. Die Untersuchung der Verteilungswirkung des ermäßigten Steuersatzes von sieben Prozent zeigt, dass der regressive Verlauf deutlich schwächer ausfällt. Die obere Einkommensgruppe wird mit 0,7 Prozent, das untere Zehntel mit 1,0 Prozent belastet. Der leicht höhere Prozentsatz der Belastung bei den unteren zehn Prozent lässt darauf schließen, dass in diesem Einkommensbereich der Anteil der Ausgaben für Waren, für die eine Mehrwertsteuer von sieben Prozent gilt, deutlich höher ausfällt als bei den Spitzenverdienern. Zu vergleichbaren Ergebnissen führt die Untersuchung des einkommensabhängigen Belastungsverlaufs für Güter und Dienstleistungen, die nicht besteuert werden. Durch die Abschaffung des Steuersatzes von sieben Prozent vor allem auf Nahrungsmittel wäre die Regressionswirkung der Mehrwertsteuer mit einem einheitlichen Normalsteuersatz erheblich höher.[2] Würde schließlich die Besteuerung der Umsätze mit null Prozent (unecht, weil vom Vorsteuerabzug befreit) abgeschafft, würde die Regressionswirkung noch stärker ausfallen. Bei den unteren zehn Prozent in der Einkommenshierarchie lag 2003 die relative Belastung bei 2,1 Prozent, während das obere Zehntel nur 1,0 Prozent an Mehrwertsteuer auf das Haushaltsnettoeinkommen zu tragen hatte. Auf der Basis dieser Daten zeigt sich, dass für die unteren und ärmsten Einkommensgruppen mit dem auf die Produkte bezogenen Sieben-Prozent- und Null-Prozent-Steuersatz eine soziale Entlastung bei der Bezahlung der Mehrwertsteuer sichergestellt wird. Wenn also diese beiden Steuersätze abgeschafft werden sollten und eine unzumutbare Zusatzbelastung für Einkommensschwache vermieden werden soll, dann müssten entsprechende soziale Ausgleichsleistungen durch politische Entscheidungen erfolgen.

3   Kritik des Vorschlags eines einheitlichen Mehrwertsteuersatzes

Rolf Peffekoven schlägt vor, einen einheitlichen Satz von 16 Prozent bei der Mehrwertsteuer durchzusetzen. Dabei wird durchaus anerkannt, dass dadurch die sozi-

---

2   Wird nach Haushalts- und Familientypen unterschieden, so werden die Ergebnisse auch unter Nutzung des Haushaltsnettoäquivalenzeinkommens bestätigt.

ale Entlastungswirkung der Steuersätze über sieben Prozent und null Prozent für die unteren Einkommensbezieher verloren gehen würde. Daher wird ein Wechsel von der konsumwarenbezogenen sozialen Entlastung zu einem auf Subjekte bezogenen sozialen Ausgleich eingefordert. Im Ausmaß der erhöhten Anforderungen an das Existenzminimum soll die subjektbezogene Sozialhilfe so angepasst werden, dass durch diese Steuerreform eine steigende Armut verhindert wird. Bei den über sechs Millionen Beziehern von Arbeitslosengeld II (Hartz IV) müssten im Prinzip entsprechend die Regelsätze erhöht werden. Die Vorschläge von Peffekoven lassen sich auf der Basis einer Modellrechnung (von DIW Ecom) grob quantifizieren: Einerseits werden durch die Senkung des Einheitssteuersatzes von 19 Prozent auf 16 Prozent Steuerausfälle im Umfang von 25 Mrd. Euro ausgelöst. Andererseits wird mit 35 Mrd. Euro an Mehreinnahmen durch die Abschaffung der vom einheitlichen Steuersatz abweichenden Besteuerung gerechnet. Der Saldo an Steuermehreinnahmen von zehn Mrd. Euro soll für die Erhöhung personenbezogener Sozialleistungen genutzt werden. Dabei muss noch die Frage, ob die zehn Mrd. Euro auch ausreichen, um die wegen der Mehrwertsteuererhöhung steigenden Lebenshaltungskosten für Einkommensschwache zu kompensieren, geklärt werden.

Die kritische Überprüfung zeigt: Die Nachteile dieses Reformvorschlags sind deutlich größer als die vor allem mit politischen Risiken behafteten Vorteile.

1. Durch die Abschaffung der vom Normalsteuersatz abweichenden Besteuerung, die im Prinzip der Entlastung der unteren Einkommensbezieher bei der Versorgung mit Waren zur Sicherung des Existenzminimums dient, verschärft sich der heute schon regressive Verlauf der Belastung mit Mehrwertsteuer bei steigenden Haushaltseinkommen deutlich.

2. Die angestrebte Kompensation der Kosten durch die Mehrwertsteuerbelastung von Waren (objektbezogen) über eine subjektbezogene Erhöhung der Sozialhilfe ist höchst problematisch. Beispielsweise sorgt die Besteuerung der Milch mit dem ermäßigten Steuersatz von sieben Prozent dafür, dass das Produkt verbilligt angeboten wird. Da dieses Produkt für einkommensschwache Familien sowie Alleinerziehende wichtig ist, ist die generelle Entlastung zu rechtfertigen. Bei der subjektbezogenen Sozialhilfe ist es fraglich und hängt von der persönlichen Entscheidung ab, ob bei knappem Budget auch genügend Milch gekauft wird. Der Vorteil der produktbezogenen Entlastung ist darin zu sehen, dass bei der Kaufentscheidung niedrige Lebenshaltungskosten anfallen. Das als Gegenargument angeführte Beispiel dadurch erzeugter sozialer Ungerechtigkeit ist sattsam bekannt: der Millionär, der seine Katze mit Milch füttert, profitiert ebenfalls. Da die Entlastung für Einkommensschwache beim Kauf

des Grundnahrungsmittels Milch massiv zu Buche schlägt, muss (leider) diese allerdings vergleichsweise geringfügige soziale Fehlwirkung in Kauf genommen werden. Jedenfalls ist unabhängig von der Sozialhilfe den Einkommensschwachen der Vorteil beim Kauf von Produkten zur Sicherung des Existenzminimums gewiss.

3. Während die soziale Ausgleichsfunktion per differenzierter Mehrwertbesteuerung gleichsam an den Produkten klebt, wird die ersatzweise Erhöhung der Sozialhilfe zur Absicherung des Existenzminimums der unberechenbaren Alltagspolitik übereignet. Nicht aus der sozialen Ausgleichsfunktion begründete Argumente, sondern die allgemeinen Haushaltszwänge machen diese zum Spielball eines politischen Opportunismus. Dagegen ist die differenzierte Mehrwertbesteuerung politisch einigermaßen stabil zu kalkulieren.

4. Schließlich würde das Reformmodell von Rolf Peffekoven wegen einer langen Umstellungsphase die private Konsumtion vor allem einkommensschwacher Schichten belasten. Die Folge wäre eine Schwächung der ohnehin gegenüber der Exportwirtschaft unterentwickelten Binnenwirtschaft. Wachstumsverluste mit sinkenden Steuereinnahmen könnten die Folge sein.

Gegenüber dem radikalen Modell von Rolf Peffekoven wird hier, wegen der negativen Verteilungswirkungen und des Zweifels an einer verlässlichen Sozialhilfepolitik, an den drei Steuersätzen festgehalten: diese sind der Normalsteuersatz sowie ein ermäßigter Steuersatz und eine Nullbesteuerung für Waren zur Sicherung des Existenzminimums. Allerdings sind die vielen derzeit begünstigten Produktgruppen, deren Begünstigung im Widerspruch zur sozialen Ausgleichsfunktion steht, dringend zu beseitigen. Die bevorteilten Produkttypen müssen dringend auf die Zielsetzung des sozialen Ausgleichs hin durchforstet werden. Wenn sie diese nicht erfüllen, dann ist unverzüglich der Normalsteuersatz einzusetzen.

Im Prinzip sollten nur noch folgende Produktgruppen dem ermäßigten Steuersatz von sieben Prozent unterliegen: Lebensmittel; Bücher, Zeitungen, Zeitschriften und sonstige Druckerzeugnisse, bei denen der Werbecharakter nicht überwiegt; Beförderung im öffentlichen Nahverkehr (unter 50 km); ausgewählte Leistungen im Bereich Sport, Kultur, Freizeit. Alle anderen Waren, die zum Prinzip des sozialen Ausgleichs im Widerspruch stehen (u. a. Trüffel, Maulesel, Pferde, aber auch Schnittblumen und neuerdings Übernachtungsdienstleistungen) sind mit dem Normalsteuersatz zu besteuern. Auch der Bereich der „unechten", also steuerfreien Umsätze muss durchforstet werden. Für medizinische Dienstleistungen, Altenpflege sowie Dienstleistungen von Wohlfahrtsverbänden sollten sie beibehalten werden. Abzuschaffen sind beispielsweise steuerfreie Umsätze bei Finanzdienstleistungen im Geld- und Kreditverkehr sowie bei der Beförderung der Luftfahrt und Seeschifffahrt. Bei dieser Durchforstung sollte in Anlehnung an die Erfahrungen anderer Länder ebenfalls überprüft werden, inwieweit für das Existenzminimum wichtige Produktgruppen, die derzeit hier mit sieben Prozent besteuert werden, von der Steuer freizustellen sind (etwa Babynahrung). Schließlich sollte in die Reformüberlegungen auch der Vorschlag mit einbezogen werden, bestimmte Luxusgüter (Trüffel, Langusten, Hummer sowie Luxusautomobile, Schmuck, Kunsthandel) mit einem über dem Normalsteuersatz von derzeit 19 Prozent liegenden höheren Luxusgüter-Steuersatz zu belasten.

Die Erfahrung lehrt: Bisher sind mehrfach Versuche, bei der Mehrwertsteuer unsinnige Vorteile für viele Produkte abzuschaffen, gescheitert. Die jüngst vollzogene Aufnahme der Hoteldienstleistungen in den Sieben-Prozent-Katalog zeigt, wie mit Hilfe des Lobbyismus Steuerprivilegien durchgesetzt werden. Deshalb bedarf es politisch endlich eines riesigen Kraftakts und des Mutes gegenüber Unternehmensverbänden, um sozial unsinnige Steuersubventionen abzubauen. Dabei stehen die legalen Ziele der Mehrwertbesteuerung im Mittelpunkt. Die Wahrscheinlichkeit ist allerdings groß, dass der gut gemeinte Vorschlag von Rolf Peffekoven, über die Erhöhung etwa des Regelsatzes beim Arbeitslosengeld II (Hartz IV) die bisherige soziale Ausgleichsfunktion im Mehrwertsteuersystem zu ersetzen, am politischen Opportunismus unter dem Druck von Einsparungen scheitern wird. Die Alternative lautet: Durchforstung derzeitiger Steuersubventionen innerhalb des derzeit geltenden Mehrwertsteuersystems sowie Reformen, mittels derer die regressive Belastungswirkung reduziert werden kann.

Literaturverzeichnis

Bach, S. (2005), Mehrwertsteuerbelastung der privaten Haushalte, Data Dokumentation 10/DIW Berlin, 11/2005, Rheinisch-Westfälisches Institut für Wirtschaftsforschung

Hickel, R. (2010), Milliardenschwere Steuerhinterziehung, in: Blätter für deutsche und internationale Politik, Heft 9/2010

Hickel, R. (2005), Gründe gegen eine Erhöhung der Mehrwertsteuer (Normalsteuersatz) Kommentar zur M-Diskussion. Kritik der Vorschläge zur Erhöhung der Mehrwertsteuer (Normalsteuersatz). Belastung des privaten Konsums, des Handwerks und des von Großkundenaufträgen abhängigen Mittelstands, 5/2005, verfügbar unter: www.iaw. uni-bremen.de/rhickel/pdf_dateien/mehrwertsteuernichterhoehen.pdf

Hickel, R. (2010), Milliardenschwere Steuerhinterziehung, in: Blätter für deutsche und internationale Politik, Heft 9/2010

Peffekoven, R. (2010), Zur Reform der Mehrwertsteuer – Zurück zur allgemeinen Konsumbesteuerung, Gutachten erstattet im Auftrag der Initiative Neue Soziale Marktwirtschaft, Berlin

RWI-FiFo – Finanzwissenschaftliches Forschungsinstitut an der Universität zu Köln (2007), Der Zusammenhang zwischen Steuerlast und Einkommensverteilung, Endbericht des Forschungsprojekts für das Bundesministerium für Arbeit und Soziales, RWI-Projektberichte, 12/2007

Arbeitsmarkt, demografische Entwicklung und soziale Sicherung

Ernst Kistler

Führt der demografische Wandel zu einem Fach- oder gar Arbeitskräftemangel?

Glaubt man dem Mainstream in der Debatte zur Lage und Zukunft des Arbeitsmarktes, so gehört zu dessen größten Problemen ein schon bestehender Mangel an Fachkräften. Dieser sei aber nur ein Menetekel für einen generellen Arbeitskräftemangel. So ging die Hartz-Kommission von einem Fehlen von „schlimmstenfalls" bis zu sieben Millionen Arbeitskräften bis 2015 aus (vgl. Kommission 2002, S. 118). Ursache sei vor allem die demografische Entwicklung (Alterung und Schrumpfung des Angebots an Arbeitskräften). Als Folgen werden ein Wohlstandsverlust und parallel dazu eine schwindende Finanzierbarkeit des Sozialstaats beschworen.

Der vorliegende Aufsatz behandelt das Thema auf zwei Ebenen: einerseits sollen die Arbeitsangebotsentwicklungen betrachtet werden. Andererseits soll, getreu der Einsicht von Horst-Eberhard Richter: „Worte machen Politik", die Debatte um den Fachkräfte- bzw. Arbeitskräftemangel selbst in den Blick genommen werden: Wer setzt das Thema (mit welcher Absicht) immer wieder auf die Agenda?

1 Ein Blick auf die Vergangenheit

In den ökonomischen Theorien dominiert die Vorstellung, dass eine wachsende Bevölkerung[1] ein Wachstum der Wirtschaft induziert. Dafür sprechen historische Beispiele, wie etwa die Bevölkerungsexpansion in den alten Bundesländern durch Flucht und Vertreibung. Allerdings gibt es ideengeschichtlich auch Gegenargumente, die z. B. besagen, „[...] dass die Rate der Innovationen mit zunehmender Wachstumsrate der Bevölkerung zurückgeht" (Neumann 1980, S. 470). Was für eine schrumpfende Bevölkerungszahl gilt, ist theoretisch ebenfalls nicht eindeutig geklärt.[2] Für eine hochentwickelte Industriegesellschaft (und noch dazu für eine

---

1 Neben Kapital und technischem Fortschritt gilt im Sinne Jan Tinbergens die Arbeit als Wachstumsfaktor.

2 Ein Beispiel für die Konkurrenz von ergebnisoffen diskutierten Erklärungsansätzen bieten (im Gegensatz zu den Berichten einschlägiger deutscher Kommissionen) die Berichte der amerikanischen Commission on Population Growth and the American Future (vgl. Morrs/Reed 1972).

postindustrielle Wirtschaft) gibt es keine vergleichbaren Vorbilder, in denen ein
erheblicher Bevölkerungsrückgang und gleichzeitig eine massive Verschiebung in
der Altersstruktur zu beobachten wären (vgl. Kaufmann 1975).[3]

Historisch belegt ist, dass die wirtschaftliche Blüte von Staaten nicht nur durch
die Ausbeutung eroberter Gebiete, sondern auch durch den „Import" von Sklaven
und in manchen Fällen auch von (oft aus ihren Ländern vertriebenen[4]) „Fachkräften" gestützt wurde. Das gilt auch für den Zustrom von ausländischen Arbeitskräften in den 1960er Jahren in die Bundesrepublik Deutschland. Die „Gastarbei-
ter" haben in einer Phase eines starken Binnenwachstums (auch der jungen Bevölkerung!) die Arbeitskräfteengpässe aufgefangen und wesentlich zum Wachstum
der Wirtschaft beigetragen.

Allerdings ist an dieser Stelle nochmals Neumann (1980, S. 471) zu zitieren:
„Da durch die Anwerbung von Gastarbeitern vorwiegend Kapitaleigentümer (und
Bodenbesitzer) profitieren, hängt es von der Vermögensverteilung ab, wie der nationale Vorteil, der durch die Beschäftigung von Gastarbeitern entsteht, verteilt
ist." Finanzwissenschaftlich betrachtet sind die Kosten der Integration von ausländischen Arbeitskräften und ihrer Familien nichts anderes als „externe Effekte der
Produktion", die von den beschäftigenden Betrieben nicht in ihr Kalkül integriert
und von ihnen nicht getragen werden.

Im Gefolge der Wachstumskrisen in den 1970er Jahren konnte von einem Arbeitskräftemangel nicht mehr die Rede sein. Die stark besetzten Geburtenjahrgän-
ge rückten ins Erwerbsalter vor. Die von manchen so bezeichnete „demografische
Dividende" des Babybooms – wobei zu fragen ist, wem die Dividende zugutekam
– ist eine der Ursachen für die bis heute hohe Massenarbeitslosigkeit und Unterbeschäftigung, die weit über die Zahl der registrierten Arbeitslosen und der Personen, die an Maßnahmen der Agentur für Arbeit teilnehmen, hinausgeht.

Mit dieser Entwicklung ging ein Wechsel im politischen Diskurs und in der öf-
fentlichen/veröffentlichten Wahrnehmung einher. „Während in den 60er Jahren
der allgemeine Arbeitskräftemangel das dominante Thema in der politischen Debatte war, war es in den 80er Jahren der Fachkräftemangel. Überraschend ist allerdings, dass weniger über eine Abschwächung der Schweinezyklen und kontinuier-
licheres Ausbildungsverhalten debattiert wurde, als über Sozialleistungen an Arbeitslose, die Vermittlungstätigkeit der Bundesanstalt für Arbeit sowie die Auswirkungen von Arbeitszeitverkürzungen. Das Thema ‚Fachkräftemangel' wurde

---

3   Interessant ist der Hinweis von F.-X. Kaufmann auf die auf den griechischen Römersklaven und
    Historiker Polybios zurückgehende Sichtweise, dass Bevölkerungsbeschränkungen die Ursache des
    Niedergangs antiker Reiche waren, und weniger zu viel „Brot und Spiele" – wie Westerwelles
    Spruch von der „spätrömischen Dekadenz" suggeriert.
4   Z. B. die Hugenotten.

instrumentalisiert, um Kürzungen bei den Unterhaltszahlungen für Arbeitslose und die Zulassung privater Arbeitsvermittlung durchzusetzen und Arbeitszeitverkürzungen in Frage zu stellen. Die Folge der Instrumentalisierung des Themas war, dass der Fachkräftemangel unzureichend diagnostiziert und oft übertrieben wurde" (Bosch et al. 2001, S. 75).

Diese gezielt gelenkte Debatte hat dazu geführt, dass sich die Maßstäbe verschoben haben. Nach der „kleinen Wirtschaftskrise" Mitte der 1960er Jahre und der Verabschiedung des Stabilitäts- und Wachstumsgesetzes 1967 (das im Übrigen immer noch geltendes Recht darstellt) wurde in den Jahreswirtschaftsberichten noch einige Jahre lang das Ziel eines „hohen Beschäftigungsstandes" quantifiziert. Im Hinblick auf die Arbeitslosenquote galten anfangs Werte zwischen 0,5 und einem Prozent als Zielmarken. Später wurden langsam höhere Quoten als Ziel genannt. Schließlich wurde darauf verzichtet, das Ziel zu quantifizieren.

Heute sprechen viele bei drei Prozent, manche auch bereits bei fünf Prozent registrierter Arbeitslosigkeit von Vollbeschäftigung.[5] Die Politik orientiert nicht mehr nach einem „hohen Beschäftigungsstand" im oben genannten Sinne. Im Kontext des EU-Neoliberalismus wird stattdessen eine hohe Beschäftigungs- oder gar nur eine hohe Erwerbsquote zum Ziel.

Damit einhergehend wird mit der Debatte um einen Fachkräftemangel systematisch das eigentlich drängendste Problem, die persistierende Massenarbeitslosigkeit, verdeckt und in enger Verbrüderung von Politik und Wirtschaft kleingeredet. Dass ein gewisses Maß an schwer oder auch nicht besetzbaren Stellen für eine funktionierende Marktwirtschaft genauso normal (ja nötig) ist wie ein gewisses Maß an Sucharbeitslosigkeit, wird ausgeblendet. Eine Situation, in der jederzeit an jedem Ort die gewünschten Arbeitskräfte zu von den Unternehmen definierten Konditionen zur Verfügung stehen, wäre für sie wünschenswert, um die Arbeitskräfte möglichst billig und willig zu halten. Man muss bei der ganzen Fachkräftedebatte im Auge haben, dass das Thema eng mit Arbeitgeberinteressen verbunden ist, wie es vor Jahren die damalige Bundesanstalt für Arbeit (2002) betonte.

2 Gibt es gegenwärtig einen Fachkräftemangel?

Dieser Hintergrund ist mit zu bedenken, wenn es um die Frage eines gegenwärtigen – und künftigen – Fach- bzw. Arbeitskräftemangels geht. Die Zukunftsaussagen, insbesondere auch zu den demografischen Entwicklungen, gründen sich im-

---

5 Einen Überblick über verschiedene Definitionen von Grenzwerten, ab denen Vollbeschäftigung gegeben ist, liefern Fuchs/Weber (2010, S. 20ff) – sie sind durchwegs, trotz aller Versuche einer Objektivierung, eigentlich normativ.

mer auf Gegenwartsdiagnosen und auf mehr oder weniger weit zurückreichende Stützzeiträume.

Die Gegenwartsdiagnosen, wie sie auch von den Medien und der Politik transportiert werden, entsprechen in ihrer Aussage und ihren Grundlagen mehrheitlich dem folgenden Beispiel: „Fast drei Viertel der deutschen Unternehmen suchen nach Angaben der Industrie- und Handelskammern händeringend nach qualifiziertem Personal" (Augsburger Allgemeine 2010). Basis dieser Meldung ist (vgl. DIHK 2010) eine online durchgeführte Mitgliederbefragung von Kammerbetrieben. Die Stichprobe war weder randomisiert noch stellte sie wenigstens eine Quotenstichprobe der Grundgesamtheit („alle Unternehmen in Deutschland") dar, über die eine Aussage getroffen wird. Der „Non response" wurde nicht beachtet. Das Vorgehen genügt damit in keiner Weise den statistischen Voraussetzungen für repräsentative Aussagen oder gar Hochrechnungen. Außerdem ist zu bezweifeln, dass man mit direkten Abfragen einen Fachkräftemangel wirklich messen kann.

Stellt man dem Ergebnis des DIHK z. B. die Ergebnisse des IAB-Betriebspanels gegenüber, so ergibt sich ein ganz anderes Bild. Das IAB-Betriebspanel ist eine auf einer systematischen Auswahl beruhende Repräsentativerhebung, bei der jährlich rund 16.000 Personalverantwortliche von Betrieben und Dienststellen befragt werden. Nach diesen Befragungen suchten und suchen rund 70 Prozent aller Betriebe jeweils gar keine Arbeitskräfte. Rund 20 Prozent können ihren Personalbedarf ohne oder lediglich „mit gewissen" Schwierigkeiten decken, und nur beim Rest (2009: 8 %) erfolgen überhaupt keine oder partiell keine Einstellungen.

Auch andere Studien kommen recht einhellig zu dem gleichen Ergebnis, wie z. B. die Studie von Brenke: „Für einen aktuell erheblichen Fachkräftemangel sind in Deutschland kaum Anzeichen zu erkennen" (Brenke 2010, S. 2). Das schließt einen „Mismatch" und vereinzelte Stellenbesetzungsprobleme ebenso wenig aus wie den einzigen Bereich, dem wohl alle Beobachter einen Arbeitskräftemangel bescheinigen – den Bereich der Pflegetätigkeiten. Dort hat der Mangel aber allenfalls von der Nachfrageseite nach Pflegeleistungen aus betrachtet etwas mit der Demografie zu tun. Die Ursache ist vielmehr in den Arbeitsbedingungen, insbesondere in der miserablen Entlohnung, zu suchen.

Ansonsten stehen nicht nur die registrierten Arbeitslosen, sondern auch jene, die sich in Maßnahmen der Arbeitsmarktpolitik befinden (und eigentlich ebenfalls arbeitslos sind) sowie die vielen Teilzeitbeschäftigten (bei denen es darauf ankommt, die Rahmenbedingungen, wie z. B. Kinderbetreuungseinrichtungen und Pflegeangebote, zu verbessern) als potenzielle Arbeitskräfte zur Verfügung – mehr als genug also.

Natürlich darf die Zahl der Erwerbspersonen nicht gleichgesetzt werden mit dem Angebot an gut ausgebildeten Fachkräften; es gibt ein Missverhältnis zwischen den Qualifikationen, die Unternehmen suchen und den Profilen, mit denen sich Arbeitnehmer bewerben. Das ist aber weniger ein demografisches Problem als vielmehr z. B. eine Folge falscher (Aus-)Bildungspolitik. Und es ist vor allem auch ein hausgemachtes Problem der Unternehmen. Sie haben jahrelang nicht ausreichend ausgebildet. Maßnahmen zur Vereinbarkeit von Familie und Beruf oder zur Gesundheitsprävention sind in der Mehrheit der Betriebe ebenso wenig zu finden wie Maßnahmen für Ältere (bei letzteren nahm der Anteil der Betriebe mit Maßnahmen altersgerechten Arbeitens von 2002 bis 2008 sogar ab). Dazu kommt ein viel zu geringes, und vor allem nach Qualifikation und Alter zu selektives, Engagement der Betriebe in der Weiterbildungsförderung (vgl. Kistler 2008).

Außerdem zeichnet sich die Arbeitskräfterekrutierung vieler Arbeitgeber durch überzogene Ansprüche aus: Für den Auftrag in Mexiko soll der für sofort gesuchte Ingenieur oder Monteur sehr gut Spanisch sprechen können, für das darauf folgende Projekt in Ungarn auch noch Ungarisch. Kurzum: Die verschlankten Arbeitsprozesse bringen eine problematische Leistungsverdichtung und immer höhere Anforderungen für die Arbeitnehmer mit sich, wobei immer mehr Zusatz- oder Doppelqualifikationen gefordert werden. Gleichzeitig zeigen die Unternehmen aber eine immer geringere Neigung, selbst in die Ausbildung dieser Kompetenzen zu investieren. Die Personalarbeit ist in einer kurzfristig getakteten Ökonomie ungeduldig geworden: Alle geforderten Kompetenzen sollen auf dem Arbeitsmarkt zur Verfügung stehen – möglichst allerorts, schnell, billig und unverbindlich.

Ein Blick auf Berufseinsteiger zeigt, dass der Mangel an qualifizierten Arbeitskräften nicht so groß sein kann. Ein Beispiel: Seit Jahren monieren Betriebe, dass es ihnen an ausbildungsfähigen Jugendlichen fehle. Ein aktueller Bericht des Bundesinstituts für Berufsbildung (vgl. Maier/Dorau 2010) zeigt: Junge Erwachsene verbringen die ersten sechs Jahre nach dem erfolgreichen Berufsabschluss durchschnittlich nur 60 Prozent der Zeit in einem Normalarbeitsverhältnis (44 von 72 Monaten). Mehr als ein Viertel der Zeit (26 %) sind sie prekär beschäftigt, 13 Prozent der Zeit arbeitslos. Wenn sich die Unternehmen angeblich so schwer damit tun, ausbildungsfähige Jugendliche zu finden – warum beschäftigten sie dann nicht einmal die, die sie ausgebildet haben? Auch ist festzuhalten, dass rund die Hälfte der Ausbildungsplatzbewerber in Deutschland keinen „normalen" Ausbildungsplatz findet (Stichworte: Übergangssystem, Warteschleifen).

Und noch eine Zahl: Eine Absolventenbefragung (vgl. Autorengruppe 2008, Tab. H5.3-10) belegt, dass erfolgreiche (Fach-)Hochschulabsolventen ihr erstes Berufsjahr viel häufiger als früher in befristeten und anderen atypischen Beschäftigungsverhältnissen verbringen – die seltener als früher zu „Klebeeffekten", im Sinne eines Einstiegs in Normalarbeitsverhältnisse, führen. Doch auch diejenigen akademischen Nachwuchskräfte, die einen Vollzeitjob ergattert hatten, konnten sich nicht vorbehaltlos freuen. Quer durch alle Studienfächer – und auch in den so genannten Mangelberufen wie Ingenieur und Informatiker – fielen die Einstiegsgehälter deutlich niedriger aus als fünf Jahre zuvor. Eine Grundregel der Marktwirtschaft sagt: Wenn das Angebot knapper wird, steigen die Preise. Wenn die Löhne aber so stark gesunken sind, kann es nicht sein, dass das Angebot knapp ist.

3   Künftige Auswirkungen des demografischen Wandels auf das Arbeitsangebot und die Arbeitsmarktbilanz

Im November 2009 haben die Statistischen Ämter zwei Dokumente zum Thema veröffentlicht. Zum einen war dies die neue, 12. koordinierte Bevölkerungsvorausberechnung (kBvb) mit Trendberechnungen bis zum Jahr 2060. Zum anderen erschien kurz darauf eine Analyse der Auswirkungen der Demografie auf die Zahl der Erwerbspersonen – dies allerdings auf Basis der alten, 11. kBvb und mit dem realistischen Zeithorizont 2030 (vgl. Statistische Ämter 2009).

Mit verschiedenen Annahmenkombinationen kommt die 12. kBvb zu zwölf Varianten plus drei Modellrechnungen mit unterschiedlichen Aussagen über die künftige Entwicklung von Bevölkerungszahl und Altersstruktur (vgl. Statistisches Bundesamt 2009). Dabei ist zu beachten, dass es sich bei all diesen Berechnungen um „Wenn-dann-Aussagen" und nicht um dezidierte Prognosen handelt. Zwei dieser Varianten werden vom Amt hervorgehoben, die als Unter- und Obergrenze einer „mittleren" Bevölkerungsentwicklung einen Korridor markieren, der den Trends der Vergangenheit bei verschieden langen Stützzeiträumen entspricht. Im Fall der Untergrenze der mittleren Bevölkerung wird ab 2014 eine konstante Nettozuwanderung von 100.000 Personen unterstellt, bei der Variante Obergrenze eine Nettozuwanderung von jährlich 200.000 Personen ab 2020.

Führt man die Annahmen aus den beiden Berichten zusammen, so ergibt sich für die Entwicklung der Erwerbspersonen (Beschäftigte plus Arbeitslose) das in Abbildung 1 präsentierte Bild.

Die Altersstrukturen in den einzelnen Säulen von Abbildung 1 ähneln sich stark; besonders ist dabei auf die Zunahme der Zahlen für die 55- bis 65-Jährigen zwischen 2010 und ca. 2025 und die danach sinkende Zahl Älterer hinzuweisen (wenn immer mehr Baby-Boomer bereits ausgeschieden sind). Diese Alterung bis ca. 2025 ist die entscheidende demografische Herausforderung am Arbeitsmarkt!

Abbildung 1: Entwicklung der Größe und Altersstruktur des Arbeitsangebots 2010 bis 2030 nach den zwei mittleren Varianten der 12. kBvb

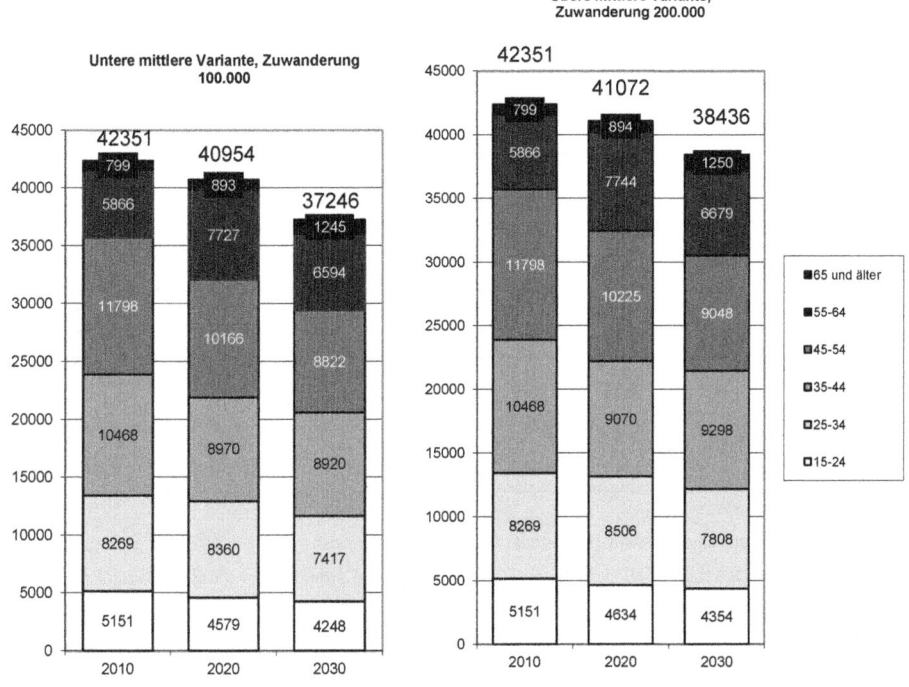

Quelle: INIFES; eigene Darstellung und Berechnungen nach Statistischem Bundesamt (12. kBvb und Statistische Ämter 2009 [Primärvariante]). Erwerbsquoten für 2010 wurden linear interpoliert.

Abbildung 2 enthält zum Vergleich die Ergebnisse einiger Rechenwerke aus den letzten Jahren mit z. T. unterschiedlichen Annahmen zur Bevölkerungsentwicklung bzw. speziell zur Zuwanderung. Die Ergebnisse aus Abbildung 1 liegen darin – so viel ist festzuhalten – „mittig"!

Abbildung 2:   Künftiges Arbeitsangebot in Deutschland auf Basis verschiedener
               Vorausberechnungen (Angaben in Mio.)

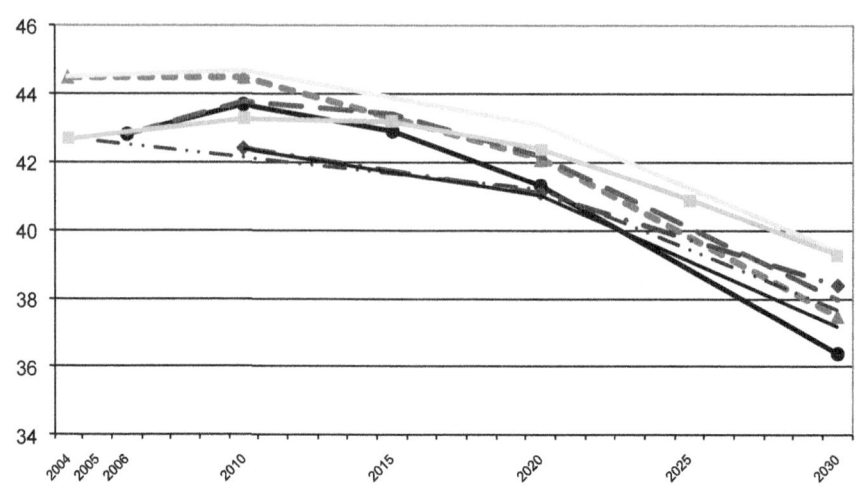

* Jeweilige Anzahl der angenommenen Nettozuwanderung pro Jahr.
*Quelle: INIFES; eigene Zusammenstellung und Berechnungen nach Daten der genannten Institutio-
nen.*

Die in Abbildung 1 und 2 vorgestellten Vorausberechnungen zeigen – bei allen
Unwägbarkeiten und zu erwartenden zyklischen Schwankungen –, dass das Angebot an Arbeitskräften bis nach 2020 nur in einem geringen Maß (weit weniger
hoch als das gegenwärtige Ausmaß von registrierter und versteckter Arbeitslosigkeit) zurückgehen dürfte und kein Arbeitskräftemangel absehbar ist, auch wenn
der so genannte Mismatch eventuell zunehmen wird. Auch andere Quellen kommen zu dieser Einschätzung (vgl. Kistler 2009).

- So fasst das DIW seine ähnlichen Berechnungen mit dem Satz zusammen:
  „Weniger Menschen, aber Arbeitsangebot bleibt bis 2025 stabil" (Schulz 2008,
  S. 596).
- Das Bundesamt für Raumordnung (2009, S. 60) schreibt von einer nur mäßigen
  Änderung bei der Zahl der Erwerbspersonen.
- Das IAB verweist darauf, dass sich nach seinen Berechnungen die offene und
  verdeckte Arbeitslosigkeit zwar halbieren werde, aber im Jahr 2020 immer

noch bei drei Mio. liegen werde (vgl. Deutscher Bundestag 2007, S. 41). „Rechnerisch kommt es zu keinen dramatischen Lücken im Arbeitskräfteangebot" (Autorengruppe 2010, S. 159). Bis 2025 gilt laut Fuchs und Zika (2010) Ähnliches.

Ab 2030 sinkt das Erwerbspersonenpotenzial zwar erheblich. Allerdings wird dann auch von der – stärkeren – Reduzierung der Einwohnerzahl und der bis dahin ebenfalls spürbar werdenden Verringerung der Zahl der Haushalte ein negativer Effekt auf die Güter-/Dienstleistungsnachfrage und damit auch auf die Arbeitsnachfrage ausgehen. Ebenfalls ist zu beachten, dass in der Vergangenheit der Trend bei den gegen Bezahlung geleisteten Arbeitsstunden eindeutig negativ war; das so genannte Arbeitsvolumen sinkt bei gleichzeitig steigender Zahl der Erwerbstätigen (vgl. Abbildung 3) langfristig. Die Produktivität wird auch künftig steigen.

Abbildung 3: Arbeitsvolumen und Erwerbstätigenzahl 1970–2007 in Deutschland (bis 1991: früheres Bundesgebiet)

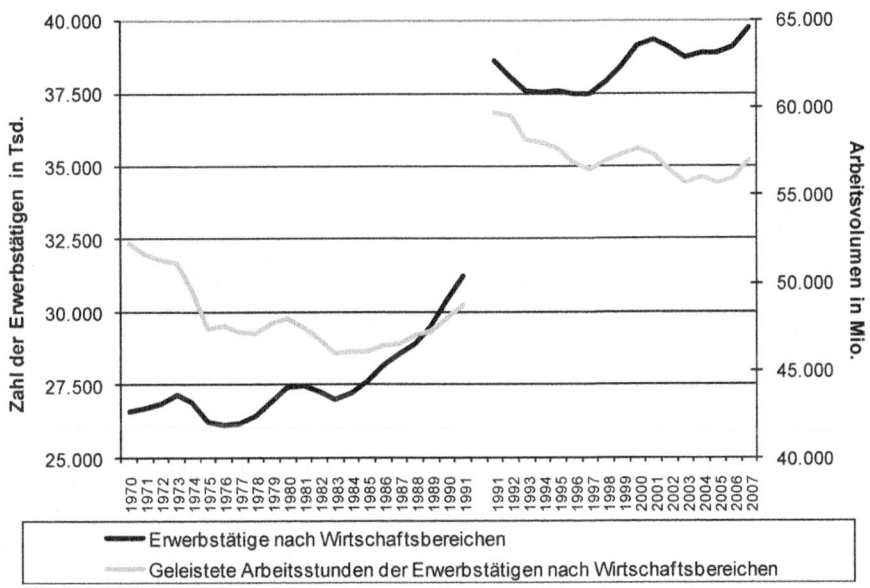

Quelle: Eigene Darstellung nach: Sachverständigenrat zur Begutachtung der gesamtwirtschaftlichen Entwicklung 2009, S. 609.

Neben der angesprochenen Mismatch-Problematik (im Mismatch-Diskurs werden allerdings die Ursachen von Passungsproblemen zwischen Arbeitsangebot und

-nachfrage eher in der Bildungspolitik und den Betrieben selbst verortet, nicht in der Alterung und Schrumpfung der Einwohnerzahl) – gibt es ein weiteres Problem: Der demografische Wandel wirkt sich regional sehr unterschiedlich aus.

Abbildung 4: Entwicklung von Bevölkerung und Erwerbspersonen 2009 bis 2030
              (12. kBvb)

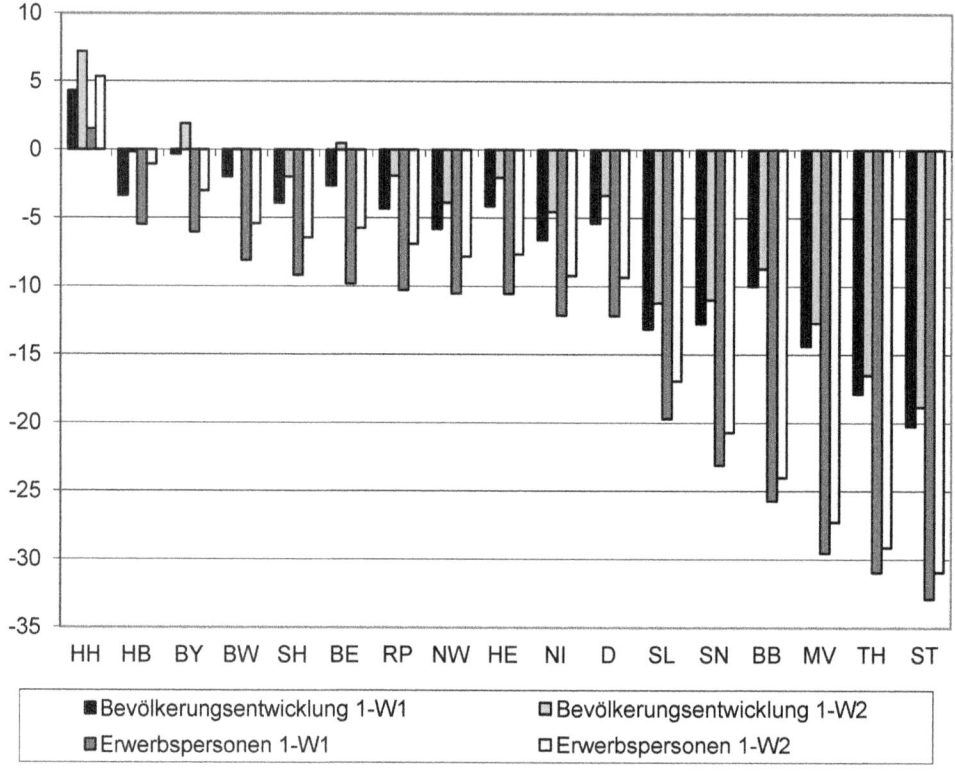

Quelle: INIFES; eigene Zusammenstellung und Berechnungen nach Daten der genannten Institutionen.

Setzt man die Annahmen der 12. kBvb bzw. der Statistischen Ämter regionalisiert um, so ergibt sich die in Abbildung 4 gezeigte „Prognose" für die einzelnen Bundesländer bis 2030. Wie zu erwarten, nimmt die künftige Zahl an Erwerbspersonen in den neuen Bundesländern stärker ab als in den alten Bundesländern. Das führt zu sehr unterschiedlichen Ergebnissen: In Bayern etwa, mit einer relativ gesehen sehr guten Arbeitsmarktsituation und hoher Arbeitskräftenachfrage stellt die Staatsregierung (trotz des faktenwidrigen Gejammeres der Arbeitgeberverbände auch dort) zu Recht fest: Es gibt in Bayern keinen Fachkräftemangel, und es wird ihn auch auf absehbare Zeit nicht geben! An Stellenbesetzungsproblemen seien

– so die Staatsregierung – die Betriebe vor allem selbst schuld, z. B. wegen zu geringer Weiterbildungsförderung (vgl. Bayerisches Staatsministerium 2009, S. 32, 191). Sie hat dazu jüngst auch eigene Berechnungen vorgelegt, die besagen, dass es bis 2028 mit dem zu erwartenden Erwerbspersonenpotenzial grundsätzlich möglich ist, mehr Wirtschaftswachstum als in der Vergangenheit zu erreichen (vgl. Bayerisches Staatsministerium 2010, S. 118), übrigens ohne eine Anhebung des Regelrentenalters auf 67 Jahre.

Im Fall der neuen Bundesländer ist dagegen die Gefahr nicht zu leugnen, dass das mangelnde Arbeitskräfteangebot Teil einer Abwärtsspirale werden könnte – wobei die hohe Arbeitslosigkeit die Ursache von Abwanderung ist! Obwohl z. B. Sachsens Betriebe – laut neutralen Betriebsbefragungen – die Qualität des Fachkräfteangebots an ihrem Standort positiv bewerten (Note 2,4 auf einer sechsstufigen Notenskala; vgl. SÖSTRA 2010, S. 89), könnte sich das ändern. Für Ansiedlungen großer Betriebe oder plötzliche Erweiterungen kommt die in Abbildung 4 gezeigte Entwicklung dann einem Ausbluten gleich.

Dazu ist aber festzuhalten: In Deutschland (und in den neuen Ländern ganz besonders) fehlt es heute und in absehbarer Zeit an Arbeitsplätzen und nicht an Arbeitskräften.

Die Politik kann und darf in einer solchen Situation nicht durch ein künstliches Überangebot eventuellen Personalbedarfen der Unternehmen vorauseilen.

4 Fazit und Ausblick

In einer solchen Situation ist eine vorausschauende Strukturpolitik das Mittel der Wahl. Am Arbeitsmarkt geht es vor allem darum, Mismatch zu minimieren und das Humankapital (der Älteren, der Arbeitslosen und aller Arbeitnehmer/-innen) zu fördern und zu pflegen. Das ist ungeachtet der künftigen Arbeitsmarktbilanz auch gegenwärtig sozialpolitisch sinnvoll.

Hinsichtlich der rechnerischen langfristigen Arbeitsmarktbilanz zeigen alle vorliegenden Studien eine Reduzierung, aber beileibe kein Verschwinden der Arbeitslosigkeit auf. So ging z. B. die so genannte Rürup-Kommission von einem Rückgang der Arbeitslosenquote von 9,5 Prozent im Jahr 2002 auf 3,7 Prozent im Jahr 2040 aus (vgl. Bundesministerium für Gesundheit und Soziale Sicherung 2003, S. 61). Generell ist jedoch zu bedenken, dass Prognosen über die Nachfrage nach Arbeitskräften bereits mittelfristig, vor allem aber langfristig ein äußerst unsicheres Terrain sind – noch viel unsicherer als langfristige demografische Vorausberechnungen. Hinzu kommt, dass gegenüber der prominentesten dieser Prognosen, jener der PROGNOS AG (vgl. z. B. Prognos 2008), auch erhebliche grundsätzliche

Zweifel vorgebracht werden. So weichen die vor wenigen Jahren für 2010 kurzfristig prognostizierten Zahlen zur Arbeitsmarktbilanz bereits erheblich von der realen Arbeitsmarktentwicklung ab. Der langfristig vorhergesagte erhebliche Fachkräftemangel ist außerdem, so die Autorengruppe Bildungsberichterstattung, „[…] größtenteils darauf zurückzuführen, dass Prognos die Arbeitslosen nicht in die Erwerbspersonen einbezieht, was im Ausgangspunkt 2004 die Vernachlässigung von 4,4 Millionen Erwerbspersonen bedeutet" (Autorengruppe 2010, S. 159).

Angesichts solcher Defizite in den vor allem von der Arbeitgeberseite befeuerten Prognosen eines enormen Fach-, ja gar Arbeitskräftemangels ist es keine Frage von Ressentiments gegen Migranten, wenn man keinen arbeitsmarktbedingten Zuwanderungsbedarf sieht – weder heute noch auf absehbare Zeit. Ein wirklicher Arbeitskräftemangel ist nicht zu befürchten, eine gewisse Verknappung wäre im Gegenteil sogar sinnvoll, um einen Schritt in eine wieder angemessene Bewertung des Faktors Arbeit zu unterstützen, da die Verteilung ansonsten immer weiter aus dem Ruder läuft.

Kurzum: Die Sorge um ein demografisch bedingt wegbrechendes Arbeitskräfteangebot in Deutschland ist eher eine spezifische, interessengebundene Sichtweise der Arbeitgeber. So ist auch der Vorschlag des vormaligen Wirtschaftsministers Rainer Brüderle zu Anwerbegeschenken für ausländische Fachkräfte etc. zu verstehen: Es geht ihm darum, das bestehende Arbeitskräfteangebot billig und willig zu halten.

Daher kann der eingangs zitierte Satz von Neumann über den Zusammenhang zwischen dem Nutzen von Zuwanderung und der Vermögensverteilung eine Anregung liefern: Es kann m. E. nicht angehen, die bestehenden Ressourcen an Arbeitskräften links liegenzulassen (bzw. sogar durch unzureichende Arbeitsbedingungen zu verschleißen und dann nach dem Ex-und-hopp-Prinzip den Sozialversicherungen vor die Tür zu stellen), gleichzeitig aber für ein fortbestehendes Überangebot an Arbeitskräften zu sorgen, um die Löhne immer weiter zu drücken. Das Argument von der internationalen Wettbewerbsfähigkeit sticht dabei nicht, solange die Binnennachfrage so sehr hinterherhinkt (auch deshalb, weil nicht alles, was der Wirtschaft nützt, auch dem Land und seiner Bevölkerung zugutekommt).

In diesem Sinne sollte darüber diskutiert werden, dass die Unternehmen, die ausländische Fach-/Arbeitskräfte ins Land holen, endlich und fortlaufend für die Integrationskosten (d. h. auch für die Kinder von Arbeitsmigranten!) aufkommen sollen. Das wäre im Sinne der Internalisierung externer Effekte der Produktion sogar eine marktwirtschaftlich ordnungskonforme Lösung.

Literaturverzeichnis

Autorengruppe Bildungsberichterstattung (2010), Bildung in Deutschland 2010, Bielefeld

Bayerisches Staatsministerium für Arbeit und Sozialordnung, Familie und Frauen (2009), 2. Bericht der Staatsregierung zur Sozialen Lage in Bayern, München

Bayerisches Staatsministerium für Arbeit und Sozialordnung, Familie und Frauen (2010), Soziale Lage in Bayern 2010, München

Bosch, G./Heinecker, P./Kistler, E./Wagner, A. (2001), Arbeitskräftemangel und Fachkräfteknappheit: Deutschland, in: Europäische Kommission (Hrsg.), Europäisches Beschäftigungsobservatorium. Bericht vom Frühjahr 2001, Brüssel, S. 75ff

Brenke, K. (2010), Fachkräftemangel kurzfristig noch nicht in Sicht, in: DIW-Wochenbericht Nr. 46, S. 2ff

Bundesamt für Bauwesen und Raumordnung (2009), Raumordnungsprognose 2025/2050, Bd. 29, Bonn

Bundesanstalt für Arbeit (2002), Arbeitsmarkt 2001, ANBA-Sondernummer vom 17.6., Nürnberg

Bundesministerium für Gesundheit und Soziale Sicherung (2003), Nachhaltigkeit in der Finanzierung der Sozialen Sicherungssysteme. Bericht der Kommission, Berlin.

DIHK (2010), Mitarbeiter dringend gesucht! Fachkräftesicherung – Herausforderung der Zukunft, Berlin, Brüssel

Fuchs, J./Weber, B. (2010), Umfang und Struktur der westdeutschen Stillen Reserve, IAB-Forschungsbericht Nr. 11, Nürnberg.

Kaufmann, F.-X. (1975), Makro-soziologische Überlegungen zu den Folgen eines Bevölkerungsrückgangs in industriellen Gesellschaften, in: ders. (Hrsg.), Bevölkerungsbewegung zwischen Quantität und Qualität, Stuttgart, S. 45ff

Kistler, E. (2008), „Alternsgerechte Erwerbsarbeit", Böckler-Forschungsmonitoring Bd. 7, Düsseldorf

Kistler, E. (2009), Rente mit 67 – demografisch notwendig?, in: Becker, J./Ebert, W./Marquardt, J. (Hrsg.), Es geht nur anders! Denkanstöße für politische Alternativen, Köln, S. 253ff

Kommission zum Abbau der Arbeitslosigkeit und zum Umbau der Bundesanstalt für Arbeit (2002), Moderne Dienstleistungen am Arbeitsmarkt. Bericht der Kommission, Berlin (Internetversion)

Maier, T./Dorau, R. (2010), Chancen für eine vollwertige Beschäftigung nach Abschluss einer dualen Ausbildung, in: BIBB-BWP, Nr. 2, S. 4f

Morrs, E. R./Reed, R. H. (Hrsg.) (1972), The Commission on Population Growth and the American Future-II. Economic Aspects of Population Change, Washington, D. C.

Neumann, J. (1980), Wachstumspolitik, in: Handbuch der Wirtschaftswissenschaft, Bd. 8, Stuttgart u. a., S. 462ff

Prognos AG (2008), Arbeitslandschaft 2030. Projektion von Arbeitsangebot und -nachfrage nach Tätigkeiten und Qualifikationsniveau, München

Sachverständigenrat zur Begutachtung der gesamtwirtschaftlichen Entwicklung (2008), Die Finanzkrise meistern – Wachstumskräfte stärken. Jahresgutachten 2008/09, Wiesbaden

Schulz, E. (2008), Weniger Menschen, aber Arbeitskräfteangebot bleibt bis 2025 stabil, in: DIW-Wochenbericht Nr. 40, S. 596ff

SÖSTRA (2010), IAB-Betriebspanel, Länderbericht Sachsen, Berlin

Statistische Ämter des Bundes und der Länder (2009), Demografischer Wandel in Deutschland, Heft 4, Auswirkungen auf die Zahl der Erwerbspersonen, Wiesbaden

Statistisches Bundesamt (2009), Bevölkerung Deutschlands bis 2060 – 12. koordinierte Bevölkerungsvorausberechnung, Wiesbaden

Ute Klammer

Hochgebildet – ausgebremst – (re)aktiviert – alimentiert: Frauenerwerbsverläufe in Deutschland

Ein Diskussionsbeitrag zum Thema „Fachkräftemangel"

1 Prolog

Prognosen zufolge ist in Deutschland mit einem zunehmenden Mangel an Fachkräften auf dem Arbeitsmarkt zu rechnen. So prognostizieren Fuchs und Zika (2010) für die nächsten Jahre eine deutliche Unterbeschäftigung; das IAB hat in unterschiedlichen Veröffentlichungen darauf hingewiesen, dass sich der Fachkräftemangel in Deutschland zu einem gewichtigen Problem entwickeln kann. Der Deutsche Industrie- und Handelskammertag (DIHK) rechnet damit, dass in 15 Jahren bis zu fünf Millionen Arbeitskräfte in Deutschland fehlen, und hat daher für 2011 das Jahresthema „Gemeinsam für Fachkräfte" ausgerufen (DIHK 2011); Bundesarbeitsagentur-Chef Weise spricht von einer Lücke von sechs bis sieben Millionen Fachkräften bis 2025 und fordert zwei Millionen Zuwanderer, um dem steigenden Fachkräftebedarf zu begegnen (Zeit online, 14.5.2011). Während sich die politische Debatte auf die Frage konzentriert, ob, wie viel und welche Zuwanderung zur Deckung des Fachkräftebedarfs nötig ist, wird übersehen, dass in Deutschland gegenwärtig ein beträchtlicher Teil des bereits vorhandenen Arbeits- und Fachkräftepotenzials nicht zum Einsatz kommt; mehr noch: dass die bestehenden politischen und institutionellen Rahmenbedingungen zu einem Brachliegen vorhandener Potenziale beitragen. Die Rede ist vom Arbeitskräftepotenzial der Frauen, deren Erwerbsbiografien immer noch deutlich anders verlaufen als diejenigen der Männer.

In Deutschland lässt sich bisher keinesfalls von einem konsistenten Konzept zur Erwerbsintegration von Frauen über den Lebensverlauf hinweg sprechen. So stehen hohen Investitionen in die Ausbildung junger Frauen (und Männer) Regelungen für verheiratete Paare gegenüber, die die asymmetrische Aufteilung von Erwerbs- und Familienarbeit und den zumindest temporären Rückzug einer Person vom Arbeitsmarkt, i.d.R. der Frauen, nahelegen. Gleichzeitig kann angesichts fehlender, qualitativ hochwertiger Betreuungs- und Versorgungsmöglichkeiten für Kinder und Pflegebedürftige der Druck auf alle Erwerbsfähigen einer Bedarfsgemeinschaft, zur Sicherung des Lebensunterhalts eine Erwerbstätigkeit aufzuneh-men, neue individuelle und gesellschaftliche Probleme nach sich ziehen. Ebenso stellen sich Fragen hinsichtlich der Kompatibilität einer Lebenslaufplanung von Erwerbstätigen mit den Zeithorizonten von Unternehmen.

2011 sind im Sachverständigengutachten zum 1. Gleichstellungsbericht (Sach-verständigenkommission Gleichstellung 2011) die Strukturmuster entlang der Le-bensläufe von Frauen und Männern analysiert und darauf aufbauend politische Empfehlungen entwickelt worden. Der – von einer durch die Regierung eingesetz-ten Sachverständigenkommission[1] unter Vorsitz der Verfasserin erarbeitete – Be-richt stellt daher auch eine wesentliche Quelle für die folgenden Ausführungen dar. Daneben werden auch Ergebnisse aus eigenen empirischen Forschungsprojek-ten, vor allem zum Phänomen der „Familienernährerin"[2], berücksichtigt.

Eine maßgebliche Grundlage der Analysen ist der in der internationalen For-schung breit untersuchte Aspekt, dass Handlungsmöglichkeiten durch Institutio-nen und sozial vorgegebene Bedingungen strukturiert werden (Kohli 1994; Anxo et al. 2010). Diese können politisch ausgestaltet und verändert werden. Die Sach-verständigenkommission Gleichstellung hat den Befund, dass Gestaltungsmöglichkei-ten im Lebenslauf durch politisch veränderbare Institutionen beeinflusst werden, als „Prinzip der aktiven Lebenslaufpolitik" bezeichnet (Sachverständigenkommis-sion Gleichstellung 2011, S. 15). Institutionen wirken verhaltenssteuernd, determi-nieren aber nicht restlos das Verhalten von Individuen und Unternehmen. Das konkrete Verhalten wird durch Präferenzen und Wertvorstellungen mitgestaltet; dabei werden Entscheidungen im partnerschaftlichen und familiären Kontext bzw. unter Berücksichtigung des persönlichen Beziehungsgeflechts getroffen. Denn Menschen leben ihr Leben eingebettet in soziale Beziehungen mit anderen Men-schen (Prinzip der verbundenen Leben oder „linked lives", Elder et al. 2003, S. 10ff; s. auch Sachverständigenkommission 2011, S. 14, 25). Die folgenden Abschnitte sollen verdeutlichen, dass die Befunde zur Entwicklung von Frauenerwerbstätig-keit und Frauenerwerbsbiografien in Deutschland nur zu verstehen sind, wenn sie sowohl im Zusammenhang mit den Partnerschafts- und Familienbiografien als auch im Kontext der institutionellen und betrieblichen Rahmenbedingungen gese-hen werden.

---

1   Für nähere Informationen zu Kommission und Bericht s. www.gleichstellungsbericht.de.
2   Vgl. z. B. Klenner/Klammer (2009); Brehmer et al. (2010); Klammer et al. (i. V.).

2 Fakten zur Entwicklung der Frauenerwerbstätigkeit

Seit vielen Jahren steigt, im Einklang mit den europäischen Zielvorgaben der so genannten „Lissabon-Strategie" in (West-)Deutschland, die Erwerbstätigenquote von Frauen. Das in der EU-Beschäftigungsstrategie gesetzte Ziel, diese in den EU-Ländern bis 2010 auf 60 Prozent (bezogen auf die 15- bis 64-Jährigen) zu steigern, hat Deutschland bereits seit dem Jahr 2005 erreicht. Inzwischen (2010) wird für Deutschland ein Wert von gut 66 Prozent für die Frauenerwerbstätigenquote ausgewiesen. Damit nahm Deutschland im Vergleich der EU-Länder 2010 den sechsten Rang ein und lag deutlich – um mehr als sieben Prozentpunkte – über dem Durchschnitt der EU-27-Länder (Eurostat-Datenbank).

Tabelle 1: Erwerbstätigenquoten von Frauen und Männern in unterschiedlichen Phasen des Lebensverlaufs, Deutschland und EU 27 (2010, in Prozent)*

	Altersgruppe								
	20 – 24	25 – 29	30 – 34	35 – 39	40 – 44	45 – 49	50 – 54	55 – 59	60 – 64
Frauen									
D	62,0	70,7	71,6	74,1	79,6	78,6	74,4	64,6	32,3
EU 27	47,0	66,9	69,4	71,9	74,3	73,7	68,3	52,1	23,0
Männer									
D	62,3	76,5	85,5	87,9	89,0	87,4	83,4	77,3	48,8
EU 27	52,0	75,9	84,1	86,0	86,2	84,9	80,9	68,8	38,0

*Zahlen für das 1. Quartal 2010.
Quelle: Eurostat-Datenbank; http://eppeurostat.ec.europa.eu; eigene Zusammenstellung.

Die Betrachtung der Erwerbsbeteiligung von Frauen verschiedener Altersgruppen macht deutlich, dass Frauen in Deutschland vor allem in den Altersgruppen zwischen 35 und 54 Jahren auf dem Arbeitsmarkt aktiv sind (Tab. 1). Dennoch zeigt sich, dass, nach einem vergleichbaren Berufseinstieg junger Frauen und Männer (Altersgruppe 20 bis 24 Jahre), in allen folgenden Altersgruppen die Frauenerwerbstätigkeit immer noch deutlich unter derjenigen der gleichaltrigen Männer liegt. Besonders groß ist diese Differenz gegenwärtig in zwei Lebensphasen: zum einen bei den 30- bis 39-Jährigen, die häufig Kinder im Haushalt zu versorgen haben, zum anderen auch in der Gruppe derer, die heute bereits 55 Jahre und älter sind. Hierbei handelt es sich häufig um Frauen, die nach der Familienphase nicht mehr erwerbstätig geworden sind oder nicht mehr (nachhaltig) auf dem Arbeitsmarkt Fuß gefasst haben. Diese zeitpunktbezogenen Querschnittdaten spiegeln allerdings das Verhalten unterschiedlicher Frauenkohorten als Ergebnis der jeweils zurückgelegten Lebens- und Erwerbsbiografie wider. Welchen Erwerbsmustern Frauen und Männer jüngerer Altersgruppen folgen werden, kann den Daten nicht entnommen werden.

Im internationalen Vergleich auffallend ist allerdings vor allem der Befund, dass der Anstieg der Frauenerwerbstätigkeit in Deutschland nicht zu einem Anstieg des auf Frauen entfallenden Erwerbsarbeitsvolumens geführt hat. Gemessen in Vollzeitäquivalenten hat sich die Frauenerwerbstätigkeit in Deutschland seit vielen Jahren kaum verändert. Immer mehr Frauen arbeiten somit in durchschnittlich immer weniger Wochenstunden umfassenden Erwerbsarbeitsverhältnissen – die Schere zwischen den durchschnittlichen Erwerbsarbeitszeiten von Männern und Frauen hat sich in den vergangenen Jahren weiter geöffnet (Sachverständigenkommission Gleichstellung 2011, S. 93). Der Anstieg der Frauenerwerbstätigkeit geht somit keineswegs mit einer stärkeren Nutzung des weiblichen Erwerbspersonenpotenzials im demografischen Wandel einher. Die folgenden Abschnitte zeigen die Hintergründe dieser Stagnation auf.

3   Frauenerwerbsverläufe: Ein Schauspiel in vier Akten

I. Hochgebildet: Junge Frauen als „Bildungsgewinnerinnen"

In kaum einem gesellschaftlichen Bereich haben Mädchen und Frauen in den vergangenen Jahrzehnten dermaßen aufholen können wie in der Bildung – im Rahmen der Bildungsexpansion seit den 1970er Jahren waren sie die Gewinner. Heute verlassen deutlich weniger Mädchen als Jungen die Schule ohne einen Schulabschluss. Junge Frauen starten im Durchschnitt mit höheren und besser benoteten schulischen Abschlüssen in das berufliche Leben als gleichaltrige junge Männer. Von Jugendarbeitslosigkeit (15- bis 24-Jährige) sind junge Frauen deutlich weniger betroffen als junge Männer, wobei diese Differenz nach Geschlechtern zwischen 1990 und 2005 weiter zugenommen hat (Autorengruppe Bildungsberichterstattung 2008, S. 181). Der Tertiarisierungstrend und die damit verbundene Expansion der personenbezogenen „Frauen"-Dienstleistungsberufe haben die Erwerbschancen von Frauen zusätzlich verbessert (Sachverständigenkommission Gleichstellung 2011, S. 70). Junge Frauen scheinen damit mehrheitlich bestens vorbereitet zu sein auf eine kontinuierliche Erwerbsbiografie und ein armutsvermeidendes Einkommen inklusive eigenständiger sozialer Sicherung; ihre Chancen auf eine berufliche Karriere müssten gut stehen. Entsprechend ist auch eine egalitäre Teilung der Arbeit zwischen den Partnern mittlerweile für einen gewachsenen Teil der Bevölkerung eine leitende Zielvorstellung: 35 Prozent der Deutschen bezeichnen die egalitäre Partnerschaft mit geteilter Erwerbs- und Sorgearbeit als persönlich präferierte Lebensform (Sinus Sociovision 2007). Ein weiteres Drittel der Befragten (34 Prozent) präferiert ein Modell, bei dem die Frau immerhin als Zuverdienerin erwerbstätig ist; nur 16 Prozent der Befragten wünschen sich ein traditionelles männliches Ernährermodell, in dem die Frau nicht oder nur marginal erwerbstätig ist.

II. Ausgebremst: Retraditionalisierung der partnerschaftlichen Arrangements im Eheverlauf

Die Erwerbskonstellationen in Paarfamilien haben sich in den letzten Jahren tatsächlich deutlich verschoben. Statistisch ist das Modell des männlichen Familienernährers in Deutschland wie in vielen anderen Ländern auf dem Rückzug (vgl. Leitner et al. 2004; Gornick/Meyers 2005). Dabei ist die gelebte Konstellation allerdings nur zum Teil durch die Geschlechterrollenvorstellungen des Paares bedingt. So wirken auf der einen Seite auf die Erwerbskonstellation alle Einflussfaktoren ein, die die weibliche Erwerbstätigkeit bestimmen, wie Bildungsgrad und Einkommenschancen von Frauen sowie ihre familiäre Situation, vor allem das Vorhandensein von Kindern. Auf der anderen Seite wird die Erwerbskonstellation im Paarhaushalt auch von Faktoren bestimmt, die die Erwerbsbeteiligung des Mannes beeinflussen, wie unfreiwillige Nicht-Erwerbstätigkeit des Mannes durch Arbeitslosigkeit und Erwerbsunfähigkeit. Diese Faktoren werden wiederum von der für Deutschland charakteristischen Ausgestaltung des Steuer- und Sozialsystems mit seinen spezifischen Verknüpfungen von Staat, Arbeitsmarkt und Familie beeinflusst.

Wiederholt ist in Studien gezeigt worden, dass junge Paare, die mit egalitären Vorstellungen bezüglich der Aufteilung von Erwerbs- und Sorgearbeit in das gemeinsame (Familien-)Leben starten, spätestens mit dem ersten Kind eine Retraditionalisierung der Geschlechterrollen erleben. So ermittelten Blossfeld und Schulz (2006) in einer Längsschnittstudie, die die ersten 14 Ehejahre von Paaren in Westdeutschland untersuchte, dass bei der Eheschließung nur 25,5 Prozent der befragten Paare eine „stark traditionale" Arbeitsteilung hatten (Mann als Alleinverdiener), nach 14 Jahren aber bereits 60,2 Prozent. Im Gegenzug fiel der Anteil der Ehen mit partnerschaftlicher Aufgabenteilung im gleichen Zeitraum von 43,6 Prozent auf 13,7 Prozent (Tab. 2).

Tabelle 2:   Muster der Verteilung von Erwerbs- und Sorgearbeiten in
Paarhaushalten mit zunehmender Ehedauer (in Prozent)

Geschlechterarrangement	Zeitpunkt		
	Eheschließung	Nach 6 Jahren Ehe	Nach 14 Jahren Ehe
Stark traditional*	25,5	55,0	60,2
Traditional**	29,0	25,7	24,9
Partnerschaftlich	43,6	18,6	13,7
Nicht traditional	1,7	0,7	0,8
Stark nicht traditional	0,2	0,4	0,4
Paare (n = ...)	1.423	773	518

* Stark traditional: männlicher Alleinernährer.
** Traditional: männlicher Ernährer mit weiblicher Zuverdienerin.
Quelle: Eigene Zusammenstellung nach Blossfeld/Schulz (2006, S. 44).

Gründe hierfür sind nach Blossfeld und Schulz Prozesse der Gewöhnung, der Erfahrung und des symbolischen Austausches ebenso wie kulturelle Muster und Rollenbildungen, die sich zunehmend verfestigen. „Der Übergang zur Elternschaft bremst [...] partnerschaftliche Fortschritte und verstärkt den oft latent wirkenden Prozess der Gewöhnung an traditionelle Strukturen (Ehedauereffekt)" (Blossfeld/Schulz 2006, S. 42). Frauen verändern ihre Erwerbsbeteiligung, indem sie ihre Erwerbstätigkeit zunächst unterbrechen und sie dann nur in reduziertem Ausmaß wieder aufnehmen. Sie übernehmen die Hauptlast des häuslichen Vereinbarkeitsmanagements und stecken beruflich zurück, da ihre individuellen Orientierungen an sozialstaatlichen Anreizstrukturen und institutionellen Karrierelogiken scheitern. Während es zu einer Priorisierung der (für die Familie wichtigen) Berufskarriere des Mannes kommt, verstärkt sich die Gefahr einer Verstetigung des – ursprünglich allenfalls als transitorisch angesehenen – traditionellen Arrangements und eines dauerhaften Abbruchs der Karriere der Frau (Bathmann et al. 2011, S. 146ff).

Eine solche Retraditionalisierung kann durch typische Ereignisse in der Familienbiografie, wie durch den Erwerb von Wohneigentum und den Umzug von der Stadt aufs Land im Zusammenhang mit der Familiengründung, weiter verstärkt werden. Während der Mann in die Stadt pendelt, ist die Frau auf oft beschränkte Erwerbsmöglichkeiten im Umkreis und in Reichweite der Bildungseinrichtungen und Tagesstrukturen der Kinder angewiesen. In ländlichen Gebieten ist sie jedoch mit einer geschlechtsspezifischen Lohndifferenz konfrontiert, die deutlich, nämlich um rund zehn Prozentpunkte, über der geschlechtsspezifischen Lohnlücke in Großstädten liegt (Hirsch et al. 2009; vgl. auch Busch/Holst 2008). Dabei steigt die Einkommensdiskrepanz zwischen Frauen und Männern mit zunehmendem Alter, aber auch mit der Zahl der Berufsjahre (Hans-Böckler-Stiftung 2008). Die geringsten Frauenerwerbstätigkeitsquoten finden sich im suburbanen Umland von Städten; „[...] scheinbar wird das Vereinbarkeitsproblem im städtischen Umland vor allem dadurch ‚gelöst‘, dass ein Elternteil die Erwerbstätigkeit (vorübergehend) aufgibt" (Bundesamt für Bauwesen und Raumordnung 2007, S. 8). Die geschlechtsspezifische Teilhabe an der Erwerbsarbeit vollzieht sich insofern nicht unabhängig von der räumlichen Strukturierung des Lebensverlaufs und damit von den städtebaulichen und siedlungsstrukturellen Rahmenbedingungen (Baueriedl et al. 2010; Löw et al. 2007). Gestiegene Ansprüche an die zeitliche und räumliche Verfügbarkeit von Führungskräften machen die parallele Verfolgung zweier Karrieren zumindest dann fast unmöglich, wenn Kinder oder andere hilfebedürftige Personen zu versorgen sind.

Doch die Entwicklungsbedingungen für Berufs- und Karriereverläufe werden nicht nur durch politische und sozialräumliche Rahmenbedingungen beeinflusst. Eine große Rolle kommt auch den Strategien von Betrieben zu. Betrachtet man tarifliche und betriebliche Vereinbarungen, so ergibt sich bisher nicht der Eindruck einer dynamischen Entwicklung der Themenfelder „Familienfreundlichkeit" und „Gleichstellung". Seit Jahren stagnieren die betrieblichen Vereinbarungen zur Förderung der Chancengleichheit und Familienfreundlichkeit auf niedrigem Niveau. Daten des IAB-Betriebspanels von 2008 zeigen, „[...] dass immer noch wenige Branchen und Betriebe personalpolitische Instrumente nutzen, um die Beschäftigung von Frauen zu fördern und ihr Fachkräftepotenzial zu erschließen" (Kohaut/Möller 2009, S. 1). Nur in 13 Prozent der Betriebe mit mehr als zehn Beschäftigten existieren explizite Vereinbarungen zur Förderung der Gleichstellung von Frauen und Männern. In diesen Betrieben arbeitet rund ein Viertel (27 Prozent) der Beschäftigten. In der Privatwirtschaft sind sogar nur zehn Prozent der Betriebe (und damit rund 21 Prozent der Beschäftigten) durch entsprechende tarifliche oder betriebliche Vereinbarungen erfasst (Tab. 3). Damit hat sich die Situation zumindest in Bezug auf den hohen Anteil der Betriebe, in denen weder tarifliche noch betriebliche Vereinbarungen gelten und auch keine freiwilligen Initiativen durchgeführt werden (90 Prozent), seit 2002 nicht verbessert.

Gleichstellungsrelevante Aktivitäten werden vor allem in Großbetrieben entwickelt, wie im Kredit- und Versicherungsgewerbe oder im Sektor Erziehung und Unterricht. Zwar handelt es sich hier teilweise um Branchen mit einem überdurchschnittlichen Frauenanteil. Auf der anderen Seite weisen aber andere Branchen mit einem hohen Frauenanteil, wie das Sozial- und Gesundheitswesen, lediglich ein durchschnittliches Engagement in Fragen der Familienfreundlichkeit und Gleichstellung auf. Wo Maßnahmen vereinbart wurden, betreffen sie besonders häufig Kinderbetreuungsangebote und Kontaktprogramme während der Elternzeit (ebd.).

Bedarfe von Pflegenden sind demgegenüber noch wenig berücksichtigt. Ebenso mangelt es bisher an gezielten Maßnahmen zur Karriereförderung des weiblichen Nachwuchses. Die Befunde machen deutlich, dass die Tarifvertragsparteien und Betriebe ihre Möglichkeiten, die Selbstverpflichtung, welche sie gegenüber der Bundesregierung eingegangen sind, durch einschlägige Vereinbarungen mit Leben zu füllen, bisher kaum genutzt haben.

Tabelle 3: Vereinbarungen und Initiativen zur Chancengleichheit von Frauen und Männern in der Gesamt- und Privatwirtschaft (Stand 2008, in Prozent)

	Gesamtwirtschaft		Privatwirtschaft	
	Betriebe*	Erfasste Beschäftigte	Betriebe*	Erfasste Beschäftigte
Tarifliche Vereinbarungen	6	10	5	8
Betriebliche Vereinbarungen	5	14	3	8
Freiwillige Initiativen	4	10	3	9
Nichts davon	87	73	90	79

* Betriebe mit mehr als 10 Beschäftigten; Mehrfachnennungen möglich; hochgerechnete Werte.
Quelle: Eigene Zusammenstellung nach Kohaut/Möller (2009, S. 3).

Wie aus dem regelmäßig durch das Institut der Deutschen Wirtschaft im Auftrag des BMFSFJ erstellten „Unternehmensmonitor Familienfreundlichkeit" (BMFSFJ 2010; Seyda/Stettes 2010) hervorgeht, hat sich der Anteil der Betriebe, die angeben, variable oder reduzierte Arbeitszeitmodelle anzubieten, in den letzten Jahren deutlich vergrößert. Inzwischen bieten nach eigenen Angaben acht von zehn Betrieben die Möglichkeit der Teilzeitarbeit an, in mehr als sieben von zehn Betrieben gibt es individuell vereinbarte Arbeitszeiten, fast ebenso viele Betriebe geben an, flexible Wochenarbeitszeiten zu haben, und immerhin in jeder fünften Firma werden Telearbeit und Job-Sharing angeboten (ebd.). Empirische Studien zeigen jedoch, dass das Vorhandensein potenziell familienförderlicher und gleichstellungsrelevanter Maßnahmen, zum Beispiel im Bereich der flexiblen Arbeitszeitmodelle, noch kein Indikator für die Kommunikation von Familienfreundlichkeit und einer gleichstellungsförderlichen Betriebspolitik ist. Obwohl immer mehr Unternehmen angesichts des demografischen Wandels dem Thema Familienfreundlichkeit Bedeutung beimessen und auch mehr Geschäftsleitungen das Thema unterstützen, werden vorhandene familienfreundliche und potenziell gleichstellungsförderliche Instrumente in der Praxis häufig unzureichend kommuniziert oder bestimmten Beschäftigtengruppen von den direkten Vorgesetzten nicht aktiv angeboten (beruf und

familie gGmbH 2008; Klammer/Weßler-Poßberg 2011). Vor allem Mütter in Führungspositionen berichten, dass sie die vereinbarkeitsfreundlichen Regelungen oft
selbst vorschlagen oder einfordern mussten (Walther/Schaeffer-Hegel 2007, S. 29).
Nur 14 Prozent der Frauen in Führungspositionen arbeiteten 2004 in Teilzeit; Teilzeitarbeit in Führungspositionen gilt vielfach als inkompatibel mit den hohen Anforderungen an Präsenz, Flexibilität und Mobilität (Koch 2007, S. 22). Frauen werden von Karrierepfaden abgedrängt, wenn sie als hoch qualifizierte Beschäftigte in
Teilzeit arbeiten wollen (Bäcker et al. 2007; Koch 2008; ähnlich auch Botsch et al.
2007, S. 90f). Besonders Verpflichtungen in der Angehörigenpflege werden in vielen Betrieben noch als „Privatproblem" behandelt und nicht bzw. kaum bei der
Gestaltung der Arbeitsbedingungen berücksichtigt (Sachverständigenkommission
Gleichstellung 2011). Männer haben häufig nur geringe Kenntnisse über entsprechende Möglichkeiten im Unternehmen und treffen bei Kollegen und Vorgesetzten
auf Unverständnis, wenn sie Interesse an Arbeitszeitreduzierungen oder anderen
vereinbarkeitsförderlichen Maßnahmen äußern (beruf und familie gGmbH 2008,
S. 26).

Den empirischen Studien zufolge fehlt es in den Betrieben sowohl an Transparenz bezüglich der Existenz und der Nutzungsmöglichkeiten von familienfreundlichen Instrumenten als auch an einer Kultur, die die lebensweltlichen und sich
über den Lebensverlauf hinweg verändernden Bedarfe von Arbeitnehmerinnen
und Arbeitnehmern in den Blick nimmt. Zwar berichtet rund ein Drittel der Arbeitnehmerinnen und Arbeitnehmer von Angeboten und Maßnahmen zur besseren Vereinbarkeit von Beruf und Familie und jede/r Fünfte von besonderen Leistungen, die den Wiedereinstieg erleichtern sollen (BMFSFJ 2008, S. 11). Ein Viertel
der Befragten beurteilt die Haltung des Arbeitgebers persönlichen und familiären
Belangen gegenüber allerdings als „gleichgültig", rund 13 Prozent sogar als „feind-
lich". In der Bevölkerung sind sogar vier von fünf Befragten der Meinung, dass die
Betriebe familienfreundlicher werden müssten (a.a.O., S. 8ff).

Erhebungen, die Familienfreundlichkeit und Gleichstellung allein am Portfolio
von im Betrieb existierenden Maßnahmen festmachen, vermitteln insofern einen
irreführenden Eindruck von der betrieblichen Praxis. Opaschowski (2010) zeigt
auf, dass Familienfreundlichkeit für viele Unternehmen keineswegs bedeutet, dass
Beschäftigte weniger arbeiten und ihnen mehr Zeit für die Familie zugesprochen
wird. Im Gegenteil erfolgt eine Aufwertung des Arbeitsplatzes durch Angebote
der Kinderbetreuung in der Weise, dass er sich zu einem „zweiten Zuhause" entwickelt, wodurch die Arbeitszeit sich tendenziell sogar verlängern kann. Einzelne
familienfreundliche Angebote seitens der Unternehmen beeinflussen das Leben
der Arbeitnehmer so stark, dass keine klare Abgrenzung zwischen Berufs- und
Privatleben mehr möglich ist. Wie in Fallstudien deutlich wurde, ist inzwischen an

die Stelle der vielfach diagnostizierten „Anwesenheitskultur" eine „Verfügbar-
keitskultur" getreten, die eine Erreichbarkeit weit über die vereinbarte Arbeitszeit
und die Anwesenheit im Betrieb hinaus voraussetzt und auch Teilzeitbeschäftigte
erfasst hat (Klammer/Weßler-Poßberg 2011). Vor diesem Hintergrund stellt der
sozialstaatlich geförderte Rückzug von Ehefrauen und Müttern vom Arbeitsmarkt
immer noch eine rationale Strategie dar – solange der männliche Familienernährer
seiner Rolle gerecht wird und mögliche zukünftige Folgen ausgeblendet werden.

*III. (Re-)Aktiviert: Sozialstaatliche Modernisierung der Geschlechterrollen „von unten" am
Beispiel von Familienernährerinnen*

Frauen erzielen trotz der skizzierten Barrieren immer häufiger ein eigenes Erwerbseinkommen und sichern in wachsender Zahl ihre Lebensgrundlage auch in
finanzieller Hinsicht selbst. Dass verheiratete Frauen dauerhaft überhaupt nicht
arbeitsmarktaktiv sind, ist heute in Deutschland nicht mehr die Regel. 2007 basierte für 38 Prozent der westdeutschen und sogar für nur 19 Prozent der ostdeutschen
Frauen der überwiegende Lebensunterhalt auf dem Einkommen von Familienangehörigen (Mikrozensus 2007). 2008 bestritten 64 Prozent der Frauen zwischen 27
und 59 Jahren ihren Lebensunterhalt durch eigene Erwerbstätigkeit, das sind acht
Prozentpunkte mehr als vor zehn Jahren (Statistisches Bundesamt 2010).

   Auch wenn in der Mehrheit der Familienhaushalte der männliche Hauptver-
diener noch die Realität ist, erwirtschaftet inzwischen immerhin in etwa jedem
zehnten Paarhaushalt in Deutschland die Frau mehr als 60 Prozent des Haushalts-
einkommens und hat damit die Rolle einer „Familienernährerin" übernommen
(Brehmer et al. 2010). Werden alleinerziehende Frauen mit berücksichtigt, dann
ergibt sich, dass sogar in rund 18 Prozent aller Mehrpersonenerwerbshaushalte
eine Frau hauptsächlich oder allein die Familie ernährt (Brehmer et al. 2010, S. 22f,
auf der Basis von Daten des SOEP). Frauen „ernähren" die Familie allerdings nicht
zu den gleichen Bedingungen, wie Männer dies tun. Ein grundlegender Unterschied zum männlichen Familienernährer-Status liegt darin, dass mit dem Status
als *weibliche* Familienernährerin besondere Risiken, Belastungen und Unsicherheiten sowohl für die einzelne Frau als auch für ihre Familien verbunden sein können
(vgl. Klammer et al. 2011):

▪   Aufgrund der besonders großen geschlechtsspezifischen Lohnlücke (Gender
    Pay Gap) in Deutschland sowie kürzerer Arbeitszeiten von Frauen stehen Fa-
    milienhaushalten mit einer Familienernährerin durchschnittlich geringere
    Haushaltseinkommen zur Verfügung als Familienhaushalten mit männlichen
    Familienernährern   oder   Paaren   mit   egalitärer   Erwerbskonstellation

(Klenner/Klammer 2009; Brehmer et al. 2010). Die im Zuge des Strukturwandels in den letzten Jahren entstandenen zusätzlichen Arbeitsplätze im Dienstleistungsbereich (soziale und personenbezogene Dienstleistungen) sind als Helferinnen-, Assistentinnen- und Zuverdienerinnen-Stellen konzipiert und aufgrund herkömmlicher Arbeitsplatzbewertungen tendenziell mit schlechten Verdienstmöglichkeiten ausgestattet. Damit stellt sich das Problem, dass das Einkommen, welches die Familienernährerin nach Hause bringt, häufig unzureichend ist, um die Abhängigkeit von (aufstockenden) Sozialleistungen zu vermeiden.

- Der weibliche Familienernährerinnen-Status ist auch deshalb kein Pendant zum Status des männlichen Familienernährers, weil bestimmte Normvorstellungen aus dem männlichen Ernährermodell hinsichtlich der Arbeitsteilung auch dann zunächst ihre Geltungskraft behalten, wenn die Frau zur Haupteinkommensbezieherin wird. Dies bedeutet, dass familiale Fürsorgeaufgaben meist nicht von der Frau auf den Mann übergehen und dass sich die häusliche Arbeitsteilung nur graduell, wenn überhaupt, verändert. Es kommt nicht zu einem Geschlechterarrangement mit „umgekehrten" Vorzeichen, in welchem der weniger verdienende Mann den Großteil an familialer Fürsorgearbeit übernehmen würde (Klenner/Klammer 2009).

- Im Gegenteil: In den allermeisten Fällen kommt es in den Familien der Familienernährerinnen noch nicht einmal zu einer egalitären Aufteilung von familialer Fürsorgearbeit zwischen beiden Partnern – häufig auch deshalb, weil die Frauen zusätzliche Energie investieren, um ihre Partner darin zu unterstützen, beruflich (wieder) Fuß zu fassen. Das heißt, dass die Übernahme der Ernährerinnenposition durch die Frau nicht zwingend zu gewandelten Geschlechterrollen in der betreffenden Familie führen muss.

Die wenigsten Frauen streben den Status der Familienernährerin von vornherein aktiv und freiwillig als Lebensmodell an. Sie werden in den meisten Fällen vielmehr zwangsläufig und unfreiwillig zu Familienernährerinnen, weil ihre Partner arbeitsuchend (30 Prozent) oder nicht erwerbstätig (30 Prozent) sind, weil die Partner in Teilzeit arbeiten (19 Prozent) oder weil sie in ihrer Vollzeitstelle weniger als die Frau verdienen (22 Prozent). Letztgenanntes schließt auch die Partner ein, die eine Solo-Selbständigkeit ausüben. Denn überdurchschnittlich viele Partner von Familienernährerinnen sind selbständig tätig und beziehen dabei ein relativ niedriges Einkommen (SOEP-Auswertungen für 2007; Brehmer et al. 2010, S. 26).

Familienernährerinnen sind somit nicht selten von einer Belastungskumulation betroffen, da sie in den meisten Fällen neben ihrem Haupteinkommensbezug auch die Hauptverantwortung für die familiale Fürsorgearbeit tragen (Klenner/

Klammer 2009). Ein großer Teil der erwerbstätigen Frauen würde daher anstelle des männlichen oder weiblichen „Ernährermodells" eine Einkommens- und Paarkonstellation bevorzugen, in welcher beide Partner etwa hälftig zum Haushaltseinkommen beitragen. Die bereits erwähnte Befragung durch Sinus Sociovision (2007) für das BMFSFJ zeigt, dass eine Erwerbskonstellation mit einer Frau als weiblicher Familienernährerin nur von zwei Prozent der Befragten als bevorzugtes Lebensmodell angegeben wird (Sinus Sociovision 2007, S. 31).

Politischer Handlungsbedarf ergibt sich aus dem Phänomen der „Familienernährerinnen" also nicht, weil dieses Modell von einem großen Anteil von Frauen und Männern gewünscht würde. Vielmehr zeigt sich hier ein Phänomen, das einerseits durch politische Reformen, wie die Verstärkung der Erwerbserwartung gegenüber allen Erwerbsfähigen einer Bedarfsgemeinschaft gemäß SGB II oder gegenüber geschiedenen Frauen im Rahmen des neuen Unterhaltsrechts, induziert wurde, dessen Problematik jedoch andererseits durch den gleichzeitigen Fortbestand von institutionell gesetzten Anreizen, die auf andere Lebensmodelle hinlaufen, mit forciert wird. Anders ausgedrückt: die hier zum Ausdruck kommende „Aufkündigung des deutschen Ernährermodells ‚von unten' " (Knuth 2006, S. 164) erweist sich nicht nur als widersprüchliche Behandlung unterschiedlicher sozialer Milieus und Schichten, vielmehr trifft sie in biografischer Perspektive häufig auch die gleichen Personen. Leidtragende sind vor allem Frauen (und damit häufig auch ihre Familien), die sich aufgrund der bestehenden institutionellen und betrieblichen Anreize und Barrieren auf eine asymmetrische Aufgabenverteilung in der Familie eingelassen und ihre berufliche Entwicklung zurückgestellt haben, später aber – z. B. als Hauptverdienerin bei Arbeitslosigkeit des Mannes oder als alleinerziehende Mutter nach einer Scheidung – bei inzwischen nur noch beschränkten Erwerbs- und Einkommensmöglichkeiten mit völlig anderen Rollenerwartungen konfrontiert werden und sich selbst und ihre Familie ernähren müssen.

IV. Alimentiert: Sozialleistungsbezug und Altersarmut als Konsequenz

Aus der Lebensverlaufsperspektive stellt sich also die Frage, welche Auswirkungen die Retraditionalisierung der Geschlechterarrangements, die vor allem im Anschluss an die Geburt von Kindern zu beobachten ist und die durch institutionelle Regelungen, unzureichende Betreuungsinfrastruktur und betriebliche Strategien forciert wird, auf die Verwirklichungschancen von Frauen und Männern in späteren Lebensphasen hat. Die biografischen Folgen der zumeist gemeinsam entwickelten Geschlechterarrangements und der, unter den gegebenen Umständen durchaus rationalen, Familienstrategien zeigen sich etwa im Fall einer Scheidung: Obwohl viele Mütter bald versuchen, den Einkommensverlust durch verstärkte eigene Erwerbstätigkeit zu kompensieren, verdoppelt sich ihre Armutsrisikoquote innerhalb des ersten Jahres nach der Trennung (Bundesregierung 2005, S. 83; BMFSFJ 2003, S. 8f, 12). Bei Männern ändert sich das Armutsrisiko in dieser Phase kaum – allerdings sind die Geschlechterunterschiede dort geringer, wo die Väter die Kinder betreuen (ebd.).

Besonders deutlich sind die Folgen der unterschiedlichen Erwerbsarrangements und -verläufe von Frauen und Männern nach wie vor in der Nacherwerbsphase zu beobachten. Zwar ist der Anteil der Frauen mit eigenständiger Rente in den letzten Jahrzehnten gestiegen, im Hinblick auf das Verhältnis der durchschnittlichen Rentenzahlbeträge bei Frauen- und Männerrenten hat sich in Westdeutschland seit den 1960er Jahren allerdings kaum etwas verändert (Klammer 2005, S. 312, 349). Aufgrund der Rentenformel, die sich in Deutschland besonders stark an der Zahl der Erwerbsjahre (Zeitfaktor) und an der Höhe des Erwerbseinkommens (Einkommensfaktor) orientiert, setzen sich die beiden Faktoren, durch die sich die Erwerbsverläufe von Frauen und Männern in Deutschland besonders unterscheiden, direkt ins Rentenalter fort. Während Erwerbsunterbrechungen und Nichterwerbstätigkeit von Frauen, aber auch Zeiten mit nicht versicherungspflichtiger Erwerbsarbeit (z. B. Minijobs) über den Zeitfaktor den Aufbau von Rentenansprüchen beeinträchtigen, dämpfen Teilzeit, niedrige Frauenlöhne und ausgebliebene Karriereentwicklungen von Frauen über den Einkommensfaktor das erzielbare Renteneinkommen. Zwei Millionen Frauen und Männer im Rentenalter (das sind 14 Prozent) können insgesamt weniger als 15 Erwerbsjahre aufweisen, von diesen Personen sind 1,9 Millionen Frauen aus Westdeutschland (BMAS 2008a, S. 111). Vor allem in Westdeutschland – kaum dagegen in Ostdeutschland – ist dabei ein deutlicher (negativer) Zusammenhang zwischen der Zahl der Kinder, die eine Frau erzogen hat, und ihrem eigenständigen Rentenanspruch zu konstatieren (BMAS 2008a, S. 105). Beim Renteneinkommen heutiger Rentnerinnen resultiert durchschnittlich nur ein geringer Betrag aus Fürsorgearbeit, obwohl gerade heutige Rentnerinnen häufig über lange Phasen ihres Lebens hinweg Kinder erzogen und gegebenenfalls auch ältere Verwandte gepflegt haben. Einer Auswertung der Rentenstatistik für 2008 zufolge wurden zwar bei gut neun Millionen der GRV-Renten Leistungen für Kindererziehung berücksichtigt, doch erhielten begünstigte Altersrentnerinnen durchschnittlich nur 56 Euro Monatsrente für ihre Kindererziehungsleistung (Bundesregierung 2009, S. 63).[3]

Frauen, die – nach dem Tod ihres Ehemannes – eine eigene Rente mit einer Hinterbliebenenrente kumulieren, erzielen die höchsten Renteneinkommen und erreichen in etwa ein Renteneinkommen, das mit dem von Männern vergleichbar

---

3 Dies erklärt sich daraus, dass heutige Rentnerinnen zumeist ihre Kinder vor 1992 bekommen haben und ihnen daher nur ein Jahr pro Kind für die Rente angerechnet wird.

ist (a.a.O., S. 50f). Jedoch ist zu betonen, dass abgeleitete Ansprüche aufgrund vermehrter prekärer Erwerbsverläufe auch bei Männern, jedoch auch aufgrund gestiegener Scheidungszahlen für die Alterssicherung von Frauen keine verlässliche Basis mehr bieten. Zwar kommt es bei einer Scheidung zum Versorgungsausgleich, dieser berücksichtigt jedoch nicht eventuell durch die asymmetrische Aufgabenverteilung in der Ehe erlittene Einkommenskapazitätsverluste, die sich auf die Einkommenschancen während der nach einer Scheidung verbleibenden Erwerbsphase auswirken. Abgeleitete Ansprüche besitzen zudem in vielfacher Hinsicht nicht den sozialversicherungsrechtlichen Status und die „Qualität" von eigenständigen Ansprüchen. Hinterbliebenenleistungen nehmen eine Zwitterstellung zwischen einer Versicherungsleistung und einer Fürsorgeleistung ein, wobei in der vergangenen Dekade (z. B. durch die Rentenreform 2001) durch verschärfte Anrechnungsvorschriften der Fürsorgecharakter weiter verstärkt worden ist. Eigene Erwerbstätigkeit von Frauen führt im Hinterbliebenenfall nun eher zu Kürzungen der Hinterbliebenenrente. Auch für Frauen, die sich bewusst im Rahmen des ehelichen Arrangements auf Haushalt und Kindererziehung konzentriert haben, stellt die Hinterbliebenenrente keinen „Lohn für die Lebensleistung dar", da sie die Erwerbsbiografie des verstorbenen Mannes, nicht jedoch die unbezahlte Arbeit der Frau widerspiegelt. Schließlich beschränkt die Hinterbliebenenrente die Wahlmöglichkeiten und damit die „Verwirklichungschancen" für den weiteren Lebensweg insofern, als abgeleitete Ansprüche im Falle einer Wiederheirat – anders als eigenständige Ansprüche – nach einer Übergangsfrist entfallen. Die gesetzliche Rentenversicherung verstärkt hier das Prinzip der „verbundenen Leben" („linked lives") in mehrfacher Weise, indem sie zum einen die Einkommenssituation der Hinterbliebenen über den Tod des Partners hinaus von dessen Lebenserwerbseinkommen abhängig macht, zum anderen das Verlassen des Hinterbliebenenstatus zu Gunsten einer neuen Ehe mit hohen Opportunitätskosten belegt.

Als Gemeinsamkeit zwischen West- und Ostdeutschland ist hervorzuheben, dass unter den drei Gruppen von alleinlebenden Frauen im Alter – verwitweten, geschiedenen und ledigen Frauen – die geschiedenen am schlechtesten gestellt sind (ASID 2007; TNS Infratest Sozialforschung 2009, S. 74, Abb. 5-2; Frommert/Thiede 2010). Ungeachtet des im Falle einer Scheidung vorgesehenen Versorgungsausgleichs dokumentieren sich hier offensichtlich die Probleme, mit denen zumindest in Westdeutschland viele Frauen konfrontiert sind, die im Laufe ihres Lebens infolge einer Scheidung den Übergang aus der Rolle der Familienarbeiterin oder Zuverdienerin zu einer auf eigenständige Existenzsicherung angewiesenen Erwerbstätigen bewerkstelligen müssen. Es gelingt ihnen häufig nicht mehr, entsprechend ihrer ursprünglichen Qualifikationen und Potenziale auf dem Arbeitsmarkt Fuß zu fassen (TNS Infratest Sozialforschung 2009, S. 124). Die schlechtere finanzielle Versorgung und größere Bedürftigkeit zumindest eines Teils der Frauen im Alter wird auch darin deutlich, dass nach den Daten des 3. Armuts- und Reichtumsberichtes der Regierung 2,6 Prozent der Frauen ab 65 Jahren, aber nur 1,8 Prozent der Männer aufgrund von Bedürftigkeit auf (ergänzende) Leistungen der „Grundsicherung im Alter und bei Erwerbsminderung" angewiesen sind (BMAS 2008b, S. 43). Steiner und Geyer kommen in einer Simulationsstudie zu dem Ergebnis, dass vor allem in Ostdeutschland der Anteil von Frauen und Männern mit Niedrigrenten unterhalb der gesetzlichen Mindestrente deutlich zunehmen wird und zudem das durchschnittliche Vermögen in Ostdeutschland insbesondere in der Altersgruppe gesunken ist, die mit einem starken Rückgang ihrer eigenen GRV-Rente rechnen muss (Steiner/Geyer 2010, S. 175f, Tab. 4).

Tabelle 4: Entwicklung des Anteils der Personen mit Niedrigrenten in der GRV* (Simulationsergebnisse, in Prozent)

Anteil der GRV-Renten-bezieherInnen mit Renten unter 600 Euro	**Deutschland**	**Westdeutschland**		**Ostdeutschland**	
	Gesamt	Männer	Frauen	Männer	Frauen
Kohorte 1937–1951	29,9	2,7	54,2	3,9	25,3
Kohorte 1952–1971	32,5	2,3	53,8	31,4	48,0

* Rentenzahlbetrag nach Abzug des Eigenanteils zur Kranken- und Pflegeversicherung, Basisszenario; Beträge abdiskontiert auf das Basisjahr 2005.
Quelle: Steiner/Geyer (2010), Zusammenstellung von Daten aus Tab. 5-3, S. 127.

Insgesamt ist abzusehen, dass es für nachrückende Geburtskohorten beiderlei Geschlechts angesichts der Kürzungen im Leistungsniveau der GRV und angesichts vieler nicht rentenversicherter Lebensphasen schwierig sein wird, einen Rentenanspruch oberhalb der bedürftigkeitsgeprüften Grundsicherung im Alter und bei Erwerbsminderung zu erreichen (Bäcker 2008; Leiber 2009). Aus den Beiträgen für ein geringfügiges Beschäftigungsverhältnis in Höhe von 400 Euro ergibt sich nach gegenwärtigem Recht rechnerisch nach 45 Erwerbsjahren ein Rentenanspruch von monatlich 144 Euro (West) bzw. 127 Euro (Ost) und bei Verzicht auf die Versicherungsfreiheit (§ 5 II 2 SGB VI) und zusätzlicher Beitragsleistung eine Rente von 190 Euro (West) bzw. 169 Euro (Ost) (Waltermann 2010a, B 31). Um Rentenanwartschaften in Höhe der Grundsicherung (ALG II inklusive Kosten der Unterkunft) aufzubauen, ist nach Darstellung von Waltermann (2010b: 82) rechnerisch ein Stundenlohn von 8,20 Euro erforderlich. Einer Berechnung von Steffen aus dem Jahr 2010 zufolge ist sogar ein sozialversicherungspflichtiger Stundenlohn von 9,47 Euro brutto über 45 Vollzeiterwerbsjahre zur Erreichung von Anwartschaften in

Höhe des durchschnittlich im Rahmen der Grundsicherung im Alter gezahlten Betrags (676 Euro/Monat) erforderlich (Hans-Böckler-Stiftung 2010). Dieser Betrag wird jedoch vor allem von Frauen in Dienstleistungstätigkeiten häufig nicht erzielt.

An den Beispielrechnungen wird deutlich, dass mit der Förderung von Minijobs und Niedriglohnarbeitsverhältnissen keine eigenständige Alterssicherung oberhalb des Niveaus der Armutsgrenze bzw. der bedarfsgeprüften Grundsicherung zu erreichen ist. Arbeitsverhältnisse, die gegenwärtig im familiären Kontext als eine akzeptable Option erscheinen, können sich im Hinblick auf die Nacherwerbsphase somit leicht als erwerbsbiografische Falle erweisen. Hier werden durch die existierende arbeits-, sozial- und steuerrechtliche Begünstigung eines Niedriglohn- und Zuverdienstsektors, in dem überwiegend Frauen erwerbstätig sind, individuelle und gesellschaftliche Probleme in der Zukunft aufgebaut. Wenn Reformen ausbleiben, werden sich diese Probleme in absehbarer Zeit in nicht existenzsichernden eigenständigen Alterssicherungsansprüchen, aber auch in deutlich steigenden Kosten für die steuerfinanzierte subsidiäre Grundsicherung niederschlagen.

Um zukünftiger Altersarmut – nicht nur von Frauen – vorzubeugen, wird ein ganzes Paket von Reformen benötigt, das sowohl den Versichertenkreis und die Beitrags- und Leistungsgestaltung in der Rentenversicherung als auch die Bedingungen auf dem Arbeitsmarkt, insbesondere den Abbau prekärer Beschäftigungsverhältnisse und eine angemessene Entlohnung, in den Blick nehmen muss.

4   Eine Frage der Präferenzen?

Unterschiedliche Muster der Aufteilung von Erwerbs- und Sorgearbeit in der Familie können das Ergebnis einer bewussten Entscheidung sein. So nimmt Hakim (2000 und 2006) in der von ihr entwickelten – in der Geschlechterforschung kontrovers diskutierten – Präferenztheorie eine Unterscheidung in drei Gruppen von Frauen vor: eine erste Gruppe (je nach Land ca. 10–30 Prozent), die stark berufsorientiert sei und häufig freiwillig kinderlos geblieben sei, eine zweite, vergleichbar große Gruppe, die stark familienorientiert sei, oft mehrere Kinder habe und wenig erwerbsorientiert sei, sowie eine dritte – die quantitativ größte – Gruppe, die als „ambivalent" und „adaptiv" zu bezeichnen sei und Familie und Beruf ausgewogen zu vereinen suche. Sofern unterschiedliche Erwerbsarrangements in Paarfamilien unterschiedliche Präferenzen spiegelten, müsse aus der geringeren Erwerbspartizipation von Frauen nicht zwingend politischer Handlungsbedarf resultieren. Diese Auffassung liegt – explizit oder implizit – auch vielen Argumentationsmustern zugrunde, die unter dem Stichwort der „Wahlfreiheit" in politischen Diskussionen zum Ausdruck kommen.

Zum einen berücksichtigen die Untersuchungen von Hakim allerdings nicht, dass sich die Präferenzen und gewünschten Arrangements über den Lebensverlauf hinweg verändern können. Zum anderen belegen zahlreiche Untersuchungen für Deutschland, dass sich in vielen Fällen die eigentlichen Erwerbswünsche von Frauen (und Männern) faktisch nicht realisieren lassen – Wunsch und Wirklichkeit klaffen bezüglich des Erwerbsumfangs bei beiden Geschlechtern seit langem auseinander. Zudem sind die Arrangements nicht statisch, sondern verändern sich mit den Phasen des Erwerbs- und Familienlebens. Eine Auswertung von Mikrozensus-Daten des Jahres 2007 kommt zu dem Ergebnis, dass sich vollzeitbeschäftigte Frauen und Männer in beiden Landesteilen durchweg eine Reduzierung ihrer tatsächlichen Arbeitszeit um gut fünf Stunden pro Woche wünschen (Holst 2009, S. 411). Wie in früheren Studien zeigt sich, dass sich in der Tendenz Vollzeitbeschäftigte kürzere, Teilzeitbeschäftigte längere Arbeitszeiten wünschen. Insbesondere Arbeitszeiten im Bereich kurzer Vollzeit von 30 bis 34 Stunden pro Woche sind häufiger gewünscht als realisierbar (a.a.O., S. 413). Auf der anderen Seite gibt es noch immer unerfüllte Teilzeitwünsche von Vollzeitbeschäftigten. Dies zeigt, dass von wirklicher „Wahlfreiheit" nicht die Rede sein kann.

5   Gleichstellungspolitik als Innovationspolitik und (Teil-)Antwort auf den Fachkräftemangel

Politischer Handlungsbedarf resultiert angesichts der skizzierten Befunde aber nicht nur daraus, dass Frauen und Männer aufgrund der Gegebenheiten auf dem Arbeitsmarkt und der gesellschaftlichen Rahmenbedingungen ihre über den Lebenslauf wechselnden Bedarfe und Präferenzen oft nicht realisieren können. Auch angesichts des demografischen Wandels und der rasanten Entwicklungen, die Unternehmen in internationalen Märkten und im Wettbewerb zu bewältigen haben, stellt die Nutzung des weiblichen Erwerbspersonenpotenzials eine Kernaufgabe der Zukunft dar. Für die wirtschaftliche Entwicklung hat die Gleichstellung von Frauen und Männern im Erwerbsleben daher einen zentralen Stellenwert.

Lebenslaufpolitik kann als eine Strategie verstanden werden, die darauf abzielt, Frauen wie Männer in die Lage zu versetzen, Erwerbsarbeit und andere sinnvolle Aktivitäten – wie Fürsorgearbeit – zu einem bestimmten Zeitpunkt im Leben zu synchronisieren sowie zugleich vielfältige Präferenzen und Entscheidungen über den Lebenslauf zu verteilen, d. h. zu diachronisieren (Klammer et al. 2008, S. 47). Eine so verstandene Lebenslaufpolitik sollte anstreben, eine optimale Teilhabe an – keineswegs durchgängig vollzeitiger – Erwerbsarbeit und anderen gesellschaftlich sinnvollen Aktivitäten über den gesamten Lebenslauf zu fördern und zu unterstützen (vgl. das von der Sachverständigenkommission Gleichstellung 2011 auf S. 31f entwickelte Leitbild).

Bedarf besteht vor allem darin, die Möglichkeiten für eine flexible Gestaltung der Lebenserwerbsarbeitszeit zu verbessern. Möglichkeiten der flexiblen Arbeitszeitgestaltung können Beschäftigten helfen, Erwerbsarbeit mit anderen Zeitbedürfnissen im Lebensverlauf zu verbinden. Während die Aufgabe des Staates darin gesehen werden kann, einen rechtlichen Rahmen für unterschiedliche zeitbasierte Optionen, z. B. im Rahmen eines Gesetzes zu Wahlarbeitszeiten, zu schaffen und die verschiedenen lebensphasenbezogenen Anrechte auf Zeit und Geldleistungen in ein abgestimmtes, kohärentes Lebenslaufsystem einzubinden, können Kollektivverträge eine ergänzende Funktion übernehmen, indem sie als „Vorreiter" Impulse für spätere gesetzliche Regelungen, z. B. bei der Gestaltung von Arbeitszeitoptionen, geben oder aber den gesetzlichen Rahmen konkret ausgestalten und ergänzen.

Im Hinblick auf eine bessere Berücksichtigung lebensweltlicher Anforderungen der Beschäftigten und auf eine Synchronisierung der langfristigen Bedarfe der Unternehmen und der Beschäftigten kann das lebensereignisorientierte Personalmanagement (Rühl/Armutat 2009; vgl. auch Sachverständigenkommission Gleichstellung 2011, S. 131ff) ein zukunftsträchtiges Konzept darstellen. Dabei werden unter Lebensereignissen nach Rühl und Armutat (2009, S. 31) jene Herausforderungen verstanden, welche einen größeren Einschnitt in der persönlichen und beruflichen Biografie verursachen. Die Zielsetzung eines an den individuellen Lebensereignissen der Beschäftigten ausgerichteten Personalmanagements ist es, einen Ausgleich zwischen den unternehmerischen Interessen und den individuellen Herausforderungen, denen sich der einzelne Mitarbeiter in unterschiedlichen Lebensphasen gegenübersieht, zu realisieren und damit auch eine optimale Nutzung der Leistungsfähigkeit aller Mitarbeiter, als Quelle für den unternehmerischen Erfolg, zu gewährleisten.

Für diejenigen, die angesichts veränderter Bedingungen auf dem Arbeitsmarkt mit vermehrten Erwerbsunterbrechungen und diskontinuierlichen Erwerbsbiografien konfrontiert sind, gilt es, angemessene Zugangswege zu den sozialen Sicherungssystemen zu schaffen. Von besonderer Bedeutung sind in diesem Zusammenhang die Absicherung der unterschiedlichen Nichterwerbsphasen und die Stärkung des Mindestsicherungsnetzes, z. B. durch eine Aufwertung niedriger Rentenansprüche. Universelle, am Bürgerstatus anknüpfende Leistungen wären dazu geeignet, die negativen Auswirkungen von Unterbrechungsphasen, von Phasen reduzierter Erwerbsarbeit und von Übergängen abzufedern. Hierdurch kann der Matching-Prozess auf dem Arbeitsmarkt unterstützt werden. Aktivierungs-maßnahmen können eine Unterstützung bei der Bewältigung von alten und neuen Risiken darstellen, jedoch die vorgenannten Sicherungsleistungen nicht ersetzen.

Über allen konkreten Einzelvorschlägen steht als grundsätzliche Anforderung, ein neues Leitbild in Deutschland zu verankern und dieses sozial-, familien- und arbeitsmarktpolitisch entsprechend zu unterstützen: das *Leitbild des bzw. der Erwerbstätigen mit Fürsorgeaufgaben im Lebensverlauf.* Dabei geht es nicht darum, Frauen und Männer bzw. Mütter und Väter gleichzeitig über den gesamten Erwerbs- und Lebensverlauf hinweg in Vollzeit in Erwerbsarbeit zu integrieren und Fürsorgeaufgaben weitgehend an gesellschaftliche Institutionen zu delegieren. Vielmehr soll es *beiden* Geschlechtern ermöglicht werden – und sie sollten entsprechende Rahmenbedingungen dafür vorfinden –, dass sie ihre Erwerbsaufgaben mit ihren Fürsorgeaufgaben vereinbaren können, ohne dass es dadurch zu gravierenden beruflichen, einkommens- oder rentenbezogenen Nachteilen für sie kommt.

6 Epilog

Besonders bemerkenswert ist angesichts der in den vorangegangenen Abschnitten skizzierten Befunde bezüglich des institutionellen Rahmens, der die Erwerbsbio-grafien von Frauen und ihre soziale Absicherung prägt, dass die verschiedenen Problemfelder keineswegs unbekannt sind, auch wenn sie bei einer Betrachtung der Lebensverlaufsperspektive und bei einer Berücksichtigung des Haushaltskon-texts der Frauen besonders klar zutage treten. Im Gegenteil: Viele der relevanten Einzelfragen sind bereits seit Jahrzehnten in zukunftsweisenden wissenschaftli-chen Beiträgen immer wieder aufgegriffen, untersucht und dargestellt worden. Exemplarisch sei hier auf folgende Arbeiten verwiesen:

- zum in Deutschland gegebenen Zusammenhang von Normalarbeitsverhältnis und sozialer Sicherung sowie ihrer Problematik vor über zwei Jahrzehnten schon Bäcker (1988);
- zum Umbau des deutschen Sozialstaats und zu seiner Bedeutung aus der Ge-schlechterperspektive allgemein u. a. Bäcker/Klammer (2002);
- zum Reformbedarf aus der Perspektive sich verändernder Erwerbs- und Fami-lienbiografien Bäcker (2000);
- zu den sozialpolitischen Folgen einer Niedriglohnstrategie für die Betroffenen und die sozialen Sicherungssysteme Bäcker/Klammer (1998); zum Zusam-menhang zwischen Normalarbeitsverhältnissen, niedrigen Erwerbseinkom-men und Armut u. a. dann Bäcker (1999) sowie Bäcker et al. (2000);

- zur Festschreibung des geschlechtsspezifisch segregierten Arbeitsmarktes durch Teilzeitarbeit vor drei Jahrzehnten schon Bäcker (1981); in Bezug auf Mini- und Midijobs später kenntnisreich Bäcker/Koch (2003); zur Prekarität von Minijobs schließlich erneut Bäcker (2007);

- zur Lebenssituation älterer Frauen bereits Bäcker (1984a), zu deren Rentenversicherung Bäcker (2001); fokussiert auf die Altersarmut von Frauen in der gleichen Periode Bäcker (1984, 1995a); zur allgemeinen Renaissance der Altersarmut in jüngerer Zeit Bäcker (2008); Bäcker (1997) aber auch schon sehr früh zu Lösungsansätzen und Reformvorschlägen hinsichtlich einer eigenständigen Alterssicherung von Frauen;

- zur Vereinbarkeit von Erwerbstätigkeit und Pflege in den 1990er Jahren schon Bäcker (1995b, 1998), ebenso Bäcker/Stolz-Willig (1997); und zu den daraus resultierenden Anforderungen an die Gestaltung der Arbeitswelt Bäcker (2003); zum Pflegenotstand vorausschauend Bäcker (1990, 1994); zur Pflegebedürftigkeit aus sozialpolitischer Sicht aktuell dann Bäcker/Naegele (2010);

- zu Lebensbedürfnissen und Arbeitszeitverkürzung bereits vor vielen Jahren Bäcker (1992, 1984b); zu den Chancen und Risiken optionaler Arbeitszeiten ebenfalls schon vor mehr als anderthalb Jahrzehnten Bäcker/Stolz-Willig (1994a, 1995);

- last but not least zu Geschlechterrollen und sozialpolitischer Umorientierung Bäcker/Stolz-Willig (1993), konkretisiert in einer Skizzierung von Vorstellungen für eine familienorientierte Arbeitswelt der Zukunft (dies. 1994 b, c).

Auch wenn viele der genannten Beiträge seinerzeit bereits Eingang in die wissenschaftliche und politische Diskussion gefunden haben, so erweisen sie sich doch heute noch als überraschend aktuell. Es bleibt zu hoffen, dass die erneute, aktualisierte Betrachtung der in ihnen bearbeiteten sozial-, arbeitsmarkt- und genderpolitischen Fragestellungen und die politische Wiedervorlage die Umsetzung einiger Erkenntnisse endlich befördert.

Literaturverzeichnis

Anxo, D./Bosch, G./Rubery, J. (Hrsg.) (2010), The Welfare State and Life Transitions, London: Edward Elgar Publishing

Autorengruppe Bildungsberichterstattung (2008), Bildung in Deutschland 2008: Ein indikatorengestützter Bericht mit einer Analyse zu Übergängen im Anschluss an den Sekundarbereich I, Bielefeld: WBV

Bäcker, G./Koch, A./Vornmoor, A. (2007), Chancengleichheitsorientierte Arbeitszeitpolitik in der betrieblichen Praxis. Eine Wirkungsanalyse des Bundeserziehungsgeldgesetzes und des Teilzeit- und Befristungsgesetzes. Projektbericht im Auftrag der Hans-Böckler-Stiftung, verfügbar unter: http://www.boeckler.de/pdf_fof/S-2004-695-3-2.pdf, abgerufen am 22.11.2008,

Bäcker, G. (1981), Teilzeitarbeit und individuelle Arbeitszeitflexibilisierung – Festschreibung der Benachteiligung von Frauen in Beruf und Familie?, in: WSI-Mitteilungen 4, S. 679-690

Bäcker, G. (1982), Arbeitszeitverkürzung durch individuelle Flexibilität oder tarifvertragliche Regelungen?, Anmerkungen zur Konzeption der individuellen Arbeitszeitflexibilisierung, in: WSI-Mitteilungen 2, S. 123-133

Bäcker, G. (1984a), Die Lebenssituation älterer Frauen vor dem Hintergrund der Bevölkerungsentwicklung sowie der Alters- und Familienstruktur, in: Frauenforschung 2, S. 17-22

Bäcker, G. (1984b), Lebensbedürfnisse und Arbeitszeitverkürzung, Ein Schritt zur Versöhnung von Arbeit und Leben, in: Die Mitarbeit 4

Bäcker, G. (1988), Normalarbeitsverhältnis und soziale Sicherung – Sozialversicherung und/oder Grundsicherung, in: Zeitschrift für Sozialreform 10, S. 595-628

Bäcker, G. (1990), Pflegenotstand: Soziale Absicherung bei Pflegebedürftigkeit – ein weiterhin ungelöstes Problem, in: Jahrbuch für kritische Medizin 15, S. 46-63

Bäcker, G. (1994), Pflegebedürftigkeit und Pflegenotstand, in: Schulz, J. (Hrsg.), Sozialhilfe – eine systematische Einführung, Weinheim: Beltz Verlag, S. 262-292

Bäcker, G. (1995a), Altersarmut – Frauenarmut. Dimensionen eines sozialen Problems und sozialpolitische Reformoptionen, in: Hanesch, W. (Hrsg.), Sozialpolitische Strategien gegen Armut, Opladen: Weststadt Verlag, S. 375-403

Bäcker, G. (1995b), Zwischen Beruf und Pflege, in: Soziale Sicherheit 10, S. 361-367

Bäcker, G. (1997), Überblick über Lösungsansätze und Reformkonzepte zur eigenständigen Alterssicherung der Frau, in: Friedrich-Ebert-Stiftung (Hrsg.), Zukunftsfähige Alterssicherung der Frau, Forum Gender und Politik, Bonn, S. 73-96

Bäcker, G. (1998), Vereinbarkeit von Erwerbstätigkeit und Pflege – Anforderungen an die Arbeitswelt und die Tarifparteien, in: Reichert, M./Naegele, G. (Hrsg.), Vereinbarkeit von Erwerbstätigkeit und Pflege – Nationale und internationale Perspektiven, Hannover: Vincentz Verlag, S. 35-59

Bäcker, G. (1999), Niedriglöhne und soziale Sicherung – Armutsursache, Armutsvermeidung oder Armutsfalle?, in: Sozialer Fortschritt 10-11, S. 241-252

Bäcker, G. (2000), Veränderung von Erwerbs- und Familienbiographien: Reformbedarf der deutschen Rentenversicherung?, in: Dingeldey, I. (Hrsg.), Erwerbstätigkeit und Familie in Steuer- und Sozialversicherungssystemen, Opladen: Leske + Budrich, S. 130-159

Bäcker, G. (2001), Rentenversicherung und Erwerbsbeteiligung – Zur Alterssicherung von Frauen nach der Rentenreform, in: Barkholdt, C. (Hrsg.), Prekärer Übergang in den Ruhestand – Handlungsbedarf aus arbeitsmarktpolitischer, rentenrechtlicher und betrieblicher Perspektive, Wiesbaden: VS Verlag, S. 177-208

Bäcker, G. (2003), Berufstätigkeit und Verpflichtungen in der familiären Pflege – Anforderungen an die Gestaltung der Arbeitswelt, in: Badura, B., Schellschmidt, H., Vetter, C. (Hrsg.), Fehlzeitenreport 2003, Heidelberg: Springer Medizin Verlag, S. 131-146

Bäcker, G. (2007), Was heißt hier geringfügig? Minijobs als wachsendes Segment prekärer Beschäftigung, in: Seifert, H./Keller, B. (Hrsg.), Atypische Beschäftigung – Flexibilisierung und soziale Risiken, Berlin: Sigma, S. 107-126

Bäcker, G. (2008), Altersarmut als soziales Problem der Zukunft? In: Deutsche Rentenversicherung 4, S. 357-367

Bäcker, G./Klammer, U. (1998), Niedriglöhne und Bürgerarbeit als Strategieempfehlungen der Bayerisch-Sächsischen Zukunftskommission, in: WSI-Mitteilungen 6, S. 359-370

Bäcker, G./Klammer, U. (2002), The Dismantling of Welfare in Germany, in: Goldberg, T./Rosenthal, M. (Hrsg.), Diminishing Welfare: A Cross-National Study of Social Provision, Westport: Auburn House, S. 211-244

Bäcker, G./Koch, A. (2003), Mini- und Midi-Jobs als Niedrigeinkommensstrategie in der Arbeitsmarktpolitik: „Erfolgsstory" oder Festschreibung des geschlechtsspezifisch segregierten Arbeitsmarktes?, WSI-Diskussionspaper Nr. 117, Düsseldorf

Bäcker, G./Krause, P./Hanesch, W. (2000), Normalarbeitsverhältnis, niedrige Erwerbseinkommen und Armut, in: Büchel, F. et al. (Hrsg.): Zwischen drinnen und draußen, Opladen: Leske + Budrich, S. 125-138

Bäcker, G./Naegele, G. (2010), Pflegebedürftigkeit aus sozialpolitischer Sicht, in: Scheffer, D./Wingenfeld, K. (Hrsg.), Handbuch Pflegewissenschaft, Weinheim: Juventa, S. 199-228

Bäcker, G./Stolz-Willig, B. (1993), Geschlechterrollen und sozialpolitische Umorientierung, in: Gewerkschaftliche Monatshefte 7, S. 414-428

Bäcker, G./Stolz-Willig, B. (1994a), Optionale Arbeitszeitverkürzung und -gestaltung und Defizite sozialer Sicherung, in: Beckmann, P./Engelbrech, G. (Hrsg.), Arbeitsmarkt für Frauen 2000 – Ein Schritt vor oder ein Schritt zurück?, Beiträge aus der Arbeitsmarkt- und Berufsforschung 179, Nürnberg: IAB, S. 796-811

Bäcker, G./Stolz-Willig, B. (1994b), Vorstellungen für eine familienorientierte Arbeitswelt der Zukunft, 2. Der Beitrag von Tarifverträgen und Betriebsvereinbarungen, Schriftenreihe des BMFSFJ Nr. 30.2, Bonn

Bäcker, G./Stolz-Willig, B. (Hrsg.) (1994c), Kind, Beruf, Soziale Sicherung, Köln: Bund Verlag

Bäcker, G./Stolz-Willig, B. (1995), Mehr Teilzeitarbeit – aber wie?, Zur Diskussion über Förderung und soziale Absicherung optionaler Arbeitszeiten, in: Sozialer Fortschritt 3, S. 54-64

Bäcker, G./Stolz-Willig, B. (1997), Zwischen Beruf und Pflege – Betriebliche Maßnahmen zur Unterstützung pflegender Arbeitnehmerinnen und Arbeitnehmer, in: Schriftenreihe des Bundesministeriums für Familie, Senioren, Frauen und Jugend, Band 106.2, Stuttgart

Bathmann, N./Müller, D./Cornelißen, W. (2011), Karriere, Kinder, Krisen. Warum Karrieren von Frauen in Paarbeziehungen scheitern oder gelingen, in: Cornelißen, W./Rusconi, A./Becker, R. (Hrsg.), Berufliche Karrieren von Frauen. Hürdenläufe in Partnerschaft und Arbeitswelt. Wiesbaden: VS Verlag, S. 105-149

Bauriedl, S./Schier, M./Strüver, A. (Hrsg.) (2010), Geschlechterverhältnisse, Raumstrukturen, Ortsbeziehungen. Erkundungen von Vielfalt und Differenz im spatial turn, Münster: Westfälisches Dampfboot

Beruf und Familie gGmbH (2008), Männer vereinbaren Beruf und Familie. Über die zunehmende Familienorientierung von Männern und Lösungsbeispiele für Arbeitgeber. Frankfurt a. M., verfügbar unter: http://www.beruf-und-familie.de/system/cms/data/ dl_data/89e2770d536598c647e9b07e838c78be, abgerufen am 18.2.2009

Blossfeld, H.-P./Schulz, F. (2006), Wie verändert sich die häusliche Arbeitsteilung im Eheverlauf? Eine Längsschnittstudie der ersten 14 Ehejahre in Westdeutschland, in: Kölner Zeitschrift für Soziologie und Sozialpsychologie 58, S. 23-49

Botsch, E./Lindecke, C./Wagner, A. (2007), Familienfreundlicher Betrieb. Einführung, Akzeptanz und Nutzung von familienfreundlichen Maßnahmen, Düsseldorf: Edition der Hans-Böckler-Stiftung 193

Brehmer, W./Klenner, C./Klammer, U. (2010), Wenn Frauen das Geld verdienen – eine empirische Annäherung an das Phänomen der „Familienernährerin", WSI-Diskussionspapier 170, Düsseldorf

Bundesamt für Bauwesen und Raumordnung (2007), Frauen – Männer – Räume. Geschlechterunterschiede in den regionalen Lebensverhältnissen von Frauen und Männern, Berichte, 26, Bonn, Online-Zusammenfassung verfügbar unter: http://www.bbsr.bund.de/cln_016/nn_335588/ BBSR/DE/Fachthemen/Raumordnung/ RaumentwicklungDeutschland/GenderMainstreaming/FrauenMaennerRaeume/01_Sta rt.html, abgerufen am 22.7.2010

Bundesministerium für Arbeit und Soziales (BMAS) (2008a), Alterssicherungsbericht – Ergänzender Bericht der Bundesregierung zum Rentenversicherungsbericht 2008, Berlin: BMFSFJ

Bundesministerium für Arbeit und Soziales (BMAS) (2008b), Lebenslagen in Deutschland. Der 3. Armuts- und Reichtumsbericht der Bundesregierung, Berlin: BMFSFJ

Bundesministerium für Familie, Senioren, Frauen und Jugend (BMFSFJ) (2003), Wenn aus Liebe rote Zahlen werden. Über die wirtschaftlichen Folgen von Trennung und Scheidung, Berlin: BMFSFJ

Bundesministerium für Familie, Senioren, Frauen und Jugend (BMFSFJ) (2008), Beruflicher Wiedereinstieg nach der Familiengründung. Bedürfnisse. Erfahrungen. Barrieren, Sinus Sociovision, Berlin, verfügbar unter: http://www.bmfsfj.de/bmfsfj/generator/RedaktionBMFSFJ/Broschuerenstelle/Pdf-An lagen/beruflicher-wiedereinstieg-nach-der-familiengr_C3_BCndung,property=pdf, bereich=bmfsfj,sprache=de,rwb=true.pdf, abgerufen am 20.2.2009

Bundesministerium für Familie, Senioren, Frauen und Jugend (BMFSFJ) (2010), Unternehmensmonitor Familienfreundlichkeit 2010, Berlin: BMFSFJ

Bundesregierung (2005), Lebenslagen in Deutschland. Der 2. Armuts- und Reichtumsbericht der Bundesregierung. Berlin

Bundesregierung (2009), Bericht der Bundesregierung über die gesetzliche Rentenversicherung, insbesondere über die Entwicklung der Einnahmen und Ausgaben, der Nachhaltigkeitsrücklage sowie des jeweils erforderlichen Beitragssatzes in den künftigen 15 Kalenderjahren, BT-Drucksache 17/52

Busch, A./Holst, E. (2008), Verdienstdifferenzen zwischen Frauen und Männern nur teilweise durch Strukturmerkmale zu erklären, in: DIW-Wochenbericht 15, S. 184-190

DIHK (2011), Jahresthema 2011: Gemeinsam für Fachkräfte, verfügbar unter: http://www.dihk.de/presse/jahresthema-2011, abgerufen am 4.7.2011

Elder, G. H./Kirkpatrick J. M./Crosnoe, R. (2003), The Emergence and Development of Life Course Theory, in: Mortimer, J. T./Shanahan, M. J. (Hrsg.), Handbook of the life course, New York: Springer, S. 3-19

Eurostat-Datenbank (o. J.), verfügbar unter: http://eppeurostat.ec.europa.eu

Frommert, D./Thiede, R. (2010), Alterssicherung vor dem Hintergrund unterschiedlicher Lebensverläufe. Expertise für den Ersten Gleichstellungsbericht der Bundesregierung

Fuchs, J./Zika, G. (2010), Arbeitsmarktbilanz bis 2025. Demografie gibt die Richtung vor, IAB-Kurzbericht 12/2010, Nürnberg

Gornick, J. C./Meyers, M. K. (2005), Supporting a Dual Earner/Dual-Career Society, in: Heymann, J./Beem, C. (Hrsg.), Unfinished Work: Building Equality and Democracy in an Era of Working Families, New York: New Press, S. 371-408

Hakim, C. (2000), Work-Lifestyle Choices in the 21st Century: Preference Theory, Oxford: Oxford University Press

Hakim, C. (2006), Women, careers, and work-life preferences, in: British Journal of Guidance and Counselling 34, S. 279-294

Hans-Böckler-Stiftung (2008), Größerer Rückstand mit den Jahren, verfügbar unter: http://boeckler-boxen.de/3763.htm, abgerufen am 20.9.2009

Hans-Böckler-Stiftung (2010), Ein Arbeitsleben mit Niedriglohn reicht nicht für die Rente, verfügbar unter: http://www.boeckler-boxen.de/5426.htm, abgerufen am 1.12.2010

Hirsch, B./König, M./Möller, J. (2009), Regionale Unterschiede im „Gender Pay Gap". Lohnabstand von Frauen in der Stadt kleiner als auf dem Land, IAB-Kurzbericht 22, Nürnberg

Holst, E. (2009), Vollzeitbeschäftigte wollen kürzere, Teilzeitbeschäftigte wollen längere Arbeitszeiten, in: DIW-Wochenbericht 25, S. 409-415

Klammer, U. (2005), Soziale Sicherung, in: Bothfeld, S./Klammer, U./Klenner, C./Leiber, S./Thiel, A./Ziegler, A. (Hrsg.), WSI-FrauenDatenReport 2005, Berlin: Sigma, S. 307-382

Klammer, U./Muffels, R./Wilthagen, T. (2008), Flexibility and security over the life course: Key findings and policy messages, Dublin: European Foundation for the Improvement of Living and Working Conditions

Klammer, U./Neukirch, S./Weßler-Poßberg, D. (i. V.), Flexible Familienernährerinnen – eine Studie zur Entwicklung von Arbeitsbedingungen und Geschlechterverhältnissen in Westdeutschland, Projektendbericht, Essen

Klammer, U./Weßler-Poßberg, D. (2011), Zwischen betrieblichen Angeboten und gelebter Organisationskultur – Fallstudien zur Wirkung und Nutzung der Angebote betrieblicher Familienpolitik und Gleichstellung in Organisationen der Privatwirtschaft und des öffentlichen Sektors. Studie im Auftrag des BMFSFJ, noch nicht veröffentlichter Projektendbericht

Klenner, C./Klammer, U. (2009), Weibliche Familienernährerinnen in West- und Ostdeutschland – Wunschmodell oder neue Prekarität?, in: BMFSFJ/MPI für ausländisches und internationales Sozialrecht (Hrsg.), Rollenleitbilder und -realitäten in Europa: Rechtliche, ökonomische und kulturelle Dimensionen, Dokumentation des Workshops 20.–22. Oktober 2008, Forschungsreihe Band 8, Baden-Baden: Nomos, S. 62-84

Knuth, M. (2006), „Hartz IV" – die unbegriffene Reform, in: Sozialer Fortschritt 7, S. 160-168

Koch, A. (2007), Teilzeitregelung in Führungspositionen für Beschäftigte mit Kindern, in: Aus Politik und Zeitgeschichte 7, S. 3-8

Koch, A. (2008), Elternzeit – Teilzeit – Aus(zeit)? Teilzeitrechte in Führungspositionen, in: WSI-Mitteilungen 11 + 12, S. 612-618

Kohaut, S./Möller, I. (2009), Vereinbarungen zur Chancengleichheit. Kaum Fortschritte bei der betrieblichen Förderung, IAB-Kurzbericht 26, Nürnberg

Kohli, M. (1994), Institutionalisierung und Individualisierung der Erwerbsbiographie, in: Beck, U./Beck-Gernsheim, E. (Hrsg.), Riskante Freiheiten, Berlin: Suhrkamp, S. 219-244

Leiber, S. (2009), Armutsvermeidung im Alter: Handlungsbedarf und Handlungsoptionen, WSI-Diskussionspapier 166, Düsseldorf

Leitner, S./Ostner, I./Schratzenstaller, M. (Hrsg.) (2004), Wohlfahrtsstaat und Geschlechterverhältnis im Umbruch. Was kommt nach dem Ernährermodell? Wiesbaden: VS Verlag

Löw, M./Steets, S./Stoetzer, S. (2007), Einführung in die Stadt- und Raumsoziologie, Opladen/Framington Hills: UTB

Opaschowski, H. (2010), Deutschland 2030 – Wie wir in Zukunft leben werden, Gütersloh: Gütersloher Verlagshaus

Rühl, M./Armutat, S. (2009), Elemente eines lebensereignisorientierten Personalmanagements, in: Armutat, S. et al. (Hrsg.), Lebensereignisorientiertes Personalmanagement – eine Antwort auf die demografische Herausforderung, Bielefeld: W. Bertelsmann Verlag GmbH & Co KG, S. 29-32

Sachverständigenkommission Gleichstellung (2011), Neue Wege – Gleiche Chancen. Gleichstellung von Frauen und Männern im Lebensverlauf. Gutachten der Sachverständigenkommission an das BMFSFJ für den Ersten Gleichstellungsbericht der Bundesregierung, Troisdorf: RMP Rautenberg Media & Print Verlag KG

Seyda, S./Stettes, O. (2010), Familienfreundlichkeit in der deutschen Wirtschaft – Ergebnisse des Unternehmensmonitors Familienfreundlichkeit 2010, IW-Trends 2, Köln

Sinus Sociovision (2007), Rollen im Wandel – Strukturen im Aufbau. Eine sozialwissenschaftliche Untersuchung vor dem Hintergrund der Sinus-Milieus®. Erste Befunde 2007, verfügbar unter: www.bmfsfj.de/RedaktionBMFSFJ/Internetredaktion/Pdf-Anlagen/ sinus-langfassung, property=pdf,bereich=bmfsfj,sprache=de,rwb=true.pdf, abgerufen am 4.7.2009

Statistisches Bundesamt (2010), Alleinerziehende in Deutschland. Ergebnisse des Mikrozensus 2009, Wiesbaden

Steiner, V./Geyer, J. (2010), Erwerbsbiografien und Alterseinkommen im demografischen Wandel – eine Mikrosimulationsstudie für Deutschland, DIW: Politikberatung kompakt 55, Berlin

TNS Infratest Sozialforschung (2009), Alterssicherung in Deutschland 2007 (ASID '07). Zusammenfassung wichtiger Untersuchungsergebnisse, München (= ASID 2007)

Waltermann, R. (2010a), Abschied vom Normalarbeitsverhältnis? Welche arbeits- und sozialrechtlichen Regelungen empfehlen sich im Hinblick auf die Zunahme neuer Beschäftigungsformen und die wachsende Diskontinuität von Erwerbsbiographien? Verhandlungen des 68. Deutschen Juristentages Berlin 2010, Band I, Gutachten Teil B, München: C. H. Beck

Waltermann, R. (2010b), Abschied vom Normalarbeitsverhältnis? In: NJW-Beilage 2010, S. 81-85

Walther, K./Schaeffer-Hegel, B. (2007), Karriere mit Kindern?!, in: Aus Politik und Zeitgeschichte 7, S. 3-8

Zeit online (2011), Chef der Arbeitsagentur fordert zwei Millionen Zuwanderer, in: Zeit online 14.5.2011, verfügbar unter:
http://www.zeit.de/wirtschaft/2011-05/weise-bundesagentur-einwanderung, abgerufen am 4.7.2011

Hartmut Seifert

Die zwei Gesichter der Flexibilität

1   Problemstellung

Die Debatte über Flexibilität am Arbeitsmarkt litt lange Zeit unter einer begrifflichen Engführung. In Anlehnung an den von der OECD entwickelten Indikator der Employment Protection Legislation (EPL) beschränkte sich die Diskussion auf Regelungen zu Kündigungsschutz, Leiharbeit und befristete Beschäftigung (OECD 1994). Flexibilität ist jedoch weitaus mehr und umfasst ein wesentlich breiteres Spektrum an Maßnahmen, die getroffen werden können, um den Arbeitseinsatz zu variieren. Das haben nicht zuletzt in der Finanzkrise 2008/09 vielfältige Formen der Arbeitszeitverkürzung sehr eindrucksvoll unter Beweis gestellt. Ihrem massiven Einsatz ist es zuzuschreiben, dass die Beschäftigung trotz eines im internationalen Vergleich äußerst scharfen Einbruchs des Bruttosozialproduktes insgesamt recht stabil blieb. Von einem deutschen Beschäftigungswunder ist gar die Rede. Das aber ist nur die halbe Wahrheit. Der Blick auf die globale Beschäftigungsentwicklung täuscht. Er verdeckt, dass Flexibilität gleichzeitig für einen Teil der Beschäftigten erhöhte Instabilität bedeutete. Leiharbeiter und befristet Beschäftigte gehörten zu den Opfern der Krise. Betriebe nutzten diese durch die Hartz-Reformen flexibilisierten Beschäftigungsformen, um sich mit ihrer Hilfe bei nachlassender Konjunktur rasch und kostengünstig von Teilen der eingesetzten Arbeitskräfte zu trennen. Gegensätzlicher könnten die Wirkungsmechanismen von Flexibilität kaum sein.

Offensichtlich ist die Wirkungsrichtung, mit der Flexibilität am Arbeitsmarkt das Beschäftigungsniveau beeinflusst, zunächst offen. Den Dreh- und Angelpunkt bilden die Formen der Flexibilität. Bei volatiler Nachfrage auf den Gütermärkten können Formen interner Flexibilität Beschäftigung stabilisieren, externe Formen wirken dagegen destabilisierend. Im ersten Fall kann man von Flexicurity[1] sprechen, im zweiten von Prekarität.

Die Debatte über Flexibilität am Arbeitsmarkt würde aber zu kurz greifen, würde sie sich auf diese beiden Funktionsmechanismen beschränken und Anpas-

---

[1]   Der Hybrid-Begriff Flexicurity steht für einen von der Europäischen Kommission verfolgten Politikansatz, der Flexibilität am Arbeitsmarkt mit sozialer Sicherheit auszubalancieren versucht (Seifert/Tangian 2008).

sungen des Arbeitseinsatzes ausschließlich aus der Perspektive einer variablen Nachfrage begreifen. Flexibilität im Arbeitseinsatz ist auch Voraussetzung dafür, dass Beschäftigte ihre außerbetrieblichen Zeitanforderungen besser mit den betrieblichen in Einklang bringen können. Diese Seite flexibler Arbeitsgestaltung bleibt in den weiteren Ausführungen ausgeklammert.

Der nachfolgende Beitrag zeigt vor dem Hintergrund der Erfahrungen in der zurückliegenden Wirtschaftskrise 2008/09 auf, mit welchen Mustern der Flexibilität die Betriebe reagierten, und diskutiert, wie die Anpassungsstrategien zu bewerten sind. Dabei lässt sich zeigen, dass die Nutzung der in den Jahren vor der letzten Wirtschaftskrise erweiterten Handlungsspielräume für Flexibilität dazu beiträgt, die Spaltung des Arbeitsmarktes in einen stabilen Stamm- und einen instabilen Randbereich zu vertiefen.

2   Flexibilität während der Wirtschaftskrise 2008/09

2.1 *Formen der Flexibilität*

Versteht man Flexibilität als die Fähigkeit, den Arbeitseinsatz vor allem quantitativ variieren zu können, dann können die Gestaltungsanforderungen nachfrageseitig oder angebotsseitig definiert sein. Hier soll der Blick allein auf nachfrageseitige Anforderungen konzentriert werden: Betriebe können darauf mit unterschiedlichen Flexibilitätsformen reagieren. Sie lassen sich nach einer u. a. von der OECD verwendeten Typologie unterscheiden (Atkinson 1984; OECD 1986). Als Ausgangspunkt dient die Unterscheidung zwischen den Hauptdimensionen *interne* und *externe* Flexibilität, die sich jeweils weiter ausdifferenzieren lassen. Mit der ersten Dimension der *internen* Flexibilität sind sämtliche Strategien gemeint, die eine Anpassung des Arbeitskräfteeinsatzes an veränderte Nachfragebedingungen, ohne Rückgriff auf den externen Arbeitsmarkt und ohne Änderungen in der Zahl der eingesetzten Beschäftigten, ermöglichen. Hierzu gehört vor allem die Variation der Dauer der Arbeitszeit (intern-numerische Flexibilität), des Einkommens (monetäre Flexibilität), der Arbeitsorganisation und der Qualifikation (funktionale Flexibilität).[2] Demgegenüber basiert die *externe* Flexibilität vor allem auf der „traditionellen" Anpassung der Beschäftigtenzahl (durch Entlassungen und Einstellungen), zunehmend aber auch auf der Befristung der Arbeitsverhältnisse und der Leihar-

---

2   In der Literatur wird funktionale Flexibilität auch synonym als organisational flexibility bezeichnet (European Foundation 2003). Eine andere Begriffsbestimmung differenziert in einer Vierfelder-Matrix zwischen interner und externer sowie quantitativer und qualitativer Flexibilität (European Foundation 2007a).

beit sowie auf Transfergesellschaften. Zu den Instrumenten externer Flexibilität gehören neben arbeitsrechtlichen Regelungen wie Kündigungsschutz, Leiharbeit und befristete Beschäftigung auch Lohnkostensubventionen. Ergänzend zur Typologie der OECD lässt sich die für atypische Beschäftigungsformen wichtige temporale Variante als *quantitativ-zeitpunktbezogene* Anpassung der Verteilung der Arbeitszeit bzw. des Arbeitseinsatzes einführen, wie sie vor allem Minijobs und Teilzeitarbeit bieten.

Diese Formen können sich ergänzen oder auch substituieren. Dadurch entstehen vielfältige Kombinationsmöglichkeiten. Den Betrieben bietet sich so ein breites Spektrum an Anpassungsvarianten, welche differenzierte Lösungen erlauben und ein hohes Anpassungspotenzial darstellen.

2.2 Erweiterter Handlungsspielraum für Flexibilität

Sämtliche Formen der Flexibilität hatten in den Jahren vor Beginn der Krise 2008/09 schrittweise an Spielraum gewonnen. Gesetzliche Änderungen lockerten das institutionell-rechtliche Regelwerk oder beseitigten flexibilitätshemmende Handlungsrestriktionen; tarifvertragliche Vereinbarungen dehnten die Margen für Abweichungen von Standards aus (Seifert 2006). Bei der extern-numerischen Flexibilität sorgten die Hartz-Gesetze in der ersten Hälfte der 2000er Jahre für den größten Zuwachs:

- Bei der Leiharbeit beseitigten sie Grenzen für die Überlassungsdauer ebenso wie das Synchronisations- und das Wiedereinstellungsverbot;
- die sachgrundlose Befristung wurde auf zwei Jahre ausgeweitet und kann durch Tarifverträge verlängert werden;
- die Verdienstgrenzen für geringfügige Beschäftigung wurden auf 400 Euro erhöht, die vormalige Zeitgrenze von 15 Stunden pro Woche wurde abgeschafft;
- gelockert wurde ferner der Kündigungsschutz (heraufgesetzter Schwellenwert der Anwendbarkeit von fünf auf zehn Beschäftigte).

Diese Deregulierungsschritte erlauben Betrieben, bei unsicheren Beschäftigungsperspektiven in erweitertem Maße, befreit von Entlassungsprozeduren und -kosten, auf den externen Arbeitsmarkt zurückzugreifen und befristet den Arbeitseinsatz aufzustocken.

Für vermehrte intern-numerische Flexibilität sorgten vor allem tarifvertragliche Regelungen. Sie dehnten den Spielraum aus, um die Arbeitszeit variabel zu gestalten, und boten den Betrieben alternativ zur externen Flexibilität neue Möglichkeiten, den Arbeitseinsatz rasch und kostengünstig mit einer volatilen Nachfrage abzustimmen. In erster Linie zählen hierzu Arbeitszeitkonten, die mittlerweile in etwa der Hälfte aller Betriebe eingeführt sind (Groß/Schwarze 2010). Sie bieten Betrieben und Beschäftigten die Möglichkeit, phasenweise von der tariflichen Regelarbeitszeit nach oben und nach unten abzuweichen. Hinzu kommen tarifliche Regelungen, die den Betriebsparteien erlauben, die bestehende Regelarbeitszeit zu variieren. Es bestehen die Optionen, die tarifliche Arbeitszeit entweder innerhalb vorgegebener Grenzen abzusenken oder im Rahmen von Korridor-Regelungen je nach wirtschaftlicher Lage zu verkürzen und umgekehrt auch zu verlängern (Bispinck/WSI-Tarifarchiv 2009).

Befristete Verkürzungen der regelmäßigen Arbeitszeit können sich auf den ganzen Betrieb, Teile des Betriebs oder Gruppen von Beschäftigten beziehen. Das erlaubt den Betrieben, gezielt den jeweils benötigten Arbeitseinsatz nicht über die Zahl der Beschäftigten, sondern über deren Arbeitszeit zu steuern.

Aufgrund der durch Deregulierungen und tarifliche Vereinbarungen veränderten Regelungsstrukturen für intern- und extern-numerische Flexibilität verfügten die Betriebe zu Beginn der Wirtschaftskrise 2008, verglichen mit früheren konjunkturellen Abschwüngen, nicht nur über wesentlich mehr Potenzial, um jenseits von betriebsbedingten Entlassungen den Arbeitseinsatz zu reduzieren. Die erweiterten Handlungsmöglichkeiten boten ihnen außerdem ein breiteres Spektrum an Optionen, flexibel je nach Problemsituation zu reagieren und das Arbeitsvolumen differenziert an den jeweiligen Auslastungsgrad einzelner innerbetrieblicher Bereiche anzupassen. Hiervon machten die krisenbetroffenen Betriebe regen Gebrauch.

2.3 Interne Flexibilität während der Krise

Wenn die Beschäftigungslage in Deutschland in den Jahren 2008/09 trotz des scharfen Rückgangs des Bruttoinlandsproduktes um insgesamt über sechs Prozent recht stabil geblieben ist, dann geht dies vor allem auf Formen der internen Flexibilität zurück. Den kräftigen Nachfrageeinbruch federten die Unternehmen hauptsächlich mit verkürzten Arbeitszeiten ab; sie verringerten das Arbeitsvolumen weniger über die Zahl der Beschäftigten als vielmehr über deren Arbeitszeiten. Dadurch konnten sie, mehr oder minder von einem abrupten Nachfrageeinbruch überrascht, die Arbeitskosten unmittelbar senken und zumindest die Stammbelegschaften halten. Gleichzeitig schufen sie günstige Voraussetzungen, um bei einer konjunkturellen Wiederbelebung von Produktion und Dienstleistungen den Arbeitseinsatz rasch und vergleichsweise kostengünstig ausweiten zu können.

Die Nutzung interner Flexibilität hat in Deutschland eine gewisse Tradition (Herzog-Stein/Seifert 2010), wenn es darum geht, in wirtschaftlichen Abschwungphasen das Arbeitsvolumen an die gesunkene Nachfrage anzupassen. Im Unterschied zum Abschwung 1973/75, der die Wirtschaft ebenfalls hart traf, geht aktuell, in gesamtwirtschaftlicher Betrachtung, die Reduktion des Arbeitsvolumens jedoch vollständig auf Arbeitszeitverkürzungen zurück. Geändert hat sich ferner die quantitative Bedeutung der eingesetzten Instrumente intern-numerischer Flexibilität. Den größten Beitrag leisten zwar nach wie vor Verkürzungen bzw. Änderungen der tariflichen/betriebsüblichen Arbeitszeit. Gesunken ist aber die Bedeutung der Überstunden als flexibles Anpassungsinstrument. Das hat damit zu tun, dass der Überstundensockel geschmolzen ist und deshalb weniger Spielraum für Anpassungen bietet. Stattdessen erfüllen mehr und mehr die Arbeitszeitkonten die Rolle eines Flexibilitätspuffers. Unverändert geblieben ist die Bedeutung der Kurzarbeit, die in beiden Abschwüngen (1973–75 und 2008/09) in etwa gleichem Umfang zum Rückgang der Arbeitszeit beiträgt.

Neben Formen intern-numerischer Flexibilität nutzten Betriebe auch Formen monetärer Flexibilität, letztere allerdings in einem geringeren Maße als die erstgenannten Varianten. Abstriche beim Entgelt und Einschnitte bei den Sozialleistungen wurden in etwa 24 Prozent, Arbeitszeitverkürzungen dagegen in gut 77 Prozent der betrieblichen Bündnisse vereinbart (Bogedan et al. 2011). Mit Hilfe von Arbeitszeitverkürzungen lassen sich nicht nur, wie durch monetäre Flexibilität, die Arbeitskosten, sondern auch das Arbeitsvolumen reduzieren.

2.4 Externe Flexibilität während der Krise

In keiner der vorangegangenen Krisen verfügten Betriebe, wie dargelegt, über einen derart großen Handlungsspielraum für extern-numerische Flexibilität. Gleichwohl machten sie hiervon weniger als früher Gebrauch (Herzog-Stein/Seifert 2010). Gesamtwirtschaftlich gesehen spielte die Anpassung des Arbeitseinsatzes an den Rückgang des Bruttoinlandsproduktes durch eine Reduzierung der Beschäftigtenzahl eine weitaus geringere Rolle als z. B. in der ebenfalls schweren Krise 1973–75. Die differenzierte Betrachtung der Instrumente externer Flexibilität offenbart jedoch, dass Leiharbeit als Anpassungsinstrument an Bedeutung gewonnen hat. Das überrascht nicht, da sich die Zahl der Leiharbeiter bis zur Deregulierung im Rahmen der Hartz-Gesetze auf einem sehr viel niedrigeren Niveau bewegte und deutlich weniger Anpassungsvolumen bot. Einen ausgeprägt zyklischen Verlauf zeigt auch der Einsatz befristeter Beschäftigungen (Hohendanner 2010). Der Abbau von Stammarbeitskräften hat dagegen weniger zur Anpassung des Arbeitseinsatzes beigetragen als in früheren Konjunkturabschwüngen (Herzog-Stein/ Seifert 2010).

Ein Grund für dieses veränderte Anpassungsmuster kann darin liegen, dass die neuen und erweiterten Instrumente intern-numerischer Flexibilität für die Betriebe kostengünstigere Alternativen darstellen und sich deshalb als funktionale Äquivalente zur extern-numerischen Anpassung anboten. Aber auch Betriebsräte sahen in interner Flexibilität eine Alternative zu Entlassungen und einen Weg, Beschäftigte vor Arbeitsplatzverlust zu schützen. Eine Lösung fanden beide Betriebsparteien in so genannten Bündnissen für Arbeit. In diesen Vereinbarungen, die häufig auf Initiativen der betrieblichen Interessenvertretungen zurückgehen, macht die Beschäftigtenseite Konzessionen bei Arbeitszeit und Lohn; im Gegenzug sichern die Betriebe den Belegschaften zu, für einen bestimmten Zeitraum auf betriebsbedingte Kündigungen zu verzichten (Seifert/Massa-Wirth 2005). Solche Vereinbarungen schützen in knapp 59 Prozent aller Betriebe mit Betriebsrat (und mehr als 20 Beschäftigten) die Beschäftigten vor konjunkturell bedingten Entlassungen (Bogedan et al. 2011). Unter diesem Schutzschirm fanden aber nicht alle Beschäftigten Platz. Ausgeschlossen blieben vor allem Leiharbeitnehmer und befristet Beschäftigte.

Abbildung 1: Leiharbeitnehmer 1994–2010

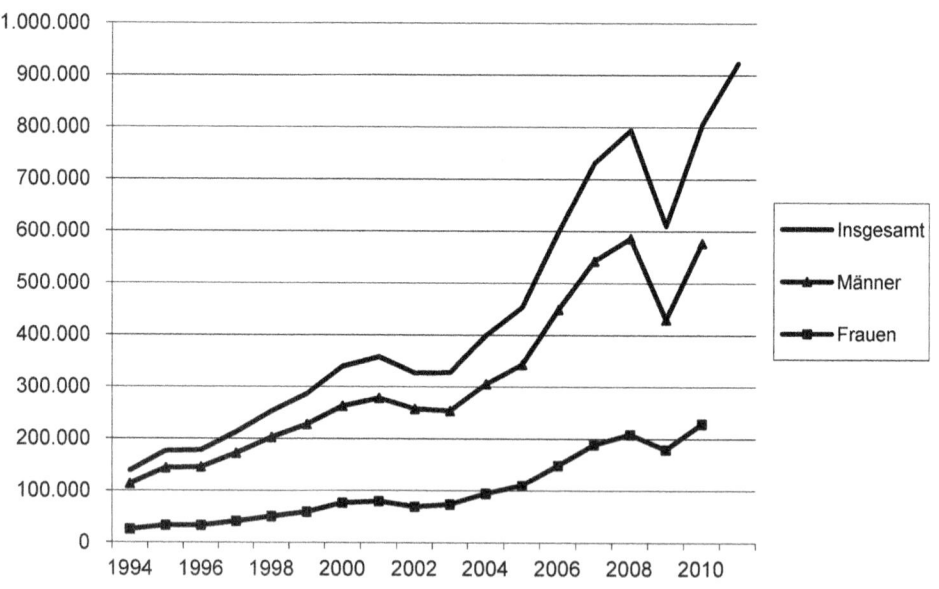

Quelle: Bundesagentur für Arbeit; eigene Berechnungen.

Besonders eindrucksvoll lässt sich der hohe Grad an externer Flexibilität an der Entwicklung der Leiharbeit ablesen (Abbildung 1). Während im konjunkturellen Aufschwung zwischen 2005 und 2008 die Zahl der Leiharbeitnehmer kräftig, nämlich um 75 Prozent, zugelegt hatte, war sie mit Beginn der Krise innerhalb eines Jahres um gut 23 Prozent abgestürzt, um anschließend mit anziehender Konjunktur bis Ende 2010 wieder um knapp 50 Prozent in die Höhe zu schnellen. Keine Beschäftigungsform ist instabiler.

3 Bewertung

Veränderungen der wirtschaftlichen Rahmenbedingungen erfordern Flexibilität von Betrieben wie von Beschäftigten. Die Beteiligten müssen sich anpassen und auf neue Bedingungen einstellen. Dabei können sie ihre materielle Position verbessern, aber auch verschlechtern. Wie die Bilanz ausfällt, hängt von der zu bewältigenden Problemsituation ab, von den jeweiligen betrieblichen Ausgangsbedingungen und von den Flexibilitätsformen, mit denen sie hierauf reagieren, und immer auch von den betrieblichen Machtverhältnissen. Handelt es sich, wie in den Jahren 2008/09, um eine konjunkturelle Abschwungphase, dann versprechen Formen interner Flexibilität sowohl für Betriebe als auch Beschäftigte vorteilhafter zu sein als externe Anpassungen.

3.1 Interne Flexibilität

Betriebe können mit Arbeitszeitverkürzungen, die als Alternative zu Entlassungen dienen, unmittelbar das Arbeitsvolumen an eine verminderte Nachfrage anpassen. Dadurch vermeiden sie längere Auseinandersetzungen über Massenentlassungen und Sozialpläne. Die variablen Arbeitskosten lassen sich, abgesehen von der Variation der Kontenstände auf Zeitkonten, proportional – und bei Überstundenabbau sogar überproportional – zum Arbeitseinsatz reduzieren. Im Vergleich zu Entlassungen fallen keine Entlassungskosten an; betriebsspezifisches Humankapital bleibt erhalten, eingespielte Arbeitsteams werden nicht aufgelöst und sichern Teamproduktivität. Dadurch können die Betriebe bei wieder anziehender Konjunktur den Arbeitseinsatz entsprechend hochfahren, ohne dass langwierige Such- und Rekrutierungszeiten vergehen sowie Rekrutierungs- und Einarbeitungskosten anfallen.

Auch für Beschäftigte können Formen interner Flexibilität, basierend auf kürzeren Arbeitszeiten, in der Bilanz vorteilhafter als Entlassungen sein. Diese Anpassung ist zwar, abgesehen von der Nutzung von Arbeitszeitkonten, mit Einkommenseinbußen verbunden. Der Abbau von Zeitguthaben ist ebenso wie die Bildung von Zeitschulden einkommensneutral. Insgesamt aber sind auf der Habenseite gewichtige Vorteile zu verbuchen. Einkommensminderungen steht der Erhalt des Arbeitsplatzes gegenüber. Die Beschäftigten verfügen dadurch weiterhin über eigenständige Einkommensquellen, können ihr betriebsspezifisches Humankapital nutzen und eine hierauf basierende Entlohnung erzielen. Senioritätsansprüche bleiben ebenso erhalten wie vorbereitete Karrierepfade. Den Beschäftigten bleiben ferner Mobilitätskosten erspart, die ein Arbeitsplatzverlust und mögliche Ortswechsel verursachen können. Schließlich gewinnen sie Zeit für außerbetriebliche Aktivitäten, und der Zeitwohlstand wird zumindest phasenweise gesteigert. Einschränkend ist einzuwenden, dass die Nutzung von angesparten Zeitguthaben zur Sicherung der Beschäftigung mit anderen, ursprünglichen Verwendungszwecken kollidieren kann.

Ungeachtet dieser im Vergleich zur Alternative Entlassungen beachtlichen Vorteile bleibt Beschäftigten auch weiterhin die Exitoption. Sie dürfte allerdings nur für gut Qualifizierte mit einer starken Arbeitsmarktposition in Frage kommen. Dieser Personenkreis kann auf interne, mit Einkommensminderungen verbundene Flexibilität mit einem Wechsel des Arbeitgebers reagieren.

Interne Flexibilität ist nicht beliebig einsetzbar, es gibt Grenzen. Handelt es sich um einen durch Strukturwandel verursachten dauerhaften Minderbedarf an Arbeit, dann können diese Anpassungsformen allenfalls für eine Übergangsphase helfen, Beschäftigung zu stabilisieren, um Zeit für sozialverträglichere Übergänge zu gewinnen. An Grenzen stoßen Arbeitszeitverkürzungen, die der Beschäftigungssicherung dienen, auch in Bereichen mit Niedriglöhnen. Ohne zumindest partiellen Lohnausgleich droht die Zahl derjenigen Beschäftigten zu wachsen, die Ansprüche auf aufstockende Grundsicherungsleistungen geltend machen müssen.

3.2 Externe Flexibilität

Flexibilität am Arbeitsmarkt kann nicht nur stabilisierend, sondern umgekehrt auch destabilisierend wirken. Den Wirkungsmechanismus des zweiten Effektes haben, wie ausgeführt, Deregulierungen erhöht. Sie erleichterten den Einsatz atypischer Beschäftigungsformen, erweiterten das Potenzial für externe Flexibilität und steigerten damit die Prekaritätsrisiken für einen wachsenden Teil der Beschäftigten.

Was heißt Prekarität? Der Begriff ist schillernd und wird recht unterschiedlich definiert und operationalisiert. Gemeint sind im Allgemeinen heikle, unsichere und mit vergleichsweise schlechten Arbeitsbedingungen ausgestattete Arbeitsverhältnisse. Empirische Analysen, die sich auf repräsentative Daten stützen, legen zur Bestimmung einer Grenze jenseits der Prekarität überwiegend Kriterien zugrunde, die als objektiv angesehen werden: Hierzu gehören ein als subsistenzsichernd geltendes Einkommen bzw. ein über der Niedriglohnschwelle liegender Lohn, Beschäftigungsstabilität, Beschäftigungsfähigkeit und ausreichende Absicherung durch die sozialen Sicherungssysteme (Rodgers 1989; Keller/Seifert 2007).

Die empirische Arbeitsmarktforschung lässt keinen Zweifel daran, dass atypische im Vergleich zu Normalarbeitsverhältnissen eine Reihe von gravierenden Nachteilen aufweisen. Sie bergen höhere Prekaritätsrisiken. Gemessen an den genannten Kriterien schneiden atypisch Beschäftigte deutlich schlechter ab als unbefristet Vollzeitbeschäftigte, also Normalbeschäftigte (Brehmer/Seifert 2008). Besonders gravierend sind die Unterschiede bei den Stundenverdiensten. Fast die Hälfte aller atypisch Beschäftigten bezog 2006 einen Niedriglohn[3] von weniger als 9,85 Euro pro Stunde, bei den Beschäftigten mit Normalarbeitsverhältnis waren dies jedoch nur elf Prozent (Wingerter 2009). Unter den geringfügig Beschäftigten liegt der Anteil sogar bei gut 81 Prozent und bei den Leiharbeitnehmern bei immerhin gut 67 Prozent. Bei diesen Beschäftigungsformen liegt das Risiko, nur einen Niedriglohn zu erhalten, um über zehn Mal bzw. etwa fünf bis sechs Mal höher als bei vergleichbaren Beschäftigten mit Normalarbeitsverhältnis (Brehmer/Seifert 2008). Wenn das Niedriglohnproblem in den letzten Jahren an Bedeutung gewonnen hat, dann geht diese Entwicklung wesentlich auf die Expansion atypischer Beschäftigungsverhältnisse zurück.

Der Grad der Prekarität differiert stark zwischen den Beschäftigungsformen. Die stärksten Einkommensabstriche im Vergleich zu Beschäftigten in Normalarbeitsverhältnissen müssen Minijobber und Leiharbeitnehmer hinnehmen. Besonders instabil ist die Beschäftigungslage bei befristet Beschäftigten und Leiharbeitnehmern. Bei etwa der Hälfte der Leiharbeitnehmer dauert die Beschäftigung höchstens drei Monate. Solche extrem kurzen Beschäftigungsphasen reichen bei neuerlicher längerer Arbeitslosigkeit häufig nicht aus, um Ansprüche auf Arbeitslosengeld zu erwerben. Bei Verlust des Arbeitsplatzes bleiben dann nur Ansprüche auf das deutlich geringer dotierte Arbeitslosengeld II.

Diese empirisch gut gesicherten Befunde sind nicht so zu interpretieren, dass jedes atypische Beschäftigungsverhältnis als prekär einzustufen ist. Und umgekehrt sind Normalarbeitsverhältnisse nicht generell frei von Prekaritätsrisiken. Für

---

3   Von einem Niedriglohn spricht man nach internationaler Definition, wenn der Stundenverdienst weniger als zwei Drittel des Medianlohnes ausmacht. Der Medianlohn markiert diejenige Lohnhöhe, die genau von der einen Hälfte der Beschäftigten übertroffen und von der anderen Hälfte unterschritten wird.

atypisch Beschäftigte ist jedoch die Wahrscheinlichkeit, zu Bedingungen zu arbeiten, die als prekär einzustufen sind, wesentlich höher als für Beschäftigte in Normalarbeitsverhältnissen.

4 Fazit

Flexibilität am Arbeitsmarkt hat zwei Gesichter. Sie hat in der zurückliegenden Krise von 2008/09 Möglichkeiten geboten, Beschäftigung zu sichern, aber auch zu destabilisieren. Flexibilität hat die Spaltung am Arbeitsmarkt vertieft. Einem Segment mit relativ sicheren Arbeitsplätzen der Stammbeschäftigten steht ein wachsender Randbereich mit instabilen, schlechter entlohnten und im Hinblick auf den Zugang zu betrieblicher Weiterbildung benachteiligten Arbeitsplätzen gegenüber. Diese gegensätzlichen Wirkungen sind das Ergebnis des Einsatzes von unterschiedlichen Formen der Flexibilität. Während Beschäftigungsstabilität vorrangig durch interne Formen der Flexibilität erzeugt wird, basiert Instabilität auf externer Flexibilität.

Geht man davon aus, dass eine dynamische Wirtschaft, zu deren Wesensmerkmalen nicht nur steter Strukturwandel, sondern auch zyklische Bewegungen mit hohen Beschäftigungsrisiken gehören, auf Flexibilität angewiesen ist, so stellt sich die Frage, wie der Arbeitseinsatz an diese Veränderungen anzupassen ist, ohne auf ein möglichst hohes Maß an sozialer Sicherheit für die Beschäftigten zu verzichten. Ansatzpunkte bieten die in der Krise bewährten Formen interner Flexibilität. Man kann sie als das deutsche Modell der Flexicurity bezeichnen.

Das aber reicht nicht. Denn interne wird externe Flexibilität nicht völlig ersetzen. Es geht ferner darum, atypischer Beschäftigung die Prekarität zu nehmen. Notwendig hierfür ist nicht nur ein allgemeiner Mindestlohn, ebenso wichtig sind generelle Ansprüche auf berufliche Weiterbildung und eine Reform des Rentensystems, um langfristige, über das Erwerbsleben hinaus strahlende, negative Effekte einer langjährigen atypischen Beschäftigung zu vermindern.

Literaturverzeichnis

Atkinson, J. (1984), Flexibility, Uncertainty and Manpower Management, Brighton

Bispinck, R. (2009), Tarifliche Regelungen zur befristeten Arbeitszeitverkürzung, WSI-Tarifarchiv, Düsseldorf, Juni 2009

Bogedan, C./Brehmer, W./Seifert, H. (2011), Wie krisenfest sind betriebliche Bündnisse zur Beschäftigungssicherung?, in: WSI-Mitteilungen 64 (2/2011), S. 51-59

Brehmer, W./Seifert, H. (2008), Sind atypische Beschäftigungsverhältnisse prekär? Eine empirische Analyse sozialer Risiken, in: Zeitschrift für Arbeitsmarktforschung (ZAF) 41 (4/2008), S. 501-531

European Foundation for the Improvement of Working and Living Conditions (2003), Flexibility and Social Protection, Dublin

European Foundation for the Improvement of Working and Living Conditions (2007a), Foundation findings – Flexicurity: Issues and challenges, verfügbar unter: www.eurofound.europa.eu/publications/htmlfiles/ef0790.htm

Groß, H./Schwarze, M. (2010), Arbeitszeit, Altersstrukturen und Corporate Social Responsibility, Wiesbaden

Hohendanner, C. (2010), Befristete Arbeitsverträge zwischen Auf- und Abschwung. Unsichere Zeiten, unsichere Verträge, IAB-Kurzbericht 14/2010

Herzog-Stein, A./Seifert, H. (2010), Der Arbeitsmarkt in der Großen Rezession – Bewährte Strategien in neuen Formen, in: WSI-Mitteilungen 63 (11/2010), S. 551-559

Keller, B./Seifert, H. (2007), Atypische Beschäftigungsverhältnisse, in: dies. (Hrsg.), Atypische Beschäftigung. Flexibilisierung und soziale Risiken, Berlin, S. 11-26

OECD (1986), Flexibility in the labour market. The current debate, Paris

OECD (1994), Employment outlook, Paris

Rodgers, G. (1989), Precarious work in Western Europe: The state of the debate, in: ders./Rodgers, J. (eds.), Precarious jobs in labour market regulation: The growth of atypical employment in Western Europe, Brussels, S. 1-16

Seifert, H. (2006), Was hat die Flexibilisierung des Arbeitsmarktes gebracht?, in: WSI-Mitteilungen 59/2006 (11), S. 601-608

Seifert, H./Massa-Wirth, H. (2005), Pacts for Employment and Competitiveness in Germany, in: Industrial Relations Journal, 36/2005, S. 217-240

Seifert, H./Tangian, A. (2008), Flexicurity – Gibt es ein Gleichgewicht zwischen Arbeitsmarktflexibilität und sozialer Sicherheit?, in: WSI-Mitteilungen, 11+12/2008, S. 627-635

Wingerter, C. (2009), Der Wandel der Erwerbsformen und seine Bedeutung für die Einkommenssituation Erwerbstätiger, in: Wirtschaft und Statistik, 11/2009, S. 1080-1098

Reinhard Bispinck

Sozial- und arbeitsmarktpolitische Regulierung durch Tarifvertrag

Tarifpolitik ist mehr als Lohnpolitik. Nicht nur Höhe, Struktur und Differenzierung der Arbeitseinkommen sind Gegenstand von Tarifverträgen, sie regulieren vielmehr nahezu die Gesamtheit der Arbeitsbedingungen. Dabei greift die Tarifpolitik auch in Bereiche hinein, die klassischerweise der staatlichen Sozial- und Arbeitsmarktpolitik zugeschrieben werden. Dies reicht – um nur einige Bereiche zu nennen – von der Lohnfortzahlung im Krankheitsfall, der Beschäftigungssicherung und sozialen Absicherung bei Unterbeschäftigung über die berufliche Aus- und Weiterbildung und die Vereinbarkeit von Beruf und Familie bis hin zu Altersübergang und Altersversorgung. Seit der Durchsetzung des flächendeckenden Systems von Branchentarifverträgen in der Nachkriegszeit und in den 1950er Jahren haben tarifpolitische Initiativen der Gewerkschaften auf diesem Feld immer wieder wichtige Akzente gesetzt. Sie spiegeln die wechselnde inhaltliche Problem- und Risikolage ebenso wider wie Erfolge und Defizite staatlicher sozialpolitischer Regulierung, die oftmals Anlass für ergänzende oder auch kompensierende tarifpolitische Aktivitäten waren. Dieser Beitrag skizziert anhand ausgewählter Beispiele die bisherige Entwicklung, die Reichweite und die Wirkungen der sozial- und arbeitsmarktpolitischen Regulierung durch Tarifvertrag.

1 Verhältnis von tariflicher und gesetzlicher Regulierung

Die Tarifpolitik ist integrierter Bestandteil eines ausdifferenzierten Systems sozial- und arbeitsmarktpolitischer Regulierung (Bäcker et al. 2010). Die beiden zentralen sozialpolitischen Regulierungsformen bzw. -instrumente – Gesetz und Tarifvertrag – sind in ihrem Anwendungs- und Zuständigkeitsbereich keineswegs scharf voneinander getrennt, sondern im Gegenteil eng miteinander verzahnt. In manchen Fällen sind tarifliche Regelungen die historischen Vorreiter für verallgemeinernde gesetzliche Regelungen gewesen. Umgekehrt wurden zahlreiche gesetzliche Regelungen tarifpolitisch aufgestockt. Folgende Dreiteilung ist zu beobachten:

- Die unmittelbaren *Einkommensbedingungen* werden überwiegend tarifvertraglich festgelegt. Allerdings bestehen auch hier ergänzend staatliche Vorschriften bzw. Eingriffsmöglichkeiten, etwa durch die Allgemeinverbindlicherklärung von Tarifverträgen oder durch die Festlegung von Mindestlöhnen nach dem Entsendegesetz.

- Im Bereich der *Arbeitsbedingungen* und des *Arbeitsverhältnisses* werden durch Gesetz zahlreiche Mindeststandards festgelegt (z. B. für Kündigungsfristen, Arbeitszeiten, Urlaub sowie den Arbeits- und Gesundheitsschutz). In nahezu allen Bereichen dieser Vorschriften bestehen jedoch tarifliche Regelungen, die die gesetzlichen Mindestregelungen zum Teil erheblich verbessern. Bei tarifdispositivem Recht können gesetzliche Standards auch durch Tarifvertrag unterschritten werden (z. B. bei Arbeitszeitgestaltung, Leiharbeit, befristeter Beschäftigung, Kündigungsfristen).

- Die klassischen Bereiche der *sozialen Sicherung* (Absicherung bei Arbeitslosigkeit, Krankheit, Invalidität und Alter) sind überwiegend gesetzlich geregelt. Allerdings gibt es in vielen Fällen tarifliche Regelungen zur konkreten Umsetzung wie auch zur Verbesserung der gesetzlichen Leistungen.

Im folgenden Beitrag werden vor allem Beispiele für den letztgenannten Bereich erläutert, um zu verdeutlichen, wie die Tarifpolitik konkret Einfluss auf die Ausgestaltung der staatlichen Sozialpolitik genommen hat. Die ebenso spannende Frage, wie umgekehrt mit Hilfe gesetzlicher Regulierung die Wirkung des Tarifvertragssystems stabilisiert und gesteigert werden kann (etwa durch gesetzlichen Mindestlohn, reformierte Allgemeinverbindlichkeit und ausgebautes Entsendegesetz), bleibt in diesem Beitrag außen vor (siehe dazu Bispinck/Schulten 2009).

2   Lohnfortzahlung im Krankheitsfall

Die Lohnfortzahlung im Krankheitsfall ist der klassische Fall einer engen Verflechtung von gesetzlicher und tarifvertraglich geregelter Sozialpolitik, deren Ursprünge weit zurückreichen. Die Angestellten hatten zum Teil bereits auf Grundlage des Handelsgesetzbuches von 1861 einen Anspruch auf Gehaltsfortzahlung, dieser wurde nach und nach ausgebaut, auf alle Angestelltengruppen ausgeweitet und schon in der Weimarer Republik für die Dauer von sechs Wochen für unabdingbar erklärt. Demgegenüber erhielten die Arbeiter/-innen lange Zeit zumeist nur 50 Prozent des Grundlohns als Krankengeld, weil es arbeitsvertraglich abdingbar war. Außerdem galt für sie, anders als für die Angestellten, eine dreitägige Karenzfrist. Eine Angleichung der entsprechenden Regelungen für die Arbeiter/-innen erfolgte erst schrittweise seit den 1950er Jahren.

In seinem Aktionsprogramm von 1955 hatte der DGB der Forderung nach einer Beseitigung der Unterschiede zwischen Arbeitern und Angestellten einen besonderen Stellenwert eingeräumt. Die Forderung nach einer „unabhängigen sechswöchigen Lohnfortzahlung für Arbeiter" fand denn auch Eingang in einen SPD-Gesetzentwurf, der aber 1956 im Bundestag abgelehnt wurde. Die IG Metall setzte die Forderung bei den anstehenden Verhandlungen über die Verbesserung der Rahmentarifverträge auf die tarifpolitische Tagesordnung. Im Tarifgebiet Schleswig-Holstein kam es zu der berühmt gewordenen viermonatigen Streikauseinandersetzung 1956/57 (IG Metall 1978; Kittner 2005, S. 633). Am Ende des Arbeitskampfes stand ein materiell und politisch großer Erfolg der IG Metall. Zur Lohnfortzahlung wurde vereinbart: die Zahlung einer Unterstützung in Höhe des Unterschiedsbetrages zwischen Krankengeld und 90 Prozent des Nettolohns sowie für die drei Karenztage eine Beihilfe in Höhe von 50 bzw. 100 Prozent des Einkommensverlustes, gestaffelt nach der Krankheitsdauer.

Dieser tarifpolitische Erfolg fand dann auch seinen gesetzlichen Niederschlag. 1957 wurden die Arbeitgeber durch das Arbeiterkrankheitsgesetz verpflichtet, vom dritten Krankheitstag an das Krankengeld der Arbeiter/-innen auf 90 Prozent des Nettoentgelts aufzustocken, 1961 wurde die Zuschusspflicht auf 100 Prozent erhöht, aber es blieben noch zwei Karenztage. 1969 brachte das Lohnfortzahlungsgesetz endlich die faktische Gleichstellung von Arbeiter/-innen und Angestellten.

Die positiven Langfristwirkungen der *tarif*vertraglichen Regelungen der Lohnfortzahlung zeigten sich erstmals Anfang der 1990er Jahre, als die damalige konservativ-liberale Bundesregierung nach Kompensationsmöglichkeiten für die Kosten der geplanten Pflegeversicherung suchte. Erwogen wurde, durch einen Karenztag, das heißt durch den Wegfall der Verdienstfortzahlung am 1. Krankheitstag, mehrere Milliarden DM einzusparen. Auf diese Weise sollte erreicht werden, dass den Unternehmen durch die hälftige Beitragszahlung für die Pflegeversicherung keine zusätzlichen Kosten entstehen. Die Reaktion der Gewerkschaften war kompromisslos ablehnend. Sie verwiesen darauf, dass die Lohnfortzahlung in zahlreichen Tarifverträgen abgesichert sei und deshalb eine Änderung der gesetzlichen Vorschriften weitgehend wirkungslos bleiben müsste. Eine direkte Intervention des Gesetzgebers sei ein unzulässiger Eingriff und deswegen verfassungswidrig.

Eine Auswertung des WSI-Tarifarchivs auf Basis von tariflichen Bestimmungen für knapp 16 Millionen Beschäftigte in rund 160 regionalen bzw. bundesweiten Tarifbereichen bzw. Wirtschaftszweigen in den alten Bundesländern kam damals zu folgendem Ergebnis (Bispinck/WSI-Tarifarchiv 1992): Für gut die Hälfte der erfassten Beschäftigten bestanden Regelungen mit einem Fortzahlungsanspruch, die keinen *direkten* Bezug auf die gesetzlichen Bestimmungen nahmen. Für zehn Prozent galten Bestimmungen mit einem Fortzahlungsanspruch, die aber ausdrücklich Bezug auf die gesetzlichen Regelungen nahmen. Für ein knappes Viertel galten Regelungen, die *keinen eigenständigen Anspruch* auf Fortzahlung formulierten, aber auf die gesetzlichen Bestimmungen, zum Teil ausdrücklich auf die jeweils gültige Fassung, hinwiesen. Für gut 14 Prozent bestanden keine tariflichen Regelungen. Lediglich bei ausdrücklicher Bezugnahme auf die jeweils gültige Fassung der gesetzlichen Bestimmungen könnte argumentiert werden, dass die tariflichen Regelungen im Falle gesetzlicher Änderungen keinen Bestand haben. Dies bedeutet, dass zum damaligen Zeitpunkt immerhin 84 Prozent der in der Auswertung erfassten Beschäftigten vor einer Beschränkung der Verdienstfortzahlung geschützt waren.

Die Auswertung ergab des Weiteren: Für zwei Drittel der erfassten Beschäftigten galten tarifliche Regelungen, wonach das gesetzliche Krankengeld, das nach Ablauf der sechswöchigen Verdienstfortzahlung gezahlt wird, aufgestockt wird. Für rund drei Viertel der davon begünstigten Beschäftigten sahen die Tarifverträge eine Aufstockung auf 100 Prozent des letzten Nettoverdienstes vor, für ein knappes Viertel gab es immerhin eine Anhebung auf 90 Prozent, allerdings galten diese Bestimmungen teilweise nur bei Arbeitsunfällen. Die Dauer der Aufstockung variierte je nach Tarifbereich und Betriebszugehörigkeit zwischen zwei und 46 Wochen.

Bereits 1996 wurde die Lohnfortzahlung im Krankheitsfall erneut Gegenstand eines schweren sozialpolitischen Konflikts. Die Bundesregierung legte im Frühjahr des Jahres ein umfangreiches sozialpolitisches „Sparpaket" mit tiefen Einschnitten in das soziale Netz vor. Darin war auch die Kürzung der gesetzlichen Lohnfortzahlung von 100 auf 80 Prozent enthalten. Außerdem sollte das anschließende Krankengeld von 80 auf 70 Prozent des Bruttoeinkommens gesenkt werden. Als nach der Verabschiedung des Sparpakets im September 1996 vor allem die Metallarbeitgeber versuchten, die neue gesetzliche Regelung anzuwenden, kam es zu spontanen Arbeitsniederlegungen. In den folgenden Tagen legten mehrere hunderttausend Beschäftigte im gesamten Bundesgebiet und in mehreren Branchen die Arbeit nieder. Rund um den 40. Jahrestag des Streikbeginns von 1956 in Schleswig-Holstein gab es vielfältige Protestaktionen. Nach intensiven Verhandlungen gelang dann in der Metallindustrie Niedersachsen eine Tarifeinigung, die im Kern die 100-prozentige Lohnfortzahlung sicherte, allerdings wurde die Mehrarbeit nicht mehr in die Berechnung mit einbezogen. Innerhalb weniger Wochen erreichten die Gewerkschaften eine 100-prozentige Absicherung der Entgeltfortzahlung in zahlreichen Wirtschaftszweigen. Damit war klar, dass an eine breite oder gar flächendeckende Umsetzung der neuen Gesetzesbestimmungen nicht zu denken war. Die

Gewerkschaften werteten dies zu Recht als politischen Erfolg, allerdings mussten sie den Arbeitgebern durchweg hohe Kompensationsleistungen zugestehen. Sie betrafen zum Teil die Berechnungsgrundlage und Höhe der Entgeltfortzahlung, aber auch Einschnitte oder Anrechnungen bei der Jahressonderzahlung (Bispinck/ WSI-Tarifarchiv 1996).

3 Beschäftigungssicherung und soziale Absicherung bei Unterbeschäftigung

Auch bei der Sicherung von Beschäftigung und beim Schutz vor Arbeitslosigkeit gibt es Überschneidungsbereiche von staatlicher Sozialpolitik und tarifvertraglicher Regulierung. Sie sind allerdings weniger bedeutsam als etwa in den Bereichen der Lohnfortzahlung und der Altersversorgung (siehe unten). Während die gewerkschaftliche Tarifpolitik vor allem durch Arbeitszeit(verkürzungs)politik auf eine Umverteilung der Arbeit und damit auch auf die Sicherung von Beschäftigung abzielt, konzentriert sich die staatliche Sozialpolitik überwiegend auf die finanzielle Absicherung im Falle von eingetretener Arbeitslosigkeit. Eine Schnittmenge ergibt sich vor allem im Fall von tariflich geregelter, befristeter Arbeitszeitverkürzung einerseits und gesetzlicher Kurzarbeit nach den Bestimmungen des Arbeitsförderungsgesetzes bzw. des Sozialgesetzbuches andererseits.

Das Instrument befristeter Arbeitszeitverkürzung zur Beschäftigungssicherung gewann in der Tarifpolitik nach der tief greifenden wirtschaftlichen Rezession von 1992/93 an Bedeutung. Nach der tarifvertraglichen Einführung der 4-Tage-Woche bei Volkswagen im Jahr 1993 zur Rettung von 30.000 bedrohten Arbeitsplätzen vereinbarten die Tarifparteien in rascher Folge auch in zahlreichen Branchentarifverträgen eine Option auf vorübergehende Verkürzung der regelmäßigen Wochenarbeitszeit zur Sicherung der Beschäftigung. In Verbindung mit flexiblen betrieblichen Arbeitszeitkonten und gesetzlich geregelter Kurzarbeit eröffnete sich den Unternehmen in der jüngsten Finanz- und Wirtschaftskrise ein breites Repertoire an Möglichkeiten zur Vermeidung von betriebsbedingten Kündigungen (Herzog-Stein et al. 2010).

3.1 Tarifliche Regelungen zur Kurzarbeit

In zahlreichen Wirtschaftszweigen sehen die Tarifverträge Regelungen zur Einführung und Ausgestaltung von Kurzarbeit vor (Bispinck/WSI-Tarifarchiv 2010).

Mitbestimmung des Betriebsrats: In nahezu allen Branchen gibt es tarifliche Regelungen zur Mitbestimmung des Betriebsrats. Kurzarbeit darf danach nur mit

Zustimmung des Betriebsrats eingeführt werden. In manchen Bereichen wird explizit auf die gesetzlichen Mitbestimmungsrechte verwiesen.

Ankündigungsfrist: Bei der Einführung von Kurzarbeit müssen Ankündigungsfristen eingehalten werden. Sie reichen von fünf Arbeitstagen bis zu einem Monat. Im Einzelfall können sie verkürzt werden. Bei kurzfristiger Unterbrechung ist bei erneuter Kurzarbeit oftmals keine Frist einzuhalten.

Gehaltskürzung: In manchen Tarifbereichen, zum Beispiel in der Metallindustrie Nordwürttemberg/Nordbaden und bei der Deutschen Bahn AG, ist festgelegt, dass bei geringfügiger Kurzarbeit (z. B. um weniger als 10 Prozent) keine Kürzung von Lohn und Gehalt vorgenommen werden darf.

Kündigung bei Kurzarbeit: Zum Schutz der Beschäftigten, die während der Kurzarbeitsphase gekündigt werden, sehen die meisten Tarifverträge rückwirkende Ansprüche auf volles Tarifentgelt vor. In manchen Tarifbereichen ist geregelt, dass von Kurzarbeit betroffene Beschäftigte eine kurze Kündigungsfrist erhalten, damit sie gegebenenfalls schneller den Betrieb verlassen und eine neue Stelle antreten können.

Tariflicher Zuschuss zum Kurzarbeitergeld

Tarifbereich	Sicherung des Einkommens
Chemische Industrie	90 Prozent des Nettoarbeitsentgelts
Deutsche Bahn AG	bis zu 80 Prozent des Bruttomonatsentgeltes inkl. leistungsabhängige variable Bestandteile (ohne Mehrarbeit) (max. 100 Prozent des fiktiven Nettoentgelts)
Deutsche Telekom AG	80 Prozent des Bruttomonatsentgelts
Groß- und Außenhandel NRW	Zuschuss von 16 Prozent des Nettoentgelts, nicht über 100 Prozent des Nettoentgelts
Holz und Kunststoff Sachsen	75 Prozent des Nettoentgeltes
Metallindustrie Nordwürttemberg/Nordbaden	80 Prozent des Bruttomonatsentgelts, nicht mehr als 100 Prozent des Nettoentgelts
Papier erzeugende Industrie	Zuschuss von 0,05 bis höchstens 4 Prozent je Ausfallstunden

Quelle: WSI-Tarifarchiv, Stand: 2009.

Zuschuss zum Kurzarbeitergeld: Das gesetzliche Kurzarbeitergeld wird in einigen Branchen tariflich aufgestockt (siehe Übersicht). Das gesetzliche Kurzarbeitergeld beträgt 60 bzw. (bei Beschäftigten mit Kindern) 67 Prozent des durch die Kurzarbeit entfallenden Nettoarbeitsentgelts. Der tarifliche Zuschuss sichert je nach Branche und Regelung zwischen 75 und 100 Prozent des Nettoarbeitsentgeltes.

3.2 Neuere Regelungen

In der Tarifrunde 2010 vereinbarte die IG Metall vor dem Hintergrund der massiven Auftrags- und Produktionseinbrüche für die Metallindustrie einen Tarifvertrag „Zukunft in Arbeit" (ZIA), der gesetzliche und tarifliche Regelungen eng miteinander verzahnt (Ohl 2011). Der Tarifvertrag kann in Betrieben angewandt werden, die seit mindestens zwölf Monaten kurzarbeiten. Hier gewährt der neue Tarifvertrag für zwölf Monate Schutz vor betriebsbedingten Kündigungen. In der ersten Phase der neuen tariflichen Kurzarbeit von mindestens sechs Monaten wird die Sonderzahlung von Urlaubs- und Weihnachtsgeld gezwölftelt und dem monatlichen Einkommen hinzugerechnet. Dadurch steigt das Kurzarbeitergeld. Gleichzeitig mindern sich Kurzarbeitskosten für den Arbeitgeber, denn er muss bei Kurzarbeit nur noch anteiliges Urlaubs- und Weihnachtsgeld für geleistete Arbeitszeit zahlen. Die Senkung der Kurzarbeitskosten wird also durch eine stärkere Belastung der Bundesagentur für Arbeit und durch Einkommenseinbußen der Beschäftigten ermöglicht. In einer zweiten Phase von weiteren sechs Monaten kann eine Arbeitszeitabsenkung mit Teilentgeltausgleich folgen. Die wöchentliche Arbeitszeit kann von 35 auf 28 Stunden abgesenkt werden. Bereits ab der 31. Stunde gibt es einen teilweisen Entgeltausgleich. Bei 28 Stunden Arbeitszeit sind 29,5 Stunden zu bezahlen.

3.3 Branchenspezifische Regelungen bei Arbeitsausfall

Branchenspezifische gesetzliche und tarifliche Regelungen zur Verhinderung von Arbeitslosigkeit und zur Milderung von Einkommensverlusten gibt es seit langer Zeit speziell in der Bauwirtschaft. Seit 1959 existierte das gesetzlich geregelte Schlechtwettergeld, das bei witterungsbedingtem Arbeitsausfall in der Zeit von November bis März gezahlt wurde. Nachdem es von der Bundesregierung, nicht zuletzt mit Hinweis auf Finanzierungsprobleme, 1995 außer Kraft gesetzt wurde, vereinbarten die Tarifparteien zunächst als Übergangsregelung ein „tarifliches Überbrückungsgeld", das für bis zu 150 Stunden Arbeitsausfall im Jahr einen Lohnersatz von bis zu 90 Prozent des tariflichen Bruttostundenlohnes sicherstellen sollte. Dieses Regelungsmodell erzielte aber nicht die gewünschte Wirkung, die Saisonarbeitslosigkeit in der Branche schnellte nach oben. Es folgte daher 1997 eine

Regelung zur tariflichen Arbeitszeitflexibilisierung, die das Ansparen von Arbeits-
zeitguthaben in Arbeitszeitkonten vorsah, die zur Abdeckung des Arbeitsausfalls
genutzt werden sollten. Dies wurde mit einem neu geschaffenen gesetzlichen
„Winterausfallgeld" kombiniert. Im Jahr 2006 trat an die Stelle dieser Leistung das
gesetzliche Saison-Kurzarbeitergeld, das auf Überlegungen der Tarifvertragsparteien des Baugewerbes basierte. Es wird in Höhe von 60 bzw. 67 Prozent des Net-
tolohnausfalls gezahlt. Werden in der Schlechtwetterzeit angesparte Arbeitszeit-
guthaben genutzt, gibt es ergänzende Leistungen, die über eine tariflich vereinbarte Umlage von Arbeitgebern (1,2 Prozent der Bruttolohnsumme) und erstmals
auch von Beschäftigten (0,8 Prozent) gemeinsam finanziert werden. Der Neuzuschnitt in Form des Saison-Kurzarbeitergeldes, kombiniert mit tariflichen Regelungen, hat sich in der Praxis offenkundig bewährt (Kümmerling et al. 2009).

4   Berufliche Aus- und Weiterbildung

Die berufliche Aus- und Weiterbildung war über lange Zeit ein tarifpolitisches
Regelungsfeld, das keine besondere Priorität genoss. In Bezug auf die Berufsausbildung lag eine Ursache zweifelsohne darin, dass der gesamte Komplex der Erst-
ausbildung Gegenstand eines eigenen, vielschichtigen und institutionell ausdifferenzierten Politikfeldes ist, an dessen Regulierung die Gewerkschaften ohnehin
intensiv beteiligt sind. Gleichwohl lassen sich seit rund 20 Jahren verstärkte tarifpolitische Anstrengungen beobachten, die die berufliche Aus- und Weiterbildung
zum Gegenstand haben.

4.1   *Tarifliche Förderung der beruflichen Ausbildung*

Seit Mitte der 1990er Jahre setzten die Gewerkschaften in zahlreichen Wirtschaftszweigen und Tarifbereichen tarifliche Regelungen zur Förderung der Ausbildung
durch. Damit reagierten die Tarifvertragsparteien auf eine sich seit der Rezession
1993/94 verschärfende Situation auf dem Ausbildungs- und Arbeitsmarkt für Jugendliche und junge Arbeitnehmer/-innen (Bispinck et al. 2002). Die tarifvertraglichen Vereinbarungen konzentrierten sich im Wesentlichen auf zwei Regelungsfel-
der: die Sicherung bzw. den Ausbau der betrieblichen Ausbildungskapazitäten
sowie die Gewährleistung der Übernahme der Auszubildenden nach Abschluss
ihrer Ausbildung.

Vereinbarungen zum Erhalt und zum *Ausbau der Ausbildungskapazität* waren in
Form und Verbindlichkeit sehr unterschiedlich. Der kleinste gemeinsame Nenner

war in einigen Fällen der Appell an die Betriebe und Unternehmen, verstärkt aus-
zubilden. In einigen Bereichen verständigten sich die Tarifparteien darauf, das
bestehende Ausbildungsniveau zu halten. In einigen Tarifbereichen wurde die
Erhöhung bzw. die Zahl der Ausbildungsplätze insgesamt in konkreten Zahlen
vereinbart. Letzteres betrifft neben der chemischen Industrie und einzelnen Regionen der Metallindustrie vor allem Unternehmen mit Firmentarifverträgen. In einigen Tarifbereichen vereinbarten die Tarifparteien konkrete Kontrollverfahren. In
anderen Bereichen einigten sich die Tarifparteien auf eine dauerhafte Kooperation,
zum Beispiel in Form von „Runden Tischen" zu Ausbildungsfragen.

Die tariflichen Regelungen zur *Übernahme der Ausgebildeten* nach Abschluss ihrer Ausbildung unterscheiden sich vor allem in der Frage, ob die Übernahme befristet oder unbefristet erfolgt. In den meisten tariflichen Vereinbarungen ist eine
befristete Übernahme vorgesehen. Eine Reihe von Tarifabschlüssen sieht allerdings
auch eine Kombination mehrerer Varianten vor, insbesondere der befristeten und
unbefristeten Übernahme bzw. der voll- und teilzeitigen Übernahme. Zu berücksichtigen ist, dass in den meisten Fällen die Übernahme „grundsätzlich" vorgesehen ist bzw. als Sollvorschrift ausgestaltet ist. Die Betriebe können etwa bei Vorliegen verhaltens- oder personenbedingter Gründe oder wegen akuter Beschäftigungsprobleme von der Übernahme Abstand nehmen. Im Laufe der Jahre ist es in
manchen Fällen gelungen, die Befristung der Übernahme zu verlängern, typischerweise von sechs Monaten auf zwölf Monate.

Mit einzelnen tariflichen Initiativen bemühten sich die Gewerkschaften immer
wieder um innovative Lösungen: In der chemischen Industrie bestehen beispielsweise seit Ende der 1980er Jahre tarifliche Regelungen zur Unterstützung benachteiligter Jugendlicher, um ihnen den Erwerb der Eignung für die Aufnahme einer
Ausbildung zu ermöglichen bzw. sie ins Berufsleben zu integrieren. Im Tarifab-
schluss von 2011 wurde ausdrücklich eine Fortführung des Förderprogramms
„Start in den Beruf" vereinbart.

In der Metallindustrie vereinbarten die Tarifparteien 2010 den Tarifvertrag
„Zukunft in Bildung" (ZiB). Er soll es Ausgebildeten, die für mindestens zwölf
Monate übernommen werden, erlauben, ihre Übernahme für eine Weiterbildung
zu unterbrechen. Damit haben die Tarifparteien erstmals einen Rahmen geschaffen, der es Ausgebildeten möglich macht, Maßnahmen der Fort- und Weiterbildung sowie des zweiten Bildungsweges zu ergreifen, ohne dafür nach der Ausbildung das Arbeitsverhältnis lösen zu müssen (Ohl 2011).

4.2 Tarifliche Regelungen zur Qualifizierung und Weiterbildung

Die tariflichen Regelungen und Vereinbarungen zur Qualifizierung und Weiterbildung bilden einen bunten Flickenteppich (Bispinck/WSI-Tarifarchiv 2000, Busse/Seifert 2009). Es gibt keine durchgehende und inhaltlich systematische Abfolge von Entwicklungsetappen der weiterbildungsbezogenen Tarifpolitik. Zu konstatieren sind zum einen tarifliche Regelungen, die in eher allgemeiner Form die berufliche Weiterbildung zum Gegenstand haben. Oftmals sind sie Bestandteil von tarifvertraglichen Freistellungen für (sehr weit definierte) Bildungszwecke, die beispielsweise auch politischer, staatsbürgerlicher oder gewerkschaftlicher Natur sein können. Sie werden durch Tarifvereinbarungen ergänzt, die sich vor allem auf die spezielle *berufliche* Fort- und Weiterbildung in einzelnen Berufsgruppen konzentrieren.

Ein zweiter Entwicklungsstrang von Qualifizierungsbestimmungen hat seinen Ursprung in den Rationalisierungsschutzabkommen. Seit Mitte der 1960er Jahre bemühten sich die Gewerkschaften vor dem Hintergrund eines abnehmenden Wachstums und eines verstärkten technisch-organisatorischen Wandels um den Abschluss von Rationalisierungsschutzabkommen. Sie sollten vor den negativen Auswirkungen von Betriebsänderungen (neue Produktionstechniken, Änderung von Produktions- und Arbeitsabläufen u. a.) schützen, das heißt auch vor Qualifikationsentwertung und ihren Folgen. Es lag in der Konsequenz dieser tarifpolitischen Entwicklung, die Forderungen zur Qualifizierung weiter auszubauen und dem wachsenden Stellenwert der beruflichen Weiterbildung zur Bewältigung der neuen Anforderungen anzupassen, die sich aus der tief greifenden technisch-organisatorischen Umstrukturierung der Wirtschaft ergeben. Zu nennen sind beispielsweise der Tarifvertrag zur Fortbildung und Umschulung in der Druckindustrie (1990) und die Qualifizierungsbestimmungen im Lohn- und Gehaltsrahmentarifvertrag I für die Metallindustrie Nordwürttemberg/Nordbaden (1988). Letztere wurden 2001 zu einem kompletten Qualifizierungstarifvertrag erweitert, der 2006 in seinen Kernelementen auf die anderen Tarifgebiete der Metallindustrie übertragen wurde. Im letzten Jahrzehnt wurden in weiteren Branchen und Tarifgebieten eigenständige tarifliche Qualifizierungsregelungen vereinbart; so unter anderem in der chemischen Industrie (2003), in der Kunststoff verarbeitenden Industrie (2004), in der Feinstblechpackungsindustrie (2004), im öffentlichen Dienst (2005) und im Versicherungsgewerbe (2007). Zur Regelungsvielfalt der qualifizierungsbezogenen Tarifverträge lassen sich folgende übergreifende Aspekte nennen:

Die tariflichen Regelungen weisen eine große Spannweite auf: Die Skala reicht formal von relativ unverbindlichen Absichtserklärungen der Tarifparteien auf Unternehmens- und Verbandsebene über Firmentarifverträge bis hin zu Flächentarifverträgen für große Tarifgebiete und inhaltlich von wenig konkretisierten Förderbestimmungen bis hin zu ausdifferenzierten inhaltlichen, verfahrens- und kostenbezogenen Regelungen. Die Tarifverträge bieten dabei die Möglichkeit, im Einzelfall sehr differenziert auf branchenspezifische Bedingungen und Besonderheiten einzugehen. In wenigen Fällen gibt es Verknüpfungen mit gesetzlichen Regelungen (SGB III). Durchgängig ist festzustellen, dass kaum besondere Bestimmungen für qualifikatorisch benachteiligte Gruppen wie gering qualifizierte Beschäftigte existieren.

Tarifverträge zur allgemeinen beruflichen Qualifizierung, die über Freistellungsregelungen für Bildungsurlaubszwecke hinausgehen, bestehen nur für einen kleinen Teil der Beschäftigten. Das deutet nicht nur darauf hin, dass der Prozess der tarifpolitischen „Durchdringung" sehr viel Zeit benötigt, es ist auch ein Beleg dafür, dass offenkundig beide Tarifparteien bislang nur ein begrenztes Interesse an solchen allgemeinen Regelungswerken entwickelt haben. Dies scheint, wenn überhaupt, dann gegeben zu sein, wenn die Branche bzw. der Tarifbereich unter erheblichem ökonomischem Wettbewerbs- und Modernisierungsdruck steht und Qualifizierungsanstrengungen als ein wirkungsvoller Beitrag zur Bewältigung dieser Probleme angesehen werden.

Die berufsgruppen- und tätigkeitsbezogenen Regelungen zeichnen sich erwartungsgemäß durch sehr spezifische Inhalte aus, die weder in quantitativer (Umfang) noch in qualitativer Hinsicht (Qualifizierungsinhalte) miteinander vergleichbar sind. Die Regelungen sind überdies bereits über längere Zeit stabil. Ein größeres Innovationspotenzial lässt sich zumindest für die jüngere Zeit nicht erkennen. In jedem Fall zeigt sich, dass hier – die entsprechende Bereitschaft der Tarifparteien vorausgesetzt – bei der Regelung in Fragen der Qualifizierung ein hoher Detailliertheitsgrad erreicht werden kann.

Von großer Bedeutung sind in den neueren Tarifverträgen prozedurale Fragen. Dazu gehören Fragen zur Bedarfsermittlung, zur endgültigen Ausgestaltung der Qualifizierungsmaßnahmen, zur Auswahl der Teilnehmer/-innen u.a.m. Teilweise werden zeitliche Vorgaben gemacht (z. B. jährlicher Turnus), teilweise werden Beteiligung und Mitsprachemöglichkeiten der betrieblichen Interessenvertretung geregelt. Insbesondere die firmentariflichen Regelungen sehen hier detaillierte Lösungen vor, die auch dezentrale Umsetzungs- und Beteiligungsformen einschließen. Zu berücksichtigen ist jedoch, dass die Mitbestimmungsregelungen zumeist nicht über die im Betriebsverfassungsgesetz vorgesehenen Rechte hinausgehen.

Ein zentraler Punkt nahezu aller tariflichen Qualifizierungsregelungen ist die Frage der Finanzierung bzw. Kostenübernahme. Dabei wird zwischen der Entgeltfortzahlung während der Qualifizierungsmaßnahme und der Finanzierung der zusätzlich anfallenden Kosten unterschieden. Generell lässt sich feststellen: je betriebsspezifischer, zeitaktueller und unmittelbar anwendungsbezogener die Maßnahme, umso eher erfolgt neben der Freistellung mit Entgeltfortzahlung auch eine Übernahme der Qualifizierungskosten. Und umgekehrt: je betriebsferner und allgemeiner die Weiterbildungsmaßnahme ausfällt, umso restriktiver sind die Finanzierungsbestimmungen. Über die Verrechnung mit Arbeitszeitguthaben/Arbeitszeitkonten ergeben sich flexible Formen des Finanzierungssplittings. Selbst wenn weder der Zeitaufwand bezahlt noch die sonstigen Kosten vom Arbeitgeber getragen werden, bieten Freistellungsansprüche während der Arbeitszeit immerhin noch die Möglichkeit, überhaupt individuelle Fortbildungsmaßnahmen (auf eigene Kosten) zu realisieren.

Einige Tarifverträge entwickeln auch besondere institutionelle Lösungen. Zum einen werden überbetriebliche Einrichtungen (Vereine, Fonds) geschaffen, um auf diese Weise brancheneinheitliche Strukturen zu entwickeln. Im Kern geht es dabei in der Regel um die Erhebung und tarifvertragsadäquate Verwendung kollektiv bereitgestellter finanzieller Mittel. Zum anderen haben die Tarifparteien auch dauerhaft arbeitende gemeinsame Ausschüsse oder Räte eingerichtet, die vor allem dazu dienen, den Informationsaustausch zu verbessern, offene Fragen und Probleme zu diskutieren und gegebenenfalls gemeinsame Lösungsvorschläge zu erarbeiten.

Die Tarifbestimmungen zur Qualifizierung begründen nicht nur Rechte, sondern auch Pflichten der Beschäftigten. Diese reichen von der Teilnahmepflicht an bestimmten Qualifizierungsmaßnahmen bis zur Verpflichtung zur Rückzahlung von erhaltenen finanziellen Mitteln, wenn die Beschäftigten den Betrieb vor Ablauf bestimmter Fristen nach erfolgter Qualifizierung verlassen.

5   Altersteilzeit – Lebensarbeitszeit

Eine enge Verknüpfung von gesetzlichen und tariflichen Regelungen besteht beim Übergang von der Erwerbsarbeit in den Ruhestand. Zwar sind die Bedingungen des Renteneintritts und der Rentenzahlung bis ins Detail gesetzlich geregelt, aber die Gewerkschaften haben immer wieder versucht, mit tariflichen Mitteln ein früheres Ausscheiden aus dem Erwerbsleben zu ermöglichen bzw. die materiellen Konditionen dafür zu verbessern. Bereits Mitte der 1980er Jahre setzten einige Gewerkschaften statt auf die Verkürzung der Wochenarbeitszeit auf 35 Stunden auf eine Verkürzung der Lebensarbeitszeit durch Vorruhestandstarifverträge.

Gelegenheit zu einer systematischen Tarifpolitik zur Verbesserung gesetzlicher Altersübergangsregelungen ergab sich im Zusammenhang mit dem Altersteilzeitgesetz (AltTZG) von 1996. Es löste die gesetzlichen Vorruhestandsregelungen ab und sah im Kern für die Phase einer reduzierten Arbeitszeit vor der Verrentung[1] einen Einkommens- und Sozialabgabenzuschuss aus öffentlichen Mitteln vor. Auf tarifvertraglicher Basis konnte auch ein Blockmodell praktiziert werden, bei dem z. B. in der ersten Phase in Vollzeit und danach nicht mehr gearbeitet wird. Mit dieser Vorschrift war für dieses aus Beschäftigtensicht hochattraktive Modell die alleinige Regelungszuständigkeit der Tarifparteien gesichert, und sie machten davon auch regen Gebrauch.

Ende 1998 wurde in einer Auswertung des WSI-Tarifarchivs ermittelt, dass bereits für 25 Wirtschaftszweige und eine größere Zahl von Unternehmen mit insgesamt knapp zehn Millionen Beschäftigten entsprechende Tarifvereinbarungen bestanden. Dazu zählten unter anderem die Bereiche Chemie, Energieversorgung, Feinkeramik, Glas, Kunststoffverarbeitung, Metall, Mineralölwirtschaft, Öffentlicher Dienst, Sozialversicherung und Versicherungen. Die Tarifverträge sahen typischerweise vor:

- *Anspruchsvoraussetzungen* der Beschäftigten: in der Regel 55 Jahre (teilweise 58 Jahre), mindestens 3 Jahre (1080 Kalendertage) Vollzeitbeschäftigung in den letzten fünf Jahren, ausnahmsweise auch eine Betriebszugehörigkeit von zehn Jahren.
- *Aufstockung des Entgelts:* der tarifliche Aufstockungsbetrag bewegte sich zwischen 20 und 40 Prozent des Altersteilzeiteinkommens, überwiegend sollen mindestens 85 Prozent des Vollzeitnettoeinkommens erreicht werden.
- *Aufstockung des Rentenversicherungsbeitrags:* der Rentenbeitrag wurde in der Regel auf 90 Prozent aufgestockt; in Einzelfällen auch auf 95 oder 100 Prozent.
- *Ausgleich des Rentenabschlags:* unter anderem in der Mineralölindustrie, bei Volkswagen, in Teilen der Energieversorgung und im öffentlichen Dienst war ein anteiliger Ausgleich des Rentenabschlages vorgesehen.
- *Rechtsanspruch:* in einigen Tarifbereichen (u. a. Energieversorgung, Metallindustrie, Sozialversicherung, öffentlicher Dienst) hatten die Beschäftigten ab einem bestimmten Alter einen Rechtsanspruch auf Altersteilzeit.

---

1 Nach dem AltTZG erhielt ein Arbeitgeber von der Bundesanstalt für Arbeit anfangs für längstens fünf Jahre 20 Prozent des Altersteilzeiteinkommens sowie die Aufstockung des Rentenversicherungsbeitrags auf 90 Prozent erstattet, wenn er einen Beschäftigten (ab 55 Jahre mit mindestens 1080 Kalendertagen sozialversicherungspflichtiger Beschäftigung in den letzten fünf Jahren) in Altersteilzeit (50 Prozent Vollzeit) beschäftigt, ihm ein (Netto-)Einkommen von 70 Prozent und einen Rentenbeitrag bezogen auf 90 Prozent des Vollzeiteinkommens zahlt und auf dem freigemachten Arbeitsplatz einen Arbeitslosen bzw. einen ausgelernten Auszubildenden beschäftigt.

- *Anspruchseinschränkung:* die Verträge schlossen i.d.R. einen Anspruch der Beschäftigten aus, wenn ein bestimmter Anteil (z. B. 3 bzw. 5 Prozent) der Belegschaft bzw. der entsprechenden Altersjahrgänge überschritten wurde.

In einigen Branchen wurde durch tarifliche Regelung nur die Inanspruchnahme der gesetzlich vorgesehenen Alternativen einschließlich des Blockmodells ermöglicht, *ohne* dass Leistungsverbesserungen vorgesehen waren. In den folgenden Jahren weiteten sich die tariflichen Regelungen stark aus. Als Ende 2009 die staatliche Förderung der Altersteilzeit auslief, bedeutete dies für die Tarifparteien, dass die tariflichen Regelungen an den geänderten Gesetzesstand angepasst werden mussten. Dabei bemühten sich die Gewerkschaften, die Möglichkeit des vorgezogenen Ruhestands durch eine tariflich aufgestockte Altersteilzeit zu erhalten.

Neue Wege ging in diesem Zusammenhang die IG BCE 2008 mit einem Tarifvertrag „Lebensarbeitszeit und Demografie", der mehrere sozialpolitisch relevante Instrumente miteinander kombinierte (Höhmann 2008): er verpflichtet die Unternehmen zu einer regelmäßigen Bestandsaufnahme und Altersstrukturanalyse ihrer Belegschaften. Er ermöglicht des Weiteren den Aufbau eines Langzeitkontos, das unter anderem für einen vorzeitigen Ausstieg aus dem Erwerbsleben genutzt werden kann; er schreibt die Bildung eines arbeitgeberfinanzierten so genannten Demografie-Fonds vor, mit dem beispielsweise eine zusätzliche Altersvorsorge aufgebaut werden kann.

6   Altersversorgung

Im Bereich der Altersversorgung gibt es seit Jahrzehnten ein Nebeneinander von gesetzlichen und tariflichen Regelungen. In Deutschland basiert die Alterssicherung bekanntermaßen auf drei Säulen: der gesetzlichen Alterssicherung, der betrieblichen Alterssicherung und der privaten Altersvorsorge (vgl. Bäcker et al. 2010). Die *erste Säule* wird aus der quantitativ dominierenden gesetzlichen Rentenversicherung, der Beamtenversorgung und den Alterssicherungssystemen für die Selbstständigen und Freiberuflichen gebildet. Zur *zweiten Säule*, den Zusatzsystemen, zählen die betriebliche Altersversorgung für die Arbeitnehmer/-innen in der Privatwirtschaft sowie die Zusatzversorgung für die Beschäftigten im öffentlichen Dienst. Die *dritte Säule*, die private Altersvorsorge, basiert überwiegend auf Lebensversicherungen.

Die tariflichen Regelungen zur Altersvorsorge weisen zwei verschiedene Ansatzpunkte auf: Zum einen gibt es Vereinbarungen, die eigene Zusatzversorgungssysteme für bestimmte Tarifbereiche und Beschäftigtengruppen begründen und regeln, zum anderen gibt es Abkommen, die Möglichkeiten zur Entgeltumwandlung schaffen, die in unterschiedlichen Formen zur Altersvorsorge angelegt werden können. In einzelnen Tarifbereichen werden beide Ansatzpunkte auch miteinander verknüpft.

Tariflich geregelte Zusatzversorgungssysteme gibt es in Deutschland bereits seit Jahrzehnten (siehe Bispinck 2001). Dabei handelt es sich überwiegend um arbeitgeberfinanzierte überbetriebliche Einrichtungen, die eine Aufstockung der gesetzlichen Rente zum Ziel haben. Zu den Branchen mit einer solchen zusätzlichen Altersversorgung gehören etwa das Baugewerbe, die Land- und Forstwirtschaft, die Brot- und Backwarenindustrie, das Bäckerhandwerk und die Redakteur/-innen bei Zeitungen und Zeitschriften. Die Tarifverträge sind allgemeinverbindlich erklärt, gelten also für alle Arbeitgeber/-innen und Arbeitnehmer/-innen unabhängig von ihrer Tarifbindung. Auch in einer Reihe von einzelnen Unternehmen existieren tarifliche Regelungen zu einer zusätzlichen Altersversorgung. Das Leistungsniveau hängt von der Dauer der Erwerbstätigkeit in der jeweiligen Branche und von den an die Einkommenshöhe gekoppelten Beiträgen ab und fällt je nach Tarifbereich sehr unterschiedlich aus.

Mit der Rentenreform der rot-grünen Bundesregierung von 2001 wurde eine schrittweise, erhebliche Senkung des Rentenniveaus eingeleitet, mit dem Ziel einer langfristigen Stabilisierung des Rentenbeitrags. Als Ausgleich für die niedrigeren gesetzlichen Rentenbezüge wurde der Aufbau einer privaten, kapitalgedeckten Altersvorsorge für Arbeitnehmer/-innen mit staatlichen Mitteln gefördert. Die Kritik der Gewerkschaften an dieser Reform bezog sich nicht nur auf die Niveauabsenkung, sondern auch auf den Systemwechsel, der mit dem Umstieg von der paritätischen Finanzierung auf den künftig allein von der Arbeitnehmerseite zu finanzierenden privaten Anteil verbunden war. Auf diese Weise änderte sich die bisherige zusätzliche Alterssicherung – ob privat oder betrieblich – in ihrem Charakter grundsätzlich: Hatte sie bis dahin eine Ergänzungsfunktion, wurde ihr seitdem vor allem eine Ersatzfunktion für die beschlossenen Kürzungen bei der gesetzlichen Rente zugewiesen. Die Tarifpolitik fungierte gewissermaßen als sozialpolitischer Lückenbüßer.

Die gesetzlichen Regelungen sehen zwei Fördermöglichkeiten vor: die Förderung der privaten Altersvorsorge durch Zulagen oder steuerlichen Sonderausgabenabzug (so genannte Riester-Förderung) und die Förderung der Entgeltumwandlung im Rahmen der betrieblichen Altersvorsorge durch Steuervorteile und Sozialabgabenfreiheit. Die Tarifpolitik kam dadurch ins Spiel, dass die Umwandlung von tariflichen Vergütungen nur auf der Basis tariflicher Regelungen erfolgen konnte. Das heißt, die Tarifvertragsparteien schlossen entweder einen entsprechenden Tarifvertrag ab, der eine Entgeltumwandlung regelt, oder sie vereinbarten eine entsprechende Öffnungsklausel. Dieser Tarifvorbehalt, auf den die Gewerkschaften mit Erfolg gedrungen hatten, ermöglichte es ihnen, Einfluss auf die Ausgestaltung der künftigen kapitalgedeckten Altersvorsorge zu nehmen. Das Ziel war es, auf diese Weise Formen der betrieblichen gegenüber der rein privaten Altersvorsorge zu stärken, um so die systematischen und finanziellen Auswirkungen für die Beschäftigten günstiger zu gestalten.

Die meisten Tarifabkommen sahen vor, dass die bereits seit vielen Jahren vereinbarten, so genannten vermögenswirksamen Leistungen umgewandelt werden konnten. Zum Teil sind in den Tarifabschlüssen diese Leistungen erhöht worden mit der bindenden Vorgabe, dass die Erhöhungen ausschließlich zur Altersvorsorge verwendet werden dürfen. Darüber hinaus besteht in vielen Branchen die Möglichkeit, das Urlaubsgeld, die Jahressonderzahlung und sonstige Entgeltbestandteile umzuwandeln. Teilweise konnten die Gewerkschaften auch einen Arbeitgeberzuschuss durchsetzen, so in der chemischen Industrie, im Bauhauptgewerbe, im Handel und im Hotel- und Gaststättengewerbe. Das Volumen orientiert sich zumeist an der Höhe der eingesparten Arbeitgeberanteile zur Sozialversicherung. In einer Reihe von Tarifbereichen haben die Tarifparteien branchenspezifische Versorgungswerke gegründet – so das Versorgungswerk „MetallRente" für die Metall- und Elektroindustrie. Im Bereich der chemischen Industrie gründeten die Tarifparteien zusätzlich zu den Angeboten im Rahmen des genannten Konsortialvertrages den „Chemie-Pensionsfonds". Im Bereich des Baugewerbes bietet die seit Jahrzehnten bestehende Zusatzversorgungskasse SOKA BAU entsprechende Produkte an. Im Bereich des Hotel- und Gaststättengewerbes gibt es die „hogarente".

Die sozialpolitische Gestaltung der Altersvorsorge durch Tarifpolitik stößt allerdings auch an Grenzen. Sie war und ist nicht in der Lage, einen vollständigen Ersatz für die wegfallenden gesetzlichen Leistungen zu gewährleisten und bleibt insofern immer nur zweitbeste Lösung. Außerdem darf nicht übersehen werden: Die tarifpolitische Gestaltung dieses Politikfeldes hat viel organisationspolitische Kraft und Energie gekostet, die für andere dringende Projekte nicht zur Verfügung stand. Und nicht zuletzt: Tarifpolitische Erfolge bei der Altersvorsorge gab und gibt es auf Dauer nicht zum Nulltarif. Eine (stärkere) Beteiligung der Arbeitgeber an der Finanzierung, die über die eingesparten Sozialversicherungsbeiträge hinausgeht, wird in der Regel bei anderen tarifpolitischen Forderungen gegengerechnet. Das ist der verteilungspolitische Pferdefuß einer erfolgreichen Sozialpolitik durch Tarifvertrag, den die Gewerkschaften der Rentenreform 2001 verdanken.

7 Fazit

Die Übersicht über die Schwerpunkte und die Entwicklung einer sozial- und arbeitsmarktpolitisch relevanten Tarifpolitik zeigt die Gestaltungsmöglichkeiten ebenso wie ihre systematischen Beschränkungen:

- Die Verknüpfung von gesetzlicher und tarifvertraglicher Regulierung ist bei allen drei grundlegenden Risiken – Krankheit, Arbeitslosigkeit, Alter – zu beobachten. Schwerpunkt der Regelungen ist dabei der monetäre Aspekt: Nicht nur bei der Lohnfortzahlung im Krankheitsfall, sondern auch bei der Altersversorgung geht es ganz wesentlich um die Sicherung und Verbesserung des materiellen Versorgungsniveaus. Eine andere Akzentsetzung ist beim Risiko der Arbeitslosigkeit festzustellen: Zwar spielt auch hier die Verdienstssicherung etwa in Form der Aufstockung des gesetzlichen Kurzarbeitergeldes eine Rolle, primär geht es aber um die tarifliche Sicherung von Beschäftigungsverhältnissen, gegebenenfalls auch um den Preis der Absenkung des Einkommens- und Sicherungsniveaus.

- Die sozial- und arbeitsmarktpolitische Regulierung durch Tarifvertrag hat eine stark selektive Wirkung. Aufgrund der begrenzten und rückläufigen Tarifbindung, die auch je nach Branche sehr unterschiedlich ausfällt, profitieren nur bestimmte Beschäftigtengruppen von getroffenen Vereinbarungen. Am ehesten gelang die flächendeckende Einbeziehung zumindest der tarifgebundenen Wirtschaftszweige und Unternehmen noch bei der Lohnfortzahlung und bei der betrieblichen Entgeltumwandlung zur Altersvorsorge. Aber bei Letzterem ist das erreichte Regelungsniveau keineswegs überall von gleicher Qualität. Generell gilt, dass tarifliche Regelungstiefe und -qualität umso besser ausfallen, je begrenzter der Tarifbereich und je spezifischer das zu regelnde Problem ist. Der wachsende Anteil von Beschäftigten in nicht tarifgebundenen Unternehmen und Wirtschaftszweigen kann von tariflich geregelter Sozialpolitik überhaupt nicht profitieren.

- Insbesondere im Bereich der Alterspolitik ist die tariflich basierte Sozialpolitik im Wesentlichen reaktiv ausgelegt und fährt in den von der staatlichen Sozialpolitik ausgelegten Gleisen. Dies galt für die Ausgestaltung der Altersteilzeit, bis sie vor kurzem gesetzlich weitgehend ausgetrocknet wurde, und das trifft auch für die ergänzende Altersvorsorge zu, die vom Gesetzgeber als Auffanglösung, also zur Kompensation der negativen Folgen der Rentenreform 2001 gefördert wird.

- Eigenständiger sind die tariflichen Regelungen zur Aus- und Weiterbildung, weil hier entsprechende gesetzliche Vorgaben etwa zu Ausbildungsplatzangebot, Übernahme nach der Ausbildung und Weiterbildungsansprüchen fehlen. Die diesbezüglichen tariflichen Regelungen sind aber insgesamt lückenhaft und inhaltlich von sehr unterschiedlicher Qualität. Eine gesetzliche Verallgemeinerung auf inhaltlich zufriedenstellendem Niveau, wie sie bei der Lohnfortzahlung gelang, ist in absehbarer Zeit kaum zu erwarten.

Diese gemischte Bilanz der Regulierung durch Tarifvertrag stellt die zahlreichen positiven Einzelergebnisse der Tarifpolitik keinesfalls in Abrede, sie rät aber zur Zurückhaltung gegenüber allzu optimistischen Einschätzungen des künftigen Gestaltungspotenzials tariflicher Sozial- und Arbeitsmarktpolitik.

Literaturverzeichnis

Bäcker, G./Naegele, G./Bispinck, R./Hofemann, K./Neubauer, J. (2010), Sozialpolitik und soziale Lage in Deutschland, Band I: Grundlagen, Arbeit, Einkommen, Finanzierung, Wiesbaden: VS Verlag für Sozialwissenschaften

Bispinck, R. (2001), Tarifliche Altersvorsorge, in: WSI (Hrsg.), WSI-Tarifhandbuch 2001, S. 55-84

Bispinck, R./Dorsch-Schweizer, M./Kirsch, J. (2002), Tarifliche Ausbildungsförderung begrenzt erfolgreich – eine empirische Wirkungsanalyse, in: WSI-Mitteilungen 4/2002, S. 213-219

Bispinck, R./Schulten, Th. (2009), Re-Stabilisierung des deutschen Flächentarifvertragssystems, in: WSI-Mitteilungen 4/2009, S. 201-209

Bispinck, R./WSI-Tarifarchiv (1992), Lohnfortzahlung im Krankheitsfall. Was regeln die Tarifverträge? Eine Analyse der Tarifbestimmungen in 48 Tarifbereichen. Elemente qualitativer Tarifpolitik Nr. 18, Düsseldorf

Bispinck, R./WSI-Tarifarchiv (1996), Tarifpolitischer Jahresbericht 1996. Vom „Bündnis für Arbeit" zum Streit um die Entgeltfortzahlung, Düsseldorf

Bispinck, R./WSI-Tarifarchiv (1998), Tarifliche Altersteilzeit, Ein Überblick über tarifliche Regelungen in 25 Wirtschaftsbereichen, Düsseldorf

Bispinck, R./WSI-Tarifarchiv (2000), Qualifizierung und Weiterbildung in Tarifverträgen – Bisherige Entwicklung und Perspektiven, Elemente qualitativer Tarifpolitik Nr. 42, Düsseldorf

Bispinck, R./WSI-Tarifarchiv (2010), Tarifliche Regelungen zur Kurzarbeit. Übersicht über 18 Wirtschaftszweige. Elemente qualitativer Tarifpolitik Nr. 66 (aktualisierte Fassung), Düsseldorf

Busse, G./Seifert, H., unter Mitarbeit von Reinhard Bispinck und WSI-Tarifarchiv (2009), Tarifliche und betriebliche Regelungen zur beruflichen Weiterbildung, edition der Hans-Böckler-Stiftung 233, Düsseldorf

Herzog-Stein, A./Seifert, H. (2010), Deutsches Beschäftigungswunder und flexible Arbeitszeiten, Düsseldorf, WSI-Diskussionspapier 169, 02/2010

Höhmann, I. (2008), Im Alter besser abgesichert, in: Mitbestimmung 12/2008

IG Metall (Hrsg.) (1978), Streik der Metaller Schleswig-Holstein 1956/57, Frankfurt a. M.

Kittner, M. (2005), Arbeitskampf – Geschichte, Recht, Gegenwart, München

Kümmerling, A./Schietinger, M./Worthmann, G. (2009), Das Saison-Kurzarbeitergeld. Ein erfolgreiches Instrument zur Vermeidung von Entlassungen, IAQ-Report, 2

Ohl, K. (2011), Beschäftigungssicherung in Tarifverträgen – Zukunft in Arbeit und Bildung, in: Bispinck, R. (Hrsg.), Zwischen „Beschäftigungswunder" und „Lohndumping". Tarifpolitik in und nach der Krise, Hamburg, S. 24-32

Gerhard Bosch, Claudia Weinkopf

Mindestlöhne, Tariflöhne und Lohnungleichheit

1   Einleitung

Seit Mitte der 1990er Jahre ist in Deutschland der Anteil der gering Bezahlten an allen Beschäftigten von einstmals 13 bis 14 Prozent auf 21,4 Prozent im Jahre 2009 angestiegen. Bemerkenswert ist dabei nicht allein die im europaweiten Vergleich schnelle Zunahme auf ein überdurchschnittliches Niveau, sondern auch die starke Spreizung der Löhne innerhalb des Niedriglohnsektors. In Deutschland erhielten im Jahr 2008 gut 3,4 Millionen Beschäftigte[1] einen Stundenlohn unter sieben Euro, was in den westlichen Nachbarländern aufgrund der dortigen Mindestlöhne nicht möglich wäre (Kalina/Weinkopf 2010, S. 209).

Diese Lohnentwicklung hat zahlreiche negative wirtschaftliche und gesellschaftliche Nebenwirkungen. Die Sozialetats werden zunehmend beansprucht, da niedrige Löhne und zeitverzögert auch niedrige Renten aufgestockt werden müssen, während gleichzeitig die Einnahmen zurückgehen (Bäcker 2008a). Zudem werden Löhne in den Niedriglohnsektoren zum zentralen Wettbewerbsfaktor. Dies erschwert nicht nur die Rekrutierung qualifizierter Beschäftigter. Es kommt auch zu Fehlorientierungen in den Unternehmen, die sich auf Lohnsenkungen und die Kontrolle zunehmend weniger motivierter Beschäftigter konzentrieren müssen und damit weniger Energie und Zeit für Innovationen, Qualität und Kundenorientierung haben. Gleichzeitig schwindet der gesellschaftliche Zusammenhalt, wenn aus einem wachsenden Teil der Beschäftigten, die bislang ihren Lebensunterhalt selbst verdienen konnten, Transferempfänger/-innen werden.

Es stellt sich die Frage, wie man die Lohnungleichheit in Deutschland wirkungsvoll verringern kann. Gefordert wird die Einführung eines gesetzlichen Mindestlohns. Darüber hinaus werden Instrumente zur Erhöhung der Tarifbindung, wie etwa Allgemeinverbindlichkeitserklärungen von Tarifverträgen oder Tariftreuegesetze, diskutiert. In Deutschland ist der Sonderweg branchenbezogener Mindestlöhne eingeschlagen worden, die von den Tarifpartnern ausgehandelt

---

1   Ohne Schüler/-innen, Studierende und Rentner/-innen. Unter Einbeziehung dieser Gruppen waren es gut 4,8 Millionen Beschäftigte (14,2 %).

werden. Es stellt sich die Frage, ob sich die unterschiedlichen Vorschläge sinnvoll ergänzen oder wechselseitig ausschließen.

In Deutschland werden Tarifverträge und Mindestlöhne oft als Gegensätze gesehen. Dabei wird auf die Gefahr der Verdrängung autonomer Tarifverhandlungen durch gesetzliche Eingriffe in die Lohnsetzung hingewiesen. In der Koalitionsvereinbarung der schwarz-gelben Regierung von 2009 wird ein gesetzlicher Mindestlohn mit einem formalen Bekenntnis zur Stärkung der Tarifautonomie abgelehnt[2], welche in der Praxis aber nur noch in Teilbereichen funktioniert. Dabei bleiben mögliche Komplementaritäten oder sogar positive Interaktionen zwischen beiden Institutionen, wie sie in anderen Ländern existieren, unbeachtet. Dies erstaunt umso mehr, als eine funktionierende Tarifautonomie gesellschaftlich immer gut verankert sein muss und auf Stützpfeiler in anderen Bereichen angewiesen ist. So war die hohe Tarifbindung in Deutschland bis Ende der 1980er Jahre das Ergebnis positiver Wechselwirkungen mit anderen Institutionen. Der Staat verstand sich vor den großen Privatisierungen öffentlicher Betriebe (Bahn, Post, Nahverkehr etc.) lange Zeit als Garant guter Arbeitsbedingungen, der selbstverständlich nach Tarif zahlte und Maßstäbe für die Tarifpolitik auch in der Privatwirtschaft setzte. Vor den Hartz-Gesetzen galten zudem nur Vermittlungen in Tätigkeiten, die ortsüblich entgolten wurden, als zumutbar (Bäcker 2008b). Schließlich wurden in schwach organisierten Branchen wie im Einzelhandel Tarifverträge durch den Gesetzgeber für allgemeinverbindlich erklärt.

Wir gehen daher davon aus, dass gesetzliche Mindestlöhne und eine Stärkung der Tarifbindung keine Gegensätze darstellen, sondern sich gut ergänzen können. Die Wechselwirkungen zwischen beiden Institutionen können allerdings sehr unterschiedlich sein, was bislang wenig erforscht ist. Um sie genauer zu verstehen, ist ein Blick in andere Länder sinnvoll, in denen sich ganz unterschiedliche Kombinationen beider Institutionen finden. Im Folgenden wollen wir zunächst den jeweils eigenständigen Beitrag von Mindestlöhnen und Tarifverträgen zur Verringerung von Lohnungleichheit aufzeigen, um dann auf die Wechselwirkungen einzugehen. In Abschnitt 2 werden die Auswirkungen von gesetzlichen Mindestlöhnen einerseits und Tarifbindung andererseits auf Lohnungleichheit jeweils getrennt untersucht.[3] Anschließend thematisieren wir ihre gemeinsame Rolle in der Gesamtarchi-

---

2   Dort heißt es: „CDU, CSU und FDP bekennen sich zur Tarifautonomie. Sie ist ein hohes Gut, gehört unverzichtbar zum Ordnungsrahmen der Sozialen Marktwirtschaft und hat Vorrang vor staatlicher Lohnfestsetzung. Einen einheitlichen gesetzlichen Mindestlohn lehnen wir ab. Daher wollen wir den Tarifausschuss stärken, damit Arbeitgeber und Arbeitnehmer gemeinsam in der Pflicht zur Lohnfindung sind" (Koalitionsvertrag 2009, S. 21).

3   Der Abschnitt 2 basiert auf Ergebnissen eines Forschungsprojektes, das wir zusammen mit Damian Grimshaw und Jill Rubery von der Universität Manchester durchführen (Grimshaw et al. 2011; Bosch/Weinkopf 2011).

tektur nationaler Lohnsysteme am Beispiel ausgewählter Länder (Abschnitt 3).[4] Daraus ziehen wir abschließend einige Schlussfolgerungen für die Diskussion in Deutschland (Abschnitt 4).

2 Die Auswirkungen von Mindestlöhnen und Tarifbindung auf Lohnungleichheit

Durch gesetzliche Mindestlöhne werden Lohnuntergrenzen gesetzt, die nicht unterschritten werden dürfen. Eine unmittelbare Wirkung von Mindestlöhnen besteht damit in der Kompression der Löhne am unteren Ende der Lohnverteilung. Mindestlöhne können den Anteil der Niedriglohnbeschäftigten nur senken, wenn ihr Niveau in etwa in der Höhe der Niedriglohnschwelle (zwei Drittel des Medianlohnes) liegt. Da gesetzliche Mindestlöhne sich meist an der wirtschaftlichen Leistungsfähigkeit der schwächeren Branchen orientieren, werden sie im Allgemeinen sehr vorsichtig angehoben und liegen in der Praxis meist deutlich unterhalb der Niedriglohnschwelle. Mindestlöhne können darüber hinaus die interpersonelle Einkommensverteilung betreffen, wenn bestimmte Personengruppen besonders von sehr niedrigen Löhnen betroffen sind, wie etwa Frauen, gering Qualifizierte oder Ausländer/-innen, und damit überproportional von der Einführung oder Anhebung einer Lohnuntergrenze profitieren.

Das Niveau von Mindestlöhnen wird durch den so genannten Kaitz-Index gemessen. Dieser Index drückt die Relation des Mindestlohns zum Medianlohn aus. Schaubild 1 zeigt den Zusammenhang zwischen dem Kaitz-Index und dem Anteil der Niedriglohnbeschäftigung. Der Zusammenhang zwischen Mindestlöhnen und dem Anteil der Niedriglohnbeschäftigung ist mit einer Korrelation von 0,35 nur sehr schwach. Ähnliche Ergebnisse wurden von Salverda/Mayhew (2009, S. 147) und im Bericht „Industrielle Beziehungen" der Europäischen Kommission aus dem Jahr 2008 festgestellt (EC 2008: Anhang Tabellen 2 und 3). Nur in Frankreich reicht der Mindestlohn nahe an die Niedriglohnschwelle von zwei Dritteln des Medianlohnes heran. Da häufig noch Zuschläge anfallen, leistet dort der Mindestlohn einen eigenständigen Beitrag zur Begrenzung des Niedriglohnanteils (Caroli et al. 2008, S. 46-48). In den anderen Ländern der EU werden durch Mindestlöhne nur die niedrigsten Löhne gekappt, der Niedriglohnanteil wird aber dadurch nicht verringert.

---

4   Dieser Abschnitt baut auf Forschungsergebnissen eines Projektes der Russell Sage Foundation auf (Bosch/Weinkopf 2007; Bosch 2009; Gautié/Schmitt 2010).

Schaubild 1:   Monatlicher Mindestlohn in % des durchschnittlichen Medianlohns
                 (2009) und Niedriglöhne in % der Vollzeitbeschäftigten (2006)

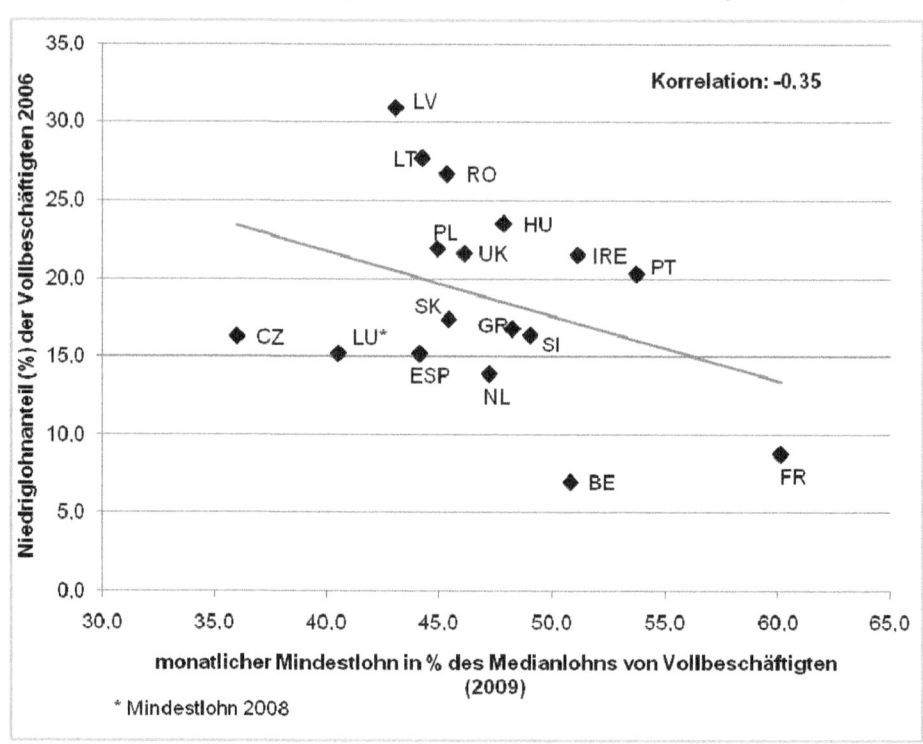

Quelle: Schulten 2010/2011, Casali/Alvarez Gonzalez 2010; eigene Berechnungen.

Stärker ist der Einfluss von Mindestlöhnen auf die Lohnverteilung zwischen Männern und Frauen. Hier liegt die Korrelation zwischen der Höhe des Kaitz-Indexes
und der relativen Betroffenheit der Frauen von geringen Löhnen bei immerhin
-0,57. In Ländern, in denen die relative Höhe der Mindestlöhne sehr niedrig ausfällt, ist die Lohnungleichheit zwischen Männern und Frauen besonders hoch, wie
etwa in Tschechien. Die positiven Auswirkungen von Mindestlöhnen auf die
Lohndifferenzen zwischen Männern und Frauen sind auch Gegenstand der Evaluation verschiedener nationaler Mindestlöhne. So verringerte sich in Großbritannien
beispielsweise der Lohnunterschied zwischen Männern und Frauen nach der Einführung des nationalen gesetzlichen Mindestlohns im Jahre 1999. Verdienten vollzeitbeschäftigte Frauen im Jahre 1997 im Mittel nur 83,9 Prozent dessen, was Männer verdienten, so lagen die mittleren Frauenlöhne im Jahre 2006 bereits bei 89,2
Prozent. Damit schrumpfte der Gender Pay Gap innerhalb von nur neun Jahren
von 16,1 Prozent auf 10,8 Prozent (LPC 2007, S. 134).

Schaubild 2: Monatlicher Mindestlohn in % des durchschnittlichen Medianlohns (2009) und Niedriglöhne in % der vollzeitbeschäftigten Frauen (2006)

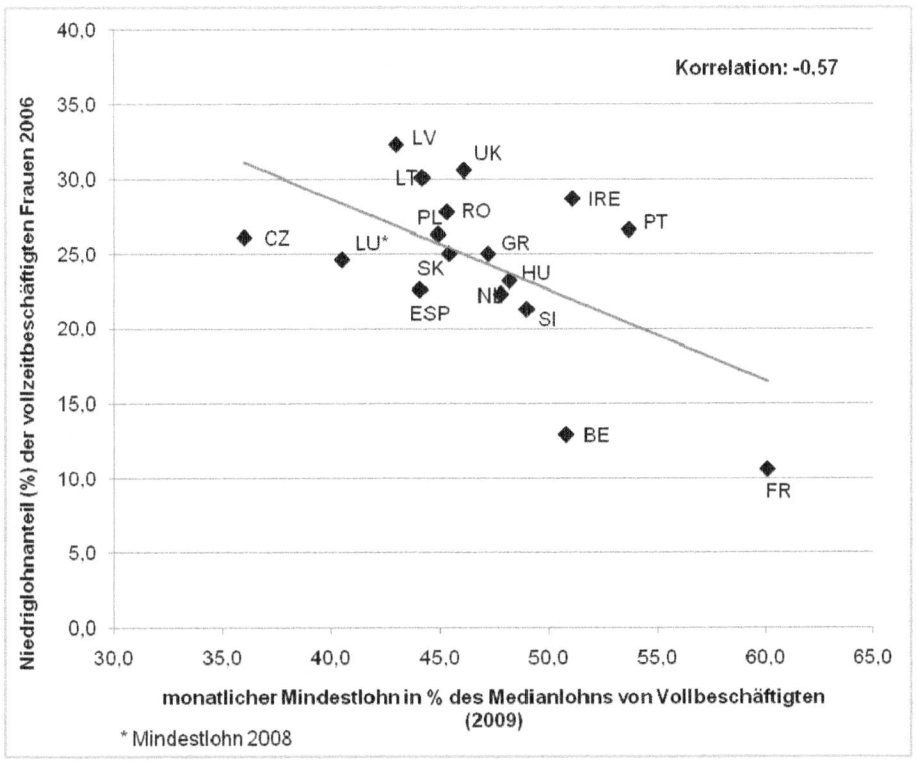

Quelle: Schulten 2010/2011, Casali/Alvarez Gonzalez 2010; eigene Berechnungen.

Eine hohe Tarifbindung trägt deutlich stärker zur Verringerung der Ungleichheit bei als Mindestlöhne. Schaubild 3 zeigt einen starken Zusammenhang, mit einer Korrelation von 0,77. Dieses verwundert nicht, da in Tarifverträgen gestaffelte Entgeltgruppen ausgehandelt werden, die in der Regel über den Mindestlöhnen liegen und je nach Qualifikation und Tätigkeit bis in obere Verdienstgruppen hineinreichen. Dennoch liegen die Umverteilungswirkungen von Tarifverträgen eher im unteren und mittleren Bereich der Einkommensverteilung, da die höheren Einkommen meist einzelvertraglich vereinbart werden. Dies kann man auch daran erkennen, dass die Tarifbindung mit der Relation des obersten und untersten Dezils der Einkommensverteilung (P90/P10) mit -0,65 zwar noch stark, aber schwächer als mit dem Niedriglohnanteil an allen Vollzeitbeschäftigten korreliert (Tabelle 1).

Schaubild 3:   Tarifbindung in % (2010) und Niedriglöhne in % der
                 Vollzeitbeschäftigten (2006)

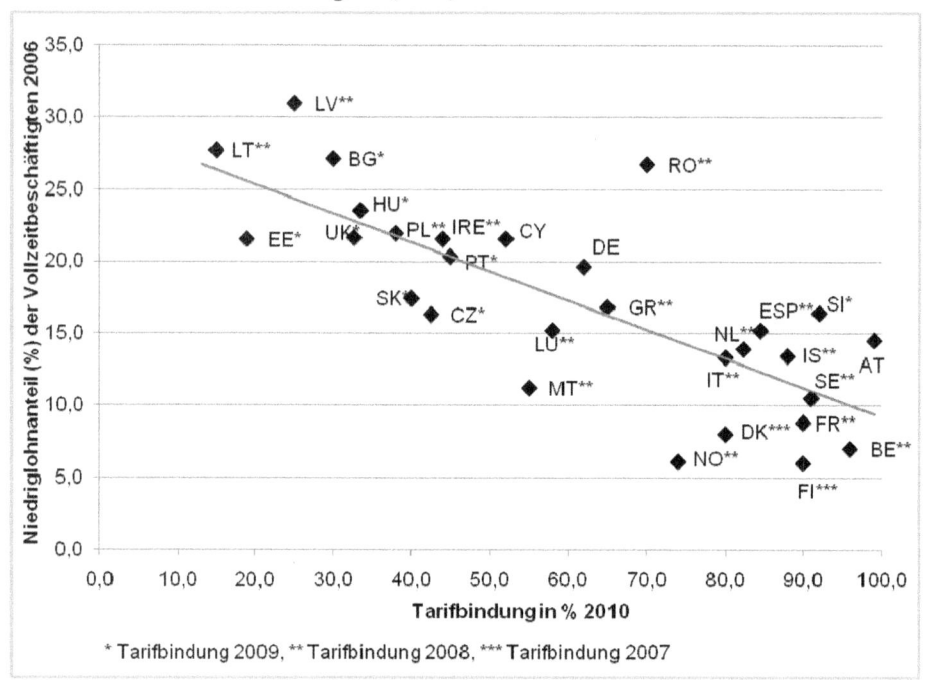

Quelle: Visser 2011, Casali/Alvarez Gonzalez 2010; eigene Berechnungen.

Allerdings lässt sich kein linearer Zusammenhang zwischen Tarifbindung und
Lohnungleichheit feststellen, da sich die Höhe der Tarife vor allem zwischen den
Branchen und Qualifikationsgruppen stark unterscheiden kann. Die unterschiedlichen Korrelationen in Tabelle 1 zeigen, dass Männer und Beschäftigte mit einem
unbefristeten Vertrag stärker von einer hohen Tarifbindung profitieren als Frauen
und Beschäftigte mit einem befristeten Vertrag. Befristet Beschäftigte und Leihar-
beitskräfte erhalten oft nicht den gleichen Lohn oder werden niedriger eingestuft
als Stammbeschäftigte. Frauen sind eher in Wirtschaftsbereichen mit geringer Tarifbindung beschäftigt. Hinzu kommt, dass nur in wenigen Ländern eine solidarische Lohnpolitik, wie etwa in den skandinavischen Ländern, verfolgt wurde, die
dort Lohnunterschiede zwischen typischen Männer- und Frauenbranchen systematisch reduzierte. Das Extrembeispiel für eine traditionelle Tarifpolitik, die große
Geschlechterunterschiede toleriert, ist Österreich, das mit einer fast 100-prozen-
tigen Tarifbindung mit 28,7 Prozent einen weit überdurchschnittlichen Niedriglohnanteil bei Frauen hat (Schaubild 4). Zu beachten ist, dass die europäischen
Zahlen zu den Niedriglohnanteilen sich nur auf Vollzeitbeschäftigte beziehen. Es

ist hinreichend bekannt, dass bei Teilzeitbeschäftigten, und hier insbesondere bei Teilzeitbeschäftigten mit niedriger Stundenzahl, die Niedriglohnanteile über-durchschnittlich hoch sind (Mason/Salverda 2010, Table 2A.2). Bei Einbeziehung von Teilzeitbeschäftigten würde sich der positive Effekt von Tarifverträgen auf die Bezahlung von Frauen vor allem in Ländern mit hohen Teilzeitanteilen von Frau-en, wie in den Niederlanden, in Deutschland, Großbritannien oder Irland, vermut-lich verringern, da in den genannten Ländern Teilzeitbeschäftigte im Durchschnitt schlechter bezahlt werden als Vollzeitbeschäftigte und sich zudem in Dienstleis-tungsbranchen mit unterdurchschnittlicher Tarifbindung konzentrieren.

Schaubild 4: Tarifbindung in % (2010) und Niedriglöhne in % der vollzeitbeschäftigten Frauen 2006

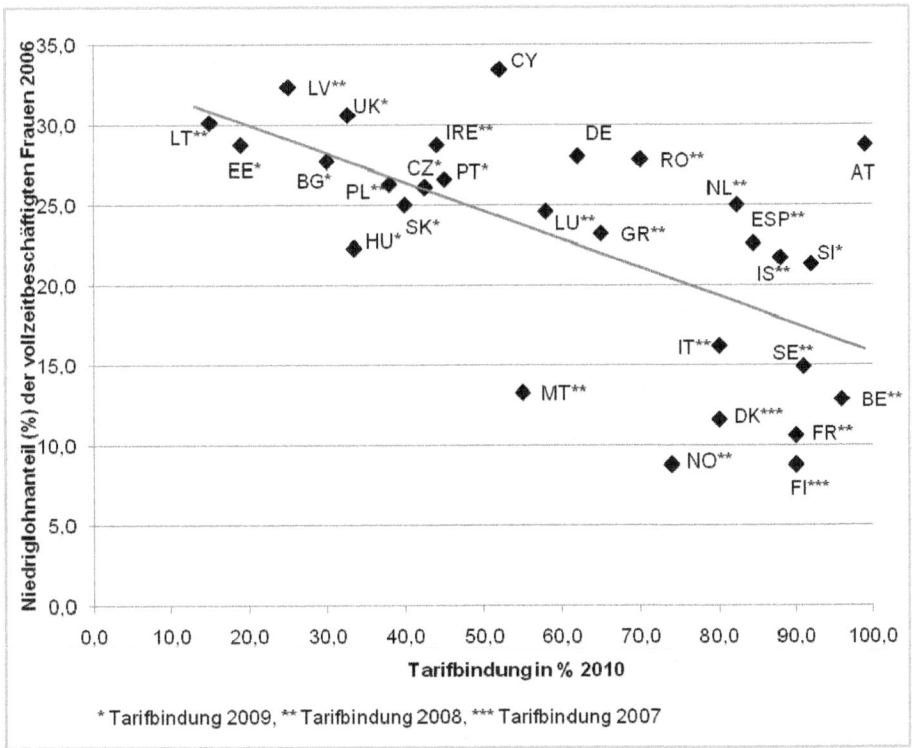

Quelle: Visser 2011, Casali/Alvarez Gonzalez 2010; eigene Berechnungen.

Zu vergleichbaren Ergebnissen ist die Forschung in anderen Ländern gekommen. In ihrem Überblick über 49 Studien zu Tarifverträgen und Lohnungleichheit in den letzten Jahrzehnten sowohl in entwickelten als auch in sich entwickelnden Ländern zeigen Hayter/Weinberg (2011), dass durch Tarifverträge die Lohnungleichheit in der gesamten Wirtschaft verringert wird. Zwar können sich durch erfolgreiche Tarifverhandlungen die Lohnunterschiede zwischen Sektoren mit und ohne Tarifbindung erhöhen. Dies wird aber durch eine Verringerung der Lohnunterschiede innerhalb der Sektoren mit Tarifbindung aufgewogen. Auch gilt für die überwiegende Zahl der Länder, dass der „Gleichheitseffekt" von Tarifverträgen für Männer stärker ausfällt als für Frauen.

Tabelle 1: Korrelationen zwischen Tarifbindung und Niedriglohnanteilen unterschiedlicher Beschäftigtengruppen

Alle Vollzeitbeschäftigten	-0,77
Nur Männer	-0,68
Nur Frauen	-0,62
Unbefristeter Vertrag	-0,77
Befristeter Vertrag	-0,41

Quelle: Visser 2011, Casali/Alvarez Gonzalez 2010; eigene Berechnungen.

Als Zwischenergebnis können wir festhalten, dass Mindestlöhne Löhne am unteren Ende der Lohnverteilung komprimierend wirken, Tarifverträge aber durch ihre qualifikations- und tätigkeitsorientierten Entgeltgruppen eigentlich erst die Mittelschicht in der Einkommensverteilung schaffen. Die Auswirkungen auf die interpersonelle Verteilung sind unterschiedlich. Frauen und wahrscheinlich auch andere lohnpolitisch benachteiligte Gruppen wie Migrant/-innen profitieren stärker als Männer von Mindestlöhnen. Diese wiederum haben den relativ größten Vorteil von Tarifverträgen, es sei denn, es wurde über eine solidarische Lohnpolitik erfolgreich Gleichstellungspolitik betrieben. Zu beachten bleibt, dass für Frauen der „Gleichstellungseffekt" von Tarifverträgen stärker ist als der von Mindestlöhnen.

3 Niedriglöhne und die Gesamtarchitektur von Lohnsystemen

Während die isolierten Wirkungen von Mindestlöhnen und Tarifverträgen auf die Lohnverteilung gut untersucht sind, wurden die Interaktionen zwischen diesen Institutionen bislang kaum thematisiert. Im Folgenden wollen wir dieser Frage nachgehen.

Um die möglichen Interaktionen abstecken zu können, müssen zunächst einmal die Verbreitung und die Bedeutung von Mindestlöhnen und Tarifbindung untersucht werden. Schaubild 5 zeigt eine allerdings nur schwach positive Relation von Mindestlöhnen und Tarifbindung (Korrelation 0,31), was zwar auf leicht komplementäre Beziehungen, aber auch auf starke Länderunterschiede hinweist. In Ländern mit hoher Tarifbindung und größerer Verhandlungsstärke der Gewerkschaften färben Tarifverträge auf Mindestlöhne ab, und dort, wo sie schwach sind, erreichen die Mindestlöhne eher ein geringes Niveau. Grimshaw et al. (2010) weisen allerdings darauf hin, dass zwischen 1995 und 2006 die Mindestlöhne in Ländern mit geringer Tarifbindung stärker erhöht wurden als in Ländern mit hoher Tarifbindung. Wenn die Mindestlöhne zu sehr abgesunken sind, kann sich allgemeiner politischer Druck dahingehend aufbauen, dass diese erhöht werden. Bei hoher Tarifbindung existieren offensichtlich aufgrund einer entwickelten Sozialpartnerschaft wirkungsvolle institutionalisierte Kanäle einer schrittweisen Anpassung.

Schaubild 5: Tarifbindung in % (2010) und monatlicher Mindestlohn in % des durchschnittlichen Medianlohns (2009)

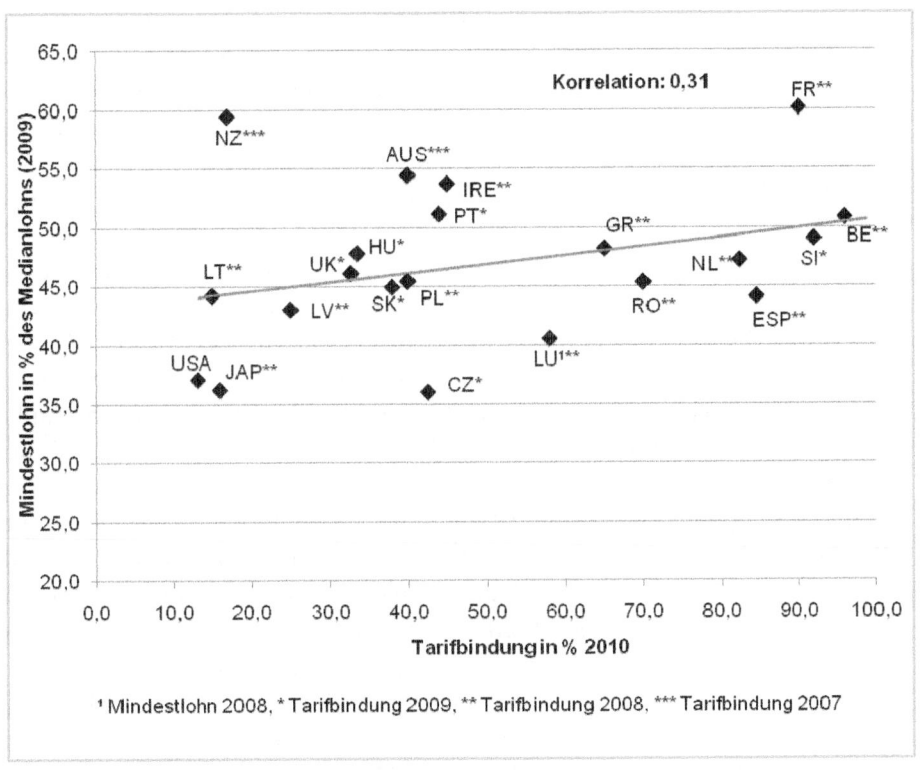

Quelle: Schulten 2010/2011, Visser 2011; eigene Berechnungen.

Zu beachten sind auch die Länder, die nicht ohne Grund keinen gesetzlichen Mindestlohn haben, wie die skandinavischen Länder, Österreich und Deutschland. Auch die bewusste Ablehnung oder Nicht-Einführung eines Mindestlohns ist eine Interaktion, die sich auf der Grundlage vermuteter Wechselwirkungen zwischen gesetzlichen Mindestlöhnen und Tarifverträgen ergibt.

Auf der Basis von Ländervergleichen (Grimshaw et al. 2011; Vaughan-Whitehead 2010; Bosch et al. 2010) lassen sich aus unserer Sicht vier Typen von Zusammenhängen zwischen Mindestlöhnen und Tarifverträgen feststellen:

1. *Der isolierte Mindestlohn:* Bei diesem Typ ist die Tarifbindung schwach. Nur in einzelnen Branchen gelingt es Gewerkschaften und Arbeitgebern, auf Branchenebene Tarifverträge auszuhandeln, die an den Mindestlohn anknüpfen. Die Wirkungen sind jedoch nicht systematisch und durch die geringe Verbreitung von Tarifverträgen eher schwach. Musterbeispiele für dieses Modell sind Großbritannien und Ungarn. Aufgrund der Schwäche der Tarifpolitik konzentrieren sich Gewerkschaften und Politik auf die Anhebung der Mindestlöhne (Grimshaw et al. 2010; Neumann 2010). Man kann hier fast ein Muster erkennen. Der Zusammenhang zwischen Erhöhungen der Mindestlöhne zwischen 1995 und 2006 und der Höhe der Tarifbindung in der EU ist mit einer Korrelation von – 0,466 negativ (Grimshaw et al. 2011, S. 10).

2. *Die distanzierte Koexistenz:* Hier liegen die Tariflöhne aufgrund einer hohen Tarifbindung deutlich über dem Mindestlohn. Die Sozialpartner konzentrieren sich auf die Weiterentwicklung der Tarife. Der Niedriglohnanteil wird durch eine aktive Tarifpolitik so niedrig gehalten, dass die Politik und Gewerkschaften keinen Druck verspüren, sich auf eine Anhebung der Mindestlöhne zu konzentrieren. Folglich ist das Niveau der Mindestlöhne in diesen Ländern eher niedrig. Spanien (Banyuls et al. 2010) und mehr noch Belgien verdanken ihre unterdurchschnittlichen Niedriglohnanteile (Schaubild 1 und 2) weniger ihrem Mindestlohn als vielmehr der hohen Tarifbindung mit kollektiv ausgehandelten Löhnen. Die Vorrangposition der Tarifpolitik wird in Spanien und Belgien durch fast flächendeckende Allgemeinverbindlichkeitserklärungen, die den Mindestlohn in seiner Bedeutung marginalisieren, gestützt. In Belgien werden die Gewerkschaften überdies durch das Gent-System, also durch ihre Verantwortlichkeit für die Arbeitslosenversicherung, gestärkt.

3. *Die direkte Interaktion:* Der Mindestlohn erreicht in diesem Typ ein relativ hohes Niveau, und der Abstand zu den untersten Tarifgruppen ist in den meisten Branchen nur gering. Jede Erhöhung der Mindestlöhne drückt damit das gesamte Tarifgefüge nach oben. Ein Beispiel hierfür ist Frankreich. Beim Kaitz-Index liegt der französische Mindestlohn im EU-Vergleich an der Spitze. Der

hohe Anteil der Beschäftigten, die trotz der sehr hohen Tarifbindung nach dem Mindestlohn bezahlt werden, deutet auf die enge Koppelung hin. Die politische Folge ist, dass der Mindestlohn im Mittelpunkt der politischen Aufmerksamkeit steht und die Tarifpolitik mitzieht. Die Koppelung von Mindestlöhnen und Tarifverträgen wird durch die Allgemeinverbindlichkeitserklärung der Entgeltgruppen und der Entgelttarife institutionalisiert. Überdies hat der französische Staat in den letzten Jahren starke finanzielle Anreize gesetzt, alle tariflichen Lohngruppen über den gesetzlichen Mindestlohn anzuheben.[5]

4. *Die tarifpolitische Substitution:* In Ländern mit starker Tarifbindung und großer autonomer Handlungsmacht der Gewerkschaften werden gesetzliche Mindestlöhne als Eingriff in die Tarifpolitik abgelehnt und tarifpolitische Substitute geschaffen. Durch die fast lückenlose Tarifbindung wirken die untersten Lohngruppen wie Mindestlöhne. Dieses Modell gilt weiterhin in Dänemark und Schweden, auch wenn die umfassende Tarifbindung nach einigen Urteilen des EuGH (Laval, Viking) mittlerweile durch grenzüberschreitende Entsendungen an den Rändern Risse zu verzeichnen hat (Bosch 2012). In Dänemark und Österreich haben die Tarifpartner einen tariflichen Mindestlohn vereinbart. In Dänemark garantiert der hohe gewerkschaftliche Organisationsgrad die Durchsetzung dieses Mindestlohnes, während in Österreich die Zwangsmitgliedschaft der Arbeitgeber in der Wirtschaftskammer für eine hohe Tarifbindung sorgt.

Bei der Beschreibung dieser vier Typen sind schon einige relevante Institutionen erkennbar geworden, die hier zusammenwirken. Schaubild 6 zeigt die Architektur dieser Institutionen in sechs unterschiedlichen Ländern, die in dreien dieser Länder (FR, DK, NL) eine hohe und stabile Tarifbindung erzeugen. In Frankreich und den Niederlanden ergibt sich die hohe Tarifbindung weniger aus einem hohen gewerkschaftlichen Organisationsgrad der Beschäftigten als vielmehr aus Allgemeinverbindlichkeitserklärungen von Tarifverträgen und der hohen Organisationsquote von Unternehmern. Die hohe Organisationsquote der Arbeitgeber ist nicht zufällig. Da der Staat die Tarifpolitik in beiden Ländern über Allgemeinverbindlichkeitserklärungen aktiv fördert, haben die Unternehmen ein Interesse, über starke Arbeitgeberverbände an diesen politischen Prozessen mitzuwirken. Diese beiden Länder haben de facto zwei Mindestlöhne: den gesetzlichen Mindestlohn

---

5 Vielfach lagen die unteren Lohngruppen unterhalb des gesetzlichen Mindestlohns. Die Unternehmen hatten oft wenig Interesse, dies zu ändern, da Zuschläge auf dieser Basis berechnet wurden. Neuerdings verlieren die Unternehmen aber bei niedrigen Löhnen die Subventionen zu den Sozialabgaben, so dass die Tarife jetzt über das Mindestlohnniveau angehoben werden (Bosch et al. 2011, S. 136ff).

als Untergrenze und die allgemeinverbindlichen Tarifverträge mit dem gesamten Lohngitter. In Dänemark ist die hohe Tarifbindung vor allem Folge des hohen Anteils von Beschäftigten, die gewerkschaftlich organisiert sind, was auch hier – wie in Belgien – durch das Gent-System stabilisiert wird. Arbeitgeberverbände und Gewerkschaften haben zudem einen tariflichen Mindestlohn von 13,80 Euro vereinbart, dessen Einhaltung von den Sozialpartnern ohne staatliche Hilfe wirkungsvoll kontrolliert wird (Westergaard-Nielsen 2008). In allen drei Ländern wird durch wirkungsvolle Lohnuntergrenzen der Lohnwettbewerb begrenzt. Bemerkenswert ist, dass die Tarifbindung in allen drei Ländern durch die positiven Wechselwirkungen zwischen den unterschiedlichen Lohninstitutionen trotz abnehmender Gewerkschaftsdichte sogar noch zugenommen hat (Bosch et al. 2010, S. 95).

In den USA und Großbritannien werden Tarifvereinbarungen (ausgenommen jene des öffentlichen Dienstes) fast nur auf Unternehmensebene abgeschlossen. Die Flächentarifverträge, die in Großbritannien in den 1980er Jahren noch weitgehend die Bezahlungen regelten und auch in den USA (z. B. für Lastwagenfahrer) zu finden waren, haben den Lohnwettbewerb der letzten Jahrzehnte nicht überlebt. Allgemeinverbindlichkeitserklärungen gelten als marktfremde Interventionen und Eingriffe in die Koalitionsfreiheit und sind in beiden Ländern niemals praktiziert worden. Da die Arbeitgeber keine Notwendigkeit sehen, sich in Arbeitsgeberverbänden zum Zwecke von Tarifverhandlungen zu organisieren, hängt die Tarifbindung allein von der Gewerkschaftsstärke ab. Tarifverträge gelten fast nur für Gewerkschaftsmitglieder und entfalten darüber hinaus kaum eine lohnpolitische Wirkung. Allerdings ist immerhin durch Mindestlöhne eine Untergrenze festgesetzt, auch wenn deren Niveau in den USA so niedrig ist, dass es in vielen Staaten und mittlerweile auch Städten erhöht worden ist.

In Deutschland ist die Tarifbindung von einstmals über 80 Prozent in Westdeutschland auf 63 Prozent und in Ostdeutschland sogar auf 50 Prozent im Jahre 2010 (IAB 2011) gesunken, vor allem aufgrund von Austritten aus Arbeitgeberverbänden oder Nichteintritten von neugegründeten Unternehmen. Damit haben sich neben dem klassischen deutschen Tarifmodell große weiße Zonen eines unregulierten Arbeitsmarktes herausgebildet, in dem sich Niedriglöhne ausbreiteten. Zur Kostenersparnis haben viele tarifgebundene Unternehmen Tätigkeiten in vor allem kleinere und mittlere, nicht tarifgebundene Unternehmen ausgelagert. In diesen kleineren und mittleren Unternehmen gibt es meistens keine Betriebsräte, die mit ihren starken Mitbestimmungsrechten eine wichtige Kontrollinstanz zur Verhinderung von Lohndumping wären. In einzelnen Dienstleistungsbranchen mit niedriger Organisationsquote sowohl der Unternehmer als auch der Beschäftigten, wie beispielsweise im Einzelhandel, wurden in der Vergangenheit tarifliche

Standards in den vielen kleinen und mittleren Unternehmen vorrangig durch eine Allgemeinverbindlichkeitserklärung gesichert. Seit mehreren Jahren verweigern aber die Arbeitgeberverbände ihre Zustimmung zur Allgemeinverbindlichkeit von Lohntarifverträgen. Die deutschen Tarifinstitutionen sind durch das fast uneingeschränkte Lohndumping in höchstem Maße instabil geworden. Mangels unterstützender Institutionen ist die Tarifbindung in den USA, im UK und in Deutschland zurückgegangen.

Schaubild 6: Tarifdeckung, Mitgliedschaft in Arbeitgeberverbänden, Mitgliedschaft in Gewerkschaften

	1-10	11-20	21-30	31-40	41-50	51-60	61-70	71-80	81-90	91-100
Frankreich	G							U		T (A)
Niederlande			G					U	T (A)	
Dänemark						U		G	T	
Deutschland			G				U, T			
UK			G	U,T						
USA	U	G,T								

T = Tarifdeckung
U = Mitgliedschaft in Unternehmerverbänden (Prozentsatz der Unternehmen, die Mitglied einer Unternehmerverbandes sind)
G = Gewerkschaftsdichte (Prozentsatz der Beschäftigten, die Mitglied einer Gewerkschaft sind)
A = Die meisten Flächentarife werden für allgemeinverbindlich erklärt
Quelle: Visser 2011, European Commission 2006.

4 Schlussfolgerungen

Der Blick auf die Erfahrungen mit Mindestlöhnen und ihren Interaktionen mit der Tarifpolitik in anderen Ländern ermöglicht es, einige Schlussfolgerungen für die kontrovers geführte deutsche Debatte darüber zu ziehen, welche Instrumente zur Verringerung der Lohnungleichheit geeignet wären.

Schaubild 7: Branchenmindestlöhne in % des Medianlohnes in West- und
Ostdeutschland 2009*

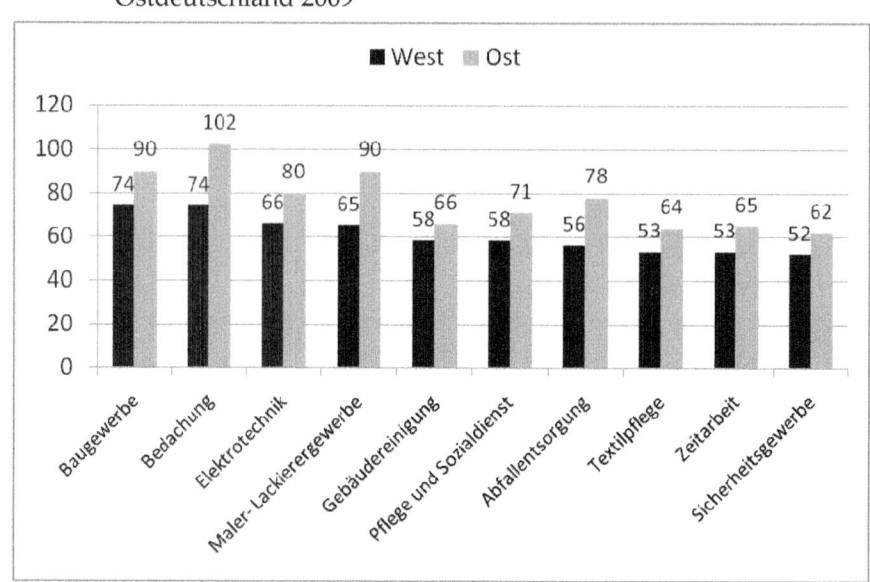

*West: 14,64 Euro, Ost: 10,55 Euro.
Quelle: WSI-Tarifarchiv 2011 (http://www.boeckler.de/index_tariflichermindestlohn.htm) und eigene
Berechnungen.

Die erste Schlussfolgerung bezieht sich auf die Wirkungen eines gesetzlichen Mindestlohns. Die Niedriglohnschwellen lagen in Westdeutschland im Jahr 2009 bei
9,76 Euro und in Ostdeutschland bei 7,03 Euro pro Stunde, mit einer weiten Streuung nach unten. Fast 70 Prozent aller Niedriglohnbeschäftigten in Deutschland
sind Frauen. Besonders hohe Anteile von Niedriglöhnen finden sich bei Minijobs
und Leiharbeit. Ein gesetzlicher Mindestlohn hätte in Deutschland ähnlich wie in
Großbritannien einen hohen Gleichstellungseffekt. Er wäre ebenso ein wichtiges
Instrument zur Durchsetzung der Gleichbehandlung vor allem von marginaler
Teilzeitarbeit (Minijobs). Angesichts der starken Lohnunterschiede in Ost- und
Westdeutschland wird ein gesetzlicher Mindestlohn zunächst für Ost- und Westdeutschland unterschiedlich hoch sein müssen. Aber selbst wenn man dies für eine
Übergangsphase zuließe, würden Mindestlöhne vermutlich einen wichtigen Beitrag zur überfälligen Annäherung an eine Lohngleichheit in Ost- und Westdeutschland leisten können. Denn es ist davon auszugehen, dass bei Einführung
eines gesetzlichen Mindestlohns die relative Höhe dieses Mindestlohns in Ostdeutschland in Relation zum Medianlohn über dem westdeutschen Niveau liegt.
Eine solche Dynamik ist schon bei den jetzigen Branchenmindestlöhnen zu erkennen, deren relative Höhe in Ostdeutschland teils erheblich über dem westdeut-

schen Niveau liegt (Bosch/Weinkopf 2011). Vor allem aber wird ein Mindestlohn in Ostdeutschland eine Debatte über Lohngleichheit in Deutschland hervorrufen, die angesichts des Fachkräftemangels im nächsten Jahrzehnt auch nötig ist, um weitere Abwanderungen aus dem Osten zu vermeiden (Schaubild 7).

Die zweite Schlussfolgerung bezieht sich auf die Reichweite des jetzigen deutschen Sonderwegs, branchenbezogene Mindestlöhne einzuführen. Die Hürden für die Einführung branchenbezogener Mindestlöhne nach dem Arbeitnehmer-Entsendegesetz sind hoch. Viele Branchen mit hohen Niedriglohnanteilen erfüllen die Voraussetzungen hierfür nicht, weil es keine flächendeckenden Tarifverträge gibt, weil die Arbeitgeber keine Bereitschaft zeigen, einen Mindestlohn auszuhandeln, oder weil die Tarifbindung eher gering ist (z. B. im Einzelhandel und im Hotel- und Gaststättengewerbe). In vielen Niedriglohnbranchen sind die tariflichen Entgelte überdies so niedrig, dass sie den Gewerkschaften als Mindestlöhne nicht angemessen erscheinen. Zudem wird bei der Aushandlung von Mindestlöhnen die Verhandlungsmacht der Gewerkschaften beschränkt. Mindestlöhne entfalten anders als Tarifverträge keine Nachwirkung. Die Gewerkschaften stehen damit unter Abschlusszwang und riskieren bei einem Streik (wie z. B. im Gebäudereiniger-Handwerk im Jahr 2009), dass die Mindestlöhne zeitweilig entfallen (Bosch et al. 2011, S. 174f). Überdies stehen die Mindestlohn-Tarifverträge unter politischem Vorbehalt. Während in Frankreich die Erklärung der Allgemeinverbindlichkeit von Entgelttarifen in einem Schnellverfahren innerhalb von 14 Tagen erfolgt, erstreckt sich die Prüfung in Deutschland oft über Monate. Überdies hat die Bundesregierung in der Koalitionsvereinbarung einen Genehmigungsvorbehalt formuliert. Dort heißt es: „Die bestehenden gesetzlichen Regelungen zum Mindestlohn werden bis Oktober 2011 evaluiert. Dabei kommt es uns darauf an, diese daraufhin zu überprüfen, ob sie Arbeitsplätze gefährden oder neuen Beschäftigungsverhältnissen entgegenstehen. Zugleich gilt es zu prüfen, ob sie sowohl den erforderlichen Schutz der Arbeitnehmer als auch die Wettbewerbsfähigkeit der einzelnen Branchen gewährleisten. Das Ergebnis dieser Evaluierung soll als Grundlage für die Entscheidung dienen, ob die geltenden Mindestlohnregelungen Bestand haben oder aufgehoben werden sollten" (Koalitionsvertrag 2009, S. 21). Die Wissenschaft mit ihren auch innerhalb der eigenen Zunft höchst kontroversen Einschätzungen zu den Wirkungen von Mindestlöhnen sowie Evaluationsmethoden sitzt gewissermaßen mit am Verhandlungstisch.

Auch der zweite Weg zur Festlegung von Mindesttarifen in Branchen, in denen die Voraussetzungen für Mindestlöhne nach dem Arbeitnehmer-Entsendegesetz nicht vorliegen, ist an viele Bedingungen geknüpft. Es müssen „soziale Verwerfungen" vorliegen, die nicht näher definiert sind. Dann können die Spitzenverbände der Arbeitgeber und der Gewerkschaften Anträge auf Einführung eines Mindestlohnes stellen, die daraufhin ein schwieriges Einigungsverfahren durchlaufen müssen (Bosch et al. 2011, S. 152ff). Bislang ist der dafür zuständige Hauptausschuss seit seiner Gründung im September 2009 erst *ein* weiteres Mal im Juli 2011 zusammengekommen und hat in dieser zweiten Sitzung den Antrag auf einen Mindestlohn für Call Center abgelehnt.

Es fehlen offenbar in Deutschland die institutionellen Verstärker, die in den Niederlanden, Frankreich oder Dänemark existieren. Der deutsche Sonderweg, gesetzliche Mindestlöhne durch tarifliche Mindestlöhne zu substituieren, kann daher nicht funktionieren.

Unsere dritte Schlussfolgerung bezieht sich auf das Verhältnis zwischen Mindestlöhnen und Tariflöhnen sowie tariflich vereinbarten Mindestlöhnen. Die internationale Forschung zeigt, dass sich Tarifverträge und gesetzliche Mindestlöhne in den Ländern mit einer gut verankerten Tarifkultur gut ergänzen. Gesetzliche Mindestlöhne unterbinden Niedrigstlöhne und schaffen damit starke Anreize für alle Branchen, über attraktive Arbeitsbedingungen oberhalb dieses Niveaus zu verhandeln, um qualifizierte Arbeitskräfte zu gewinnen und an sich zu binden. Die stärksten Wirkungen in diese Richtung würden in Deutschland in den schlecht organisierten Dienstleistungsbranchen auftreten. Allerdings würden in solchen nur lose organisierten Branchen Tarife nur respektiert werden, wenn sie für allgemeinverbindlich erklärt würden. Notwendig ist daher eine Erleichterung der Allgemeinverbindlichkeitserklärungen. Dies scheint wegen der Blockadehaltung der Bundesvereinigung der Deutschen Arbeitgeberverbände (BDA) nur möglich, wenn die Zustimmung der Branchenverbände ausreichen würde und man nicht mehr auf die Zustimmung der Spitzenverbände angewiesen wäre.

Um Lohnungleichheit in Deutschland wirkungsvoll abzubauen, braucht man also im Sinne der erwähnten institutionellen Komplementaritäten ein Maßnahmenpaket. Neben einem gesetzlichen Mindestlohn und einer Erleichterung von Allgemeinverbindlichkeitserklärungen wären darüber hinaus auch die Aufhebung des Sonderstatus der Minijobs, die Durchsetzung gleicher Bezahlung von Minijobber/-innen und Leiharbeitskräften sowie die Änderung der Zumutbarkeitsregelungen in der Arbeitsvermittlung (nur noch Vermittlung in Tätigkeiten, die ortsüblich entlohnt werden) notwendig. Diese Maßnahmen wären einzubetten in ein größeres Reformpaket, das darauf abzielt, den sozialen Zusammenhalt nachhaltig und umfassend zu stärken. Hierzu gehören nach unserer Einschätzung auch eine Modernisierung des Wohlfahrtsstaates und wirksame Maßnahmen für mehr Chancengleichheit in der Bildung sowie zwischen den Geschlechtern.

Literaturverzeichnis

Bäcker, G. (2008a), Altersarmut als soziales Problem der Zukunft?, in: Deutsche Rentenversicherung 4/2008

Bäcker, G. (2008b), SGB II: Grundlagen und Bestandsaufnahme, in: Kotlenga, S./Klute, J. (Hrsg.), Sozial- und Arbeitsmarktpolitik nach Hartz: Fünf Jahre Hartzreformen: Bestandsaufnahme – Analysen – Perspektiven, Göttingen

Banyuls, J./Cano, E./Aguado, E. (2010), National Report Spain. EC project – Minimum Wage Systems and Changing Industrial Relations in Europe, Manchester, verfügbar unter: http://research.mbs.ac.uk/european-employment/Portals/0/docs/spanishreport.pdf, abgerufen am 16.8.2011

Bosch, G. (2009), Low-wage work in five European countries and the United States, in: International Labour Review 148(4), S. 337-356

Bosch, G. (2012), Grenzüberschreitende Arbeitsmärkte und nationale Beschäftigungssysteme in der EU, in: Soeffner, H.-G. (Hrsg.), Transnationale Vergesellschaftungen, Verhandlungen des 35. Kongresses der Deutschen Gesellschaft für Soziologie in Frankfurt am Main 2010, Wiesbaden: VS Verlag

Bosch, G./Mayhew, K./Gautié, J. (2010), Industrial relations, legal regulations, and wage setting, in: Gautié, J./Schmitt, J. (Hrsg.), Low-Wage Work in the Wealthy World. New York: Russell Sage, S. 147-182

Bosch, G./Weinkopf, C. (Hrsg.) (2007), Arbeiten für wenig Geld: Niedriglohnbeschäftigung in Deutschland, Frankfurt a. M.: Campus

Bosch, G./Weinkopf, C. (2011), Industry-wide minimum wages in Germany: uncertain progress along a bumpy road, Paper prepared for the ILO-Conference „Regulating for decent work", 6-8 July 2011, Genf

Bosch, G./Weinkopf, C./Worthmann, G. (2011), Die Fragilität des Tarifsystems: Einhaltung von Entgeltstandards und Mindestlöhnen am Beispiel des Bauhauptgewerbes, Berlin: edition sigma

Caroli, E./Gautié, J./Askenazy, P. (2008), Low wage work and labor market institutions in France, in: Caroli, E./Gautié, J. (Hrsg.), Low-Wage Work in France, The Russell Sage Foundation Case Studies of Job Quality in Advanced Economies, New York: Russell Sage, S. 28-87

Casali, S./Alvarez Gonzalez ,V. (2010), 17% of full-time employees in the EU are low-wage earners. Statistics in focus 3/2010, Eurostat, verfügbar unter: http://epp.eurostat.ec.europa.eu/cache/ITY_OFFPUB/KS-SF-10-003/EN/KS-SF-10-003-EN.PDF, abgerufen am 16.8.2011

European Commission (2006), Industrial Relations, Luxemburg

European Commission (2008), Industrial Relations, Luxemburg

Gautié, J./Schmitt, J. (Hrsg.) (2010), Low-Wage Work in the Wealthy World. New York: Russell Sage

Grimshaw, D./Bosch, G./Rubery, J. (2011), Pay equity effects of minimum wages in different national industrial relations models, Paper prepared for the ILO Conference „Regulating for decent work", 6-8 July 2011, Genf

Grimshaw, D./Shepherd, K./Rubery, J. (2010), National Report UK, EC project – Minimum Wage Systems and Changing Industrial Relations in Europe, Manchester, verfügbar unter:
http://research.mbs.ac.uk/european-employment/Portals/0/docs/UKReport_000.pdf, abgerufen am 16.8.2011

Hayter, S./Weinberg, B. (2011), Mind the gap: collective bargaining and wage inequality, in: Hayter, S. (Hrsg.), The role of collective bargaining in the global economy. Negotiating for social justice, Cheltenham, S. 136-186

Institut für Arbeitsmarkt- und Berufsforschung (IAB) (2011), Tarifbindung der Beschäftigten 2010, Nürnberg

Kalina, T./Weinkopf, C. (2010), Zur Entwicklung und Struktur des Niedriglohnsektors, in: Soziale Sicherheit 6/7, S. 205-211

Koalitionsvertrag (2009), Wachstum. Bildung. Zusammenhalt. Der Koalitionsvertrag zwischen CDU, CSU und FDP, Berlin

LPC (2007), National Minimum Wage. Low Pay Commission Report 2007. The Stationary Office, London, verfügbar unter:
http://www.lowpay.gov.uk/lowpay/report/pdf/6828-DTi-Low_Pay_Complete.pdf, abgerufen am 16.8.2011

Mason, G./Salverda, W. (2010), Low pay working conditions and living standards, in: Gautié, J./Schmitt, J. (Hrsg.), Low-Wage Work in the Wealthy World. New York: Russell Sage, S. 35-90

Neumann, L. (2010), National Report Hungary. EC project – Minimum Wage Systems and Changing Industrial Relations in Europe, Manchester, verfügbar unter:
http://research.mbs.ac.uk/european-employment/Portals/0/docs/HungarianReport.pdf, abgerufen am 16.8.2011

Salverda, W./Mayhew, K. (2009), Capitalist economies and wage inequality, in: Oxford Review of Economic Policy 25 (1), S. 126-154

Schulten, T. (2010), WSI-Mindestlohnbericht 2010 – Unterschiedliche Strategien in der Krise, in: WSI-Mitteilungen 3/2010, S. 152-160

Schulten, T. (2011), WSI-Mindestlohnbericht 2011 – Mindestlöhne unter Krisendruck, in: WSI-Mitteilungen 3/2011, S. 131-137

Vaughan-Whitehead, D. (Hrsg.) (2010), The minimum wage revisited in the enlarged EU, Cheltenham/Geneva: Elgar/ILO

Visser, J. (2011), Institutional Characteristics of Trade Unions, Wage Setting, State Intervention and Social Pacts (ICTWSS). An international database, Amsterdam Institute for Advanced Labour Studies (AIAS), Amsterdam, verfügbar unter: http://www.uva-aias.net/208, abgerufen am 16.8.2011

Westergaard-Nielsen, N. (Hrsg.) (2008), Low-Wage Work in Denmark, The Russell Sage Foundation Case Studies of Job Quality in Advanced Economies, New York: Russell Sage

WSI-Tarifarchiv (2011), Wer verdient was? Tarifliche Mindestlöhne, Studien der Hans-Böckler-Stiftung, verfügbar unter:
http://www.boeckler.de/index_tariflichermindestlohn.htm#cont_17935, abgerufen am 16.8.2011

Matthias Knuth / Martin Brussig

Der Wandel der Arbeitslosigkeit am Ende des Erwerbslebens vom privilegierten zum prekären Übergangspfad

1   Einleitung: Die Gestaltung des Altersübergangs als sozialpolitische Aufgabe

Die gesellschaftlichen Auseinandersetzungen um das System der Sicherung der individuellen Lebensgrundlagen nach der Erwerbsphase beziehen sich nicht nur auf die Finanzierung der Rentenversicherung und das durch sie zu erzielende Sicherungsniveau, sondern auch auf die individuellen Voraussetzungen, um einen Rentenanspruch zu erwerben. Hierzu zählen insbesondere Altersgrenzen, Versicherungszeiten, das individuelle Arbeitsvermögen und strukturelle Beschäftigungschancen. Sie stellen die eigentlichen Stellschrauben dar, mittels derer der Zustrom in den Ruhestand im modernen Sinne – als Phase materieller Unabhängigkeit, die zeitlich nur durch die eigene Lebensspanne begrenzt ist und auf früherer Erwerbstätigkeit basiert – reguliert wird. Die Regelung des Zugangs in eine gesetzliche Altersrente war stets eine sozialpolitische Aufgabe. Der Diskurs über diese Aufgabe hat sich in den zurückliegenden 30 Jahren grundlegend gewandelt: von einer Betonung der „Entlastung des Arbeitsmarktes" hin zur Forderung, „brachliegende Humanressourcen zu nutzen". In diesem Beitrag gehen wir diesem Wandel nach, indem wir eine Analyse von Akteurskonstellationen und Institutionen mit repräsentativen Daten über den Altersübergang von Individuen verbinden.

Während in der öffentlichen Diskussion und im Handeln beteiligter Sozialpolitiker oftmals aktuelle und kurzfristige Erwägungen dominieren und langfristige Entwicklungspfade in der Regel nicht reflektiert werden, bietet die wissenschaftliche Analyse die Vorteile der begrifflichen Klarheit und der methodischen Kontrolle. Dies erlaubt, die Geltung von Aussagen über Entwicklungen und deren Ursachen besser abzuschätzen, als es im sozialpolitischen Diskurs normalerweise der Fall ist. Ziel dieses Beitrages ist es, das Politikfeld einschließlich der Akteurs- und Interessenkonstellationen beim Altersübergang zu skizzieren und dem Wandel in der Bewertung der Frühverrentung, von der Entlastung des Arbeitsmarktes zur

Nutzung brachliegender Humanressourcen, nachzugehen. Dieser Paradigmen-wechsel bringt neue, nichtintendierte Folgen hervor, von denen wir besonders den Wandel der Altersarbeitslosigkeit von einem privilegierten zu einem prekären Übergangspfad betrachten.

2   Der Altersübergang im Spannungsfeld zwischen betrieblicher Personal- und staatlicher Sozialpolitik

Die sozialpolitischen Begründungen zur Gestaltung des Altersübergangs sind viel-fältig, aber auch widersprüchlich. Mit dem „Altersübergang" meinen wir jene er-werbsbiografische Phase, in der die Perspektive des Ruhestandes für das Handeln oder Unterlassen von Betrieben und Beschäftigten bedeutsam wird und schließlich der Übergang in den Ruhestand vollzogen wird. Während dieser Phase können unterschiedliche Formen der Beteiligung an Erwerbstätigkeit und Verfügbarkeit hierfür durchlaufen werden, die sich in charakteristischen sozialrechtlichen Status mit entsprechenden Formen der materiellen Sicherung des Lebensunterhaltes nie-derschlagen.

Abbildung 1:   Ausgewählte Altersübergänge, schematische Darstellung

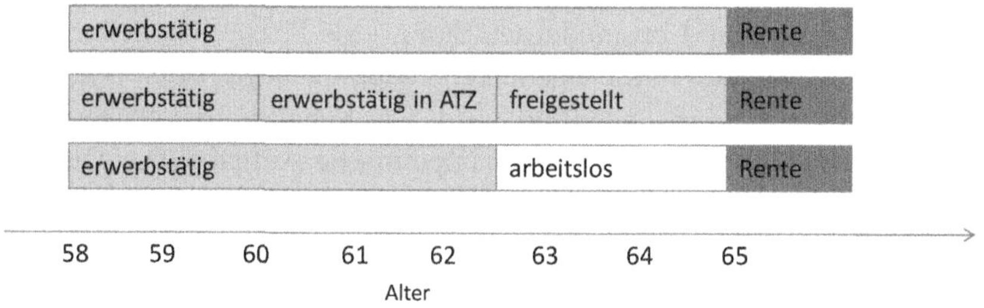

Anmerkung: ATZ = Altersteilzeitarbeit.
Quelle: Eigene Darstellung.

In Abbildung 1 sind drei Wege des Altersübergangs schematisch dargestellt. In den dort gewählten beispielhaften Fällen erfolgt der Rentenzugang jeweils mit 65 Jahren, während der Erwerbsaustritt zu unterschiedlichen Zeitpunkten stattfin-det und die Phase zwischen faktischem Erwerbsaustritt und Rentenbeginn jeweils einem unterschiedlichen sozialrechtlichen Status zugerechnet wird. Lässt man, in Annäherung an die empirische Realität, zusätzlich das Renteneintrittsalter inner-halb der institutionell vorgegebenen Spanne ebenso variieren wie die Arbeitszeit, von Vollzeit bis Minijob, lässt man weiterhin die Nichtbeteiligung am Erwerbsle-ben ohne Arbeitslosigkeitsmeldung zu und rechnet man schließlich die Erwerbstätigkeit während des Bezugs einer Altersrente zur Phase des „Altersübergangs", dann erhält man eine unüberschaubare Vielzahl möglicher Kombinationen und Sequenzen, die nur durch die Herausarbeitung der quantitativ hervortretenden Realtypen wieder überschaubar und diskutierbar wird.

Individuelle Altersübergänge werden durch verschiedene Akteure geprägt. Unmittelbar beteiligt sind Arbeitnehmer und Betriebe, die sich innerhalb des gesetzlichen Rahmens bewegen, welcher vor allem durch das Rentenrecht, zu wesentlichen Teilen aber auch durch die Arbeitsmarktpolitik vorgegeben ist (vgl. Abbildung 2).

Abbildung 2: Institutionen und Akteure des Altersübergangs

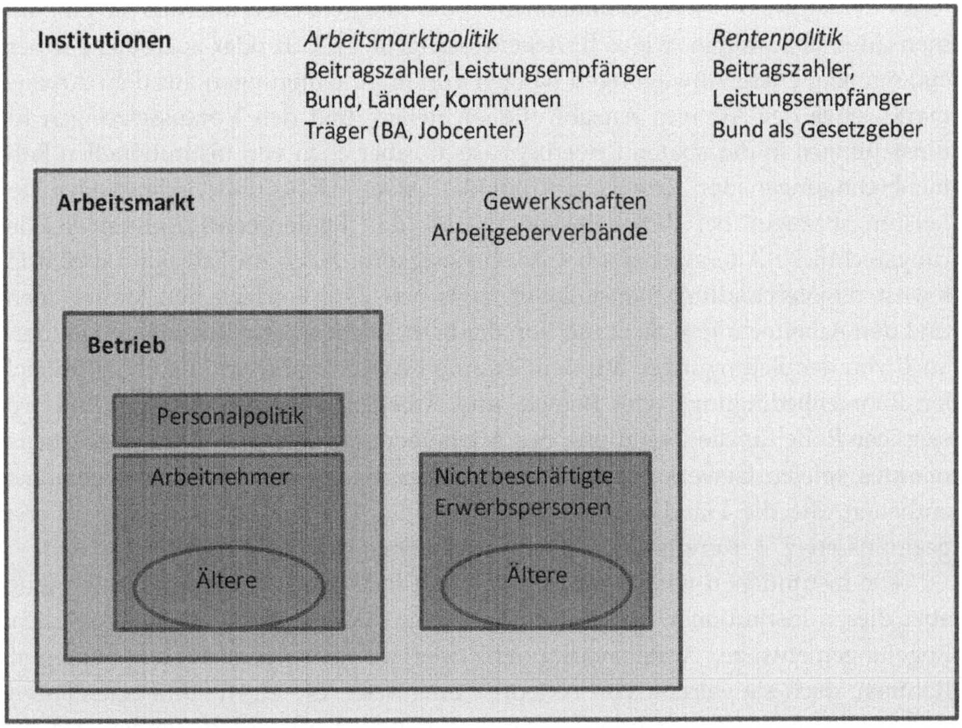

Institutionen
Arbeitsmarktpolitik
Beitragszahler, Leistungsempfänger
Bund, Länder, Kommunen
Träger (BA, Jobcenter)

Rentenpolitik
Beitragszahler,
Leistungsempfänger
Bund als Gesetzgeber

Arbeitsmarkt
Gewerkschaften
Arbeitgeberverbände

Betrieb
Personalpolitik
Arbeitnehmer
Ältere

Nicht beschäftigte
Erwerbspersonen
Ältere

Quelle: Eigene Darstellung.

Die Entscheidungen zum Altersübergang werden letztlich durch die Personen selbst getroffen, die den Übergang von Erwerbstätigkeit in Rente zu bewältigen haben. Sie sind darin ebenso „frei" wie in anderen „Angebotsentscheidungen" am Arbeitsmarkt, d. h. sie schließen Verträge ab, deren Bedingungen sie nicht vollständig bestimmen können. Sie können als Arbeitnehmer oder auch als Beamte oder Selbstständige erwerbstätig sein oder zu dem Kreis der „inaktiven" Erwerbspersonen gehören und beispielsweise arbeitsuchend sein oder der Stillen Reserve angehören. Für die individuellen Angebotsentscheidungen auf dem Arbeitsmarkt sind die Partnerschaftskonstellationen und Pflege-/Versorgungsleistungen im Haushaltskontext einflussreich (in Abbildung 2 nicht dargestellt), aus denen sich Ressourcen und Restriktionen für das individuelle Verhalten ergeben (Allmendinger 1990; Wagner 1996; Drobnic 2003; Bäcker et al. 2009, S. 194f). Die (abhängig) beschäftigten Älteren treffen die Entscheidungen zum Altersübergang als Ergebnis von Aushandlungsprozessen mit dem Arbeitgeber. Wichtige Parameter sind hier die Chancen auf eine Fortsetzung der Tätigkeit und die Möglichkeit, die Tätigkeit bewusst und zu einem bestimmten Zeitpunkt zu beenden. Nicht beschäftigte Ältere haben vor allem ihre Beschäftigungschancen und – wegen des fehlenden eigenen Erwerbseinkommens – die Möglichkeiten alternativer Einkommensarten abzuwägen, wie z. B. Arbeitslosengeld, ALG II oder auch das Partnereinkommen. Diese Abwägungen hängen von den Bedingungen auf dem Arbeitsmarkt, etwa der Art und Anzahl offener Stellen, und den Voraussetzungen für Einstellungen in der späten Erwerbsphase ab, aber auch von institutionellen Rahmenbedingungen der Arbeitsmarktpolitik (Dauer, Höhe und Bedingungen des Leistungsbezuges bei Arbeitslosigkeit) und des Rentenrechts (rentenversicherungsrechtliche Altersgrenzen bei Arbeitslosigkeit). Auch im Fall von Beschäftigten ist die Verhandlungskonstellation zwischen dem betrieblichen Management und den Arbeitnehmern nicht nur von der betrieblichen Personalstrategie, sondern auch von den Bedingungen auf dem externen Arbeitsmarkt und den institutionellen Rahmenbedingungen der Renten- und Arbeitsmarktpolitik geprägt. Eine wesentliche Rolle für die Gestaltung des Altersübergangs auf der Ebene des Arbeitsmarktes spielen Gewerkschaften und Arbeitgeber, da Tarifverträge Regelungen enthalten, die die Handlungsmöglichkeiten der Arbeitgeber gegenüber Älteren beeinflussen (z. B. Kündigungsschutz- und Altersteilzeitregelungen).

Die Institutionen wirken für Betriebe und Individuen als Rahmenbedingung, aber diesen Institutionen kommt teilweise auch Akteurscharakter zu. Gesetzliche Regelungen etwa zur Arbeitsmarktpolitik oder zur Rentenversicherung wirken als Rahmen, doch sie werden von Akteuren umgesetzt, die eigene Strategien entwickeln und trotz gleichlautender Vorgaben davon auch abweichen können (Mayntz 1980). Dies ist eher im Bereich der Arbeitsmarktpolitik und weniger für die Rentenversicherung gezeigt worden.[1] Aber auch in der Rentenversicherung werden laufend Anpassungen vorgenommen, die die Bedingungen des Rentenzugangs

---

1 Für die Frühzeit der Rentenversicherung wurde das selektive Vorgehen der Rentenversicherung bei der Zuerkennung der Erwerbsunfähigkeit gezeigt (vgl. Kaschke 2000). Eine Untersuchung, die soziale Unterschiede in der Tätigkeit der heutigen Rentenberatungsstellen oder Anerkennungsverfahren bei Erwerbsminderung überprüfen würde, steht jedoch bislang aus.

ändern. Grundsätzlich haben darüber hinaus außerdem Beitragszahler und Leistungsempfänger als Wähler die Möglichkeit, die Zusammensetzung des Parlaments als gesetzgebende Körperschaft zu beeinflussen. Dies gilt ebenso grundsätzlich natürlich auch für die Arbeitsmarktpolitik, auf die zudem die Arbeitgeber als Beitragszahler über ihre Vertretung in der Bundesagentur für Arbeit Einfluss nehmen können (und entsprechend auch Gewerkschaften). Gleichwohl kommt in Deutschland der Arbeitsmarktpolitik eine höhere Akteursqualität als der Rentenversicherung zu, d. h. die legislativen und exekutiven Akteure der Arbeitsmarktpolitik verfolgen aktiv Politikziele, die über allgemeine Ziele wie die Sicherung einer Ordnung auf dem Arbeitsmarkt (oder einer angemessenen Rente) und die Gewährleistung eines funktionierenden Rahmens hinausgehen. Die Arbeitsmarktpolitik verfolgt aktiv und je nach Kräfteverhältnis sich wandelnde beschäftigungspolitische Ziele. Der Regelungsrahmen determiniert nicht vollständig die Umsetzung; in der Arbeitsmarktpolitik sind mehr Entscheidungen zu treffen. Zum Teil ist die Arbeitsmarktpolitik – anders als die Rentenversicherung – darauf gerichtet, das Verhalten der Arbeitsmarktparteien zu beeinflussen. Allerdings sind die Individuen von den Entscheidungen in der Arbeitsmarktpolitik nicht lebenslang betroffen, was die Kosten kurzfristiger Kurswechsel senkt. Zudem sind die Träger der Arbeitsmarktpolitik deutlich vielfältiger als in der Rentenpolitik. Die wichtigsten Träger der Arbeitsmarktpolitik sind – neben den Gesetzgebern auf Bundes- und Landesebene – die Bundesagentur für Arbeit, die dem Anspruch nach eine zentral gesteuerte Arbeitsmarktpolitik verfolgt, sich aber gleichwohl regionalen Besonderheiten nicht verschließt, sowie ca. 440 Jobcenter, die für die erwerbsfähigen Hilfebedürftigen zuständig sind und die eine eher lokal ausgerichtete Arbeitsmarktpolitik verfolgen.

Die Akteure des Altersübergangs, zu denen hier die Institutionen der Arbeitsmarkt- und Rentenpolitik hinzugezählt werden sollen, lassen sich hinsichtlich ihrer *Reichweite*, *Spezifität* und *Komplexität* unterscheiden. Mit der *Reichweite* ist die Zahl der betroffenen Personen gemeint. Die *Spezifität* beschreibt, inwieweit sich ein Verfahren oder eine Handlungsroutine speziell auf den Altersübergang bezieht. Eine hohe Regulierungsdichte beim Altersübergang würde sich durch eine hohe Spezifität auszeichnen. Eine niedrige Spezifität ließe einerseits eine große Vielfalt an Übergangsverläufen erwarten, andererseits auch eine hohe Kreativität der Akteure im Umgang mit den bestehenden Institutionen. Mit der *Komplexität* wird beschrieben, ob ein Akteur neben dem Altersübergang weitere Sachverhalte zu regeln hat. Akteure, die unter Umständen von hoher Komplexität handeln, können der Gestaltung des Altersübergangs eine niedrige Priorität einräumen und versuchen, sie für andere, höher bewertete Ziele zu instrumentalisieren.

Entscheidungen eines *Individuums* zur Gestaltung seines Altersübergangs haben eine sehr niedrige Reichweite – sie betreffen diese Person und seine Familie. Die Spezifität der Gestaltung des Altersübergangs ist auf einer mittleren Kategorie anzusiedeln, da anzunehmen ist, dass die Entscheidungen zum Altersübergang ein starkes Gewicht haben und die künftige Einkommenssituation erheblich (und biografisch gesehen vielleicht zum letzten Mal) beeinflussen. Es ist deshalb zu vermuten, dass die Gestaltung des Altersübergangs einen erheblichen Eigenwert hat, dem sich andere individuelle Entscheidungen unterordnen müssen. Auf der anderen Seite muss ein Individuum immer seine ganze Existenz organisieren und kann sich nicht auf einen Aspekt beschränken. Die Komplexität, innerhalb derer die Organisation des Altersübergangs erfolgt, ist daher hoch (vgl. Abbildung 3).

Abbildung 3:   Charakteristik der Akteure des Altersübergangs

	Reichweite	Spezifität	Komplexität
Individuum	Niedrig	Mittel	Hoch
Betrieb	Niedrig – mittel	Niedrig	Hoch
Arbeitsmarktpolitik	Hoch	Niedrig – hoch	Hoch
Rentenpolitik	Hoch	Mittel – hoch	Niedrig

Quelle: Eigene Darstellung.

Betriebe haben mit den Regelungen, mit denen sie den Altersübergang handhaben, ebenfalls nur eine niedrige bis bestenfalls mittlere Reichweite – sie beschränkt sich auf die Beschäftigten in der Organisation. Aber durch jahrelange Praxis und durch übereinstimmende Praxis vieler Betriebe können Erwartungen bei sehr vielen Beschäftigten im Hinblick auf eine bestimmte Form des Altersübergangs entstehen. Die Spezifität der Gestaltung des Altersübergangs ist als niedrig einzuschätzen. Zwar können Betriebe sehr spezielle personalpolitische Regelungen erlassen, doch angesichts einer hohen Komplexität von Handlungsanforderungen ist nicht zu erwarten, dass die Gestaltung des Altersübergangs einen hohen Eigenwert erhält.

Anders als bei Betrieben ist die Reichweite der *Arbeitsmarktpolitik* hoch. Betroffen sind nicht nur Beschäftigte und Arbeitslose, sondern – wie sich bei der Einführung der Grundsicherung für erwerbsfähige Hilfebedürftige gezeigt hat – unter Umständen alle Erwerbsfähigen. Die Komplexität, innerhalb derer die Arbeitsmarktpolitik zu handeln hat, ist ebenfalls hoch. Die Organisation des Altersübergangs ist nur ein Themenfeld unter vielen, das aber je nach politischer Bewertung einen hohen Eigenwert erhalten kann. Auch die Reichweite der *Rentenpolitik* ist hoch, allerdings ist hier die Komplexität vergleichsweise niedrig. Die Rentenversicherung bearbeitet ein funktional ausdifferenziertes und entsprechend spezifisches Risiko, das gesellschaftlich abzusichern ist. Da eine Rentenversicherung zwangsläufig Bestimmungen zum Rentenzugang treffen muss, kann die Spezifität der Regelungen zum Altersübergang nicht niedrig sein.

Die Akteure entwickeln Strategien zur Organisation des Altersübergangs. Die Strategien unterschiedlicher Akteure können ineinandergreifen – dies erleichtert ihre Durchsetzung –, sie können aber auch im Konflikt zueinander stehen. Allerdings ist bereits die Entwicklung einer Strategie (und nicht nur deren Umsetzung) für einen Akteur ein schöpferischer Akt, in dem unterschiedliche Interessen, mögliche Zielzustände und der Einsatz begrenzter Ressourcen gegeneinander abzuwägen und in einen Handlungsentwurf zu integrieren sind.

In stark stilisierter Form liegen die wesentlichen Interessen der Individuen im Altersübergang in einem hohen Sicherungsniveau und in einem möglichst frühen Zeitpunkt des Rentenzugangs. Dies widerspricht nicht einem verbreiteten Interesse an einer Erwerbstätigkeit auch während des Rentenbezuges (Dobritz/Micheel 2010; Brussig 2010a). Betriebe sind grundsätzlich daran interessiert, das Qualifikations-, Motivations- (oder Kontroll-) sowie Flexibilitätsproblem bei gleichzeitig möglichst geringen Kosten (Nienhüser 2000) zu bewältigen. Der Altersübergang geht aufgrund der individuellen Strategien älterer Beschäftigter in das (externe) Bedingungsgefüge der betrieblichen Personalstrategie ein, d. h. die Personalpolitik muss die Übergangsoptionen der Beschäftigten in Rechnung stellen. Betriebe sind aber nicht zu einer passiven Rolle verdammt; die betriebliche Organisation des Altersübergangs kann personalstrategisch zur Bewältigung etwa des Flexibilitäts- oder Motivationsproblems instrumentalisiert werden (ebd.). Die „Kosten", die entstehen, um den Altersübergang in einer spezifischen Weise zu organisieren, hängen für den Betrieb von den institutionellen Rahmenbedingungen ab. Für Betriebe ist die Organisation des Altersübergangs also zugleich ein Instrument der Personalpolitik und eine Rahmenbedingung.

Diese Doppelnatur des Altersübergangs als Instrument und Rahmenbedingung betrieblicher Personalpolitik wiederholt sich auf der Ebene der Institutionen, wenngleich in modifizierter Form. In Institutionen verkörpern sich Interessenkonflikte; von eindeutig ausgerichteten Interessen oder gar Strategien kann man bei Institutionen nicht ausgehen. Doch im vorliegenden Fall kommen der Arbeitsmarktpolitik und der Rentenpolitik Akteurseigenschaften zu. Vereinfachend kann man sagen, dass für die Arbeitsmarktpolitik die Organisation der Rahmenbedingungen von individuellen Altersübergängen ein Instrument ist, um beschäftigungspolitische und fiskalische Ziele zu erreichen, und hierfür setzt die Rentenpolitik Rahmenbedingungen.

Welches aber sind die Ziele, auf die der institutionelle Rahmen der Altersübergänge ausgerichtet wird? Sie sind so gegensätzlich wie die Akteure, die um
die Ausgestaltung des institutionellen Rahmens ringen, aber selbst die Akteure,
wie Arbeitnehmer und Arbeitgeber, lassen sich nicht eindeutig in diesen Konflikt-
linien verorten. Der zentrale Konflikt besteht zwischen dem Interesse an sozialer
Sicherheit einerseits und dem Interesse an einer hohen Wertschöpfung in einer
offenen und marktlichen Wirtschaftsverfassung andererseits. Hinzu kommen or-
ganisationale Eigeninteressen der Träger von Arbeitsmarkt- und Rentenpolitik.
Diese Interessenkonflikte zeigen sich beispielsweise an den kontroversen Bewertungen des Vorruhestandes, die in Abbildung 4 zusammengefasst sind.

Abbildung 4:   Argumente pro und contra Vorruhestand

Pro Vorruhestand	Contra Vorruhestand
Platz machen für Jüngere, Generationen-austausch	Vermeidbare Stilllegung wertvoller Humanressourcen
Angebot einer gesellschaftlich legitimier-ten Position als „Frührentner" an ältere Arbeitslose	Gesellschaftliche Integration durch Beschäftigung
Entlastung bei nachlassender individueller Arbeitsfähigkeit	Finanzierungsgrenzen der Sozialversicherungen
Verteilung gesellschaftlichen Wohlstandes zugunsten der Älteren: Konsum von mehr freier Zeit	
Betriebe: Aufrechthaltung betrieblicher Anreizstrukturen (Aussicht auf frühen Er-werbsausstieg, Freiwerden von Aufstiegs-positionen)	

Quelle: Eigene Darstellung.

Akteure und Institutionen können sich aufeinander einstellen, und die Akteure
können ihre Strategien am institutionellen Rahmen ausrichten. Diese „Koppelung"
an oder „Einbettung" in einen institutionellen Rahmen wird viel zu oft als selbstverständlich angenommen. Dass jedoch die Bedingungen und Mechanismen dieser
Koppelung oft prekär sind und selten thematisiert werden, lässt sich auch in den
Mustern des Altersübergangs zeigen.

3 Elemente des Frühverrentungsarrangements und seiner Auflösung

In den 1980er Jahren wurde in Westdeutschland – unter dem Eindruck der damals noch neuen und sich scheinbar unaufhörlich verfestigenden Massenarbeitslosigkeit, die durch das Nachrücken der geburtenstarken Baby-Boomer verstärkt wurde – nach Wegen gesucht, den Angebotsdruck auf dem Arbeitsmarkt zu reduzieren. Zeitweise wurden die wöchentliche Arbeitszeitverkürzung und die Verkürzung der Lebensarbeitszeit als alternative Lösungsmöglichkeiten diskutiert (Trampusch 2005). Die damalige Bundesregierung präferierte eindeutig die Verkürzung der Lebensarbeitszeit gegenüber der wöchentlichen Arbeitszeitverkürzung, ging dabei allerdings nicht so weit, die Regelaltersgrenze in der Rentenversicherung zu senken. Stattdessen wurde nach alternativen Wegen für einen vorzeitigen Eintritt in den Altersübergang gesucht. In die 1980er Jahre fallen beispielsweise Verlängerungen der Bezugsdauer von Arbeitslosengeld für Ältere auf bis zu 32 Monate, die Einführung des erleichterten Leistungsbezuges für ältere Arbeitnehmer und ein erster – noch wenig genutzter – Versuch der Altersteilzeit. Bereits in Kraft waren vorzeitige Altersrenten wegen Arbeitslosigkeit ab 60 Jahren und Kurzarbeiterregelungen, die einen Rückzug vom Arbeitsmarkt vor Erreichen der gesetzlichen Altersgrenze von 65 Jahren unterstützten. Dieses Instrumentarium zur Ausgliederung älterer Arbeitsloser aus dem Arbeitsmarkt wurde Anfang der 1990er Jahre im Zuge der ostdeutschen Wirtschaftstransformation auf eine breitere Grundlage gestellt und erfasste in den neuen Bundesländern nicht nur einzelne Betriebe oder ausgewählte Branchen, sondern den gesamten Arbeitsmarkt. Dort bezogen etwa 80 Prozent der 1936 bzw. 1937 Geborenen eine Altersrente ab 60 Jahren (Brussig/Wojtkowski 2006). Damit wurden nicht nur Arbeitslose in die Rente überführt, auch die Erwerbsbeteiligung ging deutlich zurück. Nur etwa zehn Prozent der ostdeutschen Frauen und ca. 25 Prozent der ostdeutschen Männer zwischen 55 und 64 Jahren waren 1993 erwerbstätig – unter den westdeutschen Männern und Frauen war der Anteil mehr als doppelt so hoch (Brussig 2010a).

Erst ab 2008 wurde die optionale Sonderregelung für ältere Bezieher ab 58 Jahren von Arbeitslosengeld, Arbeitslosenhilfe und – ab 2005 – Arbeitslosengeld II, der „Leistungsbezug unter erleichterten Voraussetzungen", für Neuzugänge geschlossen. Daher beschreiben die Zahlen der registrierten Arbeitslosigkeit Älterer die Rolle der Arbeitslosenversicherung für den vorzeitigen Altersübergang nur unzureichend. Dennoch war die Zahl der Arbeitslosen ab 50 Jahren beeindruckend und näherte sich 1997 allein in Westdeutschland der Millionengrenze. Der „vorruhestandsförmige Leistungsbezug" – definiert als Bezug von Arbeitslosengeld oder -hilfe nach stabiler betrieblicher Beschäftigung ab einem Alter von mindestens 55 bis zu einem Alter von mindestens 60 Jahren und ohne Rückkehr in Beschäftigung

– stieg in Westdeutschland seit 1985 stärker an als der Leistungsbezug insgesamt, und besonders steil in den Jahren 1991 bis 1993 auf zuletzt fast elf Prozent der gesamten im Bezug von Arbeitslosengeld oder -hilfe verbrachten Tage (Knuth/Kalina 2002).[2] Im Jahre 1995 erreichten die Zugänge in Altersrenten wegen Arbeitslosigkeit mit mehr als einer Million sowohl ihren absoluten Höhepunkt als auch mit fast 30 Prozent den höchsten Anteil an allen Altersrentenzugängen des betreffenden Jahres.

Die in der ersten Hälfte der 1990er Jahre bestehende positive Korrelation des „vorruhestandsförmigen Leistungsbezugs" mit den Einkommensgruppen (abgesehen von der höchsten Gruppe) (Kalina/Knuth 2002) deutet darauf hin, dass diese Form des Altersübergangs „privilegiert" war in dem Sinne, dass sie eher von Personen gewählt wurde, die sich das im Hinblick auf ihre Alterssicherung und ihr Einkommen in der Übergangsphase bis zum Renteneintritt leisten konnten. Die betroffenen Personen kamen mit signifikant größerer Wahrscheinlichkeit aus größeren Betrieben des produzierenden Gewerbes. Die Betriebe stockten die Lohnersatzleistungen mit ratierlichen Sozialplanleistungen auf, die seinerzeit nicht angerechnet wurden, bis 1997 auch nicht auf die Arbeitslosenhilfe. Betriebe und Arbeitsmarktpolitik wirkten also Hand in Hand, um diese Form des Vorruhestandes zu ermöglichen, und die Rentenpolitik holte die betroffenen Personen mit Vollendung des 60. Lebensjahrs aus diesem Altersübergang in eine Altersrente wegen Arbeitslosigkeit ab und forderte dafür bis 1996 auch noch keine Abschläge.

Auf der Ebene der institutionellen Akteure war jedoch das Steuern in eine andere Richtung zu diesem Zeitpunkt bereits programmiert. Was bis dahin angereizt und gefördert worden war, wurde nun von mehreren Seiten her bekämpft. Dies betrifft insbesondere die Einführung von Abschlägen bei einem vorzeitigen Rentenbeginn, wobei die abschlagsfreie Altersgrenze bei beinahe allen Rentenarten auf das Niveau der Regelaltersrente (also 65 Jahre) angehoben wurde. Dies kam einer faktischen Anhebung des (abschlagsfreien) Rentenalters von 60 auf 65 Jahre gleich, die innerhalb von zehn Jahren (Anfang 1997 bis Ende 2006) implementiert wurde.

---

2   Zum Zeitpunkt der Durchführung der Untersuchung von Knuth und Kalina (2002) mit der IAB-Beschäftigtenstichprobe war 1993 das aktuellste für diese Fragestellung nutzbare Jahr, da zur Erfüllung der Definitionsbestandteile „Leistungsbezug bis mindestens zur Vollendung des 60. Lebensjahres" und „keine Wiederbeschäftigung" ein entsprechender „Datennachlauf" der seinerzeit bis 1995 verfügbaren IAB-Beschäftigtenstichprobe benötigt wurde. Da diese Analyse bisher mit späteren Versionen des Datensatzes nicht repliziert wurde, ist ein weiterer Anstieg in den Folgejahren, bis etwa 1996/1997, nicht auszuschließen, sondern eher wahrscheinlich.

4 Strukturwandel der Arbeitslosigkeit am Ende des Erwerbslebens

In den letzten Jahren hat sich die Situation der Erwerbslosen im Altersübergang in mehrfacher Hinsicht verschlechtert. Zwar sind es über einen längeren Zeitraum betrachtet weniger Personen, die im Alter eine Leistung wegen Arbeitslosigkeit erhielten. Betrug 1999 die Zahl der registrierten Arbeitslosen zuzüglich der Personen im erleichterten Leistungsbezug ab 55 Jahren ca. 1,5 Mio., so lag der Wert im Jahr 2009 unter 900.000 (ohne SGB-II-Arbeitslose in zugelassenen kommunalen Trägern) (Mümken et al. 2011, S. 54). Doch Erwerbslosigkeit hat sich auf ein Alter jenseits des 60. Lebensjahres ausgeweitet. Dies ist im Kohortenvergleich sehr deutlich zu erkennen (vgl. Abbildung 5). Noch in der Kohorte der 1940 Geborenen erfolgte ein massiver Rückgang der Erwerbslosigkeit im Alter von 60 Jahren. In diesem Alter sind die Erwerbslosen dieser Kohorte vermutlich – eine konkrete Analyse ist mit den verwendeten Querschnittsdaten des Mikrozensus nicht möglich – in die Altersrente wegen Arbeitslosigkeit gewechselt. Auch bei den 1942 und mehr noch bei den 1944 Geborenen ist zu erkennen, dass die Erwerbslosigkeit mit Erreichen des 60. Lebensjahres zurückging. Doch dieser Rückgang fällt deutlich schwächer aus, als dies in der früheren Kohorte der Fall war – und entsprechend verlängert sich die Erwerbslosigkeit über das 60. Lebensjahr hinaus.

Abbildung 5: Anteil der Erwerbslosen am Ende des Erwerbslebens bezogen auf die Zahl der Erwerbslosen im Alter von 57 Jahren (100 %), verschiedene Kohorten, 1997–2007

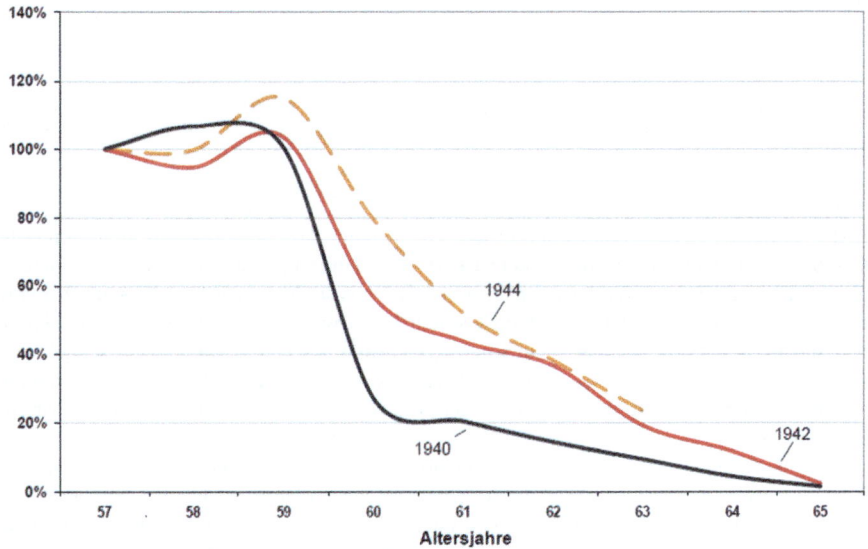

Quelle: Mikrozensus 1997 bis 2007; eigene Berechnungen.

Das durchschnittliche Renteneintrittsalter nach Arbeitslosigkeit ist niedriger als bei Personen, die aus stabiler Beschäftigung in Altersrente wechseln. Dies ist besonders deutlich, wenn man den Rentenzugang nach *Langzeit*arbeitslosigkeit betrachtet. Fast 40 Prozent der „Langzeitarbeitslosen" traten im Jahr 2007 ihre Altersrente mit 60 Jahren an; von den Renteneintritten aus stabiler Beschäftigung waren es nur etwas mehr als 20 Prozent. Und umgekehrt: Nur jede/jeder Sechste, die/der die Altersrente nach Langzeitarbeitslosigkeit begann, war 65 Jahre alt, aber mehr als jede/jeder Vierte, die/der bis zum Rentenbeginn stabil beschäftigt war, arbeitete bis zum 65. Lebensjahr (Brussig 2010b, S. 8).[3]

Folgerichtig sind die Abschläge wegen eines vorzeitigen Rentenzugangs bei Langzeitarbeitslosen besonders hoch, und dies wirkt sich auf die Rentenzahlbeträge aus. Es ist zu vermuten, dass die betroffenen Personen mangels anderer Einkommensmöglichkeiten eine abschlagsbehaftete Altersrente als „kleineres Übel" vorgezogen haben (Zähle et al. 2009).[4] Dabei ist darauf hinzuweisen, dass bereits die Ansprüche, von denen Abschläge wegen vorzeitiger Inanspruchnahme vorgenommen werden, ceteris paribus geringer sind als bei bis zuletzt Erwerbstätigen, da die Rentenbeiträge bei Arbeitslosigkeit geringer sind und ab 2011 für Bezieher/-innen von ALG II ganz entfallen. Den Arbeitslosen im Altersübergang fehlen offenbar die Ressourcen, um auf die massiven Anreize, die mit den Abschlägen geschaffen werden, zu reagieren.

---

3   In dem zitierten Altersübergangs-Report werden Übergangskonstellationen auf Basis von Daten der Gesetzlichen Rentenversicherung rekonstruiert. Als „langzeitarbeitslos" gelten Personen, die an drei Stichtagen vor dem Jahr des Rentenbeginns – jeweils am 31.12. des Vorjahres, des Vorvorjahres und des davor liegenden Jahres – arbeitslos oder krank waren; als stabil beschäftigt gelten Personen, die an diesen drei Stichtagen versicherungspflichtig beschäftigt waren. Dies schließt auch die Freistellungsphase der Altersteilzeit ein. „Übergangsarbeitslosigkeit vor Rente" wurde definiert als Arbeitslosigkeit bzw. Krankheit an einem oder zwei, aber nicht drei Stichtagen unmittelbar vor dem Rentenbeginn.

4   Zähle et al. (2009) zeigen, dass die Einkommensentwicklung derjenigen, die aus Arbeitslosigkeit in Rente wechseln, in den Jahren vor Erreichen des 60. Lebensjahres rückläufig, nach Erreichen des 60. Lebensjahres aber auf niedrigem Niveau stabil ist (S. 592). Dies zeigt, dass aus der individuellen Perspektive eine Verschlechterung in der Einkommenssituation durch den Renteneintritt, die für Beschäftigte nahezu unvermeidlich ist, für Arbeitslose keineswegs zwangsläufig auftritt.

Abbildung 6: Übergangskonstellationen und Abschläge, Rentenzugangskohorte 2007

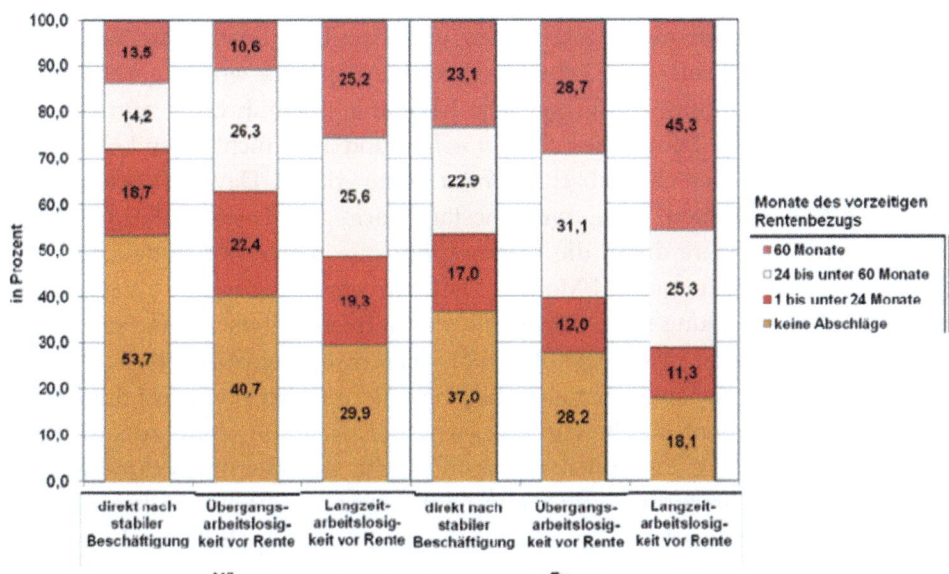

Quelle: Brussig 2010, S. 15, basierend auf Scientific Use File Rentenzugang 2007 (SUFRTZN07).

Die niedrigen Rentenzahlbeträge der älteren Langzeitarbeitslosen resultieren nicht ausschließlich aus den aufgrund der Arbeitslosigkeit fehlenden späten Jahren in Erwerbstätigkeit und aus der Rentenkürzung durch Abschläge. Sie resultieren auch aus der Verdienstposition im gesamten Erwerbsverlauf. Doch Trischler und Kistler (2011) zeigen, wie hoch der Verlust im Rentenanspruch aufgrund von Arbeitslosigkeit im Alter ist: Im Durchschnitt haben diejenigen, die einen Altersübergang mit Arbeitslosigkeit verzeichnen, nach ihrem 55. Lebensjahr noch knapp zwei Entgeltpunkte erworben (nach ihrem 60. Lebensjahr ist der Rentenanspruch im Durchschnitt praktisch konstant geblieben), während diejenigen, die kontinuierlich bis zum Rentenbeginn sozialversicherungspflichtig erwerbstätig waren, nach dem 55. bis zum 64. Lebensjahr ca. zehn Entgeltpunkte erworben haben. Dabei ist hervorzuheben, dass in beiden Gruppen die Rentenansprüche bis zum Erreichen des 55. Lebensjahres relativ einheitlich bei 35 Entgeltpunkten lagen – in der Gruppe der „sozialversicherungspflichtig Beschäftigten" etwas darüber, in der Gruppe derjenigen, die nach dem 55. Lebensjahr einen „Altersübergang mit Arbeitslosigkeit" durchlaufen, etwas darunter.

Arbeitslosigkeit am Ende des Erwerbslebens – bzw. ein Bezug von Lohnersatzleistungen ohne Erfassung als „arbeitslos" – wurde durch die Arbeitsmarktpolitik lange eher als Lösung gesehen (s. o., Abschnitt 3) und nicht als Problem, zu dem es in den letzten Jahren für die Alterssicherung der betreffenden Personen geworden ist. Erst Ende 2007 wurde der Zugang zum Leistungsbezug unter erleichterten Voraussetzungen geschlossen und damit die institutionalisierte Verdrängung der Altersarbeitslosigkeit erschwert. Allerdings wurde gleichzeitig im Bereich des SGB II eine wirkungsgleiche Regelung eingeführt, die nun aber kein Wahlrecht durch die Betroffenen mehr vorsieht und auch nicht einen Leistungsbezug bis zum Erreichen einer abschlags*freien* Rente erlaubt. Davon abgesehen wurden die Möglichkeiten zum „vorruhestandsförmigen Leistungsbezug" eingeschränkt, insbesondere durch die Kürzung der maximalen Bezugsdauer von Arbeitslosengeld auf nunmehr 24 Monate. Die Frühverrentung wurde also zurückgedrängt; die Entwicklung ihres Gegenteils, der aktiven Unterstützung eines längeren Erwerbslebens, ist jener gegenüber sehr viel schwerer einzuschätzen.

Mit Sicherheit geändert hat sich die Rhetorik, die sich nun einer Sprache der „Aktivierung" bedient. Auch wurden neue, spezifisch auf Ältere zugeschnittene arbeitsmarktpolitische Instrumente eingeführt, die sich allerdings durchwegs als wirkungslos bzw. in ihrer Beschränkung auf Ältere als überflüssig herausgestellt haben.[5] In der praktischen Umsetzung der Arbeitsmarktpolitik wird eine Kluft zwischen dem Aktivierungsanspruch und der Wirklichkeit auch daran deutlich, dass – wie in einer eigenen Untersuchung über ALG-II-Beziehende gezeigt wurde – Dienstleistungen wie Beratungsgespräche, der Abschluss von Eingliederungsvereinbarungen und das Unterbreiten von Beschäftigungsangeboten (Dinge, die ältere ALG-II-Beziehende ohnehin weniger erhalten als jüngere) seltener mit der Aufnahme einer Beschäftigung einhergehen als bei Jüngeren (Brussig/Knuth 2010).

In der Arbeitsmarktpolitik hat sich mehr geändert als nur die Position zur Frühverrentung. „Aktivierung" bedeutet in der deutschen Arbeitsmarktpolitik nicht nur, von allen Erwerbsfähigen die Aufnahme einer Beschäftigung zu fordern und sie dabei zu unterstützen. Mit den Arbeitsmarktreformen einher ging eine Organisationsreform der Öffentlichen Arbeitsvermittlung, durch die betriebswirtschaftliche Kriterien erheblich an Bedeutung gewannen. Ressourcen wurden für Personen mit guten Vermittlungschancen aufgewendet. Ältere haben aufgrund ihres Alters schlechtere Vermittlungschancen und profitieren wohl auch deshalb seltener von Maßnahmen der aktiven Arbeitsmarktpolitik. Auch in der Öffentlichen Arbeitsvermittlung sind „humankapitaltheoretische" Erwägungen zu vermuten, wie man sie oft Betrieben unterstellt, nämlich mehr oder weniger stillschweigende Abwägungen, ob sich „Investitionen" in Ältere noch lohnen. Studien zum

---

5   Zu nennen sind insbesondere Eingliederungszuschüsse für Ältere, Entgeltsicherung für Ältere, Beitragsbonus (Übernahme des Arbeitgeberanteils an der Arbeitslosenversicherung bei Einstellung eines mindestens 55-jährigen Arbeitslosen) und der Eingliederungsgutschein.

Vermittlerhandeln von Arbeitsvermittlern in der Öffentlichen Arbeitsvermittlung zeigen außerdem, dass sich Vermittlungsfachkräfte die von ihnen wahrgenommenen Bewertungskriterien von Betrieben zu eigen machen und deshalb die Chancen von Älteren schlechter beurteilen, als sie tatsächlich sind. Sie sehen sich eher als „Agenten" von Personalverantwortlichen in den Betrieben und weniger als „Spürhunde" der Arbeitslosen für nicht wahrgenommene Chancen.

Die Komplexität der Arbeitsmarktpolitik zeigt sich auch nach der Schließung des Vorruhestandes – die Arbeitsmarktpolitik hat neben den arbeitsmarktpolitischen Zielen auch organisationsinterne Ziele zu verfolgen und unterliegt den Routinen der Organisation. Und durch die Schließung des Vorruhestandes hat die Arbeitsmarktpolitik gegenüber Älteren an Spezifität verloren und diesen Verlust durch die in Bezug auf Ältere getroffenen Maßnahmen bislang nicht kompensiert.

5   Fazit und Forschungsbedarf

Bei der analytischen Rekonstruktion des Strukturwandels der Altersarbeitslosigkeit vom privilegierten zum prekären Übergangspfad fällt auf, dass die Akteure – die Arbeitsmarkt- und Rentenpolitik, die Betriebe und die Arbeitnehmer – sich schnell auf eine Kooperation beim Vorruhestand verständigt hatten. Und obwohl die Phase des ausgeprägten Vorruhestandes auch nicht viel länger dauerte als die nun schon über zehn Jahre währende Zeit der aktivierenden Arbeitsmarktpolitik, stellt der Vorruhestand nach wie vor den „natürlichen" Referenzpunkt für den Übergang vom Erwerbsleben in den Ruhestand dar. Dazu mag auch die Phasenverschiebung beigetragen haben, welche durch die deutsche Einheit eingetreten ist. Dadurch wurde die Vorruhestandskultur in Ostdeutschland zu einem Zeitpunkt revitalisiert, zu dem ihr Ende in Westdeutschland bereits beschlossen war. Doch unabhängig davon scheint es viel schwerer zu sein, die Akteure zu einer Koalition der Verlängerung des Erwerbslebens zu verpflichten als zu einer Koalition des vorzeitigen Erwerbsausstiegs.

Nach den in diesem Beitrag entwickelten Begriffen liegen die Gründe dafür nicht nur in den veränderten Finanzierungsbedingungen des Sozialstaates. Diese sind ohnehin keineswegs allein „objektiv" gegeben, sondern auch Ausdruck gesellschaftlich dominanter Diskurse. Gründe für die große mentale Beharrungskraft des Vorruhestandes liegen auch darin, dass Reichweite, Spezifität und Komplexität bei einem Altersübergang durch Vorruhestand leichter ineinandergreifen als bei einem Altersübergang, der auf verlängerte Erwerbsphasen zielt. Die niedrige Spezifität des Altersübergangs für die betriebliche Personalpolitik drückt sich darin aus, dass die Gestaltung des Altersübergangs eine personalpolitische Option für weitergehende Zwecke ist (Gestaltung der Personalstruktur, sozialverträglicher Personalabbau, Aufrechterhaltung von Motivation, Nutzung von Humanressourcen), aber selbst keinen Eigenwert hat. In diesem Sinne ist der Vorruhestand eine Option, die willkommen sein kann, aber nicht genutzt werden muss. Die Verlängerung des Erwerbslebens ist hingegen keine neue Option, sondern aus betrieblicher Sicht vor allem gleichbedeutend mit dem Verlust der Vorruhestandsoption und daher eine Einschränkung betrieblicher Handlungsmöglichkeiten. Für die Arbeitsmarktpolitik, um einen anderen Akteur herauszugreifen, ist es zwar möglich, die politischen Prioritäten von der Verkürzung auf die Verlängerung des Erwerbslebens umzupolen. Doch aufgrund der anhaltend hohen Komplexität der Arbeitsmarktpolitik bleiben typische Widersprüche bestehen, etwa hinsichtlich der Frage, bis in welches Alter hinein Ältere tatsächlich sinnvoll „aktiviert" werden sollen, wenn sie allein aus Altersgründen früher oder später aus dem Aktivierungsparadigma herausfallen.

An dieser Stelle sollte nicht verkannt werden, dass auch zum Strukturwandel der Altersarbeitslosigkeit nach wie vor erheblicher Forschungsbedarf besteht. Denn es ist nicht bekannt, wer eigentlich die älteren Arbeitslosen sind: Sind es Ältere, die gesundheitlich nicht mehr leistungsfähig und arbeitslos geworden sind? Oder sind es Arbeitslose, die dauerhaft arbeitslos sind und einfach älter geworden sind? Oder sind es Opfer von Massenentlassungen, die wegen ihres Alters keine neue Beschäftigung mehr finden? Oder haben Reste des „vorruhestandsförmigen Leistungsbezuges" noch überlebt? Dies wäre dann der Fall, wenn Arbeitslose ihre maximale Bezugsdauer von ALG I kalkuliert ausschöpfen und während des Bezugs von ALG I betriebliche Leistungen oder auch betriebliche Kompensationen für spätere Rentenabschläge erhalten. Die auf betriebliche Leistungen bezogenen Fragen lassen sich nur mit betrieblichen Fallstudien illustrieren, weil diese Leistungen in keinem Datensatz abgebildet sind. Aber zumindest die betriebliche Bindung vor dem Altersübergang könnte man mit geeigneten Verlaufsdaten, die auf den Beschäftigungsmeldungen der Betriebe beruhen, nachzeichnen. Als ein weiterer Aspekt ließen sich die Rückwirkungen des beschriebenen Strukturwandels der Altersarbeitslosigkeit auf die Alterserwerbstätigkeit untersuchen: Führt die veränderte Konstellation der Akteure zu einer Verlängerung von Erwerbstätigkeit im „angestammten" Betrieb bis in ein höheres Alter, führt sie zu vermehrten Neuaufnahmen von Beschäftigung im höheren Alter bei möglicherweise verschlechterten Bedingungen, oder führt sie – als kontraproduktive Wirkung einer Politik, die stets auch die Reduzierung von Sozialausgaben zum Ziel hatte – zu vermehrter Bedürftigkeit? Die Antworten auf diese Fragen wären für die Entwicklung von arbeitsmarktpolitisch sinnvollen Strategien sicherlich notwendig.

Literaturverzeichnis

Allmendinger, J. (1990), Der Übergang in den Ruhestand von Ehepaaren: Auswirkungen individueller und familiärer Lebensläufe, in: Mayer, K. U. (Hrsg.), Lebensverläufe und sozialer Wandel (Kölner Zeitschrift für Soziologie und Sozialpsychologie, Sonderheft Nr. 31), S. 272-303

Bäcker, G./Brussig, M./Jansen, A./Knuth, M./Nordhause-Janz, J. (2009), Ältere Arbeitnehmer. Erwerbstätigkeit und soziale Sicherheit im Alter, Wiesbaden: VS Verlag für Sozialwissenschaften

Brosziewski, A. (1998), Zur sozialen Konstruktion von Altersgrenzen im Betrieb. Personalmanagement zwischen Produktions- und Karriereinteressen, in: Kölner Zeitschrift für Soziologie und Sozialpsychologie 50 (2), S. 344-361

Brussig, M. (2010a), Anhaltende Ungleichheiten in der Erwerbsbeteiligung Älterer; Zunahme an Teilzeitbeschäftigung. Inzwischen steigt auch die Erwerbsbeteiligung im Rentenalter, Duisburg, Düsseldorf (Altersübergangs-Report, 2010-03)

Brussig, M. (2010b), Fast die Hälfte aller neuen Altersrenten mit Abschlägen – Quote weiterhin steigend. Probleme mit dem Anstieg der Altersgrenzen vor allem bei Arbeitslosen, aber auch bei Erwerbstätigen, Duisburg, Düsseldorf (Altersübergangs-Report, 2010-01)

Brussig, M./Knuth, M. (2010), Aktivierung! Oder De-Aktivierung? Intensität und Wirkung der Aktivierung bei älteren ALG II-Bezieher/innen, in: Arbeit. Zeitschrift für Arbeitsforschung, Arbeitsgestaltung und Arbeitspolitik 19 (4)

Brussig, M./Wojtkowski, S. (2006), Durchschnittliches Renteneintrittsalter steigt weiter – Wachsende Differenzierung im Rentenzugangsalter seit 2003 zu beobachten, Institut Arbeit und Qualifikation, Gelsenkirchen (Altersübergangs-Report, 2006-02)

Dobritz, J./Micheel, F. (2010): Weiterbeschäftigung im Rentenalter – Potenziale, Einstellungen und Bedingungen, in: Bevölkerungsforschung. Mitteilungen aus dem Bundesinstitut für Bevölkerungsforschung 31 (3/2010), S. 1-7

Drobnic, S. (2003), Men's transition to retirement. Does the wife matter? Proceedings of the „5th International Conference of German Socio-Economic Panel Users", in: Schmollers Jahrbuch, Proceedings of the „5th International Conference of German Socio-Economic Panel Users", S. 177-188

Esping-Andersen, G. (1990), The three worlds of welfare capitalism. Princeton, NJ: Princeton Univ. Press

Kalina, Th./Knuth, M. (2002), Arbeitslosigkeit als Übergang zwischen Beschäftigung und Rente in Westdeutschland, Gelsenkirchen (Graue Reihe des Instituts Arbeit und Technik, 4)

Kaschke, L. (2000), Eine versöhnende und beruhigende Wirkung? Zur Funktion der Rentenverfahren in der Invaliditäts- und Altersversicherung im Kaiserreich, in: Fisch, S./Haerendel, U. (Hrsg.), Geschichte und Gegenwart der Rentenversicherung in Deutschland. Beiträge zur Entstehung, Entwicklung und vergleichenden Einordnung der Alterssicherung im Sozialstaat, Berlin: Duncker & Humblot (Schriftenreihe der Hochschule Speyer, 141), S. 127-144

Knuth, M./Kalina, Th. (2002), „Vorruhestand" verfestigt die Arbeitslosigkeit. Kalkulierte Arbeitslosigkeit Älterer behindert Aktivierung der Arbeitsmarktpolitik, Institut Arbeit und Technik (IAT-Report, 2)

Mayntz, R. (Hrsg.) (1980), Implementation politischer Programme, Königstein/Ts.: Verl.-Gruppe Athenäum [u. a.]

Mümken, S./Brussig, M./Knuth, M. (2011), Arbeitslosigkeit am Ende des Erwerbslebens. Wenig Förderung älterer Arbeitsloser, in: Soziale Sicherheit 60 (2), S. 451-459

Nienhüser, W. (2000), Personalwirtschaftliche Wirkungen unausgewogener betrieblicher Altersstrukturen, in: George, R./Struck, O. (Hrsg.), Generationsaustausch im Unternehmen. München und Mering: Hampp, S. 55-70

Trampusch, Ch. (2005), Institutional Resettlement: The Case of Early Retirement in Germany, in: Streeck, W./Thelen, K. (Hrsg.), Beyond Continuity. Institutional Change in Advanced Political Economies, Oxford: Oxford University Press, S. 203-228

Trischler, F./Kistler, E. (2011), Wandel im Erwerbsverlauf und Rentenanspruch. Der Einfluss des Wandels der Erwerbsverläufe auf die individuellen Anwartschaften in der gesetzlichen Rentenversicherung, INIFES (Arbeitspapier, 4)

Wagner, G. (1996), „Gemeinsamer Rentenzugang": eine neue Form des Überganges in den Ruhestand, in: Behrens, J./Voges, W. (Hrsg.), Kritische Übergänge. Statuspassagen und sozialpolitische Institutionalisierung, Frankfurt a. M.: Campus (Schriften des Zentrums für Sozialpolitik, 4), S. 323-348

Zähle, T./Möhring, K./Krause, P. (2009), Erwerbsverläufe beim Übergang in den Ruhestand, in: WSI-Mitteilungen 62 (11), S. 586-595

Wilhelm Adamy

Hartz IV – Achillesferse der Arbeits- und Sozialhilfepolitik

Mit den Hartz-Gesetzen wurde die größte „Sozialreform" der Nachkriegsgeschichte und mit Hartz IV ein grundlegender Systemwechsel eingeleitet. Das bis 1927 zurückreichende dreigliedrige Sicherungssystem für Erwerbslose wurde durch ein zweigliedriges abgelöst, mit weitreichenden arbeitsmarkt-, sozial- und gesellschaftspolitischen Auswirkungen. Vieles sollte besser werden; doch längst nicht alle Versprechen wurden eingelöst. Hartz IV ist und bleibt Achillesferse bundesdeutscher Arbeitsmarkt- und Sozialpolitik.

1   Ziele der Reform

Die Ziele dieses – zuvor in der Hartz-Kommission sowie der Kommission zur Reform der Gemeindefinanzen diskutierten – Umbaus von Sozialstaat und Arbeitsförderung waren hochgesteckt. Hierzu zählten insbesondere

- eine schnelle und passgenaue Vermittlung,
- eine ausreichende materielle Sicherung sowie besserer Sozialversicherungsschutz vormaliger Sozialhilfeempfänger,
- eine effiziente und bürgerfreundliche Verwaltung,
- die Vermeidung einer einseitigen finanziellen Lastenverschiebung zwischen öffentlichen Haushalten,
- eine finanzielle Entlastung der Kommunen.

Begründet wurde der Reformbedarf des vormaligen Systems mit der stärkeren Abdrängung von Langzeitarbeitslosen in die Sozialhilfe. Das Nebeneinander unterschiedlicher Institutionen führte zu Reibungsverlusten, die angegangen werden sollten, um zu einer besseren arbeitsmarktpolitischen Förderung von Sozialhilfeempfängern zu gelangen. Die zum Teil vorhandene Doppelzuständigkeit habe zu erhöhtem Verwaltungsaufwand und zusätzlichen Behördengängen geführt.[1]

---

1   Zum vormaligen Verhältnis von Sozialhilfe und Arbeitslosenhilfe siehe Adamy (2000), S. 270.

Damals mussten rund 120.000 bis 150.000 Arbeitslosenhilfeempfänger zugleich Sozialhilfe beantragen. Dies waren zehn bis 15 Prozent der Arbeitslosenhilfeempfänger. Hinzu kamen knapp 500.000 arbeitsuchende Sozialhilfeempfänger, die bei den vorgelagerten Sicherungssystemen leer ausgingen.[2] Bemängelt wurde ebenso, dass die unterschiedliche finanzielle Trägerschaft von Arbeitslosenhilfe und Sozialhilfe die Neigung begünstigte, die Kosten der Arbeitslosigkeit zwischen den verschiedenen Gebietskörperschaften und der Bundesagentur für Arbeit zu verschieben und nicht nachhaltig zu senken.

Eine Weiterentwicklung des dreigliedrigen Systems war grundsätzlich erforderlich, damit Langzeitarbeitslose nicht mehr durch die Maschen der (vorgelagerten) Arbeitsförderung fallen. Dabei wurde aber nicht der Weg einer verstärkten inhaltlichen Kooperation von Arbeitsagenturen und Sozialämtern sowie einer besseren Abstimmung unterschiedlicher gesetzlicher Regelungssysteme und der finanziellen Verzahnung verschiedener Aktivitäten eingeschlagen, sondern die institutionelle Zusammenlegung unterschiedlicher Organisationen mit jeweils anders gearteten Ziel- und Steuerungssystemen.

Kontrovers war nicht das Ziel eines besseren Zusammenwirkens arbeitsmarktpolitischer und sozialer Integrationshilfen, sondern die Frage, ob die Ressourcen von Arbeitsagenturen und Sozialämtern institutionell verschmolzen oder stärker inhaltlich verzahnt werden sollten – bei Beibehaltung der organisatorischen Eigenständigkeit und bei Aufbau einer die Kooperation fördernden Finanzierungsstruktur. Die mit dem organisatorischen Neuzuschnitt verbundenen Konflikte und sozialstaatlichen Auswirkungen wurden kaum thematisiert. Vielmehr wurde das positive Ziel einer „Leistung aus einer Hand" proklamiert, gegen das niemand etwas haben kann. Die mit dem eingeschlagenen Weg verbundenen arbeitmarktpolitischen und gesellschaftlichen Grundkonflikte wurden aber kaum thematisiert.

Der Übergang vom dreigliedrigen zum zweigliedrigen Unterstützungssystem lag für viele nahe, die sich eine wirksamere Integration benachteiligter Personengruppen erhofften. Von neoliberaler Seite wurde aber auch die Chance gesehen, das Leistungsrecht zu verschlechtern und die „Anreize" bzw. den finanziellen Druck auf einen Großteil der Arbeitslosen zu erhöhen. Allzu gerne wurde ausgeblendet, dass sich die Arbeitslosenhilfe – trotz gemeinsamer Steuerfinanzierung – in wesentlichen Elementen von der Sozialhilfe unterschied. So knüpfte sie teils noch an das Versicherungsprinzip und an vormalige Erwerbstätigkeit an und sah eine weniger restriktive Bedürftigkeitsprüfung insbesondere beim Einkommen des Partners vor. Die weitgehend technisch und institutionell begründete Neuausrichtung überdeckt die vielfältigen Zielkonflikte und Spannungen, die in das neue

---

2   Siehe auch BT-Drucksache 14/1286/1347 vom 28. Juli 1999.

Hartz-IV-System hineingetragen wurden und zu einer Ausweitung des Sozialhilferechts führten.

G. Bäcker und J. Neubauer ist zuzustimmen, dass mit den Hartz-Gesetzen „Grundlagen und Strukturprinzipien des Sozialstaats zur Disposition gestellt" werden (Neugebauer 2003, S. 233).

2 Neuausrichtung der Arbeitsförderung

Mit Hartz IV wurde für alle Hilfeempfänger, und damit auch für die vormaligen Sozialhilfeempfänger, ein einheitlicher Zugang zu arbeitsmarktpolitischen Leistungen geschaffen.[3] Zugleich wurde die Orientierung an Erwerbsarbeit und arbeitsmarktpolitischer Integration verstärkt. Dies geht einher mit einer Neujustierung der Arbeitsförderung hin zu aktivierender Hilfe und dem Vorrang von jeder Form von Erwerbstätigkeit. Die Eigenverantwortung erwerbsfähiger Hilfeempfänger und die Hilfe zur Selbsthilfe werden betont, der Grundsatz des Forderns wird großgeschrieben und das Verhältnis von Rechten und Pflichten neu definiert.

Bereits im ersten Satz des neuen Gesetzes wird formuliert: „Die Grundsicherung für Arbeitsuchende soll die Eigenverantwortung von erwerbsfähigen Hilfebedürftigen und Personen, die mit ihnen in einer Bedarfsgemeinschaft leben, stärken und dazu beitragen, dass sie ihren Lebensunterhalt unabhängig von der Grundsicherung aus eigenen Mitteln und Kräften bestreiten können" (§ 1, Satz 1). Sie müssen dabei alle Möglichkeiten zur Beendigung *oder* Verringerung ihrer Hilfebedürftigkeit ausschöpfen.

Das „Kerngeschäft" des Hartz-IV-Systems steht folglich in einer arbeitsmarktpolitischen Tradition, bei gleichzeitiger Dominanz des Forderns. Neben der Überwindung der Hilfebedürftigkeit wird die Reduzierung des Hilfebedarfs zu einem eigenständigen arbeitsmarktpolitischen Ziel. Dies geht einher mit dem Druck zu einer möglichst schnellen – auch nicht existenzsichernden bzw. prekären – Eingliederung. Dieser Aktivierungsansatz ist allenfalls nur für jenen Teil der Hilfeempfänger umsetzbar, der marktnah ist und gute Vermittlungschancen hat. Für andere hingegen greift dieser Ansatz schnell zu kurz, zumal bei hoher Arbeitslosigkeit, wenn das geforderte eigenverantwortliche Handeln keine tragfähigen beschäftigungspolitischen Perspektiven eröffnet.

---

3 Wie ernst es die Politik mit einer besseren Verzahnung unterschiedlicher Hilfen meint, zeigt: Mitte der 1990er Jahre wurde diese Regelung just dann gestrichen, als sich die Selbstverwaltung der BA und die kommunalen Spitzenverbände auf eine inhaltliche Konkretisierung dieser Gesetzesnorm verständigt hatten.

Als ein zentraler Erfolgsfaktor für die arbeitsmarktpolitische Vermittlung und Integration wird die individuelle Verhaltensänderung der Hilfeempfänger gesehen. Aktivierende Arbeitsförderung kann und soll persönliche und berufliche Umorientierung fördern und so die Arbeitsaufnahme möglichst forcieren. Ausgeweitet wurde zugleich der auf den Arbeitsmarkt verwiesene Personenkreis, der aktiviert werden soll. Erwerbsfähig sind nunmehr all jene, die auf absehbare Zeit voraussichtlich drei Stunden täglich arbeiten können. Auch gesundheitlich angeschlagene oder sozial stark beeinträchtigte Personengruppen werden diesem System zugeordnet und stärker in das Aktivierungsregime einbezogen. Weit mehr Menschen müssen sich dem Arbeitsmarkt zur Verfügung stellen. Die Grenzlinie zur Erwerbsminderungsrente ist weit restriktiver gezogen als in vielen Nachbarländern, und dies unabhängig davon, ob realistische Chancen auf dem Arbeitsmarkt bestehen.

Für die marktfernen Menschen mit den größten Problemen am Arbeitsmarkt werden aber kaum neue Instrumente und Hilfen zur Verfügung gestellt bzw. wurden die wenigen neuen Instrumente schnell wieder in Frage gestellt, wie der erst in der Großen Koalition eingeführte Beschäftigungszuschuss („Job-Perspektive").

Zugleich wurde ein grundlegender Kurswechsel in der öffentlich geförderten Beschäftigung eingeleitet. Sozialversicherungspflichtige Arbeitsbeschaffungsmaßnahmen wurden sowohl in der Arbeitslosenversicherung als auch im Hartz-IV-System abgeschafft bzw. reduziert und für Hilfebedürftige weitgehend durch sozialrechtliche Arbeitsgelegenheiten (Ein-Euro-Jobs) ersetzt. Die Hilfe zur Arbeit nach dem BSHG hat die vormalige arbeitsmarktpolitische, öffentlich geförderte Beschäftigung verdrängt, obwohl die Mängel und Probleme dieser kommunalen Hilfe offensichtlich waren und sind. Mit den Ein-Euro-Jobs wird ein vormaliges soziales Integrationsinstrument nunmehr zu einem zentralen arbeitsmarktpolitischen Instrument umgewandelt.

Mit diesem Regimewechsel hat sich „der Kurs" grundlegend geändert. „Früher konnte es aus sozialpolitischen Gründen nicht hingenommen werden, dass Menschen über längere Zeit von der gesellschaftlichen Teilhabe durch Arbeit ausgeschlossen waren" (Knuth 2007, S. 80) – darum war es besser, „Arbeit statt Arbeitslosigkeit" zu finanzieren. Der Sinneswandel vormaliger Kritiker der öffentlich geförderten Beschäftigung ist nicht zu übersehen. Während neoliberale Kräfte Arbeitsbeschaffungsmaßnahmen zuvor kritisierten und als „ordnungspolitischen Sündenfall" ansahen, haben sie nun gegen massenhafte Arbeitsgelegenheiten ohne Arbeitsvertrag grundsätzlich nichts einzuwenden, die zu einer Reduzierung von „Anspruchslöhnen" führen, statt zur Stabilisierung und Besserung der Lebenssituation der Betroffenen beizutragen.

3   Neujustierung sozialer Integrationshilfen

Die klassische Arbeitsförderung – wie Weiterbildung und Vermittlungshilfen – stößt seit jeher bei Arbeitslosen mit komplexen Problemlagen schnell an ihre Grenzen. In einem System, in dem vielen Menschen mehr fehlt als nur Arbeit, ist es daher richtig und wichtig, flankierende sozialpolitische Initiativen vorzusehen. Die kommunalen Erfahrungen mit der sozialen Stabilisierung im Rahmen der Sozialhilfe sollen gleichfalls eingebracht werden. Das Hartz-IV-System normiert nicht nur die Arbeitsförderung, sondern leitet seinen sozialpolitischen Auftrag auch aus dem Bundessozialhilfegesetz ab. Dieses zielte aber weit stärker auf persönliche Hilfe und auf die Stabilisierung auch der sozialen Lebensverhältnisse. Es schloss intensive persönliche Hilfe auch in lebensweltlichen Fragen ein und war nicht zwangsläufig auf (kurzfristige) arbeitsmarktpolitische Integration ausgerichtet. Zu den persönlichen Hilfen zählte nach dem BSHG nicht nur die Beratung in Sozialhilfefragen, sondern auch die Beratung und Unterstützung in sozialen Angelegenheiten, soweit diese Aufgaben von anderen Institutionen oder Personen nicht wahrgenommen wurden. Die angemessenen Kosten hierfür sollten nach § 17 BSHG übernommen werden, wenn zu erwarten war, dass Sozialhilfebedürftigkeit überwunden oder vermieden werden konnte. Es konnte folglich auch präventiv angesetzt werden – anders als heute.[4]

Im Unterschied zum arbeitsmarktpolitischen Auftrag ist die persönliche und soziale Hilfe im Hartz-IV-System konzeptionell und instrumentell weniger stark konkretisiert. Die sozialen Integrationshilfen sind nach wie vor in das Ermessen der Kommunen gestellt. Sie sollen in eigener Verantwortung die – über die Arbeitsförderung hinausgehenden – Eingliederungsleistungen bereitstellen und finanzieren. Hierzu zählen insbesondere Kinderbetreuung, häusliche Pflege, Schuldnerberatung etc. Der Bedarf an diesen besonderen Integrationshilfen ist groß, zumal dem Hartz-IV-Bezug oftmals langjährige schwierige Lebenssituationen und schleichende gesellschaftliche Ausgrenzung vorausgehen können.

Zum Umfang der flankierenden kommunalen Leistungen gibt es bisher nur wenige aussagekräftige Zahlen. In der Praxis werden soziale Problemlagen oftmals nicht erkannt, oder die versprochene Verzahnung unterschiedlicher Hilfen gelingt nur begrenzt. So haben bislang lediglich fünf Prozent der Hilfebedürftigen eine Schuldner- oder Suchtberatung in Anspruch genommen, während weitere 13 Prozent eine derartige Unterstützung wünschen. Ähnlich groß sind die Defizite bei der Unterstützung adäquater Kinderbetreuungsmöglichkeiten (Tisch 2010). Die unzureichende gesetzliche Konkretisierung dieser Hilfen und die ungünstige Fi-

---

4   Zu den Gestaltungsprinzipien der Sozialhilfe und zu den Defiziten des dreigliedrigen Systems siehe auch Adamy/Steffen (1998).

nanzsituation vieler Kommunen verweisen auf ein großes Umsetzungsdefizit. Zwar sieht § 14 SGB II vor, dass „[…] unter Berücksichtigung der Grundsätze von Wirtschaftlichkeit und Sparsamkeit alle im Einzelfall für die Eingliederung in Arbeit erforderlichen Leistungen zu erbringen sind". Doch diese im Vergleich zum BSHG unverbindliche Generalklausel lässt völlig offen, ob und inwieweit ein komplexer Unterstützungsbedarf tatsächlich abgedeckt wird. Hierzu trägt ebenso bei, dass die Kommunen nicht zur Übertragung dieser Aufgaben verpflichtet sind.

Dieser Übergang vom BSHG zum Hartz-IV-System ist mehr als nur ein „kultureller Wandel", sondern eine Umstellung von Systemen, d. h. des Menschenbildes, der Leistungsbezieher, der Arbeitsorganisation, der Hierarchie etc. (Reis et al. 2007, S. 42). Das Konzept des BSHG ist nicht deckungsgleich mit dem arbeitsmarktpolitischen Aktivierungsziel.

Denn die Sozialhilfe beinhaltete auch die Verpflichtung „[…] die Führung eines Lebens zu ermöglichen, das der Würde des Menschen entspricht".[5] Die Forderung nach Beratung und Unterstützung aus einer Hand „[…] verbirgt die Realität, dass eine Aktivierung in Richtung Arbeitsmarkt nur für einen Teil der Klientel erfolgt und der andere gleichzeitig tendenziell schlechter versorgt wird als unter den Bedingungen des BSHG" (ebd., S. 206).

4   Neujustierung des Existenzminimums

Nach den Vorschlägen der Hartz-Kommission sollte es „[…] im Anschluss an den Bezug von Arbeitslosengeld I oder bei Nichterfüllung der Anspruchsvoraussetzungen […] nur [noch; Anm. W. A.] eine Leistung zur Sicherung des Lebensunterhalts geben" (Hartz et al. 2002, S. 127). Diese als Arbeitslosengeld II bezeichnete neue Geldleistung wird als „Fürsorgeleistung" tituliert, auf die alle arbeitslosen und erwerbsfähigen Personen Anspruch haben, die bedürftig sind, wobei ausdrücklich „der familiäre Kontext des Arbeitslosen berücksichtigt werden soll" (ebd., S. 128). Die materielle Absicherung wird an eine haushaltsbezogene Bedürftigkeitsprüfung gekoppelt. Das Familieneinkommen und nicht mehr das vormalige Erwerbseinkommen der Erwerbslosen wird zum zentralen Bezugspunkt für die Leistungsgewährung. Soweit Bedürftige dem Arbeitsmarkt nicht zur Verfügung stehen, sollte nach dem Konzept der Hartz-Kommission eine (kommunale) Leistung gezahlt werden, die „der bisherigen Sozialhilfe (Hilfe zum Lebensunterhalt nach dem BSHG) entspricht" (ebd., S. 129). ALG I und Sozialgeld sollten sich nach dem Kriterium unterscheiden, ob die Hilfebedürftigen erwerbsfähig sind oder nicht. Beide Leistungen sollten steuerfinanziert sein, und die Organisation und

---

5   § 1 BSHG.

Finanzierung des Sozialgeldes sollten in der Verantwortung der Kommunen bleiben.

Das Gesetz übernimmt hingegen für alle Erwerbsfähigen und ihre Haushaltsmitglieder bezüglich der Existenzsicherung die frühere Funktion des Bundessozialhilfegesetzes. Lediglich einige wenige Bestimmungen unterscheiden sich von der vorherigen Sozialhilfe.

- Die Freibeiträge für Vermögen und die private Altersversorgung sind – insbesondere für Ältere – großzügiger als bei der Sozialhilfe.
- Mit dem Ziel der Verwaltungsvereinfachung wurden die Leistungen in stärkerem Maße pauschalisiert. Über den Regelbedarf hinausgehende besondere Bedarfe aufgrund atypischer Bedarfslagen können nicht mehr geltend gemacht werden.
- Die Altersstufen bei den Leistungen für Kinder wurden niedriger angesetzt, und das Fürsorgeniveau für Kinder zwischen sieben und 17 Jahren wurde reduziert.
- Die Sanktionsmöglichkeiten wurden gegenüber der vormaligen Sozialhilfe verschärft, so dass nur noch sittenwidrige Löhne (30 Prozent unter dem ortsüblichen Arbeitsentgelt für ungelernte Arbeit) abgelehnt werden können.
- Das Prinzip von Leistung und Gegenleistung wird im Fürsorgesystem stärker verankert. Im BSHG hingegen sollte das Existenzminimum auch ohne Rücksicht auf eine Gegenleistung sichergestellt werden. Im Hartz-IV-System hingegen kann dies bis zur Verweigerung jeglicher materieller Hilfen führen.

Nach dem BSHG musste der Staat bereits beraten, wenn das Unterschreiten des soziokulturellen Existenzminimums sichtbar wurde. Der Staat war – bei erkennbaren Notlagen – zum aktiven Handeln verpflichtet, während heute Fürsorgeleistungen nur auf Antrag gewährt werden.

Bei den passiven Leistungen wurden die Grundstrukturen des Sozialhilferechts übernommen, wobei teils auch eine Unterschreitung des soziokulturellen Existenzminimums in Kauf genommen wurde. Dies zeigt nicht zuletzt das Urteil des Bundesverfassungsgerichts vom 9. Februar 2010. Mit diesem Urteil wurde die bis dahin geltende Regelsatzermittlung sowohl für Kinder als auch für Erwachsene als verfassungswidrig verworfen. Die Kernaussage lautet: Die gesetzlichen Regelungen zur Sicherung des Lebensunterhalts „[…] sind mit dem Grundrecht auf Gewährleistung eines menschenwürdigen Existenzminimums aus Art. 1 Abs. 1 GG in Verbindung mit dem Sozialstaatsprinzip des Grundgesetzes unvereinbar".[6] Fer-

---

6 BVerfG, 1 BvL 1/09 v. 9.2.2010, Ziffer 132; verfügbar unter: www.bverfg.de/entscheidungen/ 1s2010029<-1bv1000109.html, abgerufen am 24.8.2011.

ner wird betont, dass der gesetzliche Leistungsanspruch so ausgestattet sein muss, dass er stets den gesamten existenznotwenigen Bedarf jedes individuellen Grundrechtsträgers deckt und sich der Grundrechtsschutz auch auf das Verfahren zur Ermittlung des Existenzminimums erstreckt. Jedoch auch nach der gesetzlichen Korrektur und der minimalen Anpassung 2011 bestehen nach wie vor erhebliche verfassungsrechtliche Bedenken, ob die Hartz-IV-Sätze eine menschenwürdige Lebensführung ermöglichen (vgl. Adamy/Kolf 2011, S. 85ff).

Mit dem Haushaltsbegleitgesetz 2011 wurden einige über das Sozialhilfeniveau hinausgehende Regelungen wieder zurückgenommen – so der auf zwei Jahre befristete degressive Zuschlag, mit dem finanzielle Härten beim Übergang von Arbeitslosengeld auf staatliche Fürsorge vorübergehend abgefedert wurden. Mit der Streichung dieses Zuschusses wird der Weg vom Arbeitnehmer zum faktischen Sozialhilfeempfänger noch kürzer. In der Regel werden jetzt selbst langjährige Beitragszahler nach einem Jahr Arbeitslosigkeit auf das Niveau staatlicher Sozialhilfe herabgestuft. Im Hartz-IV-System spielt es jetzt keinerlei Rolle mehr, ob und wie lange zuvor eine sozialversicherte Beschäftigung ausgeübt wurde. Eine vorangegangene Erwerbstätigkeit findet innerhalb dieses Systems keinerlei Berücksichtigung mehr. Das „Arbeitslosengeld II" entpuppt sich so noch mehr als Etikettenschwindel. Zwar wird der Eindruck erweckt, als handele es sich – wie beim Arbeitslosengeld – um eine Versicherungsleistung. Aber mit der Streichung des Zuschlages unterscheidet sich Hartz IV in der Höhe nicht mehr von der Sozialhilfe. Für erwerbsnahe und erwerbsferne Hilfeempfänger gibt es keinerlei Unterschiede mehr. Die Hartz-IV-Leistung wird für etwa zehn Prozent der erwerbsfähigen Bevölkerung auf Sozialhilfeniveau „vereinheitlicht". Die im Vergleich zur vormaligen Sozialhilfe stärkere Pauschalisierung bedarfsbezogener Leistungen wird den unterschiedlichen Lebenslagen nicht immer gerecht und kann zu einer Unterversorgung führen, die sich nachteilig auch auf die Integrationschancen auswirken kann.

> „Es besteht das Risiko, dass Bedürftige – über die aus der Aktivierungslogik resultierenden Vorbehalte gegen Alimentierungen hinaus – Verknappungsprozessen ausgesetzt sind, die sozial- und gesundheitspolitische Folgeprobleme entstehen lassen" (Hirseland/Lobato 2010, S. 35).

5   Neujustierung des Sozialversicherungsschutzes

Mit Hartz IV wurden erwerbsfähige Hilfebedürftige in der Kranken- und Pflegeversicherung pflichtversichert, soweit für sie nicht bereits ein Familienschutz bestand. So konnte für Sozialhilfeempfänger ein diskriminierendes Element beseitigt werden, da sie zuvor oftmals nicht krankenversichert waren und die Sozialämter die Krankenhilfe direkt übernahmen. In der Rentenversicherung wurden erwerbsfähige Hilfebedürftige nunmehr generell pauschal zum Mindestbeitrag versichert und damit Sozialhilfeempfänger erstmals einbezogen. Für bisherige Arbeitslosenhilfeempfänger wurden die Rentenansprüche hingegen im Schnitt deutlich abgesenkt oder entfielen ganz, wenn sie nicht als hilfebedürftig galten. Bei Start des Systems wurde zunächst ein monatlicher Rentenbeitrag von 78 Euro gezahlt, während zum Beispiel im Jahr 2002 noch im Schnitt 98,20 Euro an Rentenbeiträgen je Arbeitslosenhilfeempfänger abgeführt wurden. Doch selbst der reduzierte Beitrag wurde Anfang 2007 noch einmal fast halbiert auf 40,80 Euro im Monat. Ab 2011 werden die Beitragszahlungen des Bundes an die Rentenversicherung für Hilfeempfänger ganz gestrichen. Die ohnehin niedrigen Anwartschaften fallen seitdem für Zeiten des Hartz-IV-Bezugs ganz weg und erhöhen das Verarmungsrisiko auch im Alter.

Die Bundesregierung begründete die vollständige Streichung der Rentenbeiträge für alle Hartz-IV-Bezieher wie folgt: „Die Leistungen eines Fürsorgesystems dienen dazu, akute Hilfebedürftigkeit zu beseitigen. Ihnen kommt dagegen nicht die Funktion zu, bereits im Voraus pauschale Leistungen zu erbringen, um eine vielleicht zu einem späteren Zeitpunkt eintretende Hilfebedürftigkeit durch Begründung versicherungsrechtlicher Rentenanwartschaften zu beseitigen."[7] Seitdem werden Lücken in der Versicherungsbiografie infolge Langzeitarbeitslosigkeit in der Rentenversicherung in keinerlei Weise mehr solidarisch abgesichert. Hartz IV wird so – auch für zuvor langjährige Beitragszahler – ganz auf Prinzipien der Sozialhilfe reduziert, und das neue Fürsorgesystem wird auf die Bekämpfung „akuter Hilfebedürftigkeit" eingeengt.

Mit dieser Kürzung dreht der Bund das sozialpolitische Rad zurück in alte Sozialhilfezeiten, in denen Bedürftige meist nicht rentenversichert waren. Zugleich wird der Personenkreis mit Sicherungslücken in der Alterssicherung massiv ausgeweitet. Die Gleichstellung von vormaligen Arbeitslosenhilfeempfängern und Sozialhilfeempfängern erfolgt formal durch den Ausschluss aller, was für viele gleichbedeutend ist mit einem Rückfall selbst hinter das alte Bundessozialhilfegesetz.

6   Gespaltene organisatorische Zuständigkeit fördert Interessenkonflikte

Die Vorbereitung eines Gesetzes über die neuen organisatorischen Strukturen erwies sich als weitaus schwieriger als die Konsensfindung zu den leistungsrechtli-

---

7   Gesetzentwurf der Bundesregierung für ein Haushaltsbegleitgesetz 2011, S. 72.

chen Einschnitten insbesondere für viele Arbeitslosenhilfeempfänger. Die Frage der organisatorischen Zuständigkeit wurde zum zentralen Streitpunkt zwischen den politischen Parteien und überlagerte nahezu alle inhaltlichen Fragen. Erst ein halbes Jahr nach Veröffentlichung des neuen Hartz-IV-Leistungsrechts konnte eine Verständigung über die institutionelle Zuordnung von Arbeitsagentur und Kommunen und ihre Aufgabenteilung erreicht werden. Danach sind die Kommunen generell für die Leistungen der Unterkunft und Heizung zuständig, wie auch für ergänzende Leistungen der Schuldner- und Suchtberatung oder der psychosozialen Betreuung. Die Arbeitsagenturen werden demgegenüber im Auftrag des Bundes tätig und sind zuständig für die Sicherung des Lebensunterhalts und alle Arbeitsmarktleistungen (zur Eingliederung in Arbeit) (Adamy 2004, S. 332).

Sowohl bei den passiven als auch bei den aktiven Hilfen gibt es gespaltene organisatorische und finanzielle Zuständigkeiten, womit die Komplexität der Aufgabenerledigung deutlich erhöht wurde. Um dennoch eine einheitliche Leistungserbringung sicherzustellen, war als Regelfall die Bildung von Arbeitsgemeinschaften bzw. gemeinsamen Einrichtungen vorgesehen. Diese waren gedacht als einheitliche organisatorische Hüllen bei weitgehender Beibehaltung der getrennten Zuständigkeiten. Alternativ dazu wurde zunächst eine kommunale Experimentierklausel vorgesehen, mit der 69 kommunale Träger, befristet auf sechs Jahre, alle Aufgaben allein und in eigener Verantwortung wahrnehmen konnten.

Doch auch diese mit heißer Nadel gestrickte Organisationsform wurde Ende 2007 vom Bundesverfassungsgericht „kassiert". Es urteilte, dass Gemeinschaftseinrichtungen wie die neuen Arbeitsgemeinschaften im Grundgesetz nicht vorgesehen seien. Jeder Verwaltungsträger müsse „mit eigenem Personal, eigenen Sachmitteln und eigener Organisation" handeln. Entscheidungen des einen Trägers hätten zwingende Auswirkungen auf die des anderen. Eine ausreichende Kontrollmöglichkeit und Transparenz sei nicht gewährleistet. Es sei ein Gebot des Demokratieprinzips, dass für alle Hilfeempfänger die jeweiligen Zuständigkeiten und Verantwortlichkeiten klar erkennbar sein müssten, damit sie dies auch in ihre Wahlentscheidung einfließen lassen könnten (Adamy 2008, S. 294ff).[8] Für die Befürworter einer Kommunalisierung war dieses Urteil willkommener Anlass, um Geländegewinne für ihre Position zu erzielen. Dabei zeigte die regierungsamtliche Begleitforschung, dass sich Arbeitslosigkeit und verdeckte Arbeitslosigkeit bei den ARGEn jeweils (etwas) günstiger entwickelten als in Regionen mit optierenden Kommunen. Doch dieser Bericht wurde vom Bundestag nicht einmal diskutiert.[9] Um die Verfassungswidrigkeit zu beseitigen, wurde nicht etwa die Praxis der ge-

---

8   BVerfG, Az: 2. BVR 2433/04 vom 20.12.2007.
9   Bericht zur Evaluation der Experimentierklausel nach § 6c des Zweiten Buches Sozialgesetzbuch BTD 16/11488 v. 18.12.2008.

teilten Zuständigkeit geändert und an die Verfassung angepasst; stattdessen wurde das Grundgesetz geändert und zugleich die kommunale Option auf 110 Städte bzw. Landkreise erweitert. Ab 2013 werden diese Kommunen auch die Aufgaben der Agenturen für insgesamt etwa ein Viertel der Hilfeempfänger in eigener Verantwortung wahrnehmen. Für die Mehrzahl der Hilfeempfänger gibt es jetzt zwar einheitliche Anlaufstellen, doch die Trennung zwischen dem Versicherungs- und dem Fürsorgesystem ist größer und schärfer als zuvor.

Äußerst kompliziert sind zugleich die Aufsichts- und Überwachungsmechanismen. So führen die Länder in den gemeinsamen Einrichtungen die Rechtsaufsicht über kommunale Aufgaben und der Bund die Rechts- und Fachaufsicht über die von ihm finanzierten Aufgaben der BA. Sowohl auf Bundes- als auch auf Länderebene wurden neue Gremien geschaffen, und es wird in nunmehr 16 Bund-Länder-Ausschüssen versucht, die Interessen abzustimmen. Die komplexen Organisationsstrukturen führen dazu, dass die vom Bundesverfassungsgericht geforderte Transparenz für einen Großteil der Hilfeempfänger nicht gewährleistet werden kann. Vielmehr begünstigen die komplexen und kaum zu durchschauenden Verantwortlichkeiten ein „institutionelles Schwarzer-Peter-Spiel", da Defizite schnell an andere Beteiligte weitergeleitet werden können und ihnen die Verantwortung hierfür zugeschrieben werden kann.

Je nach Perspektive und Standpunkt werden dabei die systembedingten Reibungsverluste aus der Warte der Arbeitsförderung oder der kommunalen Sozialhilfepolitik gesehen und bewertet und entsprechende Lösungsansätze favorisiert. So wird beispielsweise aus bundespolitischer Sicht die Primärzuständigkeit des Bundes für die Arbeitsförderung und die größere Kompetenz der Arbeitsagenturen auf dem Gebiet der Vermittlung und Eingliederung auch über kommunale Gebietsgrenzen hinweg betont. Aus kommunaler Sicht sprechen hingegen die Erfahrungen der Sozialämter mit der sozialen Integration benachteiligter Menschen für eine eher kommunale Zuständigkeit.

Das unterschiedliche Denken und die jeweiligen Interessen der arbeitsmarktpolitisch ausgerichteten Organisationen bzw. der Sozialhilfe spiegeln sich auch in der Organisationsfrage wider. Es werden unterschiedliche Ziele formuliert, die zum Teil widersprüchlich sind. Dies hat unmittelbare Auswirkungen auch auf die Konflikte um die Organisationsreform und die Praxis der Hilfeleistung.

Aus arbeitsmarktpolitischer Sicht kommt einer einheitlichen Infrastruktur und einer gleichmäßigen Rechtsanwendung ein größeres Gewicht zu, als dies bei den an der Sozialhilfe orientierten Leistungen der Fall ist. Letztere sind stärker einzelfallorientiert und müssen regional ganz anders verortet sein. Doch bei diesem Streit geht es keinesfalls nur um die sachliche Frage, wer Hilfebedürftige sozial bzw. arbeitsmarktpolitisch besser betreuen und integrieren kann. Vielmehr geht es auch um politischen Einfluss und finanziellen Zugriff auf ein Sozialsystem mit etwa 50 Milliarden Euro Jahresumsatz.

7 Verschiebebahnhof wird ausgebaut

Nach Einschätzung der regierungsamtlichen Arbeitsgruppe Arbeitslosenhilfe/Sozialhilfe von 2003 führte „[...] die unterschiedliche finanzielle Trägerschaft der Systeme tendenziell zu einer Neigung in einem System, Kostensenkung zu Lasten des anderen Systems zu betreiben (‚Verschiebebahnhof'). Damit werden die Kosten der Arbeitslosigkeit zwischen den verschiedenen Gebietskörperschaften bzw. Gebietskörperschaften und der BA verschoben anstatt nachhaltig gesenkt" (Anzinger/Schmachtenberg et al. 2003, S. 10).

Die neuen Bundesaufgaben sollten denn auch aus Steuermitteln des Bundes finanziert werden, während die kommunalen Aufgaben von Städten und Kreisen finanziert werden müssen. Zugleich sollten Städte und Gemeinden um 2,5 Milliarden Euro jährlich entlastet werden. Mit diesem Ziel beteiligt sich der Bund auch an den Kosten der Unterkunft, deren konkrete Höhe aber stetig Gegenstand der Auseinandersetzung ist und mehrfach geändert wurde. Diese Mischfinanzierung kann aber nach wie vor nicht verhindern, dass Kommunen – in Abhängigkeit von den sozialen und arbeitsmarktpolitischen Herausforderungen – unterschiedlich belastet werden. Mehr noch: die Verteilungskonflikte zwischen den Gebietskörperschaften werden stärker in das Hartz-IV-System hineingetragen. Ausgebaut – und nicht etwa stillgelegt – wird zugleich der Verschiebebahnhof zu Lasten der Sozialversicherung und der Beitragszahler. So greift der Bund systematisch auf die Beiträge zur Arbeitslosenversicherung zurück, um das staatliche Fürsorgesystem (mit) zu finanzieren. Über die Sozialbeiträge zur Arbeitslosenversicherung musste zunächst ein so genannter Aussteuerungsbetrag an den Bund abgeführt werden – quasi als „Strafzahlung" für jene Arbeitslosen, die nach Ausschöpfen ihres Arbeitslosengeldanspruchs auf Hartz IV angewiesen waren. Da jedoch weniger Langzeitarbeitslose als kalkuliert ins Hartz-IV-System übergehen mussten und der Bund die erwarteten Zahlungen des beitragsfinanzierten Systems nicht voll realisieren konnte, wurde schnell das Gesetz geändert und der Aussteuerungsbeitrag wurde in einen Eingliederungsbeitrag umgewandelt.

Lediglich die Begründung änderte sich; nichts änderte sich hingegen daran, dass Sozialbeiträge in systemwidriger Weise zur Finanzierung des Hartz-IV-Systems herangezogen werden. Um die finanzielle Entlastung aus Sicht des Bundes besser kalkulieren zu können, müssen die Beitragszahler jetzt die Hälfte der Arbeitsförderung des gesamten Hartz-IV-Systems sowie der Verwaltungsausgaben des Bundes übernehmen. Fünf Milliarden Euro pro Jahr bzw. ein Viertel bis ein Fünftel des gesamten Beitragsaufkommens werden so der Arbeitslosenversicherung jährlich entzogen. Arbeitgeber wie auch Gewerkschaften halten diesen systemwidrigen Eingriff für nicht verfassungsgemäß und haben den Rechtsweg eingeschlagen. Doch damit nicht genug. Über den so genannten Eingliederungsbeitrag hinaus muss das beitragsfinanzierte System auch noch bestimmte einzelne Förderleistungen für Hartz-IV-Empfänger direkt übernehmen. Dies gilt zum Beispiel für berufsvorbereitende Bildungsmaßnahmen für hilfebedürftige Jugendliche oder für die berufliche Ersteingliederung für Jugendliche mit Behinderung. Diese direkt aus den Beiträgen zur Arbeitslosenversicherung zu finanzierenden Integrationshilfen summieren sich – unabhängig vom Eingliederungsbeitrag – auf nochmals etwa 630 Millionen Euro jährlich.

Mit dem Hartz-IV-Kompromiss im Jahr 2011 zur Umsetzung des Urteils des Bundesverfassungsgerichts musste die Arbeitslosenversicherung ein weiteres Mal finanziell bluten. Im Rahmen der Verhandlungen um das Bildungs- und Teilhabepaket entlastet der Bund ab 2012 zugleich in drei Schritten die Kommunen von den Aufwendungen der Grundsicherung im Alter und bei Erwerbsminderung. Doch die versprochene Entlastung holt sich der Bund unmittelbar von der Arbeitslosenversicherung zurück und reißt so ein neuerliches Loch in den Haushalt dieses Sozialversicherungssystems. Diesem werden so Einnahmen von bis zu vier Milliarden Euro jährlich entzogen – dies auf dem Wege einer Kürzung der seit 2007 vom Bund gezahlten Einnahmen aus einem Mehrwertsteuerpunkt. Mit dieser Zahlung an die Arbeitslosenversicherung sollten ursprünglich eine stärkere Steuerfinanzierung von Sozialleistungen eingeleitet und die Senkung um einen Beitragspunkt gegenfinanziert werden.

Einmal mehr greift der Bund in den Haushalt der Arbeitslosenversicherung ein, um andere Sozialhilfesysteme – hier die Grundsicherung im Alter – zu finanzieren. Von Haushaltsklarheit und -wahrheit keine Spur. All diese Verschiebemanöver haben die Funktion, den Bund zu entlasten und seinen Rückzug aus der arbeitsmarktpolitischen Verantwortung möglichst zu verschleiern.

8 Effiziente und bürgerfreundliche Betreuung kaum möglich

Positiv zu vermerken ist, dass mit Hartz IV erstmals der Betreuungsschlüssel gesetzlich konkretisiert und verbessert wurde. Einbezogen wurden Erfahrungen aus in- und ausländischen Projekten, welche zeigten, dass eine personalintensive Betreuung erkennbar zu einer dauerhaften Senkung der Zahl der Hilfeempfänger beitragen kann. Die Modellrechnungen der dem Hartz-IV-Gesetz vorgeschalteten

Arbeitsgruppe „Arbeitslosenhilfe/Sozialhilfe" gingen davon aus, dass allein eine personalintensivere Betreuung und eine effizientere Integration zu Effizienzgewinnen von 15 bis 20 Prozent führen. Doch diese „Reformdividende" ist bisher immer noch nicht erkennbar. Ungeachtet des großen Engagements vieler Beschäftigter im System und auch positiver Integrationsbeispiele wird die Wirksamkeit dieses Fürsorgesystems durch zentrale Konstruktionsfehler nachhaltig beeinträchtigt. So ist die Abwicklung der Gewährung von Leistungen zur Sicherung des Lebensunterhalts personalintensiver als zuvor.

Allein 2010 haben die Arbeitsgemeinschaften mehr als 21,9 Millionen Bescheide versandt. Leistungen werden grundsätzlich nur für ein halbes Jahr gewährt. So wurde das Schulstarter-Paket von vormals 100 Euro in zwei Tranchen aufgeteilt; 70 Euro gibt es zum Schuljahresbeginn und 30 Euro in der Mitte des Schuljahres. Dies ist mit zwei Millionen zusätzlichen Bescheiden verbunden. Das Leistungsrecht ist äußerst komplex und bindet viele Ressourcen. Mehr als 60 Novellen wurden seit Start des Systems auf den Weg gebracht. Außerordentlich hoch ist die Zahl der Widersprüche und Klagen. In 2010 wurde allein gegen 836.000 Bescheide Widerspruch erhoben, und 158.000 Bescheide wurden mit Klage angefochten (BA 2010, S. 31). In den Arbeitsgemeinschaften sind insgesamt rund 66.000 Arbeitskräfte beschäftigt, davon gut ein Fünftel befristet, was gleichfalls Auswirkungen auf die Qualität der Aufgabenerledigung hat.

Reibungsverluste und neue Schnittstellen sind zum Teil aber auch damit verbunden, dass die gemeinsamen Einrichtungen kein eigenes Personal haben. Vielmehr wird dies vom Bund über die BA bzw. direkt von den Kommunen zur Verfügung gestellt und unterliegt jeweils spezifischen tarif- und dienstrechtlichen Regelungen. Arbeitsrechtlich sind die von der BA entsandten Arbeitskräfte nach wie vor Beschäftigte der Arbeitslosenversicherung. Der neu geschaffene Flickenteppich mit unterschiedlichen Arbeitsmarktinstitutionen geht mit mehr und nicht weniger Schnittstellen einher. So beispielsweise bei der Berufsberatung und Ausbildungsvermittlung junger Menschen. Die (armen) Kinder von Hartz-IV-Empfängern können zwar die Berufsberatung der Arbeitslosenversicherung in Anspruch nehmen, bei der konkreten Suche einer Ausbildungsstelle hingegen werden sie gesetzlich auf den persönlichen Ansprechpartner/Vermittler des Hartz-IV-Systems verwiesen. Eine eindeutige und personell stabile Begleitung von Jugendlichen beim Eintritt ins Ausbildungssystem ist nicht immer gewährleistet, auch wenn teilweise versucht wird, die Reibungsverluste durch untergesetzliche Regelungen zu vermindern, indem das Versicherungs- und das Fürsorgesystem eine gemeinsame Ausbildungsvermittlung anstreben. Sehr unübersichtlich sind die Regelungsstrukturen gleichfalls in der beruflichen Rehabilitation. So stellt die Arbeitslosenversicherung den Rehabilitationsbedarf auch für Hartz-IV-Empfänger fest und macht einen Eingliederungsvorschlag, während die Grundsicherungsträger über die tatsächliche Leistungsgewährung entscheiden. Steuerungsprobleme zum Nachteil der Betroffenen sind so oftmals vorprogrammiert.

Auch der Übergang vom Versicherungs- ins Fürsorgesystem bei eingetretener Langzeitarbeitslosigkeit ist problematisch. Nahtlose Integrationskonzepte, die die Grenzen zwischen den beiden Sozialsystemen überwinden, sind selten, da die Arbeitslosenversicherung die entsprechenden Maßnahmen nicht zu lange und das Hartz-IV-System sie nicht zu früh finanzieren will und kann. Aus dem Zuständigkeitsbereich des SGB III heraus fallen ebenso sozialversicherungspflichtige Erwerbstätige, die von ihrer Arbeit nicht leben können. Zwar zahlen sie Beiträge zur Arbeitslosenversicherung, werden aber vom Hartz-IV-System betreut. Dies hat etwa zur Konsequenz, dass sie von den Möglichkeiten des SGB III zur Förderung der Weiterbildung von Beschäftigten im Betrieb nicht direkt profitieren können und Hartz-IV-Träger diese Aufgabe in der Praxis nicht wahrnehmen. Auch bei den freiwilligen kommunalen Leistungen können die Fallmanager oftmals nicht autonom über notwendige ganzheitliche Maßnahmen entscheiden. Insbesondere dann, wenn die Kommune sich in einer Haushaltsnotlage befindet, können diese Leistungen schnell entfallen.

Die institutionelle und finanzielle Trennung der Systeme erschwert und behindert eine stabile Dienstleistung und eine einheitliche Rechtsanwendung und schafft neue Schnittstellen, die mit Reibungsverlusten und häufig mit Nachteilen für Erwerbslose verbunden sind. So führen wechselnde Lebenssituationen von Arbeitsuchenden oder Niedriglohnempfängern – aber auch von haushaltsangehörigen Familienmitgliedern – schnell zu einem Wechsel des Rechtskreises und der organisatorischen Zuständigkeit. Ein Haushalt kann zum Beispiel durch ein höheres Gesamteinkommen seine Hartz-IV-Bedürftigkeit vorübergehend beenden, auch wenn die Arbeitslosigkeit Einzelner noch nicht überwunden wurde. Diese wechseln dann als „Neuzugänge" in das System der Arbeitslosenversicherung.

9   Rückwirkungen von Hartz IV auf Arbeitslosigkeit und Integrationschancen

Der Aufbau des Hartz-IV-Systems war mit einem unerwartet starken Anstieg der Hilfebedürftigkeit verbunden. Dies ist insbesondere auf die ungünstige Arbeitsmarktlage sowie die teilweise Offenlegung der „Dunkelziffer" der Armut – gerade auch bei erwerbstätigen Armen – zurückzuführen, da Haushalte zuvor ihre Ansprüche oftmals nicht geltend gemacht haben. Aber auch bisher arbeitsmarktferne Personen wurden in die Betreuung und Aktivierung einbezogen, wie die Partner/

-innen ausländischer Arbeitnehmer, soweit sie zunächst keine Erwerbstätigkeit anstrebten.

Zu berücksichtigen ist aber auch, dass etwa zwei Drittel der vormaligen Arbeitslosenhilfeempfänger mit der Neuregelung keine oder nur noch reduzierte Unterstützungsleistungen erhielten und nunmehr häufig von der Arbeitslosenversicherung betreut werden oder sich mangels Leistungsansprüchen nicht mehr registrieren lassen. Insgesamt mussten 2006/2007 mehr als sieben Millionen Hilfeempfänger registriert werden, bevor dann ein leichter Abbau einsetzte. Trotz konjunktureller Belebung wurden aber auch 2010 noch gut 6,7 Millionen Hilfebedürftige gezählt. Mitte 2011 waren immer noch zehn Prozent der Bevölkerung unter 65 Jahren auf Hartz IV angewiesen. Besonders hoch sind die Hilfequoten bei Alleinerziehenden bzw. Kindern, von denen 40 Prozent bzw. gut 15 Prozent zu den Hilfeempfängern zählen.

Die Zahl der auf Hartz IV angewiesenen Arbeitslosen stieg 2006 gleichfalls auf einen Höchststand und sank dann kontinuierlich. Dieser Rückgang war jedoch deutlich schwächer als bei den in der Arbeitslosenversicherung betreuten Arbeitslosen; die Gewichte zwischen beiden Systemen verschoben sich deutlich. So waren 2005 noch 57 Prozent der Arbeitslosen dem Fürsorgesystem zugeordnet, gegenüber gut zwei Dritteln im Jahre 2010; im Osten werden gut 70 Prozent der Arbeitslosen von den Hartz-IV-Trägern betreut. Innerhalb des Hartz-IV-Systems jedoch ist offiziell nur der kleinere Teil der Hilfeempfänger arbeitslos (45 Prozent der Erwerbsfähigen). Es gibt mehrere Gründe, warum Hilfeempfänger nicht als Arbeitslose gezählt werden.[10] So stehen sie teilweise dem Arbeitsmarkt (noch) nicht zur Verfügung, weil sie zur Schule gehen, weil sie in Ausbildung sind bzw. studieren oder weil sie Angehörige erziehen bzw. pflegen. Andere nehmen an arbeitsmarktpolitischen Maßnahmen teil. Tendenziell ansteigend ist auch der Anteil der erwerbstätigen Armen, deren Arbeitsentgelt zum Leben nicht reicht und durch Hartz IV erst auf das gesellschaftliche Existenzminimum angehoben werden muss.

---

10 Im Hartz-IV-System wurden 2010 insgesamt 3,850 Mio. Arbeitsuchende gezählt, immerhin 250.000 Menschen mehr (6,9 %) als noch 2007. Deutlich zugenommen haben ebenfalls die Bewegungen in und aus Hartz IV.

Tabelle 1:   Strukturdaten zu Hartz IV

	2005	2006	2007	2008	2009	2010
- Personen in Bedarfsgemeinschaften	6,756	7,347	7,241	6,909	6,727	6,713
- Erwerbsfähige Hilfeempfänger	4,982	5,392	5,278	5,011	4,909	4,894
- Nicht erwerbsfähige Hilfeempfänger	1,774	1,955	1,964	1,898	1,818	1,819
- Bestand an arbeitslosen Hilfeempfängern	2,770	2,823	2,515	2,253	2,225	2,163

Quelle: BA: „Zeitreihe zu Strukturwerten SGB II" sowie Arbeitsmarkt in Zahlen – „Jahreszahlen"; eigene Berechnungen.

Jahr für Jahr müssen allein im Hartz-IV-System vier bis fünf Millionen Zugänge in bzw. Abgänge aus Arbeitslosigkeit registriert werden. Die Dynamik bei beiden Stromgrößen ist außerordentlich groß. Im Schnitt schlägt sich der Bestand an arbeitslosen Hilfeempfängern innerhalb eines Jahres gut zwei Mal um. Trotz Rückgangs der Arbeitslosigkeit auch im Hartz-IV-System hat sich der Umschlag noch deutlich erhöht, insbesondere die Zahl der Übergänge aus Erwerbstätigkeit in Hartz IV.

Der harte Kern der Langzeitbezieher ist gleichfalls noch sehr groß. Im Herbst (2010) gab es 436.000 erwerbsfähige Menschen, die seit Einführung von Hartz IV im Jahr 2005 auf Leistungen dieses Fürsorgesystems angewiesen waren und denen es in diesem Zeitraum trotz durchgehender Arbeitssuche nicht gelungen ist, auch nur für einen Tag eine existenzsichernde Beschäftigung aufzunehmen.

IAB-Befragungen in ausgewählten Agenturen zeigen, dass noch im Jahre 2009 marktnahe Erwerbslose bessere Betreuungschancen haben als jene mit mehreren Vermittlungshemmnissen. „Sind multiple Problemlagen vorhanden, ist die Kontaktdichte am geringsten" (Boockmann et al. 2010, S. 5). Problemlagen, die den Einsatz vermittlungsunterstützender Maßnahmen erfordern würden, werden häufig nicht erkannt.

Zwar ist seit Mitte des letzten Jahrzehnts ein Rückgang der Langzeitarbeitslosigkeit festzustellen. Doch nach wie vor sind gut eine Million Menschen seit mehr als einem Jahr arbeitslos. Dies sind knapp ein Drittel aller Arbeitslosen, was weitgehend dem Anteil zwischen 1993 und 1997 entspricht. Der Anteil der Arbeitslosen ohne Berufsausbildung liegt noch deutlich über diesem Niveau und auch höher als unmittelbar vor Errichtung des Hartz-IV-Systems. In welchem Umfang diese Effekte auf Hartz IV zurückzuführen sind, kann nur schwer abgeschätzt werden. So wurde die Statistik auch an dieser Stelle geändert, und die Teilnahme an Fördermaßnahmen führt nunmehr grundsätzlich zu einer statistischen Beendigung der

Langzeitarbeitslosigkeit. Im internationalen Vergleich ist die Langzeitarbeitslosigkeit in Deutschland aber nach wie vor überdurchschnittlich hoch. Dies gibt Anlass dazu, an den Erfolgsmeldungen zu einem besseren Arbeitsmarktzugang für Hilfebedürftige zu zweifeln: „Seit der Hartz-Reform haben sich die Arbeitslosigkeitsepisoden der Sozialtransferbezieher nicht verkürzt. Im Gegenteil verweilen ALG II-Bezieher bei Berücksichtigung soziodemografischer Effekte und der Arbeitsmarktsituation eher länger in Arbeitslosigkeit als Sozial- und Arbeitslosenhilfeempfänger vor Einführung des SGB II" (Fehr/Vobruba 2011, S. 216).

10 Beschäftigungseffekte umstritten

Über die unmittelbaren Auswirkungen auf die Lebenslage und die Integrationschancen der Hartz-IV-Empfänger hinaus strahlt dieses System auf die gesamte Arbeitswelt aus. Es war und ist politisch intendiert, dass die nur existenzminimale Sicherung, verschärfte Zumutbarkeitsregelungen und strengere Sanktionsmöglichkeiten nicht nur zu individuellen Verhaltensänderungen führen, sondern den gesamten Arbeitsmarkt verändern. „Im Vergleich zur übrigen Bevölkerung haben SGB II-Leistungsempfänger – nach eigenen Angaben – eine hohe Arbeitsmotivation und Konzessionsbereitschaft. […] Die Mehrheit der Grundsicherungsempfänger ist vor, nach oder während des Leistungsbezugs am Arbeitsmarkt aktiv. Dabei sind sie häufig unterwertig beschäftigt und beziehen oft nur niedrige Stundenlöhne" (Beste et al. 2010, S. 1). Die Befürworter des Hartz-IV-Systems sehen hierin Anzeichen, dass „[…] sich die Arbeitsmarktpolitik auch und gerade im Rahmen des SGB II auf dem richtigen Weg befindet" (Möller/Walwei et al. 2009 S. 3). Der Arbeitsmarkt habe neue Impulse erhalten und „[…] die Basis dafür geschaffen, einer Verfestigung der Langzeitarbeitslosigkeit entgegenzuwirken und eine Überwindung der Arbeitsmarktkrise […] zu beschleunigen" (ebd.). So ist denn auch die Bereitschaft der Arbeitslosen gestiegen, Arbeitsstellen unter ihrem Qualifikationsniveau, zu niedrigeren Löhnen oder schlechteren Arbeitsbedingungen (wie Arbeitszeiten, Schichtdienste, längere Anfahrtswege etc.) anzunehmen (Kettner/Rebien 2007).

Aus Sicht der Betriebe hat Hartz IV die Konzessionsbereitschaft und die Zugeständnisse von Arbeitslosen erhöht; schlechter entlohnte Jobs und ungünstigere Arbeitsbedingungen wurden eher akzeptiert. Jeder vierte bis fünfte Betrieb berichtet, dass nach Einführung von Hartz IV Arbeitslose eher Zugeständnisse bei der Entlohnung machen, ungünstige Arbeitsbedingungen akzeptieren oder auch bereit sind, einen niedriger qualifizierten Job anzunehmen (ebd.).

Tabelle 2:   Zu- und Abgang Arbeitsloser im Hartz-IV-System, 2007–2010 in Mio.

	2010	**2009**	**2008**	**2007**
1. Zugang in Arbeitslosigkeit insgesamt	4,871	4,424	4,054	3,997
- darunter aus Erwerbstätigkeit	1,252	1,224	1,162	1,165
- darunter aus Ausbildung und sonstigen Maßnahmeteilnahmen	1,321	1,072	0,871	0,807
2. Abgang aus Arbeitslosigkeit insgesamt	5,243	4,693	4,587	4,564
- darunter in Erwerbstätigkeit	1,479	1,348	1,516	1,524
- darunter in Ausbildung und sonstige Maßnahmeteilnahmen	1,281	1,075	0,850	0,748

Quelle: BA: Arbeitslose nach Rechtskreisen – Jahreszahlen, Berichtsjahre 2010, S. 1.

Andere Untersuchungen kommen zu der Einschätzung, dass sich die Entwicklungsmuster im Vergleich zu vorangegangenen Konjunkturzyklen nicht grundlegend geändert haben (Sturm 2010). Völlig unzureichend einbezogen würden beispielsweise die Beschäftigungsintensität über den Konjunkturzyklus hinweg sowie die länger anhaltende moderate Lohnentwicklung sowie Veränderungen in den Währungsrelationen und der Geldpolitik, die positive Auswirkungen auf die Wettbewerbsfähigkeit der exportorientierten Wirtschaft gehabt hätten. Hervorgehoben wird von den Kritikern der Hartz-Gesetze ebenso, dass diese zur Ausweitung prekärer Beschäftigung beigetragen und die Ungleichheit forciert hätten. Verunsicherung und Angst vor Statusabwertungen reicht denn auch bis in die Mittelschicht der Facharbeiterschaft. Der arbeitsmarktpolitische Kollateralschaden sei nicht zu übersehen und stehe in scharfem Kontrast zu einer Wirtschaft, die auf qualitative Produkte setze, die international wettbewerbsfähig seien (Bäcker 2008).

Hierzu zählt auch die durch strukturelle Veränderungen am Arbeitsmarkt und durch die Hartz-Gesetze begünstigte Ausbreitung von Erwerbsbiografien in gesellschaftlichen Randzonen der Prekarität. Die Betroffenen drohen in einen Prekaritätskreislauf zu geraten und teils gefangen zu sein in einem stetigen Wechsel zwischen randständiger Beschäftigung, Arbeitslosigkeit und Hilfebezug. „Ihr Leben spielt sich zwischen geringfügiger Beschäftigung, Leiharbeit, befristeten Vollzeitstellen und Arbeitslosigkeit ab, ohne dass sich daraus während unseres Beobachtungszeitraums in nennenswertem Umfang Einstiegsoptionen in stabile Beschäftigung ergeben hätten oder der Sprung über die Schwelle, die zwischen prekärer Beschäftigung und sicheren Normalarbeitsverhältnissen liegt, erfolgt wäre" (Hirseland/Lobato 2010, S. 32). Hier droht ein neues *Subproletariat heranzuwachsen.*

Die Rückwirkungen auf das gesamte Beschäftigungssystem sind keinesfalls zu vernachlässigen. In 2008 nahmen beispielsweise 1,177 Millionen arbeitslose Hilfeempfänger eine sozialversicherte Beschäftigung auf. Dies entspricht einem Anteil von 15,5 Prozent an allen neu begonnen sozialversicherten Jobs, die bundesweit in 2009 begründet wurden (7,577 Mio.). Von diesen Hilfeempfängern nahmen immerhin 783.000 eine Vollzeitbeschäftigung auf. „Mit rd. 70 Prozent der sozialversicherungspflichtigen Einstellungen nehmen Leistungsempfänger genau so häufig eine Vollzeitbeschäftigung auf wie Personen ohne SGB II Leistungsbezug" (Koller/Rudolph 2011, S. 1). Oftmals sind diese Jobs aber nicht stabil bzw. die Löhne nicht existenzsichernd. Bei fast jeder zweiten Beschäftigungsaufnahme war das Erwerbseinkommen nicht existenzsichernd, so dass die Beschäftigten trotz sozialversicherten Jobs auf ergänzende Fürsorgeleistungen angewiesen waren. Mit abnehmender Qualifikation steigt der Anteil jener, denen keine existenzsichernde Arbeitsaufnahme gelingt. Eine Differenzierung nach Branchen zeigt, dass die Beschäftigungschancen von Hartz-IV-Beziehern in den jeweiligen Sektoren recht unterschiedlich sind. Dies gilt auch für die Wahrscheinlichkeit einer Erzielung bedarfsdeckender Erwerbseinkommen. Überdurchschnittlich hoch ist der Anteil der Hartz-IV-Empfänger an den Neueinstellungen in der Leiharbeit. Auf sie entfallen mehr als ein Viertel aller neu begonnenen Beschäftigungsverhältnisse im Verleihgewerbe.

Für einen Großteil von ihnen eröffnet das Verleihgewerbe aber keine stabile Brücke in reguläre Beschäftigung. Zugleich ist das Verarmungsrisiko trotz Erwerbstätigkeit in dieser Branche überdurchschnittlich hoch. Die Mehrzahl jener, die aus dem Leistungsbezug heraus eine Beschäftigung in der Leiharbeit aufgenommen haben, bleiben so genannte Aufstocker; für rund 54 Prozent von ihnen musste 2008 der Staat hier nicht bedarfsdeckendes Erwerbseinkommen auf Sozialhilfeniveau anheben. Besonders hoch ist der Anteil der erwerbstätigen Aufstocker ebenso im Gastgewerbe. Hier dürfte aber die im Vergleich zur Leiharbeit größere Bedeutung der Teilzeit und ein etwas niedrigeres Arbeitsvolumen einen eigenständigen Einfluss auf die Chancen zur Beendigung des Hilfebezuges haben.

Diese Befunde korrespondieren mit Ergebnissen anderer Untersuchungen, die auf relativ geringe Löhne jener hinweisen, die aus Hartz IV in eine Erwerbstätigkeit wechseln (Achatz/Trappmann 2009, S. 6).

Hartz IV hat sicherlich zur Ausbreitung des Niedriglohnsektors beigetragen, auch wenn dies keinesfalls alleinige Ursache hierfür ist. Generell eröffnet eine Niedriglohnbeschäftigung aber nur relativ selten Aufstiegschancen zu besser entlohnter Beschäftigung. Für viele wird eine Niedriglohnbeschäftigung schnell zu einer beruflichen Sackgasse (Schrank et al. 2008). Etwas mehr als ein Viertel aller Hilfeempfänger, die ihren Leistungsbezug durch Erwerbstätigkeit (vorübergehend) beenden konnten, arbeiten unterhalb ihres Qualifikationsniveaus (IAB-Kurzbericht 2009). Mit der steigenden Zahl von erwerbsfähigen Armen erhalten staatliche Leistungen zur Aufstockung der Einkünfte auf das Sozialhilfeniveau schnell eine neue Qualität. Kombilohn-Modelle gewinnen an Gewicht; sie werden von marktorientierten Kräften eher als beschäftigungspolitischer Erfolg angesehen.

Negative Rückwirkungen auf das Beschäftigungssystem sind zum Teil auch mit dem verstärkten Einsatz von Arbeitsgelegenheiten in der Mehraufwandsvariante (Ein-Euro-Jobs) verbunden. Mehrere Studien zu diesem quantitativ wichtigsten Instrument geben klare Hinweise auf Substitutions- und Verdrängungseffekte. Reguläre Arbeiten, die sonst an private Unternehmen übergeben würden, werden relativ oft verdrängt. Befragungen zeigen, dass jeder zweite befragte Betrieb durch Ein-Euro-Jobs „[...] sein Leistungsangebot ausweiten oder qualitativ verbessern konnte [...]. Ein Viertel der Betriebe gibt zudem an, dass die ausgeführten Tätigkeiten nicht zusätzlich seien, vier Prozent berichteten von Personaleinsparungen und damit von direkter Substitution" (Koch et al. 2009, S. 315). Um diese arbeitsmarktpolitisch negativen Folgen möglichst zu verhindern, treten Gewerkschaften wie Arbeitgeberverbände gemeinsam für eine regionale Beteiligung der Sozialparteien bei der Ausgestaltung öffentlich geförderter Beschäftigung ein. Doch dies wird politisch abgelehnt mit dem Argument, dass der Gesetzgeber keine derartigen Vorgaben im Hartz-IV-System machen dürfe.

11 Ausgabensteigerungen trotz Minimalversorgung

Die Ausgaben des Hartz-IV-Systems schossen weit über die ursprünglichen Planzahlen hinaus. Schnell wurde offensichtlich, dass zu optimistisch gerechnet wurde und die in Aussicht gestellten Effizienzgewinne (noch nicht) realisiert werden konnten. Statt Minderausgaben mussten deutliche Mehrausgaben verbucht werden. Insbesondere die passiven Leistungen haben sich nahezu verdoppelt. Diese Ausgabensteigerungen stehen anscheinend im Widerspruch zur öffentlichen Wahrnehmung und zur vielfach beklagten schwierigen Einkommenssituation vieler Hilfebedürftiger.

Empirische Untersuchungen zeigen, dass Hartz-IV-Empfänger häufiger mit Einschränkungen konfrontiert sind. „Extreme Formen wie leere Kühlschränke und Geldbeutel zur Monatsmitte oder abgestellte Strom- und Wasserleitungen aufgrund von Zahlungsrückständen werden als Ausnahmefälle dargestellt. Versorgungsengpässe zum Monatsende tauchten dagegen häufiger auf. Einschränkungen oder Verzicht werden auf fast allen Gebieten des täglichen Bedarfs berichtet, ob Ernährung, Mobilität, Gesundheitsversorgung oder Energieverbrauch" (ebd.,

S. 62). Für Hirseland und Lobato „[...] deutet sich an, dass die fiskalisch und päda-
gogisch motivierte Gewährungspraxis – insbesondere wenn sie mit einem unge-
nügenden Informationsstand der Hilfebezieher über die rechtlichen Möglichkeiten
einhergeht – dazu führt, dass es auch innerhalb des Hilfesystems zu Unterversorgungslagen und Fällen verdeckter Armut kommen kann" (Hirseland/Lobato 2010,
S. 34).

Damit wird das Ziel der Schaffung einer durchgängigen Minimalversorgung
und Teilhabe nicht immer erreicht und in vielen Fällen der Aktivierungsgedanke
des Gesetzes in sein Gegenteil verkehrt; die mit Hartz IV verbundenen Sorgen und
finanziellen Probleme können im Alltag die Energie und Motivation der Hilfebezieher teils vollkommen in Anspruch nehmen. Dies kann sich kostentreibend auf
die passiven Leistungen auswirken und die arbeitsmarktpolitische Integration
erschweren. Ausgabensteigerungen resultieren aber auch aus der Ausweitung des
in Hartz IV einbezogenen Personenkreises, aus den steigenden Energie- und Miet-
kosten sowie aus dem sich ausbreitenden Niedriglohnsektor, soweit Beschäftigte
ergänzend auf Hartz IV angewiesen sind. Die Mehrausgaben wären teils auch ohne Abschaffung der Arbeitslosenhilfe entstanden. Teilweise könnte allerdings auch
ein anderes Verhalten begünstigt worden sein, und zwar insofern, als sich Haushaltsgemeinschaften bei der Arbeitslosenhilfe und ergänzendem Wohn- und Kindergeld früher finanziell nach der Decke streckten, heute hingegen Bedarfsgemeinschaften möglicherweise aufgelöst werden könnten und dann eventuell für zwei
Haushalte die Miet- und Heizungskosten übernommen werden müssen. Derartige
Reaktionen können grundsätzlich nicht ausgeschlossen werden, wenn ein Sozialhilfesystem nicht mehr die Funktion einer Ausnahmehilfe für atypische Notfälle
und Lebenslagen einnimmt, sondern zu einer existenzminimalen Grundsicherung
für breite Bevölkerungskreise umfunktioniert wird. Aber auch die Aggressionen
gegenüber Fallmanagern und Vermittlern nehmen zu. Insbesondere verzweifelte
Menschen treffen auf bürokratische Strukturen, die sie aber weniger dem Gesetz
als den Sachbearbeitern anlasten. Dabei stehen den Ämtern im Vergleich zur Sozialhilfe viel weniger Möglichkeiten zur Verfügung, um flexibel helfen zu können.

Das Hartz-IV-System ist bisher keinesfalls ein effizientes System. Nicht einmal
eine aussagefähige Bilanz über die Gesamtausgaben dieses Systems ist vorhanden.
Selbst das Bundesfinanzministerium kann diese Transparenz nicht sicherstellen,
wie eigene Recherchen zeigen. So verweist das Bundesfinanzministerium gerne
auf die nur über die BA verbuchten Finanzströme, die aber kein vollständiges Bild
(mehr) liefern. Offiziell spricht man nicht gerne darüber, dass die Kommunen lange Zeit einen dreistelligen Millionenbetrag zu Lasten der Bundesausgaben bean-
spruchten, der Bund aber nicht erkennen kann, ob diese Mittel ordnungsgemäß
verbucht wurden oder von den Kommunen hätten getragen werden müssen. Noch

im Sommer 2011 – fast sieben Jahre nach Errichtung dieses Systems – teilte das BMF dem Verfasser mit, dass keine differenzierten Aussagen zu den Ausgaben der optierenden Kommunen gemacht werden könnten. „Das BMF erhält Kenntnis über den Gesamtabfluss der Mittel aus dem Ansatz für das Arbeitslosengeld II. Eine Unterscheidung nach Trägern (BA oder zkT) oder Ausgabearten (ALG II, Sozialgeld, SV-Beiträge) ist danach nicht möglich. […] Das BMAS hat ergänzend darüber informiert, dass Daten für die zkT nur unvollständig vorlägen und insofern leider keine Angaben gemacht werden können."[11] Wohlgemerkt geht es dabei um Ausgaben, die zu Lasten des Bundes finanziert werden. Doch über dieses finanzpolitische Armutszeugnis, das dem von einem breiten politischen Konsens getragenen Sozialhilfesystem erteilt werden muss, spricht man nicht gern.

Tabelle 3: Ausgaben für Arbeitslosenhilfe und Sozialhilfe für Erwerbsfähige bzw. Hartz IV in Mrd. Euro

	2002/2003[1]	2010
- Transferleistungen	15,5.	29,8.
- Sozialversicherungsbeiträge und Krankenhilfe	5,2.	6,1.
- arbeitsmarktpolitische Eingliederungsleistungen	4,3.	6,0.
- Personal und Verwaltung[2]	2,2.	4,4.
Gesamt	27,2.	46,3.

[1] Schätzung des Arbeitskreises „Arbeitslosenhilfe/Sozialhilfe" sowie Adamy (2011).
[2] Aufwand des Bundes.
Quelle: Eigene Berechnungen nach Anzinger/Schmachtenberg et al. (2003) sowie Adamy (2011).

Die Vielzahl von Doppelstrukturen und bürokratischen Regelungen geht mit Effizienzverlusten einher. Aber auch die besseren Betreuungsrelationen haben die Personalaufwendungen ansteigen lassen. Die Aufwendungen für die Arbeitsförderung lagen 2010 nur leicht über dem Niveau vor Errichtung des Hartz-IV-Systems. In 2011 hingegen wurde die Arbeitsförderung um ein Viertel gekürzt, was die Förderchancen deutlich verschlechtert.

Pro arbeitslosen Hilfeempfänger sind die arbeitsmarktpolitischen Aufwendungen zunächst gestiegen, was jedoch unter Einbeziehung der zwischenzeitlichen Preissteigerung und der Einschnitte in die Arbeitsförderung wieder rückgängig gemacht wurde. Die arbeitsmarktpolitischen Fördermittel im Hartz-IV-System

---

11 Schriftliche Antwort des BMF vom 27.6.2011 an den Verfasser.

sind weitgehend wieder auf das Niveau gesunken, das für den betreffenden Personenkreis bereits vor Errichtung dieses Systems aufgewendet wurde. Unter Berücksichtigung aller Aufwendungen auch der Kommunen – inkl. einmaliger Leistungen – müssen für dieses Fürsorgesystem knapp 50 Milliarden Euro aufgewendet werden, doch die finanzpolitische Überwachung lässt immer noch zu wünschen übrig.

12   Reformbedarf

Dieses System ist und bleibt eine Großbaustelle. Die Arbeiten können sich aber weder auf die Renovierung der Fassade oder einzelner Räume reduzieren noch darf in die Planung eines viel schöneren Gebäudes geflüchtet werden. Angesichts der Komplexität und der Unübersichtlichkeit der bestehenden Architektur, die für die Existenzsicherung von immerhin zehn Prozent der erwerbsfähigen Arbeitsuchenden von grundlegender Bedeutung ist, sollte vielmehr an mehreren Stellen gleichzeitig mit dem Umbau begonnen werden. Die folgenden Elemente sollten dabei berücksichtigt werden.

12.1 *Entlastung des Hartz-IV-Systems*

Das Hartz-IV-System muss dringend von (Teil-)Aufgaben befreit werden, denn die Ausweitung des zu betreuenden Personenkreises mit sehr unterschiedlichen Problemlagen hat die Komplexität des Systems exponentiell erhöht. Allein in den ersten drei Jahren seines Bestehens haben 11,6 Millionen Menschen mit vielfältigen Lebenslagen bzw. 18 Prozent der Bevölkerung im erwerbsfähigen Alter dieses System durchlaufen. Eine spürbare Reduzierung des Armutsrisikos kann für einzelne Personengruppen durch ein höheres Wohngeld für Erwerbstätige und besondere Kinderkomponenten erreicht werden, was in Verbindung mit gesetzlichen Mindestlöhnen die Überwindung von Hartz IV für Erwerbstätige erleichtert. Hierzu zählt ebenso ein besserer Schutz der Arbeitslosenversicherung bei eintretender Arbeitslosigkeit. So ist beispielsweise ein Viertel aller Beschäftigten, die im ersten Halbjahr 2011 den Job auf dem Ersten Arbeitsmarkt verloren haben, direkt ins Hartz-IV-System abgerutscht. Absolut waren dies gut 360.000 Personen bzw. 12,3 Prozent mehr als im Vorjahreszeitraum. Angesichts dieser Sicherungslücken in der Arbeitslosenversicherung für jene, die aus einer sozialversicherten Beschäftigung arbeitslos wurden, und angesichts des Wegfalls jeder Lohn- und Beitragsorientierung im Hartz-IV-System wird das Gerechtigkeitsdenken vieler Erwerbstätiger verletzt.

Für Beschäftigte, die nur vorübergehend eine Beschäftigung auf dem Ersten Arbeitsmarkt finden und die erforderlichen Beitragszeiten nicht vollständig nachweisen können, sollten ein erleichterter Zugang zum Arbeitslosengeld eröffnet und zugleich eine automatische Mindestsicherung in Höhe des Hartz-IV-Niveaus eingeführt werden, um so auch das Fürsorgesystem von Aufgaben zu entlasten. Erwerbsarbeit und Arbeitslosigkeit nach sozialversicherter Beschäftigung schützen immer weniger vor Armut. Dieser Prozess sollte durch die Stärkung vorgelagerter Sicherungssysteme korrigiert werden. Ebenso muss der wieder steigenden Vererbung von Bildungsarmut durch einen generellen Ausbau der öffentlichen Bildungsinfrastruktur und die Einführung von Qualifizierungsinitiativen entgegengewirkt werden.

12.2 Schnittstellen zwischen Hartz IV und Arbeitslosenversicherung abbauen

Der einheitliche Arbeitsmarkt darf nicht aus dem Blick geraten; bis zur Überwindung der Spaltung in zwei Rechtskreise muss zumindest ein reibungsloser Übergang zwischen den Rechtssystemen gewährleistet werden, um die verstärkten Doppelzuständigkeiten bei der Beratung und Vermittlung in Ausbildung und Beruf, bei der Rehabilitation sowie beim Arbeitgeberservice wieder abzubauen. Besonders problematisch sind die gesetzlichen Regelungen bei der Ausbildungsvermittlung und bei der beruflichen Rehabilitation. So sollten die Berufsorientierung und Ausbildungsvermittlung für alle Jugendlichen sowie die berufliche Rehabilitation unabhängig von der Einkommenssituation der Erwerbslosen aus einer Hand sichergestellt und generell bei den Arbeitsagenturen angesiedelt werden, unabhängig davon, aus welchem System die jeweiligen Leistungen zu finanzieren sind.

Einem auf das jeweilige Rechtssystem reduzierten Denken sollte zugleich durch den Ausbau von Kofinanzierungsmechanismen entgegengewirkt werden. Dies ist insbesondere bei präventiven Maßnahmen und einer Zielgruppenförderung – wie etwa bei der Bekämpfung der Langzeitarbeitslosigkeit – sinnvoll, soweit sich Initiativen für die einzelnen Systeme allein möglicherweise nicht rechnen und der Nutzen teilweise anderen Systemen zugutekäme.

12.3 Stärkung sozialstaatlicher Fürsorgeelemente

Der vormalige sozialpolitische Auftrag des Bundessozialhilfegesetzes sollte mit Blick auf den Bezug zur Menschenwürde, der im Sozialstaatsgrundsatz nach Art.

20 des Grundgesetzes impliziert ist, gestärkt und die staatliche Verpflichtung zur Bekämpfung von Armut betont werden. Soziale Ausgrenzungen müssen gleichfalls verhindert oder aufgehoben werden. Dies kann, muss aber nicht immer, je nach sozialer Problemlage, mit einer Integration in den Arbeitsmarkt einhergehen. Insbesondere für Personen, die aufgrund schwieriger Lebensumstände zunächst nicht in den Arbeitsmarkt integriert werden können, hat dies zur Konsequenz, dass bestimmte Hilfen auch dann zur Verfügung gestellt werden sollten, wenn eine Arbeitsaufnahme (zunächst) nicht realistisch erscheint. Intensive Hilfe zur Stabilisierung der Lebensverhältnisse „arbeitsmarktferner" Personen darf nicht einer arbeitszentrierten Orientierung untergeordnet werden. Es sollte daher gesetzlich konkretisiert werden, dass die soziale Stabilisierung und die Verbesserung der Teilhabechancen sowie die Verhinderung sozialer Ausgrenzung zu gleichgewichteten Zielen des Hartz-IV-Systems zählen. Die bisherigen Generalklauseln können keine optimale Hilfe für Menschen mit komplexen Problemlagen und langfristigem Unterstützungsbedarf sicherstellen. Eine ziel- und problemgerechte Umsetzung stößt schnell an ihre Grenzen, solange die Ausgestaltung der sozialen Hilfe den Akteuren vor Ort allein überantwortet wird. Es muss sichergestellt werden, dass die persönlichen Hilfen im Unterschied zu den arbeitsmarktpolitischen Hilfen unabhängig von den Chancen auf eine berufliche Integration gewährt werden.

Das noch über das BSHG hinausgehende Prinzip von Leistung und Gegenleistung sollte gleichfalls modifiziert werden. Denn die Sanktionsinstrumente wurden gegenüber der vormaligen Sozialhilfe verschärft und sind durch ein Übergewicht des Forderns gegenüber dem Fördern charakterisiert. Im Vergleich mit allen anderen Rechtsgebieten drohen Jugendlichen im Hartz-IV-System besonders harte Sanktionen, was bis zur Streichung der Leistungen führen kann. Die sozialstaatliche Verpflichtung zur Überwindung der Hilfebedürftigkeit ist Ausdruck einer Achtung der Menschenwürde und muss als Orientierung für die Leistungsgewährung gelten.

12.4 Sicherstellung sozialer Integrationshilfen

Die Idee einer besseren Verzahnung von arbeitsmarktpolitischen und sozialen Integrationshilfen ist richtig. Doch dieses Ziel wird bisher weder vom Gesetz selbst noch von der Praxis adäquat erfüllt. Durch den verfassungsrechtlichen Schutz der kommunalen Selbstverwaltung wird die Umsetzung der flankierenden Hilfen ins Ermessen von Kreisen und kreisfreien Städten gestellt. Es gibt weder finanzielle Anreize für die „persönliche Hilfe" noch rechtliche Vorgaben an Kommunen zur konzeptionellen Planung und Umsetzung dieser Hilfen; ebenso wenig gibt es eine

Verpflichtung zur Übertragung insbesondere der Aufgaben von Kinderbetreuung, Schuldner- und Suchtberatung etc. auf die gemeinsamen Einrichtungen. Dies erschwert die Umsetzung und Steuerung dieser Leistungen nachhaltig.

Um eine Verzahnung von sozial-integrativen Leistungen mit der Arbeitsförderung gewährleisten zu können, sollten die Kommunen stärker dazu angehalten werden, diese Aufgaben den gemeinsamen Einrichtungen zu übertragen, oder sie sollten zumindest verpflichtet werden, den Fallmanagern ein – vom hilfebedürftigen Personenkreis abhängiges – Budget für personenbezogene Integrationshilfen zur Verfügung zu stellen. Es muss sichergestellt werden, dass sich die Eingliederungsvereinbarung keinesfalls auf arbeitsmarktpolitische Aspekte reduziert, wenn zugleich Handlungsbedarf bei sozial flankierenden Leistungen besteht. Die soziale Integration muss konzeptionell wie instrumentell gesetzlich konkretisiert werden. Dies gilt insbesondere für den großen Kreis an Personen, welche dem Arbeitsmarkt nicht zur Verfügung stehen und bei denen die arbeitsmarktpolitische Aktivierung – mangels Alternativen – quasi nur im Leerlauf erfolgt. Durch die restriktive Ausgestaltung des Invaliditätsrechts sind viele gesundheitlich angeschlagene Menschen, denen mittelfristig arbeitsmarktpolitische Perspektiven kaum aufgezeigt werden können, auf das Hartz-IV-System verwiesen.

Es reicht nicht aus, deren berechtigten Anspruch auf soziale Teilhabe abstrakt zu fordern, aber keine inhaltlichen und finanziellen Fördermöglichkeiten zur Umsetzung vorzusehen und einzuklagen. Dies ist dringend erforderlich. Die hohe Zahl abgelehnter Anträge bei der Rente wegen verminderter Erwerbsfähigkeit zeigt aber auch, dass, im Unterschied zur Praxis in anderen Ländern, vielen leistungsgeminderten Hilfeempfängern sozialstaatliche Alternativen verweigert werden und im Hartz-IV-System keine adäquate Förderung erfolgt. Mit dem Aufbau des Hartz-IV-Systems ist die Ablehnungsquote bei diesen Renten-Neuanträgen sogar leicht auf rund 45 Prozent gestiegen.[12] Neue Instrumente zur sozialen Teilhabe, wie eine Reform bei den Erwerbsminderungsrenten, könnten die soziale Situation verbessern und das System zugleich entlasten.

12.5 Neujustierung der Arbeitsförderung

Die bisherige Dominanz des „Forderns" sollte gleichfalls zu Gunsten des Förderns korrigiert werden, und es sollte auf ein stärkeres Gleichgewicht hingewirkt werden. Die arbeitsmarktpolitischen Kürzungen, der Abbau von Rechtsansprüchen für Arbeitsuchende sowie die Konzentration auf eine möglichst schnelle Vermittlung haben das bestehende Gefälle eher noch vergrößert. Die Förderung individueller

---

12 BT-Drs. 17/2271, S. 54.

Beschäftigungsfähigkeit, eine möglichst stabile Vermittlung, die Herstellung von Chancengleichheit und die Bemühungen um eine Vermeidung von unterwertiger Beschäftigung dürfen nicht länger zurückstehen oder vernachlässigt werden, sondern müssen zu zentralen arbeitsmarktpolitischen Zielen gemacht werden. Eine arbeitsmarktpolitische Ausrichtung auf eine möglichst nachhaltige Integration ist ebenso notwendig wie eine sozialstaatliche Fürsorgelogik, die auf soziale Stabilisierung und Überwindung der Hilfebedürftigkeit abzielt. Arbeitsförderung muss mehr sein als die Vermittlung in Arbeit gleich welcher Art.

Dringend ausgebaut werden muss beispielsweise die nachgehende Betreuung nach einer Arbeitsaufnahme, um einem Rückfall in Hilfebedürftigkeit, wie er häufig auftritt, besser entgegenwirken zu können. Ebenso wenig sollte das Hartz-IV-System zu einer Ausweitung des Niedriglohnsektors beitragen. So sollten Lohnkostenzuschüsse grundsätzlich an die Zahlung tariflicher bzw. ortsüblicher Löhne gekoppelt und die Zumutbarkeitskriterien so geändert werden, dass Sanktionen nur bei Zahlung ortsüblicher Löhne verhängt werden dürfen. Weiterhin ausgebaut werden muss die berufliche Weiterbildung insbesondere für die Gruppe der Geringqualifizierten, auf die mehr als die Hälfte der arbeitslosen Hilfebedürftigen entfällt. Die Bundesregierung sollte hier – angelehnt an entsprechende Programme in der Arbeitslosenversicherung – ein festes Budget für die Qualifizierung von Hartz-IV-Empfängern zur Verfügung stellen, das den finanziellen (Mindest-) Rahmen für abschlussbezogene Weiterbildung bietet. Bei einer Teilnahme an Weiterbildungskursen könnte zugleich eine Abschlussprämie gezahlt werden, mit der gezielte Anreize gesetzt werden könnten, die das Durchhalten und den Abschluss der Maßnahme fördern.

Die Arbeitsgelegenheiten sind nicht als wichtigstes arbeitsmarktpolitisches Instrument geeignet. Sie sollten vielmehr nachrangig eingesetzt und wieder auf ihre sozialhilfepolitische Funktion der sozialen Stabilisierung für jene reduziert werden, bei denen lebenslagenbezogene Aspekte eine relativ zentrale Rolle spielen und eine arbeitsmarktpolitische Aktivierung auf absehbare Zeit wenig Erfolgschancen eröffnet. Dies sollte mit einem Verzicht auf Sanktionsmöglichkeiten einhergehen.

12.6 Mehr inhaltliche Verzahnung

Die Aufspaltung von aktiven wie auch passiven Leistungen in unterschiedliche Zuständigkeiten mit jeweils eigenständigen organisatorischen und institutionellen Traditionen führen zu komplizierten Strukturen, die einen konsistenten und effizienten Leistungsprozess erschweren. Oftmals fehlen finanzielle Anreize, bestehen-

de Interessendivergenzen zu überwinden und durch ein besseres Zusammenwirken den Nutzen für alle Beteiligten zu erhöhen. Wie die „Modelle der Zusammenarbeit von Arbeitsverwaltung und Trägern der Sozialhilfe" (MoZArT) ab 2001
zeigten, kann bei einer Autonomie der jeweiligen Träger die inhaltliche Verzahnung deutlich verbessert werden. Eine gesetzliche Verpflichtung der beteiligten
Organisationen zur finanziellen Abstimmung und gemeinsamen Finanzierung
kann Verwaltungshandeln vereinfachen sowie die soziale Stabilisierung unterstützen und die arbeitsmarktpolitische Integration verbessern. So sollte der Bund über
seine bisherige finanzielle Verantwortlichkeit im Hartz-IV-System hinausgehend
eine Kofinanzierung bei sozial flankierenden Leistungen anbieten, soweit Kommunen diese Aufgaben tatsächlich den gemeinsamen Einrichtungen übertragen.
Insbesondere in Krisenregionen und Städten mit sozialen Brennpunkten werden
Kommunen diese wichtige Aufgabe aus eigener Kraft kaum im erforderlichen
Umfang meistern können. Ein weiterer Konstruktionsfehler des Hartz-IV-Systems
besteht darin, dass die Förderung meist abgebrochen wird, wenn Bedürftigkeit
auch nur vorübergehend entfällt, sich aber an der Lebenssituation der Betroffenen
grundlegend kaum etwas ändert. Um die Stabilität einer beruflichen Tätigkeit zu
fördern, könnte der Bund ebenso soziale Integrationshilfen zeitlich befristet übernehmen, wenn dies zur Überwindung der Hilfebedürftigkeit beiträgt. So könnte
der Bund die Kinderbetreuung für vormalig bedürftige Alleinerziehende im ersten
Jahr ihrer Erwerbstätigkeit bezuschussen und so zu einer stabilen arbeitsmarktpolitischen Integration beitragen. Ausgebaut werden sollten ebenso die Möglichkeiten der Kofinanzierung beispielsweise im Bereich der Gesundheitsförderung gemeinsam mit den Krankenkassen.

Insbesondere bei komplexen Problemlagen ist der soziale und arbeitsmarktpolitische Erfolg nicht nur von der Arbeit einzelner Akteure oder Institutionen abhängig. Netzwerkstrukturen sollten gefördert und finanziell unterstützt werden,
um für komplexe Problemsituationen geeignete Angebote entwickeln, finanzieren
und je nach Bedarf zügig abrufen zu können. Diese verbindlichen Absprachen und
Finanzierungsregelungen müssen oftmals über eine Arbeitsförderung und flankierende soziale Leistungen hinausgehen und auch Schule und Erziehungshilfe etc.
einbeziehen. Dies muss verknüpft werden mit einer weitgehenden Transparenz,
damit eine verstärkte Förderung an einer Stelle nicht mit Kürzungen an anderer
Stelle einhergeht, wie Versuche zur Kürzung der Jugendhilfemittel in einigen Städten zeigen.

12.7 Klare Verantwortlichkeiten und erweiterte Steuerungsmöglichkeiten

Die vielfältigen politischen Kompromisse bei Hartz IV haben zu einer Verständigung auf dem kleinsten gemeinsamen Nenner geführt. Alle politischen Ebenen unseres föderalen Systems stehen hier in der Mitverantwortung – entstanden ist eine komplizierte Hybridorganisation mit einer Verflechtung der unterschiedlichen politischen Ebenen, die nur schwer entworren werden kann. Die Politik hat sich in den Fallstricken des Föderalismus verfangen. So soll der Bund weitgehend die „Musik" bezahlen, doch Länder und Kommunen wollen verstärkt mitentscheiden, nach welcher arbeitsmarktpolitischen Melodie gespielt wird und nicht nur den Taktstock für die von ihnen finanzierten und zu verantwortenden Aufgaben schwingen. Finanzierung, Aufgaben und Kompetenzen müssen enger miteinander verknüpft werden. Anderenfalls werden Zielkonflikte fortgeschrieben. Bundesweite Klarheit und Transparenz sind unverzichtbar, wenn „Geschäfte" auf Kosten eines jeweils anderen öffentlichen Haushalts möglichst verhindert werden sollen. Da der Bund Hauptfinanzierer des Hartz-IV-Systems ist und die Bekämpfung der (Langzeit-)Arbeitslosigkeit sowie die Beschäftigungsförderung primär Bundessache sind, muss er auch sicherstellen, dass Erwerbslose in vergleichbarer Lebenslage gleich behandelt werden und gleiche Förderchancen erhalten, egal, wo sie leben und von welchem Organisations- oder Finanzierungssystem sie betreut werden.

Um Synergieeffekte besser nutzen zu können und eine wirksame Verzahnung unterschiedlicher Politikbereiche zu ermöglichen, sind auch neue Anforderungen an die Steuerung zu stellen. Sie kann und darf nicht nur auf arbeitsmarktpolitische Erfordernisse oder gar betriebswirtschaftliche Effizienz ausgerichtet werden, sondern muss gleichermaßen die personenbezogenen sozialen Dienstleistungen gleichberechtigt einbeziehen und sich um gesamtgesellschaftliche Effizienz bemühen. Dies wirft Steuerungsprobleme ganz besonderer Art auf. Ein konsistenter Leistungs- und Steuerungsprozess muss einerseits die von unterschiedlichen Akteuren zu erbringenden Leistungen berücksichtigen, andererseits aber auch die Schnittstellen zwischen den Teilleistungen zu überwinden versuchen. Die Anforderungen sind komplex, wenn erkennbar sein soll und muss, wer in welchem Umfang zum Erfolg beigetragen hat. Qualitativen Aspekten sollte ein größeres Gewicht eingeräumt und gesetzliche Zieldivergenzen sollten reduziert und möglichst beseitigt werden. Finanzierungsstrukturen und Steuerungsinstrumente sollten kooperative Elemente stärken und nicht schwächen.

13 Schlussbemerkung

Hartz IV wurde nicht nur schlecht konstruiert, sondern hat zentrale Eckpfeiler und die Grundarchitektur des bundesdeutschen Sozialsystems massiv verschoben. Das gesetzliche Bauwerk ist äußerst kompliziert, und die einzelnen Elemente sind so wenig aufeinander abgestimmt, dass es häufiger knirscht im Gebälk. Das Missverhältnis zwischen formuliertem Anspruch und realisierter Umsetzung ist nicht zu übersehen. Eine Vielzahl von falsch justierten Stellschrauben ist dafür verantwortlich, dass Hilfeempfänger meist nicht optimal betreut und integriert werden können; auch wenn die Beschäftigten im System eine äußerst schwere Arbeit verrichten und oftmals die Suppe auslöffeln müssen, die Politik und Gesetzgeber gekocht haben. Dem Bundesrechnungshof ist zuzustimmen, wenn er formuliert: „Die jetzigen Schnittstellen zwischen verschiedenen Trägern im Verwaltungsvollzug und bei der Aufsicht erfordern fehleranfällige Abstimmungsprozesse und schaffen Einfallstore für unwirtschaftliches, rechtswidriges und bundesweit uneinheitliches Verwaltungshandeln" (BRH 2008, S. 7).

Doch darüber reden die Befürworter des Systems nicht gerne, da andere – zumindest mitgedachte – Ziele in die Tat umgesetzt wurden. So traten die Wirtschaftsverbände sehr früh dafür ein, Arbeitslosen- und Sozialhilfe auf dem Niveau der Sozialhilfe zusammenzulegen, um für Erwerbslose größere Anreize schaffen zu können, auch ungünstigere Arbeitsbedingungen zu akzeptieren.[13] Dieses Ziel ist, so M. Knuth auf einer Fachtagung der Hans-Böckler-Stiftung im Jahr 2008, „[…] in die Poren der arbeitsmarktpolitischen Debatte seit 15 Jahren eingesunken und bildet sozusagen das versteckte Curriculum auch der Hartz-Reformen" (Knuth 2008, S. 203). Ziele und Mittel sowohl der Sozialhilfe als auch der Arbeitsförderung wurden – kaum sichtbar – umdefiniert. Zuvor waren die passiven Leistungen laut Knuth „[…] die Grundlage für Suchprozesse, […] [und damit] die Voraussetzung dafür, eine ‚gute Arbeit' mit bestimmten Qualitätskriterien zu finden. Die Umkehrung dieses Prinzips in Gestalt der aktivierenden Armenfürsorge, die dem SGB II zugrunde liegt, bedeutet, dass die Arbeit und zwar Arbeit gleich welcher Art, das Mittel ist zur Verringerung der Hilfebedürftigkeit und damit der Ausgaben. Im ersten Fall sind die (passiven) Leistungen das Mittel zur Arbeit, im zweiten Fall ist die Arbeit das Mittel zur Verringerung der Unterhaltsleistungen" (ebd.).

Diesem Befund setzt der Autor folgende Forderung entgegen: „Erst durch die Ankopplung des Regimes der Fürsorge an die Arbeitsmarktpolitik, durch die Zuweisung der Mehrheit der Arbeitslosen in dieses neue Regime der ‚Grundsiche-

---

13 S. Handelsblatt v. 9.2.2000 sowie die Ausführungen des damaligen Mitglieds des Sachverständigenrates Horst Siebert, Handelsblatt v. 20.4.2000.

rung für Erwerbsarme' und durch die Unterlegung dieser Reform mit einem moralisierenden Aktivierungsdiskurs des ‚Förderns und Forderns' gewinnt dieses Regime prägende Kraft für das deutsche Erwerbssystem in seiner Gesamtheit und entfaltet also moralische Wirkung selbst für solche Beschäftigten, deren reales Risiko, jemals hilfebedürftig zu werden, gering ist" (ebd., S. 205). Mit einer vorrangig auf die Neuorganisation konzentrierten Diskussion wurde von den zentralen Implikationen dieser „Reform" eher abgelenkt und der Eindruck erweckt, als ginge es lediglich darum, arbeitsmarktpolitische und sozialfürsorgerische Fachkompetenzen zusammenzuführen. Doch wäre dies der Kern der „Reform" gewesen, hätten weit weniger komplexe Systemänderungen zur Verfügung gestanden, mit der die Kooperation und Verzahnung beider Systeme grundlegend hätte verbessert werden können; die institutionelle Eigenständigkeit der jeweiligen Institutionen hätte bei einer besseren inhaltlichen und finanziellen Zusammenarbeit nicht einmal aufgegeben werden müssen.

So legte § 12b AFG Anfang der 1990er Jahre fest, dass Sozialhilfeempfänger in Maßnahmen der Arbeitsförderung einbezogen werden können und dadurch entstehende Kosten ganz oder teilweise von der BA übernommen bzw. von den Kommunen erstattet werden. Bei Vorlage einer konkretisierenden Vereinbarung von BA und kommunalen Spitzenverbänden im Jahre 1994 wurde diese Regelung leider vom Gesetzgeber wieder gestrichen. Im Jahre 2000 trat dann das Gesetz zur besseren Kooperation von Sozial- und Arbeitsämtern in Kraft, das insbesondere Modellprojekte einer besseren Zusammenarbeit und/oder einer alternativen Aufgabenverteilung erproben sollte.[14] Die dort gemachten Erfahrungen haben die Diskussion um Hartz IV nicht nachhaltig beeinflussen können. Hartz IV hat zweifelsohne den Zugang vormaliger Sozialhilfeempfänger zur Arbeitsförderung eröffnet, doch die Trennung zwischen dem Versicherungs- und dem Bedürftigkeitssystem deutlich verschärft und neue, fehleranfällige Schnittstellen geschaffen. Entgegen der Ankündigung, Beratung und Unterstützung „aus einer Hand" zu ermöglichen, wurde die inhaltliche und finanzielle Trennung von fürsorglicher und arbeitsmarktpolitischer Ausrichtung im Großen und Ganzen beibehalten.

Die jeweiligen unterschiedlichen Kompetenzen blieben erhalten – wenn auch in einer gemeinsamen Organisation. Es wurde weitgehend so getan, als ob die jeweiligen Träger ihre Aufgaben gut beherrschten und sich nach einer Umstellungsphase – durch eine neue organisatorische Hülle mit einer verbesserten Personalbetreuung – Synergieeffekte quasi im Selbstlauf einstellen würden. Tatsächlich wird nur ein Teil der Hilfeempfänger besser erreicht, während ein anderer Teil eher schlechter versorgt wird als zuvor.

---

14 BT-Drs. 14/3765.

Zu den viel komplexer werdenden Aufgaben kommen komplizierte organisatorische Konstruktionen, die einer Verwaltungsvereinfachung diametral entgegenstehen. Daran kann auch die engagierte Arbeit von Fallmanagern, Beratern und Vermittlern in diesem System nichts ändern. Diese Neuorganisation geht mit einem Paradigmenwechsel sowohl in der Arbeitsförderung als auch in der Fürsorgepolitik einher. So hat Hartz IV das Erbe der Sozialhilfe übernommen, wobei die an die Menschenwürde anknüpfenden sozialen Integrationshilfen eher zurückgenommen, wenn nicht gar marginalisiert werden. Dies ist mit einer Umdeutung der Arbeitsförderung verbunden, die weitgehend auf dem Niveau der vormaligen Sozialhilfe das Prinzip von Leistung und Gegenleistung stärker betont.

Aktivierende Arbeitsförderung und die Bereitschaft zu individuellen Verhaltensänderungen werden zu zentralen Steuerungsgrößen. Eine arbeitszentrierte Aktivierung ohne Arbeit auf Sozialhilfeniveau schlägt aber schnell fehl und hat disziplinierenden Charakter. Der Paradigmenwechsel zeigt sich insbesondere darin, dass der Gesetzgeber nicht etwa die möglichst nachhaltige Überwindung der Arbeitslosigkeit und die Vermeidung von Hilfebedürftigkeit zum wichtigsten Ziel erklärt, sondern die Verringerung und Verkürzung von Hartz-IV-Leistungen.

Dieses System ist und bleibt die Achillesferse der deutschen Arbeitsmarkt- und Sozialhilfepolitik. Doch die Befürworter dieses Systems wollen dies keinesfalls thematisieren oder lenken Kritik sehr schnell auf jeweils andere Akteure innerhalb des Hartz-IV-Systems. Andere hegen durchaus Sympathie mit einer weitgehenden „Verhartzung" sozialer Sicherungssysteme. Die Kritiker hingegen lehnen das System meist grundlegend ab und flüchten sehr schnell in – auf der grünen Wiese entworfene – Alternativkonzepte. Doch was nottut sind an der Praxis orientierte Lösungsansätze, die eine sozialstaatliche Weiterentwicklung ermöglichen. Die hier aufgezeigten Alternativvorschläge sollen nicht nur aufzeigen, wie einzelne Stellschrauben neu justiert werden könnten, sondern auch, wie durch ein Zusammenwirken unterschiedlicher Reformelemente der Gefahr einer sich vertiefenden sozialen Ungleichheit und Benachteiligung einzelner Personengruppen entgegengetreten werden kann. Werden Armut und wachsende Ungleichheit hingegen in Kauf genommen und nicht mit vielfältigen Anstrengungen zurückgedrängt, so kann die soziale Spaltung schnell zu einer gesellschaftlichen Zerreißprobe werden.

Literaturverzeichnis

Achatz, J./Trappmann, M. (2009), Befragung von Arbeitslosengeld II-Beziehern: Wege aus der Grundsicherung, in: IAB-Kurzbericht 28/2009

Adamy, W. (2000), Chancen auf Integration in den Arbeitsmarkt eröffnen, in: Soziale Sicherheit 8-9/2000, S. 270-275

Adamy, W. (2004), Schwierige Kooperation zwischen Arbeitsagenturen und Kommunen, in: Soziale Sicherheit 10/2004

Adamy, W. (2008), Konstruktionsfehler werden durch eine verfassungsrechtliche Absicherung nicht beseitigt, in: Soziale Sicherheit 9/2008

Adamy, W. (2011), „Arbeitsmarktpolitik und Finanzen: Bilanz 2010 – Perspektiven 2011", in: Soziale Sicherheit 4/2011, S. 136ff

Adamy, W./Kolf, I. (2011), Viel Theater und wenig Beifall. Der faule Hartz IV-Kompromiss, in: Soziale Sicherheit, 3/2011

Adamy, W./Steffen, J. (1998), Abseits des Wohlstandes. Arbeitslosigkeit und neue Armut, Darmstadt

Anzinger, R./Schmachtenberg, R. et al. (2003), Bericht der Arbeitsgruppe „Arbeitslosenhilfe/Sozialhilfe" der Kommission zur Reform der Gemeindefinanzen, Berlin

BA (2010), Grundsicherung für Arbeitsuchende, Jahresbericht

Bäcker, G. (2008), SGB II: Grundlagen und Bestandsaufnahme, in: Kotlenga, S./Klute, J. (Hrsg.), Sozial- und Arbeitsmarktpolitik nach Hartz: Fünf Jahre Hartz-Reformen, Göttingen

Beste, J./Bethmann, A./Trappmann, M. (2010), ALG II-Bezug ist nur selten ein Ruhekissen, in: IAB-Kurzbericht 15/2010

Boockmann, B./Koch, S./Rosemann, M./Stops, M./Verbeek, Fördern und Fordern aus Sicht der Vermittler, in: IAB-Kurzbericht 25/2010

BRH (2008), Bericht des BRH an den Haushaltsausschuss des Deutschen Bundestags, Bonn, 29.4.2008

Fehr, S./Vobruba, G (2011), Die Arbeitslosigkeitsfalle vor und nach der Hartz IV-Reform, in: WSI-Mitteilungen 5/2011

Hartz, P. et al. (2002), Moderne Dienstleistungen am Arbeitsmarkt. Vorschläge der Kommission zum Abbau der Arbeitslosigkeit und zur Umstrukturierung der Bundesanstalt für Arbeit. Bundesministerium für Arbeit und Sozialordnung, Berlin

Hirseland, A./Lobato, Ph. R. (2010), Armutsdynamik und Arbeitsmarkt, in: IAB-Forschungsbericht 3/2010

IAB (2009), Kurzbericht 28/2009

Kettner, A./Rebien, M. (2007), Hartz IV-Reform. Impuls für den Arbeitsmarkt, in: IAB-Kurzbericht 19/2007

Knuth, M. (2007), Zwischen Arbeitsmarktpolitik und Armenfürsorge, in: Rudolph, C./Nickant, R. (Hrsg.), Hartz IV-Zwischenbilanz und Perspektiven, Münster

Knuth, M. (2008), Über „Hartz" hinaus – Reflexion aus Sicht der Wissenschaft, in: Aust, J. et al. (Hrsg.), Fachtagung „Über ‚Hartz' hinaus – stimmt die Richtung in der Arbeitsmarktpolitik?", Edition der HBS, Band 214, Düsseldorf

Koch, S./Kupka, P./Steinke, J. (2009), Aktivierung, Erwerbstätigkeit und Teilhabe, Vier Jahre Grundsicherung für Arbeitsuchende, in: IAB-Bibliothek 315, Bielefeld

Koller, L./Rudolph, H. (2011), Arbeitsaufnahmen von SGB II-Leistungsempfängern. Viele Jobs von kurzer Dauer, in: IAB-Kurzbericht 14/2011

Möller, J./Walwei, U./Koch, S./Kupka, P./Steinker, J. (2009), Der Arbeitsmarkt hat profitiert, in: IAB-Kurzbericht 29/2009

Neubauer, J./Bäcker, G. (2003), Abbau der Arbeitslosigkeit durch Abbau der Arbeitslosen-versicherung, in: Sozialer Fortschritt 9/2003

Reis, C./Kolbe, L./Reinmüller, R. (2007), Fallmanagement im SGB II, Streuungs- und Struk-turprobleme am Beispiel von drei ARGEn und einer Optionskommune, HBS-Projekt, Frankfurt a. M.

Schank, Th. et al. (2008), Niedriglohnbeschäftigung: Sackgasse oder Chance zum Aufstieg?, in: IAB-Kurzbericht 8/2008

Sturm, S./Treeck von, T. (2010), Arbeitsmarktreformen in Deutschland – Hohe soziale Kos-ten ohne gesamtwirtschaftlichen Nutzen, in: WSI-Mitteilungen 11/2010

Tisch, A (2010), Arbeitsvermittler im Urteil der ALG-II-Empfänger, in: IAB-Kurzbericht 7/2010

Richard Hauser

Grundsicherung zwischen Armutsvermeidung und Arbeitsanreiz: Realitäten und alternative Konzepte

1   Zur Einführung – Fragestellungen und Abgrenzungen[1]

Eines der Ziele jedes Wohlfahrtsstaats besteht darin, Armut zu vermeiden. Die meisten Regelungen des Systems der sozialen Sicherung dienen dazu, auch wenn sie teilweise weiterreichende Ziele verfolgen. Was unter Armut und Armutsvermeidung verstanden werden soll, bedarf aber der Erläuterung; denn es gibt eine fast uferlose Diskussion über den Armutsbegriff, etwa im Sinne eines Lebenslagenbegriffs der Armut (Glatzer/Hübinger 1990), oder im Sinne des noch umfassenderen Capability-Ansatzes von Amartya Sen (Sen 2002; Volkert et al. 2004). Wir beschränken uns hier auf Armut im engeren Sinne von Einkommensarmut; denn unbestreitbar ist ein ausreichendes Einkommen eine notwendige, wenn auch nicht immer hinreichende Bedingung für die Vermeidung von Armut. Die verschiedenen Grundsicherungssysteme[2] – und alle monetären Sozialleistungen – können bei ausreichender Höhe lediglich Einkommensarmut vermeiden.

Welche Höhe ist nun ausreichend? Auch dies ist eine höchst umstrittene Frage. Innerhalb des institutionellen Rahmens der Bundesrepublik betrachten wir hier Einkommensarmut als bekämpft, wenn für jeden Wohnsitzbürger ein menschenwürdiges soziokulturelles Existenzminimum, entsprechend der Entscheidung des Bundesverfassungsgerichts[3] gesichert ist, d. h., dass jeder Einzelne allein oder im Haushaltszusammenhang mindestens über ein entsprechendes Nettoeinkommen verfügen kann und dass er gegen die Risiken von Krankheit, Pflegebedürftigkeit

---

1   Im Interesse einer leichteren Lesbarkeit verwenden wir in diesem Beitrag nur die männliche Form. Wohnsitzbürger schließt also auch die Wohnsitzbürgerin ein usw.

2   Die Bezeichnungen „Grundsicherung" und „Mindestsicherung" werden in diesem Beitrag synonym verwendet.

3   Das Bundesverfassungsgericht hat in seiner Entscheidung vom 9.2.2010 die Gewährleistung eines menschenwürdigen soziokulturellen Existenzminimums durch den Staat als Grundrecht bestätigt und zu einer Neuberechnung der jeweiligen Leistungshöhen aufgefordert. Siehe BVerfG, 1 BvL 1/09 v. 9.2.2010.

und vorzeitiger Erwerbsunfähigkeit abgesichert ist.[4] Unbestreitbar ist nach dieser Entscheidung des Bundesverfassungsgerichts, dass damit eine für jeden Bürger gültige Untergrenze für staatliche Grundsicherungsleistungen festgelegt wurde. Dies ist eine institutionelle Beschränkung, die das Lohnabstandsgebot[5] relativiert. Es ist damit nur noch für einen Alleinstehenden mit Vollzeitbeschäftigung sinnvoll. Bei dieser neuen rechtlichen Sachlage kann es also nur noch um zwei Fragen gehen. Erstens, wie sollen Grundsicherungsregelungen ausgestaltet sein, die einerseits ein soziokulturelles Existenzminimum für jedermann gewährleisten und die andererseits Arbeitsanreize möglichst wenig reduzieren? Und zweitens, wie kann die Gestaltung des Familienlastenausgleichs dazu beitragen, dass die Reduzierung der Arbeitsanreize durch Mindestsicherungsleistungen möglichst gering gehalten wird?

2 Ein Überblick über die gegenwärtigen Regelungen zur Sicherung eines soziokulturellen Existenzminimums

In Deutschland gibt es ein alle Wohnsitzbürger abdeckendes Grundsicherungssystem, das das soziokulturelle Existenzminimum im Sinne des Spruchs des Bundesverfassungsgerichts gewährleistet.

Es setzt sich additiv aus folgenden kategorialen und nachrangigen Regelungen zusammen:

- Grundsicherung für Arbeitsuchende und das Sozialgeld für Familienangehörige (SGB II),
- Hilfe zum Lebensunterhalt im Rahmen der Sozialhilfe (SGB XII),
- Bedarfsorientierte Grundsicherung im Alter und bei Erwerbsminderung (SGB XII),
- Leistungen für Behinderte und die Kriegsopferfürsorge (SGB IX),
- Leistungen nach dem Asylbewerberleistungsgesetz.

---

4   Es gibt kritische Stimmen von Wohlfahrtsverbänden und Wissenschaftlern, die zur Sicherung des soziokulturellen Existenzminimums um bis zu 20 % höhere Regelsätze für erforderlich halten.

5   Das Lohnabstandsgebot ist in § 28 Abs. 4 SGB XII statuiert. Es besagt, dass bei Haushaltsgemeinschaften von Ehepaaren mit drei Kindern die Regelsätze – zusammen mit Durchschnittsbeträgen der Leistungen für Unterkunft und Heizung sowie einmaliger Bedarfe und nach Berücksichtigung verschiedener Absetzbeträge – *unter* den erzielten monatlichen durchschnittlichen Nettoarbeitsentgelten unterer Lohn- und Gehaltsgruppen – einschließlich anteiliger einmaliger Zahlungen zuzüglich Kindergeld und Wohngeld – in einer entsprechenden Haushaltsgemeinschaft mit einer alleinverdienenden, vollzeitbeschäftigten Person bleiben müssen.

Die Hauptmerkmale dieser Grundsicherungsregelungen sind:

- Anspruchsberechtigt sind alle legal anwesenden Wohnsitzbürger mit zu geringem Einkommen, deren Vermögen eine Schongrenze nicht übersteigt.
- Der Bruttobedarf wird für Bedarfsgemeinschaften (Kernfamilie) ermittelt; die Nettoeinkommen aller Mitglieder werden angerechnet; Vermögen wird ebenfalls bis auf ein geringes Schonvermögen angerechnet. Der Anrechnungssatz beträgt meist 100 Prozent. Es gibt bei einigen Regelungen Freibeträge für selbst erarbeitetes Einkommen.
- Beiträge zur Kranken- und Pflegeversicherung werden grundsätzlich übernommen.
- Die Leistungen sind nachrangig zu allen anderen Einkommensarten.
- Leistungen aus einem Mindestsicherungssystem schließen den gleichzeitigen Bezug von Leistungen aus einem anderen System aus.
- Die Leistungen werden aus Steuermitteln finanziert.

Insgesamt nahmen im Jahr 2008 gut 7,6 Millionen Menschen Leistungen der sozialen Mindestsicherung in Anspruch (Statistische Ämter des Bundes und der Länder 2010). Der ganz überwiegende Teil bezog Arbeitslosengeld II (ca. 4,8 Mio.) oder Sozialgeld (ca. 1,8 Mio.). Unter den Beziehern von Sozialgeld waren Kinder unter 15 Jahren die weitaus größte Gruppe.[6]

3 Zum Problem der Arbeitsanreize

In öffentlichen Stellungnahmen von Politikern, von Arbeitgebervertretern, und auch in wissenschaftlichen Publikationen wird immer wieder behauptet, dass eine das soziokulturelle Existenzminimum sichernde Grundsicherung die Arbeitsanreize für Arbeitslose stark beeinträchtigen oder sogar aufheben würde. Es lohne sich nicht mehr zu arbeiten, wenn man in den unteren Lohngruppen auch mit einer Vollzeittätigkeit kaum mehr verdienen könne als beim Bezug von Grundsicherungsleistungen. Das Lohnabstandsgebot dürfe nicht verletzt werden.

Die öffentlichen Stellungnahmen über die negativen Auswirkungen von Grundsicherungsleistungen auf die Arbeitsanreize, d. h. auf die Bereitschaft, eine unselbstständige Tätigkeit aufzunehmen, finden ihre Stütze im einfachen ökonomischen Modell des Arbeitsmarktes (vgl. z. B. Franz 2009, Kap. II). Die Wahl zwischen „Erwerbsarbeitszeit", d. h. dem in Stunden gemessenen Arbeitsangebot, und

---

6 Für eine ausführliche Beschreibung der Lage der Kinder in Deutschland vgl. Bertram (2008).

„Freizeit"[7] hängt in diesem einfachen Arbeitsmarktmodell nur davon ab, welchen Nutzen die Güter stiften, die mit dem *Netto*einkommen gekauft werden können. Hieran orientieren sich der geforderte Bruttostundenlohn (Anspruchslohn) und eine bestimmte Arbeitszeit (Anspruchsarbeitszeit), die ein Arbeitsuchender anstrebt. Der von Arbeitgebern gebotene Bruttostundenlohn (Marktlohn oder Nachfragelohn) und die nachgefragte Marktarbeitszeit stehen dem gegenüber. Liegt der Anspruchslohn auf gleicher Höhe wie der gebotene Bruttostundenlohn, oder liegt er gar darunter, und stimmen auch die Arbeitszeiten überein, so nimmt ein Arbeitsuchender die Stelle an, und ein Arbeitsvertrag kommt zustande. Die Arbeitslosigkeit der betreffenden Person ist beendet. In der Höhe des Anspruchslohns konkretisieren sich alle Faktoren, die für einen Arbeitsuchenden Bedeutung haben, d. h., die in seine Nutzenerwägungen eingehen. Der Anspruchslohn ist jener Bruttolohn für eine zusätzliche Stunde „Erwerbsarbeit", bei dem der Nutzen des Güterbündels, das mit dem darauf basierenden zusätzlichen Nettoeinkommen gekauft werden kann, gleich dem Nutzen einer zusätzlichen Stunde an „Freizeitaktivitäten" ist.

Im einfachen Arbeitsmarktmodell hat „Arbeit" keinen positiven oder negativen Nutzen an sich, sondern ihr positiver Nutzen ergibt sich aus dem Konsum der mit dem erzielten Nettoeinkommen erworbenen Güter. Einen negativen Nutzen der Arbeit (Arbeitsleid) gibt es nicht; es geht nur um den entgangenen Nutzen, der durch eine alternative Zeitverwendung entstehen würde. In diesem Modell hängt dann der *nominelle* Anspruchslohn eines Alleinstehenden nur von seinen Präferenzen für „Erwerbsarbeit" und „Freizeit", vom herrschenden Preisniveau, von den auf den Bruttostundenlohn zu zahlenden Lohnsteuern und Sozialabgaben und von seinem Nichtarbeitseinkommen (nach Steuern) ab. Nichtarbeitseinkommen können sein: Vermögenseinkommen (z. B. Zinsen, Dividenden, Mieteinnahmen), vom laufenden Einkommen unabhängige staatliche Transferzahlungen (z. B. Renten, Kindergeld, Arbeitslosengeld I) und einkommensabhängige Transferzahlungen, die mit steigendem laufendem Einkommen abnehmen und ab einer bestimmten Einkommenshöhe wegfallen. Hierzu gehören die genannten Grundsicherungsleistungen sowie das Wohngeld.

Für einkommensunabhängige Transferzahlungen und auch für andere Nichterwerbseinkommen (nach Steuern) liefert dieses Modell das Ergebnis, dass eine Zunahme dieser Einkommensarten zu einer Reduzierung des Anspruchslohns für eine bestimmte angebotene Arbeitsstundenzahl oder zu einer Reduzierung der

---

7   Unter „Freizeit" werden hier alle zeitaufwendigen Aktivitäten zusammengefasst, die nicht marktmäßig entlohnt werden, aber sehr wohl in die Nutzeneinschätzungen des Individuums eingehen, z. B. Hausarbeit, Kindererziehung, Pflegeaktivitäten, ehrenamtliche Tätigkeit, Zeit für Hobby und Sport, Erholungs- und Schlafenszeit.

angebotenen Arbeitsstundenzahl bei gegebenem Anspruchslohn oder zu einer Kombination beider Größen führt. Bei einer Verringerung der einkommensunabhängigen Transfers oder anderer Nichtarbeitseinkommen ergibt sich eine umgekehrte Reaktion.

Wie wirken sich nun einkommensabhängige Transferzahlungen, insbesondere das Arbeitslosengeld II (ALG II), auf das Arbeitsangebot und die Beschäftigung aus?[8] Beim ALG II wird die nominelle Grundsicherungsleistung grundsätzlich um genau den Betrag gekürzt, um den das anrechnungspflichtige nominelle Einkommen steigt. Die Kürzung, d. h. der Grenzentzugssatz, beträgt 100 Prozent. Allerdings gibt es geringe Freibeträge, und zwar 100 Euro bei Erwerbstätigkeit sowie zusätzlich 20 Prozent des Erwerbseinkommens von 100 Euro bis 800 Euro p. Mt. und weitere 10 Prozent des Erwerbseinkommens zwischen 800 Euro und 1.200 Euro p. Mt. Die Freibeträge können insgesamt bis zu 310 Euro erreichen (Bundesministerium für Arbeit und Soziales 2010, Kap. 2). Außerdem wird das vorhandene Vermögen bis auf einen von Alter und Familiengröße abhängigen Schonbetrag angerechnet, d. h. es muss vor Leistungsbezug aufgebraucht werden.

Wie stellen sich nun im einfachen Arbeitsmarktmodell die Reaktionen der Arbeitsuchenden, die Grundsicherungsleistungen beziehen, dar? Vorweg ist festzuhalten, dass es einem Arbeitsuchenden bei entsprechender Qualifikation gelingen kann, einen so hohen Marktlohn zu erzielen, dass er ein deutlich über der Grundsicherungsschwelle liegendes Nettoeinkommen erzielt. In diesem Fall entsteht im Vergleich zur Grundsicherungsleistung ein Einkommenszuwachs in Höhe der Differenz. Dieser Fall kommt selbstverständlich in der Realität häufig vor. Er stellt eine wichtige Einschränkung der allgemeinen These von der Reduzierung der Arbeitsanreize durch einkommensabhängige Grundsicherungsleistungen und einer dadurch hervorgerufenen Verfestigung der Arbeitslosigkeit dar. Die These von der Reduzierung der Arbeitsanreize durch einkommensabhängige Grundsicherungsleistungen kann daher von vornherein nur für jene Teilgruppe der gering qualifizierten Arbeitsuchenden gelten, die auch bei einer Vollzeitbeschäftigung einen nur wenig über der Grundsicherungsleistung oder gar darunter liegenden Monatslohn erhalten würden.

Der Anspruchslohn von Arbeitsuchenden ist im einfachen Arbeitsmarktmodell bei Bestehen eines Grundsicherungssystems mit hundertprozentiger Anrechnung mindestens so hoch, dass ein *Alleinstehender* bei Vollzeittätigkeit ein Nettoeinkommen erzielt, das seinem Grundsicherungsanspruch entspricht. Liegt der einem Arbeitsuchenden offerierte Marktlohn wegen seiner geringen Qualifikation

---

8 Für grundsätzliche Ausführungen und zahlreiche empirische Informationen vgl. Bäcker et al. (2008), Bd. 1, Kapitel I.6.4, S. 185-187, und Kapitel IV, S. 389-609, insbes. Abschnitt IV.7, sowie Bd. 2, Kapitel VII.6.

unter diesem Mindestanspruchslohn, so besteht kein Anreiz zur Arbeitsaufnahme, da damit keine Einkommenserhöhung verbunden wäre. Soweit Arbeitslosigkeit darauf beruht, dass *trotz offener Stellen* der Mindestanspruchslohn über den offerierten Marktlöhnen liegt, verändert sich die Arbeitslosigkeit nicht. Die Arbeitslosen bleiben arbeitslos und erhalten weiterhin Grundsicherungsleistungen. Bezieht man aber die Freibetragsregelung mit ein, so ist es rational, ein geringes Arbeitsangebot auch zu einem unter dem Mindestanspruchslohn liegenden Marktlohnsatz zu offerieren, welches es dem Arbeitslosen ermöglicht, einen Einkommenszuwachs über die volle Grundsicherungsleistung hinaus zu erzielen. Man spricht bei diesen Personen von „Aufstockern".

Das einfache Arbeitsmarktmodell unterstellt auch, dass die angebotene Arbeitszeit und ebenso die von Arbeitgebern nachgefragte Arbeitszeit stundenweise variiert werden können, während in der Realität angebotene und nachgefragte Arbeitszeiten „gequantelt" sind, d. h., dass bei sozialversicherungspflichtigen Arbeitsstellen ganz überwiegend nur Vollzeit- oder Teilzeitbeschäftigungen möglich sind. Wenn man diese Beschränkung mit einbezieht, dann kommt es zu so genannten Randlösungen, bei denen Anspruchslohn und Marktlohn nicht mehr übereinstimmen müssen.

Unerklärlich sind in diesem einfachen Arbeitsmarktmodell die Fälle, in denen Personen mehr arbeiten, als zur Ausnutzung der Freibeträge erforderlich ist, weil sie damit ein Einkommen erzielen, das bis auf die jeweiligen Freibeträge zu 100 Prozent auf die Grundsicherungsleistung angerechnet wird. Auch diese Empfänger werden Aufstocker genannt.

Diese Ergebnisse des einfachen Arbeitsmarktmodells sind zu modifizieren, wenn entweder der Arbeit ein positiver Eigennutzen beigemessen wird und/oder wenn die einkommensabhängigen Grundsicherungsleistungen als „schlechteres" Einkommen eingeschätzt werden.

Vielfältige Gründe sind für einen Eigenwert der Arbeitsleistung bekannt:

- eine längerfristige Perspektive des Arbeitsuchenden, bei der auch die Vorteile einer Aufrechterhaltung der Qualifikationen oder des Erwerbs zusätzlicher Qualifikationen durch „learning on the job" in die Nutzenabwägung einbezogen werden;
- das Bedürfnis nach einem strukturierten Tagesablauf, nach Aufrechterhaltung von Selbstrespekt oder auch das Bemühen um eine Vorbildfunktion;
- eine das so genannte „Arbeitsleid" (verursacht durch die Arbeitsanstrengung, durch Belastungen aufgrund von Lärm, Staub, durch Unfallrisiken, durch lange Arbeitswege) überwiegende Freude an der Arbeit;

- ein Arbeitsethos des Arbeitsuchenden, das auf Pflichtgefühl oder auf dem Wunsch, sich nützlich zu machen, oder auf altruistischen Motiven beruht.[9]

Die Einschätzung einer Grundsicherungsleistung als „schlechteres" Einkommen kann damit begründet werden, dass die Einkommens- und Vermögensverhältnisse offengelegt werden müssen, dass Vermögen vor Bezug der Grundsicherung zumindest teilweise aufgebraucht werden muss und dass der Umgang mit Behörden nicht stressfrei ist und als demütigend empfunden werden kann. Hinzu kommt noch, dass mit einer sozialversicherungspflichtigen Tätigkeit durch den Arbeitnehmer- und Arbeitgeberbeitrag zur Gesetzlichen Rentenversicherung ein entsprechender Rentenanspruch aufgebaut wird, während bei Bezug von ALG II neuerdings nur eine Anwartschaft auf Erwerbsminderungsrente aufrechterhalten bleibt.

Diese „erweiterte Nutzenabwägung" kann zu Konzessionen beim Anspruchslohn führen, so dass der Mindestanspruchslohn unterschritten wird. Sind *passende offene Stellen* am Markt verfügbar, dann werden von *Alleinstehenden* selbst bei einem Grundsicherungssystem mit hundertprozentiger Anrechnung Vollzeitarbeitsplätze zu einem Marktlohn unterhalb des Mindestanspruchslohns angenommen, so dass die gesamtwirtschaftliche Arbeitslosigkeit niedriger liegt, als es das einfache Arbeitsmarktmodell prognostiziert. Die Grundsicherungsleistungen werden dann nur als Aufstockungsleistung in Anspruch genommen, oder es wird sogar ganz auf sie verzichtet. Im letztgenannten Fall entsteht verdeckte Armut.

Viele Arbeitsuchende sind aber nicht alleinstehend, sondern haben Familie und Kinder. In diesem Fall werden die Überlegungen komplexer. Auf der einen Seite ist der individuelle Mindestanspruchslohn damit auch von Einkommen anderer Haushaltsmitglieder (einschließlich Kindergeld und Wohngeld), von deren Arbeitsmarktbeteiligung und von deren Bedarf abhängig. Auf der anderen Seite wird der Grundsicherungsanspruch wegen des Sozialgeldes für nicht erwerbstätige Ehegatten und Kinder entsprechend höher. Auch auf einen Kinderzuschlag kann ein Anspruch bestehen. Im Regelfall dürfte es sich um eine gemeinsame Entscheidung beider Ehepartner über ihre jeweiligen Anspruchslöhne unter Berücksichtigung der Arbeitsteilung im Haushalt und der dabei zu erzielenden komparativen Vorteile handeln. Als weiteres Element einer Entscheidung kann auch noch die gewünschte Arbeitszeit, d. h. die Anspruchsarbeitszeit, hinzukommen, da es in Familien zeitaufwendige Aufgaben gibt, die nicht vernachlässigt werden können. Um im Falle einer Bedarfsgemeinschaft die Schwelle der Grundsicherung zu überschreiten, muss der Mindestanspruchslohn eines *Alleinverdieners* einer Familie also

---

9   Auch die weitverbreitete Bereitschaft zu ehrenamtlicher Tätigkeit beruht auf solchen Einstellungen.

deutlich höher liegen als der eines Alleinstehenden.[10] Auch wenn beide Ehepartner eine Vollzeitarbeit suchen, ist der Mindestanspruchslohn noch deutlich höher als der eines Alleinstehenden, sofern Kinder zu unterhalten sind; denn das Kindergeld deckt das Existenzminimum eines Kindes kaum zur Hälfte. Auch der eng begrenzte Kinderzuschlag reduziert diese Problematik nur geringfügig. Wenn man wieder die „erweiterte Nutzenbetrachtung" einbezieht, dann kann man damit begründen, dass es auch bei Familien mit Kindern zu Aufstockern kommen kann, die im Rahmen des einfachen Arbeitsmarktmodells nicht zu erwarten wären.

Eine anderweitige volle Abdeckung des Existenzminimums von Kindern würde dagegen den Mindestanspruchslohn für einen Alleinverdiener und auch für beide Ehepartner absenken oder, anders ausgedrückt: die Arbeitsanreize befördern. Dies zeigt, dass die Höhe des Familienlastenausgleichs für das Ausmaß der Arbeitsanreize bei einer einkommensabhängigen Grundsicherung essentiell ist.

In der Realität sind die Arbeitsplätze, die Marktlöhne und die Anspruchslöhne nicht einheitlich. Vielmehr gibt es sowohl eine Verteilung der Anforderungsprofile der Arbeitsplätze, und damit eine Struktur der Marktlöhne, als auch eine Verteilung der Mindestanspruchslöhne.

Wie empirische Studien gezeigt haben, beruht die unterschiedliche Höhe der Marktlöhne auf

- tariflichen oder gesetzlichen Untergrenzen,
- den für die offerierten Arbeitsplätze erforderlichen Qualifikationen,
- branchenspezifischen Unterschieden,
- regionsspezifischen Unterschieden, u. a. in den regionalen Preisniveaus.

Die aus dem einfachen Arbeitsmarktmodell abzuleitenden Mindestanspruchslöhne sind weit weniger differenziert, da die Mindestsicherungsregelungen bundesweit einheitlich sind. Letztlich sind sie lediglich von der Haushaltszusammensetzung und von den regional unterschiedlichen Kosten der Unterkunft abhängig. Schon infolge dieser Unterschiede ist die empirische Ermittlung jener Gruppe, bei der die Mindestanspruchslöhne oberhalb der für sie in Frage kommenden Marktlöhne liegen, so dass die Arbeitsanreize entfallen, äußerst schwierig. Bei „erweiterter Nutzenbetrachtung" kommen zusätzliche Faktoren ins Spiel, die zu einer Unterschreitung der Mindestanspruchslöhne führen. Damit verkleinert sich die Gruppe,

---

10 In der Süddeutschen Zeitung Nr. 225 vom 29.9.2010 erschien eine Berechnung, bezogen auf das Jahr 2007, die einen Nettostundenlohn von 3,55 Euro für einen Alleinstehenden und von 5,78 Euro für einen Alleinverdiener in einem Haushalt mit zwei Kindern unter 7 Jahren errechnete. Wenn man die Abzüge berücksichtigt, dann dürfte dies Bruttostundenlöhne von ca. 4,50 Euro bzw. 7,50 Euro bedeuten.

für die die Hypothese über die Beseitigung der Arbeitsanreize aufgestellt wird, nochmals. Dies heißt: Generalisierungen aufgrund von Modellanalysen helfen nicht weiter. Darauf gestützte arbeitsmarktpolitische Empfehlungen sind irreführend. Ein verlässlicher Test der Arbeitsbereitschaft von Langzeitarbeitslosen kann nur durch das Angebot von offenen Stellen erfolgen.

4 Eine unbedingte, auf Kinder beschränkte und zu versteuernde Grundsicherung

4.1 Die Ausgestaltung

Bei einem von Irene Becker und mir entwickelten Vorschlag einer *unbedingten und zu versteuernden Grundsicherung für Kinder* (Becker/Hauser 2010) wird der Kreis der Begünstigten im Vergleich zu einem immer wieder diskutierten bedingungslosen Grundeinkommen eingeschränkt.[11] *Unbedingt* ist dieses Grundeinkommen, weil es für *jedes Kind* ohne Rücksicht auf das Einkommen und Vermögen der Eltern gewährt wird. Eine weitere Einschränkung entsteht dadurch, dass diese Grundsicherungsleistung der Besteuerung bei den Eltern unterliegen soll, so dass der Nettobetrag den Bruttobetrag umso mehr unterschreitet, je höher das Elterneinkommen ist. Wie groß die Differenz zwischen Brutto- und Nettobetrag ist, hängt also von dem für die Eltern zutreffenden Grenzsteuersatz ab.[12]

Eine Variante des Vorschlags einer Kindergrundsicherung sieht eine Sozialleistung in Höhe von 454 Euro pro Monat bzw. 5.448 Euro pro Jahr und pro Kind vor.[13] Dieser Betrag stellt die maximale Steuerersparnis dar, die sich im gegenwärtigen System für ein Ehepaar mit einem Kind in der Spitzengruppe der Einkommenshierarchie infolge der verschiedenen Freibeträge ergibt.

---

11 Vgl. für eine Darstellung des bedingungslosen Grundeinkommens und anderer Modelle einer sozialen Grundsicherung Hauser (1996) sowie Hauser (2006) und Götz/Göhler (2010).

12 Im Folgenden wird unterstellt, dass die Kinder weiterhin in der Krankenversicherung bei den Eltern kostenfrei mitversichert sind. Für Kinder, die nicht kostenfrei bei den Eltern mitversichert sind, müsste die Kindergrundsicherung einen Zuschlag für eine private Krankenversicherung enthalten, oder der entsprechende Krankenversicherungsbeitrag müsste steuerlich berücksichtigt werden.

13 Hier wird die niedrigere Variante II unseres Vorschlags skizziert. Die höhere Variante sieht eine monatliche Leistung von 502 Euro vor. Diese Leistungshöhe wird auch vom Bündnis Kindergrundsicherung, dem verschiedene Wohlfahrtsorganisationen angehören, gefordert.

Der Kreis der begünstigten Kinder entspricht den nach gegenwärtiger Rechtslage für Kindergeld in Frage kommenden Kindern.[14] Die Leistungen für die Kinder werden an den Kindergeldberechtigten gezahlt. Bei Kindern der Bezieher von ALG II entfiele dann der Anspruch auf Sozialgeld bzw. die entsprechende Leistung der anderen Mindestsicherungsregelungen. Die Leistungen der Kindergrundsicherung würden nicht zum anzurechnenden Einkommen der Bedarfsgemeinschaft gezählt.

Eine unbedingte, zu versteuernde Kindergrundsicherung in dieser Höhe würde das soziokulturelle Existenzminimum von Kindern in unteren Einkommensschichten und bei Beziehern von ALG II und anderen Mindestsicherungsregelungen gewährleisten. Wegen der schrittweisen Reduzierung der Nettoleistung infolge der Besteuerung müsste oberhalb des Niedrigeinkommensbereichs ein mit steigendem Einkommen zunehmender Teil des Familieneinkommens zur Deckung des soziokulturellen Existenzminimums der Kinder herangezogen werden. Jedoch bleibt eine Teilgrundsicherung in Höhe des Betrags, der der gegenwärtigen maximalen Steuerersparnis entspricht, auf jeden Fall erhalten.

Eine solche Kindergrundsicherung bedeutete auch eine tiefgreifende Vereinfachung des Familienlastenausgleichs. Es könnten entfallen: die kindbedingten Freibeträge in der Einkommensteuer, der Anteil der Kinder an den Kosten der Unterkunft und das Sozialgeld für Kinder gemäß SGB II, der Kinderzuschlag, die kindbedingten Elemente beim Wohngeld, beim Arbeitslosengeld I und bei der Sozialhilfe, Teile der Waisenrenten, der Ausbildungsförderung, der Leistungen der Unterhaltsvorschusskassen und die Kinderzuschläge für Beamte. Mit einer derartigen Reform des Familienlastenausgleichs ergäbe sich einerseits eine viel bessere Transparenz bei den Fragen, was die Gesellschaft für die Kinder aufwendet, wem dieser Aufwand zugutekommt und wer diesen Aufwand trägt. Andererseits entstünden nicht genau bezifferbare, aber sicherlich beträchtliche Einsparungen bei den Verwaltungskosten.

4.2 *Brutto- und Nettoaufwendungen für eine unbedingte, zu versteuernde Kindergrundsicherung*

Maßgeblich für die Nettoaufwendungen einer derartigen Reform sind drei Komponenten:

- zusätzliche Bruttoausgaben im Vergleich zum Kindergeld;

---

14 Man könnte erwägen, die Kindergrundsicherung nur für Kinder bis zum 16. Lebensjahr unbedingt zu gewähren und sie für ältere Kinder durch eine neue Form der Ausbildungsförderung zu ersetzen.

- Einsparungen aufgrund von wegfallenden oder reduzierten kindbedingten Sozialleistungen;
- Steuermehreinnahmen.

In der folgenden Tabelle 1 sind einerseits die geschätzten, zusätzlich zum Kindergeld (nach den Kindergelderhöhungen 2009 und 2010) anfallenden Bruttomehrkosten und andererseits die Einsparungen infolge der wegfallenden kindbezogenen Sozialleistungen und Begünstigungen sowie die zusätzlichen Steuereinnahmen infolge der wegfallenden Kinderfreibeträge (Rechtsstand 2007) und der Besteuerung der Kindergrundsicherung aufgeführt.

Tabelle 1: Fiskalische Nettobelastung durch eine unbedingte, zu versteuernde Kindergrundsicherung[1] – in Milliarden Euro –

Zusatzaufwand und Einsparungen	Schätzung auf Basis von veröffentlichten gesamtwirtschaftlichen Statistiken	Schätzung auf Basis eines mikroökonomischen Simulationsmodells
I. Bruttomehraufwand[2]	61,6	57,8
II. Einsparungen durch wegfallende Sozialleistungen	9,7	5,1
III. Steuermehreinnahmen	27,9	23,8
IV. Nettobelastung[2]	24,0	28,9

[1] Die Angaben beziehen sich auf eine Kindergrundsicherung in Höhe von 454 Euro p. Mt.
[2] Bei der Schätzung des zusätzlichen Bruttomehraufwands und der Nettobelastung wurden die Kindergelderhöhungen 2009 und 2010 bereits berücksichtigt. Es wird also vom Status quo des Jahres 2010 ausgegangen.
Quelle: Becker/Hauser (2011), Tab. 13a (unter Einbeziehung von Fußnote 4).

Die Kindergrundsicherung in Höhe von 454 Euro pro Monat würde je nach Schätzverfahren zu einer Nettobelastung des Staates zwischen 24,0 und 28,9 Mrd. Euro führen. Wenn dies auch eine deutliche Zusatzbelastung ergäbe, die zur Reduzierung von Kinderarmut aufgebracht werden müsste, so läge eine solche, den Familienleistungsausgleich radikal vereinfachende Reform doch nicht außerhalb jeglicher finanzieller Reichweite. Hinzu kommt die positive Wirkung auf die Arbeitsanreize bei den Beziehern von Mindestsicherungsleistungen und Niedrigeinkommen.

Zur Finanzierung könnte man an einen Zuschlag auf die Einkommensteuerschuld denken. Dieser Zuschlag würde sich auf ca. 11,2 bis 12,7 Prozent der Einkommensteuerschuld belaufen. Man könnte ihn als „Kindersoli" bezeichnen. Aber natürlich sind auch andere Finanzierungsalternativen denkbar, z. B. eine Kombination aus Einkommensteuerzuschlag und Mehrwertsteuererhöhung oder eine Erhöhung der Abgeltungssteuer, die gegenwärtig zu einer starken Begünstigung der Bezieher von Kapitaleinkommen führt.

4.3 *Geschätzte Reduzierungen der Armutsquoten durch die Kindergrundsicherung*

Dieser große Finanzaufwand wäre nur vertretbar, wenn dadurch die Kinderarmut sehr stark reduziert würde und wenn sich auch das Problem der Beeinträchtigung der Arbeitsanreize durch Mindestsicherungsregelungen deutlich reduzierte. Um hierüber eine ungefähre Schätzung anstellen zu können, muss man die Berechnung der Armutsquoten von Kindern mit Hilfe einer stärker pauschalierten Armutsgrenze von 50 Prozent des Nettoäquivalenzeinkommens vornehmen.[15] Diese Armutsgrenze liegt im obersten Teil der Bandbreite von ALG-II-Leistungen, wenn man die regional sehr unterschiedlichen Miet- und Heizkosten bedenkt. Sie unterscheidet sich auch etwas von der Armutsrisikogrenze, wie sie von der Europäischen Union vorgegeben wurde und auf der viele publizierte Berechnungen beruhen.[16]

Das folgende Diagramm 1 zeigt die zu erwartenden Veränderungen der altersspezifischen Armutsquoten. Man sieht, dass bei der vorgeschlagenen Kindergrundsicherung die Armutsquoten der Kinder und Jugendlichen unter 16 Jahren von gut 16 Prozent auf gut vier Prozent, d. h. um etwa drei Viertel, sinken würden. Der Rückgang bei den jungen Erwachsenen wäre allerdings deutlich schwächer, da nur noch ein Teil dieser Gruppe Anspruch auf Kindergrundsicherung hätte. Auch die Armutsquoten der Personen im Alter von 25 bis 49 Jahren nähmen um fast die Hälfte ab. In dieser Altersgruppe befinden sich die meisten armen Eltern der armen Kinder.[17]

---

15 Die Armutsgrenze beträgt bei dieser Berechnung 902,50 Euro p. Mt. für einen Alleinstehenden, 1.353,75 Euro p. Mt. für ein Ehepaar ohne Kinder und 1.895,25 Euro für ein Ehepaar mit 2 Kindern unter 14 Jahren. Den Berechnungen liegt die modifizierte OECD-Äquivalenzskala zugrunde, die dem ersten Erwachsenen in einem Haushalt ein Gewicht von 1,0, weiteren Haushaltsmitgliedern von 14 Jahren und älter Gewichte von 0,5 und jüngeren Kindern Gewichte von 0,3 zuordnet.

16 Die EU hat die Armutsrisikogrenze bei 60 % des Medians des Nettoäquivalenzeinkommens festgelegt.

17 Bei der Ermittlung der Armutsquoten wird die Kindergrundsicherung mit dem Einkommen der Eltern zusammengefasst. Inwieweit die Kindergrundsicherung voll den Kindern zugutekommt,

Diagramm 1: Reduzierung der altersspezifischen Armutsquoten durch eine Kindergrundsicherung

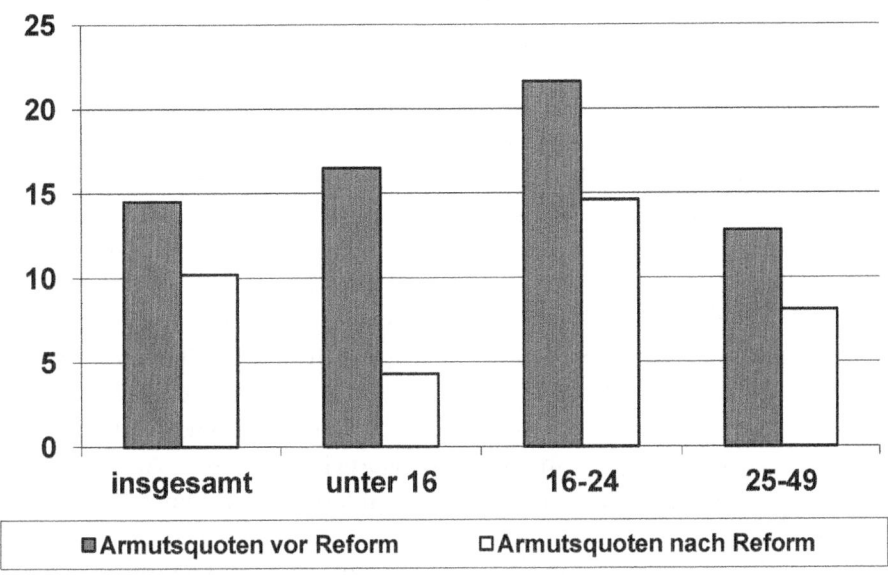

Quelle: Becker/Hauser (2011), Tab. 15.

Alleinerziehende sind besonders stark von Einkommensarmut betroffen. Ihre durchschnittliche Armutsquote liegt bei etwa 37 Prozent. Bei ihnen würde sich die Armutsquote ungefähr halbieren. Auch bei Paaren mit Kindern würde sich die Kindergrundsicherung sehr stark armutsreduzierend auswirken. Bei drei und mehr Kindern sänke die Armutsquote sogar von 18 auf 2,6 Prozent. Beides wäre ein großer Erfolg der Familienpolitik; denn gerade bei Alleinerziehenden und bei kinderreichen Familien ist die Kinderarmut besonders hoch.

4.4 Kindergrundsicherung, Einkommensverteilung und Arbeitsanreize

Die Einführung einer existenzsichernden Kindergrundsicherung würde den Familienlastenausgleich radikal vereinfachen und transparenter machen. Sie hätte darüber hinaus Auswirkungen auf die Einkommensverteilung und die Arbeitsanreize, die zu einer wesentlichen direkten und indirekten Verringerung von Kinderarmut beitragen würden.

---

wenn die Eltern kein eigenes Einkommen besitzen, ist eine ungeklärte Frage. Könnte dies garantiert werden, so würden die Armutsquoten der Kinder noch wesentlich niedriger liegen.

Bei einer Ersetzung des Kindergeldes durch eine solche Kindergrundsicherung würde sich die Verteilung der Nettoeinkommen in der Bevölkerung ändern. Da jedem Kind zunächst ein gleich hoher Betrag gezahlt würde, während die Aufbringung der Mittel im Falle eines Einkommensteuerzuschlags progressiv erfolgte, würde sich eine eindeutige vertikale Umverteilung von oben nach unten ergeben, auch wenn ein Teil der zusätzlichen Mittel von jenen Eltern aufgebracht werden müsste, die für ihre Kinder zwar eine Kindergrundsicherung erhalten, aber infolge von deren Besteuerung wieder einen Teil abgeben müssen. Außerdem würde ein horizontaler Lastenausgleich zwischen den Kinder erziehenden Paaren und Alleinerziehenden auf der einen Seite und jenen Familien, die keine Kinder erziehen und den Alleinstehenden auf der anderen Seite erfolgen.

Bei ALG-II-Empfänger-Haushalten mit Kindern wird das unter Anrechnung des Kindergeldes gewährte Sozialgeld für Kinder durch die höhere und nicht angerechnete Kindergrundsicherung ersetzt. Dies dürfte bereits einen Teil der ALG-II-Bezieher über die ALG-II-Schwelle heben. Bei ihnen ist eine Stärkung der Arbeitsanreize zu erwarten, da ihr Mindestanspruchslohn sinkt. Auch für die im ALG-II-Bezug verbleibenden Haushalte mit Kindern ist es nunmehr leichter möglich, die ALG-II-Schwelle zu überspringen. Daher ergibt sich auch bei dieser Gruppe eine Senkung des Mindestanspruchslohns, so dass die Arbeitsanreize zunehmen. Bei Haushalten mit Kindern, deren Nettoeinkommen zwischen der ALG-II-Schwelle und einem break-even point liegt, entsteht eine vom Arbeitseinkommen unabhängige Einkommenserhöhung. Der break-even point liegt bei jenem Einkommen, bei dem die Differenz zwischen dem bisherigen Kindergeld und der neu eingeführten Grundsicherung genau der zusätzlichen Steuerbelastung entspricht. Das einfache Arbeitsmarktmodell prognostiziert hier entweder eine Reduzierung des Anspruchslohns, verbunden mit einem erhöhten Arbeitsanreiz für Arbeitsuchende, oder bei bereits laufender Beschäftigung eine Reduzierung des Arbeitsangebots. Bei Haushalten mit Kindern, die oberhalb des break-even point liegen, geht das Nettoeinkommen zurück. Im einfachen Arbeitsmarktmodell sind auch dabei die Reaktionen des Arbeitsangebots unbestimmt. Es kann sich verringern oder erhöhen. Gleiches gilt für Alleinstehende und für Haushalte ohne Kinder, die lediglich von der Steuererhöhung betroffen sind.

Dieses Ergebnis lässt sich auch bei „erweiterter Nutzenbetrachtung" nicht genauer eingrenzen. Mit einiger Sicherheit kann man also lediglich die Zunahme der Arbeitsanreize im unteren Marktsegment vorhersagen. Daher kann man bei Einführung einer existenzsichernden Kindergrundsicherung erwarten, dass die Arbeitsbereitschaft von gering Qualifizierten gefördert und damit der Konflikt zwischen den Mindestsicherungsregelungen und den Niedriglöhnen entschärft würde. Eine verstärkte Arbeitsaufnahme von gering Qualifizierten würde die Armut von Kindern auch indirekt weiter reduzieren. Ein richtig gestalteter Familienleistungsausgleich erweist sich damit zwar nicht als „Königsweg" zur Armutsbekämpfung, aber doch als ein ganz wesentlicher Schritt, dem bisher zu wenig Aufmerksamkeit geschenkt wurde.

Literaturverzeichnis

Bäcker, G./Naegele, G./Bispinck, R./Hofemann, K./Neubauer, J. (2008), Sozialpolitik und soziale Lage in Deutschland, Bd. 1: Grundlagen, Arbeit, Einkommen und Finanzierung, Bd. 2: Gesundheit, Familie, Alter und Soziale Dienste, 4. Aufl., Wiesbaden

Becker, I./Hauser, R. (2011), Kindergrundsicherung, Kindergeld und Kinderzuschlag: Eine vergleichende Analyse aktueller Reformvorschläge, Berlin, als Download von der Homepage der Hans-Böckler-Stiftung verfügbar unter: http://www.boeckler.de/pdf_fof/S-2008-182-4-3.pdf

Bertram, H. (Hrsg.) (2008), Mittelmaß für Kinder. Der UNICEF-Bericht zur Lage der Kinder in Deutschland, München

Bundesministerium für Arbeit und Soziales (2010), Übersicht über das Sozialrecht, 7. Aufl., Nürnberg

Döring, D./Hanesch, W./Huster, E.-U. (1990), Armut als Lebenslage. Ein Konzept für Armutsberichterstattung und Armutspolitik, in: dieselben, Armut im Wohlstand, Frankfurt a. M., S. 7-27

Franz, W. (2009), Arbeitsmarktökonomik, 7. Aufl., Berlin u. a.

Glatzer, W./Hübinger, W. (1990), Lebenslagen und Armut, in: Döring, D./Hanesch, W./Huster, E.-U. (Hrsg.), Armut im Wohlstand, Frankfurt a. M., S. 31-55

Götz, W./Göhler, A. (2010), 100 Euro für jeden. Freiheit, Gleichheit, Grundeinkommen, Berlin

Hauser, R. (1996), Ziele und Möglichkeiten einer Sozialen Grundsicherung, Baden-Baden

Hauser, R. (2006), Alternativen einer Grundsicherung – soziale und ökonomische Aspekte, in: Gesellschaft, Wirtschaft, Politik, 55. Jg., H. 3, S. 331-348

Huster, E.-U./Boeckh, J./Mogge-Grotjahn, H. (Hrsg.) (2008), Handbuch Armut und Soziale Ausgrenzung, Wiesbaden

Pannenberg, M. (2007), Individuelle Anspruchslöhne in Deutschland: Eine aktuelle Bestandsaufnahme, in: Schwarze, J./Räbinger, J./Thiede, R. (Hrsg.), Arbeitsmarkt- und Sozialpolitikforschung im Wandel, Festschrift für Christof Helberger, Hamburg, S. 63-79

Sen, A. (2005), Ökonomie für den Menschen. Wege zu Gerechtigkeit und Solidarität in der Marktwirtschaft, 3. Aufl., München

Statistische Ämter des Bundes und der Länder (2010), Soziale Mindestsicherung in Deutschland 2008, Wiesbaden

Volkert, J./Klee, G./Kleimann, R./Scheurle, U./Schneider, F. (2004), Forschungsprojekt: Operationalisierung der Armuts- und Reichtumsmessung, hrsg. vom Bundesministerium für Gesundheit und Soziale Sicherung, Bonn

Claudia Bogedan

The next generation?
Die Arbeitslosenversicherung im 21. Jahrhundert

1 Einleitung

Die Arbeitslosenversicherung in Deutschland steht dauerhaft im Reformbemühen der Politik. Die amtierende schwarz-gelbe Regierungskoalition hat sich, wie auch ihre Vorgängerregierungen, auf eine Überarbeitung des arbeitsmarktpolitischen Instrumentariums verständigt und im Frühjahr 2011 Eckpunkte für ein Gesetz zur „Leistungssteigerung der arbeitsmarktpolitischen Instrumente" vorgelegt. Zentrales Ziel ist, neben der Verbesserung der Effizienz, die Reduktion der Ausgaben für die Arbeitsförderung. Solche Veränderungen hat es seit Einführung der Arbeitslosenversicherung im Jahre 1927 vielfach gegeben. Dabei wurden nicht nur die Instrumente der aktiven Arbeitsförderung und die Lohnersatzleistungen verändert, sondern auch die arbeitsmarktpolitischen Ziele wurden zu mehreren Zeitpunkten neu formuliert.

In der jüngsten Rezession hat sich die Arbeitslosenversicherung allerdings bewährt. Denn in der Großen Rezession[1] 2008/2009 hat der deutsche Arbeitsmarkt den schwersten Wirtschaftseinbruch in der Nachkriegsgeschichte vergleichsweise glimpflich überstanden. Entgegen den Erwartungen von Ökonomen und Arbeitsmarktexperten stieg die Arbeitslosigkeit nur mäßig an und konnte im Frühjahr 2011 bereits auf einen Rekordtiefstand seit der Wiedervereinigung zurückgeführt werden. Die damalige Bundesregierung hatte mit einem traditionellen Maßnahmenpaket[2] versucht, den Beschäftigungsabbau zu bremsen und den Einbruch der Binnennachfrage abzufedern: mit einer expansiven fiskalischen Politik und dem sozialen Ausgleich des Beschäftigungsausfalls durch das Kurzarbeitergeld (vgl. Bach et al. 2009; Herzog-Stein/Seifert 2010), dessen Nutzung zuletzt bei der Wiedervereinigung ähnlich intensiv war (vgl. Bogedan 2010a).

---

1 Zur Herkunft der Bezeichnung „große Rezession" siehe Herzog-Stein/Seifert 2010, S. 551.
2 Bereits das Arbeitsförderungsgesetz war 1969 unter dem Eindruck des kurzzeitigen Wirtschaftseinbruchs 1966/67 in Verbindung mit dem Stabilitäts- und Wachstumsgesetz von 1967 eingeführt worden.

Der Wandel der Arbeitslosenversicherung folgte in den vergangenen Jahrzehnten jedoch nicht alleine der Logik veränderter ökonomischer Rahmenbedingungen, sondern auch den strategischen Interessen der jeweiligen Regierungen sowie den politisch-normativen Vorstellungen der politischen Akteure. Vorhandenes, teilweise auf Erfahrungen basierendes Politikwissen und die vorherrschenden wirtschafts- und beschäftigungspolitischen Leitvorstellungen in der arbeitsmarktpolitischen Arena prägten gleichermaßen die Ziel- und die Instrumentenentwicklung.

In der jüngsten Zeit blieben allerdings bestimmte Herausforderungen, die sich aus dem sozioökonomischen Strukturwandel und der sozialen Modernisierung ergeben, in der Arbeitslosenversicherung unbehandelt. Denn Einkommensrisiken entstehen im Erwerbsverlauf nicht mehr alleine aufgrund von Arbeitslosigkeit (Abschnitt 2 dieses Beitrags). Die heutigen Realitäten in der Arbeitswelt und die daraus resultierenden Risiken gerieten folglich mit dem derzeitigen sozialen Sicherungssystem in Spannung. Eine grundlegende Weiterentwicklung der Arbeitslosenversicherung im 21. Jahrhundert wird deshalb in einigen wissenschaftlichen und politischen Kreisen bereits seit Beginn des neuen Jahrtausends diskutiert (vgl. Jusos 2005; Schmid 2008). Der vorliegende Beitrag greift diese Debatte auf (Abschnitt 3) und hinterfragt die Aussichten für einen solchen Politikwechsel in naher Zukunft (Abschnitt 4).

2 Neue Risiken und mangelnde Passförmigkeit der Arbeitslosenversicherung

In der internationalen Debatte galt das deutsche System der Sozialversicherung lange Zeit als am wenigsten geeignet, um die Veränderungen in der Arbeitswelt durch den sozioökonomischen Strukturwandel und die soziale Modernisierung zu bewältigen (vgl. Esping-Andersen 2002, S. 16-17; Manow 2002). Mit den jüngeren Reformen in der vergangenen Dekade hat der deutsche Sozialstaat dagegen sein Reformfähigkeit bewiesen. Die Bilanz der Reformen wird in der Literatur allerdings unterschiedlich bewertet.[3]

Die Stärken des Sozialversicherungssystems – bei Bäcker so formuliert: „[h]ier ergänzen sich Eigenverantwortung und sozialer Ausgleich, Leistungsorientierung und Lebensstandardsicherung" (Bäcker 2007, S. 15) – gerieten dabei vielfach aus dem Blick. Der Schutz der Sozialversicherung erstreckt sich derzeit vordringlich

---

3   In der Arbeitsmarktpolitik wurde mit den so genannten Hartz-Reformen eine angebotsorientierte Aktivierungspolitik implementiert, deren Wirkungen in der Wissenschaft unterschiedlich gewertet werden (exemplarisch für eine Bewertung als Erfolg siehe Möller 2010; für deren negative Begleiterscheinungen Sturn/Van Treeck 2010).

auf Risiken, die aus dem Ausfall oder der Unterbrechung des Arbeitseinkommens aufgrund von Arbeitslosigkeit, Alter oder Krankheit resultieren (vgl. Bäcker et al. 1989, S. 83). Sie bekämpft damit jene Risiken abhängig Beschäftigter, die in der kapitalistischen Produktionsweise begründet sind und waren. Verändert sich diese Produktionsweise, entstehen neue Anforderungen an die Systeme sozialer Sicherung.

2.1 *Veränderung der kapitalistischen Produktionsweise und veränderte soziale Risiken*

Mit dem sich seit mehreren Jahrzehnten vollziehenden gesellschaftlichen Transformationsprozess hat sich die Art und Weise, wie gewirtschaftet und gearbeitet wird, grundlegend gewandelt (vgl. Doogan 2009). Der Abschied von der fordistischen Produktionsweise, deren Grundlage eine auf Massenkonsum und damit eine auf die allgemeine Wohlstandsentwicklung zielende Art der Regulation darstellte, führte zu einem Bedeutungsverlust des so genannten Normalarbeitsverhältnisses und der damit verbundenen Normalerwerbsbiografie des männlichen Industriearbeiters (vgl. u. a. Windhövel et al. 2008; für Aspekte der atypischen Beschäftigung siehe Waltermann 2010; und zur Frage weiblicher Lebensverläufe siehe Allmendinger 2010, S. 55f).

National wie international bestehen allerdings erhebliche Unterschiede in der Einschätzung über das erreichte Maß an Flexibilität im Arbeitsmarkt (vgl. Erlinghagen 2004). Fraglich ist vor allem, ob sich bereits eine neue „Normalität" herausgebildet hat oder ob es sich nicht lediglich um einzelne Auflösungs- und Zerfaserungstendenzen handelt (vgl. Erlinghagen 2004; Struck et al. 2007). Fakt ist: Die Zahl der Teilzeitbeschäftigten und geringfügig Beschäftigten, der Leiharbeiter und der Beschäftigten mit befristeten Arbeitsverhältnissen ist in den vergangenen zwei Dekaden stark gewachsen (vgl. Brehmer/Seifert 2008; Schmid/Protsch 2009).

Der Erhalt der eigenen Arbeits- und Beschäftigungsfähigkeit wurde zur neuen Anforderung an die Erwerbstätigen. Denn Berufs- und Tätigkeitswechsel sowie neu entstandene Berufe in einem zunehmend durch neue Technologien und globalen Wettbewerb gekennzeichneten Arbeitsmarkt verändern die Anforderungen an individuelle und kollektive Qualifikationen. Der Anspruch des lebenslangen Lernens fordert von den Beschäftigten, Arbeit und (Weiter-)Bildung miteinander zu verbinden. Auch sind die Erwerbsarbeit und die unbezahlte Familienarbeit nicht mehr so klar zwischen den Geschlechtern aufgeteilt, sodass weibliche und männliche Beschäftigte Berufstätigkeit und private Sorgeaufgaben miteinander vereinbaren müssen und wollen. Wechsel und Gleichzeitigkeiten prägen folglich heutige Erwerbsbiografien.

Dieser Befund wird bestätigt durch eine aktuelle Auswertung von Daten des Sozio-oekonomischen Panels (SOEP). Demnach veränderten immerhin fast ein Fünftel der Erwerbstätigen ihren beruflichen Status im Vergleich zum Vorjahr (vgl. Abbildung 1).[4]

Abbildung 1:   Veränderung des beruflichen Status bei Erwerbstätigen im Vergleich zum Vorjahr, 2009

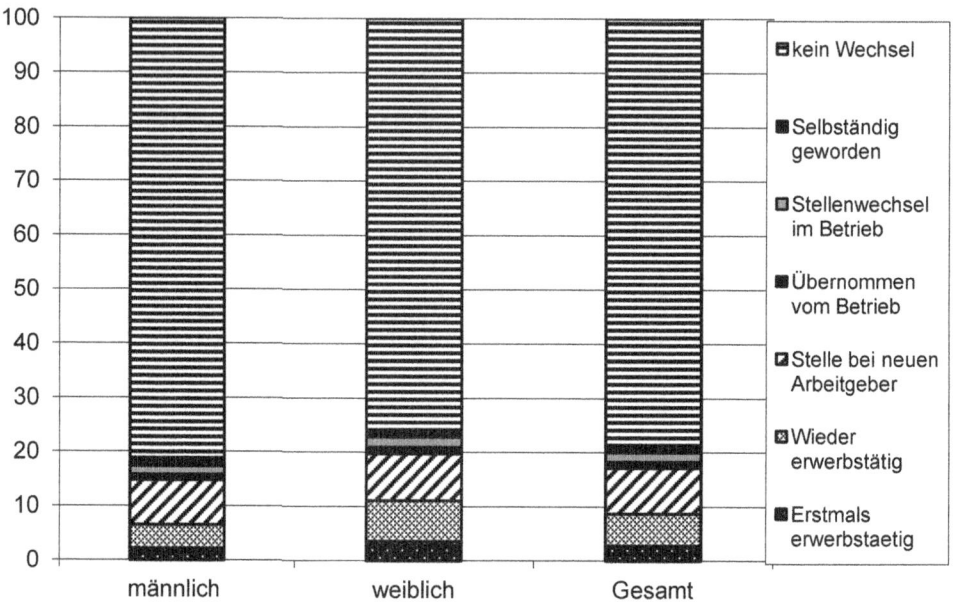

Quelle: Eigene Berechnungen auf Basis der Daten des SOEP 2009.

Dabei bestätigt sich der Befund, dass weibliche Erwerbsbiografien weniger stetig sind als männliche. Frauen gaben mehr als eineinhalb Mal so oft an, im Vergleich zum Vorjahr wieder erwerbstätig zu sein, als Männer. Der (phasenweise) Ausstieg aus dem Erwerbsleben von Frauen ist kein Randphänomen: 5,6 Millionen Frauen zwischen 25 und 59 Jahren sind in Deutschland nicht erwerbstätig (vgl. Allmendinger 2010, S. 45). Ansonsten sind die Unterschiede zwischen den Geschlechtern eher gering. Bemerkenswert ist darüber hinaus, dass mehr als acht Prozent der Erwerbstätigen angaben, zu einem neuen Arbeitgeber gewechselt zu sein.

---

4   Die Auswertung der Daten erfolgte im Rahmen des Projekts „Arbeits- und sozialrechtliche Regulierung für Übergänge im Lebenslauf – Ein Beitrag für ein soziales Recht der Arbeit", in dem die Autorin bis April 2011 mitwirkte; vgl. hierfür u. a. Bogedan/Kocher et al. (2010); sowie Bogedan et al. (2011).

Viele Lebensverhältnisse passen daher heute nicht mehr zu den „normalen"
Vorstellungen sozialer Sicherung (vgl. Klammer 2005).

2.2 *Mangelnde Passförmigkeit zwischen Anforderungen des Arbeitsmarktes und Arbeitslosenversicherung*

Die Umbruchprozesse in der Arbeitswelt sind mit wachsender sozialer Unsicherheit verbunden, da die „Flexibilisierungen" in einem systematischen Spannungsverhältnis zu den Regulierungsformen der alten sozialen Ordnung stehen, die sich
auf das Normalarbeitsverhältnis bezogen. Der tendenzielle Bedeutungsverlust des
Normalarbeitsverhältnisses führt zwar nicht zwangsläufig zu prekären Beschäftigungsverhältnissen, jedoch entstehen Sicherungslücken, die aus der mangelnden
Passförmigkeit zwischen den sozialen Sicherungssystemen und den Risikostruktu-
ren der heutigen Arbeitswelt resultieren.

Die politischen Entscheidungsträger haben in den vergangenen Jahren mit einer Reihe von Reformen und Gesetzesänderungen die „Flexibilisierung" des Arbeitsmarktes vorangetrieben, eine Anpassung der Sozialversicherungssysteme ist
allerdings weitestgehend ausgeblieben. Die Reformen der Arbeitslosenversicherung betrafen überwiegend das Leistungsrecht mit dem Ziel, die Ausgaben zu
begrenzen.[5] Dabei blieben die wesentlichen institutionellen Charakteristika der
deutschen Arbeitslosenversicherung weitestgehend konstant. Nach Gerhard Bäcker et al. (2008, S. 521) handelt es sich demnach bei der Arbeitslosenversicherung
um eine Pflichtversicherung, die die abhängig Beschäftigten umfasst und über
Beiträge finanziert wird, die von Arbeitnehmern und Arbeitgebern zu gleichen
Teilen getragen werden. Die Arbeitslosenversicherung wird von diesen beiden
Parteien selbstverwaltet über die Bundesagentur für Arbeit. Die Arbeitslosenversicherung ist sowohl verantwortlich für das Arbeitslosengeld, das „[...] nach dem
Äquivalenzprinzip Höhe und Dauer des Leistungsbezugs an die Dauer der Beitragszahlung und die Höhe des letzten (Netto-)Einkommens koppelt" (Bäcker et al.
1989, S. 237)[6], als auch für die Maßnahmen der aktiven Arbeitsmarktpolitik.

---

5   Das Risiko „Arbeitslosigkeit" ist folglich nicht nur abhängig von der wirtschaftlichen Lage, sondern
    es ist politisch definiert, wer als „arbeitslos" im Sinne des § 119 SGB gilt und damit Zugang zu den
    Leistungen der Arbeitslosenversicherung erhält.

6   Die Lohnersatzleistung ist mit 60 % des vorherigen Nettoeinkommens für Kinderlose und mit 67%
    für Versicherte mit Kindern im internationalen Vergleich eher niedrig (vgl. System der EU zur ge-
    genseitigen Information über den sozialen Schutz, MISSOC). Da bei der Berechnung der Leistungs-
    höhe nur das reguläre Monatseinkommen zugrunde gelegt wird und somit variable Einkommens-
    bestandteile wie Zuschläge oder Einmalzahlungen nicht berücksichtigt werden, liegt die reale Er-
    satzrate sogar noch deutlich niedriger (vgl. Bäcker 1995).

Die Reformen in der Arbeitslosenversicherung sollten über den Rückbau sozialer Leistungsansprüche zu einem Abbau der über mehrere Dekaden angewachsenen Arbeitslosigkeit beitragen. Das Job-Aqtiv-Gesetz von 2002 kann als Wende zu einer „aktivierenden" Arbeitsmarktpolitik betrachtet werden: Statt des Erhalts und der Schaffung von Beschäftigungsverhältnissen sollten nunmehr der Erhalt und die Schaffung der individuellen Beschäftigungsfähigkeit Ziel der Arbeitsmarktpolitik sein. Nicht mehr der Schutz vor unterwertiger Beschäftigung, sondern die Annahme jedweder Arbeit stand nun als Ziel einer erfolgreichen Vermittlung im Vordergrund. Dazu sollte einerseits die Konzessionsbereitschaft der Arbeitslosen erhöht werden. Andererseits sollte der Ausbau eines Niedriglohnsektors neue Beschäftigungsmöglichkeiten schaffen. Mit diesen Reformen wurden allerdings neue Inkonsistenzen geschaffen, d. h. die Entwicklungen in den unterschiedlichen rechtlichen Dimensionen verliefen diachron, sodass beispielsweise vom Arbeitsrecht und vom Sozialrecht widersprüchliche Verhaltensanreize ausgehen, die zu Dysfunktionalität führen (können) (vgl. Bogedan et al. 2009).

Denn soziale Rechte sind in der deutschen Sozialversicherung an Erwerbs- und Einkommensstatus gebunden (insbesondere im Rentensystem). Armutsfestigkeit und Abdeckungsgrad der Arbeitslosen- und Rentenversicherung hängen daher von vorangegangener kontinuierlicher Beschäftigung mit guten und stabilen Einkommen ab (vgl. Bäcker et al. 2008). Die Ausweitung der atypischen Beschäftigung und des Niedriglohnsektors auf der einen Seite und diskontinuierlichere Erwerbsbiografien auf der anderen Seite produzieren im Zusammenspiel mit dem Vorleistungsbezug und dem beschränkten Versichertenkreis der deutschen Arbeitslosenversicherung Sicherungslücken. Denn lediglich die so genannten sozialversicherungspflichtigen Beschäftigten inklusive der Auszubildenden sind in der Arbeitslosenversicherung abgesichert. Beamte und Selbstständige, qua Stellung als Unkündbare, und potenzielle Arbeitgeber waren darin nicht einbezogen. Für neue Selbstständige gibt es seit 2006 allerdings die Möglichkeit, sich freiwillig in der Arbeitslosenversicherung zu versichern.[7] Der Kreis der Versicherten schrumpfte dennoch seit den 1990er Jahren noch weiter von knapp 79 Prozent im Jahr 1992 auf 68 Prozent im Jahr 2008.

Im Falle von Arbeitslosigkeit erhält nur noch ein Bruchteil der Arbeitslosen Leistungen der Arbeitslosenversicherung, d. h. Arbeitslosengeld I. Waren es 1991 noch 79 Prozent aller Arbeitslosen, die Arbeitslosengeld erhielten, so sank der Anteil 2009 auf 33 Prozent (vgl. Abbildung 2). Die Sicherungsfunktion der Arbeitslosenversicherung hat somit nur noch begrenzte Wirkung. Verantwortlich hierfür ist

---

7   Dies gilt ebenso für pflegende Angehörige. Voraussetzung ist, dass der Antragsteller innerhalb der letzten beiden Jahre mindestens ein Jahr und außerdem unmittelbar vor Aufnahme der Pflegetätigkeit oder der selbstständigen Tätigkeit in einem Versicherungspflichtverhältnis gestanden hat.

neben dem beschränkten Versichertenkreis vor allem der Anstieg der Langzeitarbeitslosigkeit. Die Reformen der vergangenen Jahre haben diese Entwicklung verstärkt: die Abschaffung der Arbeitslosenhilfe im Zuge der vierten Hartz-Reform,
die Verkürzung der Bezugsdauer des Arbeitslosengeldes seit 1998 sowie die ver-
schärften Zugangsvoraussetzungen beim Arbeitslosengeld drängen immer mehr
Arbeitslose in das bedürftigkeitsgeprüfte Arbeitslosengeld II. Begründet wurden
die Reformen mit der angespannten Finanzsituation. Allerdings wurde gleichzeitig
die Schwächung der Einnahmenbasis der Sozialversicherungen durch Niedriglöhne und nicht sozialversicherungspflichtige Beschäftigung von der Politik bewusst
in Kauf genommen und sogar gefördert.[8]

Abbildung 2: Anteil Empfänger Arbeitslosengeld an allen Arbeitslosen nach Geschlecht,
1991–2009

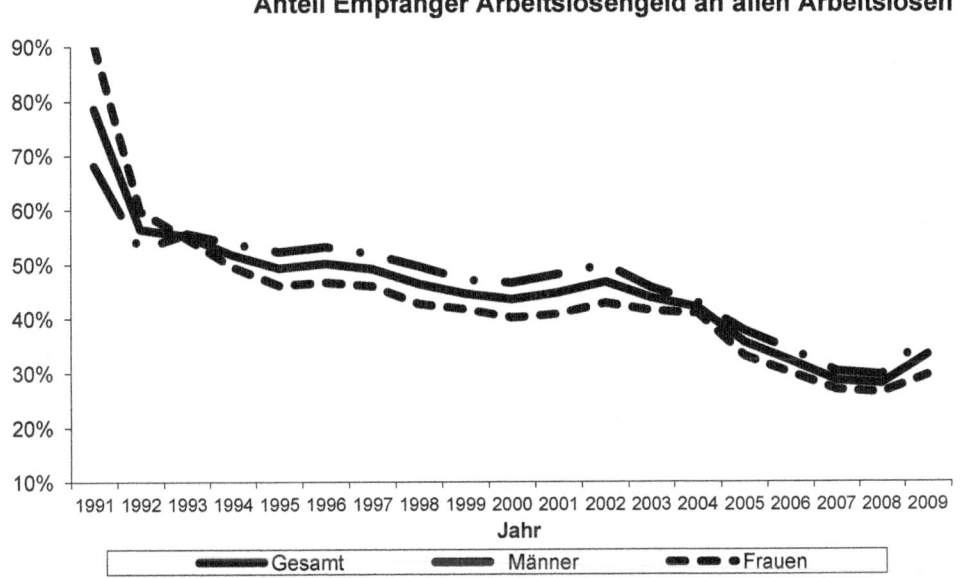

Quellen: *Eigene Darstellung nach Bundesministerium für Arbeit und Soziales 2010: Statistisches
Taschenbuch 8.11; und Bundesagentur für Arbeit 2010: Arbeitsmarkt 2009, Tabelle IV.A.1.*

Doch nicht nur das Risiko, arbeitslos zu werden, hat sich für alle Beschäftigten
erhöht. Auch sind neue Risiken durch Wechsel und Gleichzeitigkeiten in den Erwerbsbiografien entstanden, die von der Arbeitslosenversicherung nur unzureichend abgesichert werden. Die Absicherung dieser Übergänge zwischen unterschiedlichen Phasen einer Erwerbsbiografie ist nötig, um die für eine funktionie-

---

8   Ausführlicher in Bogedan/Leiber (2011).

rende Marktdynamik notwendige „Risikobereitschaft" der Marktteilnehmer zu erhöhen (vgl. Schmid 2002). „Gesucht ist daher ein neues System, das nicht nur das Einkommensrisiko bei Arbeitslosigkeit, sondern auch die Einkommens- und Beschäftigungsrisiken in kritischen Phasen der Erwerbsbiografie berücksichtigt" (Schmid 2011b, S. 153).

3 Weiterentwicklung der Arbeitslosenversicherung

Insgesamt weist der aktuelle Forschungsstand darauf hin, dass die steigende Vielfalt von Risiken im Lebenslauf durch eine zunehmende strukturelle Differenzierung institutioneller und arbeitsmarktpolitischer Regulierungen beantwortet werden muss. Eine Weiterentwicklung der Arbeitslosenversicherung sollte dabei nicht auf eine Systemabkehr zielen, sondern vielmehr die Stärken des bestehenden Systems nutzen, da sich die Sozialversicherung mit ihren Elementen „[…] Lohn- und Beitragsorientierung, Lohnersatz und Leistungsdynamik, sozialer Ausgleich sowie paritätische Mittelaufbringung und Selbstverwaltung als gut erwiesen hat" (Bäcker et al. 2008, S. 82). Die Bekämpfung der Arbeitslosigkeit sollte dabei über die Wirtschafts- und Finanzpolitik erfolgen, während die Arbeitsmarktpolitik über Weiterbildung und Qualifizierung ausgleichend wirkt (Bäcker 2007, S. 17). Da sich „[…] die Arbeitsmarktpolitik bisher vor allem auf das Risiko der Arbeitslosigkeit konzentrierte und für die zunehmende Bedeutung anderer Erwerbsverlaufrisiken – wenn überhaupt – nur ad hoc Vorkehrungen getroffen hat" (Schmid 2011b, S. 91), schlägt Günther Schmid hierzu die Erweiterung der Arbeitslosenversicherung zu einer Arbeits- oder Beschäftigungsversicherung vor (vgl. Schmid 2008). Die Eckpunkte einer solchen Versicherung sollen im Folgenden kurz skizziert werden. Der nachfolgende Abschnitt wird Möglichkeiten einer Ausweitung von Weiterbildungsbemühungen darüber hinaus vertiefen.

3.1 Das Konzept der Beschäftigungsversicherung nach Günther Schmid

Ausgangspunkt des Reformkonzepts von Günther Schmid ist die Betrachtung von spezifischen Übergängen im Arbeitsmarkt. Im Zentrum des Schmidschen Ansatzes stehen fünf Übergangssituationen: der Übergang von Bildung in den Beruf, zwischen Beschäftigung und Arbeitslosigkeit, von Beschäftigung in den Ruhestand oder in Invalidität oder zwischen Arbeit im privaten Haushalt und in der formalen Ökonomie (Schmid 2002, S. 233). Das Ziel moderner Arbeitsmarktpolitik sollte es demnach sein, „[…] nicht nur das Einkommensrisiko bei Arbeitslosigkeit, sondern auch die Einkommensrisiken bei riskanten Übergängen – soweit es möglich ist – sozial abzusichern" (Schmid 2011b, S. 96). Die Notwendigkeit, Erwerbsrisiken bei Übergängen zwischen verschiedenen Arbeits- und Beschäftigungsformen abzusichern sowie Gelegenheitsstrukturen für neue berufliche Entwicklungsmöglichkeiten zu fördern, erwächst einerseits aus den oben skizzierten Veränderungen des Arbeitsmarktes und andererseits aus den Erkenntnissen der modernen Verhaltensökonomik, die zeigt, dass „[m]enschliches Entscheidungsvermögen und Verhalten […] nicht in jedem Fall für die ‚Ratio' des Marktes geschaffen" (Schmid 2011a, S. 191) sind. Die Wahrnehmung von Risiken erfolgt demnach asymmetrisch, was Folgen für eine Arbeitsmarktpolitik hat, die das Ziel verfolgt, positiv auf das Verhalten der Individuen einzuwirken, um Arbeitslosigkeit zu verhindern. Arbeitsmarktpolitik muss daher so ausgestaltet werden, dass sie die Bereitschaft zu riskanten Übergängen belohnt (Schmid 2011b, S. 96).

Dies ist Grundgedanke einer Beschäftigungsversicherung, die die sozialpolitische Funktion der Arbeitsmarktpolitik um die Funktion einer „Brücke" ergänzt, die Übergänge für die Individuen praktikabel macht und damit Strukturen schafft, die mehr Flexibilität fördern. Diese setzt sich folglich aus drei Elementen zusammen: erstens einer Grundsicherung, ergänzt durch zweitens eine lohnbezogene Einkommenssicherung, und drittens einer lebenslauforientierten, proaktiven Arbeitsmarktpolitik, bei welcher zum Arbeitsmarktausgleich und zur Förderung der Beschäftigungsfähigkeit die neue Funktion der Arbeitslebenspolitik hinzukommt (vgl. Schmid 2011b, S. 96f). Durch die Zuführung und Umlenkung öffentlicher Fürsorgemittel werden damit Arbeitsmarktrisiken solidarisiert, die derzeit allein bei den Individuen liegen. Aus der Perspektive der Übergangsarbeitsmärkte wird besonders gut deutlich, wo Arbeitsmarktpolitik mit Bildungspolitik (vgl. Kruppe 2011) und anderen Politikfeldern wie der Rentenpolitik und der Familienpolitik verbunden ist. Unter vielen nötigen institutionellen Veränderungen schlägt Schmid u. a. die Schaffung eines persönlichen Entwicklungskontos (PEK) vor, auf das sowohl Beitragsmittel als auch ein regelgebundener Steuerzuschuss fließen, so dass alle Beschäftigten unabhängig von ihrem Beitrag auf den gleichen Kontostand kommen. Das Konto soll zu einer Absicherung der Beschäftigungsfähigkeit und zu Einkommenssicherheit führen. „Die Beitragspflicht zum Weiterbildungsfonds gewährleistet die Umverteilung des eigenen Lebenseinkommens zugunsten der ‚rush-hour' im Lebenslauf" (Schmid 2011b, S. 159). Die Anspruchsvoraussetzungen für Ziehungsrechte aus dem PEK wären die gleichen wie beim Arbeitslosengeld. Eine Ausweitung auf alle Erwerbstätigen wäre dabei wünschenswert (Schmid 2008). Die Entnahme von Mitteln sollte dabei der persönlichen Entscheidung je nach Lebenslage überlassen bleiben, aber an bestimmte Bedingungen geknüpft werden.

Offen bleibt bei Schmid jedoch, mit welchen Instrumenten eine lebenslauforientierte Arbeitsförderung konkret zu betreiben wäre. Insbesondere am Beispiel der Weiterbildung zeigen sich die Schwierigkeiten einer allein auf Freiwilligkeit setzenden Strategie, wie Schmid selbst einräumt (Schmid 2011a, S. 192).

3.2 *Weiterbildung als Teil einer Arbeitsversicherung*

Die Weiterbildungsbeteiligung in Deutschland ist im internationalen Vergleich eher niedrig. Studien zeigen: Je größer der Betrieb, desto besser die Weiterbildungsaktivität, je älter allerdings die Beschäftigten, desto geringer ihre Teilnahme an Weiterbildung. Hinzu kommt: Je höher das Qualifikationsniveau der Beschäftigten, desto stärker ist ihre Weiterbildungsbeteiligung (vgl. u. a. Bellmann/Leber 2005). Atypisch Beschäftigte, d. h. befristet oder geringfügig Beschäftigte, Teilzeitbeschäftigte sowie Leiharbeitnehmer, sind dagegen beim Zugang zu Weiterbildung stark benachteiligt (vgl. Brehmer/Seifert 2008). Um der strukturellen Verfestigung sozialer Ungleichheiten, verpassten Anpassungschancen und der Tatsache ungenutzter Arbeitskraft- und Wachstumspotenziale entgegenzuwirken, müssen daher alle Beschäftigten gleichermaßen in Kompetenz- und Qualifikationsentwicklungsprozesse eingebunden werden (Expertenkommission Finanzierung lebenslangen Lernens 2004).

Befragungen von Personalverantwortlichen wie auch von Betriebsräten haben gezeigt, dass Betriebe wie Beschäftigte oftmals den Weiterbildungsbedarf gar nicht erst identifizieren. Hinzu kommen monetäre und zeitliche Engpässe als wesentliche Faktoren für fehlendes Weiterbildungsengagement (vgl. Dobischat/Seifert 2005). Da Zeit- und Geldmangel oftmals asynchron auftreten – in Boomphasen fehlt bei voller Kapazitätenauslastung die Zeit und bei rückläufiger Auftragslage das Geld –, werden Kontenmodelle als ein Lösungsweg vorgeschlagen (vgl. Seifert 2006). Diese haben sich in der jüngsten Rezession 2008/09 zumindest bezüglich der Beschäftigungssicherung bewährt. Langzeitkonten und die Kurzarbeitergeldregelungen haben eine moderate Beschäftigungsentwicklung unterstützt. Die betrieblichen Qualifizierungsbemühungen wurden jedoch trotz gegenteiliger Zielbeschreibungen („Qualifizieren statt Entlassen") nur in Einzelfällen ausgeweitet. Mehrheitlich wirkte sich die Krise im Einklang mit den früheren Befunden eher einschränkend als fördernd auf die betriebliche Weiterbildung aus (vgl. Bogedan 2010b).

Hinter dieser schwachen Weiterbildungsbeteiligung stehen neben den genannten verhaltensbedingten Gründen auch strukturelle Ursachen. Die Zuständigkeit für die Weiterbildung ist in Deutschland stark fragmentiert. Auf der gesetzlichen Ebene teilen sich Bund und Länder die Zuständigkeit. Tarifverträge regeln Weiterbildung nur für ausgewählte Beschäftigtengruppen. Infolgedessen fehlt es an einem einheitlichen und verbindlichen Rahmen, der berufliche Weiterbildung definiert und strukturiert. Ein großer Teil der Verantwortung bleibt derzeit bei den Betrieben und den Beschäftigten hängen.

Zur Schaffung von Gelegenheitsstrukturen, die über die betrieblichen Ad-hoc-Maßnahmen hinausreichen, müsste daher ein allgemeingültiges Recht auf Weiterbildung als Teil der Arbeitsmarktpolitik implementiert werden. Dazu gehört erstens ein Recht auf Freistellung, das lebenslaufbegleitend Zeiten zur Weiterbildung ermöglicht und das die Arbeitgeber verpflichtet, ihre Beschäftigten zum Zweck der Weiterbildung freizustellen. Damit sollte zweitens das Recht und die Pflicht zur Beratung verknüpft werden, auf dessen Basis die Förderung einer Weiterbildung beantragt werden kann. Die Finanzierung dieser Freistellung könnte drittens, wie von Günther Schmid vorgeschlagen, über „Persönliche Entwicklungskonten" erfolgen. Dabei muss gewährleistet sein, dass die Beschäftigten einen selbstbestimmten Zugang zur Weiterbildung haben – auch unabhängig von der betrieblichen Notwendigkeit der unmittelbaren Verwertbarkeit im ausgeübten Beruf bzw. auch im bereits eingetretenen Risikofall Arbeitslosigkeit. Denn sonst bleiben Fortbildungen beschränkt auf Qualifikationen, die unmittelbar im Betrieb verwertbar sind. Das zeigt die Erfahrung mit bestehenden Betriebsvereinbarungen (vgl. u. a. Busse/Heidemann 2005). Dazu muss auch gesetzlich definiert werden, welche Lerninhalte unter den Begriff „Weiterbildung" gefasst werden sollen.

Die Entwicklung eines solchen Rechts auf Weiterbildung erscheint dringend geboten, auch um den Anforderungen einer alters- und alternsgerechten Arbeitspolitik gerecht zu werden.

4   Fazit

In den vergangenen zwei Dekaden hat zwar ein erheblicher Umbau des deutschen Sozialversicherungssystems stattgefunden. Dieser folgte allerdings überwiegend dem Ziel der (kurzfristigen) Arbeitsmarktpartizipation. Eine nachhaltige Perspektive zur Anpassung der Sicherungssysteme an die heute vorherrschenden Arbeitsmarktrisiken ist dabei nur in ausgewählten Einzelmaßnahmen, wie etwa bei der freiwilligen Arbeitslosenversicherung, erfolgt. Dabei ist der Ruf nach einer Arbeitsmarkt- und Sozialpolitik, die über das politisch missbrauchte Flexicurity-Konzept hinausgehend in der Lage ist, Arbeitsmarktflexibilität und soziale Sicherheit miteinander zu verbinden, nicht neu.

Die politischen Rahmenbedingungen dafür müssen heute aus dreierlei Gründen als schlechter als noch vor wenigen Jahren bewertet werden. Erstens verleitet

die sinkende Arbeitslosigkeit bei gleichzeitiger Schrumpfung des Erwerbspersonenpotenzials die Politik zur Annahme, dass sich der Arbeitsmarkt auch ohne ein
Zutun der Arbeitsmarktpolitik weiterhin positiv entwickeln wird. Die jüngsten
Kürzungen in der Arbeitsförderung bestätigen diese Befürchtungen. Hier wurde
der Rotstift genau in den Bereichen angesetzt, die zu einer Arbeitslebenspolitik
ausgebaut werden müssten. Diese Sparmaßnahmen werden zweitens durch die
Haushaltslage der öffentlichen Hand beschleunigt. Die Weltwirtschaftskrise droht
sich durch das Zusammenspiel der damaligen expansiven Fiskalpolitik und der
jüngst beschlossenen Schuldenbremse zu einer Fiskalkrise auszuweiten (vgl.
Heitmeyer 2010; Horn et al. 2011). Drittens hatte zwar die Sozialdemokratische
Partei noch zur Zeit ihrer Mitgliedschaft in der Bundesregierung in ihrem Ham-
burger Grundsatzprogramm von 2007 angekündigt, die Arbeitslosenversicherung
zu einer Arbeitsversicherung weiterzuentwickeln, „[d]ie [...] berufliche Übergänge
und Erwerbsunterbrechungen absichern sowie Weiterbildung in allen Lebensphasen gewährleisten" soll. Doch auch die damalige Bundesregierung hat, ebenso wie
die amtierende, die Notwendigkeit einer veränderten Arbeitsmarktpolitik nicht
zum Gegenstand ihres Regierungshandelns gemacht. Denn „[d]ie Frage, was als
soziales Problem und Risiko *anerkannt* und was als *privates* Problem *unbeachtet* bleibt
und individuell gelöst werden muss, ist zutiefst politischer Natur" (Bäcker et al.
1989, S. 3; Hervorh. i. Orig.).

Literaturverzeichnis

Allmendinger, J. (2010), Verschenkte Potenziale? Lebensverläufe nicht erwerbstätiger Frau-
    en, Frankfurt/New York: Campus Verlag
Bach, H.-U./Crimmann, A./Spitznagel, E./Wießner, F. (2009), Kurzarbeit: Atempause in der
    Krise, in: IAB-Forum Spezial, S. 52-63
Bäcker, G. (1995), Soziale Absicherung bei Arbeitslosigkeit: Defizite und Reformkonzeptio-
    nen, in: Seifert, H. (Hrsg.), Reform der Arbeitsmarktpolitik. Herausforderung für Poli-
    tik und Wirtschaft, Köln: Bund-Verlag, S. 241-275
Bäcker, G. (2007), Entwicklung der sozialen Sicherungssysteme. Sozialstaat zwischen Abbau
    und Reform, in: Friedrich-Ebert-Stiftung (Hrsg.), Zukunft des Sozialstaats – Sozialpoli-
    tik. Tagungsdokumentation, Bonn: Friedrich-Ebert-Stiftung, S. 11-18
Bäcker, G./Bispinck, R./Hofemann, K./Naegele, G. (1989), Sozialpolitik und soziale Lage in
    der Bundesrepublik Deutschland, Köln: Bund-Verlag
Bäcker, G./Naegele, G./Bispinck, R./Hofemann, K./Neubauer, J. (2008), Sozialpolitik und
    soziale Lage in Deutschland. Band 1: Grundlagen, Arbeit, Einkommen und Finanzie-
    rung, Wiesbaden: VSA
Bellmann, L./Leber, U. (2005), Betriebliche Weiterbildung – denn wer da hat, dem wird
    gegeben. IAB-Forum 2, S. 52-55

Bogedan, C. (2010a), Arbeitsmarktpolitik aus der „Mottenkiste"? Kurzarbeitergeld im Lichte politischer Interessen, in: WSI-Mitteilungen 11, S. 577-583

Bogedan, C. (2010b), Qualifizieren statt Entlassen – Betriebliche Weiterbildung in der Krise, in: WSI-Mitteilungen 6, S. 314-319

Bogedan, C./Bothfeld, S./Leiber, S. (2009), Fragmentierung des Bismarck'schen Sozialstaatsmodells? Ein Vorschlag zur Erfassung von Wohlfahrtsstaatswandel in Sozialversicherungsländern, in: Sozialer Fortschritt 5, S. 102-109

Bogedan, C./Kocher, E./Paschke, C./Schulze-Doll, C./Welti, F./Zimmer, B. (2010), Arbeits- und sozialrechtliche Regulierung für Übergänge im Lebenslauf, in: Arbeit und Recht, 7-8, S. 320-322

Bogedan, C./Leiber, S. (2011), Exogene oder selbst produzierte Probleme? Die Erosion des deutschen Sozialversicherungsmodells 1990–2010, in: Seils, E./Bogedan, C./Leiber, S. (Hrsg.), Sozialversicherung: Wandel, Wirkung, Weiterentwicklung, Wiesbaden: VS Verlag für Sozialwissenschaften (in Vorbereitung).

Bogedan, C./Zimmer, B./Schulz, S. (2011), Wandel der Arbeitswelt und neue Erwerbsverläufe – Zum Stand der Forschung, WSI-Diskussionspapier (im Erscheinen)

Brehmer, W./Seifert, H. (2008), Sind atypische Beschäftigungsverhältnisse prekär? Eine empirische Analyse sozialer Risiken, in: Zeitschrift für Arbeitsmarktforschung 4, S. 501-531

Busse, G./Heidemann, W. (2005), Betriebliche Weiterbildung. Analyse und Handlungsempfehlungen, Betriebs- und Dienstvereinbarungen, Frankfurt a. M.: Bund

Dobischat, R./Seifert, H. (2005), Lernzeitkonten – Ein Ansatz zur Förderung der beruflich-betrieblichen Weiterbildung, in: Sozialer Fortschritt, S. 266-272

Doogan, K. (2009), New Capitalism? The Transformation of Work, Cambridge: Polity Press

Erlinghagen, M. (2004), Die Restrukturierung des Arbeitsmarktes. Arbeitsmarktmobilität und Beschäftigungsstabilität im Zeitverlauf, Wiesbaden: VS Verlag für Sozialwissenschaften

Esping-Andersen, G. (2002), Towards the Good Society, Once Again?, in: Esping-Andersen, G./Gallie, D./Hemerijck, A./Myles, J. (Hrsg.), Why We Need a New Welfare State, Oxford: Oxford University Press

Expertenkommission Finanzierung lebenslangen Lernens (2004), Der Weg in die Zukunft. Schlussbericht, Berlin, S. 262ff

Heitmeyer, W. (Hrsg.) (2010), Deutsche Zustände, Folge 8, Frankfurt a. M.: Suhrkamp

Herzog-Stein, A./Seifert, H. (2010), Der Arbeitsmarkt in der Großen Rezession – bewährte Strategien in neuen Formen, in: WSI-Mitteilungen 11, S. 551-559

Horn, G. A./Lindner, F./Niechoj, T./Sturn, S./Tober, S./Truger, A./Will, H. (2011), Herausforderungen für die Wirtschaftspolitik 2011. Der Euroraum in Trümmern? IMK Report Nr. 59, Januar 2011, Düsseldorf: Institut für Makroökonomie und Konjunkturforschung, S. 25

Jusos (2005), Die Arbeitsversicherung als Strukturprinzip sozialstaatlicher Erneuerung, Beschluss Bundeskongress der Jungsozialisten in der SPD, Leipzig, 10.-12. Juni

Klammer, U. (2005), Soziale Sicherung, in: Bothfeld, S./Klammer, U./Klenner, C./Leiber, S./Thiel, A./Ziegler, A. (Hrsg.), WSI-Frauendatenreport. Handbuch zur wirtschaftlichen und sozialen Situation der Frau, Berlin: Sigma, S. 311-382

Kruppe, T. (2011), Arbeitsmarkt- und bildungspolitischer Handlungsbedarf, Sonderheft Wirtschaftsdienst, S. 54-56

Manow, P. (2002), „The Good, the Bad, and the Ugly". Esping-Andersens Wohlfahrtsstaatstypologie und die konfessionellen Grundlagen des westlichen Sozialstaats, in: Kölner Zeitschrift für Soziologie und Sozialpsychologie 2, S. 203-225

Möller, J. (2010), Die deutschen Arbeitsmarktreformen: Nicht perfekt, aber unter dem Strich positiv, in: WSI-Mitteilungen 6, S. 324-327

Schmid, G. (2002), Wege in eine neue Vollbeschäftigung. Übergangsarbeitsmärkte und aktivierende Arbeitsmarktpolitik, Frankfurt a. M./New York: Campus

Schmid, G. (2008), Von der Arbeitslosen- zur Beschäftigungsversicherung: Wege zu einer neuen Balance individueller Verantwortung und Solidarität durch eine lebenslauforientierte Arbeitsmarktpolitik, Bonn: Friedrich-Ebert-Stiftung

Schmid, G. (2011a), Stärkung der Autonomie durch verhaltenssensible Arbeitsmarktpolitik, in: WSI-Mitteilungen 4, S. 188-194

Schmid, G. (2011b), Übergänge am Arbeitsmarkt. Arbeit, nicht nur Arbeitslosigkeit versichern, Berlin: edition sigma

Schmid, G./Protsch, P. (2009), Wandel der Erwerbsformen. WZB-Discussion Paper: Wissenschaftszentrum Berlin für Sozialforschung

Seifert, H. (2006), Lernzeitkonten – Ein Instrument zur Förderung der Weiterbildung?, in: Bundesinstitut für Berufsbildung (Hrsg.), Kosten, Nutzen, Finanzierung beruflicher Weiterbildung, Bonn, S. 154-166

Struck, O./Grotheer, M./Schröder, T./Köhler, C. (2007), Instabile Beschäftigung. Neue Ergebnisse zu einer alten Kontroverse, Kölner Zeitschrift für Soziologie und Sozialpsychologie 2, S. 294-317

Sturn, S./Van Treeck, T. (2010), Arbeitsmarktreformen in Deutschland: Hohe soziale Kosten ohne gesamtwirtschaftlichen Nutzen, in: WSI-Mitteilungen 11, S. 592-600

Waltermann, R. (2010), Gutachten zum 68. Deutschen Juristentag. Abschied vom Normalarbeitsverhältnis? München: C. H. Beck

Windhövel, K./Funke, C./Möller, J.-C. (2008), Fortentwicklung der gesetzlichen Rentenversicherung zu einer Erwerbstätigenversicherung. Konsequenzen bei Einkommensverteilung, Beitragssatz und Gesamtwirtschaft, Düsseldorf

Monika Reichert

Vereinbarkeit von Erwerbstätigkeit und Pflege – eine Bestandsaufnahme

Frauen und Männer, die nicht nur einen Angehörigen pflegen, sondern gleichzeitig einer Erwerbstätigkeit nachgehen, wurden noch vor wenigen Jahren in der Öffentlichkeit, in Wissenschaft und Politik kaum wahrgenommen. Zwar wurde die erste umfassende Studie zu diesem Themenkreis bereits 1995 im Auftrag des Bundesministeriums für Frauen, Jugend, Familie und Senioren von der Autorin gemeinsam mit Kolleginnen und Kollegen – darunter auch Gerhard Bäcker – durchgeführt (Beck et al. 1997; Bäcker/Stolz-Willig 1997), ihre Ergebnisse blieben außerhalb des Wissenschaftskontexts jedoch weitgehend unbeachtet. Erst in jüngerer Zeit gibt es auch in Deutschland zunehmend mehr wissenschaftliche Untersuchungen (beispielhaft sei hier auf das von der Volkswagenstiftung geförderte, internationale Projekt carers@work verwiesen, www.carersatwork.tu-dortmund.de), Berichte in den Medien sowie politische Initiativen (Pflegezeitgesetz von 2008, geplantes Familienpflegezeitgesetz), die sich dieser besonderen Gruppe von Pflegenden widmen – letztlich mit dem Ziel, ihre private, pflegerische und berufliche Situation zu verbessern.

Der enorme Bedeutungszuwachs dieser Thematik ist vor allem darauf zurückzuführen, dass die Konsequenzen des demografischen Wandels zunehmend öffentliche Aufmerksamkeit erfahren: die steigende Zahl sehr alter Menschen und – aufgrund der engen Verknüpfung von Hochaltrigkeit und Pflegebedürftigkeit – von Pflegebedürftigen, die demografisch bedingte Abnahme des familiären Pflegepotenzials, die Verlängerung der Lebensarbeitszeit sowie die kontinuierliche Zunahme der Erwerbstätigkeit von Frauen, die traditionell die Mehrheit der Pflegenden bilden (zur Übersicht siehe Franke/Reichert 2010). Die gleichzeitige Ausübung von Erwerbstätigkeit und Pflege wird vor dem Hintergrund dieser Entwicklungen als eine Strategie angesehen, um zukünftige Pflege- und Produktivitätspotenziale in einer alternden Gesellschaft nachhaltig zu sichern. Allerdings muss sie durch effektive (betriebliche) Maßnahmen unterstützt werden.

1   Erwerbstätige Pflegende – einige grundlegende Informationen

Wie viele Arbeitnehmerinnen und Arbeitnehmer in Deutschland Pflegeverpflichtungen gegenüber älteren Menschen haben, ist nicht genau bekannt. Schätzungen gehen von *zirka zehn Prozent* aus (Franke/Reichert 2010), wobei dieser Prozentsatz zwischen Branchen und Betrieben (z. B. je nach Anteil der Beschäftigten in den pflegerelevanten Altersgruppen) erheblich variieren kann. Nimmt man die Pflegenden in den Blick, also jene Personen, die Unterstützungsbedürftigen regelmäßig Hilfe gewähren und mehr als andere Helfer Pflegeverantwortung tragen, so sind von diesen *zirka 40 Prozent* in das Erwerbsleben integriert (Schneekloth 2005).

Nahezu alle verfügbaren Studien kommen zu dem Schluss, dass erwerbstätige Pflegende überwiegend weiblich, verheiratet, zwischen 40 und 55 Jahren sowie beruflich höher qualifiziert sind (Keck/Saraceno 2009; Reichert 2010; Schneider et al. 2006). Hinter diesen Angaben zu „typischen" erwerbstätigen Pflegenden verbergen sich *Personenmerkmale*, die sich in unterschiedlichem Maß auf eine Vereinbarkeit von Erwerbstätigkeit und Pflege auswirken können. So sind zunehmend Männer und Alleinstehende von der Vereinbarkeitsproblematik betroffen. *Arten der geleisteten Unterstützung* reichen vom emotionalen Beistand über Hilfen bei der Haushaltsführung bis zur Körperpflege des Angehörigen. Allerdings ist eine Differenzierung nach Geschlecht notwendig: Während erwerbstätige Frauen stärker in die persönliche, körpernahe Pflege involviert sind, sind Männer eher mit Aktivitäten befasst, die das Management und die Organisation der Pflege betreffen. Der *zeitliche Umfang* der Pflegetätigkeit kann wenige Stunden pro Woche ebenso umfassen wie die „Rund-um-die-Uhr"-Pflege. Hinzu kommen die unterschiedlichsten familiären, beruflichen und sonstigen Anforderungen. Es ist somit nicht verwunderlich, dass Forschungsergebnisse hohe psychische und physische Belastungen bei der weit überwiegenden Mehrheit der pflegenden Erwerbstätigen belegen, die wiederum (negative) Auswirkungen auf die Bereiche Gesundheit, Familie, soziale Kontakte und Freizeit haben können (zusammenfassend Franke/Reichert 2010).

2   Folgen mangelnder Vereinbarkeit am Arbeitsplatz

Das konkrete Ausmaß an Problemen und Schwierigkeiten, mit denen im Erwerbsleben stehende Pflegeleistende am Arbeitsplatz konfrontiert werden, ist von unterschiedlichen Faktoren abhängig (z. B. Grad der Pflegebedürftigkeit des Angehörigen, Ausmaß der sozialen Unterstützung durch Dritte, Möglichkeit zur flexiblen Gestaltung von Arbeitszeit und -geschwindigkeit). Häufig werden von Betroffenen die Auswirkungen der Dreifachbelastung – Familie, Beruf und Pflege – auf den Arbeitsplatz geschildert (Kohler/Döhner 2011): So ist eines der größten Probleme von Erwerbstätigen mit Pflegeverpflichtungen der Zeitdruck, denn verfügbare Zeit muss genau eingeteilt werden, um die Anforderungen in Familie, Pflege und Beruf bewältigen zu können. Kommt es zu unvorhergesehenen Zwischenfällen bzw. Krisen oder ist es unmöglich, Termine außerhalb der regulären Arbeitszeit wahrzunehmen, und gerät die oft mühsam auf die Minute geplante Organisation ins Wanken, sind Absentismus, verspätetes Eintreffen am Arbeitsplatz bzw. früheres Verlassen oder Arbeitsunterbrechungen die Folge. Darüber hinaus erleben insbesondere jene Arbeitnehmerinnen und Arbeitnehmer, die ein großes Ausmaß intensiver persönlicher Pflege leisten und deren Gedanken häufig um die häusliche Pflegesituation kreisen, eine Reduzierung ihres beruflichen Leistungsvermögens. Viele können selbst ihren Urlaub und/oder die Wochenenden nicht zur Erholung nutzen – im Gegenteil, nicht selten werden freie Tage dazu verwandt, sich intensiver um die pflegebedürftige Person zu kümmern.

Eine Reihe von Untersuchungen bestätigt, dass Vorgesetzten und Kollegen eine besondere Rolle bei der Frage zukommt, ob Erwerbstätigkeit und Pflege erfolgreich oder weniger erfolgreich ausgeübt werden können. Stellen Vorgesetzte fest, dass pflegende Erwerbstätige weniger flexibel Überstunden leisten, reagieren sie häufig mit Unverständnis, zumal die häusliche Pflegetätigkeit vielfach am Arbeitsplatz nicht offengelegt wird (*Pflege als „Tabu-Thema"*). Aber auch Arbeitskolleginnen und -kollegen sind nicht immer mitfühlend und einsichtig. Eine Verschlechterung des „Betriebsklimas" ist dann vorprogrammiert; es liegt auf der Hand, dass in der Folge die Gefahr einer inneren Kündigung sowie einer immer stärkeren sozialen Isolierung der Pflegenden besteht.

Ist bei der gegebenen Arbeitszeit bzw. -organisation ein Management der vielfältigen beruflichen, pflegerischen und familiären Tätigkeiten *nicht* mehr möglich, so wird oft die Arbeitszeit reduziert oder die Erwerbstätigkeit wird ganz aufgegeben. Insbesondere Letzteres hat jedoch nicht immer die gewünschte Problemreduzierung zur Folge. Im Gegenteil, diese Entscheidung kann bewirken, dass ein großer Teil der erlebten Belastungen direkt auf die Berufsaufgabe zurückzuführen ist, etwa weil erworbene berufliche Fähigkeiten und Kenntnisse nun ungenutzt bleiben, soziale Kontakte am Arbeitsplatz vermisst werden, berufliche Pläne aufgegeben werden müssen, kein „Gegengewicht" zu der unter Umständen emotional und psychisch belastenden Pflege mehr vorhanden ist und/oder weil gegebenenfalls massive Einkommenseinbußen in Kauf genommen werden müssen. Mit anderen Worten: Erwerbstätigkeit trotz Pflege ist mit unübersehbaren positiven Aspekten verbunden (für eine Übersicht siehe Reichert 1997; vgl. auch Schneider et al. 2006).

3   Interventionsstrategien zur Verbesserung der Situation von erwerbstätigen Pflegeleistenden

Um eine möglichst problemarme Vereinbarkeit von Erwerbstätigkeit und Pflege zu gewährleisten, letztlich auch mit dem Ziel, die Produktivitätspotenziale in einer alternden Gesellschaft zu nutzen und gleichzeitig die pflegerische Versorgung älterer Menschen sicherzustellen, sind individuelle Unterstützungsangebote notwendig. Effektive Maßnahmen dienen nicht nur der Entlastung von Pflegenden, sondern verbessern indirekt auch die Lebenssituation der Pflegebedürftigen und sollten insbesondere in der Arbeitswelt verankert sein; das heißt Unternehmen müssen, wie im Falle der Vereinbarkeit von Erwerbstätigkeit und Kindererziehung, ihren spezifischen Beitrag zur Problembewältigung leisten. Dieses geforderte betriebliche Engagement ist vor allem mit hohen betrieblichen Folgekosten, die mit einer mangelnden Vereinbarkeit von Erwerbstätigkeit und Pflege einhergehen können (z. B. durch Absentismus, Produktivitätseinbußen, Verlust qualifizierten Personals), begründbar (MetLife 2006).

Betriebliche Maßnahmen, die es erlauben, in differenzierter Weise auf die vielschichtigen Problemlagen pflegender Arbeitnehmerinnen und Arbeitnehmer zu reagieren (vgl. auch Reichert 2003), sind etwa die folgenden:

Flexible Gestaltung von Arbeitszeit, -organisation und -ort: Diese Instrumente zählen zu den wichtigsten und am weitesten verbreiteten Maßnahmen, die in Deutschland angewendet werden, um eine Vereinbarkeit von Erwerbstätigkeit und Pflege zu erreichen. Sie umfassen flexible Arbeitszeitmodelle ebenso wie Teilzeit, Job-Sharing, Heim-/Telearbeit und Freistellungsregelungen (Pflegeurlaub). Die Inanspruchnahme flexibler Arbeitszeit ermöglicht es beispielsweise, berufliche Verpflichtungen besser mit den pflegerischen Aufgaben zu koordinieren und auch Arbeitsunterbrechungen leichter zu realisieren. Lebt die Arbeitnehmerin/der Arbeitnehmer mit der/dem Unterstützungsbedürftigen in einem gemeinsamen Haushalt und/oder ist eine zeitlich intensive Pflege notwendig, kann Heim- und Telearbeit als weitere Form der Flexibilisierung die Vereinbarkeit von Erwerbstätigkeit und Pflege wesentlich vereinfachen.

Information, Beratung, Vermittlung: In den letzten Jahren sind einige, vor allem große Unternehmen dazu übergegangen, pflegenden Arbeitnehmerinnen und Arbeitnehmern die zeitraubende Informationsbeschaffung über finanzielle, medizinisch-pflegerische und sonstige die Pflege verbessernde Hilfen zu erleichtern (z. B. in Form kostenloser Broschüren und durch die Weitergabe von Telefon-Hotlines). Informationsangebote werden häufig mit persönlicher, professioneller Beratung verbunden und in der Regel durch externe Dienstleister erbracht. Wichtige Ziele dieser Unterstützungen sind die Förderung der Inanspruchnahme pflegerischer Dienste und Einrichtungen, die Optimierung der geleisteten Pflege sowie insgesamt eine Reduzierung der aus der Pflegesituation resultierenden Belastungen.

Bereitstellung betrieblicher Serviceleistungen: Anders als das Angebot von Information und Beratung zielen diese in Deutschland noch kaum verbreiteten Maßnahmen auf spezifische Bedürfnisse pflegender Arbeitnehmerinnen und Arbeitnehmer (z. B. Versorgung des Angehörigen während der Arbeitszeit, entlastende Hilfen bei der Haushaltsführung). Denkbar sind die Einrichtung betriebseigener Tagesstätten, die Anmietung von Betreuungsplätzen bei örtlichen pflegerischen Diensten und Einrichtungen oder (kostenfreie) Angebote haushaltsnaher Dienstleistungen.

Schulung von Vorgesetzten: Da unmittelbare Vorgesetzte – also Personen der unteren und mittleren Managementebene – den häufigsten Kontakt zu Arbeitnehmerinnen und Arbeitnehmern haben bzw. am unmittelbarsten mit ihren Problemen am Arbeitsplatz konfrontiert werden, ist die Sensibilisierung dieser „Schlüsselpersonen" besonders bedeutsam. Durch Fortbildungen können ihr Problembewusstsein gefördert und das oftmals vorhandene Informationsdefizit – zum Beispiel im Hinblick auf den Umgang mit betroffenen Mitarbeiterinnen und Mitarbeitern und mögliche unterstützende Maßnahmen – beseitigt werden.

Finanzielle Unterstützung: Da nicht alle auf Betreuung angewiesenen älteren Menschen Leistungen aus der Pflegeversicherung erhalten, ist die finanzielle Unterstützung für Pflege leistende Mitarbeiterinnen und Mitarbeiter durch den Betrieb – etwa in Form zinsgünstiger Darlehen für Wohnraumanpassungsmaßnahmen – eine hilfreiche Maßnahme. Eine andere Form finanzieller Unterstützung wäre es, Spenden an örtliche Dienste und Einrichtungen zu leisten, die damit wiederum ihr pflegerisches Leistungs- oder Platzangebot ausweiten können. Insbesondere in unterversorgten ländlichen Regionen dürften erwerbstätige Pflegende hiervon profitieren.

Pflegefreundliche betriebliche Maßnahmen sind allerdings bislang fast ausschließlich in größeren Unternehmen zu finden (Kümmerling/Bäcker 2011), und dies obwohl mehr als 60 Prozent der deutschen Arbeitnehmerschaft in Klein- und Mittelbetrieben beschäftigt ist. Für erwerbstätige Frauen gilt dies noch sehr viel stärker, wenn man bedenkt, dass ca. 49 Prozent der Klein- und Mittelbetriebe dem Dienstleistungssektor (mit traditionell hohem Frauenanteil) angehören (Institut für

Mittelstandsforschung 2010). Es sind also Lösungen erforderlich, die es auch dort Tätigen erlauben, Pflege und Beruf – jenseits informeller Regelungen – miteinander zu vereinbaren. Denkbar sind beispielsweise Zusammenschlüsse von kleinen Betrieben, die unter Federführung ihrer Interessenvertretungen (z. B. Handwerkskammern) gemeinsam Maßnahmen anbieten.

Aber nicht nur die Unternehmen können zu einer Vereinbarkeit von Erwerbstätigkeit und Pflege beitragen, sondern auch Dienste und Einrichtungen der pflegerischen Versorgung. Wichtige diesbezügliche Maßnahmen sind zum Beispiel die Verbesserung und der Ausbau des ambulanten und teilstationären Versorgungsnetzes – insbesondere in ländlichen Regionen – sowie die Berücksichtigung der besonderen zeitlichen Bedürfnisse und zeitlichen Interessen der erwerbstätigen Pflegenden. So wird von Pflegenden beispielsweise immer wieder auf die Inanspruchnahme einer Tagespflege als hilfreiche Maßnahme zur parallelen Ausübung von Erwerbstätigkeit und Pflege verwiesen (Keck/Saraceno 2008). Voraussetzung ist hier freilich, dass sie sich in räumlicher Nähe befindet und finanzierbar ist.

Der Gesetzgeber ist ebenfalls gefordert, wenn es darum geht, die gleichzeitige Ausübung von Erwerbstätigkeit und Pflege zu ermöglichen. Durch gezielte Informations- und Bewusstseinsarbeit kann er sowohl auf diese spezielle Variante der Vereinbarkeitsproblematik aufmerksam machen als auch durch (steuerliche) Anreize die Einführung von betrieblichen Maßnahmen forcieren. Auch sollten effektive gesetzliche Regelungen geschaffen werden, die sich allerdings an den Bedürfnissen pflegender Arbeitnehmerinnen und Arbeitnehmer orientieren müssten. Erste Schritte in die richtige Richtung sind bereits getan. Durch das geplante Familienpflegezeitgesetz ist das Thema „Vereinbarkeit von Pflege und Beruf" auf die politische Agenda und damit in die Öffentlichkeit gelangt. Allerdings ist sorgfältig zu prüfen, ob ein solches Gesetz allen erwerbstätigen Pflegenden, also auch jenen, die in Teilzeit arbeiten und im Niedriglohnsektor beschäftigt sind, gerecht wird. Auch gilt es zu beachten, dass das Gesetz die räumliche Nähe von Pflegenden und Pflegebedürftigen voraussetzt und sich auf Betriebe mit mehr als 15 Beschäftigten bezieht. Ein nicht unbeträchtlicher Teil von pflegenden Arbeitnehmerinnen und Arbeitnehmern wird somit von der Inanspruchnahme des Gesetzes ausgeschlossen. Nicht zuletzt ist die Pflegeversicherung mit ihren Leistungen im Hinblick auf die Vereinbarkeit von Erwerbstätigkeit und Pflege nachzubessern (Kümmerling/Bäcker 2011).

4 Weiterer Forschungsbedarf

Obwohl es mittlerweile auf internationaler und nationaler Ebene schon viele For-schungsarbeiten zur hier behandelten Thematik gibt, sind nach wie vor weitere Forschungsfragen offen bzw. sind methodische Probleme zu überwinden, die aus-sagekräftigen Ergebnissen entgegenstehen. Zunächst soll auf die methodischen Schwierigkeiten (vgl. auch Neal 1999; Phillips 1999) eingegangen werden.

Ein wesentliches Problem stellt die *Ermittlung der Prävalenzrate* von erwerbstä-tigen Pflegenden dar. Diese wird durch die *unterschiedlichen Definitionen* des Be-griffs „Pflegeleistende", geringe Rücklaufquoten bei den Fragebögen und/oder die Konzentration auf bestimmte Erwerbszweige erschwert. Insbesondere die Vielfalt an Definitionen behindert eine direkte Gegenüberstellung und Bewertung von Forschungsergebnissen. Desgleichen wird dadurch auch die Entwicklung von staatlichen und betrieblichen sozialplanerischen Maßnahmen behindert, da unklar bleibt, auf welchen Personenkreis diese Maßnahmen abzielen sollen bzw. wer zu den möglichen Nutzern gehört. Wird beispielsweise eine enge Definition von „Pflegeleistenden" verwendet, so wären Arbeitnehmerinnen und Arbeitnehmer, die einen Angehörigen im Altenheim betreuen, nicht berechtigt, Maßnahmen wie flexible Arbeitszeitarrangements in Anspruch zu nehmen. Das Gleiche würde für Arbeitnehmerinnen und Arbeitnehmer gelten, die zum Beispiel Hilfen organisie-ren und koordinieren („management care").

In diesem Zusammenhang ist auch folgender Aspekt von Bedeutung: Je *breiter* die Definition, umso höher die Prävalenzrate *männlicher* Pflegepersonen. Diesen Sachverhalt gilt es unbedingt zu beachten, wenn man zukünftig ein repräsentatives Bild vom konkret-praktischen und zeitlichen Engagement von Männern in der Pflege erhalten will. Eine besondere Anforderung methodischer Art bezieht sich deshalb ganz allgemein auf die *Repräsentativität von Untersuchungen*. Dies gilt vor allem da, wo Ergebnisse arbeitsplatzbezogener Untersuchungen von der ge-schlechtsspezifischen Zusammensetzung der Belegschaft geprägt sind: Wie bereits dargelegt, wird ein hoher Anteil an Arbeitnehmerinnen zu einem hohen Anteil an Pflegenden führen.

Auch ist zu wenig über jene Personen bekannt, die sich *nicht* an schriftlichen und/oder mündlichen Befragungen beteiligen. Weitere Forderungen im Hinblick auf die Methodik von Untersuchungen beziehen sich folglich zum einen darauf, grundlegende Informationen von den so genannten *„Verweigerern"* zu erhalten. Zum anderen erscheint die Bildung von *Vergleichs- bzw. Kontrollgruppen* von Pfle-genden und Nicht-Pflegenden bzw. von erwerbstätigen und nicht (mehr) erwerbs-tätigen Unterstützungsleistenden dringend notwendig. Die Frage beispielsweise, ob die Schwierigkeiten, mit denen pflegende Arbeitnehmerinnen und Arbeitnehmer am Arbeitsplatz konfrontiert werden, eventuell auch jene betreffen, die keinerlei diesbezügliche Verpflichtungen haben, kann nur durch eine solche Gegenüberstellung beantwortet werden.

Es erweist sich zudem als sehr kompliziert, eine kausale Beziehung zwischen Erwerbs- und Pflegetätigkeit herzustellen. So ist etwa die Pflege eines älteren Angehörigen in aller Regel kein statischer Prozess, sie kann nur zeitweise oder aber kontinuierlich erfolgen. Aus diesem Grund erscheint es notwendig, die unterschiedlichen Phasen des Pflegeprozesses und den sich daraus ergebenden Interventionsbedarf aus einer *Lebenslaufperspektive* heraus zu betrachten (Loscocco 2000). Dies wiederum kann jedoch nur mit *längsschnittlich* angelegten Untersuchungen erfolgen (Tennstedt/Gonyea 1994). Die Forschungsarbeiten des CARNET (Martin Matthews/Keefe 1995; Martin Matthews 1999) sind ein Beispiel für die Beobachtung und Dokumentation des Erfolges betrieblicher Maßnahmen und Angebote über einen längeren Zeitraum hinweg.

An dieser Stelle muss auch darauf hingewiesen werden, dass kaum Aussagen darüber möglich sind, *warum* die von der Vereinbarkeitsproblematik Betroffenen letztlich auf die Ausübung ihrer Pflege- oder aber ihrer Erwerbstätigkeit verzichten. In Zukunft müssen also jene Personen in Untersuchungen einbezogen werden, für die die gleichzeitige Ausübung von Erwerbstätigkeit und Pflege nicht mehr möglich war.

Neben den dargestellten notwendigen Veränderungen im Hinblick auf die Methode ergibt sich aber auch ein Bedarf an einer Bearbeitung zusätzlicher Fragestellungen, die hier beispielhaft kurz skizziert werden sollen:

- Erkenntnisse darüber, wie kleinere und mittlere Betriebe mit der Vereinbarkeit von Erwerbstätigkeit und Pflege umgehen bzw. umgehen könnten, liegen ebenso wenig vor wie Informationen zu den besonderen Schwierigkeiten, mit denen erwerbstätige Pflegende in diesen Unternehmen konfrontiert werden.

- Es muss ebenfalls konstatiert werden, dass eingehende, unternehmensneutrale *Evaluierungen* betrieblicher Maßnahmen zur Vereinbarkeit von Erwerbstätigkeit und Pflege (z. B. in Bezug auf ihre Inanspruchnahme oder Nicht-Inanspruchnahme, ihre etwaigen Vor- und Nachteile für Arbeitnehmerinnen, Arbeitnehmer *und* Arbeitgeber) ebenfalls kaum zu finden sind.

- Hieran anzuschließen wäre die Frage, welche betrieblichen Unterstützungsmaßnahmen auf solche Weise eingeführt werden könnten, dass *eine geschlechtsspezifische Stereotypisierung und Diskriminierung am Arbeitsplatz nicht noch verstärkt wird.* In diesem Zusammenhang gilt es hervorzuheben, dass Männer zukünftig verstärkt häusliche Pflegeverpflichtungen übernehmen werden bzw. übernehmen werden müssen. Es muss *vermieden* werden, die

Vereinbarkeit von Erwerbstätigkeit und Pflege als eine für Frauen charakteristische Problematik darzustellen.

5 Ausblick

Trotz der erheblichen Vorteile, die betriebliche Maßnahmen zur Vereinbarkeit von Erwerbstätigkeit und Pflege für alle Beteiligten mit sich bringen können, sind in Deutschland explizit auf Hilfe- und Pflegeverpflichtungen gegenüber älteren Familienmitgliedern ausgerichtete betriebliche und tarifvertragliche Angebote und Regelungen immer noch selten. Trotz positiver Entwicklungen in den letzten Jahren hat die Vereinbarkeit von Erwerbstätigkeit und Pflege noch lange nicht den Stellenwert wie jene von Erwerbstätigkeit und Kindererziehung. Die wenigen auf Pflege ausgerichteten Regelungen beziehen sich vorwiegend auf das Maßnahmenpaket „Flexible Arbeitszeit und Arbeitsorganisation", und dieses kann zudem nicht von allen Beschäftigten genutzt werden (z. B. von beruflich geringer Qualifizierten). Zwar ist mittlerweile in der Mehrheit der Unternehmen ein Problembewusstsein für diese neue Variante der alten Vereinbarkeitsproblematik entstanden, gleichwohl wird ein stärkerer Handlungsbedarf erst für die Zukunft gesehen (Kümmerling 2010). Auch machen erwerbstätige Pflegende ihre Ansprüche aus Angst vor Nachteilen am Arbeitsplatz oft nicht geltend bzw. betrachten die Pflege als „Privatangelegenheit". Folglich wird die Vereinbarkeit von Erwerbstätigkeit und Pflege (noch) als Minderheitenproblem eingestuft.

Wie können Unternehmen stärker motiviert werden, die angeführten Maßnahmen einzuleiten? Zunächst sollte allen Beteiligten vermittelt werden, welche langfristigen Nachteile ein „Nichtreagieren" auf betrieblicher, gesellschaftlicher und politischer Ebene mit sich bringt. Ein Weg zu mehr Anerkennung und Unterstützung von erwerbstätigen Pflegenden kann in einer generellen Stärkung eines familienfreundlichen Bewusstseins in Unternehmen liegen. Echte Familienfreundlichkeit eines Unternehmens offenbart sich auch in Art und Anzahl der Maßnahmen, die für die Vereinbarkeit von Erwerbstätigkeit und Familie bzw. Pflege bereitgehalten werden.

Schließlich muss ausdrücklich darauf hingewiesen werden, dass erwerbstätige Pflegende *keine* homogene Gruppe sind, vielmehr gibt es teilweise erhebliche Unterschiede in ihrer jeweiligen Lebens- und Pflegesituation sowie in ihren Bedürfnissen im Hinblick auf eine Entlastung. Je nach den pflegerischen, privaten und beruflichen Anforderungen und vorhandenen Ressourcen setzen erwerbstätige Pflegende unterschiedliche Strategien ein, um eine Balance zwischen Erwerbstätigkeit und Pflege zu erreichen. Während für einige die Nutzung unterschiedlicher

Arbeitszeitmodelle (z. B. Teilzeitarbeit) möglich und vorteilhaft ist, schafft für andere die Inanspruchnahme ambulanter Pflegedienste oder sonstiger Helfer Entlastung. Dies wiederum bedeutet, dass es die ideale Form der Unterstützung für *alle* pflegenden Arbeitnehmerinnen und Arbeitnehmer *nicht* gibt. Vielmehr ist es notwendig, für sie, ihren individuellen Wünschen und Bedürfnissen gemäß, eine *breite Palette an Hilfsangeboten* bereitzuhalten, damit Arbeit und Pflege erfolgreich miteinander vereinbart werden können.

Literaturverzeichnis

Bäcker, G./Stolz-Willig, B. (1997), Betriebliche Maßnahmen zur Vereinbarkeit von Erwerbstätigkeit und Pflege. Schriftenreihe des Bundesministeriums für Familie, Senioren, Frauen und Jugend, Bd. 106/2, Stuttgart: Kohlhammer

Beck, B./Naegele, G./Reichert, M./Dallinger, U. (1997), Vereinbarkeit von Erwerbstätigkeit und Pflege, Schriftenreihe des Bundesministeriums für Familie, Senioren, Frauen und Jugend, Bd. 106/1, Stuttgart: Kohlhammer

Franke, A./Reichert, M. (2010), Zwischen Beruf und Pflege: Konflikt oder Chance? Ein internationaler Literaturüberblick. Unveröffentlicher Forschungsbericht zum Projekt carers@work (gefördert von der VW-Stiftung), TU Dortmund.

Institut für Mittelstandsforschung (2010), verfügbar unter: http://www.ifm-bonn.org/index.php?id=80, abgerufen am 15.8.2011

Keck, W./Saraceno, C. (2008), Pflege und arbeite! Familiäre Pflegeleistungen sind nur schwer mit dem Beruf vereinbar, WBZ-Mitteilungen, 122, S. 10-13

Keck, W./Saraceno, C. (2009), Balancing elderly care and employment in Germany, Discussion Paper SP I 2009-401, Wissenschaftszentrum Berlin für Sozialforschung

Kohler, S./Döhner, H. (2011), Carers between work and care. Conflict of Change – Results of interviews with German working carers. Unveröffentlicher Forschungsbericht zum Projekt carers@work (gefördert von der VW-Stiftung), Universität Duisburg-Essen, Universitätsklinikum Hamburg-Eppendorf, Abteilung für Medizinsoziologie und Gesundheitsökonomie

Kümmerling, A. (2010), Betriebliche Maßnahmen zur Unterstützung Beschäftigter mit Pflegeverantwortung, BAGSO-Nachrichten, 4, S. 13-14

Kümmerling, A./Bäcker, G. (2011), Zwischen Beruf und Pflege: Betriebliche Maßnahmen zur Verbesserung der Vereinbarkeit von Erwerbstätigkeit und Pflegeverpflichtung. Unveröffentlicher Forschungsbericht zum Projekt carers@work (gefördert von der VW-Stiftung), Universität Duisburg-Essen

Loscocco, K. (2000), Age integration as a solution to work-family conflict. The Gerontologist, 40

Martin Matthews, A. (1999), Die Vereinbarkeit von Erwerbstätigkeit und Pflege in Kanada: Neue Aufgaben für die Sozialpolitik und für die Unternehmen, in: Reichert, M./Naegele, G. (Hrsg.), Vereinbarkeit von Erwerbstätigkeit und Pflege. Nationale und internationale Perspektiven II, Hannover: Vincentz, S. 297-326

Martin Matthews, A./Keefe, J. (1995), Combining work and care in Canada, in: Phillips, J. (Hrsg.), Working Carers, Aldershot

MetLife Mature Market Institute (2006), The MetLife Caregiving Cost Study: Productivity Losses to U. S. Business, verfügbar unter: http://www.caregiving.org/data, Caregiver%20Cost%20Study.pdf, abgerufen am 16.8.2011

Neal, M. B. (1999), Historische Entwicklung und Perspektiven betrieblicher Maßnahmen zur Unterstützung erwerbstätiger Pflegender in den USA, in: Reichert, M./Naegele, G. (Hrsg.), Vereinbarkeit von Erwerbstätigkeit und Pflege. Nationale und internationale Perspektiven II, Hannover: Vincentz, S. 191-237

Phillips, J. (1999), Vereinbarkeit von Erwerbstätigkeit und Pflege in Großbritannien – Zum Stand der Forschung, in: Reichert, M./Naegele, G. (Hrsg.), Vereinbarkeit von Erwerbstätigkeit und Pflege. Nationale und internationale Perspektiven II, Hannover: Vincentz, S. 119-145

Reichert, M. (1997), Analyse relevanter Literatur zum Thema „Vereinbarkeit von Erwerbstätigkeit und Hilfe/Pflege für ältere Angehörige", in: Beck, B./Naegele, G./Reichert, M./Dallinger, U., Vereinbarkeit von Erwerbstätigkeit und Pflege, Schriftenreihe des Bundesministeriums für Familie und Senioren, Bd. 106.1, Stuttgart: Kohlhammer, S. 23-62

Reichert, M. (2003), Vereinbarkeit von Erwerbstätigkeit und Pflege – Ein Überblick zum neuesten Forschungsstand, in: Reichert, M./Maly-Lukas, N./Schönknecht, C. (Hrsg.), Älter werdende und ältere Frauen heute, Opladen: Westdeutscher Verlag, S. 123-144

Reichert, M. (2010), Erwerbstätige Pflegende – eine bislang nicht beachtete Gruppe, BAGSO-Nachrichten, 4, S. 11-13

Schneekloth, U. (2005), Entwicklungstrends beim Hilfe- und Pflegebedarf in privaten Haushalten – Ergebnisse der Infratest-Repräsentativerhebung, in: Schneekloth, U./Wahl, H. W. (Hrsg.), Möglichkeiten und Grenzen selbstständiger Lebensführung in privaten Haushalten (MuG III) – Repräsentativbefunde und Vertiefungsstudien zu häuslichen Pflegearrangements, Demenz und professionellen Versorgungsangeboten. Integrierter Abschlussbericht im Auftrag des Bundesministeriums für Familie, Senioren, Frauen und Jugend, München

Schneider, N./Häuser, J./Ruppenthal, S./Stengel, S. (2006), Familienpflege und Erwerbstätigkeit – Eine explorative Studie zur betrieblichen Unterstützung von Beschäftigten mit pflegebedürftigen Familienangehörigen, Mainz

Tennstedt, S. L./Gonyea, J. G. (1994), An agenda for work and eldercare research. Research on Aging, 16

Gerhard Naegele

Wissenschaftliche Politikberatung in der angewandten Gerontologie und Demografie in Deutschland

1   Vorbemerkungen

Eine der wichtigsten Botschaften des kürzlich veröffentlichten 6. Bundesaltenberichtes der Bundesrepublik Deutschland mit dem Oberthema „Bilder des Alters" ist die: Der demografische Wandel – und damit ist ganz wesentlich das kollektive Altern der Gesellschaft gemeint – muss politisch gestaltet werden (BMFSFJ 2010). Die Ausgangsthese dieses Beitrags in diesem Zusammenhang ist, dass Politik und die damit befassten Politiker/-innen –dabei sind Spitzenbeamt/-innen in den zuständigen Behörden und Verwaltungen mit einbezogen – allein mit dieser Aufgabe überfordert sind, dass aber sozial(politik)wissenschaftliche Politikberatung in angewandter Gerontologie und Demografie mithelfen kann, die auf den verschiedenen damit befassten Ebenen tätigen (politischen) Akteure und Entscheider für diese Mega-Zukunftsherausforderungen entsprechend zu qualifizieren.

2   Theorie und Praxis sozial(politik)wissenschaftlicher Politikberatung

Im weitesten Sinne geht es bei der Politikberatung darum, „Sachverstand" in den politischen Prozess einzubringen. Von „wissenschaftlicher Politikberatung" wird in diesem Kontext dann gesprochen, wenn die Berater zu diesem Zweck „wissenschaftliche Methoden und Denkweisen" anwenden und ihr Beratungswissen darauf stützen (Lompe 2006). Sozial(politik)wissenschaftliche Politikberatung ist immer dann gefordert, wenn es um sozialpolitische Herausforderungen, Themen und Aufgaben geht, die zum einen neuartige Herausforderungen an die Problemlösungsfähigkeit von Staat und Gesellschaft stellen und die zum anderen komplex, multidisziplinär und politikbereichsübergreifend sind; dies gilt für das hier behandelte Thema umso mehr, als damit auch noch weitere zentrale Politikfelder wie Generationensolidarität und Nachhaltigkeit berührt sind (Deutscher Bundestag 2002). Gemeint ist dabei *policy advice*, die sich im Gegensatz zum *political consulting* (hier steht die kommunikativ-strategische Beratung im Bereich des politischen

Prozesses im Vordergrund) als durch Experten gestützte Beratung im Bereich der materiellen Politik versteht (Falk et al. 2006).

In Deutschland hat das Thema „Beratung" in den letzten Jahren und Jahrzehnten eine kaum zu überbietende Karriere im „Politikgeschäft" gemacht hat (was allerdings nicht für die angewandte gerontologische und demografische Politikberatung gilt). Es gab in den vergangenen Jahren in Deutschland kaum ein politisches Anliegen von gesellschaftlicher Relevanz, zu dem kein Fachwissen eingeholt worden wäre, sei es in Form von Gutachten, sei es im Rahmen von Anhörungen, Expertenkommissionen, Sachverständigenräten, Ad-hoc-Kommissionen, wissenschaftlichen Beiräten in Ministerien auf Bundes- oder Landesebene oder auch nur im Rahmen so genannter Kamingespräche oder als Einzelberatung (vgl. verschiedene Beiträge in Falk et al. 2006). Bezogen auf die verschiedenen wissenschaftlichen Beiräte und anderen Fachbeiräte bei Ministerien etc. wurde kürzlich dazu sogar der Begriff der „Räterepublik" (Heinze 2002) eingeführt. In Deutschland greift Politik aktuell immer weniger auf das in Bürokratien und Verwaltungen vorhandene Wissen zurück, teilweise wegen fachlicher Überforderung, aber vor allem deswegen, weil dieses selbst schon von Anderen erworbenes Wissen darstellt und zumeist bereits politisch „vorgefiltert" ist. Nicht zuletzt spiegelt sich darin auch die Abkehr von der (naiven) Vorstellung der (politisch bestimmten) Plan- und Steuerbarkeit von Politik angesichts neuartiger und unbestimmter Problemlagen wider.

In der Praxis hat sich heute ein breites Spektrum von Akteurs- und Beratungskonstellationen herausgebildet (Heinze 2009). Es reicht von universitärer Grundlagen- und Auftragsforschung über selbstständige, unabhängige Forschungs- und Beratungsunternehmen bis hin zu rein kommerziellen privaten Beratungsgesellschaften und Einzelberatern, letztere nicht selten mit eindeutiger Nähe zum Lobbyismus bzw. zu Interessen- und Wirtschaftsverbänden. Längst hat sich so etwas wie eine „Politikberatungsgesellschaft" (Heinze) etabliert, die für den außenstehenden Betrachter zunehmend intransparent wird. In der Konsequenz ist der Beratungsbegriff de facto zu einem „Allerweltsbegriff" mutiert. Dominierte dabei anfangs noch die rein wissenschaftliche Politikberatung, so sind inzwischen in wachsender Zahl solche „Berater" hinzugekommen, die den Anspruch auf Wissenschaftlichkeit längst aufgegeben haben oder im Extremfall gar nicht kennen. Für das Thema „Politische Gestaltung des demografischen Wandels und einer kollektiv alternden Gesellschaft" fällt in diesem Zusammenhang vor allem kritisch auf, dass – bei ohnehin geringer Bedeutung in der Politiklandschaft, verglichen mit anderen Beratungsthemen – neuerdings auch viele Unternehmensberater tätig sind, die ihr Beratungs„wissen" hauptsächlich aus der Alltagspsychologie oder der Mikroökonomie beziehen.

Vor diesem Hintergrund ist es sinnvoll, nach den historischen Wurzeln der sozial(politik)wissenschaftlichen Politikberatung zu fragen, nach ihren ursprünglichen Zielsetzungen, Funktionen und Aufgaben. Dabei lässt sich in früheren Veröffentlichungen ganz allgemein die Zielsetzung erkennen, durch das mittels Forschung und wissenschaftlicher Beschäftigung mit dem betreffenden Gegenstandsbereich gewonnene fachliche Beratungswissen die schnell wachsende Komplexität und Kompliziertheit gesellschaftlicher Strukturen und Prozesse so zu reduzieren, dass die Politik fundierte Entscheidungshilfen an die Hand bekommt (Weisser 1967; Schuon 1975). Dies gilt heute in der Wissensgesellschaft für schnell wachsende Beratungsbedarfe umso mehr. Angesichts der Dynamik gesellschaftlicher Entwicklungen wird externer Beratungsbedarf auch deshalb erforderlich, weil Politik selbst zumeist auf „alten Schienen" verläuft.

Dies gilt für Deutschland insbesondere für den Bereich der Altenpolitik, der noch unlängst selbst als „gerontologisiert" gegolten hat. Zum Beispiel kennen erst seit kurzem einige Kommunen (wie etwa in NRW die Stadt Bielefeld oder der Kreis Mettmann) eigene Stabsstellen oder sogar Beauftragte explizit für demografische Fragen.

Ein Blick in frühere wissenschaftliche Abhandlungen zum Thema sozial(politik)wissenschaftliche Politikberatung zeigt, dass *nicht* Ziel war (und immer noch nicht ist), lediglich reines Faktenwissen zu vermitteln, dass es vielmehr darum ging (und immer noch geht), auf wissenschaftlicher Grundlage (1) entsprechend relevante Informationen aufzubereiten, (2) Wissensbestände zu strukturieren sowie, darauf aufbauend, (3) *Orientierungswissen* zu vermitteln, z. B. um ein Change Management in bestimmten Politikfeldern zu forcieren. Sozial(politik)wissenschaftlicher Politikberatung ging es (und geht es immer noch) *nicht* primär um das Aufzeigen des „wahren" oder „richtigen" Weges, sondern vielmehr um fachliche Unterstützung von Politik und Verwaltung bei bestimmten Entscheidungen einerseits sowie bei der Abschätzung ihrer jeweiligen politischen Folgen andererseits (Heinze 2009).

Dies war (und ist) in der Geschichte der wissenschaftlichen Politikberatung in Deutschland nicht immer so. Bis weit in die 1960er Jahre hinein dominierten hierarchisch aufgebaute Politikberatungsmodelle, die jeweils von einer strikten Rollenteilung zwischen wissenschaftlichem Sachverstand und der Politik ausgingen, denen im Kern eine politische Willens- und Meinungsbildung durch dialogischen Austausch zwischen beiden fremd war. An zwei der wohl herausragendsten Modelle in diesem Zusammenhang soll kurz erinnert werden (Schuon 1972).

(1) So sieht beispielsweise das *technokratische* Beratungskonzept den Politiker lediglich als passiven Anwender von wissenschaftlich abgeleitetem Expertenwissen. In

diesem Modell gibt es nur einen wissenschaftlich begründeten One Best Way, das heißt Politik unterwirft sich kritiklos der Herrschaft der Logik von (scheinbar) wissenschaftlich bestätigten Sachzwängen. Wissenschaftlicher Sachverstand gilt im Grundsatz als unfehlbar, Politik wird auf die alleinige Funktion der Umsetzung reduziert. Ein solches Vorgehen fand (und findet) man häufig bei naturwissenschaftlichen Themen.

(2) Genau entgegengesetzt dazu ist die Rollenteilung im *dezisionistischen* Modell der Politikberatung. Hier hat ausschließlich die Politik das Sagen, schon bei der Zielformulierung und nicht selten sogar bei den (politisch vorgegebenen) Empfehlungen, denen sich der Wissenschaftler zu „unterwerfen" hat. Eigene politische Meinungen und Bewertungen, z. B. was die Inhalte oder Folgen der politischen Ziele und Empfehlungen betrifft, sind nicht gefragt. Solche Beratungsmodelle sind auch heute noch typisch für politische „Gefälligkeitsgutachten" und dergleichen und dürften insbesondere in der kommerziellen Beratungslandschaft anzutreffen sein.

In der angewandten Gerontologie in Deutschland gibt es prominente Belege insbesondere für das technokratische Beratungsmodell. Dieses lag z. B. der Richtwerteplanung in der pflegerischen Versorgung der Bevölkerung zugrunde, als scheinbar wissenschaftlich abgesicherte Planungsrichtwerte auf Landesebene und auf lokaler Ebene zum Einsatz kamen, welche, etwa nach dem Muster: „Für fünf Prozent aller über 65-Jährigen werden Heimplätze benötigt", bis in die späten 1980er Jahre hinein die stationäre Alten- und Pflegepolitik bestimmt und damit die Dominanz der stationären Pflege in Deutschland mitbegründet haben. Sie wurden erst Mitte der 1990er Jahre durch neue, flexible und dynamische Modelle der so genannten indikatorengestützten Richtwerteplanung abgelöst (Naegele et al. 1995). Aber auch diese hatten nicht lange Bestand, denn mittlerweile dirigiert vielerorts ausschließlich der freie Markt die Bereitstellung von Pflegeplätzen, nicht selten unterstützt durch dezisionistische Gefälligkeitsgutachten.

Gleichsam als Gegenkonzept zu den beiden zuerst genannten Beratungsmodellen kann das ursprünglich von *Jürgen Habermas* und *Gerhard Weisser* Ende der 1960er Jahre entwickelte *pragmatische* Politikberatungskonzept gelten (Weisser 1970; 1978), das in der aktuellen politik- und sozial(politik)wissenschaftlichen Beratungsliteratur auch als „dialogorientiertes" oder „reflexives" Beratungsmodell bekannt ist (z. B. Heinze 2009). Hier wird wissenschaftliche Politikberatung als demokratisch legitimierter Prozess verstanden, der auf ein kritisches, dialogisches Austausch- und Wechselverhältnis von Wissenschaft und Politik zielt. Der explizite Demokratiebezug kommt u. a. darin zum Ausdruck, dass die Berücksichtigung gesellschaftlicher Interessen einerseits sowie der Lebenslagebedingungen der von der politischen Beratung und den politischen Entscheidungen letztlich Betroffenen andererseits ausdrücklich als Teile des Beratungsprozesses – gleichsam als Korrektivfaktoren bzw. „Hintergrundfolien" – angemahnt werden.

In seinem Vorschlag für eine „pragmatische" Politikberatung schlägt z. B. *Gerhard Weisser* ein sechsstufiges *gemeinsames* Vorgehen von Wissenschaft und Politik vor. Auf Stufe 1 findet die, untereinander abgestimmte, Problemformulierung statt, der auf Stufe 2 die gemeinsame Interpretation der politischen Zielsetzung und auf Stufe 3 die gemeinsame Festlegung darauf sowie die entsprechende Zielpräzisierung folgen. Auf Stufe 4 werden durch Forschung begründete gesellschaftliche Entwicklungstendenzen und -prognosen sowie die empirisch bekannten Lebenslagebedingungen der Betroffenen zum Zweck möglicher Korrekturen und/oder Differenzierungen einbezogen. Auf Stufe 5 folgt dann die Festlegung und Formulierung von Empfehlungen, die zwischen Wissenschaft und Politik idealerweise im reflexiven Diskurs ausgehandelt werden sollten, um diese dann auf Stufe 6 abschließend in die Sprache der Politik zu übersetzen.

Die besondere Funktion von Sozial(politik)wissenschaft wird in diesem Zusammenhang in einem von ihr verantworteten „System von Empfehlungen und Warnungen" gesehen. Zugleich betont *Gerhard Weisser* ausdrücklich, dass die Wissenschaft der Politik die Entscheidungen nicht abnehmen darf. Heute findet sich das pragmatische Beratungskonzept insbesondere im Konzept der *reflexiven* und *dialogischen* Politikberatung wieder, was sich z. B. bei einem seiner prominenten Vertreter, *Rolf Heinze*, wie folgt liest: „Es geht nicht mehr länger um eine „Hierarchisierung des Wissens als vielmehr um eine Reflexivitätssteigerung [der Politik; Anm. G. N.] durch Expertenwissen" (Heinze 2009, S. 178).

3   Zur Praxis sozial(politik)wissenschaftlicher Politikberatung in der angewandten Gerontologie und Demografie

In Deutschland hat gerontologie- und demografiebezogene wissenschaftliche Politikberatung keine lange Tradition. Sie datiert zurück auf die späten 1980er Jahre, als die vom Deutschen Bundestag regelmäßig eingeforderte Familienberichterstattung erstmals das Thema „Ältere Menschen" aufgriff. Zweifellos hängt dies auch damit zusammen, dass mit *Prof. Dr. Ursula Lehr* eine ausgewiesene Gerontologin zur Bundesfamilienministerin ernannt wurde und das Bundesfamilienministerium seitdem „Ministerium für Familie, Senioren, Frauen und Jugend" heißt.

Stark vereinfachend lassen sich heute für Deutschland vier Formen der geron-
tologie- und demografiebezogenen wissenschaftlichen Politikberatung unterscheiden:

(1) *Nicht routinisierte,* nicht regelhafte, stark auf Einzelthemen bezogene Politikberatung, die man auch kennzeichnen kann als einzelfallbezogene Ressort- und Auftragsforschung, initiiert von ganz unterschiedlichen Auftraggebern, meistens zum
Zweck der Vorbereitung, Absicherung oder Evaluierung der eigenen Politik oder
politikbezogener Planungen und Vorhaben (Beispiele wären Forschungsprojekte
zu ausgewählten Themen oder politischen Vorschlägen, Regelungen oder Pro-
grammen, finanziert durch Bundesministerien, Landesministerien oder kommunale Behörden, wissenschaftliche Anhörungen oder die Beteiligung an bestimmten
Expertenhearings – etwa zur Reform der Pflegeversicherung, zum „Altern der
Belegschaften" und dgl. – oder ein informelles „Briefing" einzelner Parteien, Politiker oder hoher Verwaltungsbeamter). Eher selten und erst in jüngster Zeit erfolgt
diese Form der Politikberatung im Rahmen expliziter Forschungsförderungspro-
gramme, wie die derzeitigen Programme des BMBWi zum Thema „Innovationsfä-
higkeit im demografischen Wandel" oder des BMAS zum Thema „Demografischer
Wandel und Arbeitswelt". Zumeist folgt dieses Vorgehen dem reflexiven Modell,
allerdings gibt es immer mehr Beispiele für eine dezisionistische Praxis, zumindest
was die Themen- und zum Teil auch die Zielvorgaben betrifft. Häufig handelt es
sich auch weniger um Politikerberatung als um Verwaltungsberatung, die dann in
vielen Fällen der Erledigung gleichsam „outgesourcter" Verwaltungsaufgaben
dient.

(2) *Routinisierte* Politikberatung durch dauerhafte institutionelle Förderung gerontologischer Forschung und Beratung. Für die angewandte gerontologische und
demografiebezogene Politikberatung gibt es in Deutschland derzeit zwei bedeutende Beispiele (nachdem das *Deutsche Zentrum für Altersforschung* [DZfA] in Heidelberg Anfang der 2000er Jahre geschlossen wurde): erstens das mit Bundesmit-
teln institutionell geförderte *Deutsche Zentrum für Altersfragen* (DZA) in Berlin mit
einem stark „klassisch gerontologischen" Profil sowie zweitens die mit Landesmit-
teln institutionell geförderte *Forschungsgesellschaft für Gerontologie* und das von ihr
getragene *Institut für Gerontologie an der Technischen Universität Dortmund* (FfG/IfG)
mit einem deutlich sozialgerontologisch-sozialpolitikwissenschaftlichen Profil
(FfG/IfG 2008). Beide Institute führen neben Regelaufgaben für den jeweiligen institutionellen Förderer (z. B. Durchführung des Alterssurveys und Dokumentati-
onsaufgaben im DZA, Landesaltenberichterstattung und kommunale Beratung in
der FfG/im IfG) auch drittmittelfinanzierte Politikberatungsprojekte durch. Wenn

auch beide Beispiele stark in Richtung dezisionistische Politikberatung deuten, so ist bislang kein Fall bekannt, in dem auch schon die eigentlichen Beratungsergebnisse vorgegeben worden wären. Beide Institute stehen im Grundsatz dafür, dass Forschung auch im institutionell geförderten Kontext Chancen hat, vom Hauptgeldgeber unabhängig zu arbeiten, sowie stets darum bemüht sein sollte, die dialogische, reflexive und demokratische (Weisser) Komponente einzuhalten. Dies kann am besten über Leitbilder und Standards der sozial(politik)wissenschaftlichen Beratung funktionieren, auf die aus der Dortmunder Perspektive ganz zum Schluss noch einmal eingegangen werden soll.

(3) *Routinisierte* gerontologie- bzw. demografiebezogene Politikberatung durch fest institutionalisierte Beratungsgremien im Kontext der im Auftrag des Deutschen Bundestages regelmäßig stattfindenden *Sozialberichterstattung*. Hierzu zählt neben der Kinder-, Jugend-, Armuts-, Familien- und Ausländerberichterstattung seit Anfang der 1990er Jahre auch die *Altenberichterstattung*. Dabei arbeiten i.d.R. gerontologienahe Fachwissenschaftler unterschiedlicher Disziplinen jeweils zu ausgewählten, vorher festgelegten Themenstellungen und geben anschließend politische Empfehlungen, auf die die Bundesregierung dann im Rahmen einer Stellungnahme reagieren muss. Eine gewisse Bedeutung erlangt haben dabei insbesondere der zweite Bundesaltenbericht zum Wohnen im Alter, der vierte zur Hochaltrigkeit sowie in ganz besonderer Weise der fünfte Altenbericht zum Thema „Potenziale des Alters in Wirtschaft und Gesellschaft", mit dem in Deutschland gleichsam der Paradigmenwechsel in der politischen Thematisierung von Alter und Altern eingeläutet wurde (weg vom „Ruhestandsparadigma" hin zum „Aufforderungs- und Verpflichtungsparadigma") (BMFSFJ 2006). Herausragendes Merkmal der Altenberichterstattung ist ihre Unabhängigkeit von politischen Vorgaben, selbst bei der Themenfindung und -präzisierung der Unterthemen erfolgt im Grundsatz keine Einflussnahme durch die Politik.

(4) Als eine vierte „Sonderform" institutionalisierter, dialogorientierter wissenschaftlicher Politikberatung zu gerontologischen bzw. demografischen Themen können einschlägige Arbeiten im Rahmen von Landtags- und Bundestags-Enquête-Kommissionen zum Thema gelten. Bekannte Beispiele sind aus NRW die Enquête-Kommission „Zukunft der Pflege in NRW" (2003–2005) (Landtag NRW 2005) sowie auf Bundesebene die Bundestags-Enquête-Kommission „Die Herausforderungen des demografischen Wandels für den einzelnen und die Gesellschaft", die über drei Legislaturperioden zwischen 1992 und 2002 getagt hat (Deutscher Bundestag 2002). Enquête-Kommissionen werden in Deutschland immer dann eingesetzt, wenn es um *grundlegende*, partei- und häufig auch politikfeldübergrei-

fende Fragen mit gesamtgesellschaftlich grundlegender Bedeutung geht. In ihr arbeiten und beraten Politiker (Abgeordnete) und Wissenschaftler gemeinsam und (vor allem auch) gleichberechtigt, was Rechte, Pflichten und selbst das Stimmrecht betrifft. In der Regel einigen sie sich auch auf gemeinsame Empfehlungen. Leider gilt für beide Kommissionen, dass die Verbreitung ihrer Ergebnisse nur sehr punktuell stattgefunden hat und kaum auf wirkliches politisches Interesse gestoßen ist, obwohl die jeweiligen Empfehlungen aus meiner Sicht schon weit über das hinausreichen, was heute als „Standard" gilt.

4   Versuch einer „Zwischenbilanz"

Wie lässt sich nun der mit diesen drei Grundtypen und dem Sonderfall der Enquête-Kommissionen notwendigerweise nur knapp skizzierte bundesdeutsche Weg der gerontologischen bzw. demografischen Politikberatung bewerten? U. a. auch vor dem Hintergrund eigener langjähriger Erfahrungen ergeben sich folgende Einschätzungen:

(1) Ein Grundproblem (nicht nur) der sozial(politik)wissenschaftlichen Politikberatung in Deutschland ist, dass das Föderalismusprinzip, gemeinsam mit einer korporatistischen Politikfeldsegmentierung und den nicht aufeinander abgestimmten Stiftungsforschungen, eine effiziente, möglichst auf eine breite Rezeption der Ergebnisse und Empfehlungen zielende Politikberatung (auch) bei gerontologischen bzw. demografischen Themen erschweren. Dies drückt sich allein in der Vielzahl der Auftraggebertypen mit jeweils ganz unterschiedlichen (politischen) Interessen im Hinblick auf die Verwertung der Ergebnisse aus. Allein FfG/IfG kennen mindestens neun unterschiedliche Auftraggeber (u. a. EU, Bund, Länder, Gemeinden, Wohlfahrtsverbände, Spitzenverbände, nationale wie internationale Stiftungen, einzelne Träger und sonstige Einzelauftraggeber). Zu vermuten ist, dass dies in anderen Instituten ähnlich aussieht. In der Konsequenz wird dadurch nicht nur Doppelforschung begünstigt, vor allem werden auch Barrieren für die flächendeckende Verbreitung der Ergebnisse und Empfehlungen gleichsam naturgemäß produziert. Dies zu verhindern könnte z. B. zu den Kernaufgaben des Deutschen Zentrums für Altersfragen gehören. Eine Ausnahme bilden hier die Bundesaltenberichte. Sie werden regelmäßig veröffentlicht und sind damit jedermann zugänglich. Insbesondere die fünfte Altenberichtskommission hat zudem Wert darauf gelegt, ihre jeweiligen Beratungsergebnisse mit einem ausgewählten Fachpublikum unter Einbeziehung der Betroffenenverbände zu diskutieren. Dies galt selbst für Zwischenergebnisse.

(2) Sozialpolitische und insbesondere gerontologische bzw. demografische Politikberatung hatte (und hat in Teilen immer noch) in Deutschland traditionell einen geringen Stellenwert – verglichen etwa mit technologischer, biomedizinischer oder wirtschaftlicher wissenschaftlicher Politikberatung ist sie sogar vernachlässigbar. Diese Einschätzung kann man allein schon aus der Höhe der jeweiligen Forschungsbudgets ableiten. Auch gilt dies nicht nur für die Forschungspolitik insgesamt, sondern erstaunlicherweise auch innerhalb der Sozialpolitik. Alter und Altern waren hier lange Zeit (und in Teilen sind sie es immer noch) de facto primär Themen der Renten- und Pflegepolitik. Darüber hinaus galten sie vielen als „Jedermannsthemen", zu deren Behandlung man im Grundsatz keine wissenschaftlichen Ratschläge brauchte, sondern lediglich den „gesunden Menschenverstand" einsetzen müsse. Erst die Entdeckung des Megathemas „demografischer Wandel" vor einigen Jahren hat – gleichsam als „Mitnahmeeffekt" – auch zu einem Bedeutungsaufschwung gerontologischer Themen geführt.

(3) Erschwert wird diese Entwicklung noch dadurch, dass sich Ergebnisse gerontologischer und demografischer Politikberatung in Deutschland nur auf eine bemerkenswert geringe öffentliche Resonanz stützen können. Alternsthemen waren lange Zeit (und sind noch immer) nicht „in", allenfalls im Rahmen skandalträchtiger Berichterstattung über Pflegeheime und dgl. und neuerdings in Diskursen zu demografischen Krisen- und Negativszenarien. Neben (immer noch zu wenigen) interessierten Wissenschaftlern und Studierenden sind bisher allenfalls Fachorganisationen (zumeist aus dem Wohlfahrtsbereich und der kommunalen Ebene), Interessenverbände älterer Menschen sowie wenige Medienvertreter ernsthaft an den Beratungsergebnissen und den auf dieser Grundlage ausgesprochenen Empfehlungen interessiert. Selbst bei den Auftraggebern kann man mitunter Zweifel an ihrem ernsthaften und umfassenden Erkenntnisbedarf haben, erst recht dann, wenn bei der Untersuchung auftraggeberkritische, nicht im Mainstream liegende Ergebnisse, Einschätzungen, Stellungnahmen und Empfehlungen herauskommen. Selbst der in der interessierten Wissenschaft und bei den (wenigen) Experten anerkannte Abschlussbericht der Enquête-Kommission „Demografischer Wandel" musste eine mehr oder weniger kollektive Nicht-zur-Kenntnisnahme in Politik und Verwaltung erdulden. Auch gab es noch nicht einmal eine abschließende Bundesfachkonferenz. Und dem Bundestag war der Bericht lediglich eine knapp einstündige Behandlung vor zudem beinahe leeren Rängen wert. Zweifellos hätten sich bei intensiverer Beschäftigung damit bzw. bei genauerer Lektüre viele nachfolgende Forschungsarbeiten und Beratungsaufträge erübrigt.

(4) In der Konsequenz lässt sich festhalten, dass sich in Deutschland eine gerontologische und demografische wissenschaftliche Beratungslandschaft bislang nur in
Ansätzen etablieren konnte. Darin spiegelt sich nicht zuletzt auch die seit Längerem beklagte geringe Institutionalisierung der Gerontologie und/oder der angewandten Gerontologie innerhalb wie außerhalb der Hochschulen wider. In der
Konsequenz gibt es auch nur wenigen wissenschaftlichen Nachwuchs. Erneut ist
es das Megathema „demografischer Wandel" und gleichsam sein Windschatten,
auf dem die Hoffnungen der „gerontologischen Community" in Deutschland ru-
hen.

(5) Es gibt kaum Politiker/-innen von „Rang und Namen", d. h. von den vorderen
und nicht nur von den hinteren Bänken der Parlamente, die sich für die hier angesprochenen Themen interessieren. Man konnte (und kann) mit gerontologischen
Themen allein in der Politik in Deutschland bislang nicht reüssieren, stets war
(und ist) die „Unterstützung" durch den politischen Rang, die politische Funktion,
die Seniorität oder die öffentliche Reputation einzelner Politiker/-innen erforderlich. Nicht nur auf die angewandte Gerontologie trifft zu, dass die erfolgreiche
Verbreitung von politischem Orientierungswissen i. S. von Initialzündungs- oder
Multiplikatorenarbeit – hinein in die politische Praxis und in die Verwaltungen –
starke Persönlichkeiten möglichst „aus den vorderen Reihen" von Politik und
Verwaltung voraussetzt, am besten noch bei eigener persönlicher Betroffenheit
(z. B. pflegebedürftige Mutter).

(6) Praktische wissenschaftliche Politikberatung in gerontologischen bzw. demografischen Fragen leidet in Deutschland darüber hinaus darunter, dass es zwischen
den beteiligten Wissenschaftlern bzw. den hier tätigen Instituten nur wenig aufeinander abgestimmtes Verhalten gibt. Auch fehlen gemeinsame Zielsetzungen, erst
recht Standards, Leitbilder oder andere Formen gemeinsamer wissenschaftlicher
Selbstverpflichtung. Es gibt folglich keine entwickelte „Kultur" gerontologischer
bzw. demografischer Politikberatung. Z. B. hat sich die Dortmunder Gerontologie
vor kurzem auf Leitbilder entsprechend dem pragmatisch-reflexiven Politikberatungskonzept von *Gerhard Weisser* verpflichtet. Diese Leitbilder zielen u. a. ab auf
Verbesserung von Lebensqualität, Betroffenenorientierung bei gleichzeitiger Betonung von Selbst- und Mitverantwortung der Älteren selbst, Bekämpfung von sozialer Ungleichheit in den Lebenslagen sowie auf die fachliche Qualifizierung der
zentralen Akteure vor allem auf der für diese Themen so relevanten kommunalen
Ebene. Sie sind ergänzt durch Selbstverpflichtungen in der eigenen wissenschaftlichen Arbeit, wie Lebenslaufbezug, Methodenangemessenheit oder Nutzerfreund-
lichkeit der Beratungsergebnisse. Versuche, wenigstens in der gerontologischen

Forschung die wichtigsten Akteure und Institute an einen gemeinsamen Tisch zu bringen, sind gescheitert. Selbst auf Hochschulebene ist es bislang nicht gelungen, ein gemeinsames Grundverständnis für gerontologisches Studium und gerontologische Lehre zu entwickeln und zu verabschieden.

(7) Dies alles erfordert auf Seiten der Politik ein echtes Interesse an und begründete Überzeugung von der Notwendigkeit gerontologischer und demografischer Politikberatung. Voraussetzung dafür wiederum ist, dass „messbare" Erfolge, am besten quantitativ in Form von gesparten Euros, vorliegen, die in der Praxis anerkannt werden. Das Problem ist hier, dass man aufgrund fehlender ergebnisbezogener, evidenzbasierter Evaluationsforschung vor allem in diesem Politikfeld wenig dazu beitragen kann, es sei denn, man akzeptiert gleichberechtigt Experten-, Politiker- und Praktikermeinungen, Erfahrungsberichte und dgl.

5 Ausblick

Zusammenfassend fällt eine Bilanzierung eher zurückhaltend aus. Es wurde deswegen so pointiert argumentiert, weil diesem Beitrag die Überzeugung zugrunde liegt, dass es eigentlich besser gehen könnte. Dazu müssen aber die Probleme bekannt sein. Chancen liegen in der aufkommenden „Großwetterlage"; die Stimmung wird wohl dahin gehen, dass der demografische Wandel und seine Herausforderungen politisch bewältigt werden müssen. Zu hoffen ist auf positive Abstrahleffekte auch für gerontologische Themen. Schon allein aus diesem Grunde lohnt es sich, weiterzumachen.

Zusammenfassend und abschließend noch einmal die wichtigsten „Botschaften". Vonnöten sind:

- mehr Bewusstseinsbildung für die gesellschaftliche Relevanz des Themas und der hierfür zuständigen wissenschaftlichen Disziplin;
- mehr Geld für gerontologische Forschung;
- auf Politik und Verwaltung bezogene, effizientere Bemühungen zur Verbreiterung angewandter gerontologischer Forschungsergebnisse;
- ein bessere Institutionalisierung von angewandter Gerontologie und Demografie an den Hochschulen;
- die Intensivierung der Zusammenarbeit der hier tätigen Politikberater/Institute;
- Bemühungen um gemeinsame „Essentials" im Hinblick auf Standards, Leitbilder und Forschungsstrategien;

- die Intensivierung der Suche nach „potenten" Bündnispartnern in Politik und Verwaltung, möglichst aus „der ersten Reihe";
- mehr Überzeugungsarbeit bei potenziellen Endabnehmern dahingehend, dass sich gerontologische und demografische Beratungsarbeit „lohnt";
- insgesamt: die Schaffung einer gerontologischen und demografischen „Beratungskultur" – idealerweise auf der Grundlage des „pragmatischen Beratungsmodells".

Literaturverzeichnis

BMFSFJ (2006), Bundesministerium für Familie, Senioren, Frauen und Jugend: Fünfter Bericht zur Lage der älteren Generation in der Bundesrepublik Deutschland: Potenziale des Alters in Wirtschaft und Gesellschaft. Der Beitrag älterer Menschen zum Zusammenhalt der Generationen, Bundestags-Drucksache 16/2190 vom 6.7.2006, Berlin

BMFSFJ (2010), Bundesministerium für Familie, Senioren, Frauen und Jugend: Sechster Bericht zur Lage der älteren Generation in der Bundesrepublik Deutschland: Altersbilder in der Gesellschaft, Bundestags-Drucksache 17/3815 vom 17.11.2010, Berlin

Deutscher Bundestag (Hrsg.) (2002), Abschlussbericht der Enquête-Kommission Demografischer Wandel – Herausforderungen unserer älter werdenden Gesellschaft an den Einzelnen und die Politik. Zur Sache. Themen parlamentarischer Beratung, 3/2002, Bonn: Bundestagsdruckerei

Falk, S./Rehfeld, D./Römmele, A./Thunert, M. (Hrsg.) (2006), Handbuch Politikberatung, Wiesbaden: VS Verlag für Sozialwissenschaften

FfG/IfG (2008), Der demografische Wandel und die Älteren in Nordrhein-Westfalen – Positionspapier des Instituts für Gerontologie an der Technischen Universität Dortmund, Vervielfältigung, Dortmund, im Juli 2008

Flohr, H./Lompe, K. (Hrsg.) (1967), Wissenschaftler und Politiker – Partner oder Gegner?, Göttingen: Otto Schwartz & Co.

Heinze, R. G. (2002), Die Berliner Räterepublik. Viel Rat – wenig Tat?, Opladen: Westdeutscher Verlag

Heinze, R. G. (2009), Rückkehr des Staates? Politische Handlungsmöglichkeiten in unsicheren Zeiten. Wiesbaden: VS Verlag für Sozialwissenschaften

Landtag NRW (Hrsg.) (2005), Situation und Zukunft der Pflege in NRW. Bericht der Enquête-Kommission des Landtags Nordrhein-Westfalen, Düsseldorf: Landtags-Druckerei

Lompe, W. (2006), Traditionelle Modelle der Politikberatung, in: Falk, S. et al. (2006): Handbuch Politikberatung, Wiesbaden: VS Verlag für Sozialwissenschaften, S. 25-33

Naegele et al. (1995), Bedarfsplanung in der kommunalen Altenpolitik und Altenarbeit in Nordrhein-Westfalen. Bericht der Forschungsgesellschaft für Gerontologie e. V., 2 Bände. Düsseldorf: Ministerium für Arbeit, Gesundheit und Soziales des Landes NRW (Hrsg.): Eigenverlag

Schuon, K. T. (1975), Wissenschaft, Politik und wissenschaftliche Politik, Köln: Pahl-Rugenstein

Weisser, G. (1970), Die politische Bedeutung der Wissenschaftslehre, Göttingen: Otto Schwartz & Co.

Weisser, G. (1978), Beiträge zur Gesellschaftspolitik, Göttingen: Otto Schwartz & Co.

Gesundheit

Rolf Rosenbrock

Die GKV (wieder einmal) am Scheidewege

Ende der 1970er Jahre – ich begann damals meine Arbeit am WZB – begegnete ich Gerhard Bäcker, der damals Referent im WSI war, und lernte ihn persönlich, wissenschaftlich und politisch schätzen. Unsere Gespräche und Debatten handelten schon damals und immer wieder von den Erfolgsbedingungen und Widersprüchen der politischen Aufgabe, durch eine an der Lebenslage orientierte Sozialpolitik die Reproduktionsbedingungen – und damit auch die Emanzipationschancen – der abhängig Beschäftigten zu verbessern und so zugleich die Reproduktionsbedingungen des – damals noch rheinischen – Kapitalismus zu sichern. Auf unterschiedlichen Feldern und in unterschiedlichen Formen sind wir in den mehr als dreißig Jahren, die seither vergangen sind, dieser Herausforderung treu geblieben, und wohl auch der Sorge über die Erfolgsaussichten sozialpolitisch nach vorne weisender Projekte.

Der jüngste Angriff auf das Regulierungsmodell der Gesetzlichen Krankenversicherung (GKV) durch das von der schwarz-gelben Regierungskoalition initiierte GKV-Finanzierungsgesetz vom November 2010 gibt vor diesem Hintergrund Anlass, noch einmal in einem Überblick die Aufgaben, die Stärken, Schwächen und Entwicklungsperspektiven dieses Regulierungsmodells zu skizzieren.

1   Das Steuerungsmodell

Die Qualität jeder Form und jeder Regulierung der Finanzierung und Steuerung der Krankenversorgung in einem entwickelten Sozialstaat lässt sich daran messen, ob und wie sie die versorgungs-, die sozial- und die wirtschaftspolitischen Aufgaben dieses Systems erfüllen hilft. Die Erfüllung dieser Aufgaben ist von ordnungspolitischem Rang, der über den Gegenstandsbereich „Krankenversorgung" hinaus für die Grundlagen zivilisierten Zusammenlebens von erheblicher Bedeutung ist.

Die *versorgungspolitische Aufgabe* besteht in der Entwicklung und Verfügbarkeit von Strukturen und Leistungen einer qualitativ hochwertigen und vollständigen, den medizinischen Fortschritt ermöglichenden und berücksichtigenden Krankenversorgung.

Die *sozialpolitische Aufgabe* ist erfüllt, wenn alle Menschen im Lande ohne Ansehen ihrer sozialen Lage jederzeit einen durch Rechtsanspruch gesicherten Zugang zu dieser Krankenversorgung haben.

Die *wirtschaftspolitische Aufgabe* besteht in der Steuerung von Mengen, Preisen, Qualitäten und Innovationen des großen und differenzierten Wirtschaftszweiges, der Leistungen für die Krankenversorgung hervorbringt, nach den Kriterien Bedarf (und nicht: Nachfrage), Angemessenheit (und nicht: Maximum) und Effizienz (und nicht: Gewinne).

Im Kern bedeutet die Erfüllung dieser Aufgaben, den überwiegenden Teil einer zwar gemischt- aber überwiegend gewinnwirtschaftlich strukturierten Branche, in der mehr als vier Mio. Menschen arbeiten und mehr als zehn Prozent des Bruttoinlandsprodukts erwirtschaftet werden, anders als nach und zum Teil gegenläufig zu den Gesetzen von Gewinn suchendem Angebot und kaufkräftiger Nachfrage zu steuern. Und das in dauernder Abwehr von massiven Begehrlichkeiten: zumindest für die gewinnwirtschaftlichen Akteure ist es eine ständige und immer wieder gern angenommene Herausforderung, dass nach dem SGB V und der Rechtsprechung von der GKV alle Güter und Dienstleistungen zu bezahlen sind, die einen – wie auch immer gemessenen – Nettonutzen für die Gesundheit stiften. Auf die GKV selbst und ihren Jahresumsatz von ca. 170 Mrd. Euro richtet sich die beständige Begehrlichkeit von frei flottierendem Geldkapital, das immer weniger realwirtschaftliche Anlagemöglichkeiten findet. Kein Wunder, dass die daraus resultierenden Auseinandersetzungen nicht nur im Politikfeld selbst, sondern mit hohem Aufwand auch in den Sphären des Wissenschaftsapparates und der Publizistik ausgetragen werden.

Deshalb, und weil die aus den Aufgaben abzuleitenden Gestaltungskriterien zum Teil in Spannung zueinander stehen und weil sich die zugrunde liegenden medizinischen, sozialen und ökonomischen Problemlagen beständig wandeln, kann als viertes Kriterium die *Steuerbarkeit und Anpassungsfähigkeit* des Systems, also seine beständige Reformierbarkeit als viertes Bewertungskriterium gelten.

Gemessen an diesen Kriterien hat sich das Modell der Gesetzlichen Krankenversicherung (GKV) auch im internationalen Vergleich hervorragend bewährt. Vor ca. 130 Jahren mit sehr begrenzten Leistungen (Krankengeld) und für einen sehr begrenzten Versichertenkreis (Industriearbeiter) gegründet, hat es sich durch den immer weiterreichenden Einschluss von Leistungen (alle Leistungen zur Früherkennung, Behandlung und Rehabilitation, soweit „ausreichend, zweckmäßig und wirtschaftlich, das Maß des Notwendigen nicht überschreitend") und die Ausdehnung auf fast 90 Prozent der Bevölkerung (Ausnahmen: geschätzte ca. 200.000 Menschen mit ungesichertem Aufenthaltsstatus [„sans papiers"], geschätzte ca. 200.000 Unversicherte, ca. 9 Mio. PKV-Versicherte) zu einem zentralen und auch von der breiten Mehrheit der Bevölkerung – trotz aller Defizite und sinkenden Vertrauens im Hinblick auf die künftige Leistungsfähigkeit – hoch geschätzten Bestandteil der sozialen Sicherung entwickelt.

Ein Wechsel vom Modell GKV zu anderen Modellen wäre deshalb selbst dann stark begründungspflichtig, wenn es eine gute Alternative gäbe und der Wechsel selbst ohne größere politische, soziale und ökonomische Transaktionskosten zu bewerkstelligen wäre.

Der Erfolg der GKV verdankt sich fünf schon bei der Gründung getroffenen, noch heute im Grundsatz gültigen Entscheidungen zur Steuerung und Finanzierung der Krankenversorgung. Eine den Problemen angemessene und nachhaltige Weiterentwicklung der GKV muss auf diesen zu Strukturen (Institutionen, Gesetzen, Kulturen) geronnenen Entscheidungen aufbauen und sie im Lichte der Veränderungen der medizinischen, sozialen und ökonomischen Bedingungen und Herausforderungen und unter den Kriterien der dauernden Funktions- sowie Entwicklungsfähigkeit bearbeiten. Keine dieser fünf Entscheidungen und keine der aus ihnen resultierenden Regelungen und Institutionen hat die 130 Jahre seit Gründung der GKV unbeschadet überlebt. Gleichwohl bilden sie immer noch den Bezugsrahmen der Weiterentwicklung.

Die fünf Grundsatzentscheidungen zur Krankenversorgung lauten:

(1) Die letzte Verantwortung für die Steuerung und Finanzierung der Krankenversorgung liegt beim Staat. Regierung und Parlament setzen die Regeln für die Akteure und Versicherten der GKV, der Staat übt die Rechts- und zum Teil auch Fachaufsicht aus, er bleibt Ausfallbürge. Diese starke Stellung des Staates unterscheidet das System der Sozialversicherung von marktlich orientierten Systemen und betont den Stellenwert einer allgemein zugänglichen, vollständigen und qualitativ hochwertigen Krankenversorgung in einem entwickelten Sozialstaat.

(2) Der Staat entlastet sich vom – vielfach im Streit zwischen Partialinteressen zu organisierenden – operativen Management der Krankenversorgung, indem er dieses an jene beiden gesellschaftlichen Kräfte delegiert, die – aus unterschiedlichen Blickwinkeln – ein genuines und elementares Interesse an einer guten Krankenversorgung haben und auch für ihre Finanzierung sorgen: Kapital und Arbeit, vertreten durch Gewerkschaften und Arbeitgeberverbände in der Selbstverwaltung. Die Verteilung der Sitze entsprach in der Geschichte stets und entspricht auch derzeit dem Anteil an der ökonomischen Verantwortung. Diese Delegation unterscheidet die GKV von steuerfinanzierten und vom Staat betriebenen Systemen und sorgt für eine breitere Verankerung von Funktionen

in der Gesellschaft und damit für eine Stärkung der Zivilgesellschaft und für größere Legitimation.

(3) Die Finanzierung erfolgt – im Gegensatz zu marktlicher Steuerung – nicht nach dem Risiko und nicht nach Bedarf, sondern nach der wirtschaftlichen Leistungsfähigkeit in Form eines für alle Mitglieder einheitlichen Prozentsatzes vom Arbeits-Bruttoeinkommen, proportional und – seit 1951 – (im Grundsatz) paritätisch von den Unternehmen und den Beschäftigten aufzubringen. Bei Empfänger/-innen von Transferleistungen übernimmt die zahlende Stelle die Funktion des Arbeitgebers. Mit diesen Mechanismen ist ein beständiger und quasi automatischer Ausgleich nicht nur – wie bei allen Versicherungen – zwischen krank und gesund, sondern auch – das ist der Aspekt der Sozialversicherung – zwischen Singles und Familien, zwischen alt und jung und zwischen höheren und geringeren Arbeitseinkommen in das System der Mittelaufbringung eingebaut. Dies unterscheidet die GKV von allen gewinnwirtschaftlich orientierten Versicherungs- und Versorgungssystemen.

(4) Das Sachleistungsprinzip gewährleistet, dass Geld im unmittelbaren Versorgungsgeschehen nicht präsent ist und zudem die Institutionen der GKV (und nicht die/der einzelne Versicherte) die Ansprüche auf hohe Qualität gegenüber den Leistungserbringern zu definieren und durchzusetzen haben. Auch dieser effektive Verbraucherschutz für die Versicherten und Patient/-innen unterscheidet die GKV von der PKV.

(5) Die Steuerung der Versorgung erfolgt auf der Grundlage der Gesetze (SGB V etc.) durch Verträge zwischen Leistungserbringern und Krankenkassen im Rahmen der Gemeinsamen Selbstverwaltung. Durch diese Rollenverteilung werden die Interessen aller Beteiligten in die Aushandlung eingebracht. Die Regeln und die Kräfteverhältnisse dieser Aushandlungen bestimmt der Staat. Im Falle, dass eine Einigung nicht zustande kommt, berechtigt dies den Staat zur Ersatzvornahme.

Sowohl die Rollenverteilung als auch die Aufgabenzuweisung im GKV-System wurden in der Vergangenheit immer wieder modifiziert bzw. weiterentwickelt. Zum Teil trugen diese Änderungen dem Wandel der medizinischen, sozialen und ökonomischen Bedingungen Rechnung, immer wieder kam es aber auch zu Versuchen, aus nachvollziehbaren, aber mit dem Gemeinwohl nicht zu vereinbarenden Interessen oder im Gefolge ideologischer Moden v. a. marktliche oder marktanaloge Regelungen in das GKV-System einzubringen, die – in der Mehrheit der Fälle – die Funktionsfähigkeit der GKV einschränkten bzw. ihre angemessene Weiterentwicklung blockierten.

2   Aktuelle Defizite und Schwächen des GKV-Modells

Im Ergebnis all dieser Entwicklungen weist die GKV heute eine ganze Reihe von Schwächen auf:

Die Mittelaufbringung folgt im Grundsatz der Logik der lebenslangen sozial-versicherungspflichtigen Beschäftigung, eines beständigen Zuwachses der Arbeits-einkommen (mindestens in Höhe eines Inflationsausgleichs und des Produktivi-tätszuwachses) und der Abwesenheit relevanter anderer Einkommensquellen. Alle drei Voraussetzungen erodieren – im Zuge des Wandels der Arbeitsgesellschaft und der durch Massenarbeitslosigkeit verursachten Durchsetzungsschwäche der Gewerkschaften – zunehmend, ohne dass dem in der Beitragsgestaltung bislang Rechnung getragen wird. Dies führt zur Einnahmeerosion der GKV, die zum steti-gen Anstieg der Beiträge führt, welcher immer noch vielfach kontrafaktisch als Kostenexplosion diagnostiziert wird.

Durch die mit jedem Wirtschaftszyklus stattfindende Zunahme der „Sockelar-beitslosigkeit" kommt es aufgrund der Differenz zwischen Löhnen/Gehältern und der Höhe von Arbeitslosengeld I und II zu einer beständigen Subventionierung der Krankenversorgung für Arbeitslose aus dem allgemeinen Beitragsaufkommen. Verschärft wird dies dadurch, dass Arbeitslose ein erheblich höheres Krankheitsri-siko tragen als Beschäftigte. Die Bewältigung dieses Finanzierungsproblems könn-te die Solidargemeinschaft auf Dauer überfordern, die ja schon immer die erhebli-che Differenz zwischen Einnahmen und Ausgaben bei der Gruppe der Rentner solidarisch ausgleicht.

Generell wird die Entwicklung der Finanzierung der GKV durch die Existenz und die Geschäftspraktiken der PKV behindert. Das Geschäftsmodell der PKV beruht auf Praktiken, die der GKV strikt verboten sind (Versichertenselektion, Beitrag nach Risiko, Privilegierung bei Service und Behandlung) und entzieht der GKV dadurch notwendige Ressourcen. Bei derart unterschiedlichen Handlungs-bedingungen kann es einen „Wettbewerb" zwischen GKV und PKV nicht geben. Eine Lösung des Problems kann auch nicht in der Angleichung der Handlungsbe-dingungen der GKV an jene der PKV liegen, weil dies mit den ordnungspoliti-schen Zielstellungen der GKV nicht in Übereinstimmung zu bringen ist. Zudem ist die PKV in fast allen gesundheitlich und gesundheitspolitisch relevanten Dimensi-onen der Steuerung (Strukturentwicklung der Krankenversorgung, Qualitätssiche-rung, Kostensteuerung, Verwaltungskosten, Wechselmöglichkeiten/Wettbewerb, Anpassung an veränderte Einkommensverhältnisse, Transparenz der Finanzie-rung) der GKV deutlich unterlegen. Ihre bessere Ausstattung mit Ressourcen ver-wendet die PKV u. a. dafür, Leistungserbringern für die Versorgung von PKV-Versicherten höhere Honorare zu zahlen als für die Versorgung von GKV-

Versicherten. Dies führt – gemessen an den ordnungspolitischen Zielen – zu perversen Anreizen für unethisches Verhalten im System (Zugang, Versorgung und Wartezeiten nicht nach gesundheitlichen, sondern nach monetären Kriterien). Gemessen am Ziel der Inklusion ist die PKV anachronistisch, gemessen an ihren Praktiken ist sie asozial. Gesundheitspolitisch löst sie kein Problem, schafft aber beständig neue. Die PKV ist eine Art geschäftsförmig organisierter Integrationsverweigerung.

Immer wieder und zunehmend verstärkt hat sich der Staat zur Entlastung von eigenen gesetzlichen Verpflichtungen (z. B. als Ausfallbürge der Renten- und Arbeitslosenversicherung) aus der Beitragsmasse der GKV bedient (Verschiebebahnhof). Die Beendigung dieser Praxis erscheint sinnvoller und nachhaltiger wirksam für die Finanzierung der GKV als (stets unsichere und schwankende) Staatszuschüsse.

Die durch den Gesetzgeber eingeführten wirtschaftlichen Anreize für die Krankenkassen wirken in Richtung einer Bevorzugung „guter Risiken" und damit v. a. von jungen, gut und sicher beschäftigten Menschen, zu Lasten gesundheitlich besonders bedürftiger Gruppen mit den schlechtesten Versorgungschancen. Die im Jahre 2007 eingeführte Morbiditätsorientierung des Risikostrukturausgleichs zwischen den Kassen schwächt diese Anreize zwar ab, sie bleiben aber – vor allem durch die (willkürliche) Beschränkung des Ausgleichs auf 80 Krankheiten – wirksam. Diese Anreize konterkarieren den Versorgungsauftrag der GKV, da im Ergebnis weder der Finanzier (GKV) noch die Leistungserbringer einen ökonomischen Anreiz haben, die Versorgung für die große (und in der Versorgung teuerste) Gruppe der chronisch Kranken zu verbessern, die überproportional häufig aus sozial benachteiligten Schichten kommen und deshalb auch über weniger soziale Ressourcen und Durchsetzungsmöglichkeiten verfügen, um die Integrationsdefizite in der Krankenversorgung durch eigene Initiative zu überwinden. Durch Sonderprogramme mit Extra-Anreizen, wie etwa die indikationsspezifischen Disease Management Programme (DMP), kann dieses Problem nur punktuell (und unter Inkaufnahme unerwünschter Wirkungen) angegangen werden.

Selektives Kontrahieren zwischen GKV-Kassen und einzelnen bzw. Gruppen von Leistungserbringern kann je nach Ausgestaltung wichtige Beiträge zur Verbesserung der Versorgungsqualität und vor allem zur Schaffung von Versorgungsstrukturen erbringen, die Sektoren, Institutionen und Berufsgruppen übergreifen (integrierte Versorgung). Allerdings wird dadurch die Erfüllung des Sicherstellungsauftrages durch die Kassenärztlichen Vereinigungen tendenziell unsicher. Zudem wird die Versorgungslandschaft für die Versicherten dadurch unübersichtlicher, worunter besonders Patienten mit geringer formaler Bildung leiden.

Zwar liegt die GKV im Hinblick auf die Höhe der Direktzahlungen in der Krankenversorgung („Selbstbeteiligung") nicht über dem EU-Durchschnitt, jedoch zeigen Untersuchungen immer wieder, dass die beabsichtigten Wirkungen von Direktzahlungen in Richtung einer „rationalen" Inanspruchnahme („Eigenverantwortung") auf diesem Wege nicht zu erzielen sind. Im Gegenteil wächst die Evidenz, dass viele, insbesondere ärmere (und damit im Durchschnitt auch kränkere) Versicherte auf diese Weise von einer sinnvollen Inanspruchnahme der Krankenversorgung abgehalten werden.

Obgleich der Staat in den letzten Jahren die Verhandlungsposition der Kassen gegenüber den Leistungsanbietern und auch seine eigenen Kontroll- und Eingriffsrechte gestärkt hat, hat die GKV immer noch zu wenig Einfluss auf das Mengen-, Preis- und Qualitätsverhalten der Leistungserbringer, wie aktuell (AMNOG 2010) wieder am Beispiel der Pharma-Industrie zu erleben ist.

3 Wie diese Schwächen überwunden werden können

Diese Fehlsteuerungen und häufig – daraus resultierend – auch Funktionsstörungen der GKV sind behebbar. Als aktuell wesentliche Schritte auf diesem Weg werden angesehen:

- Rückkehr zur proportionalen Beitragsfinanzierung durch Unternehmen und Beschäftigte. Von 1883 bis 1934 zahlten die Arbeitgeber ein Drittel, die Versicherten zwei Drittel des Beitrags. Dem entsprach auch die Stimmenverteilung in der Selbstverwaltung. Die 1951 eingeführte paritätische Beitragsgestaltung führte – dem Grundgedanken der Verbindung zwischen Entscheidungsteilhabe und ökonomischer Verantwortung entsprechend – auch zur Parität in der Selbstverwaltung.
- Anhebung der Beitragsbemessungs- und Aufhebung der Versicherungspflichtgrenze.
- Reduktion der PKV auf Zusatzversicherungen (mit Bestandsschutz und Wechselmöglichkeiten für die aktuell dort Versicherten), die nicht der medizinisch notwendigen Vollversicherung (§ 12 SGB V) zuzurechnen sind.
- Eliminierung von PKV-Elementen aus der Beitragsgestaltung der GKV (Kostenerstattung, Wahltarife etc.)
- Anhebung der Finanzierung der GKV aus dem Gesundheitsfonds von jetzt 95 Prozent auf 100 Prozent.
- Weiterentwicklung (Verstärkung) des morbiditätsorientierten Risikostrukturausgleichs. Im Ergebnis sollte jede Kasse so viel Geld zur Verfügung haben,

wie z. B. im Bundesdurchschnitt zur Versorgung aller ihrer Versicherten – der „guten" wie der „schlechten" Risiken – erforderlich ist. Es geht dabei um einen Anreiz (und um Wettbewerb) zur wirtschaftlichen Gestaltung einer hohen Versorgungsqualität, nicht um einen Ausgleich der Ausgaben.

- Einbezug nicht arbeitsbezogener Einkommen (Mieten, Pachten, Zinsen, Dividenden etc.) sowie nicht sozialversicherungspflichtiger Arbeitseinkommen (Werkverträge, Tantiemen etc.) in die Bezugsgröße der GKV-Beiträge.
- Staatszuschüsse zur GKV zur Erreichung gruppenbezogen risikoäquivalenter Beitragseinnahmen für die Gruppen der Arbeitslosen, Beschäftigten im Niedriglohnsektor und Empfängern von Grundsicherung; Ausgleich für die der GKV aufgebürdeten Kosten der deutschen Einheit.
- Wettbewerb zwischen GKV-Kassen über Qualität und Versorgungsmodelle (Vertragspolitik), nicht über den Preis (Beitragssatz). Der durch den Gesundheitsfonds eingeführte einheitliche Beitragssatz ist ein richtiger Schritt auf diesem Wege.
- Die GKV bleibt Institution des öffentlichen Rechts und unterliegt weiterhin dem Sozialrecht.

4   Die Kopfpauschale kann diese Probleme nicht lösen

Der Übergang zu Modellen der Kopfpauschale (in welcher Form und in welchen Schritten auch immer) löst keines der Funktionsprobleme der GKV und schafft dafür neue und zusätzliche Probleme.

Angesichts der Stärken und der Entwicklungsfähigkeit der GKV ist jeder Systemwechsel, der immer mit hohen (ökonomischen, politischen und sozialen) Transaktionskosten und nicht vorhersehbaren Wirkungen verbunden ist, begründungspflichtig.

Die „Festschreibung" des Arbeitgeberbeitrags ist keine Gesundheitspolitik, sondern makroökonomische Verteilungspolitik zu Lasten der abhängig Beschäftigten. Da die Lohnquote in Deutschland ohnehin seit Jahren sinkt und die Spreizung der Einkommensverteilung kontinuierlich und schneller als anderswo in der EU zunimmt, ist jeder Beitrag zur Fortsetzung bzw. Verstärkung dieses Trends nicht nur ungerecht und unfair, sondern auch – nach dem unstrittigen Stand der Forschungen zum Zusammenhang zwischen Einkommensverteilung und Gesundheit – schädlich für die Gesundheit der Bevölkerung. Die Arbeitnehmerseite wird die Mehrbelastung durch höhere GKV-Beiträge angesichts der derzeitigen und absehbaren Machtverhältnisse auf dem Arbeitsmarkt wohl auch über Tarif-Auseinandersetzungen und -Verträge nicht kompensieren können.

Arbeitgeber würden bei „Einfrieren" des Arbeitgeberbeitrages aus der Beteiligung und dem Interesse an der künftigen Kostenentwicklung entlassen. Ein „eingefrorener" Arbeitgeberbeitrag wirkt für die Unternehmen wie eine Art nicht beeinflussbare Lohnsummensteuer. Das hat zwei fatale Wirkungen: (1) Der Fortfall des Machtgewichts der Arbeitgeberseite in den – stets notwendigen – Auseinandersetzungen um Kostendämpfung könnte den Kostenauftrieb beschleunigen. (2) Der Fortfall des ökonomischen Interesses an sparsamer und wirtschaftlicher Ressourcenverwendung entzieht der Arbeitgeberseite die Legitimation der Mitwirkung in der Selbstverwaltung.

Entlastet werden durch die Kopfpauschale Bezieher höherer Einkommen. Das ist sozial- und verteilungspolitisch nicht indiziert.

Für den Sozialausgleich für Geringverdiener muss – allen gegenteiligen Versprechungen der Regierung zum Trotz – eine neue Antrags-, Prüf-, und Bewilligungsbürokratie geschaffen werden. Bei der Weiterentwicklung der GKV zur Bürgerversicherung könnten die dazukommenden Aufgaben der Ermittlung zusätzlich beitragspflichtiger Einkünfte hingegen ohne zusätzlichen Erhebungsaufwand von der bestehenden Finanzverwaltung übernommen werden.

Ob der Solidarausgleich über Steuern zielgenauer und gerechter sein kann als derjenige über Beiträge, bleibt trotz gegenteiliger Beteuerungen der Bundesregierung und ihrer akademischen Lautsprecher angesichts der sehr hohen Anteile der Mehrwertsteuer und der Lohn-/Einkommensteuer am Steueraufkommen in Deutschland erst noch anhand konkreter Zahlen zu prüfen.

Ein Solidarausgleich über Steuern ist nicht verlässlicher als der über Beiträge. Die bisherigen Erfahrungen seit 2003 mit unterschiedlich hohen und unterschiedlich begründeten Ankündigungen und Zahlungen von Steuerzuschüssen zur GKV sind nicht ermutigend. Auch ein Blick auf die Umsetzung der gesetzlich vorgeschriebenen Finanzierung der Krankenhausinvestitionen durch die Länder (Halbierung des Finanzierungsbeitrags während der letzten 20 Jahre) sowie auf den von der jeweiligen Haushaltslage abhängigen Umgang des Staates mit GKV-Ressourcen („Verschiebebahnhof") kann kaum Vertrauen erzeugen. Erinnert sei auch an den Umgang der marktfreundlichen Thatcher-Regierung in den 1980er Jahren mit dem National Health Service (NHS) in Großbritannien: intendiert war ein finanzielles Abwürgen des NHS, um die Attraktivität privater Versicherungen und Leistungserbringer zu erhöhen.

5   Fazit

Die Weiterentwicklung der GKV zur Bürgerversicherung ist – im Hinblick auf die Finanzierung und Steuerung der Krankenversorgung – die wegweisende und nachhaltige Antwort auf den ökonomischen, sozialen und gesundheitlichen Wandel in Deutschland. Als Handlungsprogramm *(policy)* ist sie relativ klar zu formulieren und auch durchzurechnen. Ob die mühsamen und häufig intellektuell unterfordernden Auseinandersetzungen *(politics)* um die Zukunft der GKV Entwicklungen in der skizzierten Richtung hervorbringen, ist wesentlich eine Frage der Kräfteverhältnisse. Verläufe dieser Auseinandersetzungen wie auch das Spektrum möglicher „Lösungen" werden einerseits durch gegebene Normen (z. B. Grundgesetz) und bestehende Institutionen und Regulierungsweisen (z. B. korporatistische Mehrebenensteuerung), andererseits aber auch von Einstellungen und Mentalitäten (z. B. Gewicht und Ausprägung sozialpolitischer Orientierungen) *(polity)* bestimmt. Das stimmt nicht nur für die Weiterentwicklung der GKV, sondern auch für die anderen Großbaustellen der Gesundheitspolitik (Prävention und Gesundheitsförderung, Versorgungsqualität, Neuordnung staatlicher Funktionen etc.). Es stimmt auch für andere Felder der Sozialpolitik (z. B. Alterssicherung) sowie für die Sozialpolitik insgesamt. Wer als Wissenschaftler mehr und anderes maximieren will als seine Veröffentlichungsliste und seinen *citation index*, steht vor der stets schwierigen Aufgabe, seine Aufmerksamkeit und seine Energie auf alle drei Ebenen zu verteilen. Gerhard Bäcker hat diese Herausforderung angenommen.

Literaturverzeichnis

Gerhard, B./Naegele, G./Bispinck, R./Hofemann, K./Neubauer, J. (2008), Sozialpolitik und soziale Lage in Deutschland, 2 Bde., 4. Aufl., Wiesbaden: VS Verlag für Sozialwissenschaften

Reiners, H. (2011), Mythen der Gesundheitspolitik, 2. Aufl., Bern: Huber Verlag

Rosenbrock, R./Gerlinger, T. (2006), Gesundheitspolitik. Eine systematische Einführung, 2. Aufl., Bern: Huber Verlag

Rosenbrock, R. (2010), Die GKV ist zukunftsfähig, in: Die Krankenversicherung, 62. Jg., Heft 07/08, S. 212-215

Brigitte Stolz-Willig

Prekarisierung und Frauenarbeit – (k)ein Thema im Arbeits- und Gesundheitsschutz?

Während die Prekarisierung der Arbeit ein prominentes Thema der Arbeitsforschung ist, bleibt die Frage nach den Arbeitsbedingungen und ihren gesundheitskritischen Folgen weitgehend ausgespart. Damit ist eine zentrale Bedeutungs- und Handlungsebene der Gestaltung von Arbeits- und Lebensbedingungen, der Arbeits- und Gesundheitsschutz, unterbelichtet. Dementgegen dokumentieren alle Daten der Gesundheitsberichterstattung, dass mit dem Strukturwandel von Wirtschaft und Arbeit in Verbindung mit den demografischen Veränderungen der Erwerbsbevölkerung das Belastungsgeschehen in der Arbeitswelt vielfältiger, komplexer und in seinen Auswirkungen differenzierter geworden ist. Obwohl die „klassischen" körperlichen Belastungen keineswegs verschwunden sind, wächst die Bedeutung von psychomentalen und psychosozialen Belastungen, die vorwiegend aus Arbeitsorganisation, Arbeitsinhalt, Zeitanforderungen und sozialen Anforderungen resultieren. Psychische Erkrankungen gehören heute zu den häufigsten Krankheitsarten im Hinblick auf die Arbeitsunfähigkeit (vgl. Gesundheitsberichterstattung des Bundes 2006a) und zu den häufigsten Ursachen der Frühberentung (Gesundheitsberichterstattung des Bundes 2006b). Weit öfter als Männer sind Frauen von psychischen Störungen bzw. deren Diagnosen betroffen.

Die Erwerbsarbeitsbedingungen von Frauen werden wesentlich durch die Arbeitsmarktsegregation und die geschlechtsspezifische Arbeitsteilung beeinflusst, die in der Regel mit schlechteren Arbeitsbedingungen verbunden sind und zu zahlreichen Benachteiligungen führen. Die Anforderungen, Arbeits- und Privatleben zu kombinieren und mit sozialen Verpflichtungen der Erziehung und Pflege zu vereinbaren, prägen nach wie vor stärker die Erwerbsbiografien von Frauen. Geschlechtsdifferenzierende Analysen, die den Zusammenhang von Erwerbsarbeitsbedingungen, Lebenslagen und Gesundheit erfassen, sind jedoch nur fragmentarisch vorhanden.[1] Dennoch lassen sich aus vorliegenden Forschungsergebnissen Perspektiven einer geschlechtersensiblen Beschreibung und Bewertung der Arbeitsbedingungen und -qualität ableiten, die für eine Erweiterung von For-

---

1 Vgl. ausführlich dazu: Bundes-Frauengesundheitsbericht 2001, Kapitel 7, Arbeit und Gesundheit.

schungsfragen und die Konkretisierung einer Arbeitspolitik nutzbar gemacht werden können.

1   Eine kurze Bilanz der Frauenbeschäftigung

Das berufliche Engagement von Frauen nimmt stetig zu. Ablesbar ist dies an der wachsenden Erwerbsbeteiligung, einem höheren Qualifikationsniveau und einer Verstetigung weiblicher Berufsverläufe.

Berücksichtigt man aber, dass seit Mitte der 1980er Jahre mehr junge Frauen als Männer mit hohen schulischen Abschlüssen, d. h. mit Abitur oder Realschulabschluss, und mit durchschnittlich besseren schulischen Beurteilungen in das Berufsleben starten, so ist es geboten, die zunehmende Erwerbsbeteiligung von Frauen etwas genauer zu betrachten und nach der Qualität der Beschäftigung zu fragen.

Nach wie vor arbeiten Frauen und Männer in unterschiedlichen Wirtschaftsbereichen und Berufen, auf unterschiedlichen Stufen der Hierarchie, verbunden mit unterschiedlichen Arbeitsbedingungen, Belastungsrisiken und Einkommen. Noch immer liegt das Einkommen der erwerbstätigen Frauen durchschnittlich 22 Prozent unter dem Einkommen der Männer, also erheblich darunter (BMFSFJ 2008; Bispinck/Dribbusch/Öz 2008). Qualifikationsanstrengungen, die Übernahme von Verantwortung und hohe Arbeitsbelastungen zahlen sich für Frauen weniger aus als für Männer. Je höher das Ausbildungsniveau ist, umso größer ist sogar der geschlechtspezifische Einkommensabstand. Die Lücke zwischen den Gehältern klafft mit zunehmender Dauer des Berufslebens weiter auseinander, besteht aber bereits beim Eintritt in den Arbeitsmarkt. Selbst bei gleicher, qualitativ hochwertiger Ausbildung und besseren Studienleistungen von Frauen sind Einkommensdifferenzen zu Lasten der Frauen in unterschiedlichem Ausmaß über alle Studiengänge hinweg festzustellen (Wüst/Burkhart 2010).

Überrepräsentiert sind Frauen in der Niedriglohnbeschäftigung. Sie arbeiten mehr als doppelt so häufig für Niedriglöhne wie Männer (Bosch et al. 2009). Hohe Frauenanteile in den Dienstleistungssektoren korrespondieren mit hohen Niedriglohnanteilen. Besonders Teilzeitbeschäftigte und Minijobber/-innen sind – weitgehend unabhängig vom Qualifikationsniveau – überdurchschnittlich häufig von niedrigen Stundenlöhnen betroffen (Kalina/Weinkopf 2006). Die Aufstiegsmobilität, d. h. die Chance, aus einer Niedriglohnbeschäftigung in eine besser bezahlte Beschäftigung zu kommen, ist in Deutschland besonders gering (Kaiser 2008).

2 Arbeitsbedingungen und Arbeitsqualität

2.1 Geschlechtsspezifische Polarisierung der Arbeitszeiten

Die zunehmende Erwerbsbeteiligung der Frauen ist in spezifischer Weise mit den Triebkräften und Formen der Arbeitszeitflexibilisierung verbunden. Nach wie vor sorgt das sozialpolitische Leistungssystem in Deutschland mit der Förderung der Nicht-Erwerbstätigkeit bzw. marginalen Erwerbstätigkeit der verheirateten Frauen und Mütter für ein ausreichendes Reservoir flexibel einsetzbarer weiblicher Arbeitskraft. Bis heute kommt daher eine Angleichung der Erwerbsstrukturen von Männern und Frauen nur sehr langsam voran, denn die erhöhte Erwerbsbeteiligung von Frauen beruht wesentlich auf einer Ausweitung von sozialversicherungspflichtiger und insbesondere „geringfügiger" Teilzeitbeschäftigung. Die zunehmende weibliche Erwerbsbeteiligung wird also im Wesentlichen durch eine Umverteilung der Arbeitszeiten unter den Frauen realisiert. Während 1985 noch knapp die Hälfte aller erwerbstätigen Frauen in Westdeutschland eine unbefristete Vollzeitstelle innehatte, galt dies 2006 nur noch für 35 Prozent der erwerbstätigen Frauen (Fuchs 2010, S. 144). 46 v. H. aller erwerbstätigen Frauen sind in Teilzeitarbeit beschäftigt, während das lediglich für knapp neun v. H. der Männer gilt. Für ein knappes Fünftel der Teilzeitbeschäftigten ist diese Beschäftigungsform eine Notlösung, der Anteil der unfreiwillig Teilzeitbeschäftigten hat sich im Zeitraum von 1992 bis 2009 von sechs Prozent auf 22 Prozent vervierfacht (Statistisches Bundesamt 2010, S. 32).

Zwar breiten sich auch unter den männlichen Erwerbstätigen die Zonen der Unterbeschäftigung und der Teilzeitarbeit aus, zugleich ist aber auch der Anteil der Männer mit überlangen Arbeitszeiten deutlich gestiegen. Vergleicht man die tatsächliche Wochenarbeitszeit mit der vereinbarten, so zeigt sich, dass häufig mehr als vertraglich festgelegt gearbeitet wird. So sehen lediglich 33,6 Prozent der Vereinbarungen Wochenarbeitszeiten zwischen 40 und 48 Stunden vor, tatsächlich arbeiten jedoch 45,5 Prozent der Befragten 40 bis 48 Stunden pro Woche. 11,5 Prozent der Beschäftigten geben sogar Arbeitszeiten zwischen 48 und 60 Stunden an – nach den geschlossenen Arbeitsverträgen dürfte dieser Anteil lediglich bei 1,3 Prozent liegen (BAuA 2010, S. 36).

Die oberflächliche Angleichung der Erwerbsbeteiligung der Geschlechter verschleiert demnach die dramatische Scherenbewegung der tatsächlichen Beschäftigungsstrukturen. Das Auseinanderdriften von Beschäftigungsverhältnissen mit permanenter Höchstbeanspruchung auf der einen Seite und einer sporadischen und selten existenzsichernden Beanspruchung auf der anderen Seite (paradigmatisch die abrufbereite Teilzeitarbeit) sagt mehr über die modernen Trends am Arbeitsmarkt aus als die traditionelle Sicht auf Erwerbs- und Beschäftigungsquoten.

Im Hinblick auf die Verbreitung arbeitsbedingter Belastungen ist die Entwicklung von „unsocial hours" bzw. gesundheitsgefährdenden Arbeitszeitlagen zu betrachten. Schicht-, Nacht- und Wochenendarbeit haben im Verlauf der 1990er Jahre an Bedeutung gewonnen und sind heute teilweise stärker verbreitet als vor 15 Jahren. Von dieser Entwicklung sind Männer wie Frauen gleichermaßen betroffen, wenn auch Frauen seltener nachts arbeiten (Bericht der Bundesregierung zu Sicherheit und Gesundheit 2008, S. 32f).

Die Flexibilisierung des Arbeitsmarktes hat zu einer Zunahme von Rufbereitschaften geführt. Gleichwohl sind diese Formen des Arbeitseinsatzes unter den Gesichtspunkten der Belastung und der Gesundheitsrisiken nur wenig untersucht. Geschlechtstypische Differenzen bei den Auswirkungen des flexibilisierten Arbeitsmarktes werden kaum berücksichtigt, Aspekte der Familie und Freizeit nicht integriert. Von der Vielzahl der betroffenen Berufsgruppen werden nur wenige, zumeist die der Ärzte, untersucht. Trotz dieser Einschränkungen gibt es eine Reihe von Hinweisen auf den Zusammenhang von Rufbereitschaft und Gesundheit: Rufbereitschaft ist verbunden mit Stresserleben, Befindensbeeinträchtigung sowie eingeschränkter Erholung (Vahle-Hinz/Bamberg 2009).

Grundsätzlich spiegelt die Polarisierung der Arbeitszeiten auch eine Polarisierung der Arbeitsanforderungen und Handlungsspielräume wider. Lange und überlange Arbeitszeiten, wie sie überproportional häufig bei Männern anzutreffen sind, korrespondieren häufig mit Zeit- und Leistungsdruck bei gleichzeitig komplexen Anforderungen. Nicht selten vollzieht sich dies in sensiblen Arbeitsbereichen mit geringer Fehlertoleranz. Demgegenüber konzentrieren sich in den Beschäftigungsverhältnissen mit geringem Stundenvolumen, in denen überproportional viele Frauen beschäftigt sind, restriktive und monotone Tätigkeiten, die auch nur geringfügig an Bedeutung verlieren (Fuchs 2010).

Teilzeitarbeit, die in der Regel mit Familienarbeit korrespondiert, weist im Vergleich mit der Vollzeitbeschäftigung keineswegs ein geringeres Niveau an Belastungen und Beanspruchungen auf (SuGA-Bericht 2008). Obwohl Teilzeitarbeit häufig mit restriktiven Arbeitsbedingungen und geringen Handlungsspielräumen und Entwicklungsmöglichkeiten einhergeht, weichen die Daten zur Arbeitszufriedenheit bei Teilzeitarbeitenden positiv von denen anderer Beschäftigtengruppen ab (Fuchs 2007). Außer der Qualität der Erwerbsarbeit beeinflusst die Qualität der familiären Situation, d. h. die ökonomische Haushaltssituation und die soziale Unterstützung, die Belastungs- und Ressourcenbilanz. Da Teilzeitarbeit in der Regel eine lebenslagen- und lebensphasenspezifische Bedeutung hat, sind generalisierende Bewertungen dieser Arbeitsform wenig sinnvoll.

Pröll und Gude zeigen in ihrer Studie (Pröll/Gude 2003) zu den gesundheitlichen Auswirkungen flexibler Arbeitsformen, dass der Zusammenhang zwischen Arbeitsbelastungen und außerberuflichen Belastungen und/oder Ressourcen kein Spezifikum der Teilzeitarbeit ist, sondern ein gemeinsames Situationsmerkmal flexibler Beschäftigung darstellt. Die Annahme in klassischen Konzepten gesundheitsgerechter Arbeit, wonach eine ausschließlich positive Korrelation zwischen Verantwortung, Aufgabenvielfalt, Handlungsspielraum und Gesundheit besteht, lässt sich für hoch flexible Beschäftigungsbereiche nicht ohne Weiteres aufrechterhalten. Der These, dass – wie in Stresskonzepten unterstellt – eine Verantwortungszunahme und komplexe Anforderungen einen Beitrag zur „guten Arbeit" leisten, kann demnach erst dann zugestimmt werden, wenn die Beschäftigten genug Zeit zur Einarbeitung und Ausführung der Tätigkeit haben, wenn die Aufgaben in ihrer Zeitstruktur nicht miteinander konfligieren und nicht zuletzt der Einsatz für die Arbeit nicht mit außerberuflichen Anforderungen in Konflikt gerät. Eine explorative Internetbefragung flexibel Beschäftigter ergab als größte Gesundheitsrisiken: strukturell behinderte Erholungsprozesse, die Entstehung von Mechanismen der Selbstüberforderung und Tendenzen sozialer Desintegration (Pröll/Gude, S. 165ff). Eine Studie von Janssen und Nachreiner kommt auf der Grundlage von zwei Befragungsstudien (eine schriftliche, betriebsbezogene und eine internetbasierte Untersuchung) zu dem Ergebnis (Janssen/Nachreiner 2004), dass eine hohe Variabilität der Arbeitszeiten bezüglich Dauer und Lage mit starken Beeinträchtigungen verbunden ist, die in Art und Umfang den Risikofaktoren entsprechen, wie sie aus der Schichtarbeitsforschung bekannt sind. Interessant ist dabei, dass sich die Einflussmöglichkeit auf die Gestaltung der Arbeitszeiten zwar positiv auf das Beeinträchtigungserleben und die Arbeitszufriedenheit auswirkt, dass aber Zeitautonomie und mitarbeiterbestimmte Flexibilität alleine noch keine Garantie für Beeinträchtigungsfreiheit darstellen. „Wichtig erscheint vielmehr, dass auch selbstbestimmt bestimmte Grenzen der Flexibilität eingehalten werden" (Janssen/Nachreiner 2004, S. 133).

Vosswinkel beschreibt schließlich, wie mit den neuen Arbeitsformen und den ständigen Umstrukturierungsprozessen die Zunahme eines Phänomens einhergeht, das er als „permanente Bewährung in der Arbeit" (Vosswinkel 2009, S. 59) bezeichnet; dieses ist dadurch charakterisiert, dass Verunsicherungen bei den Beschäftigten zu Krankheitsverleugnung und gesundheitskritischem Verhalten führen.

2.2 *Atypische Beschäftigung*

Mit der Ausweitung externer und interner Flexibilisierungsstrategien der Unternehmen treten vermehrt Just-in-Time-Beschäftigungen auf, insbesondere in Form von befristeter und geringfügiger Arbeit sowie Leih- bzw. Zeitarbeit. Vor allem bei den konsumorientierten Dienstleistungen setzen sich in Kombination mit aggressiven Marktstrategien Formen der neotayloristischen Organisations- und Managementkonzepte durch, die hohe Arbeitslosigkeit und wachsende Frauenerwerbsbeteiligung als Motoren der Flexibilisierung nutzen. Zunehmend werden auch der öffentliche Sektor und die Sozialen Dienste – Beschäftigungsbereiche mit einem hohen Anteil qualifizierter Frauenarbeit – mit der Einführung neuer Finanzierungs- und Steuerungsmodelle zu einem beschäftigungspolitischen „Experimentierfeld" (Dathe et al., S. 16).[2]

Die Zunahme der atypischen Beschäftigungsverhältnisse ist nicht – wie häufig behauptet – mit einer Dynamisierung des Arbeitsmarktes zu Gunsten der Frauen zu verwechseln.

Zwar lässt sich nicht umstandslos von einer atypischen Beschäftigung auf deren Prekarität schließen, dennoch zeigen Untersuchungen, dass die Arbeitsplatzunsicherheit für die psychosoziale Gesundheit eine relevante Größe darstellt, die bisher in Arbeitsstudien systematisch zu wenig beachtet wird.

Mit der Auswertung von qualitativen und quantitativen Untersuchungen zum Prekaritätspotenzial atypischer Arbeitsverhältnisse konnte Fuchs (2006a) belegen, dass diese häufig auch Tätigkeiten mit höheren Arbeitsbelastungen sind. So berichten befristet Beschäftigte und Zeitarbeitnehmer/-innen häufiger sowohl von körperlich belastenden Tätigkeiten als auch von höheren psychischen Anforderungen. Dies ist auch mit den Branchen und Tätigkeiten zu erklären, in denen diese Arbeitnehmer/-innen beschäftigt sind. Grundsätzlich fällt der vertraglichen Ausgestaltung des Beschäftigungsverhältnisses (Dauer und Entlohnung der Beschäftigung) eine entscheidende Funktion zu. Ist die Beschäftigung unbefristet und garantiert die Entlohnung das Existenzminimum, rücken qualitative Anforderungen an die Arbeit in den Vordergrund. Umgekehrt bedeuten eine unsichere Beschäftigung und unzureichende Entlohnung einen Verlust an Gestaltungsglauben und an Möglichkeiten einer längerfristigen Lebensplanung. Prekäre Beschäftigungsverhältnisse bedeuten nicht allein Unsicherheit und materiellen Mangel, sondern bewirken vielfach auch Anerkennungsdefizite und eine Schwächung der Zugehörigkeit zu sozialen Netzen.

Bereits Pröll und Gude konnten unter Bezug auf europäische Querschnittsstudien zeigen, dass befristete Arbeit und Zeitarbeit häufiger als unbefristete Be-

---

2   Vgl. auch die Beiträge in Stolz-Willig/Christoforidis 2011.

schäftigung mit Merkmalen restriktiver Arbeitsbedingungen korreliert sind (Pröll/Gude 2003, S. 134). Dazu zählen vor allem überdurchschnittliche körperliche Schwere der Arbeit, Unfallgefährdung sowie repetitive und hierarchisch kontrollierte Arbeit. Bei der Zeitarbeit ist die restriktive Tendenz ausgeprägter, was sich aus der größeren Prekaritätsspanne befristeter Arbeit erklären lässt.

Befristete Beschäftigung findet in den „bad jobs" ebenso statt wie in qualifizierten Berufsbereichen. Sowohl der Dritte Sektor als auch der akademische Ausbildungsbetrieb haben in den letzten Jahren ein deutliches Wachstum der befristeten Arbeitsverhältnisse erfahren. Als zentraler Aspekt der Prekarität sind hier subjektive Erfahrungen von relativer Benachteiligung und Stigmatisierung als temporäre Arbeitskräfte mit minderen Entwicklungsschancen und geringen Reklamations- und Mitbestimmungsrechten von größerer Bedeutung als existenzielle Risiken (Pröll/Gude 2003, S. 98). Dabei scheint der Arbeitsvertragsstatus nicht bloß ökonomische Ursache, sondern auch ein subtiles Instrument sozialer Sortierung und Hierarchiebildung zu sein. Untersuchungen zu akademischen Karrieremustern von Frauen und Männern haben bisher gesundheitliche Aspekte nicht thematisiert (Matthies/Zimmermann 2010), obwohl deutliche Hinweise auf gesundheitlich prekäre Situationen im Sinne beruflicher Gratifikationskrisen vorliegen (Siegrist/ Dragano 2006). Demzufolge wird das Stresserleben umso höher, je höher die Diskrepanz zwischen Anforderungen und Belohnung (Lohn, Wertschätzung und berufliche Statuskontrolle durch Aufstiegschancen, Arbeitsplatzsicherheit und ausbildungsadäquate Beschäftigung) ist. Empirisch konnten Zusammenhänge zwischen Gratifikationskrisen und psychischen Störungen, Depressionen, Burn-out und Alkoholabhängigkeit festgestellt werden (Ulich 2008, S. 11f).

Als gemeinsame Situationsmerkmale atypisch Beschäftigter beschreiben Pröll und Gude eine systematische Benachteiligung hinsichtlich verschiedener Ressourcenzugänge und Gratifikationsmerkmale (Sozialleistungen, Weiterbildung, Vergünstigungen) und subjektive Unsicherheitserfahrungen (Pröll/Gude 2003, S. 89ff). Eine Extremposition auf der „Prekaritätsskala" (S. 94) nehmen dabei zweifellos Beschäftigte in Niedriglohnsektoren ein, in denen trotz aller Anstrengungen kaum eine Chance besteht, ein stabiles Niveau der beruflichen Statuskontrolle zu erreichen. Jede auch nur mittelfristige Vorhersehbarkeit der ökonomischen Situation fehlt.

Generell ist das subjektive Erleben der Arbeitsqualität wesentlich über die Einkommensbedingungen und die Einschätzung der Arbeitsplatzsicherheit vermittelt, wie die repräsentative Beschäftigtenbefragung im Auftrag der „Initiative Neue Qualität der Arbeit" (INQUA) gezeigt hat (Fuchs 2006b). Nur für eine Minderheit der Beschäftigten korrelieren gut gestaltete Arbeitsbedingungen mit einem langfristig existenzsichernden Einkommen.

2.3 Beschäftigung in Niedriglohnsektoren

Seit Ende der 1990er Jahre sind eine zunehmende Ungleichheit in der Entlohnung sowie ein steigender Anteil von Niedriglohnjobs zu verzeichnen. Zugleich wächst der Teil der Beschäftigten, der mit dem Erwerbseinkommen nicht einmal das nach den Anspruchskriterien des SGB II definierte soziokulturelle Existenzminimum erreicht. Kaiser (2008) weist anderthalb Millionen Vollzeitbeschäftigte und noch einmal ca. 1,3 Millionen Teilzeitbeschäftigte und geringfügig Beschäftigte nach, die in die Kategorie der so genannten „working poor" fallen. Diese Gruppen hätten Anspruch auf aufstockende Leistungen, nehmen diese aber überwiegend nicht in Anspruch.

Das sozioökonomische Profil der „poor jobs" lässt sich unter Bezug auf die eindrucksvollen Milieustudien von Barbara Ehrenreich (2001) und Florence Aubenas (2010) wie folgt beschreiben:

- der Frauenanteil ist weit überdurchschnittlich, mit einem hohen Anteil von Alleinerziehenden;
- die Absicherung gegen soziale Risiken wie Krankheit und Alter ist völlig unzureichend;
- es dominieren monotone, gering qualifizierte Tätigkeiten mit geringem Kontroll- und Lernpotenzial;
- Führungs- und Leitungspraktiken verstärken häufig die Erfahrungen von Machtlosigkeit und Anerkennungsdefiziten;
- die Arbeitsbedingungen und die Arbeitsschutzbedingungen sind teilweise katastrophal;
- es mangelt an jeglicher auch nur mittelfristiger Vorhersehbarkeit und Planbarkeit der ökonomischen Situation.

Frauenspezifische Tätigkeiten im Niedriglohnsektor, wie Reinigungstätigkeiten, Tätigkeiten im Hotel- und Gaststättengewerbe, in Callcentern, aber auch in der Kinder- und Altenpflege gelten gemeinhin als leichte Jede-Frau-Arbeit, niedrigproduktiv und daher niedrig entlohnt. Das hohe körperliche wie auch das psychische Belastungsprofil, in Kombination mit einem geringen Einfluss auf den Arbeitsprozess, ist zwar in Einzelstudien (Flake 2002, Küpper/Stolz-Willig 1988, Mayer-Ahuja 2003) nachgewiesen, spielt aber nach wie vor im Arbeits- und Gesundheitsschutz eine untergeordnete Rolle (Pröll 2004: 63). Soziale und/oder emotionale Belastungen, die für die meist von Frauen erbrachten kundenorientierten und personennahen Dienstleistungen typisch sind, finden sich in den Belastungslisten größerer Repräsentativuntersuchungen kaum (Duki 2002).

2.4 Solo-Selbstständigkeit

Ein wesentliches Element der neueren Entwicklung bildet die Zunahme von selbstständigen Frauen (Leicht/Lauxen-Ulbrich 2002). Solo-Selbstständigkeit wird häufig assoziiert mit qualifizierten selbstständigen Tätigkeiten in der Medien- und Wissensbranche. Tatsächlich dominieren bei den Frauen Kleingründungen im Bereich Handel und Gastgewerbe sowie die Erbringung persönlicher, und dabei vor allem kurativer, sozialer und kultureller Dienste. Über ein Drittel der Solo-Frauen arbeitet hauptsächlich zuhause, wechselt also in die Selbstständigkeit in der Hoffnung, den Spagat zwischen Beruf und Familie besser zu bewältigen. Entsprechend gering fällt auch das erzielte Einkommen aus: der Prozentsatz der Geringverdienerinnen liegt bei den selbstständigen Frauen noch über jenem bei den abhängig beschäftigten Frauen.

Selbstständige attestieren ihrer Tätigkeit signifikant häufiger als Arbeitnehmerinnen eine gute Qualität. Dies bezieht sich – wenig überraschend – vor allem auf erweiterte Handlungs- und Entscheidungsspielräume und andere nicht materielle Qualitäten der Berufsarbeit. Generell geht der Status der Selbstständigkeit mit einer höheren Wahrscheinlichkeit einher, dass die Wochenarbeitszeiten überdurchschnittlich lang sind. Dabei korrelieren lange Wochenarbeitszeiten für Männer wie Frauen mit dem Qualifikationsniveau: bei beiden Geschlechtern weist vor allem die untere Qualifikationsgruppe lange Wochenarbeitszeiten auf. Fallstudien (die leider nur für formal hoch qualifizierte Berufsgruppen der Medien- und IT-Branche und der Architekten/Ingenieure vorliegen) dokumentieren als gesundheitskritische Arbeits- und Bewältigungsbedingungen mangelnde Freizeit und Entspannungsphasen mit beeinträchtigter Erholungsfähigkeit (Pröll 2009).

3 Work-Life-Balance

Die neueren Ansätze der Arbeitsforschung beziehen neben dem Einfluss von potenziellen Stressfaktoren am Arbeitsplatz (Arbeitsaufgabe, Arbeitsrolle, sonstige Rahmenbedingungen und individuelles Verhalten) den Gesamtkontext der Belastungen aus verschiedenen Rollen und Lebensbereichen in ihre Analysen ein (Frauengesundheitsbericht 2001). Unter Bezug auf die geschlechtsspezifische Verteilung der Familienarbeit wird in der Untersuchung der Belastungs-Ressourcen-Bilanz von unterschiedlichen Erklärungsmodellen ausgegangen. Während nach dem „job model" den konkreten Arbeitsbedingungen der wesentliche Einfluss auf das Befinden, die psychische Gesundheit und die Arbeitszufriedenheit zugeschrieben wird, betont das „gender model" vor allem die außerberuflichen Faktoren, insbesondere die Geschlechter- und Familienrolle. Resch (2004) kritisiert die Verwendung unterschiedlicher Modelle und Methoden dahingehend, dass die isolierte Betrachtung weiblicher und männlicher Arbeits- und Lebenszusammenhänge Geschlechterstereotypen bestärken können. Welche Bedeutung die sozialen Geschlechterrollen sowohl im Hinblick auf die Belastungen, Beanspruchungen und Erkrankungen als auch bei der Belastungswahrnehmung und -bewältigung haben, lässt sich mit eindimensionalen Erklärungsmodellen nicht beantworten.

Neuere arbeitspsychologische Studien untersuchen Fragestellungen der Work-Life-Balance in Paarhaushalten (Dettmer/Hoff 2009), ausgehend von der Annahme, dass Erwerbsentscheidungen nicht allein karrierespezifisch, sondern auch im Haushalts- und Familienkontext getroffen werden. Allerdings überwiegen in den Studien sowie in konkreten betrieblichen Gestaltungsmaßnahmen zur „Work-Life-Balance" Arbeitsplätze in der mittleren und höheren Hierarchie. Es kann angenommen werden, dass sich für Beschäftigte in Niedriglohnbereichen restriktive Bedingungen in der Erwerbsarbeit und begrenzte Ressourcen und Gestaltungsspielräume im Familien- und Haushaltsbereich zu einer Gesamtbelastung kumulieren, die eine erhebliche Gefährdung der psychosozialen Gesundheit darstellt. Dies gilt umso mehr für die wachsende Gruppe der Familienernährerinnen, die sich überproportional häufig in den unteren Einkommenssegmenten befindet (Klammer/Klenner 2009).

Ausgehend von dem Befund, dass die Vereinbarkeit von Beruf und Familie in Paarhaushalten qualifizierter Erwerbstätiger in der Regel nur über angestellte Hausarbeiterinnen herstellbar ist, bleiben die Arbeits- und Lebensbedingungen der (Niedriglohn-)Beschäftigten in den Privathaushalten und deren gesundheitliche Folgen ein weitgehend ausgespartes Forschungsfeld. Dies gilt umso mehr, als die vorhandenen Modelle und Instrumente zur Untersuchung der Erwerbsarbeit nicht ohne Weiteres auf den Inhalt, die Organisation und die Belastungsfaktoren der Hausarbeit sowie auf die Anforderungen der Kinderbetreuung und der Pflege anwendbar sind.

4 Defizite der Arbeitsforschung

Nach wie vor ist die Arbeitsforschung in Deutschland auf leichter zugängliche, relativ privilegierte Beschäftigtengruppen bzw. Arbeitsweltmilieus (Großbetriebe des produzierenden Gewerbes, Facharbeiter, Angestellte) fokussiert. Prekäre Beschäftigungsverhältnisse und marginale Arbeitsmarktgruppen werden vernachlässigt, die wachsende Gruppe der „working poor" wird überhaupt nicht untersucht.

Ebenso unterbelichtet sind Gesundheits- und Sicherheitsaspekte zu den neuen Arbeitsformen und Organisationskonzepten (Pröll 2004).

Konzeptionell ist die Forschung zu flexibler Arbeit und ihren gesundheitlichen Auswirkungen stark auf den Arbeitsplatz und seine Organisationsumwelt bezogen, wohingegen der Zusammenhang von Arbeitsmarktsituation, sozialer Sicherheit und Einkommen kaum untersucht wird. Aspekte der erwerbs- und familienbiografischen Verläufe, der demografischen Entwicklung und insbesondere der Geschlechterproblematik sind systematisch nicht in diese Forschung integriert. Als Forschungsdesiderate sind zu nennen:

- Mit den sich wandelnden Arbeitsbedingungen und Formen der Arbeitsorganisation verändern sich die Belastungen und Ressourcen, mit denen Beschäftigte konfrontiert sind. Diese Veränderungen sind von einer deutlichen Zunahme der psychischen Belastungen bei einem allenfalls geringfügigen Rückgang der körperlichen Belastungen begleitet. Gerade der Kombination verschiedener Belastungen muss in der Arbeitsforschung künftig größere Bedeutung beigemessen werden. Nicht nur die Erwerbsarbeit, sondern auch weitere Belastungen und Ressourcen, die durch außerberufliche Anforderungen und Tätigkeiten entstehen, sind geschlechtsspezifisch differenziert zu erfassen.

- Das Thema der Vereinbarkeit von Beruf und Familie wird tendenziell als eine Frage der zeitlichen Kompatibilität verstanden. Die Lösung dieses Problems wird oftmals in der Teilzeitarbeit gesehen. Eine solche Fokussierung wird der Vereinbarkeitsproblematik nicht gerecht (GendA 2005). Dauer, Lage und Verteilung der Arbeitszeiten haben eine zentrale Bedeutung für die Frage der Vereinbarkeit von Beruf und Familie, aber auch Arbeitsverdichtung, eine verstärkte Arbeitsbelastung und erhöhte Arbeitsanforderungen lassen sich mit einem Leben jenseits der Erwerbsarbeit schlecht vereinbaren, für das man neben Zeit auch emotionale Energien, soziale Ressourcen und nicht zuletzt ein ausreichendes Einkommen braucht. Auch ist eine Einschätzung der Prekarität atypischer Beschäftigungsformen nur in der biografischen Perspektive des Lebenslaufs sinnvoll zu treffen (Sachverständigengutachten zum Ersten Gleichstellungsbericht der Bundesregierung 2011).

- Belastungen, die sich aus dem Ungleichgewicht zwischen Arbeitsverausgabung und materieller Entlohnung und Anerkennung ableiten lassen, sind empirisch noch wenig untersucht. Als Forschungsdefizit kann darüber hinaus gelten, dass die Arbeitsplatzunsicherheit mit Blick auf die psychosoziale Gesundheit eine relevante Größe darstellt, die gezielter untersucht werden sollte. Schließlich ist unter Berücksichtigung der geringen Aufstiegsmobilität von

Niedriglohnbeschäftigten das Andauern von Belastungen im Erwerbsverlauf (Längsschnittbetrachtung) von besonderer Bedeutung (Trischler/Kistler 2010).

- Eine gesundheitliche Risikoabschätzung atypischer Arbeit erfordert eine Betrachtung von Beschäftigungsform, Arbeitsbedingungen und Lebenslage in Verknüpfung mit den subjektiven Bewertungen und Bewältigungsmöglichkeiten. Beschäftigungsstabilität und Gratifikationsgerechtigkeit, vor allem ein angemessenes Einkommen und soziale Anerkennung, spielen für die Abschätzung der Belastungswirkungen eine herausragende Rolle. Nicht zuletzt haben tradierte Annahmen über die Zuverdienstrolle der Frauen bisher den Blick auf die notwendige Verbindung der Beschäftigungspolitik mit einer Arbeitsqualitätspolitik verstellt.

- Die Forschung zur prekären Arbeit ist auf Leiharbeiter/-innen und befristet Beschäftigte konzentriert. Demgegenüber ist das Interesse an geringfügiger Beschäftigung bisher weitgehend auf arbeits-, sozial- und gleichstellungspolitische Aspekte beschränkt geblieben. Aussagekräftige arbeits- und gesundheitswissenschaftliche Fallstudien liegen für Deutschland bislang nicht vor. Insbesondere hat die wachsende Beschäftigung in den Privathaushalten unter dem Aspekt der gesundheitskritischen Arbeits- und Bewältigungsbedingungen noch keinerlei Beachtung gefunden. Arbeitserfahrungen und Lebensbewältigung von Arbeitsmigrantinnen werden in neueren soziologischen Studien thematisiert (Lutz 2007), sind aber in der Gesundheitsforschung nach wie vor ein blinder Fleck.

- Personenbezogene Dienstleistungen sind vorwiegend weiblich; sie sind durch das Ineinandergreifen von körperlichen, seelischen, geistigen und sozialen Anforderungen gekennzeichnet. Diesen Anforderungen steht bislang kein verbindliches Bezugssystem gegenüber, an dem Belastungen sowie Leistungen und ihre Ergebnisse gemessen werden könnten. Nur wenige empirische Untersuchungen betrachten Emotionsarbeit als Stressor. Diese Untersuchungen sehen eine Quelle von Stress darin, dass die zu zeigenden Emotionen nicht mit der tatsächlichen Gefühlslage übereinstimmen müssen. Emotionale Dissonanz, d. h. der Widerspruch zwischen den im Beruf bzw. von der Organisation erwarteten und den erlebten Gefühlen, ist ein bekanntes Merkmal beruflicher Tätigkeiten, die im direkten Kontakt mit Menschen ausgeübt werden. Sie stellt eine spezifische psychische Belastung in personenbezogenen Dienstleistungsberufen dar, die zu Fehlbelastungen führen kann.

5   Gender Mainstreaming im Arbeitsschutz

Internationale Organisationen bemühen sich seit geraumer Zeit um eine Klärung der normativen Standards zur Qualität der Arbeit (GendA 2005). In ihrem Leitbild „Decent Work" hat die ILO die universelle Verbindlichkeit grundlegender Rechte bei der Arbeit sowie Sozialschutz, Sozialdialog und Beschäftigung verankert und es als vorrangiges Ziel definiert, „[...] Möglichkeiten zu fördern, die Frauen und Männern eine menschenwürdige und produktive Arbeit in Freiheit, Sicherheit und Würde und unter gleichen Bedingungen bieten". Der Gipfel des Europäischen Rates hat im März 2001 festgestellt, dass menschengerechte Arbeitsbedingungen eine Grundlage der Wettbewerbsfähigkeit und eine Voraussetzung für die Stabilisierung sozialer Sicherungssysteme und die Qualität der Arbeitsbeziehungen sind. Die entsprechende EU-Strategie sieht vor, europäische Indikatoren zu entwickeln, mit deren Hilfe ein Benchmarking für die Qualität der Arbeitsplätze und des Lebensstandards erstellt werden kann, und damit eine Grundlage zu schaffen, um die Messbarkeit von Qualitätsfortschritten in der EU sicherzustellen (Kuhn 2002). In der „Gemeinschaftsstrategie für Gesundheit und Sicherheit am Arbeitsplatz 2002–2006" wird hervorgehoben, dass die Geschlechterperspektive in der gesamten Strategie durchgängig zu verankern ist, um bezogen auf die verschiedenen Ziele und Maßnahmen die Gleichstellung von Frauen und Männern zu erreichen (KOM[2002]). Die aktuelle EU-„Gemeinschaftsstrategie für Gesundheit und Sicherheit am Arbeitsplatz 2007–2012" (KOM[2007]) betont besonders die Notwendigkeit, die demografische Entwicklung und die Alterung der Erwerbsbevölkerung, neue Beschäftigungsformen sowie frauenspezifische Gesundheits- und Sicherheitsaspekte zu berücksichtigen.

Vergleicht man die Leitbild- und Qualitätsdebatte in der Bundesrepublik Deutschland mit derjenigen auf der internationalen Ebene, dann fällt auf, dass die Gender-Perspektive sowohl bei der ILO als auch bei der EU einen deutlich höheren Stellenwert hat.

Obwohl sich die rechtlichen Rahmenbedingungen für eine gesundheitsgerechte und gendersensible Arbeitspolitik (mit den Novellierungen des Arbeitsschutzgesetzes 1996 und des Betriebsverfassungsgesetzes 2001) deutlich verbessert haben, sind die Umsetzungserfolge bisher bescheiden geblieben. Chancengleichheit der Geschlechter, eine familienfreundliche Gestaltung des Arbeitslebens und eine geschlechtergerechte Gesundheitsförderung sind in den Betrieben nach wie vor randständige Themen.

In den Konzepten, Handlungsfeldern und -methoden des Arbeits- und Gesundheitsschutzes ist der Grundsatz des Gender Mainstreaming bislang nicht verankert. Anders als in anderen Politikbereichen ist noch in keinem Arbeitsschutzgesetz, keiner Verordnung oder einer sonstigen Handlungsrichtlinie für den Arbeitsschutz – mit Ausnahme des Mutterschutzes – eine explizite Zielsetzung und Verpflichtung aufgenommen worden, die Geschlechterperspektive zu beachten.

Der Bericht der Bundesregierung über den Stand von Sicherheit und Gesundheit bei der Arbeit und über das Unfall- und Berufskrankheitengeschehen in der Bundesrepublik Deutschland im Jahr 2008 enthält als Schwerpunkt das Thema „Sicherheit und Gesundheit von Frauen", zieht aber keine handlungsbezogenen Schlussfolgerungen für den Arbeitsschutz. In dem für die Entwicklung des Arbeits- und Gesundheitsschutzes relevanten Forschungsprogramm „Initiative Neue Qualität der Arbeit" (INQUA) sowie in dem „Modellprogramm zur Bekämpfung arbeitsbedingter Erkrankungen" wird explizit das Leitprinzip des Gender Mainstreaming als ein anzuwendendes Kriterium genannt. Neue Impulse erhält der geschlechtsspezifische Arbeitsschutz aktuell dadurch, dass das Thema auf der Ebene der Gleichstellungs- und Frauenminister/-innen auf die politische Agenda gesetzt worden ist. Auch hat der Länderausschuss für Arbeitsschutz und Sicherheitstechnik (LASI) als Koordinierungsgremium der Obersten Arbeitsschutzbehörden der Länder im September 2010 die Einbeziehung der Geschlechterperspektive beschlossen.

Es bleibt zu hoffen, dass mit einer vermehrten Aufmerksamkeit für das Geschlechterthema in der Arbeitsschutz-Fachöffentlichkeit auch die gesundheitskritischen Folgen der fortschreitenden Flexibilisierung und Deregulierung im Beschäftigungssystem stärker in den Blick genommen werden. Standards der Arbeitsqualität, wie sie bisher durch Mindestvorschriften des technischen, sozialen und medizinischen Arbeitsschutzes markiert worden sind, haben in weiten Bereichen überhaupt keine Geltung. Forschung und Praxis des Arbeits- und Gesundheitsschutzes sind gefordert, Standards „anständiger flexibler Arbeit" (Ulrich Pröll) unter Einbeziehung der Geschlechterperspektive zu entwickeln und beispielhaft anzuwenden. Dabei sind qualitative Differenzierungen der Erwerbssituation, wie Erwerbslosigkeit, Unterbeschäftigung und Normalbeschäftigung, und deren geschlechtsspezifisch unterschiedliche psychosoziale Dimensionen ebenso zu berücksichtigen wie die geschlechtsspezifisch unterschiedlichen Belastungen und Ressourcen, die sich aus der Familien- und Hausarbeit ergeben.

Mit den tiefgreifenden Umbrüchen im Arbeitsmarkt und in den privaten Lebensverhältnissen stellt sich für eine Arbeits- und Gesundheitsforschung die Aufgabe, ein zeitgemäßes Leitbild „guter Arbeit", das die Zusammenhänge von Arbeit, Gesundheit, sozialer Sicherung und Work-Life-Balance berücksichtigt, zu entwickeln. Dabei muss es darum gehen, das Verhältnis und die Interdependenz von „Arbeit" und „Leben" in einer genderkompetenten Perspektive in die positive

Gestaltung von Arbeit und Erwerbsbiografien mit einzubeziehen und diese durch zeitgemäße Formen sozialer Sicherheit zu unterstützen.

Literaturverzeichnis

Aubenas, F. (2010), Putze, Mein Leben im Dreck, München

Bericht der Bundesregierung zu Sicherheit und Gesundheit (2008), S. 32f

BAuA (Bundesanstalt für Arbeitsschutz und Arbeitsmedizin) (2010), Arbeitswelt im Wandel, Zahlen – Daten – Fakten, S. 36

Bispinck, R./Dribbusch, H./Öz, F. (2008), Geschlechtsspezifische Lohndifferenzen nach dem Berufsstart und in der ersten Berufsphase, Eine Analyse von Einkommensdaten auf Basis der WSI Lohnspiegel-Datenbank in Deutschland und im europäischen Vergleich, Berlin

Bosch, G./Weinkopf, C./Kalina, T. (2009), Mindestlöhne in Deutschland, Expertise im Auftrag der Friedrich-Ebert-Stiftung, Bonn

Bundesministerium für Familie, Senioren, Frauen und Jugend (BMFSFJ) (2001), Bericht zur gesundheitlichen Situation von Frauen in Deutschland, Kapitel 7, Arbeit und Gesundheit, Bonn

Bundesministerium für Familie, Senioren, Frauen und Jugend (BMFSFJ) (2008), Entgeltungleichheit zwischen Frauen und Männern, Berlin

Bundesministerium für Familie, Senioren, Frauen und Jugend (BMFSFJ) (2011), Sachverständigenkommission zur Erstellung des Gleichstellungsberichtes an das BMFSFJ, Neue Wege – Gleiche Chancen, Gleichstellung von Frauen und Männern im Lebenslauf, Berlin

Dathe, D./Hohenheimer, C./Priller, E. (2009), Wenig Licht, viel Schatten – der Dritte Sektor als arbeitsmarktpolitisches Experimentierfeld, WZBrief Arbeit, 03/Oktober 09, S. 1-6

Dettmer, S./Hoff, E., Berufs- und Karrierekonstellationen in Paarbeziehungen: Segmentation, Integration, Entgrenzung, in: Solga, H./Wimbauer, C. (Hrsg.) (2009), Wenn zwei das Gleiche tun – Ideal und Realität sozialer (Un)Gleichheit in Dual Career Couples, Opladen, S. 53-75

Duki, A. (2002), Frauen und Arbeit in der Gesundheitsberichterstattung: Anforderungen und Umsetzungsschwierigkeiten, in: Robert-Koch-Institut (Hrsg.), Arbeitsweltbezogene Gesundheitsberichterstattung in Deutschland, Stand und Perspektiven, Berlin

Ehrenreich, B. (2001), Arbeit poor, Unterwegs in der Dienstleistungsgesellschaft, München

Flake, C. (2002), Arbeitsbedingungen und Arbeitsschutz in Call-Centern, in: Verwaltungsberufsgenossenschaft Hamburg (Hrsg.), Verbesserung der Arbeitsbedingungen in Call Centern, Hamburg

Fuchs, T. (2006a), Arbeit und Prekarität, Ausmaß und Problemlagen atypischer Beschäftigungsverhältnisse, Forschungsprojekt im Auftrag der Hans-Böckler-Stiftung, Stadtbergen

Fuchs, T. (2006b), Was ist gute Arbeit? Anforderungen aus der Sicht von Erwerbstätigen, INQUA Bericht Nr. 19, Dortmund

Fuchs, T. (2007), Vereinbarkeit von beruflichem und privatem Leben, Stadtbergen

Fuchs, T. (2010), Qualität der betrieblichen Arbeit, in: Projektgruppe GIB, Geschlechterungleichheiten im Betrieb, Berlin

GendA (2005) – Netzwerk feministische Arbeitsforschung, Memorandum zur zukunftsfähigen Arbeitsforschung, Arbeit und Geschlecht – Plädoyer für einen erweiterten Horizont der Arbeitsforschung und ihrer Förderung, Marburg

Gesundheitsberichterstattung des Bundes (2006a), Gesundheit in Deutschland, Kap. 1.3.1 Arbeitsunfähigkeit

Gesundheitsberichterstattung des Bundes (2006b), Gesundheitsbedingte Frühberentung, Robert-Koch-Institut, Heft 30

Janssen, D./Nachreiner, F. (2004), Flexible Arbeitszeiten, Schriftenreihe der Bundesanstalt für Arbeitsschutz und Arbeitsmedizin, FB 1025, Dortmund/Berlin/Dresden

Kaiser, L. C. (2008), Arbeit: Mit Erwerbsarbeit in die Armut oder aus der Armut, in: Huster, E. U., Boeck, H./Mogge-Grotjahn, H. (Hrsg.), Handbuch Armut und soziale Ausgrenzung, Wiesbaden, S. 265-282

Kalina, T./Weinkopf, C. (2006), Mindestens sechs Millionen Niedriglohnbeschäftigte in Deutschland, Welche Rolle spielen Teilzeitarbeit und Mini-Jobs? IAT-Report 2006-03

Klammer, U./Klenner, C. (2009), Weibliche Familienernährerinnen in West- und Ostdeutschland – Wunschmodell oder neue Prekarität?, verfügbar unter: www.boecklerimpuls.de

KOM(2002), Mitteilung der Kommission 118 vom 11.3.2002

KOM(2007), Mitteilung der Kommission 0062 vom 21.2.2007

Kuhn, K. (2002), Gesundheitsberichterstattung in der Arbeitswelt, in: Robert-Koch-Institut (Hrsg.), Arbeitsweltbezogene Gesundheitsberichterstattung, Berlin

Küpper, B./Stolz-Willig, B. (1988), Das bisschen Putzen, Arbeitsbedingungen und Gesundheitsrisiken im Reinigungsgewerbe, Arbeitspapier 27, Projektgruppe Humanisierung der Arbeit, Düsseldorf

Leicht, R./Lauxen-Ulbrich, M. (2002), Soloselbständige Frauen in Deutschland: Entwicklung, wirtschaftliche Orientierung und Ressourcen, Forschungsprojekt „Gründerinnen in Deutschland" gefördert durch das Bundesministerium für Bildung und Forschung (Download-Papier, Nr. 3), Institut für Mittelstandsforschung Universität Mannheim

Lutz, H. (2007), Vom Weltmarkt in den Privathaushalt, Münster

Matthies, H./Zimmermann, K. (2010), Arbeitsfeld Wissenschaft und Geschlechtersegregation, in: WSI-Mitteilungen 5/10, S. 264-269

Mayer-Ahuja, N. (2003), Wieder dienen lernen? Vom westdeutschen Normalarbeitsverhältnis zu prekärer Beschäftigung seit 1973, Berlin

Pröll, U. (2004), Arbeitsmarkt und Gesundheit, Schriftenreihe der Bundesanstalt für Arbeitsschutz und Arbeitsmedizin, FB 1018, Dortmund/Berlin/Dresden

Pröll, U. (2009), Erwerbsarbeit und Gesundheit von Selbständigen – Forschungsergebnisse und Präventionsansätze, in: Arbeit, Zeitschrift für Arbeitsforschung, Arbeitsgestaltung und Arbeitspolitik, 18, Heft 4, S. 298-313

Pröll, U./Gude, D. (2003), Gesundheitliche Auswirkungen flexibler Arbeitsformen, Schriftenreihe der Bundesanstalt für Arbeitsschutz und Arbeitsmedizin, FB 986, Dortmund

Resch, M. (2004), Auf dem Weg von der Erwerbsarbeitspsychologie zur Arbeitspsychologie, in: Baatz, D./Rudolph, C./Satilmis, A. (Hrsg.), Hauptsache Arbeit? Münster, S. 104-116

Siegrist, J./Dragano, N. (2006), Berufliche Belastungen und Gesundheit, in: Wendt, C./Wolf, C. (Hrsg.), Soziologie der Gesundheit, KZfSS – Sonderheft 46, Wiesbaden, S. 109-124

Statistisches Bundesamt (2010), Qualität der Arbeit, Wiesbaden

Stolz-Willig, B./Christoforidis, J. (Hrsg.) (2011), Hauptsache billig? Prekarisierung der Arbeit in den Sozialen Berufen, Münster

SuGA-Bericht (2008), Bericht der Bundesregierung „Sicherheit und Gesundheit bei der Arbeit 2008 – Unfallverhütungsbericht Arbeit" (Tabellen 30, 31)

Trischler, F./Kistler, E. (2010), Gute Erwerbsbiographien, Arbeitspapier 2: Arbeitsbedingungen im Erwerbsverlauf, Stadtbergen

Ulich E. (2008), Psychische Gesundheit am Arbeitsplatz, in: Berufsverband deutscher Psychologinnen und Psychologen (Hrsg.), Psychische Gesundheit am Arbeitsplatz in Deutschland, S. 11-12

Vahle-Hinz, T./Bamberg, E. (2009), Flexibilität und Verfügbarkeit durch Rufbereitschaft – die Folgen für Gesundheit und Wohlbefinden, in: Arbeit, Zeitschrift für Arbeitsforschung, Arbeitsgestaltung und Arbeitspolitik, 18, Heft 4, S. 327-340

Vosswinkel, S. (2009), Betriebliche Gesundheitskulturen und neue Arbeitsformen, in: Pape, K. (Hrsg.), Wandel der Arbeit und betriebliche Gesundheitsförderung, Hannover, S. 49-63

Wüst, K./Burkhart, B. (2010), Womit haben wir das verdient? Weniger Geld bei besserer Leistung, in: WSI-Mitteilungen 6/10, S. 306-312

Alterssicherung

Diether Döring

Immer noch ein leistungsstarkes System für junge Beschäftigte?

Leistungsniveau der deutschen Rentenversicherung im europäischen Vergleich der Pflichtsysteme[1]

Vorbemerkung

Jahrzehntelang herrschte in der Bundesrepublik Deutschland die Vorstellung, wir verfügten über ein im internationalen Vergleich ausgesprochen leistungsstarkes Alterssicherungssystem. Dieses Bild hat seinen Ursprung aller Wahrscheinlichkeit nach in der Vorreiterrolle, die Deutschland am Ende des 19. Jahrhunderts bei der Einführung der Sozialversicherung in Europa spielte. Es startete seine Pflichtrentenversicherung früher als andere Wohlfahrtsstaaten, und sein Konzept wurde in anderen Ländern zum Teil regelrecht „kopiert". Zum anderen dürfte die für das heutige System prägende Reform von 1956/57 mit der Einführung der dynamischen Rente eine Rolle spielen, bei der die laufenden Renten wie auch die Anwartschaften der Aktiven um rund 60 Prozent angehoben wurden. Die bisherige Vorstellung hält jedoch heute keiner Prüfung mehr stand, schon gar nicht, wenn man die Perspektiven der heutigen jungen Beschäftigten zum Maßstab nimmt. Vergleiche auf Basis von Modellberechnungen der OECD belegen inzwischen, dass die Alterssicherung in Deutschland bei der Lebensstandardsicherung – legt man den aktuellen Rechtsstand zugrunde – deutlich hinter vergleichbare europäische Ländern zurückgefallen ist und somit in der Spitzengruppe der Alterssicherungssysteme nicht mehr vertreten ist.

1 Rentenniveau der Pflichtsysteme im Vergleich

Die hier vergleichend betrachteten Länder (Deutschland, Großbritannien, Frankreich, die Niederlande und die Schweiz) haben sehr unterschiedliche Alterssiche-

---

1 Der Beitrag stellt eine veränderte Fassung des Aufsatzes „Nicht mehr 1.Liga! Deutsches Rentenniveau im europäischen Vergleich der Pflichtsysteme" in der Zeitschrift Soziale Sicherheit 10/2011 dar (zu Systemprofilen vgl. u. a. Döring 2002, 2010 und OECD 2008, 2011 Part III).

rungssysteme (vgl. Schaubild 1). Allen ist gemeinsam, dass sie aus einem staatlich organisierten, durchweg umlagefinanzierten „Kernsystem" bestehen, auf das ergänzende – zumeist kapitalgedeckte – Zusatzsicherungssysteme aufbauen. Bei den Kernsystemen der ersten Säule gibt es Länder, die in ihrer Leistungsformel eher dem Lebensstandardsicherungsprinzip folgen (Deutschland, Frankreich, mit Einschränkungen die Schweiz). Die Versicherungs- und Beitragspflicht knüpft hier typischerweise an den Arbeitsvertrag an. Beiträge werden lohngebunden entrichtet und Renten an Lohnhöhe und Versicherungsdauer gebunden. Ein solcher Ansatz wird gern – historisch nicht sonderlich korrekt – als „bismarcktypisch" bezeichnet. Andere (Großbritannien, die Niederlande) beschränken sich auf eine Basissicherung, die ein in der Regel ausreichendes Minimum garantieren soll. Die gezielte Lebensstandardsicherung wird hier ganz oder doch weitgehend nichtstaatlichen Akteuren (Tarifparteien, Betrieb, Individualvorsorge etc.) überlassen. Dieser Ansatz wird, anknüpfend an den britischen Reformplan von 1942, den Lord Beveridge maßgeblich prägte, zumeist als „beveridgetypisch" bezeichnet. Deutschland hat insofern eine Sonderstellung, als es heute hier keine Mindestrenten bzw. Grundbetragslösung im eigentlichen Sinne mehr gibt.[2] Auch bei der Zusatzsicherung ist Deutschland unter den hier betrachteten Ländern ein Sonderfall: Die Zusatzsicherung ist bei uns in aller Regel freiwillig, während sie in den anderen hier betrachteten Ländern obligatorisch oder wenigstens „quasi-obligatorisch" ist, das heißt auf flächendeckenden, allgemeinverbindlichen Tarifverträgen beruht. Wichtige Ausnahmen bilden in Deutschland der öffentliche Sektor und die Bauwirtschaft. Ein weiterer Punkt, in dem sich diese fünf Länder erheblich unterscheiden, betrifft die Finanzierung. Zwar finanzieren alle genannten Länder ihre Kernsysteme durch Beiträge. Dabei sind jedoch die Bemessungsgrundlage und die Verteilung der Beitragspflicht auf Arbeitnehmer und Arbeitgeber sehr unterschiedlich. Im niederländischen System zum Beispiel wird der Beitrag an die Einkommensteuer angelehnt erhoben, erfasst also mehr oder weniger alle Einkünfte und Einwohner und ist also – im Sozialpolitikchinesisch – „universell". Da zusätzlich der Zusammenhang zur Höhe der Rentenleistung eher schwach ausgeprägt ist, kann man diesen Beitrag durchaus als „steuerähnlich" oder gar „steuerartig" einstufen. Auch die Schweizer AHV steht einer solchen Lösung nahe. Die britische Basispension stellt eine Erwerbstätigenpflichtversicherung dar. Im deutschen Rentensystem sind dagegen im Wesentlichen nur abhängig Beschäftigte (minus Beamte) plus einige Selbstständigengruppen versicherungspflichtig.

---

2 Das Gründungssystem von 1889 kannte lohnunabhängige Grundbeträge, auf welche die von Beitragsdauer und Lohnhöhe abhängige Rente aufbaute; das Sozialversicherungs-Anpassungsgesetz des Wirtschaftsrates von 1948/49 führte zusätzlich eine Mindestrentenlösung ein – beide Elemente wurden mit der Einführung der „dynamischen Rente" 1956/57 eliminiert (vgl. u. a. Döring 1997).

Übersicht 1: Zur Kombination von Kern- und Zusatzversicherung in ausgewählten europäischen Ländern

	Kernsystem		Zusatzsicherung		
	Typ	Personenkreis	Verpflichtungsgrad	Personenkreis	Organisation
D	Einkommensbezogene Rentenversicherung (Lebensstandardkonzept)	Vorrangig Arbeitnehmer	Freiwillig	Vorrangig Arbeitnehmer	Privat, betrieblich oder Branche
GB	Basis-Rentenversicherung	Erwerbstätige	Obligatorisch mit Wahlmöglichkeit	Vorrangig Arbeitnehmer	Staatlich oder privat/betrieblich/Branche
F	Gemischte Rentenversicherung (Lebensstandardkonzept + Mindestsicherung)	Vorrangig Arbeitnehmer (Erwerbstätige)	Obligatorisch	Vorrangig Arbeitnehmer	Betrieblich oder Branche
NL	Basis-Rentenversicherung	Alle Einwohner	Quasi-obligatorisch	Vorrangig Arbeitnehmer	Betrieblich oder Branche
CH	Gemischte Rentenversicherung (Lebensstandardkonzept + Mindestsicherung)	Alle Einwohner	Obligatorisch	Vorrangig Arbeitnehmer	Betrieblich oder Branche

Quelle: Eigene Darstellung.

Neuere Modellberechnungen der OECD (vgl. zum Folgenden OECD 2011, Part II, Chapter 2, insbes. S. 115-122) erlauben es, das Leistungsniveau der Alterssicherungssysteme der ausgewählten Länder in Bezug auf die Lebensstandardsicherung zu vergleichen. Die folgende Tabelle 1 zeigt die zu erwartenden Brutto-Einkommensersatzraten aus dem jeweiligen Alterssicherungssystem, wobei nur die obligatorischen oder quasi-obligatorischen Elemente mit einem Erfassungsgrad von mindestens 85 Prozent, nicht aber die freiwilligen Systeme einbezogen sind. Dies bedeutet, dass in Deutschland lediglich die gesetzliche Rentenversicherung betrachtet wird. Sondersysteme für Beamte bzw. solche für den öffentlichen Sektor werden bei keinem der Länder in die Betrachtung einbezogen.

Die Brutto-Ersatzraten werden auf Basis des Rechtsstandes 2008 – einschließlich bereits beschlossener, aber erst schrittweise wirksam werdender Änderungen – berechnet. Errechnet werden die Altersversorgungsansprüche, die ein 20-jähriger Berufsanfänger, beginnend im Jahr 2008, während seines gesamten Arbeitslebens bis zur jeweiligen abschlagsfrei erreichbaren nationalen Altersgrenze[3] erwirbt, zum Bruttolohn eines vergleichbaren Arbeitnehmers ins Verhältnis gesetzt. Sozialversicherungsbeiträge und Steuern werden weder bei Rentnern noch bei Arbeitnehmern berücksichtigt. Dieses Konzept entspricht in Deutschland dem traditionellen

---

3 Für Berufsstarter im Jahre 2008 ist dies in Deutschland bereits die 67er-Altersgrenze; da ein Berufsstarter mit 20 Jahren bis zum 65. Lebensjahr bereits 45 Versicherungsjahre erreicht, kann er weiterhin mit 65 ausscheiden.

Begriff der Brutto-Rentenniveaus. Bei der Berechnung der Rente werden nicht einheitlich 45 Arbeitsjahre, sondern die jeweilige nationale „Norm-Lebensarbeitszeit" vom 20. Lebensjahr bis zur jeweiligen abschlagsfrei erreichbaren Altersgrenze zugrunde gelegt. Es handelt sich also hier um eine durchaus zukunftsbezogene Betrachtung, die auf heutigen Rechtsständen aufbaut.

Die Berechnung der Brutto-Ersatzraten wird jeweils für drei Einkommensstufen durchgeführt, nämlich für Durchschnittsverdiener nach OECD-Kriterien, Niedrigverdiener (50 % des Durchschnitts) und Gutverdiener (150 % des Durchschnitts). Diese Differenzierung ist notwendig, um ein einigermaßen zutreffendes Bild der Lebensstandardsicherung in den ausgewählten fünf Ländern zu erhalten: Wegen der in den meisten Ländern (mit Ausnahme Deutschlands) vorhandenen, ausgeprägten Mindestsicherungskomponenten sind in der Regel die Ersatzraten bei niedrigeren Arbeitseinkommen deutlich höher als bei mittleren oder höheren Verdiensten.

Tabelle 1: Brutto-Ersatzraten in den Alterssicherungssystemen ausgewählter europäischer Länder

	Niedrigverdienst 0,5 Ø		Mittlerer Verdienst 1,0 Ø		Höherer Verdienst 1,5 Ø		
	Brutto-Ersatz-raten	Rang bei Renten-niveau	Brutto-Ersatz-raten	Rang bei Rentenni-veau	Brutto-Ersatz-raten	Rang bei Renten-niveau	Regel-alters-grenze
D	42,0 %	5	42,0 %	4	42,0 %	3	65 (67)*
GB	53,8 %	4	31,9 %	5	22,6 %	5	68
NL	93,0 %	1	88,1 %	1	86,5 %	1	65
F	55,9 %	3	49,1 %	3	41,3 %	2	65
CH	65,2 %	2	57,9 %	2	40,9 %	4	65M/64 F
OECD-34 Durchschnitt	72,1 %		57,3 %		52,0 %		

Quelle: OECD 2011, S. 115f.
*) Vgl. Fußnote 2.

Folgende Befunde verdienen hier festgehalten zu werden:

- Bei den *Durchschnittsverdienern* erreicht ein Beschäftigter in Deutschland mit voller Erwerbsbiografie eine Brutto-Ersatzrate von ca. 42 Prozent und liegt damit auf Platz vier in diesem Fünf-Länder-Vergleich. Nur Großbritannien mit seinem traditionell spartanischen System unterschreitet noch diesen Wert. Alle anderen Länder liegen allerdings deutlich darüber, wofür neben der zumeist eher basissichernden ersten Säule obligatorische oder quasi-obligatorische betriebliche bzw. Branchenzusatzsysteme maßgeblich sind.

- Bei den *Niedrigverdienern* ändert sich das Bild. Hier rutscht das deutsche Rentensystem bei voller Erwerbsbiografie mit dem Bruttoniveau von wiederum 42 Prozent auf den letzten Platz im Fünf-Länder-Vergleich. Dies erklärt sich unter anderem dadurch, dass die gesetzliche Rentenversicherung in Deutschland das zugrunde gelegte Prinzip der strukturellen Äquivalenz gleichermaßen auf höhere und niedrigere Entgelte anwendet und keine Mindestregelung oder Sockelung[4] kennt, was in Europa eher unüblich ist. Es gibt hier zumeist – einschließlich in Großbritannien – auf der Ebene der ersten Säule Mindestregelungen, die zu höheren Ersatzraten für Niedrigverdiener führen (Mindestsicherungsklauseln, Grundbeträge, Mindesteinkommensregelungen im Rentensystem etc.).
- Nur bei den *höheren Verdiensten* schneidet das deutsche Rentensystem mit seiner bruttolohnproportionalen Ausrichtung etwas besser ab. Es erreicht bei ihnen immerhin den dritten Platz unter den hier betrachteten Ländern und bleibt damit etwas unter des französischen sowie etwas oberhalb des Schweizer Absicherungsniveaus.

Der Lebensstandard im Alter ist also in Deutschland schlechter abgesichert als zum Beispiel in den Niederlanden, in Frankreich und in der Schweiz. Auffällig ist, dass gerade Niedrigverdiener in Deutschland besonders schlecht behandelt werden, sogar noch deutlich schlechter als in Großbritannien mit seinem traditionell eher niedrigen Leistungsniveau. Nur bei den Höherverdienern erreicht Deutschland wenigstens einen Mittelplatz. Man könnte also sagen, dass in Deutschland nicht nur das Absicherungsniveau generell niedrig ist, sondern dass auch die sozialpolitische Prioritätensetzung überprüfungsbedürftig ist. In allen drei Einkommensgruppen, sowohl bei den Niedrigverdienern als auch bei den Durchschnittsverdienern und Höherverdienenden, liegt Deutschland im Übrigen mit seinen Brutto-Einkommensersatzraten deutlich unter dem von der OECD für alle 34 Mitgliedsländer errechneten Durchschnitt.

Für die Interpretation der Berechnungsergebnisse ist wichtig, dass diese nicht auf die Rentenansprüche heutiger Ruheständler bezogen werden, die noch von günstigeren Bedingungen der Vergangenheit profitieren, sondern eine zukunftsbezogene Betrachtung darstellen. Die heute gezahlten Renten sind Ergebnis der vergangenen Rechtsentwicklung. Hier dagegen wird auf jenes Lebensstandardniveau abgehoben, das das aktuelle Rentenrecht (nach vielen Einschränkungen) jüngeren Beschäftigten für ein volles Arbeitsleben zusagt. Die Berechnungen führen nach

---

4 Die Vorschrift über die so genannte Rente nach Mindestentgeltpunkten, die im deutschen Rentensystem für die Aufwertung der Renten von Niedrigverdienern sorgt, gilt nur für Beitragszeiten bis einschließlich 1991 und war deshalb für die OECD-Berechnungen irrelevant.

Auffassung der OECD zu dem Schluss, dass in Deutschland für Durchschnittsverdiener eine Rentenlücke („Pension gap") von mehr als 15 Prozent (gemessen am Durchschnitt der OECD-Länder) besteht. Nach dem gleichen Maßstab wächst die Lücke bei Niedrigverdienern auf rund 30 Prozent an.

2   Interpretation der Ergebnisse in Bezug auf die unterschiedlichen Systemprofile der ausgewählten europäischen Alterssicherungen

Die unterdurchschnittliche Position der Durchschnittsverdiener in Deutschland bei den Absicherungsgraden, im Vergleich der ausgewählten Länder ebenso wie auch im Vergleich zum OECD-Durchschnitt, hängt damit zusammen, dass einerseits hier traditionell nur die erste Säule (GRV) verpflichtend ist, andererseits verschiedene politische Eingriffe diese Säule schrittweise geschwächt haben. Viele Nachbarländer vertrauen dagegen auf eine Zwei- oder Mehrsäulenlogik, die oft verpflichtend gemacht worden ist. Besonderheiten zeigt der britische Fall. Hier ist auf die relativ knappe – noch durch den Beveridgeplan initiierte – Basisrentenversicherung in der Regierungszeit Blairs eine knappe Zweitpension (S2P) gesetzt worden, die durch betriebliche und individuelle Zusatzlösungen ersetzt werden kann. Den ersten Platz in der Rangliste bei den Alterssicherungsniveaus bildet das niederländische Zwei-Säulen-System, das zwar „unten" eine für Durchschnittsverdiener weniger komfortable, lohnunabhängige Basispension bietet, „oben" aber eine leistungsdefinierte, vom dortigen System des öffentlichen Dienstes geprägte, starke (kapitalgedeckte) Zusatzleistung gewährt.

Angemerkt sei noch, dass auch breite *gesetzliche oder tarifliche Obligatorien* nicht unbedingt auf völlig flächendeckende Lösungen im Zusatzbereich angelegt sind. So gibt es beispielsweise in vielen Ländern Ausnahmen für Geringverdiener. Hier liegen gerade bei eher basissichernd ausgerichteten Staatssystemen die Absicherungsgrade der ersten Säule im Verhältnis zum vorangehenden Lohn schon relativ hoch, so dass eine Zusatzsicherungspflicht überflüssig scheint (z. B. in der Schweizer AHV oder on der niederländischen AOW). Oft gibt es bei diesem Systemtyp auch Grundfreibeträge bei der Beitragserhebung, was jedoch nicht zum Ausschluss aus dem Leistungserwerb führt. Zudem ist zu bedenken, dass obligatorische Lösungen zumeist auf ein bestimmtes Mindestlevel von Beiträgen oder Leistungen abgestellt sind und auch „überobligatorische" Elemente kennen.

2.1 Anmerkung zum Einfluss des Lohnfaktors auf das Absicherungsniveau

Da bei den präsentierten Modellberechnungen der Zeitfaktor gleich gehalten wurde, spielt die Ausgestaltung des Lohn- bzw. Erwerbseinkommensfaktors in der Rentenformel der ersten Säule eine entscheidende Rolle. Das deutsche Beispiel zeigt eine im Prinzip bruttolohnproportionale Ausgestaltung, die jeder Stellung in der Lohnskala die gleichen Absicherungsgrade zukommen lässt. Im Falle des niederländischen Ergebnisses schlägt sich die Tatsache nieder, dass die dortige Rentenformel des staatlichen Systems keinen Lohnfaktor enthält. Das Gleiche gilt – nur auf viel spartanischerem Level – für die britische „Basic Pension". Im Schweizer AHV-Fall besteht ein Lohnfaktor, der jedoch auf einen relativ schmalen mittleren Bereich eingegrenzt ist und „unten" eine nicht bedarfsorientierte Mindestrentenregelung aufweist. In Frankreich wird dagegen der Lohnfaktor bei Niedriglöhnern durch Aufwertungsregeln heraufkorrigiert. Die Hauptdifferenz beim Absicherungsniveau von Niedrigverdienern im Vergleich zu Beziehern mittlerer Entgelte ergibt sich aus der Gestaltung der ersten Säule. Hinzu kommt, dass alle hier betrachteten Ländersysteme außer Deutschland Obligatorien für die Zusatzsicherung aufweisen, die eine Erfassung auch unterdurchschnittlicherer Lohnpositionen bewirken. In einzelnen Ländern sind hier allerdings – wie schon erwähnt – Kleinstlöhne ausgenommen, da hier die Hauptbegünstigung von den Mechanismen der ersten Säule kommt.

Ziel der Abweichungen von einer lohnproportionalen Gestaltung bei Niedriglöhnern ist stets, dem Rentensystem mehr armutsvermeidende Kapazität zu geben, um dahinterliegende sozialhilfeartige Grundsicherungen nicht zu überlasten. Zum Teil werden auch bedarfsabhängige Sicherungen in die Rentensysteme eingebaut, um Vorbehalte gegen eine Inanspruchnahme der Leistungen klein zu halten. Diese individualisierten, bedarfsabhängigen Leistungen können bei den präsentierten Absicherungsniveaus nicht berücksichtigt werden.

2.2 Anmerkung zum Einfluss des Zeitfaktors auf das Absicherungsniveau

Einen bei den Ergebnissen der OECD-Berechnungen (vgl. Tabelle 1) nicht unmittelbar sichtbar werdenden Aspekt stellt die jeweilige Ausgestaltung des Zeitfaktors in den verschiedenen nationalen Systemen dar. Zwei verschiedene grundlegende Ansätze müssen hier unterschieden werden: einerseits das für Versicherungskonzepte typische Anknüpfen an die Versicherungs- bzw. Beitragsjahre, unabhängig von der Frage, wer die Beiträge zu entrichten hat (Arbeitgeber/Arbeitnehmer, Staat, in bestimmten Fällen andere Versicherungsträger, u. U. selbstständig Tätige etc.). Der Erwerb von Ansprüchen hängt hier vorrangig von der Dauer der abhängigen Beschäftigung oder – bei Erwerbstätigenversicherungen – von der Dauer der Erwerbstätigkeit ab. Ein wichtiges Gestaltungselement betrifft zusätzlich die Frage der Anrechnung von Unterbrechungsphasen (Arbeitslosigkeit, Arbeitsunfähigkeit, Erziehungs- und Pflegezeiten, zeitweiliger Rentenbezug etc.) und von Bildungszeiten. Auch diese beeinflussen stark die Chance, ob bestimmte zeitbezogene Absicherungsgrade erreichbar sind. Andererseits tendieren universelle Systeme dazu, den Zeitfaktor wohnsitzbasiert auszugestalten und nicht vorrangig auf Beschäftigung oder Erwerbsfähigkeit abzustellen. Da ein dauerhafter Wohnsitz leichter erreichbar ist als eine versicherte Beschäftigung oder Erwerbstätigkeit, sind die Zeitvoraussetzungen nicht ohne Weiteres miteinander vergleichbar. Dies wird allerdings zum Teil in universellen Basissystemen durch sehr hohe Zeitlimits berücksichtigt (z. B. 50 Jahre für die volle Basisrente bei der niederländischen ersten Säule AOW). Diese Gesichtspunkte betreffen die Systeme der ersten Säule und wirken auf das Gesamtergebnis. Die betrieblichen Zusatzsysteme auch in wohnsitzbasierten Staatssystemen weisen allerdings insofern Ähnlichkeiten mit der Gestaltung der ersten Säule in versicherungsartigen Staatssystemen auf, als sie typischerweise auf die Beschäftigungsdauer abstellen.

3   Übergreifende Sicherungsziele und ihre Zuordnung zu den Säulen der Alterssicherung

Mehr oder weniger alle Alterssicherungssysteme haben zwei Hauptziele: Sicherung des erreichten Einkommens (Lebensstandardsicherung) und Vermeidung von Armut. Hinzu kommen verbreitet familienpolitische Ziele sowie teilweise Rehabilitationsaufgaben. Was die europäischen Systeme jedoch unterscheidet, ist die Zuordnung dieser Ziele zu den Säulen der Alterssicherung. Wie gezeigt wurde, kann man im europäischen Vergleich zwei konkurrierende Ansätze herausarbeiten (vgl. u. a. Kaufmann 2003; Döring 2010; OECD 2008).

Der Ansatz der *„zielbezogenen Arbeitsteilung"*: Hier wird die erste Säule nicht auf die Lebensstandardsicherung, sondern auf das Ziel im Durchschnittsfall, ein ausreichendes Minimum im Alter zu gewährleisten, konzentriert. Das Ziel der Lebensstandardsicherung wird dagegen hier völlig (oder jedenfalls weitgehend) auf die betriebliche und Individualvorsorge verwiesen. Dieser Ansatz, der ideengeschichtlich auf den britischen Beveridgeplan von 1942 zurückgeführt werden kann, hat die Systeme Großbritanniens, der Niederlande sowie in etwas geringerem Maße das der Schweiz geprägt. Da diese Lösung tendenziell Personen mit ungünstigem Erwerbsstatus begünstigt und höhere Entgelte spartanischer ausstattet, ist hier früh ein stärkerer gesellschaftlicher Druck zu obligatorischen Zusatzlösungen entstanden. Unter den hier betrachteten Ländern entsprechen die Niederlande am stärksten diesem Arbeitsteilungstypus.

Der Ansatz der *„additiven" Arbeitsteilung*: Hier werden alle Säulen im Grundsatz auf die Lebensstandardsicherung ausgerichtet. Die armutsvermeidende Aufgabe durch sozialhilfeartige Programme wird zumeist außerhalb der Alterssicherung angesiedelt. Da bei diesem Systemtypus die erste Säule – jedenfalls historisch – eher leistungsstärker angelegt wurde, war hier der Druck in Richtung einer verpflichtenden Zusatzsicherung geringer. Als klarster Exponent der „additiven" Arbeitsteilung in Verbindung mit dem Ein-Säulen-Obligatorium kann Deutschland gelten.

Zwischen diesen konkurrierenden Grundansätzen gibt es in der Szenerie der europäischen Wohlfahrtsstaaten eine Fülle von eher *„gemischten" Lösungen*. Soll heißen, dass das gesetzliche Rentensystem hier ebenso mindestsichernde Komponenten wie auch gewisse erwerbseinkommensbezogene, also lebensstandardsichernde Elemente enthält. Dabei können innerhalb der gemischten Lösung die Akzente unterschiedlich gesetzt sein, so dass – je nachdem – die Basissicherung oder die Lebensstandardsicherung mehr im Vordergrund steht. Als deutliche Exponentin einer solchen „gemischten" Lösung kann die Schweiz gelten, bei der allerdings die wesentliche Lebensstandardsicherungsfunktion bei der zusätzlichen „Beruflichen Vorsorge" liegt.

Die hier präsentierte vergleichende Betrachtung zeigt, dass die Alterssicherung entwickelter europäischer Wohlfahrtsstaaten oft längst auf einer expliziten Entscheidung zu Gunsten einer bestimmten Staat-Privat-Arbeitsteilung beruht. Dabei bietet sich eine Palette von möglichen Kombinationen an, wobei ebenso das Profil der ersten Säule die Gestaltung des Zusatzbereichs beeinflusst wie umgekehrt. Ohne dass hier die Entwicklung im Einzelnen ausführlicher dargestellt werden kann, lässt sich sagen, dass bei den entwickelten Wohlfahrtsstaaten eine deutliche Tendenz zu verbindlichen Lösungen in Form eines bestimmten „Gesamtpakets" vorherrscht, wobei im Zusatzbereich der Bezug auf die betrieblichen Lösungen bzw. Branchensysteme im Vordergrund steht. Dies vorwiegend, da größere Lösungen Verwaltungs- und Steuerungskostenvorteile gegenüber jenen der Individualvorsorge aufweisen. Deutschland fällt mit seinem immer noch starken Fokus auf die erste Säule und mit der Entscheidung der „Riester-Reform" für eine geförderte Zusatzvorsorge ohne verpflichtenden Charakter doch etwas aus dem Kreis – jedenfalls der hier betrachteten Wohlfahrtsstaaten – heraus. Das mehr oder weniger ausschließliche Vertrauen auf die erste Säule war nach dem „großen Sprung", der durch die Rentenreform 1956/57 getan wurde, noch eher begründbar. Nun sind in den letzten Jahren jedoch die für jüngere Beschäftigte erreichbaren Rentenniveaus in der gesetzlichen Rentenversicherung durch eine Kette von Maßnahmen deutlich reduziert worden. Die veränderte lohnbezogene Anpassung, die „Riestertreppe" und der „Nachhaltigkeitsfaktor" seien genannt. Deshalb fällt aus derzeitiger Sicht das verbindlich gewährleistete Alterssicherungslevel in Deutschland für junge Erwerbstätige im Vergleich mit den hier ausgewählten europäischen Kernsystemen eher niedrig aus. Bei Empfängern niedriger Entgelte sogar außerordentlich dürftig. Dies spricht deutlich für eine gezielte Stärkung der mindestsichernden Kompetenz der gesetzlichen Rentenversicherung, aber auch für Maßnahmen gegen den fortgesetzten Sinkflug des allgemeinen Rentenniveaus. Dies schon gar, solange sie das einzige Pflichtsystem für die Masse der Beschäftigten darstellt.[5] Da die Chancen für eine grundlegende Verstärkung des Rentenniveaus politisch nicht zum Besten stehen, muss eine höhere Verbindlichkeit auch der Zusatzsysteme einschließlich einer im europäischen Umfeld durchaus üblichen gemeinsamen Finanzierung dieser Systeme auf die sozialpolitische Tagesordnung.

Literaturverzeichnis

Bucerius, A. (2003), Alterssicherung in der Europäischen Union, Band VII des Projekts „Alterssicherung in der Europäischen Union"/ASEG-Projekt, hrsg. v. Döring, D./Hauser, R., Düsseldorf

Bäcker, G. (2008), Altersarmut als soziales Problem der Zukunft, in: DRV Nr. 4

Bäcker, G. et al. (2010), Sozialpolitik und soziale Lage in Deutschland, 2 Bde, 5. Aufl., Wiesbaden

Dedring, K.-H./Deml, J./Döring, D./Steffen, J./Zwiener, R. (2010), Rückkehr zur lebensstandardsichernden und armutsfesten Rente, Expertise im Auftrag der Friedrich-Ebert-Stiftung, Reihe Wiso-Diskurs, Bonn

Döring, D. (1997), Soziale Sicherheit im Alter?, Berlin

Döring, D. (2002), Zukunft der Alterssicherung, Europäische Strategien und der deutsche Weg, Frankfurt a. M.

Döring, D. (2010), Betriebliche Altersversorgung/Pensionsfonds und Staat-Privat-Arbeitsteilung in ausgewählten europäischen Ländern, Expertise im Auftrag der Hans-Böckler-Stiftung, Düsseldorf

Döring, D. (2011), Zwischen Staat, Markt und Betrieb – der neue Rentenmix in Europa, in: Leisering, L. (Hrsg.), Die Alten der Welt, Berlin (in Vorbereitung)

Kaufmann, F. X. (2002), Varianten des Wohlfahrtsstaates, Frankfurt a. M.

Köhler-Rama, Tim (2009), Alterssicherung in der Schweiz. Vorbild für Deutschland?, in: RVaktuell Nr. 8

OECD (2008), Complementary and Private Pensions throughout the world, Paris

OECD (2011), Pensions at a Glance. Retirement-Income Systems in OECS and G 20 Countries, Paris

---

5 Zu Berechnungen zur Finanzierungsseite bezogen auf eine Verbesserung des Lebensstandardniveaus der GRV vgl. u. a. Dedring et al. 2010.

Winfried Schmähl

Gründe für einen Abschied von der „neuen deutschen Alterssicherungspolitik" und Kernpunkte einer Alternative[1]

1   Zur Charakterisierung der „neuen deutschen Alterssicherungspolitik"

Im ersten Jahrzehnt nach der Jahrtausendwende wurde durch politische Entscheidungen eine grundlegende Umgestaltung des deutschen Alterssicherungssystems ausgelöst, und zwar durch die neue, 1998 siegreich aus der Bundestagswahl hervorgegangene „rot-grüne" Bundesregierung unter Kanzler Gerhard Schröder. Einige Ansatzpunkte dazu waren schon in der letzten Phase der Vorgängerregierung unter Kanzler Helmut Kohl deutlich geworden (Oelschläger 2009). Doch der gezielte und ausgeprägte „Paradigmenwechsel" in der Alterssicherungspolitik wurde nach dem Wahlsieg von der Nachfolgeregierung durchgesetzt. Diese „neue deutsche Alterssicherungspolitik" (Schmähl, 2006a[2]) fand in mehreren Gesetzen, die seit 2001 erlassen wurden, ihren Niederschlag.[3] Es handelte sich um – wie der Bundesarbeitsminister in der ersten Regierung Schröder, Walter Riester, geradezu pathetisch formulierte – eine „für unser Land überlebensnotwendige Reform" (Riester 2004, S. 7).

---

1   Dieser Beitrag fasst Überlegungen zusammen, die der Verfasser in verschiedenen Veröffentlichungen in den letzten Jahren entwickelt und vertreten hat. Er basiert in erheblichem Maße auf einer Analyse, die Anfang 2011 im neuen Handbuch der gesetzlichen Rentenversicherung vorgelegt wurde (Schmähl 2011c). Dort wurde ausführlich auf den Wandel in der Alterssicherungspolitik, den Entscheidungsprozess und wichtige Folgen der ergriffenen Maßnahmen eingegangen. Eine Erstfassung des hier veröffentlichten Beitrags wurde bereits im November 2010 erstellt. Da die Veröffentlichung erst im zweiten Halbjahr 2011 vorgesehen war, wurde von verschiedenen Seiten Interesse an einer früheren Nutzung darin enthaltener Aussagen geäußert. Deshalb wurde der ursprüngliche Text in der Zwischenzeit veröffentlicht (s. Schmähl 2011b). Der hier vorgelegte Text ist eine ergänzte Fassung des ursprünglichen Beitrags.

2   Den Begriff übernahm dann auch Hans Günter Hockerts für einen Aufsatz in der „Frankfurter Allgemeinen Zeitung".

3   Altersvermögens- sowie Altersvermögensergänzungsgesetz 2001, Alterseinkünftegesetz 2004, Rentenversicherungs-Nachhaltigkeitsgesetz 2004, RV-Altersgrenzenanpassungsgesetz 2007.

Die zentralen *Ziele* dieser Politik lassen sich wie folgt zusammenfassen[4]:

(a) Es dominiert nun das Ziel der Beitragssatzstabilität für die gesetzliche Renten-
    versicherung (GRV), also eine einnahmenorientierte Ausgabenpolitik (wie
    auch schon für die gesetzliche Krankenversicherung). Damit ist die Abkehr
    von einem Leistungsziel für die Absicherung im Alter verbunden.[5] Die Be-
    grenzung und Stabilisierung des Beitragssatzes bezieht sich allerdings allein
    auf die GRV[6], jedoch nicht auf die Höhe der Vorsorgebeiträge der privaten
    Haushalte insgesamt, die erforderlich wären, wenn das bisherige Sicherungs-
    niveau erhalten bleiben soll. Diese müssten nämlich deutlich steigen. Zentral
    für die Begrenzung allein der GRV-Beiträge war das Argument, die Lohnne-
    benkosten dürften nicht weiter zunehmen – was aufgrund höherer Arbeitge-
    berbeiträge zur Sozialversicherung der Fall gewesen wäre –, da sonst negative
    Beschäftigungseffekte und verschlechterte internationale Wettbewerbsbedin-
    gungen für die deutschen Unternehmen eintreten würden.[7]

(b) Die Entwicklung der Renten aus der GRV wird von der Lohnentwicklung
    abgekoppelt.[8] Dazu dienen insbesondere verschiedene, in die Rentenberech-
    nungs- und -anpassungsformel eingebaute „Faktoren" (der so genannte „Ries-

---

4   Auf die jeweiligen Begründungen und deren Beurteilung bin ich an anderer Stelle eingegangen
    (Schmähl 2001a). Im vorliegenden Beitrag bleibt die Alterssicherung des öffentlichen Dienstes aus-
    geklammert.

5   Die angeblich bestehende Lebensstandardsicherung durch die GRV sei nicht mehr aufrechtzuerhal-
    ten, was notwendigerweise zusätzliche private Vorsorge erfordere. Riester (2004, S. 7) betonte:
    „Weg von der Illusion, dass die gesetzliche Rente allein den Lebensstandard sichern könne […]."
    Ähnlich auch Rürup (2000, S. 456). Er hebt am Regierungskonzept positiv hervor, dass dieses Ab-
    schied genommen habe „[…] von der Vorstellung, durch ein einschichtiges, umlagefinanziertes So-
    zialrentensystem ein Versorgungsniveau zu gewährleisten, welches es erlaubt, im Prinzip den Le-
    bensstandard der letzten Arbeitsjahre aufrechtzuerhalten". Diese Aussage zum „einschichtigen"
    System und zum „Versorgungsniveau" mag zwar gut klingen, traf aber in der Realität nicht zu, da
    betriebliche und private Vorsorge seit Jahren für viele nicht nur ein Randdasein fristeten, sondern
    einen (wichtigen) Beitrag zu ihrem Lebensunterhalt im Alter leisteten.

6   Bei der Beurteilung der Höhe des Beitragssatzes sollten allerdings u. a. folgende Aspekte berück-
    sichtigt werden: (a) es erfolgt eine nicht adäquate Finanzierung der Hinterbliebenenrenten, was ei-
    nen um etwa 3 Prozentpunkte „überhöhten" Beitragssatz bewirkt (s. dazu weiter unten); (b) auf-
    grund der ungünstigen ökonomischen Situation in Ostdeutschland werden innerhalb der GRV be-
    trächtliche Transfers von West nach Ost im Ausmaß von rund einem Beitragspunkt getätigt.

7   Letzteres ist allein angesichts der hohen deutschen Exportüberschüsse wenig überzeugend.

8   Ein Thema, das auch in anderen Zweigen der Sozialversicherung zunehmend Bedeutung erlangte,
    insbesondere in der Krankenversicherung, bei der jedoch, anders als in der GRV, keine Beziehung
    zwischen individueller Beitrags- und Leistungshöhe besteht. Ein solches Abkoppeln wird auch ver-
    schiedentlich damit begründet, dass Sozialbeiträge nichts anderes als eine Steuer auf Arbeit seien
    und damit beschäftigungspolitisch negativ wirken. So der Sachverständigenrat zur Begutachtung
    der gesamtwirtschaftlichen Entwicklung in seinem Gutachten von Herbst 2002 (S. 339) oder der sei-
    nerzeitige Präsident der Deutschen Bundesbank (Welteke 2002, S. 4).

ter-Faktor" und der „Nachhaltigkeitsfaktor") wie auch die beitragsbefreite Entgeltumwandlung (Schmähl/Oelschläger 2007). Damit bleiben die Renten tendenziell immer weiter hinter der allgemeinen Lohn- und Einkommensentwicklung zurück und verlieren an Realwert.[9]

(c) Die umlagefinanzierte Alterssicherung soll – zumindest partiell – durch (geförderte) kapitalmarktabhängige Alterssicherung ersetzt werden. Betriebliche und private Alterssicherung dienen nicht mehr, wie bislang, primär der Ergänzung der umlagefinanzierten Alterssicherung. Die verringerten GRV-Beiträge sollen sich zudem positiv auf die private Vorsorge insbesondere Jüngerer auswirken[10] und die Altersvorsorge vermehrt über Kapitalmärkte lenken. Private Vorsorge wird durch das Senken des Leistungsniveaus in der GRV immer notwendiger, um im Alter annähernd die Absicherung zu erreichen, die sonst durch die GRV zu erwarten war.

(d) Die Hinterbliebenenversorgung in der GRV soll schrittweise auslaufen.

Die Richtung der Reform entsprach dem seinerzeit herrschenden „Zeitgeist", der seinen Ausdruck (auch auf europäischer Ebene sowie in vielen Ländern) fand

- in einem Zurückdrängen des Staates als Leistungserbringer[11],
- in damit verringerten öffentlichen Ausgaben und einer Verringerung der zu ihrer Finanzierung benötigten Abgaben, vor allem der Arbeitgeberbeiträge[12],
- in einer Privatisierung und Deregulierung vor allem auch des Finanzmarktes aufgrund einer überaus großen Wertschätzung des Finanzsektors als treibende Kraft der wirtschaftlichen Entwicklung.

Eine der seinerzeit erwarteten und erwünschten Folgen der politischen Entscheidungen war, dass die für ihr Alter sparenden „Baby-Boomer" „[...] den europäischen Börsen in den nächsten 10 bis 15 Jahren einen Super-Liquiditätszyklus" bescheren würden (aus: Financial Times Deutschland v. 8.6.2001). Das Reformkonzept hat mit den Einschnitten in der GRV eine Vorsorgelücke aufgerissen, die

---

9 So, was nicht unrealistisch ist, wenn die Inflationsrate die aus der veränderten Rentenformel folgende Erhöhung der Bruttorenten – und noch mehr die der Nettorenten (nach Abzug von Steuern und Sozialbeiträgen) – übersteigt.

10 Dies wiederum wurde mit dem Aspekt der „Generationengerechtigkeit" und der Angleichung von „Renditen" für (Geburts-)Kohorten begründet (Bäcker 2004, Schmähl 2001b, Schmähl 2005).

11 Eventuell verbunden mit mehr staatlicher Aktivität, nun in Form des Regulierens, wie dies an der geförderten Privatvorsorge deutlich wird.

12 Wobei den Wirkungen der Arbeitgeberbeiträge auf die Lohnkosten in der politischen Diskussion eine viel zu große Bedeutung zugeschrieben wurde, was selbst Walter Riester, allerdings erst nach seinem Ausscheiden aus dem Amt, zugestand: „Die Bedeutung der Lohnnebenkosten wird absolut überschätzt" (Riester 2005); zu dieser Thematik auch Schmähl (2009).

durch private Vorsorge geschlossen werden soll. Damit wurde den Interessen von Finanzmarktakteuren entsprochen, die offenkundig zu den Gewinnern der neuen Alterssicherungspolitik gehören.

Mit den politischen Weichenstellungen – auch in Verbindung mit veränderten Bedingungen im Erwerbsleben – sind langfristig tiefgreifende Veränderungen im Hinblick auf die Lohnersatzfunktion der GRV-Rente wie auch für eine ausreichende Alterssicherung vieler Menschen verbunden. Allerdings erklärte der damalige Bundesarbeitsminister Walter Riester nach Verabschiedung des als „Jahrhundertreform" gepriesenen Gesetzgebungswerks aus dem Jahre 2001: „Jede Rentnerin und jeder Rentner wird jetzt und in Zukunft mehr Renten erhalten als nach altem Recht" (zit. n. Schmitz 2001, S. 215).[13] Zweifel an dieser Aussage fanden „im politischen Raum" seinerzeit keinen Widerhall, zumal faktisch dieser „Paradigmenwechsel" in einer Art informeller großer Koalition zustande kam, da CDU und FDP gleichfalls für eine Senkung der Rentenniveaus und einen Ausbau kapitalmarktabhängiger Alterssicherungselemente waren.

Durchgesetzt wurde der „Paradigmenwechsel" in einem Zusammenwirken von Politikern, Wissenschaftlern (in ihrer Funktion als Experten, Berater und z. T. als Lobbyisten), der „Finanzindustrie" und der von ihr unterstützten Einrichtungen sowie der Medien, die zum einen immer wieder die Umlagefinanzierung als „tickende Zeitbombe" charakterisierten, zum anderen dem Thema Finanzprodukte und ihren (angeblich unbezweifelbaren) positiven Effekten gerade für die Alterssicherung breiten Raum gaben (Hockerts 2010; Wehlau 2009). Bezeichnenderweise führte die ARD seinerzeit auch die Börsenberichterstattung vor den 20-Uhr-Nachrichten ein. Insgesamt kam es zu einer weitgehend uniformen veröffentlichten Meinung, bei der Alternativen gar nicht mehr zur Diskussion standen, wurde doch der eingeschlagene Weg von Politikern als „alternativlos" bezeichnet, was in den Medien auch gar nicht mehr „hinterfragt" wurde.

---

13 Dieser positiven Wertung folgt der Sozialbeirat (2001) in seinem Sondergutachten zur Rentenreform, wenn er schreibt: „Unstreitig ist [...], dass es nach einer entsprechend langen Ansparphase und bei Ausschöpfung des Förderrahmes gelingen kann, die Leistungsrücknahmen bei der gesetzlichen Renten sogar mehr als zu kompensieren. Damit wird im Vergleich zu einer Fortschreibung des Status quo die Alterssicherung für den Einzelnen bei einer nicht wesentlich höheren Belastung nachhaltig besser." Darüber, ob und inwieweit die hierfür erforderlichen Voraussetzungen eintreten bzw. gegeben sind, damit es zu einer Kompensation der Leistungsreduktion in der GRV durch private Vorsorge kommt, ist damit allerdings nichts gesagt. Und dass die Alterssicherung dadurch „nachhaltig besser" wird, daran sind nicht erst angesichts der Finanzkrise der jüngeren Vergangenheit erhebliche Zweifel angebracht. – Vielleicht lag den Aussagen und Erwartungen zur Kompensation so etwas zugrunde, wie es Frank Schulz-Nieswandt und Michael Sauer (2009, S. 14) in anderem Zusammenhang beschreiben: „Da menschliches Handeln nicht mit der objektiven Realität, sondern mit der interpretativ wahrgenommenen Wirklichkeit variiert, muss die Gesellschaft nur an das Konstrukt glauben und wird sich entsprechend rational verhalten."

Ob mit diesem Paradigmenwechsel für die meisten Bürger dieses Landes, junge und ältere, der „richtige" Weg eingeschlagen wurde, darüber gehen inzwischen die öffentlich artikulierten Meinungen auseinander. Nicht ohne Grund hat – nachdem die politischen Entscheidungen gefallen waren – das Thema künftige Altersarmut geradezu Konjunktur erhalten. Allerdings warnen Verfechter der bisherigen Politik davor, die seinerzeit realisierten Reformschritte zu stoppen oder gar rückgängig zu machen; sie schlagen vielmehr Maßnahmen vor, die zu einer weiteren Transformation insbesondere der GRV und des gesamten Alterssicherungssystems beitragen.

Seit Ende der 1990er Jahre war die politische, wissenschaftliche und öffentliche Diskussion auf wenige Aspekte begrenzt worden: auf den Beitragssatz der GRV, das so genannte „Eckrentenniveau" sowie auf ein Gesamtversorgungsniveau aus unterschiedlichen Alterseinkünften und auf Renditen für „Generationen" (Geburtskohorten). Dies bezieht sich auf die Verteilung *zwischen* Kohorten. Ausgeklammert blieb bewusst das hohe Maß an Heterogenität z. B. bei der Einkommenslage *innerhalb* von „Generationen" (also die personelle Verteilung).[14] Damit wurde auch gezielt die Gefahr einer wieder steigenden Altersarmut aufgrund des Zusammenspiels politischer Weichenstellungen mit Entwicklungen auf dem Arbeitsmarkt und im Arbeitsleben ausgeblendet.[15] *Nachdem* dann die tiefgreifenden Eingriffe erfolgt waren, betonten Banken und Versicherungen in ihren Werbemaßnahmen, aber auch manche Politiker und Wissenschaftler, nun müsse wieder mit steigender Armut im Alter gerechnet werden, sofern nicht ausreichend *privat (!)* vorgesorgt werde. Als es noch um die Durchsetzung der Reformen der Jahre 2001 und 2004 ging, wurde die Möglichkeit künftiger Altersarmut (also des vermehrten Angewiesenseins auf bedürftigkeitsgeprüfte Transferzahlungen) wie auch steigender Einkommensungleichheit im Alter entweder bestritten oder totgeschwiegen.[16]

---

14 Wenig beachtet wird generell das hohe Maß an Heterogenität z. B. hinsichtlich der Einkommenslage sowohl von Personen als auch von Haushalten. Dies ist auch bei der Analyse der Wirkungen von veränderten Rahmenbedingungen und Maßnahmen zu berücksichtigen.

15 Es lagen jedoch frühzeitig Veröffentlichungen vor über (negativ zu bewertende) personelle Verteilungseffekte durch Veränderungen im Alterssicherungssystem. In einem Bericht für das Bundesministerium für Familie, Senioren, Frauen und Jugend (2000, S. 208f) wurden anhand einer Simulationsstudie Folgen einer Senkung des Netto-Eckrentenniveaus um 6 Prozentpunkte (von 70 auf 64%) dargestellt, mit ihren unterschiedlichen Wirkungen je nach Einkommensschicht, Haushaltstyp und Bedeutung der GRV-Rente im Haushaltseinkommen. Errechnet wurde eine Zunahme der Empfänger von Sozialhilfeleistungen um etwa ein Viertel im Westen und etwa ein Drittel im Osten. Solche Analysen und Aussagen fanden allerdings, als es um die Begründung und Realisierung des „Paradigmenwechsels" ging, in Politik, Medien und innerhalb des „Mainstreams" der ökonomischen Wissenschaft keine Beachtung.

16 Diese Konsequenz einer Senkung des Leistungsniveaus in der GRV wurde u. a. von dem die Regierung dann in verschiedenen Funktionen beratenden Finanzwissenschaftler Bert Rürup (2000, S. 455) – übereinstimmend mit der offiziellen politischen Position – bestritten: „Unzutreffend", so Rürup,

Basierend auf einer Ankündigung im Koalitionsvertrag der seit Herbst 2009 regierenden „schwarz-gelben" Koalition sollte sich ursprünglich ab 2011 eine Regierungskommission dieses Themas annehmen. An deren Stelle soll im zweiten Halbjahr 2011 ein „Rentendialog" treten, dem 2012 dann gesetzgeberische Maßnahmen folgen sollen.

Nachfolgend (2.) werden kurz wichtige sozial- und verteilungspolitische Wirkungen dargelegt, ohne hierbei auf Details einzugehen. Aus den dabei deutlich werdenden, tiefgreifenden Folgen zieht der Autor den Schluss, dass es höchste Zeit ist für eine Abkehr von dem in der Alterssicherungspolitik eingeschlagenen Weg. Deshalb werden daran anschließend (3.) Grundzüge einer Neu- und Rückbesinnung auf zentrale Aufgaben sozialer Sicherung für das Alter und im Alter sowie dafür geeignete Maßnahmen skizziert.

2   Wichtige sozial- und verteilungspolitische Folgen der „neuen" Alterssicherungspolitik

Die Darstellung ist auf vier sozial- und verteilungspolitische Problemkomplexe konzentriert:

- die Höhe und Verteilung der Belastung für Altersvorsorge;
- die Einkommenslage im Alter und insbesondere die Altersarmut;
- die Ungleichverteilung der Alterseinkommen;
- das Konzept der GRV, die politische Legitimation und Akzeptanz der GRV in der Bevölkerung und (als Folge dieser Entwicklung) eine mögliche grundlegende Systemtransformation der GRV.

„ist es [...], dass durch die geplante Absenkung des (Zugangs-)Rentenniveaus auf 64 % sich auch für langjährig Versicherte eine Sozialhilfebedürftigkeit einstellen würde [...]. Selbst wenn man – entgegen den Erfahrungen – unterstellt, dass die Sozialhilfesätze entsprechend der Lohnentwicklung fortgeschrieben würden, würde kein langjährig Versicherter, der während seines Erwerbslebens nicht über längere Zeit Sozialhilfe bezogen hat, als Folge dieser Niveauabsenkung in den Sozialhilfebereich abrutschen", wobei den 64 % nach bislang üblicher Definition (bei der die geförderte freiwillige Vorsorge nicht als den Nettolohn mindernd berücksichtigt wurde) knapp 61 % (60,76 %) entsprachen (VDR aktuell, 6. Juli 2000 – Nettorentenniveau nach dem Regierungskonzept).

2.1 Steigende Gesamtbelastung für Versicherte – Entlastung für Arbeitgeber und für öffentliche Haushalte

Eine Folge der getroffenen Maßnahmen ist, dass die Versicherten (die Privathaushalte) insgesamt durch den GRV-Beitrag plus die erforderliche private Vorsorge für lange Zeit finanziell stärker direkt belastet werden, als dies bei *gleichem* Sicherungsniveau allein durch den Beitrag zur GRV der Fall wäre. Dieser Tatbestand wird immer noch zu wenig beachtet. Er zeigt, dass die Aussage „Soziale Sicherung ist nicht mehr bezahlbar" einseitig und nicht haltbar ist, denn die Bürger sollen sich die soziale Sicherung ja durchaus „leisten" und dafür zusätzliche Mittel aufbringen.

Die Höhe der Gesamtbelastung für die Altersvorsorge steigt also durch die politischen Entscheidungen, und zwar unabhängig von der Tatsache, dass in einer alternden Bevölkerung die „Alterssicherung" – einschließlich der Absicherung im Krankheits- und Pflegefall in der Altersphase – höhere Aufwendungen erfordert. Zugleich verschieben sich – was demgegenüber weithin bekannt ist – die Verteilung der Zahllasten zwischen Arbeitgebern und Versicherten sowie auch die damit verbundenen Risiken. Diese Entwicklung existiert auch in der gesetzlichen Krankenversicherung und wird dort durch die Deckelung des Arbeitgeberbeitrags ab 2011 und die Verlagerung zusätzlichen Finanzbedarfs auf Zusatzbeiträge der Versicherten immer ausgeprägter werden. Selbst wenn man unterstellen würde, dass alle Arbeitgeberbeiträge in vollem Umfang auf die Arbeitnehmer rückgewälzt würden – eine zwar in ökonomischen Modellanalysen häufig verwendete, allerdings unrealistische Annahme, da zumindest vielfach Vorwälzung über die Preise und damit auf alle Haushalte, und nicht nur die der Arbeitnehmer, anzunehmen ist –, bliebe es bei der insgesamt höheren Gesamtbelastung der Versicherten. Diese wird auch durch die (steuerfinanzierte) Förderung bei der Privatvorsorge oder bei der Entgeltumwandlung nicht kompensiert, zumal diese Förderung nicht allen zugutekommt.[17]

2.2 Auswirkungen auf die Einkommenslage im Alter und steigende Altersarmut

Die neue deutsche Alterssicherungspolitik hat tiefgreifende Folgen sowohl für die Einkommenslage als auch für die Einkommensverteilung im Alter (s. hierzu anschließend 2.3). Wären die bereits beschlossenen gesetzlichen Maßnahmen, die stufenweise ihre Wirkung entfalten sollen, bereits voll wirksam, so würde z. B. eine GRV-Rente von 1.200 Euro (was etwa der so genannten „Eckrente" – vor Ab-

---

17 S. zu Verteilungswirkungen der Förderung Schmähl/Oelschläger (2007), Viebrok et al. (2004).

zug des Kranken- und Pflegeversicherungsbeitrags – in Westdeutschland im Jahre 2008 entsprach) nur noch etwa 900 Euro betragen, also *ein Viertel* weniger, dies allerdings nur, sofern die Rente „abschlagsfrei" bezogen wird (was längerfristig erst ab 67 Jahren der Fall sein soll).

Geht man davon aus, dass zum Erreichen einer armutsvermeidenden Grundsicherung ein Einkommen in Höhe von rund 40 Prozent des durchschnittlichen Nettoarbeitsentgelts erforderlich ist (wie das heute der Fall ist), dann benötigte ein Durchschnittsverdiener, um im Alter von 65 Jahren eine Rente in Höhe dieser „Armutsgrenze" zu erhalten, z. B. 2030 – unter Berücksichtigung der beschlossenen stufenweisen Anhebung des abschlagsfreien Rentenalters von 65 Jahren auf 67 Jahre[18] – mindestens rund 37 Beitragsjahre (also 37 Entgeltpunkte – EP), im Alter von 67 Jahren (also dann abschlagsfrei) rund 35 EP. Anders ausgedrückt: Selbst ein Durchschnittsverdiener würde erst nach 35 Beitragsjahren auf eine GRV-Rente in Höhe der Grundsicherung (also des Sozialhilfeniveaus) kommen, wenn er mit 67 Jahren in Rente geht.[19] Wer, über den gesamten Versicherungsverlauf betrachtet, jedoch unterdurchschnittlich verdient – der Regelfall bislang bei Frauen –, wird dann z. B. bei einem Lohnniveau von Dreivierteln des Durchschnitts fast 47 Jahre lang Beiträge zahlen müssen, um im Alter von 67 Jahren eine Rente in Höhe der armutsvermeidenden Sozialhilfe (Grundsicherung) zu erhalten, auf die auch ohne jede Vorleistung Anspruch besteht.

Gegen diese Argumentation wurde von offizieller Seite wie auch von Politikberatern eingewandt, die Entwicklung der Sozialhilfe-Regelsätze sei an die des „aktuellen Rentenwertes" (ARW) gekoppelt. Wenn die Sozialhilfe (Grundsicherung) in gleichem relativem Umfang reduziert werde wie das Leistungsniveau in der GRV, dann bleibe der heutige Abstand zur Sozialhilfe bestehen.[20] Doch bei einer Reduktion der Sozialhilfe um z. B. ein Viertel kann nicht mehr von einer armutsvermeidenden Leistung gesprochen werden.[21] Abgesehen davon wurde nur zwischen den Erhebungsjahren der Einkommens- und Verbrauchsstichprobe (EVS)

---

18 Bei unveränderter Höhe des Abschlags von 3,6 % pro Jahr.

19 Im Jahre 2004 hatten z. B. bei neu „zugegangenen" Altersrenten 89 % der Frauen im Westen und 69 % der Frauen im Osten Rentenansprüche, die unter 35 Entgeltpunkten lagen oder diese gerade erreichten. Ohne weitere Einkünfte wären dies also Fälle für die armutsvermeidende Sozialhilfe bzw. Grundsicherung im Alter. Bei Männern ist der Prozentsatz geringer: 37 % im Westen und 25 % im Osten. Bemerkenswert ist zugleich, dass der Anteil derjenigen, die nicht über mehr als 35 Entgeltpunkte verfügen, bereits jetzt steigt.

20 Im Jahresgutachten des Sachverständigenrats (2006/2007) wird inzwischen allerdings die hier vertretene Sichtweise im Prinzip akzeptiert. Es heißt dort, im Jahre 2030 seien 30 Entgeltpunkte erforderlich, damit eine GRV-Rente gerade das Niveau der Grundsicherung erreicht.

21 Bereits heute wird vielfach die Armutsgrenze als zu niedrig bezeichnet; so hielt z. B. der Paritätische Wohlfahrtsverband für 2004 eine Anhebung der Regelsätze um 19 % für notwendig (Becker/Hauser 2006).

der Regelsatz an die Entwicklung des ARW gekoppelt. Dies stellt – so das Bundesverfassungsgericht in einem Urteil vom 9.2.2010 – einen „sachwidrigen Maßstabswechsel" dar, der „[…] zur realitätsgerechten Fortschreibung des Existenzminimums nicht tauglich [ist]".[22]

Der Gesetzgeber hat inzwischen eine Modifizierung der Fortschreibungsregel für die Grundsicherung (sowohl für Arbeitssuchende als auch im Alter und bei Erwerbsminderung) beschlossen.[23] Hiernach werden „Referenzhaushalte", und für diese dann „untere Einkommensschichten" sowie „regelbedarfsrelevante" Verbrauchsausgaben definiert. Hierfür sollen Sonderauswertungen der EVS die entsprechenden Daten liefern.[24] Zwischen den EVS-Erhebungsjahren erfolgt die Fortschreibung der „Regelbedarfe" der Grundsicherung nun mit einem „Mischindex".[25] Dieser basiert auf der Veränderung der Preise für die „regelbedarfsrelevanten" Güter und Dienstleistungen sowie der durchschnittlichen Nettolöhne (lt. VGR), wobei die Preisänderung mit einem Gewicht von 70 Prozent in die Berechnung des Anpassungssatzes eingeht, die Veränderung der Nettolöhne mit 30 Prozent.

Wie sich diese Neuregelung auf die Entwicklung der „Regelbedarfe" im Vergleich zu jener des „Aktuellen Rentenwerts" (ARW) in der GRV auswirkt, ist noch schwer einzuschätzen. So werden z. B. bei der Definition der Referenzhaushalte Bezieher von Hilfen zum Lebensunterhalt, von Grundsicherung im Alter und bei Erwerbsminderung sowie von Arbeitslosengeld II (oder Sozialgeld) aus der Grundgesamtheit herausgerechnet. Sollten jedoch die „Regelbedarfe" stärker steigen als der ARW (u. a. wegen der dort wirksam werdenden „Dämpfungsfaktoren"), dann würde sich die oben dargelegte Tendenz verstärken.

Der Versicherte wird nicht nur von den Folgen der *generellen Reduktion* des Leistungsniveaus in der GRV – ausgedrückt im ARW und damit im Wert von Entgeltpunkten – betroffen, es kommt für den Einzelnen außerdem darauf an, was für ihn künftig *individuell* an Ansprüchen (Entgeltpunkten) überhaupt erreichbar ist. Hier zeigen sich bereits jetzt – bei einem Vergleich von Zugangsrenten – deutliche negative Veränderungen. Schon in den letzten Jahren wirkte sich die verschlechterte Arbeitsmarktlage u. a. durch Abschläge bei vorzeitigem Rentenbeginn auf Rentner aus: So erfolgten 2008 bei neu „zugegangenen" Versichertenrenten in der westdeutschen Rentenversicherung bei über 50 Prozent der versicherten Männer wie Frauen Abschläge. In Ostdeutschland wurden sogar rund 69 Prozent der an

---

22 Urteil des Bundesverfassungsgerichts zum Arbeitslosengeld II (das sogar offiziell als „Hartz IV" bezeichnet wird) und zum Sozialgeld für Kinder, 1 BvL 1/09, S. 62f.

23 Gesetz zur Ermittlung von Regelbedarfen und zur Änderung des Zweiten und Zwölften Buches, Sozialgesetzbuch (2011).

24 S. Art. 1 des Gesetzes.

25 Geregelt in § 28a SGB XII (gemäß der Änderung in Art. 3 des oben erwähnten Gesetzes).

Männer gezahlten Zugangsrenten von einem Abschlag von der *vollen* Rente betroffen; bei Frauen waren es über 84 Prozent. Die Höhe der Abschläge von der vollen Rente betrug im gesamtdeutschen Durchschnitt fast 14 Prozent.

Künftige Alterseinkünfte werden von den lange Zeit herrschenden verschlechterten Arbeitsmarktbedingungen noch weitaus mehr als jetzt negativ betroffen sein. Was sich bislang als Folge von Arbeitslosigkeit bei Alterseinkünften abzeichnet, dürfte somit erst die „Spitze des Eisbergs" sein. Denn während der Arbeitslosigkeit sinken die Rentenansprüche drastisch, da Leistungsempfängern der Bundesagentur für Arbeit immer geringere Ansprüche auf ihrem Versichertenkonto gutgeschrieben werden: Die Bezugsdauer von Arbeitslosengeld I wurde verkürzt, und bei Bezug von Arbeitslosengeld II gab es nur noch minimale Rentenansprüche.[26] 2010 wurde der Beitrag des Bundes für ALG-II-Bezieher sogar vollständig gestrichen. Sofern ein Wiedereinstieg ins Erwerbsleben gelingt, ist der erzielbare Lohn und damit wiederum die Anspruchsgrundlage für die Renten vielfach niedriger als bei ununterbrochener Beschäftigung. Damit ergeben sich im Falle von Arbeitslosigkeit beträchtliche Einschnitte bei den individuellen Rentenansprüchen. Während der Arbeitslosigkeit werden auch keine Betriebsrentenansprüche erworben, und im Zweifel ist auch kaum eine private Altersvorsorge möglich.

Diese Konsequenzen aus veränderten Erwerbsverläufen[27], der Zunahme gering entlohnter Tätigkeiten, von Formen z. T. prekärer Selbstständigkeit sowie insbesondere gestiegener Arbeitslosigkeit für die individuell erreichbaren Rentenansprüche (Entgeltpunkte) treffen zusammen mit einem immer weiter sinkenden Leistungsniveau in der GRV.

Wenn man für die Zukunft einmal Abschläge von der vollen Rente in Höhe von zehn Prozent unterstellt und gleichzeitig berücksichtigt, dass durch die politischen Entscheidungen das Leistungsniveau (gemessen am durchschnittlichen Nettoarbeitsentgelt) generell um ein Viertel reduziert wird, dann bedeutet dies eine *Einbuße von knapp einem Drittel* im Vergleich zu einer abschlagsfreien Rente bei dem gegenwärtigen Leistungsniveau. Und dies bezieht sich dann ggf. sogar auf eine niedrigere Summe der individuellen Ansprüche (Entgeltpunkte).

In einer Simulationsstudie unter Berücksichtigung von veränderten Erwerbsverläufen und politischen Entscheidungen wurden für die Altersrenten der Geburtsjahrgänge 1937 bis 1971 zum Zeitpunkt des Rentenbeginns – also ohne die Entwicklung im weiteren Verlauf der Rentenphase – „dramatische" Reduzierun-

---

26 Im September 2005 waren 37 Prozent aller Arbeitslosen „Langzeitarbeitslose" (1,6 Millionen), und von diesen drei Viertel Bezieher von Arbeitslosengeld II (also rund 1,2 Millionen). Die Chancen der Wiedereingliederung sind für Langzeitarbeitslose weitaus geringer als für Kurzzeitarbeitslose.

27 Konstatiert wird in der Literatur, dass kontinuierliche Erwerbsverläufe im Vergleich zu früher seltener geworden sind (Dudler/Müller 2006). Zur Analyse im Lebensverlauf Schmähl (2010 b).

gen der Rentenansprüche, insbesondere für Jüngere in Ostdeutschland, errechnet (Geyer/Steiner 2010). Danach werden die durchschnittlichen Bruttorenten männlicher Altersrentner der Kohorten 1967 bis 1971 um 40 Prozent niedriger sein als die der Kohorten 1942 bis 1946. Zusätzlich muss man jedoch berücksichtigen, dass sowohl die Steuer- als auch die Beitragsbelastung im Rentenalter steigen wird.

Für die Frage, ob jemand sozialhilfebedürftig wird, ist allerdings nicht allein die Versichertenrente aus der GRV maßgebend. Betrachtet man zunächst *Alleinstehende* (und deren laufende Einkünfte), so kommt es u. a. darauf an, ob auch eine zusätzliche Hinterbliebenenrente bezogen wird, sowie darauf, ob und in welchem Umfang Leistungen aus der privaten und/oder betrieblichen Alterssicherung erfolgen. Im *Haushalt* kommt es darauf an, ob weitere Einkommensbezieher vorhanden sind und wie hoch deren Einkommen ist. Angesichts steigender Erwerbsbeteiligung von Frauen kann davon ausgegangen werden, dass im Vergleich zu früher im Haushalt in höherem Maße weitere Alterseinkünfte vorhanden sein werden. Auch wird sich bei Frauen in Zukunft die erhöhte Anrechnung von Erziehungsjahren vermehrt positiv auf die Rentenhöhe auswirken. Allerdings bestehen sowohl bei GRV-Renten als auch bei Betriebsrenten beträchtliche geschlechtsspezifische Unterschiede. Da im unteren Einkommensbereich und bei längerer Arbeitslosigkeit auch die Spar*fähigkeit* sehr begrenzt ist (und es inzwischen auch einen erheblichen Anteil überschuldeter Haushalte gibt) und zudem im unteren Einkommensbereich die Vorsorge*bereitschaft* angesichts der Zukunftsperspektive in der Alterssicherung und der Existenz bedarfs- und bedürftigkeitsgeprüfter Transferzahlungen (lohnt sich überhaupt Vorsorge?) negativ beeinflusst werden dürfte, besteht generell die Gefahr wieder steigender Altersarmut.

Darauf deutet bereits jetzt die Entwicklung der Zahl der Empfänger von Grundsicherung im Alter und bei Erwerbsminderung hin, die seit Einführung im Jahre 2003 bis 2008 um rund 75 Prozent gestiegen ist und (2008) 768.000 Personen umfasst. Angesichts der verschiedenen Einflussfaktoren ist es schwierig zu quantifizieren, wie viele Personen bzw. Haushalte Grundsicherung im Alter benötigen werden. Zum Beispiel sagen Daten zur Nutzung der geförderten Privatvorsorge auf der Grundlage der (gestiegenen) Zahl von Verträgen – auch im unteren Einkommensbereich – noch nichts darüber aus, in welchem Maße hierdurch eine die GRV-Einschnitte kompensierende Funktion erreicht wird, denn

- der Deckungsgrad liegt weit unter 100 Prozent;
- es ist nicht bekannt, ob bei denjenigen, die die subventionierte Vorsorge nutzen, dies tatsächlich in „ausreichendem" Maße erfolgt – hierzu fehlen bislang aussagekräftige Daten (Hagen/Reisch 2010)[28];

---

28 Hinsichtlich der Ausgestaltung bemängelt Andreas Oehler (2009) u. a. die mangelnde Transparenz.

- der Hinweis, dass eine große Zahl von Personen im unteren Einkommensbereich subventioniert spare, sagt nichts über ihren Anteil an allen Personen/Haushalten mit geringem Einkommen aus, also über den Verbreitungsgrad in diesem Einkommensbereich.

Zudem ist zu berücksichtigen, dass die seinerzeitige Einführung der geförderten privaten Altersrente (vulgo „Riester-Rente") bei voller Ausschöpfung der Fördermöglichkeiten eine Kompensation der 2001 beschlossenen Niveausenkungen in der GRV ermöglichen sollte, nicht jedoch die zusätzliche Niveaureduzierung in der GRV durch das „Nachhaltigkeitsgesetz" von 2004 und auch nicht den Effekt der „nachgelagerten" Besteuerung auf die Alterseinkünfte.[29]

Mit Blick auf die künftig absolut steigende Zahl von Rentnern ist aus heutiger Sicht zu erwarten, dass auch die Zahl der Grundsicherungsempfänger deutlich zunehmen dürfte. Zugleich erhöht sich damit die Gefahr, dass private Vorsorge Altersarmut nicht verhindert und sich angesichts bedürftigkeitsgeprüfter Leistungen schließlich nicht gelohnt hat.[30] Die Situation in Großbritannien liefert hierzu Anschauungsmaterial, das auch in der deutschen Diskussion beachtet werden sollte. Denn wenn im Haushalt nicht in ausreichendem Maße weitere Einkünfte verfügbar sind, kann es dazu kommen, dass die eigene private Vorsorge die Sozialhilfebedürftigkeit nicht verhindert und die eigene Einkommenslage nicht verbessert.[31] Als auf diese nicht neue Erkenntnis in einem Beitrag des Fernsehmagazins „Monitor" (am 10.1.2008) hingewiesen wurde, löste dies überaus kritische, ja polemische Reaktionen aus.[32] Um eine Anrechnung der geförderten Privatvorsorge auf die Grundsicherung zu verhindern, wurde inzwischen u. a. gefordert, keine oder eine nur eine anteilige Anrechnung auf die Sozialhilfe vorzusehen oder durch einen steuerfinanzierten Zuschlag für langjährig GRV-Versicherte das Einkommen über die Sozialhilfeschwelle zu heben („Der Tagesspiegel" vom 3.1. und 14.1.2008).

Als Gründe für die nun nicht mehr geleugnete Gefahr künftig wieder wachsender Altersarmut werden in der öffentlichen Diskussion zwar Veränderungen

---

29 Zum Forschungsstand und -bedarf hinsichtlich der Wirkungen der geförderten Privatvorsorge s. Rieckhoff (2011).

30 Auch die OECD wies darauf hin, dass – selbst unter Berücksichtigung privater und betrieblicher Altersvorsorge – das Niveau der Alterssicherung in Deutschland durch die Reformen spürbar sinken werde und gerade im unteren Einkommensbereich die Gefahr von Altersarmut steige (OECD 2007b).

31 Daraus erwachse ein „Akzeptanzproblem [...] der Alterssicherung insgesamt" (Thiede 2005, S. 521).

32 Die Bundesvereinigung der Arbeitgeber (2008) sah darin einen „Aufruf zum Sozialleistungsmissbrauch", die FAZ (2008) eine „heftige Attacke gegen die Riester-Rente", zudem drücke sich darin eine „zynisch-pessimistische Grundeinstellung" aus (so das zuständige Bundesministerium); „Geringverdiener" würden dazu verleitet, sich dauerhaft auf das Sozialamt zu verlassen (so Walter Riester).

auf dem Arbeitsmarkt und in Erwerbsverläufen genannt, aber nicht die mit den Reformmaßnahmen verbundenen Folgen. Vielmehr warnen diejenigen, die sich besonders für einen „Paradigmenwechsel" eingesetzt hatten, davor, die seinerzeit getroffenen Entscheidungen in Frage zu stellen.[33] Generell gehen die verschiedenen, in jüngerer Zeit gemachten Vorschläge, wie man unter den neuen Bedingungen die GRV „armutsfest" machen könne, immer von den politisch beschlossenen Einschnitten in das Leistungsrecht aus und unterstellen, diese könne man nicht ändern (Loose/Thiede 2006). Doch die Probleme, die man nun durch alle möglichen Vorschläge neutralisieren möchte, entstehen nicht zuletzt auch durch die bereits beschlossenen Einschnitte im Rentenrecht.

Durch die nun implementierte Konzeption – insbesondere die verschiedenen Faktoren der Rentenformel – wird (zumindest für längere Zeit) faktisch Abschied genommen von einer dynamischen, an die allgemeine Einkommensentwicklung gekoppelten Rente, mit der Folge, dass die Renten in ihrem Realwert und in Relation zum allgemeinen Einkommensniveau immer weiter zurückbleiben.

2.3 Einkommensverteilung im Alter

Absehbar ist, dass die Einkommensverteilung im Alter zunehmend ungleicher wird. Zu den Gründen zählt nicht nur, dass in der Beschäftigungsphase die Verteilung der Markteinkommen ungleicher wird[34], was sich gleichfalls auf die Verteilung der Alterseinkünfte auswirken wird, sondern auch, dass die in der GRV angelegten Ausgleichselemente – z. B. für Phasen von Arbeitslosigkeit oder Kindererziehung – bei reduziertem generellem Leistungsniveau an Bedeutung verlieren. Bei privater Vorsorge können zudem die erzielbaren Netto-Renditen je nach Anlageentscheidung recht unterschiedlich sein. Auch das trägt – neben unterschiedlich verteilter Vorsorgefähigkeit und Vorsorgebereitschaft – zu steigender Einkommensungleichheit bei.

Auch die Subventionierung von Privatvorsorge kann ein weiterer Grund für ein fortschreitendes Auseinanderklaffen der Einkommen sein, ist diese doch – absolut gesehen – für diejenigen mit höherem Einkommen am attraktivsten. Andererseits tragen z. B. alle Steuerzahler – insbesondere bei indirekten Abgaben – zu ihrer Finanzierung bei, auch diejenigen, die von der Subventionierung nicht profitieren (können), sei es aus systematischen Gründen (wie beispielsweise Rentner

---

33 Dazu gehören der Sachverständigenrat zur Begutachtung der gesamtwirtschaftlichen Entwicklung sowie auch einige seiner gegenwärtigen oder früheren Mitglieder.

34 So die OECD (2007a) in ihrem „Beschäftigungsausblick 2007", was sich mit neueren Ergebnissen des DIW deckt (Bach/Steiner 2007).

oder sonstige Nichterwerbstätige) oder insbesondere wegen mangelnder finanzieller Mittel.

Während Alters- und Invaliditäts-Rentner sowie rentennahe Jahrgänge die Einbußen bei der GRV durch Privatvorsorge oder Entgeltumwandlung nicht oder kaum kompensieren konnten, wird auf die Vorteilhaftigkeit der neuen Alterssicherungspolitik für jüngere Jahrgänge verwiesen, könnten sie doch mehr privat vorsorgen, da die Beitragsbelastung in der GRV sinke, zudem bei höheren Renditen. Doch zeigt sich, dass selbst bei überaus optimistischen Annahmen (z. B. bei durchgängiger Erwerbsbeteiligung und voller Ausschöpfung der Förderung) dennoch vielfach die Nettoalterseinkünfte unter denen liegen werden, die ohne die jetzigen Reformmaßnahmen erreicht worden wären (Viebrok 2006). Dazu trägt zum einen die höhere Besteuerung von Alterseinkünften bei (mit einem während der Rentnerphase unverändert hohen absoluten Renten-Freibetrag), zum anderen auch die Tatsache, dass Privatrenten in der Regel nicht dynamisch sind[35] – Aspekte, die bislang nach wie vor in der Diskussion wenig Beachtung finden.[36] Damit können sich während der Rentenlaufzeit ein zunehmendes Zurückbleiben der Alterseinkünfte im Vergleich zur allgemeinen Einkommenslage sowie ein Kaufkraftverlust ergeben. Demgegenüber steigen mit zunehmendem Alter tendenziell die Ausgaben bei Krankheit und Pflegebedürftigkeit.[37] Der Einkommensbedarf hierfür nimmt in höherem Alter zu, während die Alterseinkünfte ggf. sogar sinken, zumindest real. Eine umfassend konzipierte Alterssicherungspolitik sollte folglich nicht nur die Entwicklung in den Alterssicherungssystemen und bei der Besteuerung berücksichtigen, sondern insbesondere auch die Entwicklung im Gesundheitswesen bei Krankheit und Pflegebedürftigkeit.

2.4 Folgen für Konzeption, Legitimation und Akzeptanz einer gesetzlichen Rentenversicherung

Wenn für einen Großteil der Versicherten selbst nach langer Versicherungsdauer der durch Beiträge erworbene Rentenanspruch in der GRV kaum spürbar die Armutsgrenze übersteigt oder gar darunter bleibt, dann verliert eine durch Beiträge zu finanzierende Rentenversicherung ihre politische Legitimation und Akzeptanz

---

35 S. zu diesem bislang weitgehend vernachlässigten Problem Schmähl (2010c).

36 Das „Forschungsnetzwerk Alterssicherung" der Deutschen Rentenversicherung griff Anfang 2011 mit seiner Jahrestagung dieses Thema auf, wobei die Lücken in der Kenntnis empirischer Fakten nochmals deutlich wurden.

37 Im Zusammenspiel mit den Veränderungen in der Alterssicherung droht insbesondere bei Pflegebedürftigen die Gefahr der Sozialhilfeabhängigkeit, die ja gerade durch die Einführung der Pflegeversicherung weitgehend abgewendet werden sollte (Schmähl 2010a).

in der Bevölkerung, da ja die Grundsicherung ohne jede Vorleistung bezogen werden kann. Wenn heute von verschiedenen Seiten gesagt wird, die GRV-Rente könne in Zukunft nicht mehr als eine *„Basisrente"* sein, so wird verschwiegen, dass eine solche Basisrente allenfalls für zumindest durchschnittlich verdienende langjährig Versicherte armutsvermeidend ist, sofern ihre Versichertenbiografie nur wenige, zudem kurze Phasen der Arbeitslosigkeit aufweist. Für einen Großteil der Versicherten wäre die GRV-Rente also kaum eine hinreichende „Basis".

Auch die Aussage, *weitere* Einschnitte in das Leistungsrecht dürften nicht mehr erfolgen, weil sonst der Abstand zur Sozialhilfe nicht mehr gewahrt bleibe[38], verkennt oder verdeckt, dass dieser Abstand angesichts der bereits beschlossenen Maßnahmen für die Zukunft ohnehin nicht mehr gewahrt bleibt. Das heißt, die politisch getroffenen Entscheidungen führen dazu, dass eine GRV mit Lohnersatzfunktion und Vorsorgecharakter – also mit einem engen Verhältnis von Leistung und Gegenleistung und damit mit einem Beitrag als Preis für die Gegenleistung – schwerlich aufrechtzuerhalten sein wird, sofern die Entwicklung nicht gestoppt wird. Sonst kommt es zu einem weiteren schleichenden Ausstieg aus dem einkommensbezogenen Rentenversicherungssystem (Schmähl 2004).

Sollte die eingeleitete Entwicklung andauern, so ist es z. B. nicht unplausibel anzunehmen, dass in irgendeiner Form eine Verschmelzung mit der sowieso schon bestehenden bedarfsorientierten Grundsicherung erfolgt. Zumindest ist zu erwarten, daß das staatliche System stark umverteilenden Charakter erhält und letztlich aus Steuern zu finanzieren wäre.

Aussagen von Akteuren, die am Entscheidungsprozess zur „neuen deutschen Alterssicherungspolitik" maßgebend beteiligt waren, dass Länder wie die Schweiz, die Niederlande oder Großbritannien Vorbildfunktion für das besessen hätten, was in Deutschland eingeleitet wurde, bezogen sich nicht allein auf den Weg zu mehr privater „Kapitaldeckung", sondern vor allem auch auf ein staatliches System mit niedrigen und stark umverteilenden Leistungen. Auch die vielfach erhobene Forderung, die GRV durch weitere Umverteilungselemente „armutsfest" zu machen, deutet in diese Richtung. Das bedeutet zugleich aber auch den Abschied von einem Rentenversicherungssystem, das durch seine Lohnbezogenheit über Jahrzehnte hinweg maßgeblich zum Abbau von Altersarmut beigetragen hat – wobei die Rentenbezüge aufgrund der vergleichsweise engen Beziehung zwischen (Vorsorge-)Beitrag und Rentenleistung von den Versicherten lange Zeit als etwas durch sie Erworbenes angesehen wurden – und das darüber hinaus in Lohnverhandlungen auch nicht als Argument für Lohnerhöhungen benutzt wurde.

---

38 So auch der Sachverständigenrat (2006/07) zur Begutachtung der gesamtwirtschaftlichen Entwicklung.

Schließlich ist darauf hinzuweisen, dass diejenigen, die zum Beispiel das „Schweizer Modell" lobend hervorhoben, kaum erwähnt haben, dass in Ländern mit einem niedrigen Niveau des staatlichen Systems in der Regel ein zweites *obligatorisches* System (kapitalgedeckt) eingeführt wurde. Auch diese Entwicklung kann für Deutschland zunehmend politisch relevant werden – was übrigens auch der Konzeption entspricht, die von der Weltbank vertreten wird.[39]

3 Eine Alternative zur „neuen deutschen Alterssicherungspolitik"

Auch wenn es nach wie vor offiziell heißt, zum seit 2001 eingeschlagenen Weg gäbe es „keine Alternative", so ist das (selbstverständlich) falsch. Eine Erhaltung der GRV mit Lohnersatzfunktion bei hinreichendem Leistungsniveau wurde zwar *politisch* aus dem Katalog der für diskussionswürdig erachteten Möglichkeiten ausgeschlossen. Dennoch ist diese Alternative durchaus *ökonomisch* realisierbar und unter realistischen Annahmen sogar weitgehend mit den postulierten Obergrenzen für den Beitragssatz vereinbar.

Offiziell wird zwar betont, die Vorleistungsbezogenheit durch eine relativ enge Beitrags-Leistungs-Beziehung in der GRV solle erhalten bleiben. Und auch auf europäischer Ebene wird eine engere Verknüpfung von Beitrag und Rente als akzeptanzfördernd und Abgabenwiderstände mindernd befürwortet. Dies gerät jedoch, wie oben dargelegt, in Konflikt mit der eingeleiteten Niveauabsenkung.

Will man eine Korrektur des eingeschlagenen Weges erreichen, um beträchtliche sozial- und verteilungspolitische Probleme zu vermeiden, so darf damit nicht mehr lange gewartet werden, denn bis 2009 ist das Leistungsniveau der GRV, gemessen am Zielwert der Netto-Eckrente aus dem „Rentenreformgesetz 1992", bereits von 70 auf 63 Prozent gesunken, also um sieben Prozentpunkte bzw. zehn Prozent. Dieses Niveau liegt inzwischen unter dem, was mit dem „demographischen Faktor" der Kohl-Regierung als unterster Wert vorgesehen war und welcher von der rot-grünen Regierung als unsozial abgelehnt worden war.[40]

Einige Elemente einer solchen Weichenstellung, die in erheblichem Maße eine Rückbesinnung auf die Grundgedanken der Rentenreform von 1957 (Schmähl

---

39 Ein Zwischenschritt hierzu könnte die automatische Einbeziehung z. B. in ein Betriebsrentensystem bei Abschluss eines Arbeitsvertrages darstellen, wie dies jetzt auch in Großbritannien erfolgen soll. Nur am Rande sei erwähnt, daß in Deutschland auch für Betriebsrentensysteme der Weg über den Kapitalmarkt propagiert wird, und damit das Zurückdrängen der rückstellungsfinanzierten Direktzusage.

40 Es überrascht, wenn von einem Mitarbeiter der DRV Bund „[...] die bislang tatsächlich erfolgte Rentenniveausenkung" als „außerordentlich gering" bezeichnet wird, u. a. wegen der verschiedenen Schutzklauseln, die den Effekt der „Dämpfungsfaktoren" minderten (Thiede 2011, S. 72).

2007b, Schmähl 2006b) beinhalten würde, seien hier stichwortartig erwähnt. Die seinerzeitige konzeptionelle Ausrichtung der Alterssicherungspolitik basierte auf der Zielvorstellung, dass in der GRV eine Rente mit Lohnersatzfunktion[41] finanziert werden sollte, die bei längerem Vollzeiterwerb zu einem deutlich über die steuerfinanzierte bedarfs- oder bedürftigkeitsgeprüfte (armutsvermeidende) Mindestsicherung hinausreichenden Leistungsniveau führt und eine Teilhabe der Rentner an der wirtschaftlichen Entwicklung auch während der Rentenlaufzeit realisieren soll, basierend auf einer engen Beziehung zwischen dem Vorsorgebeitrag und der Rentenleistung.

Zu entscheiden ist also über die Höhe des für erforderlich gehaltenen Rentenniveaus. Ein wichtiges Instrument zu seiner Realisierung ist die Rentenanpassungsformel. Eine Formel, die allein auf der (Brutto-)Lohnentwicklung sowie der Entwicklung des Beitragssatzes zur GRV beruhen würde (ohne all die inzwischen eingeführten „Faktoren"), wäre transparent und bezöge sich auf die beiden Elemente, die auch für die Beitragserhebung relevant sind.[42] Isoliert betrachtet würde bei Anwendung dieser Formel der GRV-Beitragssatz im Jahre 2030 nur um knapp zwei Prozentpunkte höher liegen als bei Wirksamwerden der bisher beschlossenen Dämpfungsfaktoren (würde also statt rund 22 knapp 24 Prozent betragen). Doch dann brauchten nicht noch zusätzlich mindestens vier Prozent für private Vorsorge aufgewendet zu werden, um das gleiche Absicherungsniveau zu erreichen. Erforderlich wäre auch keine Rentengarantie, denn es würde Rentnern und Beitragszahlern deutlich, dass sie „in einem Boot sitzen". Auch dürfte es selten zu einer negativen Entwicklung des durchschnittlichen Bruttolohns kommen.

Zu einer engen Beitrags-Gegenleistungs-Beziehung würde beitragen, wenn Ansprüche auf Versichertenrente stets eine Beitragszahlung voraussetzen würden und eine sachgerechte Finanzierung von Umverteilungsaufgaben innerhalb der GRV erfolgen würde. Ein quantitativ besonders gewichtiges Umfinanzierungspotenzial, um dieses Ziel zu realisieren, besteht in der Finanzierung der „bedarfsgeprüften" Hinterbliebenenversorgung mit Kinderzuschlägen nach dem „Anrechnungsmodell" aus dem Steuer-, und nicht aus dem Beitragsaufkommen. Das damit verbundene Umfinanzierungspotenzial beläuft sich derzeit auf rund 3½ Beitrags-

---

41 Bzw., wenn man auch Selbstständige mit berücksichtigt, eine Erwerbseinkommensersatz-Funktion.

42 Dieses Konzept wird seit langem vom Verfasser präferiert, siehe z. B. – mit Hinweisen auf frühere Vorschläge – Winfried Schmähl (1999). In der Zwischenzeit ist ein weiterer Vorschlag für eine Rentenformel ohne Berücksichtigung der steuerlichen Belastung von Arbeitnehmern und Rentnern publiziert worden, die einen Indikator für ein Rentenniveau ohne steuerliche Belastung möglichst konstant halten soll. Die Anpassungsformel berücksichtigt folglich alle Beiträge zur Sozialversicherung (Dedring/Deml/Döring/Steffen/Zwiener 2010).

punkte.[43] Damit könnte die Beitragsbelastung auch für Arbeitgeber deutlich reduziert werden, und der Beitrag würde stärker zu einem Preis für eine Gegenleistung.

Diese Umfinanzierung (also die Änderung der Finanzierungsstruktur bei unveränderter Abgabenquote) könnte realistischerweise *stufenweise* erfolgen, und zwar dann, wenn der Finanzbedarf in der GRV steigt. Erste überschlägige Berechnungen zeigen, dass auf diese Weise mindestens zwei Jahrzehnte lang in der GRV ein höheres als das inzwischen bereits reduzierte Leistungsniveau finanziert werden könnte, ohne die gegenwärtigen Beitragssatzziele (20 bzw. 22 %) zu verletzen. Angesichts der Lage des Bundeshaushalts und der hohen zusätzlichen Staatsschulden zur Abfederung der „Finanzkrise" dürfte eine Umfinanzierung kein leichtes Unterfangen sein bzw. auf erhebliche politische Widerstände stoßen, könnte allerdings allmählich erfolgen und hätte auch positive ökonomische Effekte.

Politisch sollte in der GRV das *Leistungsziel* wieder in den Vordergrund rücken, nicht aber ein GRV-Beitragssatz, dem sich alles unterzuordnen hat. Zudem würde die *Gesamtbelastung* der Haushalte bei Verzicht auf den vorgesehenen Ersatz der Umlagefinanzierung durch Kapitalfundierung bei vergleichbarem Absicherungsniveau sogar niedriger sein als bei dem jetzt politisch eingeschlagenen Weg. *Altersarmut würde besser vermieden* und *positive Anreizwirkungen für die private Vorsorge würden erreicht*, da dann die Gefahr sinken würde, dass sich private Vorsorge wegen einer Anrechnung auf die bedürftigkeitsgeprüfte Sozialhilfe nicht lohnte. Einer sonst immer ungleicher werdenden Einkommensverteilung im Alter würde entgegengewirkt.

Diese Alternativstrategie schließt eine Anpassung der Altersgrenze für die abschlagsfreie Altersrente an die Entwicklung der ferneren Lebenserwartung Älterer ein.[44] Bei einem höheren Rentenniveau wäre eine Anhebung des abschlagsfreien Rentenalters auch verteilungspolitisch vertretbar, da selbst bei Wirksamwerden von „Abschlägen" für den Versicherten die Gefahr unzureichender Ansprüche und von Altersarmut verringert würde.[45]

---

43 Die oben erwähnte Position zur Finanzierung der Hinterbliebenenrenten wurde auch von einem Teil der vom Bundestag eingesetzten „Enquête-Kommission Demographischer Wandel" geteilt (2002, S. 358f). Zur Umfinanzierung in der Sozialversicherung generell und dem dort bestehenden Volumen an Fehlfinanzierung s. Schmähl (2007a).

44 Der Verfasser hat sich in diesem Sinne schon frühzeitig geäußert, so z. B. im „Handelsblatt" v. 7.5.1987 („Die aus dem Bevölkerungswandel resultierenden Belastungen müssen fair verteilt werden") oder in einem „Spiegel"-Gespräch im Februar 1996 („Der Spiegel" 6/1996).

45 Erwähnt sei hier nur, dass u. a. die Weiterqualifizierung Älterer eine wichtige flankierende Maßnahme wäre. Da in Deutschland für die künftige Produktivitäts- und Einkommensentwicklung das Humankapital von entscheidender Bedeutung ist, läge es nahe, Weiterqualifizierung finanziell zu fördern. Zur Finanzierung könnten zumindest Teile der Mittel, die jetzt zur Förderung von Finanzkapital (Privatrente) eingesetzt werden, für die Förderung der Humankapitalbildung umgewidmet

Erwartungsgemäß hat die Bundesregierung im November 2010 die gesetzlichen Regelungen zur schrittweisen Anhebung der abschlagsfreien Altersgrenze nicht revidiert, weder hinsichtlich der Ausgestaltung noch hinsichtlich des Zeitpunktes, ab dem der Prozess der Anhebung beginnen soll. Dies war im Prinzip vorhersehbar. Deshalb wäre es aus meiner Sicht auch vorzuziehen gewesen, wenn sich Gewerkschaften und Sozialverbände nicht auf einen Kampf gegen die „Rente mit 67" konzentriert hätten, sondern das Sinken des Rentenniveaus zum zentralen Thema gemacht hätten, denn gerade dies scheint mir eine für die gesamte deutsche Alterssicherungspolitik entscheidende Frage zu sein (Schmähl 2007c).

Ein ausreichendes Sicherungsniveau in der GRV ist aus meiner Sicht das zentrale Element eines Alterssicherungskonzeptes, das nicht nur fiskalisch, sondern vor allem auch politisch nachhaltig wäre, akzeptanzfördernd wirken würde und mit dazu beitragen könnte, Vertrauen auch in die Sozialversicherung zurückzugewinnen.

Um dieses Konzept zu realisieren, müssten sich einflussreiche Kräfte für eine Kurskorrektur einsetzen, beispielsweise das Aktionsbündnis „Netzwerk für eine gerechte Rente", das im Sinne seiner Bezeichnung eine Ausweitung seiner Aktivitäten vornehmen könnte. Durchsetzen müssten sie sich gegen einflussreiche Interessengruppen und Akteure, die zu den Verfechtern und Gewinnern des politisch realisierten und angeblich „alternativlosen Paradigmenwechsels" der letzten Jahre gehören.[46] Gelingen dürfte dies wohl nur dann, wenn deutlich gemacht wird, dass eine solche veränderte Strategie für breite Bevölkerungsschichten Vorteile bietet. Dabei stellen private und betriebliche Altersvorsorge zweifellos auch für die Zukunft wichtige Bausteine einer befriedigenden Alterssicherung dar. Allerdings sollten sie – wie in der Vergangenheit – die Absicherung durch die GRV *ergänzen*, nicht aber (zumindest partiell) *ersetzen*.

Erfolgt dieses Umsteuern in der Alterssicherungspolitik jedoch nicht, so dürfte der Weg zu einer staatlichen Altersrente führen, die zwar tendenziell auf Armutsvermeidung im Alter ausgerichtet ist, nicht aber mehr eine Verstetigung der Konsum- und Einkommensentwicklung im Lebensablauf (Lohnersatz) zum Ziel hat und nur unter bestimmten Bedingungen für langjährig Versicherte zur Vermeidung von Armut ausreicht, andernfalls unzureichendes Einkommen nach einer Bedürftigkeitsprüfung aufstockt. Damit wären wir in etwa wieder dort angelangt,

---

werden. Außerdem könnte bei höherem Leistungsniveau in der GRV das Fördervolumen für die Privatvorsorge reduziert und zielgenauer eingesetzt werden. Zu den Voraussetzungen einer verlängerten Erwerbsphase siehe die vier materialreichen „Monitoring-Berichte zur Rente mit 67" des „Netzwerks für eine gerechte Rente", deren Autoren Ernst Kistler und Gerhard Bäcker sind.

46 Manche ehemaligen Politiker und Politikberater sind inzwischen offiziell für Finanzdienstleiter tätig. – Zur Politikberatung am Beispiel der Alterssicherung s. Schmähl (2011a).

wo die Geschichte der staatlichen Alterssicherung Ende des 19. Jahrhunderts begann.

Literaturverzeichnis

Bundesvereinigung der Arbeitgeber (2008), Aufruf zum Sozialleistungsmissbrauch, in: Der Tagesspiegel (14.1.2008)

Bundesministerium für Familie, Senioren, Frauen und Jugend (2000) (Hrsg.), Dritter Bericht zur Lage der älteren Generation (Bericht der Sachverständigenkommission)

Bach, S./Steiner, V. (2007), Zunehmende Ungleichheit der Markteinkommen: Reale Zuwächse nur für Reiche, in: DIW-Wochenbericht Nr. 13/2007, S. 193-198

Bäcker, G. (2004), Die Frage nach der Generationengerechtigkeit: Zur Zukunftsfähigkeit der umlagefinanzierten Rentenversicherung, in: Generationengerechtigkeit (DRV-Schriften Bd. 51), Bad Homburg, S. 12-31

Becker, I./Hauser, R. (2006),Verteilungseffekte der Hartz-IV-Reform, Berlin

Dedring, K.-H./Deml, J./Döring, D./Steffen, J./Zwiener, R. (2010), Rückkehr zur lebensstandardsichernden und armutsfesten Rente, Friedrich-Ebert-Stiftung, WISO-Diskurs, Bonn

Dudler, A./Müller, D. (2006), Erwerbsverläufe im Wandel: Ein Leben ohne Arbeitslosigkeit – nur noch eine Fiktion?, IAB-Kurzbericht Nr. 27, Nürnberg

Der Spiegel (1996), Spiegel-Gespräch mit Winfried Schmähl: „Jedes Sicherungssystem wird teuer", Nr. 6, S. 26

Enquête-Kommission (2002), Demographischer Wandel, Schlussbericht, BT-Drs. 14/8800

FAZ (2008), Heftige Attacke gegen die Riester-Rente (12.1.2008)

Financial Times Deutschland (2001), 8.6.2001

Geyer, J./Steiner, V. (2010), Public Pensions, Changing Employment Patterns, and the Impact of Pension Reforms across Birth Cohorts: A Microsimuation Analysis for Germany, IZA Discussion paper No. 4815

Hagen, S. K./Reisch L. A. (2010), Riesterrente: Politik ohne Marktbeobachtung, in: DIW-Wochenbericht Nr. 8/2010, S. 2-14

Hockerts, H. G. (2010), Abschied von der dynamischen Rente – Über den Einzug der Demographie und der Finanzindustrie in die Politik der Alterssicherung, in: Becker U., Hockerts, H. G., Tenfelde, K. (Hrsg.), Sozialstaat Deutschland, Bonn S. 257-286

Loose, B./Thiede, R. (2006), Alterssicherung: Auch in Zukunft armutsfest? – Optionen der Armutsprävention in der Alterssicherung, in: RVaktuell, (53) S. 479-488

OECD (2007a), Beschäftigungsausblick 2007

OECD (2007b), Pensions at a Glance – Public policies across OECD countries, Paris

Oehler A. (2009), Alles „Riester"? Die Umsetzung der Förderidee in der Praxis, Gutachten, Bamberg

Oelschläger, A. (2009), Vom „Pensions-Sondervermögen" zur Riester-Rente – Einleitung des Paradigmenwechsels in der Alterssicherung unter der Regierung Kohl?, ZeS-Arbeitspapier Nr. 2/2009, Universität Bremen

Rieckhoff, C. (2011), Wohin steuert die Riester-Rente? – Stand der Forschung, Kritik der Ergebnisse und zukünftiger Forschungsbedarf, in: DRV 2011, S. 87-104

Riester, W. (2004), Mut zur Wirklichkeit, Düsseldorf

Riester, W. (2005), Ich will nie wieder Minister werden, in: taz, Die Tageszeitung, 31.8.2005, S. 4

Rürup, B. (2000), Das Riestersche Rentenreformkonzept: Evolution statt Restauration oder Revolution, in: Wirtschaftsdienst (80), S. 455-459

Sachverständigenrat zur Begutachtung der gesamtwirtschaftlichen Entwicklung (2002), Gutachten vom Herbst 2002

Sachverständigenrat zur Begutachtung der gesamtwirtschaftlichen Entwicklung, Jahresgutachten (2006/07), Widerstreitende Interessen – Ungenutzte Chancen, Ziff. 335

Schmähl, W. (1999), Die Nettoanpassung der Renten „auf dem Prüfstand": Für eine Modifizierung der Nettoanpassung und für einen Übergang zu einer „lohn- und beitragsbezogenen" Anpassungsformel – Gründe und Wirkungen, in: Deutsche Rentenversicherung, S. 494-507

Schmähl, W.(2001a), Umlagefinanzierte Rentenversicherung in Deutschland, Optionen und Konzepte sowie politische Entscheidungen als Einstieg in einen grundlegenden Transformationsprozeß, in: Schmähl, W./Ulrich, V. (Hrsg.), Soziale Sicherungssysteme und demographische Herausforderungen. Tübingen, S. 123-204

Schmähl, W. (2001b), Generationenkonflikte und „Alterslast" – Einige Anmerkungen zu Einseitigkeiten und verengten Perspektiven in der wissenschaftlichen und politischen Diskussion, in: Becker, I./Ott, N./Rolf, G. (Hrsg.), Soziale Sicherung in einer dynamischen Gesellschaft (Festschrift für Richard Hauser zum 65. Geburtstag), Frankfurt/New York, S. 176-203

Schmähl, W. (2004), Übergang zu einem Grundrentensystem: Vom radikalen Systemwechsel zur schleichenden Systemtransformation, in: Opielka, M. (Hrsg.), Grundrente in Deutschland – Sozialpolitische Analysen, Wiesbaden, S. 119-146

Schmähl, W. (2005), „Generationengerechtigkeit" als Begründung für eine Strategie „nachhaltiger" Alterssicherung in Deutschland, in: Huber, G./Krämer, H./Kurz, H. D. (Hrsg.), Einkommensverteilung, Technischer Fortschritt und struktureller Wandel (Festschrift für Peter Kalmbach), Marburg, S. 441-459

Schmähl, W. (2006a), Die neue deutsche Alterssicherungspolitik und die Gefahr steigender Altersarmut, in: Soziale Sicherheit (55), S. 397-402

Schmähl, W. (2006b), Das Soziale in der Alterssicherung – Oder: Welches Alterssicherungssystem wollen wir?, in: Deutsche Rentenversicherung, S. 676-690

Schmähl, W. (2007a), Aufgabenadäquate Finanzierung der Sozialversicherung durch Beiträge und Steuern, in: Blanke, H.-J. (Hrsg.), Die Reform des Sozialstaats zwischen Freiheitlichkeit und Solidarität, Tübingen, S. 57-85

Schmähl, W. (2007b), Die Einführung der Dynamischen Rente im Jahr 1957: Gründe, Ziele und Maßnahmen – zugleich Versuch einer Bilanz nach 50 Jahren, in: Deutsche Rentenversicherung Bund (Hrsg.), Die gesetzliche Rente in Deutschland – 50 Jahre Sicherheit durch Anpassungen, DRV-Schriften (73). Bad Homburg, S. 9-28

Schmähl, W. (2007c), Kriterien zur Beurteilung der weiteren Altersgrenzenanhebung in der GRV, in: Wirtschaftsdienst (87), S. 592-599

Schmähl, W./Oelschläger, A. (2007), Abgabefreie Entgeltumwandlung aus sozial- und verteilungspolitischer Perspektive. Berlin

Schmähl, W. (2009), Lohnnebenkosten, in: Gillen, G./v. Rossum W. (Hrsg.), Schwarzbuch Deutschland – Das Handbuch der vermissten Informationen. Reinbek b. Hamburg

Schmähl, W. (2010a), Pflegeversicherung in Deutschland – Rückblick und Ausblick, in: Mut, 45 (518), S. 26-31

Schmähl, W. (2010b), Soziale Sicherung im Lebenslauf – Finanzielle Aspekte in längerfristiger Perspektive am Beispiel der Alterssicherung in Deutschland, in: Naegele, G. (Hrsg.), Soziale Lebenslaufpolitik. Wiesbaden, S. 550-582

Schmähl, W. (2010c), Die wachsende Bedeutung der Dynamisierung von Alterseinkünften für die Lebenslage im Alter, in: Wirtschaftsdienst (90), S. 248-254

Schmähl, W. (2011a), Politikberatung und Alterssicherung: Rentenniveau, Altersarmut und das Rentenversicherungssystem, in: Vierteljahreshefte für Wirtschaftsforschung, H. 1, S. 159-174

Schmähl, W. (2011b), Warum ein Abschied von der „neuen deutschen Alterssicherungspolitik" notwendig ist, in: ZeS-Arbeitspapier (1), Universität Bremen

Schmähl, W. (2011c), Von der Ergänzung der gesetzlichen Rentenversicherung zu deren partiellem Ersatz: Ziele, Entscheidungen sowie sozial- und verteilungspolitische Wirkungen – Zur Entwicklung von der Mitte der 1990er Jahre bis 2009, in: Eichenhofer, E./Rische, H./Schmähl, W. (Hrsg.), Handbuch der gesetzlichen Rentenversicherung SGB VI (HDR, Kap. 6), Köln, S. 169-249

Schmitz, H. (2001), Bericht aus der Hauptstadt, Deutsche Angestelltenversicherung S. 215

Schulz-Nieswandt F./Sauer, M. (2009), Von der Demokratie zur Gerontokratie?, in: Deutsche Rentenversicherung Bund, Die Lebenslagen Älterer: Empirische Befunde und zukünftige Gestaltungsmöglichkeiten, DRV-Schriften (85), Berlin, S. 14

Sozialgesetzbuch (2011), Gesetz zur Ermittlung von Regelbedarfen und zur Änderung des Zweiten und Zwölften Buches, BGBl. v. 29.3.2011, Teil I, Nr. 12, S. 453

Sozialbeirat (2001), Sondergutachten zur Rentenreform, BT-Drs. 14/5394 vom 13.2.2001, Tz. 18

Thiede, R. (2005), Alterssicherung muss sich lohnen – Ansätze für einen besseren „Sozialhilfe break-even" in der gesetzlichen Rentenversicherung, in: RVaktuell (12), S. 519-525

Thiede, R. (2011), Riester-Rente: Verteilungswirkungen der Zulagenförderung, in: RVaktuell, S. 72

Viebrok, H./Himmelreicher, R.-K./Schmähl, W. (2004), Private Vorsorge statt gesetzlicher Rente: Wer gewinnt, wer verliert?, Münster

Viebrok, H. (2006), Künftige Einkommenslage im Alter, in: Deutsches Zentrum für Altersfragen (Hrsg.), Einkommenssituation und Einkommensverwendung älterer Menschen, Berlin, S. 153-228

Wehlau, D. (2009), Lobbyismus und Rentenreform – Der Einfluss der Finanzdienstleistungsbranche auf die Teil-Privatisierung der Alterssicherung. Wiesbaden

Welteke, E. (2002), in: Deutsche Bundesbank, Presseartikel (55), S. 4

Johannes Steffen

Lebensstandardsicherung und Armutsfestigkeit im „Drei-Säulen-Modell" der Alterssicherung

Seit dem vor gut zehn Jahren unter Rot-Grün durchgesetzten Paradigmenwechsel ist die gesetzliche Rente nicht mehr einem bestimmten Sicherungsziel verpflichtet; ihre weitere Entwicklung wird vielmehr ausschließlich bestimmt vom Ziel der Beitragssatzbegrenzung. Infolgedessen wird das Leistungsniveau der gesetzlichen Rentenversicherung (gRV) bis zum Jahre 2030 um rund ein Fünftel sinken.[1] Die entstehende Sicherungslücke soll durch die seither staatlich geförderte betriebliche Altersversorgung (bAV) und die private Altersvorsorge (pAV) geschlossen werden („Drei-Säulen-Modell" oder „Drei-Schichten-Modell" nach Schmähl 2007, S. 10[2]). Damit sei „Lebensstandardsicherung im Alter [...] auch künftig auf dem heutigen Niveau gewährleistet".[3] Darüber hinaus war die gRV über die vergangenen Jahrzehnte hinweg aber auch in der Lage, strukturelle Armutsfestigkeit sicherzustellen, also denjenigen Versicherten, die ihr langjährig als vollzeitnah Beschäftigte angehört haben, eine Rente deutlich über dem Niveau der Sozialhilfe zu garantieren. Der vorliegende Beitrag geht der Frage nach, ob diese beiden Ziele im Rahmen des neuen Alterssicherungssystems[4] auch künftig vom Grundsatz her erreichbar sein werden.

Im Alter sowie bei voller Erwerbsminderung soll das Sicherungssystem denjenigen, die ihm ein Erwerbsleben lang angehört haben, einen Lohnersatz auf lebensstandardsicherndem Niveau in Aussicht stellen. Diese Vorgabe war bis Ende der 1990er Jahre implizites Leistungsziel alleine der gesetzlichen Rentenversiche-

---

1   Abgestellt auf das sog. Sicherungsniveau vor Steuern (SvS). Wird hingegen auf das (alte) Nettorentenniveau Bezug genommen, sinkt das Leistungsniveau für Rentenzugänge des Kalenderjahres 2030 um rd. ein Viertel gegenüber dem Status quo ante. Der Unterschied ist hauptsächlich auf die Wirkungen des AltEinkG zurückzuführen (Prozess des Übergangs von der vor- zur nachgelagerten Besteuerung seit 2005).

2   Winfried Schmähl bevorzugt in diesem Zusammenhang zu Recht den Begriff „Schicht", „[...] da es sich in der Regel um aufeinander aufbauende Teilelemente des Alterssicherungssystems handelt".

3   Bericht der Bundesregierung gemäß § 154 Absatz 4 des Sechsten Buches Sozialgesetzbuch zur Anhebung der Regelaltersgrenze auf 67 Jahre, BT-Drs. 17/3814 v. 17.11.2010, S. 19.

4   Im Vordergrund der Betrachtung stehen die Strukturprinzipien der staatlich regulierten bzw. geförderten Systeme gRV, bAV und pAV sowie die Frage, ob sie zumindest prinzipiell in der Lage sind, einen je eigenen Beitrag zur Zielerreichung zu leisten.

rung.[5] *Lebensstandardsicherung* meint ein allgemein bestimmtes, sozialpolitisch vor-
gegebenes oder vorzugebendes, jedenfalls kein sich im Einzelfall aus erwerbsbio-
grafischen Besonderheiten oder individuellen Vorsorgeentscheidungen lediglich
ergebendes, rechnerisches Verhältnis der Rente zum erwerbslebensdurchschnitt-
lich erzielten (versicherten) Einkommen – ausgedrückt in der Lohnersatzrate oder
im Rentenniveau. Der Begriff der Lebensstandardsicherung stellt demnach ab auf
die Leistungsfähigkeit des *Systems* der (staatlich regulierten bzw. geförderten) Alterssicherung.

Strukturelle Armutsfestigkeit zeichnet ein Alterssicherungssystem dann aus,
wenn es bei erwerbslebenslanger Beitragszahlung aus vollzeitnaher Beschäftigung
eine Nettoversorgung deutlich oberhalb des Fürsorgeniveaus gewährleistet. Armutsfestigkeit wird hier nach dem geltenden Fürsorgeniveau der Grundsicherung
im Alter und bei Erwerbsminderung bemessen (sozialpolitische Armutsgrenze);
dieses Niveau belief sich Ende 2009 für einen Single auf bundesdurchschnittlich
663 Euro monatlich.[6]

1   Teilhabeäquivalenz

Ein auf Teilhabeäquivalenz ausgerichtetes System wie die gRV gewährleistet beispielsweise, dass die Höhe einer Altersrente zu allen übrigen Altersrenten mit gleicher Vorversicherungszeit grundsätzlich in dem gleichen rechnerischen Verhältnis
steht, wie das versicherte Erwerbseinkommen im Durchschnitt der aktiven Phase
zu allen anderen versicherten Entgelten gestanden hat. Damit gewährt die gRV
einem Versicherten, der stets Beiträge aus Durchschnittsentgelt entrichtet hat, beim
Zugang in die Regelaltersrente das gleiche Sicherungsniveau wie demjenigen, dessen Beiträge nur aus dem 0,75-Fachen des Durchschnittsentgelts entrichtet wurden.
Zwar erhält der Durchschnittsverdiener eine höhere Rente – bezogen auf das versicherte Entgelt ist sein erzieltes Rentenniveau aber identisch mit dem des Drei-
viertel-Verdieners. Dies gilt einerseits zum Zeitpunkt der Verrentung, und es gilt
andererseits infolge der Rentendynamisierung (Rentenanpassung) auch für die
gesamte Rentenbezugsdauer.

---

5   „Verabredetes" Sicherungsziel war seit dem RRG 1992 ein Netto-Standardrentenniveau von rd.
    70 %. Diese implizite Zielvorgabe resultierte aus dem rechnerischen Verhältnis der Nettostandard-
    rente zum durchschnittlichen Nettoarbeitsentgelt der Aktiven im Zeitpunkt der Umstellung auf ein
    an der Nettolohnentwicklung orientiertes Anpassungsverfahren im Jahre 1992.
6   Der Durchschnittsbedarf setzt sich zusammen aus dem Regelsatz für einen Alleinstehenden von
    monatlich 359 Euro (ab Juli 2009) sowie den Kosten der Unterkunft, die sich lt. Statistischem Bun-
    desamt Ende 2009 auf durchschnittlich 304 Euro beliefen (Grundsicherungsempfänger im Alter von
    65 und mehr Jahren außerhalb von Einrichtungen).

Dieses prägende Strukturprinzip der gRV garantiert heute einem Versicherten, der bereits im Jahre 1995 verrentet wurde, einen gleich hohen monatlichen Rentenbetrag wie demjenigen, der, bei gleicher Beitragsdauer, erst im Jahre 2011 verrentet wurde und im Erwerbslebensdurchschnitt die gleiche (relative) Entgeltposition eingenommen hat wie sein älterer Kollege. Es spielt demnach keine Rolle, wann die Beitragszahlung erfolgt ist, wie hoch die absolute Beitragssumme war (Unabhängigkeit vom jeweiligen Beitragssatz) oder in welchem Kalenderjahr die Verrentung erfolgt – zu jedem Messzeitpunkt sind die beiden Monatsrenten immer gleich hoch. Die Leistungen der gRV beruhen damit nicht auf dem verbeitragten nominalen Entgeltbetrag, sondern einzig und alleine auf der versicherten Entgelt*position*.

Demgegenüber sind die Versorgungsordnungen bzw. Leistungspläne der staatlich geförderten[7] bAV, insbesondere aber die der pAV, von einer dezidiert anderen Zielsetzung und Systematik geprägt. Sieht man von den Leistungszusagen der traditionellen, i.d.R. alleine vom Arbeitgeber finanzierten (alten) bAV ab, so dominieren bei den seit 2002 neu zugesagten Betriebsrentenanwartschaften die beitragsorientierte Leistungszusage und die Beitragszusage mit Mindestleistung[8] – bei der geförderten Altersvorsorge nach § 10a EStG („Riester-Rente") ist lediglich eine „nominale Null-Rendite-Garantie" als gesetzliches Zertifizierungserfordernis vorgesehen[9], bei der „Rürup-Rente" (Basisrentenvertrag) werden diesbezüglich überhaupt keine gesetzlichen Vorgaben gemacht.

---

7   Die staatliche Förderung besteht seit dem Jahre 2002 bei der (neuen) bAV v. a. in der steuer- und beitragsfreien Entgeltumwandlung und bei der pAV in der Förderung über Zulagen bzw. in speziellen Regelungen zum steuerlichen Sonderausgabenabzug. Lebensstandardsicherung im „Drei-Säulen-Modell" berücksichtigt in der zweiten und dritten Säule nur diese staatlich geförderten Varianten. Zwar gehören auch weitere Formen der Vorsorge zweifellos zum System der Alterssicherung in Deutschland – sie sind allerdings nicht Bestandteil des hier in Rede stehenden (und von offizieller Seite proklamierten) Alterssicherungssystems.

8   Bei der traditionellen *Leistungszusage* sagt der Arbeitgeber dem Arbeitnehmer für den Versorgungsfall eine bestimmte Leistung zu; auf Basis der betrieblichen Versorgungsordnung stehen die Kriterien für die Bestimmung der Leistung bereits zum Zeitpunkt der Zusage fest, und die Leistungshöhe ist vorab kalkulierbar. Bei der *beitragsorientierten Leistungszusage* verpflichtet sich der Arbeitgeber, Beiträge (i.d.R. umgewandeltes Arbeitsentgelt) in eine Versorgungsanwartschaft für den Arbeitnehmer umzuwandeln. Auf Basis der betrieblichen Versorgungsordnung errechnet sich die spätere Leistung in direkter Abhängigkeit von der Höhe der Beitragszahlung und vom Lebensalter des Arbeitnehmers zum Zeitpunkt der (jeweiligen) Beitragszahlung sowie meist einer zugesagten Mindestverzinsung. Bei der *Beitragszusage mit Mindestleistung* verpflichtet sich der Arbeitgeber, Beiträge (i.d.R. umgewandeltes Arbeitsentgelt) in eine Versorgungsanwartschaft für den Arbeitnehmer umzuwandeln, die im Leistungsfall lediglich garantiert, dass die Summe der zugesagten Beiträge für die Verrentung zur Verfügung steht; die spätere Leistung ist nicht kalkulierbar, und das Anlagerisiko liegt beim Arbeitnehmer.

9   § 1 Abs. 1 Nr. 2 AltZertG (Gesetz über die Zertifizierung von Altersvorsorge- und Basisrentenverträgen), wonach zu Beginn der Auszahlungsphase lediglich die eingezahlten Altersvorsorge-

Die Leistungsniveaus der bAV und der pAV unterscheiden sich demnach nicht nur in der Höhe, sondern auch *strukturell* ganz erheblich von dem der gRV. Bei gleicher relativer Beitragshöhe[10] und gleicher, selbst im Lebenszyklus gleich verteilter Beitragsdauer[11] kann die Höhe der Ersatzrate etwa mit Erreichen der Regelaltersgrenze von Fall zu Fall sehr unterschiedlich ausfallen; ein im Vorhinein bestimmbares Leistungsniveau können die (neue) bAV und pAV jedenfalls nicht gewährleisten, da die Rendite u. a. abhängig ist von der *absoluten* Höhe der geleisteten Beiträge, vom Zeitpunkt der Beitragszahlung (Lebensalter), vom Erfolg oder Misserfolg der jeweiligen Anlagestrategie und vor allem natürlich von der Entwicklung der Kapitalmärkte selbst.

Während das Prinzip der Teilhabeäquivalenz der gRV bei gleicher Erwerbs- und Erwerbseinkommensbiografie auch ein identisches Leistungsniveau garantiert, sind weder die (neue) bAV noch gar die pAV dazu in der Lage. Dies gilt für die erstmalige Festsetzung der Leistungshöhe bei Verrentung; es gilt aber insbesondere auch hinsichtlich der Anpassung (Dynamisierung) der Leistungen der bAV bzw. pAV über die gesamte Dauer der Nacherwerbsphase. Hier existieren keinerlei verbindliche oder allgemein gültige Regelungen, die eine einmal erreichte Relation beispielsweise zwischen den Leistungen an zwei verschiedene Altersrentner auch für die Zukunft garantieren könnten. Und selbst wenn die Leistungen zum Zeitpunkt der Verrentung (zufällig) übereinstimmen sollten, so ist deren weitere (relative) Entwicklung völlig offen.

2 Abgesicherte Risiken und erfasster Personenkreis

Zum Leistungsspektrum der gRV zählt v. a. die obligatorische Absicherung der drei biometrischen Risiken *Langlebigkeit* (Alterssicherung), *Invalidität* (Erwerbsminderung) und *Todesfall* (Hinterbliebenenabsicherung). Die gRV ist zudem als Pflichtversicherung organisiert, der vom Grundsatz her alle abhängig Beschäftigten angehören und deren Entgelt bis zur Beitragsbemessungsgrenze der Beitragspflicht unterliegt. Dieses versicherte Entgelt wird bei Risikoeintritt ersetzt (Rente als Entgeltersatz).

---

beiträge für die Auszahlungsphase zur Verfügung stehen müssen – bei Absicherung auch der Risiken *Erwerbsminderung* und *Todesfall* müssen zu Beginn der Auszahlungsphase der Altersrente lediglich 85 % bzw. 70 % der eingezahlten Beiträge als Verrentungskapital garantiert werden.

10   Relativ im Verhältnis zum „versicherten" Entgelt.

11   Im Kapitaldeckungsverfahren hängt die Höhe des zum Verrentungszeitpunkt angesparten Kapitals aufgrund des Zinseszinseffekts ganz maßgeblich ab vom kalendarischen Zeitpunkt der Beitragszahlungen.

Abbildung 1: Die drei Schichten des Alterssicherungssystems

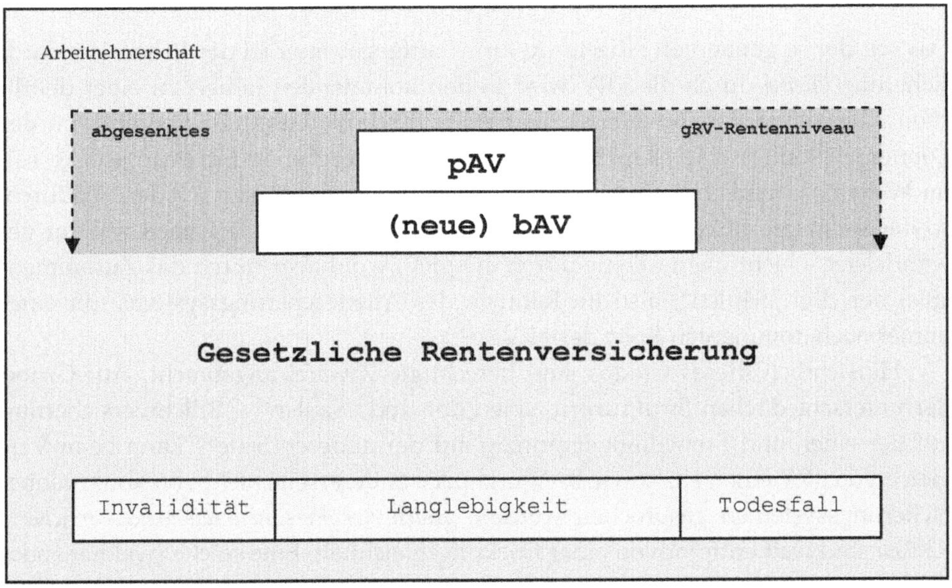

Auch im Rahmen der (neuen) bAV sowie der pAV besteht die Möglichkeit, neben dem Risiko der Langlebigkeit die zwei weiteren biometrischen Risiken abzusichern, wobei im Rahmen der „Riester-Rente" jeweils bis zu 15 Prozent der eingezahlten Beiträge für die Absicherung des Invaliditäts- bzw. Todesfallrisikos in Abzug gebracht werden können. Eine obligatorische Absicherung der beiden Risiken ist jedoch nicht vorgesehen und dürfte politisch auch schwer durchsetzbar sein, solange bAV und pAV selbst nicht als Obligatorien vorgeschrieben sind (Karch 2011, S. 12ff[12]). Sofern die (meist tariflich vereinbarten) Versorgungswerke dennoch eine derartige Möglichkeit „regelhaft" anbieten, besteht im Einzelfall meist die Option zur Abwahl (opting-out). Im Rahmen der pAV spielt die Absicherung der beiden weiteren Risiken in der Praxis so gut wie keine Rolle. Denn bei gegebener Prämie fällt die Leistungshöhe umso niedriger aus, je mehr Risiken damit abgesichert werden; die unter sozialpolitischem Gesichtspunkt notwendige (freiwillige) Absicherung des Invaliditätsrisikos ist damit schlicht zu teuer. Da die bAV und die pAV auf dem Freiwilligkeits-Prinzip beruhen, fällt der von diesen beiden „Säulen" erfasste bzw. erfassbare *Personenkreis* zudem sehr viel kleiner aus als die Gemeinschaft der Pflichtversicherten der gRV (Arbeitnehmerschaft).

---

12 Zu den Grenzen einer adäquaten Absicherung insbesondere des Erwerbsminderungsrisikos über bAV bzw. pAV.

3   Lebensstandardsicherung

Das seit der so genannten „Riester-Reform" aufgegebene Ziel der Lebensstandard-sicherung *alleine* durch die gRV wird in den kommenden Jahren zu einer deutlichen Absenkung des Rentenniveaus führen (Entkoppelung der Renten- von der Lohnentwicklung). Die sich damit zwangsläufig ergebende Sicherungslücke soll im Wege der staatlich geförderten bAV bzw. pAV geschlossen werden. Dadurch, so das seitherige politische Credo, sei Lebensstandardsicherung nach wie vor gewährleistet – nicht mehr alleine durch die gRV, wohl aber durch das Zusammenspiel der drei „Säulen", also im Rahmen des Alterssicherungssystems mit einer immer noch dominanten Rolle der gRV.[13]

Hinsichtlich dieses Credos sind berechtigte Zweifel angebracht. Auf Grund der unterschiedlichen Strukturprinzipien der drei „Säulen" – Pflichtversicherung auf der einen und Freiwilligkeitsprinzip auf der anderen Seite – kann beim Vergleich von gRV einerseits sowie bAV und pAV andererseits nicht von kongruenten Sicherungssystemen gesprochen werden; *gesicherter Personenkreis* und *versicherte Risiken* sind weit entfernt von einer Deckungsgleichheit. Eine solche (weitgehende) Deckungsgleichheit aber wäre die Voraussetzung dafür, dass das abgesenkte gRV-Rentenniveau mittels bAV und pAV strukturell kompensiert werden könnte – ganz unabhängig von der Frage, in welchem Umfang (und zu welchem Preis) dies möglich wäre.

Im Rahmen des dreischichtigen Alterssicherungssystems steht Lebensstandardsicherung somit nicht mehr wie zuvor für eine allgemeine *sozialpolitische Zielsetzung*, sondern lediglich für eine subventionierte *sozialstaatliche Option* im Einzelfall, deren Zielerreichung u. a. von individuellen Vorsorgemöglichkeiten und persönlichen Vorsorgepräferenzen abhängig ist. Für den Rentenbestand zum Zeitpunkt des Systemwechsels hin zur Teilprivatisierung der Risikoabsicherung wie auch für die rentennahen Jahrgänge[14] besteht dagegen selbst diese Option nicht mehr; sie bleiben womöglich für Jahrzehnte auf das nicht mehr lebensstandardsichernde Leistungsniveau der gRV verwiesen. Und selbst bei denjenigen, die die

---

13 Bereits vor Einführung der staatlich geförderten Altersvorsorge haben Pflichtversicherte der gRV in großem Umfang private Vorsorge fürs Alter betrieben. Es ist davon auszugehen, dass mit Einführung der „Riester-Rente" (sowie insbesondere auch im Zusammenhang mit der Abschaffung des Steuerprivilegs für kapitalbildende Lebensversicherungen seit 2005) eine Umschichtung der Vorsorgeaufwendungen hin zu förderfähigen Produkten erfolgte und weiter erfolgen wird. Was ehemals als individuelle *Ergänzung* der auf Lebensstandardsicherung ausgerichteten gRV-Rente konzipiert war, dient seither zunehmend dem *Ersatz* für ein sozialstaatlich nicht mehr gewährleistetes Sicherungsniveau.

14 Lt. Rentenversicherungsbericht 2010 der Bundesregierung – BT-Drs. 17/3900 v. 29.11.2010 – sind damit die Rentenzugänge bis einschließlich 2009 gemeint.

sozialstaatliche Option ergreifen können und ergriffen haben, wird das Gesamt-versorgungsniveau aus der gRV und der pAV bei Rentenzugang für eine sehr lan-ge Übergangszeit unterhalb des vormals alleine von der gRV erreichbaren Siche-rungsniveaus liegen. Hierbei bezieht sich das von offizieller Seite in Zukunft als erreichbar ausgewiesene Sicherungsniveau der gRV sowohl auf den Renten*zugang* als auch auf den Renten*bestand*. Das Sicherungsniveau der pAV hingegen wird nur für das Kalenderjahr des jeweiligen Renten*zugangs* projiziert.[15] Damit bleibt aus-geblendet, dass die Renten der pAV i.d.R. nicht dynamisch, sondern statisch sind und daher nicht der allgemeinen Lohnentwicklung folgen (Schmähl 2007, S. 11, 26). Der Realwert einer bspw. für den Rentenzugang des Jahres 2014 mit monatlich 61 Euro projizierten Rente aus der pAV[16] betrüge bei einer jährlichen Inflationsra-te von zwei Prozent im Jahre 2030 nur noch rund 44 Euro und hätte somit über ein Viertel seines ursprünglichen Wertes eingebüßt. Würden zudem die Reallöhne jährlich um ein Prozent steigen, so betrüge der Verlust – gemessen an den Entgel-ten der Aktiven – nach 16 Bezugsjahren bereits fast 38 Prozent. Langlebigkeit er-weist sich damit wieder zunehmend als soziales Risiko, vor allem für die Versi-cherten selbst und weniger für die Anbieter entsprechender Vorsorgeprodukte.

Mit der Vorgabe der Lebensstandardsicherung ist die Leistungsfähigkeit des Alterssicherungssystems angesprochen; dieses Ziel kann im Rahmen des „Drei-Säulen-Modells" mit stark abgesenktem gRV-Niveau nicht gewährleistet werden. Denn eine punktuelle, eher zufällige Lebensstandardsicherung *im Rahmen* des Sys-tems bedeutet längst noch keine Gewährleistung von Lebensstandardsicherung *durch* das Alterssicherungssystem.

---

15 Vgl. ebd. S. 24. Den im Rentenversicherungsbericht dargestellten Entwicklungsszenarien liegen höchst optimistische Annahmen bzgl. der Verzinsung wie auch hinsichtlich des Verwaltungskos-tenanteils beim Altersvorsorgevermögen zugrunde. Auch die nicht explizit ausgewiesenen An-nahmen des Berichts-Szenarios, wie v. a. Absicherung ausschließlich des Langlebigkeitsrisikos so-wie Fortschreibung der Beitragsfreiheit der pAV-Rente zur Kranken- und Pflegeversicherung in die Zukunft, lassen das Sicherungsniveau vor Steuern der pAV in einem viel zu positiven Licht er-scheinen.
16 Vgl. Rentenversicherungsbericht der Bundesregierung, a.a.O.

Abbildung 2: Sicherungsniveau vor Steuern (SvS)* für den Rentenzugang in Prozent, 1997 bis 2024, ab 2010, RVB-Szenario – mittlere Variante

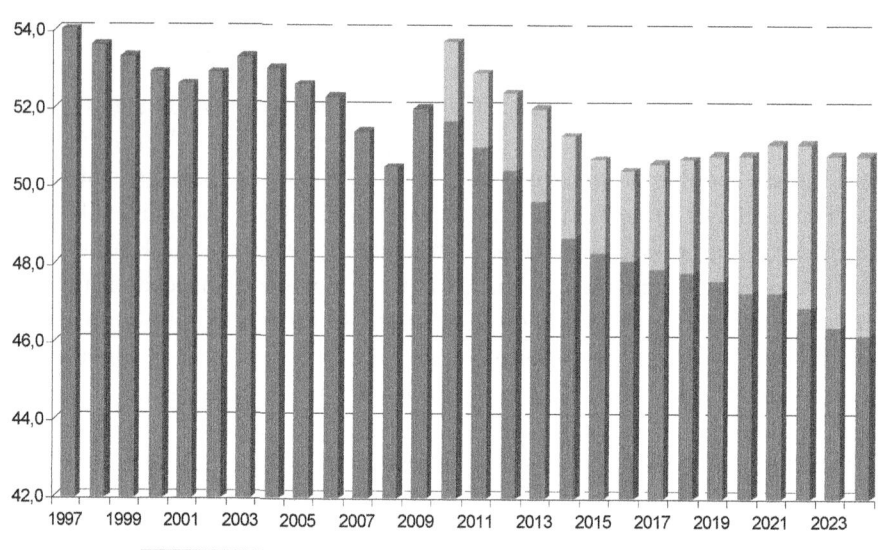

* Rechnerisches Verhältnis der Standardrente (bzw. der „Riester-Rente") abzüglich darauf entfallender Sozialbeiträge zum Durchschnittsentgelt abzüglich der gesamtwirtschaftlichen SV-Abgabenquote (beides ohne Steuern, aber letzteres einschl. Altersvorsorge-Prämien). Rentenzugänge vor 2010: ohne Altersvorsorgevertrag. Annahmen zur pAV: Altersvorsorge-aufwendungen ab 2002 im Umfang der vollen staatlichen Förderfähigkeit, Verzinsung 4 % p. a., Verwaltungskosten 10 % sowie ohne Absicherung des Erwerbsminderungs- und To-desfallrisikos sowie unter Fortschreibung der Beitragsfreiheit der „Riester-Rente" zur Kran-ken- und Pflegeversicherung.
Quelle: DRV 2009, eigene Berechnungen.

4   Schließung von Sicherungslücken

Lebensstandardsicherung lässt sich in vorleistungsabhängigen und am Äquivalenzprinzip ausgerichteten Systemen nur für die Fälle gewährleisten, in denen eine erwerbslebenslange (aktive) Zugehörigkeit zum Sicherungssystem vorliegt. Damit bilden die Zugangsmöglichkeiten zu sozialversicherungspflichtiger und existenzsichernder Erwerbsarbeit die grundlegenden Voraussetzungen zur Zielerreichung. Wo diese Voraussetzungen im Einzelfall nicht gegeben sind, sind solidarisch organisierte Systeme in der Lage, (teil-)kompensatorisch einzugreifen.

Die Schließung von Sicherungslücken im Erwerbs- bzw. Erwerbseinkommensverlauf leistet einen wesentlichen Beitrag zur Lebensstandardsicherung – sie trägt dadurch im Ergebnis auch zur strukturellen Armutsfestigkeit des Systems bei. Auf privater Vorsorge basierende Systeme versagen in diesem Punkt in aller Regel eindrucksvoll, da sie z. B. keine Elemente interpersoneller Umverteilung[17] enthalten.

Die klassischen Arbeitnehmer-Risiken wie Arbeitslosigkeit, Krankheit oder Erwerbsminderung sind über die gRV abgesichert. Während des Bezugs von Arbeitslosen- oder Krankengeld entrichten die Träger der beiden Versicherungszweige Beiträge an die gRV; bei eintretender Erwerbsminderung gewährt die gRV so genannte Zurechnungszeiten bis zum vollendeten 60. Lebensjahr, deren Wertigkeit sich nach der durchschnittlichen Erwerbseinkommensposition richtet. Selbst bei einer in jungen Jahren eintretenden vollen Erwerbsminderung verfügt das Solidarsystem damit grundsätzlich über die entsprechenden Instrumente, um Lebensstandardsicherung zu gewährleisten.[18] Zudem erhöhen die Bezugszeiten einer Erwerbsminderungsrente auch die spätere Altersrente.

Bei Langzeiterwerbslosigkeit oder Niedriglohnbeschäftigung sind die lückenschließenden Instrumente der gRV gegenwärtig zwar unterentwickelt, sie sind aber im Solidarsystem bereits grundsätzlich angelegt und wären daher – politische Mehrheiten vorausgesetzt – jederzeit ausbaufähig, ohne dadurch die Systemstrukturen zu sprengen. Zeiten der ehrenamtlichen Pflege sowie der Kindererziehung in den ersten drei Lebensjahren des Kindes sind ebenso Pflichtbeitragszeiten wie Zeiten des Wehr- oder Zivildienstes. Zeiten der Arbeitslosigkeit und Krankheit ohne Bezug von Entgeltersatzleistungen werden als lückenschließende Anrechnungszeiten berücksichtigt, die sowohl der Wartezeiterfüllung dienen wie auch die Rentenhöhe positiv beeinflussen können.

Demgegenüber sind die beiden anderen Säulen des Alterssicherungssystems nicht auf einen Solidarausgleich hin ausgelegt. Zwar besteht inzwischen (weitgehend) die Möglichkeit, auch während der Phasen sozialer Risiken weiter Beiträge bzw. Prämien aus versteuertem und verbeitragtem Einkommen zu entrichten, sofern die finanzielle Situation dies im Einzelfall zulässt; Lücken im Erwerbsverlauf werden damit aber eben nicht kollektiv und obligatorisch vom jeweiligen Sicherungssystem geschlossen, sondern müssen individuell kompensiert werden. Bei den staatlich geförderten Altersvorsorgeverträgen gibt es für niedrige Einkommen sowie für Vorsorgeberechtigte mit Kind einen Belastungsausgleich bei

---

17 Einzige Ausnahme bildet der Unisex-Tarif, welcher für ab 2006 neu abgeschlossene Altersvorsorgeverträge gesetzlich vorgeschrieben ist.

18 Außerdem erbringt nur die gRV Leistungen zur medizinischen Rehabilitation, also zur Aufrechterhaltung und Wiederherstellung von Erwerbsfähigkeit.

der Prämienzahlung; der steuerfinanzierte soziale Belastungsausgleich bei der Mittelaufbringung ist in seinen verteilungspolitischen Wirkungen aber in keiner Weise vergleichbar mit dem ebenfalls i.d.R. steuerfinanzierten Solidarausgleich (interpersonelle Umverteilung) im Rahmen der gRV.

Auch hinsichtlich der Kompetenz zur Schließung von Sicherungslücken – bereits während der Erwerbsphase oder danach bei Festsetzung der Leistungshöhe – besteht somit keine Kongruenz der einzelnen „Säulen" des Alterssicherungssystems. Im Gegenteil: Phasen sozialer Risiken im Erwerbsverlauf mit geringerer oder fehlender Beitrags- bzw. Prämienzahlung schlagen beim Kapitaldeckungsverfahren infolge des Zinseszinseffekts immer gleich mehrfach negativ zu Buche. Insgesamt kann damit eine Kompensation des sinkenden Sicherungsniveaus der gRV durch die beiden anderen „Säulen" nicht gewährleistet werden.

Aus diesem Grunde können bAV und pAV auch keinen Beitrag zur strukturellen Armutsfestigkeit des Alterssicherungssystems leisten. Negative Auswirkungen unsteter Erwerbsbiografien, von Niedriglohn oder Langzeiterwerbslosigkeit, um nur einige Beispiele zu nennen, lassen sich im Rahmen der bAV und pAV nicht auffangen. Einkommensunterschiede im Alter oder bei Erwerbsminderung werden somit nicht nur nicht eingeebnet, sie werden durch die Gewichtsverlagerung zu Lasten der solidarischen gRV sogar noch verstärkt. Die spezifischen Fähigkeiten und Vorteile der beiden kleineren „Säulen" liegen in der individuellen *Ergänzung* eines lebensstandardsichernden Solidarsystems – nicht dagegen in dessen (teilweiser) *Ersetzung*; diesbezüglich können sie aufgrund ihrer völlig andersartigen Strukturprinzipien und ihrer sozial selektiven Wirkung nur versagen.

Soll das Alterssicherungssystem lebensstandardsichernd und armutsfest ausgestaltet werden, so müsste bei der bAV und der pAV nicht nur eine weitgehende Personenidentität mit dem Versichertenkreis der gRV hergestellt werden (bAV und pAV als Obligatorien), auch die abgesicherten Risiken und die lückenschließenden Instrumente wären denen der gRV anzugleichen. Im Ergebnis müssten die Strukturprinzipien der gRV auf die bAV und die pAV übertragen werden. Lässt man die unterschiedlichen Finanzierungstechniken – hier Umlageverfahren, dort Kapitaldeckung, hier (drittel-)paritätische Mittelaufbringung, dort hauptsächlich von Arbeitnehmern finanzierte Beiträge oder Prämien – zunächst einmal außen vor, so stellt sich, völlig unabhängig von den Realisierungschancen einer solchen Überlegung, spätestens an dieser Stelle die Frage nach deren Sinn: Warum sollten drei Obligatorien mit weitgehend übereinstimmenden Struktur- und Leistungsprinzipen nebeneinander etabliert werden, wenn die angestrebten Ziele der Lebensstandardsicherung und Armutsvermeidung wesentlich einfacher und effektiver über eine funktionstüchtige gRV zu erreichen wären? Einzig die Erwartung einer höheren Rendite der kapitalgedeckten Altersvorsorge spräche dafür. Stärkere private Vorsorge, so einer der dominanten Glaubenssätze, steigere die gesamtwirt-schaftliche Ersparnisbildung und damit das Sozialprodukt, womit am Ende ein Pfad höheren Wachstums erreicht werde. Wie politisch fahrlässig diese umstands-lose Gleichsetzung von vermehrter *Finanzkapital*bildung mit vermehrter *Realkapi-tal*bildung ist, hat nicht zuletzt die jüngste Finanzmarktkrise noch einmal deutlich vor Augen geführt. Um an das Ziel der Erreichung des notwendigen Sicherungs-ziels zu gelangen, sprechen daher am Ende sämtliche Argumente für eine Stärkung der solidarischen Risikoabsicherung im Rahmen der gRV und damit für den Stopp des vor rund zehn Jahren eingeleiteten Paradigmenwechsels in der Alterssiche-rungspolitik (FES 2010) und für eine Abkehr von dem Drei-Säulen-Modell.

5   Armutsfestigkeit des Solidarsystems

Im Rahmen einer verpflichtenden, vorleistungsabhängigen Risikoabsicherung, deren Leistung hauptsächlich im Ersatz zuvor versicherten Einkommens besteht und die einer Beitrags-Leistungs-Äquivalenz folgt, kann Armutsvermeidung im-mer nur ein (beabsichtigtes) Ergebnis politischer Gestaltung und nicht ihr Haupt-anliegen sein. Allerdings muss dieses Ziel in einem obligatorischen Sicherungssys-tem für jahrzehntelang vollzeitnah Beschäftigte aus rein legitimatorischen Grün-den erreichbar bleiben. Ist dies nicht gewährleistet, hat also die soziale Rentenver-sicherung bereits vom allgemeinen Leistungsniveau her nicht mehr die Kompetenz zur Armutsfestigkeit, dann verliert das Pflichtsystem zunehmend seine gesell-schaftliche Akzeptanz. Warum sollen ein Erwerbsleben lang Pflichtbeiträge in nicht unbeachtlicher Höhe entrichtet werden, wenn der am Ende erreichbare Leis-tungsanspruch nicht deutlich höher ausfällt als die Bedarfsdeckung der von Vor-leistungen unabhängigen Fürsorge?

Lebensstandardsicherung ist eine relative Größe, die sich auf die erwerbsle-bensdurchschnittlich versicherte Einkommensposition bezieht. War diese Position niedrig, so kann auch ein lebensstandardsichernd ausgerichtetes System alleine die Gefahr von Altersarmut nicht bannen – so etwa bei Niedriglohnbeschäftigung oder langjähriger Arbeitslosigkeit. Ein lebensstandardsicherndes Leistungsniveau ist somit eine notwendige, keineswegs aber eine hinreichende Bedingung für struktu-relle Armutsfestigkeit.

Diese notwendige Bedingung wäre bei einem auf voraussichtlich um 43 Pro-zent[19] sinkenden Rentenniveau (SvS) nicht mehr erfüllt. Bereits bei einem Renten-niveau von 52 Prozent (2009) muss ein Arbeitnehmer mit einer erwerbslebens-durchschnittlichen Entgeltposition von 75 Prozent mindestens 36 Beitragsjahre

---

19 Vgl. § 154 Abs. 3 Nr. 2 SGB VI.

vorweisen, um alleine mit seiner Nettorente den typisierten Fürsorgebedarf (Single) der Grundsicherung im Alter und bei dauerhaft voller Erwerbsminderung decken zu können. Bei einem auf 43 Prozent abgesenkten Leistungsniveau wären hierzu fast 44 Beitragsjahre erforderlich.[20]

Vor allem aber würde auch die erforderliche Stärkung der lückenschließenden Instrumente der gRV durch ein gleichzeitig drastisch sinkendes Rentenniveau konterkariert. So ließen sich beispielsweise auf dem Wege einer ggf. modifizierten Verlängerung oder Entfristung der so genannten Rente nach Mindestentgeltpunkten auch nach 1991 liegende Zeiten mit niedriger Entgeltposition auf maximal 75 Prozent des Durchschnittsentgelts anheben; auf diese Weise könnten die Renten langjährig Versicherter mit Niedriglohn grundsätzlich auf bzw. über Fürsorgeniveau angehoben werden. Vergleichbares gilt etwa für den Ausbau der gRV hin zu einer Erwerbstätigenversicherung oder auch für die bessere rentenrechtliche Absicherung von Zeiten der Langzeiterwerbslosigkeit. Die politisch beschlossene Senkung des Rentenniveaus würde diesbezügliche Erfolge bei der Schließung von Sicherungslücken allerdings umgehend wieder zunichtemachen. Ergebnis aller Mühen wäre möglicherweise eine zwar lückenlose, aber längst nicht mehr armutsfeste Erwerbs- bzw. Erwerbseinkommensbiografie. Die Ausrichtung der sozialen Rentenversicherung auf ein lebensstandardsicherndes Leistungsniveau bleibt somit *die* zentrale Voraussetzung für deren strukturelle Armutsfestigkeit wie auch für die Wirksamkeit von Instrumenten des sozialen Ausgleichs. Ohne Rückbesinnung auf diese Zielsetzung besteht die Gefahr, dass alle Bemühungen zur Eindämmung der internen wie externen Risikofaktoren (Bäcker 2008, S. 364f) für eine ansonsten vermutlich steigende Altersarmut – also Reformkonzepte jenseits der Frage des Rentenniveaus – nicht die gemeinhin in sie gesetzten Erwartungen erfüllen können.

Literaturverzeichnis

Bäcker, G. (2008), Altersarmut als soziales Problem der Zukunft?, in: DRV Nr. 4/08, S. 364f
DRV (2009), Rentenversicherung in Zeitreihen, S. 232
Dedring, K. H./Deml, J./Döring, D./Steffen, J./Zwiener, R. (2010), Rückkehr zur lebensstandardsichernden und armutsfesten Rente, WISO-Diskurs, hrsg. v. d. Friedrich-Ebert-Stiftung, Bonn
Karch, H. (2011), Erwerbsminderung und Berufsunfähigkeit – Chancen und Grenzen für tarifliche Versorgungswerke, in: Betriebliche Altersversorgung Nr. 1/11, S. 12ff

---

[20] Bei einer unterstellten Entwicklung des typisierten fürsorgerechtlichen Bedarfs entsprechend der durchschnittlichen Nettolohnentwicklung.

Rentenversicherungsbericht (RVB) der Bundesregierung 2010, BT-Drs. 17/3900 v. 29.11.2010, S. 24

Schmähl, W. (2007), Soziale Sicherung im Lebenslauf – Finanzielle Aspekte in längerfristiger Perspektive am Beispiel der Alterssicherung in Deutschland, ZeS-Arbeitspapier Nr. 9/07, S. 10

Simone Leiber

Aufwachen oder weitermachen?
Alterssicherung und Altersarmut im Lichte der Finanz- und Wirtschaftskrise

1 Einleitung: Nach der Finanzkrise – Alterssicherungspolitik am Wendepunkt?

Seit rund einem Jahrzehnt wird die Verlagerung der Altersvorsorge von der Sozial- auf die Privatversicherung in Deutschland umgesetzt und von vielen als Antwort auf die demografischen und finanziellen Herausforderungen des Alterssicherungssystems angesehen. Parallel dazu kehrte die Debatte um „Altersarmut als soziales Problem der Zukunft" (Bäcker 2008) in die politische und wissenschaftliche Diskussion in Deutschland zurück. Der Anstieg der Arbeitslosigkeit, die Ausweitung des Niedriglohnsektors, zunehmende Erwerbsunterbrechungen und ein Anstieg der Wechsel zwischen Erwerbsformen hinterlassen bereits heute messbare Spuren in den Erwerbsbiografien und damit auch in den Rentenanwartschaften der kommenden Rentnergenerationen (Bogedan/Rasner 2008; Geyer/Steiner 2010). Das Zusammenspiel dieser Arbeitsmarktentwicklungen mit der seit der Riester-Rentenreform eingeleiteten Senkung des Rentenniveaus in der Gesetzlichen Rentenversicherung (GRV) und mit der Erhöhung des gesetzlichen Renteneintrittsalters lässt viele Sozialexperten mit einer Zunahme der Altersarmut rechnen. Gleichzeitig sind die private und betriebliche Altersvorsorge für die beschriebenen Risikogruppen des Arbeitsmarktes nur bedingt zugänglich und damit kein taugliches Mittel zur Bekämpfung von Altersarmut (ausführlich Leiber 2008, S. 10-11).

Selbst der ehemalige Vorsitzende des Sachverständigenrates zur Begutachtung der gesamtwirtschaftlichen Entwicklung und Verfechter des Drei-Säulen-Modells der Alterssicherung, Bert Rürup, räumte ein, die Stabilisierung der GRV-Finanzen durch die Rentenreformen der vergangenen Jahre gehe mit einem wachsenden Altersarmutsrisiko einher (Netzzeitung 2008). Rürup forderte daher die Einführung einer Mindestrente im GRV-System. Zudem hatten weniger als ein Jahrzehnt nach der Riester-Reform – wenn auch mit unterschiedlichen Schlussfolgerungen über die künftige Rolle von Sozialversicherung, Grundsicherung und privater Zusatzvorsorge – alle im Bundestag vertretenen Parteien das Thema Altersarmut oder Mindestsicherung im Alter programmatisch neu thematisiert (vgl. für einen Überblick Riedmüller/Willert 2009).

Vor diesem Hintergrund traf die Finanz- und Wirtschaftskrise ab 2008 das Rentensystem zusätzlich. Die Krise bewirkte in der politischen Debatte zunächst ein gewisses Innehalten, da die Alterssicherungssysteme in Nachbarländern, die noch stärker auf Privatvorsorge setzen, härter als in Deutschland von der Krise betroffen waren (OECD 2009). Die als unzeitgemäß und reformbedürftig angesehene Sozialversicherung erwies sich in der Krise darüber hinaus als wichtiger konjunktureller Stabilisator (Döring et al. 2010; Zwiener 2011). Gleichzeitig wuchsen mit der Krise jedoch auch die Zwänge zur Haushaltskonsolidierung, was den Spielraum für künftige Reformen einengt, die auf eine Verhinderung des Anstiegs der Altersarmut abzielen. Dies wirft Fragen auf: Welche wissenschaftlichen Befunde über die Wirkungen der Krise auf das deutsche Alterssicherungssystem liegen inzwischen vor? Und welche Lehren für das deutsche Alterssicherungssystem wurden aus der Krise gezogen?

Der Beitrag fragt also nach dem Einfluss der Krise auf das deutsche Rentensystem sowie auf die daran anschließende wissenschaftliche Alterssicherungsdiskussion in Deutschland. Die Analyse beruht auf einer Literaturstudie zu den Effekten der Krise auf die deutsche Alterssicherung und auf einem Vergleich ausgewählter, aus den Reihen der Wissenschaft entwickelter rentenpolitischer Reformkonzepte, die parallel zur oder im Anschluss an die Krise veröffentlicht wurden. Abschnitt zwei gibt zunächst einen knappen Überblick über Kritiken am deutschen Rentensystem der Nach-Riester-Ära, die bereits vor der Krise in der Diskussion waren. Abschnitt drei fragt danach, was über die Auswirkungen der Krise auf die gesetzliche, private und betriebliche Rentenversicherung bekannt ist, und vergleicht die „Krisenfestigkeit" der drei Säulen. Abschnitt vier blickt auf die rentenpolitischen Reformmodelle im Anschluss an die Krise und analysiert, inwiefern wissenschaftliche Konzepte auf die Krise reagiert haben. Abschnitt fünf kontrastiert die Befunde der Abschnitte 3 und 4 miteinander und diskutiert Wege in ein zukunfts- und armutsfestes Alterssicherungssystem.

2   Kritiken am Privatisierungspfad: sechs Argumentationslinien

Die unter der rot-grünen Regierung ab 2001 eingeleitete, sukzessive Umsteuerung von der Sozialversicherung auf die betriebliche und private Altersvorsorge war von zwei wesentlichen Zielvorstellungen geleitet: Die Beitragssätze im gesetzlichen Rentensystem sollten stabilisiert und die Alterssicherung sollte an die Anforderungen des demografischen Wandels, insbesondere der Bevölkerungsalterung, angepasst werden. Bereits vor bzw. jenseits der Diskussion um die Finanz- und Wirtschaftskrise wurde dieser „Paradigmenwechsel" (siehe z. B. Hinrichs 2004; Schmähl 2004; 2011) aus unterschiedlichen Perspektiven kritisiert. Nicht wenige Bilanzen zum zehnten Jahrestag der Riester-Reform fielen skeptisch aus. Gleichsam im Kurzüberblick lassen sich die darin angeführten Punkte in sechs Argumentationslinien bündeln, im Folgenden bezeichnet als Demografieargument, Verteilungsargument, Sicherungsargument, Überforderungsargument, makroökonomisches Argument sowie Legitimationsargument.

2.1 Das Demografieargument

Das *Demografieargument* setzt sich kritisch mit der weitverbreiteten Begründung für die Rentenprivatisierung auseinander, kapitalgedeckte Altersvorsorge sei weniger stark vom Wandel der Altersstruktur der Bevölkerung betroffen als das Umlageverfahren der Sozialversicherung. Autoren wie Bäcker (2007) oder Zwiener (2011) weisen darauf hin, dass auch das Kapitaldeckungsverfahren vom Miteinander der Generationen abhängig sei. Es bleibe nicht ohne Wirkung auf den Wert einer privaten Altersvorsorgeanlage, wenn einer großen Zahl älterer Menschen, die zu einem bestimmten Zeitpunkt ihr in Aktien, Immobilien oder Wertpapieren angelegtes Kapital veräußern wollen, eine geringere Anzahl jüngerer Menschen gegenübersteht, die bereit sind, dieses anzukaufen.

> „[A]uch durch eine Kapitaldeckung lässt sich der ökonomische Tatbestand nicht umgehen, dass die Sozialeinkommen nur aus dem laufenden Sozialprodukt finanziert werden können. Das für den Einzelnen nahe liegende Verhalten, durch Sparen bzw. durch den Abschluss von Lebensversicherungen vorzusorgen, um im Alter oder in ,schlechten Zeiten' dann von den Erträgen sowie von der Abschmelzung des Vermögens zu leben, ist aus gesamtwirtschaftlicher Sicht, d. h. für alle Bürger, nicht möglich. Eine Gesellschaft und Volkswirtschaft insgesamt kann spätere Ausgaben nicht durch ,Sparen' vorfinanzieren und damit die Belastungen zeitlich verschieben" (Bäcker 2007, S. 61).

Eine breite Streuung der Anlagen im Ausland, insbesondere in Schwellenländern mit einer geringeren demografischen Alterung, mindert diesen Effekt, geht jedoch mit schwer kalkulierbaren Wechselkursrisiken einher. Untersuchungen zum „Asset Meltdown" (vgl. Döring/Buth 2005), also zu einem drastischen Abschmelzen des für das Alter gebildeten Kapitalvermögens, erwarten zwar keinen Rendite-Crash, wenn die geburtenstarken Jahrgänge ab 2020 beginnen, in Rente zu gehen. Wohl aber sei mit geringeren Kapitalerträgen zu rechnen, und die Bedeutung von geschickten Anlagestrategien nehme zu. Auch weisen die Autoren auf die großen Unsicherheiten hin, mit denen Vorhersagen in diesem Bereich behaftet sind. Die jüngste Finanz- und Wirtschaftskrise untermauert diesen Befund. Börsch-Supan/Gasche/Ziegelmeyer (2009, S. 1) kommen mit Hilfe von Simulationsrechnungen auf Basis der SAVE-Befragung[1] zu dem Schluss, dass in der privaten Altersvorsorge der zu erwartende Renditerückgang durch den demografischen Wandel weitaus größer sei als der Renditerückgang durch die aktuelle Finanzkrise.

Im Lichte dieser Argumentation führt die Verlagerung auf die private Altersvorsorge also nicht zu einer Lösung der Demografieprobleme, allenfalls kann von einer Mischung aus neuen und alten Risiken gesprochen werden. Der neue Risikomix stellt jedoch nicht per se eine Verbesserung im Vergleich zum *status quo ante* dar, dies ist eine empirische Frage. Wissenschaftlich fundierte, empirische Aussagen darüber sind allerdings mit hohen Unsicherheiten verbunden. Das Zentrum für europäische Wirtschaftsforschung hält diese über eine längere Zeitperiode hinweg sogar für „grundsätzlich nicht möglich" (zit. n. Blank 2011b, S. 110).

2.2 Das Verteilungsargument

Während einige den Nutzen der Privatisierungsstrategie in Bezug auf die Minderung demografischer Risiken in Zweifel ziehen, kritisieren andere die damit verbundenen Verteilungswirkungen. Der Paradigmenwechsel in der Alterssicherung wurde damit begründet, dass die zahlenmäßig rückläufige „jüngere Generation" entlastet werden solle, welche die Alterssicherung der geburtenstarken Nachkriegsjahrgänge zu schultern habe (inter-generationelle Verteilungswirkungen). Die Kritik im Rahmen des *Verteilungsarguments* rückt dagegen die intragenerationellen Verteilungswirkungen in den Blick. Damit befasste Autoren weisen auf die Entlastung der öffentlichen Haushalte und Arbeitgeber bei gleichzeitiger steigender Belastung der Versicherten bzw. Privathaushalte hin (Steffen 2008; Logeay et al. 2009; Schmähl 2011). Dies hat den Effekt, dass die Versicherten (und zwar gerade die der „jüngeren Generation") über einen langen Zeitraum stärker belastet werden als unter den alten Rahmenbedingungen, wenn sie weiterhin ein gleichbleibendes Sicherungsniveau erzielen wollen. Zwar soll der Beitrag der reformierten gesetzlichen Rentenversicherung bis 2030 22 Prozent nicht übersteigen, der Arbeitnehmeranteil läge dann bei elf Prozent; gleichzeitig wurde jedoch das

---

1   SAVE (Sparen und Altersvorsorge in Deutschland) ist eine repräsentative Datenerhebung in Panel-Form über das Sparverhalten privater Haushalte in Deutschland, die vom *Mannheim Research Institute for the Economics of Aging* (MEA) zusammen mit TNS Infratest Sozialforschung seit 2001 durchgeführt wird.

GRV-Leistungsniveau gesenkt. Um die entstehende Rentenlücke auszugleichen, sollen die Versicherten – ohne Beteiligung der Arbeitgeber – rund vier Prozent des Bruttoeinkommens in Riester-Verträge einsparen. Die Gesamtbelastung liegt somit also bei 15 bzw. sogar bei bis zu 17 Prozent.[2] Der Sachverständigenrat für die Begutachtung der gesamtwirtschaftlichen Entwicklung (SVR 2004, Schaubild 73) geht davon aus, dass der Beitragssatz ohne Reformen bis zum Jahr 2030 auf rund 26 Prozent hätte steigen müssen. Der Anteil der Arbeitnehmer wäre dann mit 13 Prozent also deutlich geringer ausgefallen (Abb. 1).[3]

Abbildung 1: Beiträge zur Gesetzlichen Rentenversicherung 2030 – mit und ohne Riester-Reform

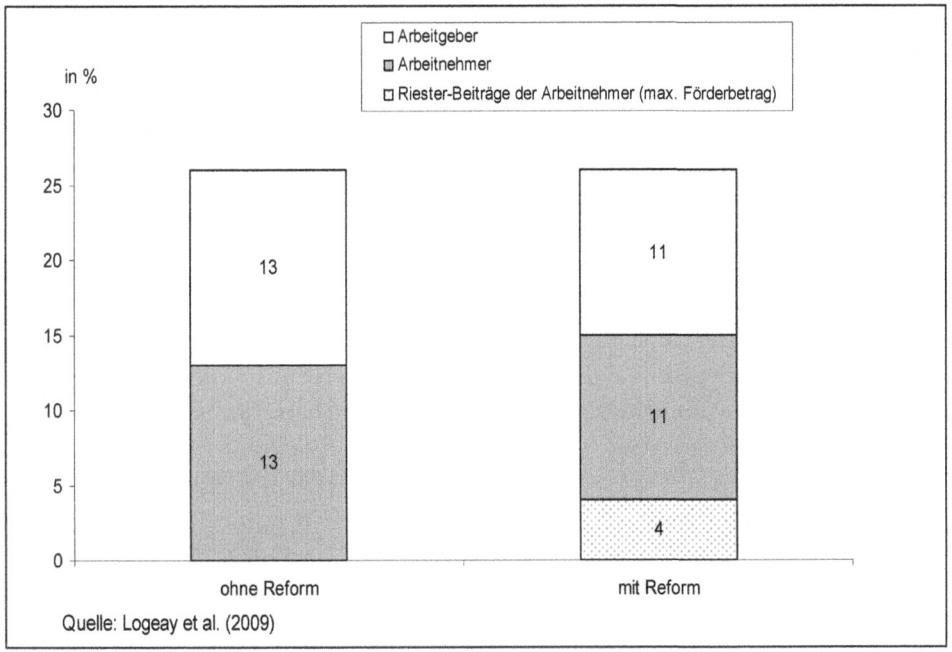

Quelle: Logeay et al. (2009)

---

2 Berechnet man die staatliche Riesterförderung mit ein, so liegt die Zusatzbelastung im Durchschnitt bei 3 Prozent. Diese Sparanstrengungen würden dann zwar die Niveausenkungen der Riester-Reform, nicht aber die der ebenfalls einschneidenden Leistungssenkungen des Rentenversicherungs-Nachhaltigkeitsgesetzes von 2004 ausgleichen. Dafür wären zusätzliche Sparanstrengungen der Arbeitnehmer in Höhe von rund 3 Prozent des Bruttoeinkommens notwendig (Steffen 2008).

3 Diese Berechnungen beruhen auf der Annahme einer durchschnittlichen jährlichen Verzinsung der Riester-Anlagen von vier Prozent, die als zu optimistisch kritisiert wird (z. B. Zwiener 2011, S. 19-20). Tritt diese Erwartung nicht ein, wächst der private Vorsorgeaufwand der Versicherten dementsprechend noch weiter an.

Neben die Kritik an der *Umverteilung der Finanzierungslast zu Ungunsten der Versicherten* tritt die Kritik an einer *erwartbaren Zunahme der Einkommensungleichheit im Alter*. Dafür werden vier zentrale Gründe angeführt (Schmähl 2011, S. 16-17): (1) Die Verteilung der auf dem Arbeitsmarkt erzielten Primäreinkommen wird ungleicher, was sich aufgrund des Äquivalenzprinzips auch in den Alterseinkünften niederschlägt; (2) die in der Gesetzlichen Rentenversicherung vorgesehenen Elemente des Solidarausgleichs (z. B. für Zeiten der Arbeitslosigkeit, Kindererziehung oder Pflege) fallen bei einem reduzierten GRV-Leistungsniveau weniger stark ins Gewicht, in der privaten und betrieblichen Altersvorsorge sind diese gar nicht vorgesehen; (3) neben einer ohnehin in der Bevölkerung unterschiedlich verteilten Vorsorgefähigkeit und Bereitschaft zur privaten Altersvorsorge hängt das am Ende erzielte Versorgungsniveau auch von individuell unterschiedlichen Anlagestrategien und -entscheidungen ab; (4) während alle Steuerzahler (v. a. bei indirekten Steuern) zur Finanzierung der staatlichen Förderung privater Altersvorsorge beitragen, nimmt eine Minderheit die Förderangebote in Anspruch. Absolut gesehen sind die finanziellen Anreize durch die staatlichen Subventionen für diejenigen mit hohem Einkommen besonders stark.[4]

Ein zusätzlicher Aspekt des Verteilungsarguments besteht schließlich in der *Ungleichbehandlung unterschiedlicher Erwerbsformen*, da im historisch gewachsenen Sozialversicherungsmodell abhängig Beschäftigte, Selbstständige und Beamte bezüglich der Versicherungspflicht und des Sicherungsmodells unterschiedlichen Bedingungen unterliegen (z. B. Döring 2008)[5], so dass sie auch auf unterschiedliche Weise von den Umstrukturierungen des GRV-Systems betroffen sind.

2.3 Das Sicherungsargument

In Zentrum des *Sicherungsarguments* stehen Probleme der *Lebensstandardsicherung* und *Armutsfestigkeit* des teilprivatisierten Rentensystems mit abgesenktem GRV-Leistungsniveau (Abb. 2). So zeige sich mit Blick auf die zukünftigen Renteneinkommen, „[…] dass selbst bei überaus optimistischen Annahmen (z. B. durchgängiger Erwerbsbeteiligung und voller Ausschöpfung der Förderung) dennoch viel-

---

4 Relativ zum eigenen Einkommensbeitrag profitieren dagegen Geringverdiener besonders stark, insbesondere wenn sie Kinder haben, die ab 2008 geboren sind. Bisher vorhandene empirische Untersuchungen zum Einfluss des Einkommens auf die Wahrscheinlichkeit, die Riester-Förderung in Anspruch zu nehmen, zeigen allerdings keine eindeutigen Ergebnisse (vgl. Blank 2011 mit weiteren Literaturverweisen).

5 Bei (Solo-)Selbstständigen ohne obligatorische Alterssicherung und bei Beschäftigten, die häufig zwischen Erwerbsformen wechseln, geht diese Ungleichbehandlung zudem mit besonderen Sicherungsrisiken einher (vgl. z. B. Ehler/Frommert 2009; Döring et al. 2010, S. 24-25).

fach die Nettoalterseinkünfte unter denen liegen werden, die ohne die jetzigen Reformmaßnahmen erreicht worden wären" (Schmähl 2011, S. 17; vgl. auch Viebrok 2006). Ein weiteres zentrales Problem besteht darin, dass das Invaliditätsrisiko nach den Leistungssenkungen in der GRV nur noch unzureichend abgedeckt ist und die private Absicherung dieses Risikos für bestimmte Berufsgruppen sowie für ältere Beschäftigte mit hohen Beitragsbelastungen einhergeht (Bäcker et al. 2011).

Abbildung 2: Entwicklung des Rentenniveaus vor Steuern 1985–2022, Höhe der Standardrente (mit 45 Versicherungsjahren) in % des durchschnittlichen Jahresentgelts

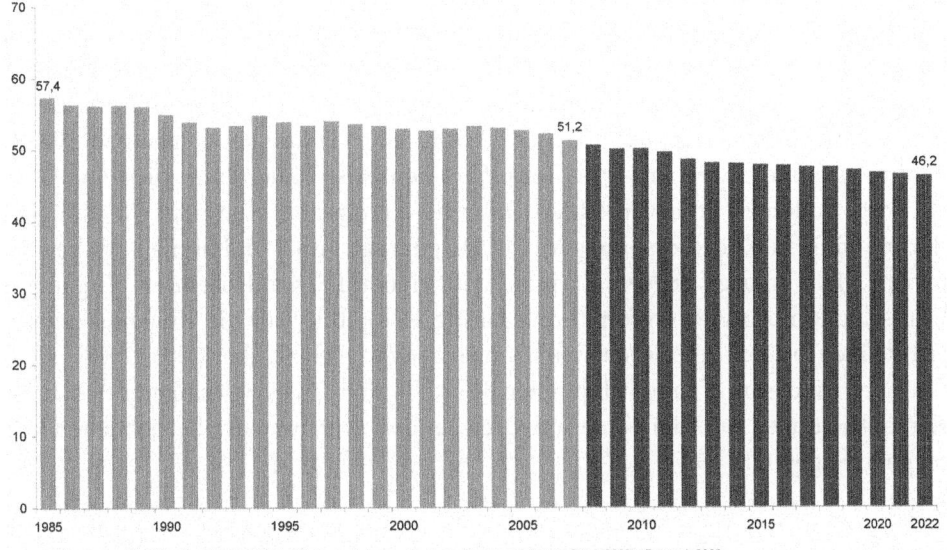

Quelle: www.sozialpolitik-aktuell.de; bis 2007 auf Basis von Daten aus Deutsche Rentenversicherung Bund (2008); Daten ab 2008: Vorausberechnungen aus Bundesregierung (2008).

Hinzu kommen die einleitend bereits beschriebenen Befunde hinsichtlich einer Zunahme des Altersarmutsrisikos, welche sich aus dem Zusammenspiel von Arbeitsmarktentwicklungen und Rentenreformen ergibt. Da Altersarmut nicht nur von individuellen Rentenanwartschaften und Vermögen abhängt, sondern auch vom Familien- und Haushaltskontext, kann schwer abgeschätzt werden, wie viele Personen bzw. Haushalte künftig auf Grundsicherung angewiesen sein werden. Auch in diesem Bereich gilt, dass die Datenlage, etwa über die Nutzung der Riester-Zusatzvorsorge, unbefriedigend ist. So weiß man zwar, dass inzwischen etwa ein Drittel der Förderberechtigten einen Riester-Vertrag abgeschlossen hat (rund 14

Mio. Verträge), doch der Umfang von Mitnahmeverhalten[6] ist ebenso unsicher wie
die Anzahl der Vertragswechsel und -kündigungen, das Volumen der Sparanstrengungen der Geförderten oder der Verbreitungsgrad des Riester-Sparens im
unteren Einkommensbereich (Blank 2011b; siehe auch Rieckhoff 2011; Schmähl
2011, S. 15).

Studien, welche veränderte Erwerbsbiografien abbilden (z. B. Untersuchungen
auf Basis der Studie Altersvorsorge in Deutschland/AVID 2005[7], die Studie von Ge-
yer/Steiner 2010 auf Basis des Sozio-oekonomischen Panels/SOEP oder die Analyse
von Tritschler/Kistler 2011), machen jedoch deutlich, dass sich die Entwicklungen
auf dem Arbeitsmarkt in den letzten Jahrzehnten sowie die jüngeren Rentenreformen erheblich auf die Rentenansprüche künftiger Rentnergenerationen, insbesondere in Ostdeutschland, auswirken. Kritiker argumentieren, die private und betriebliche Altervorsorge könne dies nur begrenzt auffangen. Denn trotz der umfangreichen staatlichen Zulagenförderung, die auch Niedrigeinkommensbezieher
und insbesondere Haushalte mit Kindern erhalten können, wirke die private Altersvorsorge „sozial selektiv" (Bäcker 2008, S. 365). Gerade bei denjenigen, die ohnehin aufgrund ihrer Erwerbs- und Familienkonstellation nur niedrige GRV-
Anwartschaften zu erwarten hätten, seien die Bereitschaft und/oder die Fähigkeit
zur freiwilligen Altersvorsorge geringer ausgeprägt. Auch im Rahmen der betrieblichen Altervorsorge (BAV) ist man von einem flächendeckenden Zugang in
Deutschland noch weit entfernt[8], und häufig ist die BAV für die eingangs genannten Risikogruppen des Arbeitsmarkts nicht zugänglich (Leiber 2005; 2008). Diese
Gruppen sind somit einem doppelten Risiko – dem Risiko geringer gesetzlicher
Rentenleistungen und dem einer unzureichenden privaten oder betrieblichen Vorsorge – ausgesetzt.

2.4 Das Überforderungsargument

Das *Überforderungsargument* greift das Thema der hohen Anforderungen der privaten Altersvorsorge an die Versicherten als Verbraucher auf, das bereits an anderer
Stelle angeklungen ist. Anbieter von Riester-Produkten sind zwar einem Zertifizie-
rungsverfahren unterworfen und an Auflagen gebunden, die dazu dienen sollen,

---

6   Davon wird gesprochen, wenn andere Vorsorgeformen durch die Riester-Vorsorge ersetzt werden,
    um in den Genuss der Förderung zu kommen, statt zusätzlich vorzusorgen.
7   Allgemein zur AVID 2005 vgl. etwa Frommert et al. (2008); zu künftigen Rentenanwartschaften
    Nürnberger (2007); kritisch zur Methode der AIVD 2005 Hauser (2007).
8   Hinzu kommt die durch die jüngeren Rentenreformen angestoßene Ausweitung von Durchfüh-
    rungsformen der BAV mit Beitrags- statt Leistungsprimat, wodurch die Anlagerisiken vom Arbeit-
    geber auf den Arbeitnehmer übertragen werden (ausführlich Leiber 2005, vgl. auch Abschnitt 3).

die Anlagensicherheit zu erhöhen. Dennoch gilt der Riester-Produktmarkt – selbst für informationsfähige und -willige Konsumenten, wie sie nicht durchweg und in allen Einkommens- und Bildungsschichten gleichermaßen vorauszusetzen sind (vgl. z. B. Frommert 2008; Blank 2011a) – als hochkomplex und funktioniert, wie zuletzt in der aktuellen Finanzmarktkrise deutlich wurde, unter Bedingungen hoher Unsicherheit. Dies weckt Bedenken, ob die Verbraucher auf diesem Markt überhaupt sinnvolle Entscheidungen treffen können. Hagen und Reisch (2010, S. 13) stellen in ihrer Studie zur Riesterrente daher fest:

> „Verbraucher [können] die Qualitätsunsicherheit gerade bei komplexen, langfristigen von zukünftigen Marktentwicklungen abhängigen Vertrauensgütern wie Altersvorsorgeprodukten selbst gestützt auf anbieterunabhängige und damit neutrale Produkttests nur begrenzt aufheben."

Gepaart mit der aus der Verhaltensökonomie bekannten Neigung von Verbrauchern zu irrationalem Verhalten, insbesondere was Entscheidungen betrifft, deren Wirkungen erst in ferner Zukunft spürbar werden, würden sich Märkte für private Rentenversicherungen also selbst bei guter Informationslage als störungsanfällig erweisen. Gleichzeitig weist die Untersuchung darauf hin, dass von einer guten Informationssituation derzeit nicht die Rede sein kann. Die Autorinnen kommen insgesamt zu dem Schluss, „[…] dass die Anbieter den Markt nicht zufrieden stellend bedienen, ihren Informationspflichten nur bedingt nachkommen und dass die Kosten intransparent sind" (ebd.). Hinzu kämen massive Datenlücken in zentralen Bereichen, wie etwa zu Renditeentwicklungen oder Kosten-Leistungs-Vergleichen der Riester-Produkte, was eine sinnvolle Marktbeobachtung und Evaluierung unmöglich mache. Der Staat lasse damit in mehrfacher Hinsicht einen Kontrollverlust zu, indem er einerseits die Altersvorsorge in die Verantwortung der Bürger lege und andererseits nicht die Voraussetzungen für eine systematische Marktbeobachtung schaffe (Blank 2011b).

2.5 Das makroökonomische Argument

Das *makroökonomische Argument* wurde in jüngerer Zeit vor allem durch Studien des Instituts für Makroökonomie und Konjunkturforschung (IMK) in der Hans-Böckler-Stiftung untermauert. Das Umschwenken von der Umlagefinanzierung auf Kapitaldeckung hemme das gesamtwirtschaftliche Wachstum, so die These. Das IMK simulierte die Entwicklung wirtschaftlicher Rahmendaten mit und ohne Einführung der Riester-Rente anhand von Modellrechnungen. Im Zuge der Rentenreformen sei die Sparquote der privaten Haushalte um knapp einen Prozentpunkt gestiegen, ihr Konsum schwächte sich um anderthalb Prozent ab. Dies habe die Wirtschaftskraft innerhalb von sechs Jahren real um fast ein Prozent gedämpft, das Beschäftigungsniveau um gut ein halbes Prozent. Für Deutschland, ein Land mit starker privater Ersparnisbildung und hohen Leistungsbilanzüberschüssen, sei das Kapitaldeckungsverfahren gesamtwirtschaftlich problematisch. Die daraus resultierende, vergleichsweise schlechte wirtschaftliche Entwicklung habe die Einsparungen des Staates bei den Ausgaben der Rentenversicherung somit wieder zunichtegemacht (Logeay et al. 2009; Zwiener 2011).

2.6 Das Legitimationsargument

Das *Legitimationsargument* hat seinen Ausgangspunkt in der Annahme, dass die institutionelle Ausgestaltung des Versichertenkreises, der Leistungshöhe und des Äquivalenzprinzips in Systemen sozialer Sicherung nicht nur bestimmte typische Problemlagen (z. B. mangelnde Armutsfestigkeit) oder Verteilungsergebnisse (z. B. Ungleichheit/Gleichheit von Alterseinkünften) bewirken, sondern auch die politische Unterstützung für Reformoptionen des Sicherungsmodells strukturieren (Seils 2011). Die Renten- und Arbeitsmarktreformen der vergangenen Jahre haben im Ergebnis dazu geführt, dass die GRV in Deutschland in Bezug auf ihren Versichertenkreis faktisch exklusiver wurde[9], bei einer deutlichen Verringerung des Leistungsniveaus und einer weitgehenden Konstanz[10] des im internationalen Vergleich eher starken Äquivalenzprinzips (Bogedan/Leiber 2011). Die Absenkung des Leistungsniveaus wird dazu führen, dass die Zahl der Beitragsjahre, die benötigt werden, um auf eine gesetzliche Rente oberhalb des Grundsicherungsniveaus zu kommen, bis 2030 deutlich ansteigt: für Durchschnittsverdiener von heute rund 27 auf etwa 33 Jahre, für Zwei-Drittel-Verdiener (66,67 Prozent des Durchschnittsentgelts) sogar von knapp 41 auf etwa 49 Beitragsjahre (Steffen 2011, vgl. auch Abb. 3). Die GRV wird dadurch sowohl für Gering- als auch Besserverdienende zunehmend unattraktiv (vgl. auch Schmähl 2011, S. 17f). Wenn die Rentenansprüche von Versicherten am oberen Ende der Einkommensskala trotz kontinuierlicher und nach wie vor spürbarer Beitragsbelastung von bis zu 22 Prozent kaum die Armutsgrenze überschreiten, liegt es nahe, dass die Institution der Sozialversicherung ihre

---

9   Dies hängt mit dem Einbruch der sozialversicherungspflichtigen Beschäftigung zwischen 1992 und 2008 zusammen, der den Deckungsgrad der GRV, d. h. den Anteil der GRV-Versicherten an der Erwerbsbevölkerung, reduzierte (ausführlich Bogedan/Leiber 2011).

10 Hier gab es parallele Entwicklungen, die einerseits zu einer Lockerung (z. B. Ausbau der Anrechnung von Kindererziehungs- und Pflegezeiten) und andererseits zu einer Straffung der Äquivalenzbezüge (z. B. geringere Anerkennung von Ausbildungszeiten, Auslaufen der Rente nach Mindesteinkommen) führten.

Akzeptanz und Legitimation in dieser Bevölkerungsgruppe verliert. Gleichzeitig führt die Absenkung des Rentenniveaus unter Beibehaltung eines ausgeprägten Äquivalenzprinzips für Geringverdiener dazu, dass für diese eine Absicherung jenseits der Armutsgrenze unerreichbar wird, so dass von dieser Seite ebenfalls mit Akzeptanzproblemen und einem Ausweichen in die Schattenwirtschaft oder in die (Schein-)Selbstständigkeit zu rechnen ist, welche die finanzielle Situation der GRV zusätzlich beeinträchtigen (Bogedan/Leiber 2011).

Abbildung 3: Erforderliche Anzahl an Beitragsjahren zur Deckung des Grundsicherungsbedarfs mit der Nettorente (Single, heutige Werte) (in %)

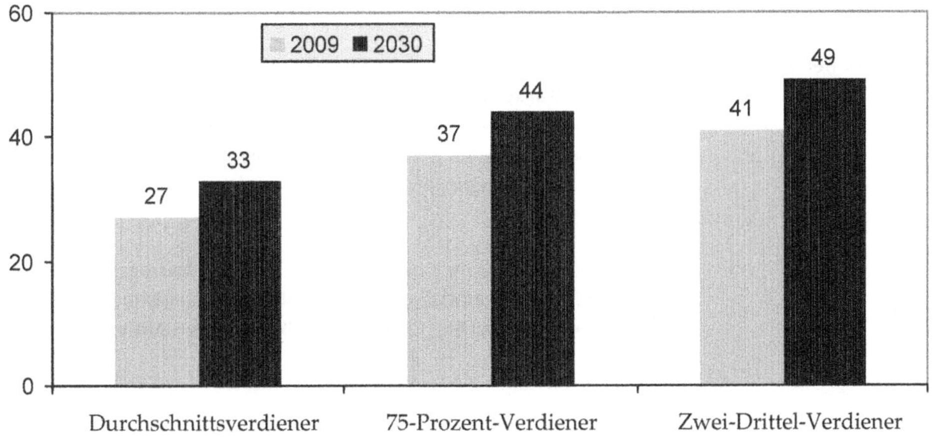

Quelle: Steffen (2011).

3 Wirkungen der Finanz- und Wirtschaftskrise auf das deutsche Alterssicherungssystem

Zu den in Abschnitt zwei angesprochenen diagnostizierten Problemen für das deutsche Alterssicherungssystem „post Riester" kam seit 2008 die Finanz- und Wirtschaftskrise hinzu, die alle Bereiche des Alterssicherungssystems betrifft. Beruhend auf einer Literaturanalyse werden in diesem Abschnitt die Mechanismen verglichen, wie die Krise auf jede der drei Säulen des Alterssicherungssystems wirkte, und – soweit vorhanden und sinnvoll möglich – Quantifizierungen der finanziellen Wirkungen gegenübergestellt.

Die OECD (2009) gehörte zu den Ersten, die international vergleichend und *die drei Alterssicherungssäulen betrachtend* eine Evaluierung der Krisenfolgen für den Bereich der Alterssicherung vorlegten. Diese Studie stellt die vergleichsweise hohe

„Krisenfestigkeit" des deutschen Rentensystems heraus, welche auf dem nach wie vor hohen Anteil der Umlagefinanzierung[11] sowie auf der in Deutschland vergleichsweise strengen Regulierung der Anlagebedingungen beruht. Die Wertverluste privater Pensionsfonds – bezogen auf das Jahr 2008 im Vergleich zum Vorjahr – betrugen in Deutschland daher auch „nur" sieben Prozent. Im Durchschnitt der OECD-Länder lagen diese dagegen bei 23 Prozent[12], in den USA sogar bei 26 Prozent.

Tabelle 2:   Besonders stark von der Krise betroffen …

Jüngere Arbeitskräfte/ Personen im Haupterwerbsalter	in der Regel nicht stark betroffen
Kurz vor der Verrentung stehende Personen	Versicherte in privaten älteren Systemen mit **Beitragsprimat** • v. a. bei Engagement in **risikoreicheren Aktiva** • v. a. wenn für Renteneintritt **regelmäßige Rentenzahlungen** gewählt wurden
Rentner	Rentner, die ihr Kapital aus Systemen mit **Beitragsprimat nicht in regelmäßige Rentenzahlungen** umgewandelt haben • v. a. bei **Engagement in risikoreicheren Aktiva**

Quelle: OECD (2009, S. 26).

Die OECD-Studie arbeitet zudem heraus, welche Personengruppen bzw. welche Arten der Altersvorsorge besonders hart von der Krise betroffen sind. Bei jüngeren Arbeitskräften und Personen im Haupterwerbsalter wird davon ausgegangen, dass bis zu deren Renteneintritt noch genügend Zeit verbleibt, um eine Erholung der Märkte abzuwarten und die erlittenen Verluste wieder auszugleichen. Personen, die kurz vor der Verrentung stehen, sind dagegen in der Regel zeitnah auf das Entsparen ihres Kapitals angewiesen und müssen daher höhere Verluste in Kauf nehmen. Dies gilt vor allem in bereits länger bestehenden Systemen mit Beitragsprimat[13], insbesondere wenn dabei ein hohes Engagement in risikoreicheren Akti-

---

11 Der Anteil der Gesetzlichen Rentenversicherung an den Rentenausgaben liegt in Deutschland immer noch bei rund 80 Prozent (Logeay et al. 2009, S. 2).
12 Bei diesem Wert wurden die Einzelwerte nach Wirtschaftsleistung der Länder gewichtet, der ungewichtete Durchschnitt beträgt 17,4 Prozent.
13 In Systemen mit Leistungsprimat bekommen die Arbeitnehmer für den Renteneintritt einen bestimmten Endbetrag zugesichert, das Anlagerisiko liegt bei den Arbeitgebern. Beim Beitragsprimat

va vorlag und/oder für den Renteneintritt regelmäßige Rentenzahlungen gewählt wurden. Auch derzeit bereits in Rente befindliche Personen können – wiederum vor allem in älteren Systemen mit Beitragsprimat und mit risikoreicheren Anlagestrategien – besonders hart von der Krise betroffen sein. Für diese erwies es sich zudem als ungünstig, wenn sie ihr Kapital nicht in Form regelmäßiger Rentenzahlungen ausgezahlt bekommen, deren Höhe auf Basis der Vorkrisenzeit berechnet wurde. Für die Personen kurz vor dem Ruhestand stellten sich regelmäßige Rentenzahlungen somit als eher ungünstig heraus, für Rentner als günstig. Dies untermauert das oben genannte Überforderungsargument, denn es wird deutlich, wie schwierig es für Verbraucher ist, „gute" Anlageentscheidungen zu treffen.[14]

Die Studie von Börsch-Supan/Gasche/Ziegelmeyer (2009) zu den Wirkungen der Krise auf die *private Altersvorsorge* kommt zu dem Ergebnis, dass *kurzfristige* Wertverluste (hier Werte für 2008 im Vergleich zum Referenzszenario ohne Krise) von 8,5 Prozent des allgemeinen Finanzvermögens die Folge waren. Generell seien private Altersvorsorgeprodukte weniger betroffen als die Finanzanlagen allgemein oder reine Aktienprodukte (Wertverluste von 40 Prozent), im Durchschnitt werden dafür drei Prozent Verlust konstatiert. Ein in Deutschland nach wie vor weitverbreitetes Anlageprodukt, die *Kapitallebensversicherung*, sei u. a. aufgrund des geringen Engagements in Aktien von massiven Wertverlusten weitgehend verschont geblieben. Die Verzinsung sei von 2007 auf 2008 allerdings um rund 1,1 Prozentpunkte gesunken (ebd., S. 7). Zudem stellen die Autoren fest, dass 14 Prozent der Haushalte zehn Prozent des Finanzvermögens verloren und 4,8 Prozent der Haushalte sogar extreme Verluste von 25 Prozent ihres Finanzvermögens erlitten hätten (ebd., S. 3). Auch wenn die Wirkung der Krise in Deutschland insgesamt vergleichsweise „moderat" ausfiel, dürfen die Durchschnittswerte also nicht über beträchtliche Verluste bestimmter Gruppen hinwegtäuschen. Die Untersuchung nimmt auch Modellrechnungen mit einer *längerfristigen* Perspektive vor, welche die Vermögensverluste differenziert nach Geburtsjahrgängen über das gesamte Erwerbsleben hinweg bis zum Renteneintritt fortschreiben. Die Vorausschau auf solche längeren Zeiträume ist allerdings mit hohen Unsicherheiten behaftet, so dass auf die quantitativen Ergebnisse hier nicht im Detail eingegangen wird. Interessant ist jedoch der bereits in Abschnitt zwei angesprochene Befund der Simulationsstudie, dass der langfristige Renditerückgang durch den demografischen Wandel für die jüngeren Geburtskohorten weit höher einzuschätzen sei als der

---

wird von den Arbeitgebern lediglich die Einzahlung bestimmter Beträge gewährleistet, deren Ertrag bei Rentenbeginn an die Arbeitnehmer ausgezahlt wird. Das Anlagerisiko liegt in diesem Fall bei den Arbeitnehmern.

14 In diesem Fall hätte man nicht nur vorausahnen müssen, dass eine solche Krise entsteht, sondern auch, ob diese in einen Zeitraum vor oder nach dem eigenen Renteneintritt fällt.

längerfristige Renditerückgang durch die Finanzkrise (ebd., S. 1) – ein Beleg für das oben erläuterte Demografieargument. Gasche/Ziegelmeyer (2010) weisen zudem im Sinne des Sicherungsarguments darauf hin, dass die Finanz- und Wirtschaftskrise die Nachfrage nach Riester-Verträgen gedämpft habe.

Für den Bereich der *Betrieblichen Altervorsorge* (BAV) hängen die Wirkungen der Krise stark vom Grad der Regulierung sowie von der jeweiligen Durchführungsform und -art ab. Ebbinghaus/Wiß (2011) stellen in ihrer international vergleichenden Studie fest, dass streng regulierte betriebliche, kapitalgedeckte Zusatzrenten, sei es unter Aufsicht der Tarifparteien oder unter staatlicher Kontrolle, besser durch die Krise gekommen seien. Oben wurde bereits deutlich, dass Versicherte in *Systemen mit Beitragsprimat* stärker von der Krise betroffen sind als Versicherte in *Systemen mit Leistungsprimat*. Bei *Direktzusagen* oder *Unterstützungskassen*[15] schlägt die Finanzkrise nicht unmittelbar auf die Rentenleistungen durch. Es kann aber zu Kürzungen von Betriebsrenten kommen, wenn die schlechte Wirtschaftsentwicklung die Auftragslage und die finanzielle Situation des Unternehmens beeinträchtigt. Bei Unternehmensinsolvenzen tritt der Pensionssicherungsverein ein und sichert – für Versicherte, die mindestens fünf Jahre eingezahlt haben und älter als 30 Jahre sind – zumindest die eingezahlten Beträge (ausführlich Döring 2009). Bei der *Direktversicherung* schließt der Arbeitgeber bei einer Versicherungsgesellschaft (häufig als Gruppenvertrag) für die Arbeitnehmer eine Versicherung ab. Dabei sind das Versicherungsunternehmen und die Arbeitgeber Vertragspartner, Begünstigte sind jedoch die Arbeitnehmer. Die Auswirkungen der Krise auf die Direktversicherungen sind daher mit den Auswirkungen auf die Kapitallebensversicherungen (s. o.) vergleichbar. Eine *Pensionskasse* ist unabhängig vom Unternehmen des Arbeitgebers und trifft eigene Entscheidungen zur Anlage der eingezahlten Beträge. Die Arbeitnehmer haben einen direkten Anspruch gegenüber dieser Versorgungseinrichtung, die versicherungsrechtlichen Bestimmungen unterliegt. Bei den seit 2001 in Deutschland zugelassenen *Pensionsfonds* handelt es sich im Prinzip um Pensionskassen, denen aber eine größere Anlagefreiheit zugestanden wird, weshalb sie eine etwas höhere Krisenanfälligkeit besitzen.

---

15 Bei *Direktzusagen* bilden die Arbeitgeber Pensionsrückstellungen für die Arbeitnehmer und sind dafür haftbar, dass die zugesagte Versorgung auch tatsächlich erfüllt wird. In der Regel erfolgt die Auszahlung der Betriebsrente direkt von den Arbeitgebern an die Arbeitnehmer. Eine *Unterstützungskasse* ist eine *von* einem oder mehreren Arbeitgebern als Trägerunternehmen gebildete Versorgungseinrichtung in Form eines Vereins oder einer GmbH. Diese übernimmt für die Arbeitgeber aus den eingezahlten Beiträgen die Auszahlung der Betriebsrente. Die Arbeitnehmer haben weiterhin einen direkten Anspruch gegenüber den Arbeitgebern.

Auch die *Gesetzliche Rentenversicherung* bleibt von einer solchen Krise nicht unberührt. Die rückläufige Lohnentwicklung, steigende Kurzarbeit[16] sowie wachsende Arbeitslosigkeit wirken sich über die an den versicherungspflichtigen Bruttoeinkommen orientierten Rentenanpassungen auf den aktuellen Rentenwert und damit auf die längerfristigen „impliziten Renditen"[17] der GRV aus. Börsch-Supan/Gasche/Ziegelmeyer (2009)[18] betonen daher auch, dass private und gesetzliche Altervorsorge in Art und Umfang sehr ähnlich von der Krise betroffen seien.

Außer Acht bleibt bei dieser Betrachtungsweise allerdings die zentrale Bedeutung der GRV als ein automatischer Stabilisator der Nachfrage in der Krisensituation (Zwiener 2011, S. 17). Im Gegensatz zu Systemen mit (hohen Anteilen) kapitalgedeckter Altersvorsorge führt die Krise durch die starke Stellung der GRV nicht zu unmittelbaren Einbrüchen in den Konsumausgaben der Rentner. Die infolge der Krise abgegebene Rentengarantie – so umstritten diese auch zu Recht war[19] – lässt zudem das GRV-System in Krisensituationen als leichter politisch steuerbar erscheinen.

4 Nach der Finanz- und Wirtschaftskrise: Wege in ein zukunfts- und armutsfestes Alterssicherungssystem

Inwiefern hat die Finanz- und Wirtschaftskrise nun die Reformdiskussion im Bereich der Alterssicherung geprägt? In diesem Abschnitt wird argumentiert, dass dies in einem eher geringen Ausmaß der Fall war. Betrachtet man die wissenschaftlichen Reformmodelle, die während oder nach der Krise zur Diskussion gestellt wurden, so fallen zwei Dinge auf: Langjährige, namhafte Befürworter der (Teil-)Privatisierung der Alterssicherung betonen auch nach der Krise die ähnliche Betroffenheit aller drei Alterssicherungssäulen und sehen weiterhin in der Mischung aus Umlagesystem und Kapitaldeckung einen zukunftsweisenden Weg.

---

16 Zum problematischen Zusammenspiel von Kurzarbeit und Rentenanpassungen nach dem heutigen Rentenrecht vgl. Döring et al. (2009, S. 16-17).

17 Zu den Problemen und methodischen Fallstricken direkter Renditevergleiche zwischen privater und gesetzlicher Altersvorsorge vgl. jedoch Logeay et al. (2009, S. 4-6).

18 Vgl. auch die komplementäre Studie Börsch-Supan/Gasche/Wilke (2009).

19 Die Rentengarantie wurde als Wahlgeschenk an die Rentner kritisiert. Leidtragende seien die jüngeren Generationen, da diese die unterbliebenen Rentenkürzungen nachholen oder mit Beitragssatzsteigerungen bezahlen müssten (z. B. Börsch-Supan/Gasche/Wilke 2009, S. 6f). Gleichzeitig wirkte die Maßnahme auf dem Höhepunkt der Krise jedoch auch konjunkturstabilisierend. Döring et al. (2009, S. 16f) weisen darauf hin, dass sich die Frage einer Rentenkürzung bei einem Herausrechnen des Kurzarbeitergeldes aus der Rentenanpassungsformel gar nicht gestellt hätte.

„Die symmetrische Betroffenheit aller Systeme stärkt die Einsicht, dass der Einzelne mit einer Mischung aus Kapitaldeckung und Umlagesystem den demografischen Herausforderungen am besten begegnet werden kann [sic!]. Die Auswirkungen der Finanzkrise ändern an dieser Erkenntnis nichts" (Börsch-Supan/Gasche/Ziegelmeyer 2009, S. 53).

Kritiker, die vor der Krise die Probleme des teilprivatisierten Alterssicherungssystems in den Mittelpunkt stellten, tun dies nach der Krise mit noch mehr Nachdruck und noch stärkerer Betonung der zentralen Bedeutung und der Stabilisierungsfunktion der GRV. Auch hier werden allerdings keine grundlegend neuen Antworten aus der Krise abgeleitet, die „alten Antworten" – darunter etwa der Ausbau der GRV zu einer Erwerbstätigenversicherung, mindestsichernde Elemente in der GRV, die Rückkehr zu einem höheren, verbindlichen Sicherungsziel in der ersten Alterssicherungssäule sowie der Ausbau der Steuerfinanzierung – werden jedoch mit größerer Vehemenz vorgebracht:

„Die gegenwärtige Finanz- und Wirtschaftskrise unterstreicht vor allem die Notwendigkeit einer starken umlagefinanzierten Säule als Kern des Gesamtalterssicherungssystems. Das Umlageverfahren trägt nicht das Risiko von direkten Anlageverlusten infolge massiver Einbrüche in verschiedenen Segmenten des Finanzmarktes. [...] Jedoch braucht die Gesetzliche Rentenversicherung Reformen, die ein Mehr an Stabilität schaffen. Dazu gehört die Rückkehr zu einem expliziten Sicherungsziel, nachdem dieses im Zuge der Riesterreform 2002 von einer eher beitragsorientierten Ausrichtung abgelöst worden ist" (Döring et al. 2009, S. 24).

Dies heißt nicht, dass keine konkreten krisenbezogenen Anpassungsmaßnahmen diskutiert wurden. Döring et al. (2009, S. 5, 17) schlagen beispielsweise vor, zukünftig die Nachhaltigkeitsreserve in der GRV wieder auf mindestens drei Monatsausgaben zu erhöhen sowie den Effekt der Kurzarbeit auf die Bruttolohn- und Gehaltssumme pro Kopf herauszurechnen, um prozyklische Effekte der Rentenanpassungen zu vermeiden. Insgesamt wurden jedoch bereits bestehende Ansichten durch die Krise weniger stark „ins Wanken gebracht", als man es auf den ersten Blick hätte erwarten können.

Nach wie vor lassen sich in der Forschungsdiskussion Verfechter dreier zentraler Reformperspektiven unterscheiden: (1) diejenigen, welche die Probleme des heutigen Alterssicherungssystems (und der Krise) durch mehr Regulierung für die Privatversicherung ausgleichen wollen, (2) diejenigen, die einen Umbau der gesetzlichen Rente in ein universelles Grundsicherungssystem anstreben und (3) diejenigen, die die Rückkehr zur Lebensstandardsicherung in der GRV bzw. den Ausbau der GRV zur lebensstandardsichernden Erwerbstätigenversicherung vorschlagen.

Der Ruf nach *mehr Regulierung für die private und betriebliche Altersvorsorge* begleitet die Reformdiskussion bereits seit Anfang 2000, denn von Beginn an wurde, zumindest für den Bereich der betrieblichen Altersvorsorge, eine verpflichtende Lösung in Erwägung gezogen (vgl. auch Leiber 2005). Diese Vorstellung konnte sich bislang allerdings weder im Hinblick auf die private noch im Hinblick auf die betriebliche Altersvorsorge politisch durchsetzen. Auf eine Minderung privater Anlagerisiken für die Versicherten zielt zudem Hausers (2010, S. 183) Vorschlag einer inflationsindexierten Riesterrente. Dieser sieht die Einführung eines „[...] zusätzlichen relativ sicheren Riesterprodukts [vor], in dessen Kapitalstock ausschließlich inflationsindexierte Staatsanleihen aufgenommen werden". Eine solche Riesterrente solle der nach der Krise angestiegenen Verunsicherung der Verbraucher entgegenwirken und zu einer Ausweitung ihrer Inanspruchnahme beitragen. Der Vorschlag lasse sich auch mit einem Riesterobligatorium kombinieren bzw. bekomme unter diesen Umständen eine zusätzliche Relevanz. Insbesondere unter der Voraussetzung, dass die Inflationsrate über einen längeren Zeitraum (bei Riesterprodukten in der Regel mindestens 30 Jahre) durchschnittlich bei über zwei Prozent liege, sei eine niedriger verzinste, dafür jedoch inflationsindexierte Anleihe für die Versicherten von Vorteil gegenüber einer höher verzinsten, nicht inflationsindexierten Anlageform. In der Tat würde der Vorschlag für finanziell vorsorgefähige Riestersparer mehr Sicherheit gegenüber dem Inflationsrisiko bringen. Dies wäre ein Fortschritt – auch im Sinne des in Abschnitt zwei diskutierten Überforderungsarguments. Die Erfahrungen mit einem Obligatorium wie z. B. in Polen, das nach 1990 sein Rentensystem auf eine verpflichtende private Teil-Altersvorsorge umgestellt hat, lassen allerdings massive organisatorische Umsetzungsprobleme erkennen (Ratajczak 2005). Zudem trägt eine stärkere Regulierung der Privatvorsorge als alleinige Maßnahme den unter den Stichworten „Rentenlücke" und „Armutsfestigkeit" angesprochenen Problemen nicht hinreichend Rechnung. Hauser konstatiert, dass die implizite Normalverzinsung der inflationsindexierten Anlage bei einer Inflationsrate von durchschnittlich zwei Prozent über einen Zehnjahreszeitraum bei rund 3,392 Prozent liege (Hauser 2010, S. 184). Die Verzinsung bleibt also hinter den von der Bundesregierung unterstellten vier Prozent zurück, d. h. der private Vorsorgeaufwand wächst zusätzlich, wenn die Versicherten die durch die GRV-Leistungskürzungen entstehende Rentenlücke schließen wollen.[20] Problematisch ist dies insbesondere für Arbeitslose sowie für Personen im Niedriglohnsektor und in prekären Beschäftigungssituationen. Auf deren gestiegene Altersarmutsrisiken sowie mangelnde finanzielle Vorsorgemöglichkei-

---

20 Auch mit der inflationsindexierten Riesterrente stellt sich somit das Problem der Mehrbelastungen der (jüngeren) Versicherten im Vergleich zu einem Szenario ohne Riester- und Folgereformen im Sinne des oben genannten Verteilungsarguments.

ten geben weder das Obligatorium noch die Inflationsindexierung eine ausreichende Antwort.

Anders verhält es sich mit Vorschlägen, die darauf zielen, das Alterssicherungssystem in Richtung einer *universellen Grundsicherung* umzubauen, auf deren Vielzahl, Vielfalt und spezifische Problemlagen in diesem Rahmen allerdings nicht im Einzelnen eingegangen werden kann. Diese Debatte ist nach wie vor lebhaft und auch nach Beginn der Krise gab es noch neue Vorschläge. Dazu gehörte auch das Modell eines „universellen Alterssicherungssystems mit Mindestrente" von Meinhardt/Grabka (2009). Gemeinsam ist diesen Reformansätzen, dass sie das Alterssicherungssystem von der in Deutschland traditionell starken Erwerbszentrierung lösen wollen, indem der Versichertenkreis auf alle Bürgerinnen und Bürger ausgeweitet wird und Formen einer nicht bedürftigkeitsgeprüften Mindestsicherung oberhalb des Grundsicherungsniveaus in das gesetzliche System integriert werden. Diese Modelle zielen also ausdrücklich auf die Armutsprävention für Risikogruppen des Arbeitsmarktes ab und verlangen von Personen mit hohen Einkommen einen höheren Solidarbeitrag. Das Modell von Meinhard und Grabka sieht zur Gegenfinanzierung der Mindestrente u. a. vor, die Beitragsbemessungsgrenze aufzuheben. Das Äquivalenzprinzip wird bei diesem Vorschlag aus verfassungsrechtlichen Gründen für Leistungen bis zur 1,5-fachen Durchschnittsrente beibehalten. Für Beiträge, die zu darüberliegenden Renten führen, soll jedoch eine stark regressive Berechnung gelten. Ein solcher Reformweg gibt also interessante Antworten auf das Armutsproblem, er würde die Umverteilung von oben nach unten im gesetzlichen Alterssicherungssystem stärken. Eine Lebensstandardsicherung im Alter könnte jedoch in einem solchen System lediglich über die private oder betriebliche Zusatzvorsorge erreicht werden – mit allen (krisenbedingten) Implikationen einer starken Rolle privater und betrieblicher Altersvorsorgeformen im Alterssicherungssystem, die in diesem Artikel bereits angesprochen wurden. Bestehen bleiben in einem solchen System zudem die Defizite im Sinne des eingangs genannten Legitimationsarguments: Während das System für Geringverdiener aufgrund der armutsfesten Mindestrente zwar deutlich an Attraktivität gewänne, würde das Problem Unterversicherung der Besserverdienenden sogar noch verstärkt. Diese müssten über Steuern oder höhere Beitragszahlungen einen zusätzlichen Solidarbeitrag leisten und bekämen am Ende dennoch keine Leistung, die zur Lebensstandardsicherung ausreichen würde, da das (schrittweise weiter absinkende) Rentenniveau in dem Modell nicht Reformgegenstand ist.

Das letztgenannte Problem könnte durch eine *Rückkehr zur Lebensstandardsicherung in der GRV* bei gleichzeitiger Erweiterung des Versichertenkreises *(Erwerbstätigenversicherung)* und der Einführung mindestsichernder Elemente *(Rente nach Mindesteinkommen)* – wie im jüngst von Dedring et al. (2010) vorgelegten

Reformvorschlag vorgesehen – behoben werden. Darin wird die Verbindung von Armutsfestigkeit und Lebensstandardsicherung im Rahmen der GRV angestrebt, die private und die betriebliche Altersvorsorge werden in den Rang der „Zusatzvorsorge" zurückgestuft, die krisenstabilisierende Wirkung dadurch aus Sicht der Autoren verstärkt. Das „Rentenniveau nach Sozialversicherungsbeiträgen"[21] soll nach diesem Vorschlag von heute 52,3 wieder auf 56 Prozent angehoben werden. Zudem soll das Erwerbsminderungsrisiko wieder besser abgesichert werden. Kombiniert mit den mindestsichernden Elementen und der Ausweitung der Pflichtversicherung wird auch das Armutsproblem dadurch deutlich abgefedert. Erkauft werden müsste dies allerdings durch einen deutlichen Anstieg des Beitrags- und Steuerfinanzierungsaufwands. Nach Schätzung der Autoren würde der Beitragssatz unter diesen Voraussetzungen im Jahr 2030 bei 27 bis 28 Prozent statt bei 22 Prozent liegen. Auch die Bundeszuschüsse zur GRV würden deutlich steigen (für 2009 beispielsweise um rund 14 Mrd. Euro). Gleichzeitig würde der private Vorsorgeaufwand sinken, und die Arbeitgeber wären über die paritätische Verteilung der Beiträge in der GRV an der Finanzierung wieder stärker beteiligt, sodass es für die Versicherten nicht zwingend zu Mehrbelastungen gegenüber dem Status quo kommen müsste. Auch dieser Weg setzt auf Prävention von Altersarmut statt auf nachträgliche Linderung, die sonst ebenfalls – von den kommenden Generationen und über das Grundsicherungssystem – vom Staat finanziert werden müsste. Allerdings müssten dafür hohe Beitragssatzsteigerungen in Kauf genommen werden, deren Beschäftigungswirkungen umstritten sind, und der Vorschlag steht aufgrund der unmittelbar benötigten Steuermehreinnahmen politisch im Widerspruch zu den Anforderungen der (krisenbedingten) Haushaltskonsolidierung.

5   Schlussbetrachtung: Aufwachen oder weitermachen?

Dieser Beitrag fragte im Rahmen einer Literaturstudie nach den Auswirkungen der Finanz- und Wirtschaftskrise auf das deutsche Alterssicherungssystem sowie auf die wissenschaftlichen Beiträge zur rentenpolitischen Debatte im Anschluss an die Hochphase der Krise. Auf Basis der in Abschnitt zwei dargestellten Argumentationslinien zur Privatisierung des Alterssicherungssystems wurde deutlich, dass bereits vor der Krise der seit Anfang 2000 eingeschlagene Weg mit beachtlichen „Nebenwirkungen" verbunden war. Die Krise selbst verlieh diesen Problemen

---

21 Anders als bei der gängigen Messgröße des „Rentenniveaus vor Steuern" werden dabei die unterstellten privaten Vorsorgeaufwendungen von bis zu vier Prozent des beitragspflichtigen Bruttoeinkommens nicht mit abgezogen, sondern lediglich die Sozialversicherungsbeiträge.

zwar zusätzliches Gewicht. Der Blick auf die wissenschaftliche Debatte um die zukünftige Entwicklung des Alterssicherungssystems zeigt jedoch trotz Krise eine bemerkenswerte Kontinuität – sowohl auf Seiten der Befürworter als auch seitens der Skeptiker eines (weitreichenden) Privatisierungsweges. Von einem wirklichen „Aufwachen" kann nicht die Rede sein. Dies liegt sicher nicht zuletzt daran, dass die Krise in Deutschland vergleichsweise moderat ausfiel und die wirtschaftliche Talfahrt nicht zu lange andauerte – wenngleich gezeigt wurde, dass sie für einige Bevölkerungsgruppen durchaus gravierende Folgen hatte. Zudem fällt auf, dass ausgerechnet diejenigen Elemente des Rentensystems, welche seit Anfang 2000 schrittweise ausgebaut werden – das Prinzip des Beitragsprimats sowie ein hoher Verbreitungsgrad der Privatvorsorge – im OECD-Vergleich als „wunde Punkte" der Rentensysteme in der Krise identifiziert wurden. Man sollte nicht vergessen: In der aktuellen Finanz- und Wirtschaftkrise und zehn Jahre nach der Riester-Reform war das deutsche Drei-Säulen-System noch nicht vollständig umgesetzt. Verläuft die Entwicklung weiter wie geplant, werden diese Elemente bis 2030 weiter ausgebaut und könnten in einer neuen Krise schwerer wiegen.

Von den drei grundlegenden Wegen der Weiterentwicklung des Alterssicherungssystems, die hier aufgezeigt wurden – (1) mehr Regulierung für die Privatversicherung, (2) die GRV als universelle Grundsicherung und (3) eine lebensstandardsichernde Erwerbstätigenversicherung – ist keiner ohne Dornen. Während Weg eins jedoch nur wenige der in Abschnitt drei angesprochenen Probleme des deutschen Alterssicherungssystems „post Riester" berührt, liegt Weg zwei im Mittelfeld und Weg drei vermag die meisten Problempunkte aufzugreifen. Über Weg drei könnten sowohl die Defizite in punkto Armutsfestigkeit als auch die Legitimationsdefizite des heutigen GRV-Systems ausgeglichen werden. Folgt man dem in Abschnitt zwei erläuterten Demografieargument, ist dieser Weg zudem nicht zwingend weniger „demografiefest" als das Drei-Säulen-Modell. Politisch müssten dafür aber substanzielle Beitrags- und Steuererhöhungen in Kauf genommen werden. Auch wenn das deutsche Alterssicherungssystem die Krise dieses Mal noch mit einem blauen Auge überstanden hat, wobei auch die GRV von ihr nicht unberührt blieb, zeigt der Blick auf die Forschungs- und Finanzkrisenliteratur nach rund zehn Jahren Riester-Reform vielfältige Handlungsbedarfe auf, die ein bloßes „Weitermachen" auf dem Pfad der Rentenprivatisierung fragwürdig erscheinen lassen.

Literaturverzeichnis

Bäcker, G. (2007), Sozialstaat und demografische Entwicklung, in: Zukunft des Sozialstaats –
    Sozialpolitik: Tagungsdokumentation im Auftrag der Friedrich-Ebert-Stiftung, Bonn,
    (WISO-Diskurs), verfügbar unter http://library.fes.de/pdf-files/wiso/05033.pdf, abgeru-
    fen am 1.5.2011

Bäcker, G. (2008), Altersarmut als soziales Problem der Zukunft?, in: Deutsche Rentenversi-
    cherung 4/2008 (63), S. 357-357

Bäcker, G./Kistler, E./Stapf-Finé, H. (2011), Erwerbsminderungsrente – Reformnotwendig-
    keit und Reformoptionen, WISO Diskurs, Friedrich-Ebert-Stiftung, Bonn

Blank, F. (2011a), Wohlfahrtsmärkte in Deutschland – Eine voraussetzungsvolle Form der
    Sozialpolitik, in: WSI-Mitteilungen 1/2011a (64), S. 11-18

Blank, F. (2011b), Die Riesterrente – Überblick zum Stand der Forschung und sozialpoliti-
    sche Bewertung nach zehn Jahren, in: Sozialer Fortschritt 6/2011b, 109-115

Börsch-Supan, A./Gasche, M./Wilke, C. B. (2009), Auswirkungen der Finanzkrise auf die
    Gesetzliche Rentenversicherung, ihre Beitragszahler und ihre Rentner, meaStudies09,
    MEA, Mannheim

Börsch-Supan, A./Gasche, M./Ziegelmeyer, M. (2009), Auswirkungen der Finanzkrise auf
    die private Altersvorsorge, MEA, Mannheim

Bogedan, C./Rasner, A. (2008), Arbeitsmarkt + Rentenreform = Altersarmut?, in: WSI-
    Mitteilungen 3/2008 (61), S. 133-138

Bogedan, C./Leiber, S. (2011), Exogene oder politisch erzeugte Probleme? Die Erosion des
    deutschen Sozialversicherungsmodells 1990–2010, in: Seils, E./Bogedan, C./Leiber, S.
    (Hrsg.), Sozialversicherung: Wandel, Wirkung, Weiterentwicklung, VS Verlag, Wies-
    baden (im Erscheinen)

Bundesregierung (2008), Rentenversicherungsbericht 2008, Berlin

Dedring, K.-H. et al. (2010), Rückkehr zur lebensstandardsichernden und armutsfesten Ren-
    te, WISO Diskurs, Friedrich-Ebert-Stiftung, Bonn

Deutsche Rentenversicherung Bund (2008), Rentenversicherung in Zeitreihen, Berlin

Döring, D./Buth, R. (2005), Stehen wir vor der Gefahr eines Asset-Meltdowns im Zuge der
    demographischen Entwicklung?, Studie im Auftrag der Hans-Böckler-Stiftung, Frank-
    furt a. M.

Döring, D. (2008), Wege zur armutsfesten Alterssicherung, in: Deutsche Rentenversicherung
    4/2008 (63), S. 401-413

Döring, D. (2009), Ist die Rente krisensicher?, in: Mitbestimmung 3/2009, verfügbar unter:
    http://www.boeckler.de/107_94428.html, abgerufen am 1.6.2011

Döring, D. u.a. (2010), Kurzfristige Auswirkungen der Finanzmarktkrise auf die sozialen
    Sicherungssysteme und mittelfristiger Handlungsbedarf. Expertise im Auftrag der
    Friedrich-Ebert-Stiftung und der Hans-Böckler-Stiftung, WISO-Diskurs, Friedrich-
    Ebert-Stiftung, Bonn

Ebbinghaus, B./Wiß, T. (2011), Taming pension fund capitalism in Europe: collective and
    state regulation in times of crisis, in: Transfer 1/2011 (17), S. 15-28

Ehler, J./Frommert, D. (2009), Für eine Pflichtversicherung bei Selbstständigkeit ohne obliga-
    torische Alterssicherung, in: Deutsche Rentenversicherung 1/2009 (64), S. 36-57

Frommert, D. (2008), Zur Evaluation der Bildungskampagne „Altersvorsorge macht Schule", in: Deutsche Rentenversicherung 8/2008 (63), S. 327-342

Frommert, D./Ohsmann, S./Rehfeld, U. G. (2008), Altersvorsorge in Deutschland 2005 (AVID 2005) – Die neue Studie im Überblick, in: Deutsche Rentenversicherung 1/2008 (63), S. 1-19

Gasche, M./Ziegelmeyer, M. (2010), Verbreitung der Riester-Rente – Hat die Finanz- und Wirtschaftskrise Spuren hinterlassen? MEA discussion paper no. 198/2010

Geyer, J./Steiner, V. (2010), Künftige Altersrenten in Deutschland: Relative Stabilität im Westen, starker Rückgang im Osten, in: DIW-Wochenbericht 11, Berlin

Hagen, K./Reisch, L. A. (2010), Riesterrente: Politik ohne Marktbeobachtung, DIW-Wochenbericht 8, Berlin

Hauser, R. (2007), Altersarmut unterschätzt. Kritik an der Methode der aktuellen Studie AVID 2005, in: Soziale Sicherheit 12/2007, S. 416-419

Hauser, R. (2009), Vorschlag für eine inflationsindexierte Riesterrente, in: Soziale Sicherheit 5/2009, S. 183-184

Hinrichs, K. (2004), Alterssicherungspolitik in Deutschland: Zwischen Kontinuität und Paradigmenwechsel, in: Stykow, P./Beyer, J. (Hrsg.), Gesellschaft mit beschränkter Hoffnung. Reformfähigkeit und die Möglichkeit rationaler Politik, Wiesbaden, S. 266-286

Leiber, S. (2005), Formen und Verbreitung der betrieblichen Altersvorsorge – eine Zwischenbilanz, in: WSI-Mitteilungen 6/2005 (58), S. 314-321

Leiber, S. (2008), Armutsvermeidung im Alter: Handlungsbedarf und Handlungsoptionen, WSI-Diskussionspapier Nr. 166/2008, verfügbar unter: http://www.boeckler.de/pdf/p_wsi_diskp_166.pdf, abgerufen am 1.5.2011

Logeay, C./Meinhardt, V./Rietzler, K./Zwiener, R. (2009), Gesamtwirtschaftliche Folgen des kapitalgedeckten Rentensystems, IMK-Report Nr. 43, Düsseldorf

Meinhardt, V./Grabka, M. (2009), Grundstruktur eines universellen Alterssicherungssystems mit Mindestrente, WISO-Diskurs, Friedrich-Ebert-Stiftung, Bonn

Netzzeitung.de (2011), Rürup befürchtet zunehmende Altersarmut, 05.01.2008, verfügbar unter: http://www.netzeitung.de/wirtschaft/wirtschaftspolitik/869770.html, abgerufen am 1.5.2011

Nürnberger, I. (2007), Was bekommen künftige Rentner? Neue AVID-Studie liefert wichtige Trendaussagen, in: Soziale Sicherheit 12/2007, S. 405-416

OECD (2009), Renten auf einen Blick: Renteneinkommenssysteme in den OECD-Ländern, Paris

Ratajczak, J. (2005), Das neue Altersrentensystem in Polen. Konzept, erste Erfahrungen und Probleme, in: Deutsche Rentenversicherung 2-3/2005 (60), S. 186-202

Rieckhoff, C. (2011), Wohin steuert die Riester-Rente? – Stand der Forschung, Kritik der Ergebnisse und zukünftiger Forschungsbedarf, in: Deutsche Rentenversicherung 1/2011 (66), S. 87-104

Riedmüller, B./Willert, M. (2008), Zukunft der Alterssicherung. Analyse und Dokumentation der Datengrundlage aktueller Rentenpolitik, Gutachten im Auftrag der Hans-Böckler-Stiftung, Berlin

Riedmüller, B./Willert, M. (2009), Aktuelle Vorschläge für eine Mindestsicherung im Alter, Gutachten im Auftrag der Hans-Böckler-Stiftung, Berlin

Schmähl, W. (2004), Paradigm Shift in German Pension Policy: Measures Aiming at a New Public-Private Mix and Their Effects, in: Rein, M./Schmähl, W. (Hrsg.), Rethinking the Welfare State. The Political Economy of Pension Reform, Cheltenham/Northampton, S. 153-204

Schmähl, W. (2011), Warum ein Abschied von der „neuen deutschen Alterssicherungspolitik" notwendig ist, ZeS-Arbeitspapier Nr. 01, Bremen

Seils, E. (2011), Die politische Ökonomie der Sozialversicherung, in: Seils, E./Bogedan, C./Leiber, S. (Hrsg.), Sozialversicherung: Wandel, Wirkung, Weiterentwicklung, VS Verlag, Wiesbaden (im Erscheinen)

Steffen, J. (2008), Grundsicherung im Alter und die „Riester"-Rente, Arbeitnehmerkammer Bremen, Januar, Bremen

Steffen, J. (2011), Money for nothing? – Lohnt sich die Ausweitung der Rentenversicherungspflicht?, in: spw 2/2011, S. 37-40

SVR (2004), Sachverständigenrat zur Begutachtung der gesamtwirtschaftlichen Entwicklung, Jahresgutachten (2004/2005): Erfolge im Ausland – Herausforderungen im Inland

Trischler, F./Kistler, E. (2011), Gute Erwerbsbiographien, Arbeitspapier 4: Wandel im Erwerbsverlauf und Rentenanspruch: Der Einfluss des Wandels der Erwerbsverläufe auf die individuellen Anwartschaften in der gesetzlichen Rentenversicherung, INIFES, Internationales Institut für Empirische Sozialökonomie, Stadtbergen

Viebrok, H. (2006), Künftige Einkommenslage im Alter, in: Deutsches Zentrum für Altersfragen (Hrsg.): Einkommenssituation und Einkommensverwendung älterer Menschen, VS Verlag, Berlin

Zwiener, R. (2011), Lehren aus der Finanzmarktkrise – Kurskorrektur bei der Rentenversicherung erforderlich, in: spw 2/2011, S. 17-21

Andreas Jansen, Jutta Schmitz

Die Relevanz der Regelaltersgrenze in der GRV: Eine theoretische und empirische Bestandsaufnahme

1 Problemstellung

In modernen Industriegesellschaften wird der Verlauf eines Lebens ganz wesentlich von vier Komponenten geprägt: Erwerbstätigkeit, soziale Sicherung, Geschlecht und Alter. Das Zusammenspiel dieser Kerngrößen bedingt nicht nur die individuelle Lebenssituation, sondern entfaltet auch im gesamtgesellschaftlichen Kontext prägende Integrations- und Teilhabewirkungen. Im Zentrum steht dabei die individuelle Erwerbstätigkeit, da durch Arbeitsentgelte nicht nur Lebensunterhalt und Lebensstandard Einzelner gesichert werden, sondern durch Steuern und Beiträge auch staatliche Verwaltungsstrukturen und gesamtgesellschaftliche Sicherungsinstanzen finanziert werden. Sie gewähren im eingetretenen Schadensfall eine soziale (Ab-)Sicherung, die mindestens Armut vermeidet und maximal den Lebensstandard erhält. An der Wichtigkeit sozialstaatlicher Sicherungsinstanzen bestehen daher keine Zweifel, ihre handlungsleitende Relevanz – insbesondere für einzelne, individuelle Lebens(ver)läufe – ist jedoch umstritten. Zunehmend ungewisser wird vor allem die Prägekraft institutioneller „Sollbruchstellen" (Solga 2009, S. 6), die (angeblich) dazu dienen, die verschiedenen Lebensphasen relativ deutlich voneinander zu trennen. Im Kontext der Rentenversicherung galt dementsprechend die Regelaltersgrenze lange als institutionelle Entscheidungshilfe, die den Zeitpunkt des Renteneintritts prägte.

Im Rahmen des vorliegenden Beitrags wird der Frage nachgegangen, welche Relevanz die gesetzliche Regelaltersgrenze, die derzeit noch bei 65 Jahren liegt, bis 2029 aber auf das vollendete 67. Lebensjahr angehoben wird, tatsächlich für den Renteneintritt der Versicherten hatte und bis heute hat. Nach einem kurzen Überblick über das Feld wird die Lebensphase „Ruhestand" zunächst theoretisch im Kontext der Lebenslaufforschung verortet. Schließlich werden drei Thesen generiert, die im weiteren Verlauf zu untersuchen sind. Abschließend werden die Ergebnisse zusammenfassend diskutiert und in einem Ausblick Zukunftsperspektiven und Reformoptionen besprochen, zu deren bisheriger Erforschung auch Gerhard Bäcker maßgeblich beigetragen hat.

2   Die Soziologie des Lebenslaufs – ein (kurzer) Überblick

Der „Soziologie des Lebenslaufs" geht es grundsätzlich um die Frage, „wie Gesellschaft individuelle Lebensläufe beeinflusst" (Sackmann 2007, S. 7). Dabei gilt es, Kenntnisse über den Zusammenhang zwischen institutionellen Rahmungen und individuellen Dynamiken zu gewinnen (vgl. Leisering 2001), sie strukturell im Kontext von Herkunft, Geschlecht, Alter und Ethnizität zu verorten bzw. zu hinterfragen (vgl. Heinz 2009, 2000, 1996) und mit Blick auf historische Bedingungen und Veränderungen sowie wohlfahrtsstaatliche Eingriffe und Regulierungen über den gesamten Lebensverlauf hinweg zu betrachten (vgl. Anxo et al. 2010; Apitzsch 2009; Mayer 1995 und 1987; Ryder 1965).

Um die Forschungsarbeiten dieser Disziplin zu überblicken, findet sich in der Literatur eine ganze Reihe verschiedener Ansätze. In einer chronologisch-historischen Betrachtungsweise werden zum einen die Anfänge der soziologisch-empirischen Lebenslauf- und Biografieforschung auf die zweite Hälfte des 20. Jahrhunderts (genauer die 1960er Jahre) datiert und die Forschungserkenntnisse anschließend in ihrer zeitlichen Abfolge reflektiert (siehe bspw. Sackmann 2007 und 1998; Scherger 2007). Eine zweite Form der Systematisierung ergibt sich durch eine Differenzierung nach Disziplinen. So unterscheidet Naegele beispielsweise zwischen einem ökonomischen Strang (mit Schwerpunkt auf biometrischen, ökonomischen, politischen und/oder familiären Risiken), einem soziologischen Strang (mit Schwerpunkt auf Statuspassagen) und einem entwicklungspsychologischen Strang (mit Schwerpunkt auf der individuellen Bewältigung von „critical-life-events") (vgl. Naegele 2010, S. 31f). Drittens lassen sich die bisherigen Arbeiten und Erkenntnisse der Lebenslaufforschung anhand sozialer Tatbestände oder sozio-demografischer Gruppen fassen oder im Kontext politischer Gegenstandsbereiche und Prozesse resümieren. Hierbei werden entweder konkrete Lebensabschnitte und Problemlagen betrachtet oder die Lebensverläufe in ihrem spezifischen Zusammenhang mit sozialpolitischen Entscheidungen oder wohlfahrtsstaatlichen Wirkungen analysiert (siehe bspw. Anxo et al. 2010; Diewald 2010; Leisering 2004; Geissler 2007).

Unterm Strich wird durch jeden der genannten Zugänge jedoch eines deutlich: Die Lebens(ver)laufsforschung hat bislang ein riesiges Bündel an empirischen Befunden und theoretischen Erklärungen hervorgebracht. Ein Großteil der Ergebnisse muss an dieser Stelle ausgeklammert bleiben, um die Theoriediskussion zu fokussieren, die für die hier vorliegende Fragestellung von besonderer Bedeutung ist. Aufgrund ihrer makrostrukturellen Sichtweise beschränken wir uns auf die im Rahmen der Sozialisationsforschung entstandene Theorie der Institutionalisierung des Lebenslaufs nach Kohli[1] (1985, 1986, 2003) sowie auf ihre im Kontext des vorliegenden Beitrags relevante Weiterentwicklung und Kritik.

3 Ruhestand und Ruhestandsentscheidungen zwischen Individuum und Institution

Kohli begreift den Lebenslauf als „soziale Tatsache eigener Art" und konzeptualisiert ihn als „[...] soziale Institution [...] im Sinne eines Regelsystems, das einen zentralen Bereich oder eine zentrale Dimension des Lebens ordnet" (Kohli 1985, S. 1). Mit der „Institutionalisierung des Lebenslaufs" wird somit ein Programm beschrieben, das den Ablauf des Lebens in eine eindeutige Sequenz von Positionen und Lebensphasen bringt und darüber hinaus als biografischer Orientierungsrahmen dient. Sie mündet nach Kohli in eine Dreiteilung des Lebenslaufs, in dessen Zentrum das Erwerbssystem steht. In einer am chronologischen Lebensalter ausgerichteten, standardisierten Betrachtung kann demnach zwischen der Vorbereitungsphase (Kindheit/Jugend), der Erwerbsphase („aktives" Erwachsenenleben) und der Ruhestandphase (Alter) unterschieden werden. Institutionelle Grundlagen dieser Dreiteilung sind das Bildungs- und das Rentensystem, die als organisatorische Einheiten zur chronologischen Ausdifferenzierung des Lebenslaufs beitragen. Indem sie Kriterien vorgeben, die das Lebensalter zum entscheidenden Einflussfaktor machen (etwa durch Schulpflicht oder abschlagsfreien Rentenzugang), konstruieren sie verbindliche Altersgrenzen (vgl. Kohli et al. 1993; Kohli 1989, 1986, 1985). In Anlehnung an diese Modellvorstellung sind insbesondere zwei Diskussionsstränge zu identifizieren: Zur Debatte steht einerseits, wessen Lebenslauf durch diese Dreiteilung beschrieben wird, und andererseits, welche handlungsleitende Relevanz den künstlich geschaffenen Altersgrenzen der Institutionen tatsächlich innewohnt.

Die zentrale Kritik aus der Perspektive der Gender-Forschung mündet in den Hinweis, dass mindestens von *zwei* „normalen" Lebenslaufmustern – einem männlichen und einem weiblichen – auszugehen ist. Dabei ist bereits der „Modellcharakter" des männlichen Lebenslaufs umstritten, der in seiner Konzeption sehr eng an die Vorstellungen des Male-Breadwinner-Modells geknüpft ist und seine Strukturierung letztlich nur durch den Bezug auf die Sphären Wirtschaft und Arbeits-

---

1 Im Rahmen dieses Beitrags werden Kohlis Überlegungen als theoretische Schablone herangezogen. Dennoch soll nicht unerwähnt bleiben, dass der institutionalisierte, dreigeteilte Lebenslauf nach Kohli zwar als „klassischer" Ansatz in der Soziologie des Lebenslaufs gilt; jedoch ist er nicht nur von Weiterentwicklungen flankiert, sondern wird auch durch völlig alternative Konzepte – wie beispielsweise Riley und Rileys Überlegungen zur einer „altersintegrierten" Lebenslaufstruktur – in Frage gestellt (vgl. Riley/Riley 1994a und 1994b, Sackmann 2008 und 2007; Amrhein 2004).

markt, in Form der nach Beruf und Status differenzierten Erwerbskarriere, erlangt. Gleichzeitig soll damit jedoch ein weitaus umfassenderes Programm der gesamten Lebensführung beschrieben werden (vgl. Geissler 2007).

Beim weiblichen Lebenslauf muss darüber hinaus mindestens zwischen zwei Varianten unterschieden werden, dem traditionellen und dem modernisierten Muster. Während der traditionelle Lebenslauf von Frauen durch die Ehe geprägt ist und zum überwiegenden Teil auf den privaten Raum beschränkt bleibt, ist für den modernisierten Lebenslauf die Kombination von Erwerbsarbeit und Familienverantwortung charakteristisch (vgl. Geissler 2007, S. 29). Auch diese dichotome Sichtweise verkennt jedoch die Vielseitigkeit weiblicher Lebensläufe, die sich immer noch in mindestens drei Dimensionen deutlich vom männlichen Muster unterscheiden. Nach wie vor zeigt sich *erstens* im Bildungswesen eine Ungleichstellung der Geschlechter, die institutionell „zementiert" wird. *Zweitens* ist auch im Erwerbssystem eine egalitäre Teilhabe der Geschlechter nicht zu beobachten, eine Tatsache, die nicht zuletzt durch kontrastierende Anreizstrukturen und institutionell verankerte Wirkungsmechanismen begünstigt wird. Sie führen zu einer weitaus unstetigeren und schlechteren materiellen Versorgung von Frauen im Erwerbsverlauf, was sich darüber hinaus in der gesamten sozialen (Ab-)Sicherung (insbesondere im Hinblick auf die erworbenen Leistungsansprüche im Rentenbezug) fortsetzt. Auch in Bezug auf die Zeitverwendung sind *drittens* deutliche geschlechtsspezifische Unterschiede zu konstatieren. Hier schlagen nicht nur die Differenzen auf dem Arbeitsmarkt zu Buche, sondern insbesondere auch die geschlechtlich geprägten Abweichungen im Bereich unbezahlter Haus- und generativer Sorgearbeit (vgl. Sachverständigenkommission Gleichstellungsbericht 2011, S. 5ff). Diese Ergebnisse und Trends können nicht linear nur einem der beiden oben genannten weiblichen Lebenslaufmuster zugeschrieben werden. Beispielsweise ist der traditionelle weibliche Lebenslauf keineswegs nur auf die reine Hausfrauentätigkeit und Sorgearbeit beschränkt, sondern wird nicht selten mit diskontinuierlicher Erwerbsarbeit und Erwerbsarbeitszeit kombiniert. Daher erscheint es insgesamt fragwürdig, von einer „weiblichen Normalbiografie" zu sprechen. Die hier nur grob skizzierten Befunde legen es nahe, die Lebenslaufmuster von Frauen, über die dichotome Unterscheidung in einen traditionellen und einen modernisierten Verlauf hinaus, weiter auszudifferenzieren.

Weniger kontrovers diskutiert als die Geschlechterfrage ist die Annahme, dass gesellschaftliche Institutionen wie das Bildungssystem, der Arbeitsmarkt und die Rentenversicherung den Lebenslauf beeinflussen und die verschiedenen Lebensphasen strukturell prägen (vgl. Sackmann 2007, S. 21). In diesem Kontext ist der Ruhestand als integrativer Bestandteil der Normalbiografie anerkannt. Er wird durch institutionelle Berechtigungsmechanismen eingeleitet und hat in den letzten hundert Jahren stark an Bedeutung gewonnen. In dieser Zeit hat nicht nur die Zahl derjenigen, die eine bestimmte Altersgrenze erreichen, zugenommen, sondern auch die Zahl derer, die nach Erreichen dieser Grenze nicht mehr arbeiten, ist stark angestiegen. Diese „Paradoxie der gesellschaftlichen Rationalisierung"[2] steht nach Kohli im klaren Zusammenhang mit der Rentenversicherung, da die hier definierte Altersgrenze auch faktisch zur Grenze der Beteiligung am Erwerbsleben geworden ist. Obwohl sie dem Wertekanon und den Systemanforderungen moderner Gesellschaften zu widersprechen scheint, leitet sie für einen Großteil der Bevölkerung eine strukturell eigenständige Lebensphase mit einem annähernd einheitlichen Beginn und einer beachtlichen Länge ein (vgl. Kohli et al. 1993; Kohli 2000).

In der empirischen Perspektive unterscheidet Kohli zwei Ebenen der Institutionalisierung dieser Grenzziehung: die Verhaltenswirksamkeit und die Bedeutung für die Akteure. Damit unterstellt er konkret eine Wirksamkeit institutioneller Arrangements und Regelungen zum (vorzeitigen) Rentenbezug auf der einen Seite, auf der anderen Seite gesteht er der Altersgrenze eine Orientierungsfunktion als Planungsgröße und Alterskategorisierung zur subjektiven Gliederung des Lebenslaufs insgesamt zu (vgl. Kohli 2000). In welcher Intensität die Altersgrenze individuelle Lebensläufe tatsächlich prägt und welchen Einfluss individuelle Handlungsentscheidungen fernab der Einwirkung institutioneller Vorgaben besitzen, ist jedoch umstritten. Stärker als Kohli betont Mayer in seinem Konzept der Lebens*verläufe* beispielsweise die Wirksamkeit von institutionalisierten Altersgrenzen. Individuelle Handlungsentscheidungen ordnet er der „alles andere überdeckenden Kraft der Strukturen" (Scherger 2007, S. 26) unter und betont damit die prägende Kraft insbesondere wohlfahrtsstaatlicher Regelungen. Auch wenn Mayer das Übergangsverhalten im Lebenslauf insgesamt als ein „Mischprodukt […] aus kollektiven, institutionellen und ‚privaten' Entscheidungen" (Mayer/Müller 1986, S. 62) erfasst, begreift er die individuellen Handlungsentscheidungen stets als institutionell vorbestimmt und durch Anreize und Sanktionen geprägt. So verdichtet sich der Lebensverlauf insgesamt zu einem „endogenen Kausalzusammenhang", in dem die verschiedenen Lebensabschnitte und Umbrüche zusammenwirken (vgl. Mayer 1987; Mayer/Müller 1986; Scherger 2007). Demgegenüber ist aus einer mehr akteurszentrierten Perspektive gesehen der Beitrag des Individuums „beträchtlich". Hier ist es das Individuum, das die institutionellen Normalitätsunterstellungen mit den gesellschaftlichen Handlungsorientierungen und ihren kulturellen Bedeutungen in Einklang bringt (Leisering et al. 2001, S. 15) und damit auch Ruhestandsentscheidungen weitaus selbstbestimmter trifft, als dies der Ansatz von

---

2   Gemeint ist eine dynamische Gesellschaftsentwicklung, in der sich auf der einen Seite die strukturelle Bedeutung von Arbeit verstärkte, während auf der anderen Seite gleichzeitig die Lebensphase jenseits von Erwerbsarbeit an Bedeutung gewonnen hat (vgl. Kohli 2000, S. 16) .

Mayer vorsieht. Diese kurzen Einblicke zeigen bereits, dass die theoretischen Einschätzungen über die Verbindlichkeit von institutionalisierten Altersgrenzen teilweise beträchtlich divergieren. Fraglich ist, welche Relevanz der gesetzlichen Altersgrenze in der deutschen Rentenversicherung empirisch zu plausibilisieren ist. Ihrer Diskussion werden im vorliegenden Beitrag drei Thesen zugrunde gelegt, die im folgenden Abschnitt in Anlehnung an aktuelle Forschungsperspektiven und Trends entwickelt werden.

4   Die Relevanz der Regelaltersgrenze in der GRV – eine theoretische Annäherung

Die Institutionalisierung des Lebenslaufs löst nach Kohli strukturelle Problemlagen, indem das chronologische Alter als Orientierungsgröße zur Rationalisierung staatlicher Leistungssysteme beiträgt, eine Richtung für die Lebensführung vorgibt und sie sozial kontrolliert, Nachfolgeregelungen für Subsysteme wie den Arbeitsmarkt trifft und vor allem eine Integrationsarbeit leistet, die die betriebliche und die private Lebenswelt miteinander verbindet (vgl. Kohli 1985). Diese Integrationswirkung des dreigeteilten Lebenslaufs wird insbesondere innerhalb von individualisierungstheoretischen Ansätzen in Zweifel gezogen, die in den letzten Jahren vor allem die Destandardisierung von Lebensläufen thematisieren. Sie basieren auf der Annahme, dass die Standardisierung der Lebensläufe mit einer steigenden Individualisierung der Akteure abnimmt.

Konkret bedeutet die Destandardisierung des Lebenslaufs eine größere Streuung und Varianz von Übergangsdauer und -mustern, eine abnehmende Dominanz von verbreiteten Übergängen, Sequenzen und Abläufen und damit eine steigende Ausdifferenzierung der Übergänge und Lebensphasen insgesamt[3] (vgl. Konietzka 2010; Scherger 2007; Brückner/Mayer 2005).

Diese auf den gesamten Lebenslauf bezogene Kontroverse wird in der empirischen Forschung unter anderem symptomatisch anhand der anhaltenden Debatte über den Wandel des Arbeitsmarktes geführt. Hier sind insbesondere drei Forschungsstränge zu unterscheiden: Studien und Diskussionen über die Erosion des

---

3   Die „Destandardisierung des Lebenslaufs" als Forschungsperspektive stellt in analytischer Hinsicht einen zumindest teilweise eigenständigen Problemkreis dar, der in der Regel mit einer kohortenvergleichenden Analyse von Lebensläufen in historisch fest definierten Zeiträumen bearbeitet wird. Trotz gemeinsamer Schnittmengen ist dieser Ansatz nicht nur semantisch von Begriffen wie De-Institutionalisierung, Entstrukturierung, Flexibilisierung oder auch Individualisierung des Lebenslaufs abzugrenzen, weshalb wir an dieser Stelle ausdrücklich auf die „Destandardisierung des Lebenslaufs" Bezug nehmen (vgl. Konietzka 2010; Scherger 2007).

Normalarbeitsverhältnisses sowie zunehmende Unsicherheiten im Erwerbsleben[4] stehen Untersuchungen gegenüber, die die Stabilität von Beschäftigung trotz ausdifferenzierter Beschäftigungsverhältnisse und Erwerbsverläufe betonen[5]. Quer zwischen diesen beiden Polen liegt die Diskussion über die Fragmentierung des Erwerbssystems durch die zunehmende Flexibilisierung und Prekarisierung.[6] Dieses Forschungsprogramm schlägt sich schließlich in einer vitalen und vielseitigen Diskussion der Übergänge in den Ruhestand sowie des Gewichts der Regelaltersgrenze nieder, die in Anlehnung an die bereits theoretisch divergierenden Positionen unterschiedliche Ergebnisse und insbesondere Interpretationen über die Verbindlichkeit der Altersgrenze in der gesetzlichen Rentenversicherung hervorbringt. In diesem Zusammenhang räumt beispielsweise auch Kohli selbst ein, dass eine „gewisse Aufweichungstendenz" im Hinblick auf die starre Einhaltung der Regelgrenze zum Bezug einer Altersrente bestehe, attestiert ihr jedoch weiterhin auf beiden Ebenen eine nach wie vor prägende Verbindlichkeit (Kohli 2003, S. 15).

In Abgrenzung zu diesen Annahmen und Ergebnissen liegt unserem Beitrag die These zugrunde, dass die gesetzliche Regelaltersgrenze, abgesehen von den ersten Jahren nach Einführung der dynamischen Rente im Jahre 1957, nie eine wirkliche Orientierungsmarke für die Versicherten dargestellt hat *(These 1)*. Vielmehr erfolgte die Orientierung in erster Linie an den institutionellen Möglichkeiten zum vorzeitigen Rentenbezug, die es auch nach Inkrafttreten der Gesetzgebung zur „Rente mit 67" geben wird *(These 2)*. Entsprechend wird sich die Orientierungsfunktion der Regelaltersgrenze, so unsere *dritte These*, perspektivisch durch die Einführung der Rente mit 67 Jahren und die parallel dazu beschlossene Schließung von zwei prominenten Frühverrentungspfaden, nämlich der Altersrente wegen Arbeitslosigkeit oder nach Altersteilzeit und der Altersrente für Frauen, nicht verbessern. Vielmehr werden die Renteneintrittsgrenzen weiter ausfransen, und zwar weiterhin nach unten, in Anbetracht der bereits thematisierten Prekarisierungstendenzen und unsteter werdenden Erwerbsverläufe und einer damit direkt verbundenen steigenden Problematik von Altersarmut aber sicherlich auch nach oben.

---

4   Siehe bspw. Mückenberger 2010 und 1985; Mayer-Ahuja 2003.
5   Siehe bspw. Knuth/Erlinghagen 2006; Erlinghagen 2005; Erlinghagen/Knuth 2002.
6   Siehe bspw. Jürgens 2011; Bartelheimer 2011; Castel 2008; Dörre 2007 u.v.m.

5   Die Relevanz der Regelaltersgrenze in der GRV – eine empirische Bestandsaufnahme

Über die gesetzliche Regelaltersrente können alle in der gesetzlichen Rentenversicherung pflichtversicherte Personen abschlagsfrei in den Ruhestand gehen, sofern sie das 65. Lebensjahr vollendet und die allgemeine Wartezeit, also eine Mindestversicherungszeit von fünf Jahren, erfüllt haben. Allerdings ist die Regelaltersrente nicht der einzige in Deutschland existierende institutionelle Pfad in den Ruhestand. Vielmehr besteht bis heute eine Reihe weiterer Rentenarten, die bei Vorliegen spezifischer Eigenschaften und/oder Erfüllung spezifischer Bezugsbedingungen einen vorzeitigen, abschlagspflichtigen Eintritt in den Ruhestand ermöglichen. So können Frauen (Altersrente für Frauen) und arbeitslose Personen (Altersrente wegen Arbeitslosigkeit/wegen Altersteilzeit) bereits seit 1957 mit Vollendung des 60. Lebensjahres in den Ruhestand gehen, wobei in diesem Fall bei beiden Altersrentenarten ein dauerhafter Abschlag von 18 Prozent auf die gesetzliche Rentenzahlung vorgenommen wird.[7] Im Zuge der Flexibilisierung des Altersübergangs im Jahre 1973 wurden weitere Optionen für einen vorzeitigen Ausstieg für Versicherte mit einer langen Pflichtversicherungsdauer (Altersrente für langjährig Versicherte) und schwerbehinderte Personen (Altersrente für schwerbehinderte Menschen) eingeführt. Erstere können mit Vollendung des 63. Lebensjahres in den Ruhestand gehen, müssen dann allerdings einen Rentenabschlag von 7,2 Prozent in Kauf nehmen. Schwerbehinderte Personen können dagegen derzeit noch mit 63 Jahren abschlagsfrei in den Ruhestand wechseln (oder unter Inkaufnahme eines Rentenabschlages von 10,8 Prozent bereits mit dem vollendeten 60. Lebensjahr). Die abschlagsfreie Altersgrenze von 63 Jahren wird jedoch im Rahmen der Anhebung der gesetzlichen Regelaltersgrenze auf 67 Jahre ebenfalls um zwei Jahre erhöht (zu weiteren spezifischen Bezugsbedingungen und Vertrauensschutzregelungen vgl. Bäcker et al. 2009, S. 59-70).[8]

Eine Analyse der Relevanz der Regelaltersgrenze für den Altersübergang in Rente in Deutschland darf sich allerdings nicht allein auf die verschiedenen Altersrentenarten konzentrieren. Vielmehr muss gleichzeitig geprüft werden, welche

---

7   Angemerkt werden muss an dieser Stelle, dass Personen in Altersteilzeit erst seit Inkrafttreten des „Gesetzes zur Förderung eines gleitenden Übergangs in den Ruhestand" (RuStFöG) im Jahre 1996 über diese Rentenart in den Ruhestand wechseln können.

8   Um eine bessere Einordnung der im Folgenden dargestellten empirischen Ergebnisse zu ermöglichen, sei ergänzend angemerkt, dass sämtliche vorzeitig beziehbaren Altersrentenarten bei Erfüllung der spezifischen Bezugsbedingungen bis Ende der 1990er Jahre abschlagsfrei bezogen werden konnten, es sich bis dato also aus versicherungsmathematischer Sicht um ein Eins-zu-eins-Substitut zur gesetzlichen Regelaltersrente gehandelt hat. Berücksichtigt werden muss natürlich die zeitratierliche Kürzung der Altersrente, die sich aus der vorzeitigen Inanspruchnahme ergibt.

Bedeutung Erwerbsminderungsrenten im Zeitverlauf hatten und heute haben. Erwerbsminderungsrenten sollen das Risiko der Invalidität vor Erreichen der zum Altersrentenbezug berechtigenden Altersgrenzen abdecken. Ziel ist es, das Erwerbseinkommen zu ersetzen, wenn die Erwerbsfähigkeit des Versicherten in einem bestimmten Maße eingeschränkt oder ganz weggefallen ist. Während vor der Jahrtausendwende neben der Erwerbsunfähigkeit auch die Unfähigkeit, im erlernten oder ausgeübten Beruf zu arbeiten, rentenbegründend war, ist seit der Rentenreform 1999 die Erwerbsfähigkeit der Versicherten auf dem allgemeinen Arbeitsmarkt der alleinige Maßstab für die Zuerkennung einer Erwerbsminderungsrente. Die subjektive Zumutbarkeit unter dem Gesichtspunkt der Ausbildung und des Status der bisherigen beruflichen Tätigkeit ist hingegen ohne Bedeutung. Zudem existiert nur ein zweistufiges Zuerkennungsverfahren. Teilweise erwerbsgemindert sind demnach Versicherte, die auf nicht absehbare Zeit außerstande sind, unter den üblichen Bedingungen des allgemeinen Arbeitsmarktes mindestens sechs Stunden täglich erwerbstätig zu sein. Voll erwerbsgemindert sind Versicherte dann, wenn sie auf absehbare Zeit außerstande sind, mindestens drei Stunden täglich erwerbstätig zu sein. In der Gesamtschau bedeutet dies eine erhebliche Verschärfung der Zugangsbedingungen für diese Rentenart (Bäcker et al. 2009, S. 76ff).

5.1 Die Relevanz der gesetzlichen Regelaltersgrenze im Zeitverlauf

In einem ersten Schritt wird in diesem Abschnitt die Relevanz der Regelaltersrente für die Altersübergänge seit 1960 analysiert. Abbildung 1 zeigt die Entwicklung des durchschnittlichen Zugangsalters in Altersrenten, das heißt ohne Berücksichtigung von Renteneintritten in Erwerbsminderungsrenten. Deutlich wird, dass ein durchschnittliches Renteneintrittsalter von 65 Jahren nur in den 1960er Jahren und hier auch nur von westdeutschen Männern erreicht wurde. Das durchschnittliche Renteneintrittsalter von Frauen liegt demgegenüber über den gesamten Betrachtungszeitraum hinweg unter der Regelaltersgrenze von 65 Jahren.

Abbildung 1:   Durchschnittliches Renteneintrittsalter in Altersrenten 1960–2009,
                 Zugangsrenten im jeweiligen Erhebungsjahr, Frauen und Männer,
                 Westdeutschland

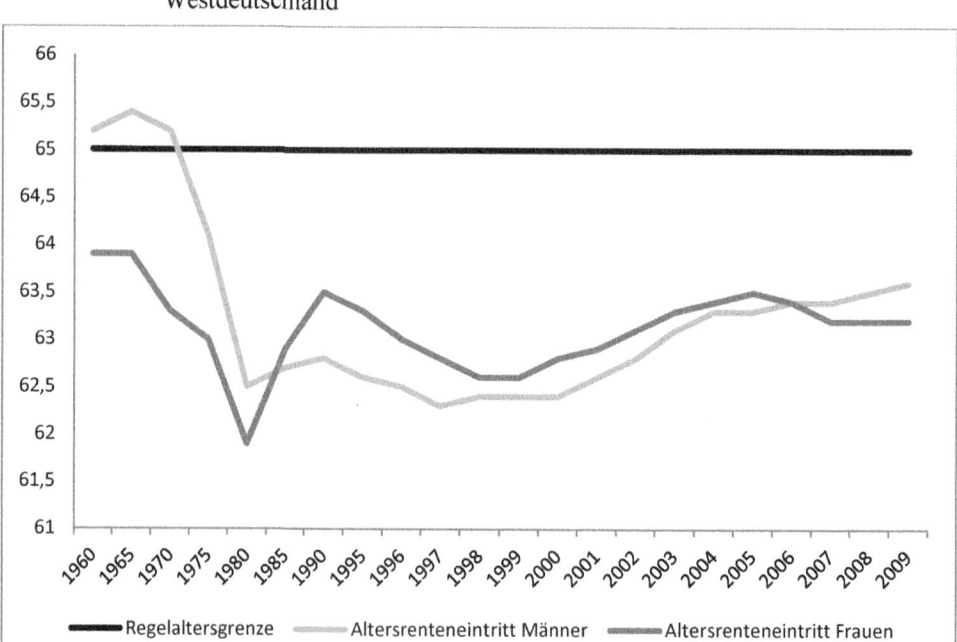

Quelle: Deutsche Rentenversicherung 2010.

5.1.1 Männer

Die hohen Durchschnittswerte für westdeutsche Männer in den 1960er Jahren lassen sich vor allem dadurch erklären, dass, zumindest bei den Altersrentenarten
und mit Ausnahme der Rente wegen Arbeitslosigkeit (die allerdings in einer Phase
weitgehender Vollbeschäftigung keine ernsthafte institutionelle Alternative zur
Regelaltersrente darstellte), kein alternativer institutioneller Zugang in eine Altersrente existierte und somit jeweils mehr als 90 Prozent der männlichen Rentenneuzugänge in Altersrenten über die Regelaltersrente in den Ruhestand gingen (Abbildung 2).

Die Relevanz der Regelaltersrente relativiert sich allerdings, wenn ergänzend
die Zugänge in Erwerbsminderungsrenten in die Analyse mit einbezogen werden.
So ging in den Jahren 1960 bis 1970 jeweils ein erheblicher Anteil der männlichen
Rentenzugänge über die Erwerbsminderungsrente in den Ruhestand – 1960 lag der

Anteil sogar bei über 60 Prozent.[9] Rechnet man zu dieser Zahl die Rentenzugänge hinzu, die über die Altersrente wegen Arbeitslosigkeit in den Ruhestand wechselten, lässt sich bereits in den ersten Jahren nach Einführung der dynamischen Rente eine Dominanz alternativer Übergangswege in den Ruhestand bei westdeutschen Männern feststellen. Die Inanspruchnahme von Erwerbsminderungsrenten verlor mit Einführung der flexiblen Altersgrenzen im Jahre 1973 an Attraktivität, so dass im Zeitverlauf eine rückläufige Entwicklung zu beobachten ist. Im Jahre 2009 ging lediglich noch ein Fünftel der männlichen Rentenneuzugänge über diese Rentenart in den Ruhestand (Deutsche Rentenversicherung 2010, S. 49).[10]

Abbildung 2: Altersrenteneintritt nach Rentenart 1960–2009, Zugangsrenten im jeweiligen Erhebungsjahr, Männer, Westdeutschland

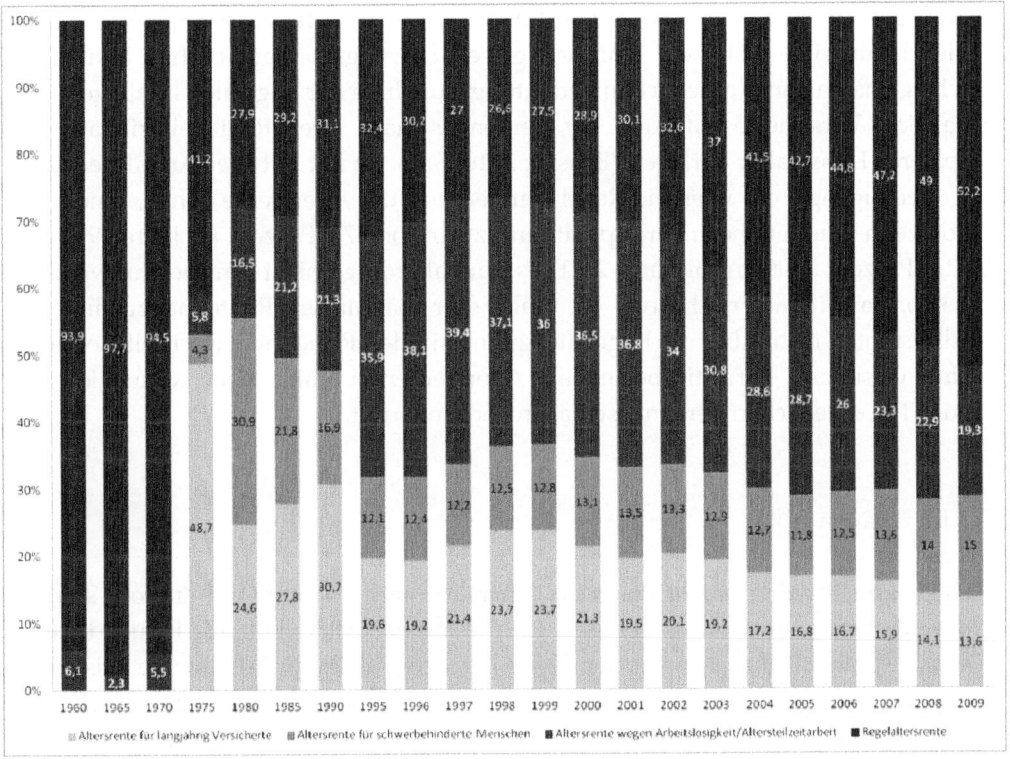

Quelle: Deutsche Rentenversicherung 2010.

Die Einführung der flexiblen Altersgrenzen führte überdies – in Kombination mit der im Laufe der 1970er und 1980er Jahre sukzessiv zunehmenden und sich Mitte

---

9   1965: 48,7 %, 1970: 48,2 %.
10 1975: 36,9 %, 1990: 36,0 %, 2000: 24,2 %.

der 1990er Jahre verschärfenden Arbeitslosigkeitsproblematik – zu einem erheblichen Bedeutungsverlust der Regelaltersrente für den Altersübergang. Bereits 1975 nutzten 48,7 Prozent der männlichen Rentenneuzugänge die Altersrente für langjährig Versicherte, um vorzeitig in den Ruhestand zu gehen. Weitere zehn Prozent wechselten über die Altersrente für schwerbehinderte Menschen (4,3 Prozent) oder die Altersrente wegen Arbeitslosigkeit (5,8 Prozent) in den Ruhestand. Demgegenüber lag der entsprechende Anteil bei der Regelaltersrente nur noch bei 41,2 Prozent. Zwischen 1980 und 2002 wechselten sogar weniger als ein Drittel der Rentenneuzugänge über diese Rentenart in den Ruhestand. Entsprechend sank in diesem Zeitraum auch das durchschnittliche Eintrittsalter in Altersrenten erheblich, und zwar von 65,2 Jahre 1970 auf 62,8 Jahre 2002 (Abbildung 1, Abbildung 2).

Die mit den Rentenreformen 1992 einsetzende Deflexibilisierung der Altersgrenzen durch die sukzessive Anhebung der abschlagsfreien Altersgrenzen und die damit einhergehende Einführung versicherungsmathematischer Rentenabschläge hat zu einer erheblichen Bedeutungszunahme der Regelaltersrente geführt, da viele Versicherte aufgrund der Rentenabschläge ihren Renteneintritt auf ein späteres Lebensalter verlegen (Brussig 2010, S. 1). So hat sich der Anteil der Rentenneuzugänge, die über die Regelaltersrente in die Altersrente gehen, innerhalb von zehn Jahren nahezu verdoppelt, und zwar von 27,5 Prozent im Jahre 1999 auf 52,2 Prozent 2009 (Abbildung 2). Dies darf allerdings nicht darüber hinwegtäuschen, dass immer noch etwa die Hälfte der männlichen Rentenneuzugänge in Altersrenten nicht über die Regelaltersgrenze in den Ruhestand wechselt, sondern eine alternative, vorzeitig beziehbare Altersrentenart wählt, auch wenn dies mit zum Teil erheblichen Rentenabschlägen verbunden ist.

5.1.2 Frauen

Die Dominanz alternativer Pfade des Altersübergangs in Rente gilt in noch stärkerem Maße für westdeutsche Frauen, für die mit der Altersrente für Frauen bereits seit 1957 ein gangbarer institutioneller Alternativpfad in die Altersrente existierte, über den schon zwischen 1960 und 1970 jeweils mehr als 40 Prozent der weiblichen Altersrentenzugänge in den Ruhestand wechselten (Abbildung 3). Dennoch lässt sich feststellen, dass auch bei westdeutschen Frauen die Erwerbsminderungsrente von großer Bedeutung war. So sind zwischen 1960 und 1970 jeweils etwa 50 Prozent der weiblichen Rentenzugänge über diese Rentenart in den Ruhestand gewechselt, 1960 waren es sogar nahezu zwei Drittel. Analog zur Entwicklung bei den Männern verlor die Erwerbsminderungsrente jedoch auch bei den westdeutschen Frauen im Zeitverlauf erheblich an Bedeutung.[11] 2009 wechselten nur noch 17,1 Prozent der weiblichen Rentenneuzugänge über diese Rentenart in den Ruhestand (Deutsche Rentenversicherung 2010, S. 50).

Im Vergleich zum Altersübergangsmuster westdeutscher Männer spielt die Regelaltersrente für westdeutsche Frauen über den gesamten Beobachtungszeitraum hinweg eine deutlich gewichtigere Rolle. Mit Ausnahme des Erhebungsjahres 1980, das aufgrund datentechnischer Besonderheiten hier nicht ausgewertet wird, sind es stets deutlich mehr als 40 Prozent der weiblichen Rentenneuzugänge, die über die Regelaltersrente in den Ruhestand überwechseln. Diese weitaus höhere Relevanz lässt sich durch die traditionell geringere Erwerbsbeteiligung westdeutscher Frauen erklären (Brussig 2010, S. 11). So können viele Frauen aufgrund einer zu geringen Anzahl an Beitragsjahren die besonderen rentenrechtlichen Bezugsbedingungen der vorzeitig beziehbaren Rentenarten nicht erfüllen und müssen entsprechend mit dem Renteneintritt bis zum Erreichen des 65. Lebensjahres warten.

Abbildung 3: Altersrenteneintritt nach Rentenart 1960–2009, Zugangsrenten im jeweiligen Erhebungsjahr, Frauen, Westdeutschland

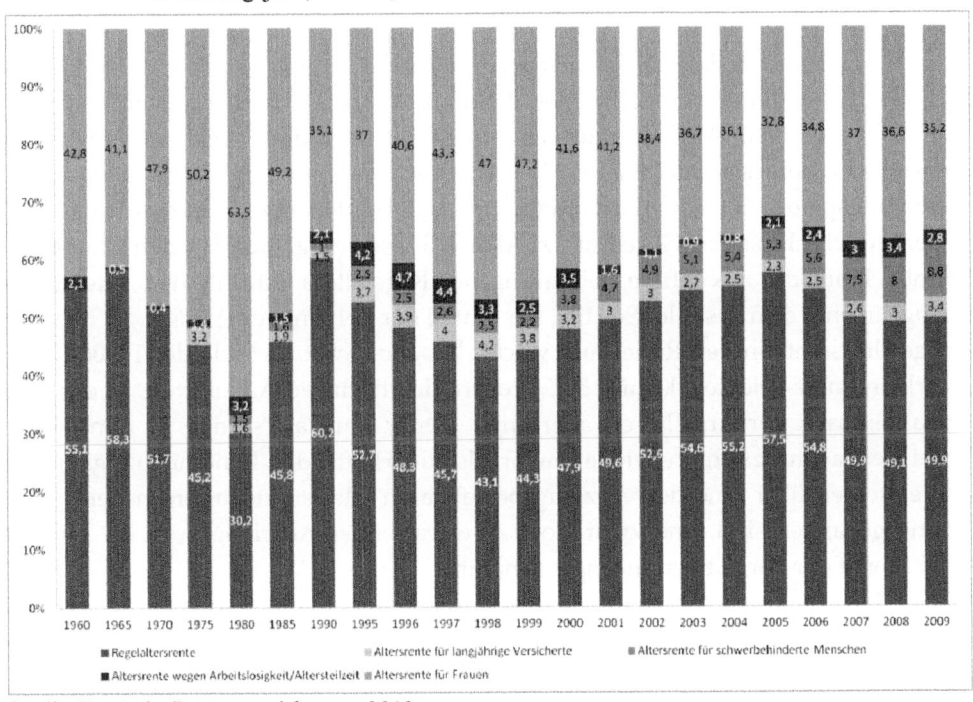

Quelle: Deutsche Rentenversicherung 2010.

---

11 1975: 46,0 %, 1985: 30,2 %, 2000: 14,8 %.

Auffallend ist die starke Konzentration des Altersübergangs auf zwei Altersrentenarten, nämlich die Regelaltersrente und die Altersrente für Frauen, die bis einschließlich 1999 abschlagsfrei bezogen werden konnte. Seit 1960 gingen regelmäßig
mehr als 85 Prozent der weiblichen Rentenneuzugänge über eine der beiden Altersrentenarten in den Ruhestand. Erst die Anhebung der abschlagsfreien Altersgrenze auf das vollendete 65. Lebensjahr und die damit einhergehende Einführung
von Rentenabschlägen von bis zu 18 Prozent im Falle einer vorzeitigen Inanspruchnahme der Altersrente für Frauen führten zu gewissen Verschiebungen im
Altersübergangsmuster westdeutscher Frauen. Trotz erheblicher Schwankungen in
den jeweiligen Anteilswerten je Erhebungsjahr lässt sich zum einen eine leichte
Bedeutungszunahme der Regelaltersrente ausmachen, auch wenn der Bedeutungsgewinn bei weitem nicht mit dem bei westdeutschen Männern vergleichbar
ist. Zum anderen lässt sich eine erhebliche Steigerung bei der Inanspruchnahme
der Altersrente für schwerbehinderte Menschen erkennen. Während 1999 nur 2,2
Prozent der weiblichen Rentenneuzugänge in Altersrenten über diese Rentenart in
den Ruhestand wechselten, lag der entsprechende Wert 2009 bereits bei 8,8 Prozent. Der Anteil hat sich also innerhalb der letzten zehn Jahre vervierfacht, wobei
vor allem innerhalb der letzten drei Beobachtungsjahre eine beachtliche Dynamik
zu erkennen ist.

Im Ergebnis lässt sich konstatieren, dass die Regelaltersrente auch für die
westdeutschen Frauen zu keiner Zeit die dominierende Orientierungsgröße dargestellt hat. Vielmehr existierten mit der Altersrente für Frauen (bis heute) sowie der
Erwerbsminderungsrente (bis 1985) zwei konkurrierende institutionelle Altersübergangspfade, über die der Großteil der versicherten Frauen in den Ruhestand
übergewechselt ist. Im Gegensatz zu den Männern zeigt sich bei den Frauen im
Hinblick auf die zukünftige Bedeutung der Regelaltersrente für den Altersübergang ein eher diffuses Bild. So stieg der Anteil der Rentenneuzugänge, die über die
Regelaltersrente in den Ruhestand wechselten, zunächst ab Ende der 1990er Jahre
stark an und erreichte 2005 mit 57,5 Prozent den höchsten Anteilswert. In den Folgejahren sank der Anteilswert allerdings wieder stark ab, so dass in den letzten
drei Beobachtungsjahren wieder mehr als die Hälfte der Rentenneuzugänge in
Altersrenten über eine der vorzeitig beziehbaren Altersrentenarten in den Ruhestand gegangen sind, und zwar trotz zu erwartender Abschläge von 0,3 Prozent
pro Monat der vorzeitigen Inanspruchnahme.

5.2 Ostdeutschland[12]

Abbildung 4 zeigt die bis heute geringe Bedeutung der Regelaltersrente für ostdeutsche Frauen. Im aktuellsten Beobachtungsjahr 2009 wechselten nur 12,7 Prozent der weiblichen Rentenneuzugänge in Altersrenten über diese Altersrentenart in den Ruhestand. Demgegenüber stellt die Altersrente für Frauen die dominierende Form des Altersübergangs für ostdeutsche Frauen dar. Trotz erheblicher Rentenabschläge von bis zu 18 Prozent nutzten 2009 72,4 Prozent der weiblichen Altersrentenneuzugänge in Ostdeutschland diese Rentenart, Ende der 1990er Jahre waren es sogar über 90 Prozent. Der Hauptgrund für die große Bedeutung der vorzeitig beziehbaren Rentenarten in Ostdeutschland ist in der weiterhin schwierigen Lage auf den lokalen und regionalen Arbeitsmärkten zu sehen. So weist Brussig darauf hin, dass im Untersuchungsjahr 2007 etwa 29,5 Prozent der ostdeutschen Frauen vor dem Rentenbeginn langzeitarbeitslos waren. Zudem wiesen 23,0 Prozent der Rentenneuzugänge eine Phase der „Übergangsarbeitslosigkeit" auf, bevor sie in eine Altersrente überwechselten. Die entsprechenden Werte bei westdeutschen Frauen lagen demgegenüber bei 11,1 Prozent (Langzeitarbeitslosigkeit vor dem Rentenbezug) und 11,7 Prozent (Übergangsarbeitslosigkeit vor dem Rentenbezug) (ebd. 2010, S. 6).

Seit der Jahrtausendwende zeigen sich bei den ostdeutschen Frauen allerdings ebenfalls reformbedingte Verschiebungen im Altersübergang. Zum einen lässt sich analog zur Entwicklung bei den westdeutschen Männern eine starke Bedeutungszunahme der Regelaltersrente erkennen, wenn auch auf deutlich niedrigerem Niveau. Innerhalb von zehn Jahren, das heißt zwischen 1999 und 2009, hat sich der Anteil der weiblichen Altersrentenneuzugänge über diese Rentenart nahezu verdreifacht, und zwar von 4,3 Prozent 1999 auf 12,7 Prozent 2009. Zum zweiten zeigt sich analog zur Entwicklung bei den westdeutschen Frauen ein erheblicher Bedeutungszuwachs der Altersrente für schwerbehinderte Menschen, allerdings mit einer wesentlich höheren Wachstumsdynamik. Ihr Anteil hat zwischen 1999 (0,3 Prozent) und 2009 (9,6 Prozent) um das 32-Fache zugenommen, ebenfalls mit einer steigenden Tendenz in den letzten drei Beobachtungsjahren (Abbildung 4). Drittens ist der Anteil der Erwerbsminderungsrenten an allen weiblichen Rentenzugängen eines Kalenderjahres im Zeitverlauf gestiegen. Während 1999, also vor Anhebung der abschlagsfreien Altersgrenzen bei der Altersrente für Frauen, 16,0 Prozent der weiblichen Rentenneuzugänge über eine Erwerbsminderungsrente in den Ruhestand wechselten, traf dies 2009 bereits auf 22,5 Prozent zu (Deutsche

---

12 Im folgenden Abschnitt wird die Bedeutung der Regelaltersgrenze für Ostdeutschland analysiert. Aufgrund des im Vergleich zu Westdeutschland deutlich geringeren Beobachtungszeitraumes erfolgt die Analyse für Frauen und Männer in einem gemeinsamen Kapitel.

Rentenversicherung 2010, S. 50). Diese Veränderungen im Altersübergangsmuster ostdeutscher Frauen deuten einerseits auf ein Wirksamwerden der Rentenreformen hin, weil ein wachsender Anteil ostdeutscher Frauen den Renteneintritt bis zum Erreichen des 65. Lebensjahres hinauszögert. Andererseits könnten die relativ deutlichen Zuwächse bei der Altersrente für schwerbehinderte Menschen und bei der Erwerbsminderungsrente auch auf Ausweichreaktionen derjenigen Personen hindeuten, denen es bei schwieriger Arbeitsmarktlage nicht gelingt, ihre Erwerbstätigkeit bis zum Erreichen der Regelaltersgrenze von 65 Jahren fortzuführen.

Abbildung 4: Altersrenteneintritt nach Rentenart, Zugangsrenten im jeweiligen Erhebungsjahr, Frauen, Ostdeutschland

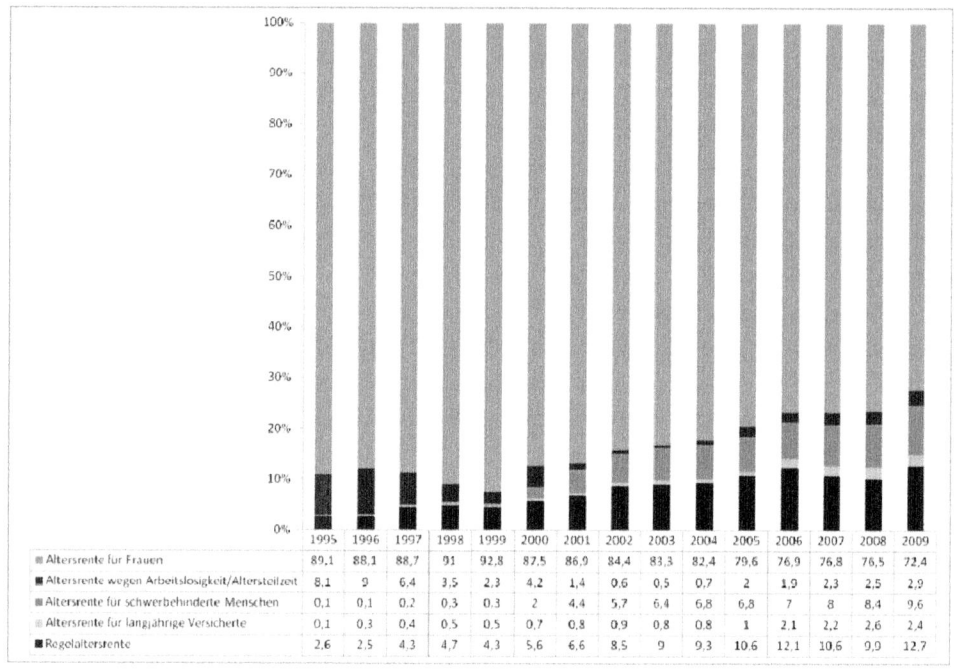

	1995	1996	1997	1998	1999	2000	2001	2002	2003	2004	2005	2006	2007	2008	2009
Altersrente für Frauen	89,1	88,1	88,7	91	92,8	87,5	86,9	84,4	83,3	82,4	79,6	76,9	76,8	76,5	72,4
Altersrente wegen Arbeitslosigkeit/Altersteilzeit	8,1	9	6,4	3,5	2,3	4,2	1,4	0,6	0,5	0,7	2	1,9	2,3	2,5	2,9
Altersrente für schwerbehinderte Menschen	0,1	0,1	0,2	0,3	0,3	2	4,4	5,7	6,4	6,8	6,8	7	8	8,4	9,6
Altersrente für langjährige Versicherte	0,1	0,3	0,4	0,5	0,5	0,7	0,8	0,9	0,8	0,8	1	2,1	2,2	2,6	2,4
Regelaltersrente	2,6	2,5	4,3	4,7	4,3	5,6	6,6	8,5	9	9,3	10,6	12,1	10,6	9,9	12,7

Quelle: Deutsche Rentenversicherung 2010.

Abbildung 5: Altersrenteneintritt nach Rentenart, Zugangsrenten im jeweiligen Erhebungsjahr, Männer, Ostdeutschland

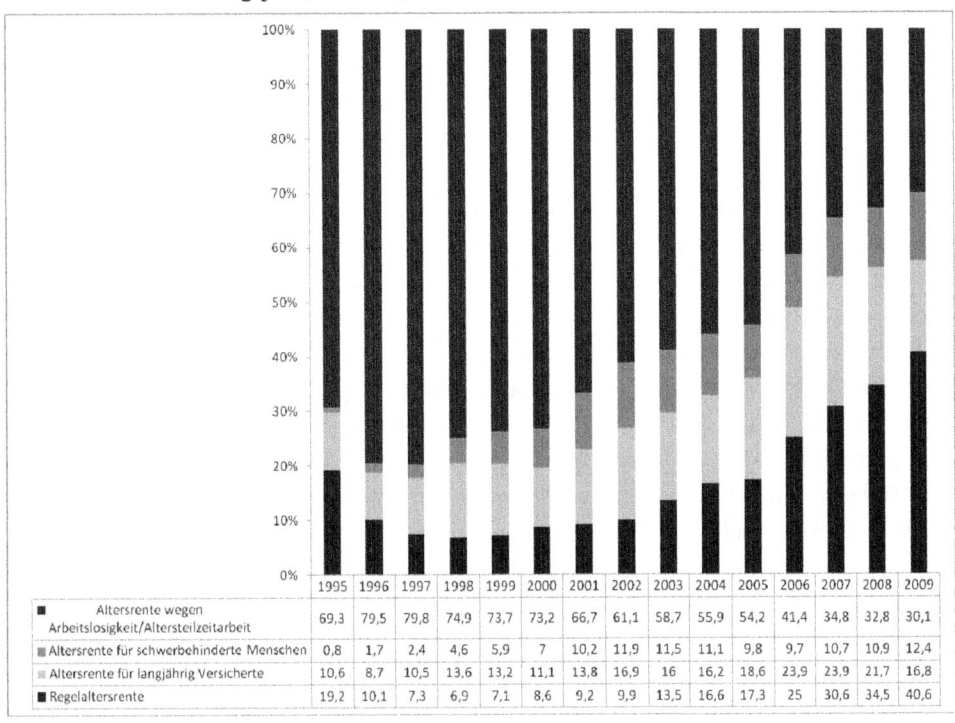

	1995	1996	1997	1998	1999	2000	2001	2002	2003	2004	2005	2006	2007	2008	2009
■ Altersrente wegen Arbeitslosigkeit/Altersteilzeitarbeit	69,3	79,5	79,8	74,9	73,7	73,2	66,7	61,1	58,7	55,9	54,2	41,4	34,8	32,8	30,1
▩ Altersrente für schwerbehinderte Menschen	0,8	1,7	2,4	4,6	5,9	7	10,2	11,9	11,5	11,1	9,8	9,7	10,7	10,9	12,4
▩ Altersrente für langjährig Versicherte	10,6	8,7	10,5	13,6	13,2	11,1	13,8	16,9	16	16,2	18,6	23,9	23,9	21,7	16,8
■ Regelaltersrente	19,2	10,1	7,3	6,9	7,1	8,6	9,2	9,9	13,5	16,6	17,3	25	30,6	34,5	40,6

Quelle: Deutsche Rentenversicherung 2010.

Auch für ostdeutsche Männer spielte die Regelaltersrente in der Vergangenheit eine eher untergeordnete Rolle. Entsprechend der prekären Arbeitsmarktlage in Ostdeutschland war bis einschließlich 2007 die Altersrente wegen Arbeitslosigkeit oder Altersteilzeit die dominierende Rentenart, wobei ihre Bedeutung für den Altersübergang ostdeutscher Männer vor allem nach 2000 stark rückläufig ist. Zwischen 1996 und 2000 wechselten jeweils deutlich mehr als 70 Prozent der männlichen Rentenneuzugänge über diese Rentenart in den Ruhestand, mittlerweile sind es nur noch 30,1 Prozent. Seit 2001 hat sich der Anteil also um mehr als 43 Prozentpunkte reduziert. Zu erklären ist dieser sehr drastische Rückgang vor allem dadurch, dass die Altersrente wegen Arbeitslosigkeit oder Altersteilzeit die erste Altersrentenart war, deren abschlagsfreie Altersgrenze im Zuge der Rentenreformen vom vollendeten 60. auf das vollendete 65. Lebensjahr angehoben wurde und ein Renteneintritt vor dem 65. Lebensjahr somit bereits sehr frühzeitig mit Abschlägen belegt war. Parallel zum Bedeutungsverlust der Altersrente wegen Arbeitslosigkeit oder nach Altersteilzeit hat die Regelaltersrente an Bedeutung gewonnen. Während 1999 lediglich 7,1 Prozent der männlichen Rentenneuzugänge in Ostdeutschland über die Regelaltersrente in den Ruhestand wechselten, waren es 2009 bereits 40,6 Prozent, das bedeutet ein Plus von 33,5 Prozentpunkten. Entsprechend ist festzustellen, dass die Rentenreformen auch bei ostdeutschen Männern Wirkung zeigen und zu einem aufgeschobenen Renteneintritt führen. Es stellt sich allerdings die Frage, inwieweit der aufgeschobene Renteneintritt mit einem längeren Verbleib im Arbeitslosengeld- oder Arbeitslosengeld-II-Bezug verbunden ist. So kam nach Berechnungen von Brussig 2007 jeder vierte männliche Neuzugang in eine Altersrente in Ostdeutschland „aus einer ‚Übergangsarbeitslosigkeit' vor Rentenbeginn". Weitere 25,6 Prozent der männlichen Rentenneuzugänge waren vor dem Renteneintritt langzeitarbeitslos (Brussig 2010, S. 6). Angesichts dieser Zahlen ist es wenig verwunderlich, dass sich auch bei ostdeutschen Männern ein Bedeutungszuwachs bei der Altersrente für schwerbehinderte Menschen zeigt, der allerdings bei weitem nicht so stark ausgeprägt ist wie bei ostdeutschen Frauen. Zwischen 1999 und 2009 hat sich der Anteil der Rentenneuzugänge über diese Altersrentenart mehr als verdoppelt, und zwar von 5,9 Prozent 1999 auf 12,4 Prozent 2009. Ergänzend dazu ist der Anteil an Personen, die Erwerbsminderungsrenten in Anspruch nehmen, bei ostdeutschen Männern im Jahre 2009 mit 29,0 Prozent bei den Rentenneuzugängen am höchsten. Allerdings ist dieser vergleichsweise hohe Wert nicht auf ein überdurchschnittlich hohes Wachstum zurückzuführen. Zwischen 1999 und 2009 ist ihr Anteil lediglich um drei Prozentpunkte angestiegen. Die Erwerbsminderung spielte also schon vor der Jahrtausendwende eine bedeutsame Rolle für den Altersübergang ostdeutscher Männer (vgl. Deutsche Rentenversicherung 2010, S. 49).

5.3 Die Regelaltersrente wird bedeutsamer – aber nicht dominant

Zusammenfassend macht die Analyse deutlich, dass die Regelaltersgrenze seit Einführung der dynamischen Rente niemals eine dominierende Signalwirkung für den Altersübergang westdeutscher Frauen und Männer hatte *(These 1)*. Mit Ausnahme der ersten drei Beobachtungsjahre (1960, 1965, 1970) ist die Mehrzahl der Neuzugänge in Altersrenten über alternative institutionelle Zugangspfade in den Ruhestand gegangen, wobei bei westdeutschen Männern neben der Altersrente für langjährig Versicherte insbesondere die Altersrente wegen Arbeitslosigkeit und nach Altersteilzeit die im Zeitverlauf dominierende Altersrentenart darstellte. Bei westdeutschen Frauen dominiert bis heute die Altersrente für Frauen gegenüber allen anderen vorzeitig beziehbaren Altersrentenarten, obgleich in den letzten Jahren auch ein erheblicher Bedeutungszuwachs bei der Altersrente für schwerbehinderte Menschen zu verzeichnen ist. Berücksichtigt man zusätzlich die jährlichen

Zugänge in Erwerbsminderungsrenten, so sind phasenweise weniger als ein Viertel der Rentenneuzugänge eines Kalenderjahres in Westdeutschland über die Regelaltersrente in den Ruhestand gewechselt. Die sukzessive Deflexibilisierung der Altersgrenzen hat seit Ende der 1990er Jahre dazu geführt, dass die Regelaltersrente zumindest bei westdeutschen Männern wieder an Relevanz für den Altersübergang gewonnen hat. Mit 52,2 Prozent wechseln mittlerweile wieder mehr als die Hälfte der männlichen Neuzugänge in Altersrenten über die Regelaltersrente in den Ruhestand. Bei den westdeutschen Frauen ist das Bild diffuser. Nach deutlichen Zuwächsen Mitte 2000 hat die Regelaltersrente mittlerweile wieder etwas an Bedeutung eingebüßt. Im Jahre 2009 ging mit 49,9 Prozent weniger als die Hälfte der weiblichen Neuzugänge in Altersrenten über die Regelaltersrente in den Ruhestand.

In Ostdeutschland spielt die Regelaltersrente für Frauen bislang im Grunde keine Rolle. Obwohl erhebliche Rentenabschläge in Kauf genommen werden müssen, wechseln immer noch mehr als 70 Prozent der weiblichen Neuzugänge in Altersrenten in Ostdeutschland über die Altersrente für Frauen in den Ruhestand. Die Daten weisen jedoch auch hier auf einen sukzessiven Bedeutungszuwachs der Regelaltersrente hin, der in Zukunft noch größer werden wird, da sowohl die Altersrente für Frauen als auch die Altersrente wegen Arbeitslosigkeit oder wegen Altersteilzeit 2012 ausläuft, wobei sich bereits jetzt Ausweichreaktionen erkennen lassen. Parallel zur Bedeutungszunahme der Regelaltersrente steigen auch die Anteile der weiblichen Rentenneuzugänge in Ostdeutschland, die über die Altersrente für schwerbehinderte Menschen oder die Erwerbsminderungsrente in den Ruhestand wechseln.

Anders als beim Altersübergangsmuster ostdeutscher Frauen zu beobachten, hat die Regelaltersrente bei ostdeutschen Männern in den letzten zehn Jahren erheblich an Relevanz gewonnen. Während 1999 weniger als zehn Prozent der männlichen Neuzugänge in Altersrenten über diese Altersrentenart in den Ruhestand wechselten, waren es 2009 schon mehr als 40 Prozent. Entsprechend ist davon auszugehen, dass die Bedeutung der Regelaltersrente für ostdeutsche Männer weiter ansteigen wird. Fraglich ist allerdings, ob die Neuzugänge in Altersrente den Altersübergang tatsächlich aus einer stabilen und im Idealfall sozialversicherungspflichtigen Beschäftigung heraus realisieren können. Die von Brussig referierten Zahlen deuten eher nicht auf ein derartiges Szenario hin. Denn problematisch an der derzeitigen Entwicklung ist, dass der Aufschub des Renteneintritts insbesondere jenen versicherten Personen gelingt, die aus einer stabilen Beschäftigung in eine Altersrente wechseln, also eine vergleichsweise gute Arbeitsmarktposition aufweisen, während sich die immer noch starke Nutzung der flexiblen Altersgrenzen auf Personen konzentriert, „[…] die ihrer prekären Arbeitsmarktposition am Ende des Erwerbslebens entfliehen [wollen] und dafür auch dauerhafte Einbußen in der Rente hinnehmen" (Brussig 2010, S. 1). Es steht also zu befürchten, dass der zu erwartende Bedeutungsgewinn der Regelaltersrente mit einer deutlichen Prekarisierung des Altersübergangs einhergeht, da ein zunehmender Anteil der Personen, denen eine stabile Beschäftigung bis zum Erreichen der Regelaltersgrenze nicht gelingt, diese Spanne durch Phasen des ALG-I- oder ALG-II-Bezuges bzw. durch Phasen der Nicht-Erwerbstätigkeit überbrücken muss.

Insgesamt kann zum jetzigen Zeitpunkt von einer Dominanz der Regelaltersgrenze keine Rede sein. Unter Berücksichtigung der Zugänge in Erwerbsminderungsrente ist es immer noch die deutliche Mehrheit der Rentenzugänge in Ost- wie in Westdeutschland, die über alternative Altersübergangspfade in den Ruhestand geht (*These 2*). Ob sich die hier aber zweifellos erkennbare Renaissance der Regelaltersrente in den kommenden Jahren fortsetzt und das Renteneintrittsalter 65 plus X zur dominierenden Altersgrenze werden wird, wie es einige Autoren bereits heute mutmaßen, bleibt abzuwarten. Zum jetzigen Zeitpunkt lassen sich sowohl Argumente für als auch Argumente gegen eine Bedeutungszunahme der Regelaltersgrenze finden, welche im folgenden Abschnitt ausführlich dargelegt werden.

6 Diskussion und Ausblick

Der Zugang zur gesetzlichen Altersrente ergibt sich nicht allein durch das Überqueren der Regelaltersgrenze. Vielmehr existiert bislang eine Fülle von institutionell verankerten Möglichkeiten, um das Erwerbsleben vor dem vollendeten 65. Lebensjahr zu verlassen und vorzeitig in den Ruhestand zu gehen. Die empirischen Analysen im vorangegangenen Kapitel haben deutlich gezeigt, dass die existierenden Gestaltungsoptionen im Altersübergang in Rente trotz erheblicher institutioneller Verschärfungen (Anhebung der abschlagsfreien Altersgrenzen in der GRV, zweistufiges Zuerkennungsverfahren bei der Erwerbsminderungsrente, Wegfall des Berufsschutzes in der Erwerbsminderungsrente) und damit verbundener finanzieller Nachteile (Einführung von Rentenabschlägen von bis zu 18 Prozent) weiterhin eine größere Bedeutung für den Altersübergang der Menschen haben als die gesetzliche Regelaltersrente. Diese bis heute feststellbare Relevanz des flexiblen Renteneintritts ist nicht allein auf zweifelsohne vorhandene individuelle Präferenzen für einen frühzeitigeren Rückzug aus dem Erwerbsleben zurückzuführen, sondern gründet auch auf der empirisch feststellbaren Tatsache, dass viele Menschen faktisch nicht in der Lage sind, in ihrem erlernten Beruf oder ihrer ausgeübten Erwerbstätigkeit bis zum Erreichen der Regelaltersgrenze von 65 Jahren weiterzuarbeiten, sei es, weil sie physisch oder psychisch dazu nicht in der Lage sind, sei es, weil sie – zum Teil lange vor dem 65. Lebensjahr – arbeitslos werden und keine neue Arbeitsstelle finden. Dies gilt vor allem für Ostdeutschland, wo bis heute ein Großteil der Frauen und der überwiegende Teil der Männer über vorzeitig beziehbare Altersrentenarten oder die Erwerbsminderungsrente in den Ruhestand wechselt und eben nicht bis zum Erreichen des 65. Lebensjahres wartet, wie es ein erheblicher Anteil westdeutscher Frauen tut (Brussig 2010). Die Gründe für diese unterschiedlichen Altersübergangsmuster können einerseits in einer stärkeren Bedeutung beider Partnereinkommen in Ostdeutschland liegen. Andererseits ist davon auszugehen, dass Menschen im Regelfall den stigmatisierenden und mit erheblichen finanziellen Einbußen verbundenen ALG-II-Bezug zu vermeiden suchen und daher über alternative Zugangspfade die „Flucht" in die Altersrente antreten. Eine dritte, bislang wenig beleuchtete Option ist, dass Personen zwangsweise in die Altersrente geschickt werden, was ab dem vollendeten 63. Lebensjahr möglich ist. So sind die SGB-II-Grundsicherungsstellen berechtigt, im Falle erfüllter Bezugsvoraussetzungen auch ohne die Zustimmung des jeweiligen SGB-II-Hilfeempfängers einen Altersrentenantrag zu stellen, wenn sich dadurch die Hilfebedürftigkeit verringert.

Entsprechend ist es wenig überraschend, dass momentan sowohl auf politischer als auch auf wissenschaftlicher Ebene stark über Gestaltungsoptionen im Altersübergang nach Inkrafttreten der Gesetzgebung zur Rente mit 67 diskutiert wird. Derzeit kursiert eine ganze Reihe von Vorschlägen, die alle auf eine weitere Auflockerung der Regelaltersrente und des *vorgezogenen* Rentenzugangs hinauslaufen.

Reformdiskussion *unterhalb* der Regelaltersgrenze

Erleichterter Zugang zur Erwerbsminderungsrente: Wie bereits dargestellt sind die Zugangsvoraussetzungen für eine Erwerbsminderungsrente im Zuge der Rentenreform 1999 erheblich verschärft worden. Nicht nur ist der Berufsschutz weggefallen, auch gibt es lediglich zwei Zuerkennungsstufen, die zum Bezug einer entweder teilweisen oder einer vollen Erwerbsminderungsrente berechtigen. Ein erleichterter Zugang zur Erwerbsminderungsrente wird bereits seit geraumer Zeit vom Deutschen Gewerkschaftsbund (DGB) gefordert. Der DGB-Vorschlag sieht vor, allen Erwerbsgeminderten ab 55 Jahren, die nur noch leichte Tätigkeiten auf dem allgemeinen Arbeitsmarkt verrichten können, die vielfältigen gesundheitlichen Einschränkungen unterliegen und bei denen kein entsprechender Arbeitsplatz nachgewiesen werden kann, die Möglichkeit des Bezuges einer Erwerbsminderungsrente zu eröffnen (vgl. Bäcker et al. 2011b, S. 28).[13] Einen weniger weitreichenden Vorschlag unterbreiten Bäcker et al., indem sie für das Zuerkennungsverfahren der Erwerbsminderungsrente eine Rückkehr zur Mehrstufigkeit fordern:

> „Für die Reformdebatte in Deutschland sollte kritisch hinterfragt werden, ob das gegenwärtige zweistufige System (volle und teilweise Erwerbsminderung) aus Sicht der Betroffenen ausreichend differenziert ist. Mehr Abstufungen hätten aus Sicht der Betroffenen den Vorteil, dass das Restarbeitsvermögen genauer ermittelt werden und die Reintegration in den Arbeitsmarkt zielgenauer erfolgen könnte" (ebd., S. 29).

Einführung neuer Altersrentenarten: Neben erleichterten Zugangsvoraussetzungen in eine Erwerbsminderungsrente werden auch neue Gestaltungsoptionen für den Zugang in Altersrenten diskutiert. Ein momentan vieldiskutierter Vorschlag sieht dabei die Möglichkeit vor, den vorzeitigen Rentenbezug an bestimmte, überdurchschnittlich belastende Tätigkeiten und Berufe zu koppeln (Bäcker et al. 2011b, S. 30). Problematisch an diesem Vorschlag ist allerdings, dass es in der Praxis schwer bis unmöglich werden wird, „[…] einen Konsens darüber zu finden, welche Berufe und Tätigkeiten, für welche Dauer ihrer Ausübung, in welcher Lage in der Erwerbsbiografie, mit welchen Arbeitszeiten und in welcher betrieblichen Position als außergewöhnlich gesundheitlich belastend anerkannt werden können" (ebd.).

Flexibilisierung des Altersübergangs durch Teilrentenbezug: Ein vor allem in der SPD zunehmend diskutiertes Modell zur Realisierung eines flexiblen Übergangs in den Ruhestand ist die Möglichkeit einer Arbeitszeitreduzierung bei gleichzeitiger Inanspruchnahme eines Teiles der gesetzlichen Altersrente. Ein solcher Teilrentenbezug ist zwar schon seit 1992 bei allen gesetzlichen Altersrentenarten möglich, wurde aber bislang aufgrund der anfallenden Rentenabschläge und attraktiverer Möglichkeiten eines gleitenden Übergangs in den Ruhestand, wie beispielsweise die Altersteilzeitarbeit, kaum in Anspruch genommen. Die mangelnde Attraktivität soll nach dem Willen der SPD-Fraktion durch folgende Reformmaßnahmen behoben werden (vgl. SPD 2008):

a. Der Bezug einer Teilrente soll bereits ab dem vollendeten 60. Lebensjahr möglich sein. Da es ab 2012 keine Altersrentenart mehr gibt, die einen derart frühzeitigen Bezug vorsieht, muss also eine neue „Altersrente wegen Teilrentenbezugs" geschaffen werden.

---

13 Zur Kritik an diesem Vorschlag siehe ebenfalls Bäcker et al. 2011b, S. 28f.

b. Der auf die Teilrente entfallende Rentenabschlag soll durch eine erhöhte Beitragszahlung des Arbeitgebers ausgeglichen werden.

Diese Diskussionen und Reformvorschläge legen die Vermutung nahe, dass die
Regelaltersrente ihre bislang untergeordnete Bedeutung auch in Zukunft beibehalten wird und die Möglichkeiten zu einem vorgezogenen Rentenzugang an Bedeutung gewinnen werden (*These* 3). Gleichzeitig ist zu befürchten, dass die materiellen Folgen, also Abschläge in der Leistungshöhe, auch soziale Konsequenzen –
etwa in Form einer noch schärferen Spaltung der Versorgungsniveaus im Alter –
hervorbringen. In diesem Zusammenhang ist davon auszugehen, dass der Übergang in den Rentenbezug zukünftig auch in die andere Richtung weiter ausfranst.
Dementsprechend werden auch Regelungen und Rahmenbedingungen, die den
Erwerbsverlauf verlängern, an Bedeutung gewinnen.

Trends und Entwicklungen *oberhalb* der Regelaltersgrenze

Rente mit 67: Mit dem Jahr 2012 beginnend wird die Altersgrenze für die Regelaltersrente schrittweise von 65 auf 67 Jahre angehoben. Damit verlängert sich die
Erwerbsphase – zumindest auf dem Papier – für alle Geburtskohorten ab 1947 um
zwei weitere Jahre.[14] Wenngleich die sukzessive Anhebung der abschlagsfreien
Altersgrenze ab 1992 zu einer Bedeutungszunahme der Regelaltersrente geführt
hat, bleibt offen, wie sich die weiter aufgeschobene Altersgrenze auf die Rentenein-
tritte der Versicherten auswirkt und ob und von wem diese Verlängerung tatsächlich mit Erwerbstätigkeit ausgefüllt wird bzw. werden kann. Hierfür stimmen „die
Voraussetzungen" nicht: Weder die individuelle Leistungsfähigkeit noch die betriebliche Nachfrage scheinen bislang derart ausgeprägt, dass eine Ausdehnung
der individuellen Erwerbsphase für alle Betroffenen problemlos möglich wäre.[15]
Die Konsequenzen eines zwar späteren Ruhestandseintritts bei weiterhin deutlich
früherem Erwerbsaustritt sind jedoch gravierend, sie führen auf individueller Ebene zu deutlichen Einschnitten im späteren Leistungsniveau und verbessern auch
auf institutioneller Ebene die Relation zwischen Beitragszahlern und Leistungsempfängern nicht. Folglich bleibt die Finanzierbarkeit der gesetzlichen Rentenver-

---

14 Auch das Renteneintrittsalter für die „Altersrente wegen Arbeitslosigkeit und nach Altersteilzeitar-
    beit" wird derzeit (2006 bis 2012) von 60 auf 63 Jahre angehoben. Damit erhöht sich das abschlags-
    freie Zugangsalter um fünf Jahre und steigt für eine arbeitsmarktrelevante Rentenart um drei Jahre
    an, also um jeweils mehr als die zwei Jahre, um die es bei der Rente mit 67 geht (vgl. Brussig/Knuth
    2011, S. 100).

15 Eine detaillierte Diskussion der „Argumente und Gegenargumente" findet sich bei Bäcker et al.
    2011a.

sicherung weiterhin strittig, und Debatten um Armut und Armutsvermeidung im Alter werden in Zukunft an Bedeutung gewinnen (vgl. Brussig/Knuth 2011; Bäcker 2011; Bäcker et al. 2011a).

Erwerbstätigkeit während der Rente: Im ersten Quartal 2011 waren in Deutschland 724.000 Personen ab 65 erwerbstätig. Das sind knapp 190 Prozent (etwa 340.000 Personen) mehr als noch vor zehn Jahren (Eurostat 2011). Dieser Trend verweist darauf, dass die starke Trennung von Erwerbsphase und erwerbsarbeitsfreiem Ruhestand langsam ausfasert und eine neue Form der Beschäftigung hervorbringt. Sie verläuft parallel zu einer materiell eigentlich anderweitig abgesicherten Lebenssituation und stellt damit nicht zuletzt die Belastbarkeit und das Leistungsniveau der rentenrechtlichen Versorgungsinstanzen in Frage. Für die steigende Erwerbstätigkeit von Rentnern ist eine ganze Reihe von Motiven denkbar: Neben institutionellen Verschiebungen (insbesondere in Art und Umfang der Alterssicherungsleistungen) und eventuell daran geknüpfte materielle Notwendigkeiten sind neue unternehmerische Beschäftigungsstrategien und individuelle Einstellungen zu nennen. Wie stark diese möglichen Erklärungsparameter im Einzelnen ins Gewicht fallen, ist derzeit jedoch noch völlig unklar. Belastbare Befunde – insbesondere zur individuellen Handlungsmotivation – liegen für Deutschland bislang nicht vor.

Hinzuverdienst: Die Erwerbstätigkeit während des Rentenbezugs ist eng an die Hinzuverdienstmöglichkeiten und -grenzen geknüpft. Hierbei ist zwischen den Personen im Bezug einer regulären Altersrente nach Erreichen der Regelaltersgrenze, den Personen im Bezug einer vorgezogenen, beabschlagten Altersrente und den Empfängern einer vollen Erwerbsminderungsrente zu differenzieren. Diese Gruppen können in unterschiedlichem Maße abschlagsfrei zu ihren Rentenbezügen hinzuverdienen.[16] Inwieweit diese Hinzuverdienstmöglichkeiten zukünftig modelliert und insbesondere die Hinzuverdienstgrenzen angehoben werden, ist derzeit Inhalt kontroverser Debatten. Im Vordergrund steht dabei das Argument, dass dadurch Rentnern die Aufbesserung ihrer Bezüge ermöglicht werde und Altersarmut vermieden werden könne. Damit geriete jedoch das Ziel der existenz- und lebensstandardsichernden Rentengarantie völlig aus dem Blick und würde zugunsten eines Teilrenten- bzw. Kombi-Lohn-Modells aufgegeben. Hier-

---

16 Die erste Gruppe kann ohne Auswirkungen auf ihre Rentenzahlungen und ohne Einkommensbegrenzung einer Erwerbstätigkeit nachgehen. Bei einer Beschäftigung oberhalb der 400-Euro-Grenzen fallen darüber hinaus keine Beiträge mehr zur Renten- und Arbeitslosenversicherung an, zudem ist der Beitragssatz zur KVdR ermäßigt und liegt bei 7,6 (anstatt 7,9) Prozent. Für die beiden anderen Gruppen gilt eine Hinzuverdienstgrenze in Höhe einer geringfügigen Beschäftigung. Überschreiten Rentner diese Grenze, so mindern sich automatisch ihre Bezüge und es erfolgt eine Umwandlung der Voll- in eine Zwei-Drittel-Teilrente.

mit wären Folgeprobleme vorprogrammiert, da eine (geringfügige) Erwerbstätigkeit nur von gesunden Neurentnern erwartet, von Hochaltrigen jedoch kaum geleistet werden kann (vgl. Bäcker/Neuffer 2012).

Welche Szenarien die durch die zu erwartenden Entwicklungen restrukturierten Lebensläufe schließlich kennzeichnen werden, bleibt daher abzuwarten. Auch die Frage, inwieweit sich die geschlechtsspezifischen Unterschiede in den Lebenslaufmustern relativieren, ist nicht eindeutig zu beantworten. In diesem Zusammenhang erweisen sich sicher nach wie vor die Regelungen und Reformen des Erwerbssystems als maßgeblich, die mit ihren Öffnungs- und Schließungsmechanismen auch weiterhin massiv zur (Un-)Gleichstellung der Geschlechter beitragen (werden).

Literaturverzeichnis

Anxo, D./Bosch, G./Rubery, J. (2010), Shaping the life course: a European perspective, in: Anxo, D./Bosch, G./Rubery, J. (Hrsg.), The Welfare State and Life Transitions. A European Perspective, Cheltenham, UK/Northampton, MA, USA: Edward Elgar, S. 1-78

Amrhein, L. (2004), Der endstrukturierte Lebenslauf? Zur Vision einer „altersintegrierten" Gesellschaft, in: Zeitschrift für Sozialreform, 1-2/2004, S. 147-174

Apitzsch, B. (2010), Flexible Beschäftigung, neue Abhängigkeiten, Frankfurt: Campus Verlag

Bäcker, G./Brussig, M./Jansen, A./Knuth, M./Nordhause-Janz, J. (2009), Ältere Arbeitnehmer. Erwerbstätigkeit und soziale Sicherheit im Alter, Wiesbaden: VS Verlag für Sozialwissenschaften

Bäcker, G. (2011), Altersarmut – ein Zukunftsproblem, in: Informationsdienst Altersfragen, Berlin, 2/2011

Bäcker, G./Kistler, E. (2008), Rente mit 67 – Die Voraussetzungen stimmen nicht, Erster Monitoring-Bericht des Netzwerks gerechte Rente

Bäcker, G./Kistler, E./Stapf-Finé, H. (2011a), Rente mit 67? Argumente und Gegenargumente, Expertise im Auftrag der Abteilung Wirtschafts- und Sozialpolitik der Friedrich-Ebert-Stiftung, Wiso-Diskurs, 5/2011

Bäcker, G./Kistler, E./Stapf-Finé, H. (2011b), Erwerbsminderungsrente – Reformnotwendigkeit und Reformoptionen, Expertise im Auftrag der Abteilung Wirtschafts- und Sozialpolitik der Friedrich-Ebert-Stiftung, Wiso-Diskurs, 5/2011

Bäcker, G./Neuffer, S. (2012), Mini-Jobs als Sonderregelung in der Sozialversicherung: Auswirkungen auf das Arbeitsangebot und die soziale Absicherung einzelner Beschäftigtengruppen, in: WSI-Mitteilungen, 1/2012

Bartelheimer, P. (2011), Unsichere Erwerbsbeteiligung und Prekarität, in: WSI-Mitteilungen, 8/2011, S. 386-393

Brückner, H./Mayer, K. U. (2005), De-Standardization of the life course: What it might mean? And if it means anything, where it actually took place?, in: Macmillan, R.

(Hrsg.), The structure of the life course: Standardized? Individualized? Differentiated? Amsterdam u. a.: Elsevier, S. 27-55

Brussig, M. (2010), Fast die Hälfte aller neuen Altersrenten mit Abschlägen – Quote weiterhin steigend, Altersübergangs-Report, 2010-01

Brussig, M./Knuth, M. (2011), Am Vorabend der Rente mit 67: Erkenntnisstand und Erkenntnislücken zur Entwicklung der Erwerbschancen Älterer, in: WSI-Mitteilungen, 64 (3), S. 99-106

Castel, R. (2008), Die Metamorphosen der sozialen Frage. Eine Chronik der Lohnarbeit. 2. Auflage, Konstanz: UVK Verlagsgesellschaft Konstanz mbH

Deutsche Rentenversicherung Bund (Hrsg.) (2010), Rentenversicherung in Zeitreihen, Berlin

Diewald, M. (2010), Lebenslaufregime: Begriff, Funktion und Hypothesen zum Wandel, in: Bolder, A./Epping, R./Klein, R./Reutter, G./Seiverth, A. (Hrsg.), Neue Lebenslaufregime – neue Konzepte der Bildung Erwachsener?, Wiesbaden: VS Verlag für Sozialwissenschaften, S. 33-51

Dörre, K. (2007), Die Wiederkehr der Prekarität. Subjektive Verarbeitungen, soziale Folgen und politische Konsequenzen unsicherer Beschäftigungsverhältnisse, in: Lorenz, F./Schneider, G. (Hrsg.), Ende der Normalarbeit? Mehr Solidarität statt weniger Sicherheit – Zukunft betrieblicher Interessenvertretung, Hamburg: VSA-Verlag, S. 15-53

Erlinghagen, M. (2005), Entlassungen und Beschäftigungssicherheit im Zeitverlauf. Zur Entwicklung unfreiwilliger Arbeitsmarktmobilität in Deutschland, in: Zeitschrift für Soziologie, 34, S. 147-168

Erlinghagen, M./Knuth, M. (2002), Kein Turbo-Arbeitsmarkt in Sicht. Fluktuation stagniert – Beschäftigungsstabilität nimmt zu, IAT-Report, 2002/4

Geissler, B. (2007), Biografisches Handeln in Ungewissheit. Neuere Entwicklungen in der Politik des Lebenslaufs, in: Hildebrandt, E. (Hrsg.), Lebenslaufpolitik im Betrieb. Optionen zur Gestaltung der Lebensarbeitszeit durch Langzeitkonten, Berlin: Edition sigma, S. 25-43

Heinz, W. R. (1996), Status Passages as Micro-Micro-Linkages in the Life Course Research, in: Weymann, A./Heinz, W. R. (Hrsg.), Society and Biography: Interrelationships between Social Structure, Institutions and the Life Course, Weinheim: Deutscher Studien Verlag, S. 51-65

Heinz, W. R. (2000), Selbstsozialisation im Lebenslauf: Umrisse einer Theorie biographischen Handelns, in: Hoering, E. M. (Hrsg.), Biographische Sozialisation, Stuttgart: Lucius + Lucius, S. 165-186

Heinz, W. R. (Hrsg.) (2009), The life course reader, Frankfurt a. M.: Campus Verlag

Jürgens, K. (2011), Prekäres Leben, in: WSI-Mitteilungen, 8/2011, S. 379-385

Knuth, M./Erlinghagen, M. (2006), Flexible Unternehmen – stabile Beschäftigung?, in: Nienhüser, W. (Hrsg.), Beschäftigungspolitik von Unternehmen: theoretische Erklärungsansätze und empirische Erkenntnisse, München: Hampp, S. 11-38

Kohli, M. (1985), Die Institutionalisierung des Lebenslaufs. Historische Befunde und theoretische Argumente, in: Kölner Zeitschrift für Soziologie und Sozialpsychologie, 37. Jahrgang 1985, S. 1-29

Kohli, M. (1986), Gesellschaftszeit und Lebenszeit: Der Lebenslauf im Strukturwandel der Moderne, in: Berger, J. (Hrsg.), Die Moderne – Kontinuitäten und Zäsuren. Soziale Welt, Sonderband 4, Göttingen: Schwartz, S. 183-208

Kohli, M. (2000), Altersgrenzen als gesellschaftliches Regulativ individueller Lebenslaufgestaltung: ein Anachronismus?, in: Zeitschrift für Gerontologie und Geriatrie, 33/1, S. 15-23

Kohli, M. (2003), Der institutionalisierte Lebenslauf: ein Blick zurück und nach vorn, in: Allmendinger, J. (Hrsg.), Entstaatlichung und Soziale Sicherheit. Verhandlungen des 31. Kongresses der Deutschen Gesellschaft für Soziologie in Leipzig 2002. Teil 1, Opladen: Leske + Budrich, S. 525-545

Kohli, M./Freter, H.-J./Langehennig, M. (1993), Engagement im Ruhestand: Rentner zwischen Erwerb, Ehrenamt und Hobby, Opladen: Leske + Budrich

Konietzka, D. (2010), Zeiten des Übergangs. Sozialer Wandel des Übergangs in das Erwachsenenalter, Wiesbaden: VS Verlag für Sozialwissenschaften

Leisering, L. (2004), Government and the Life Course, in: Mortimer, J. T./Shanaahan, M. J., Handbook of the Life Course, New York: Plenum, S. 205-229

Leisering, L./Müller, R./Schumann, K. F. (2001), Institutionen und Lebensläufe im Wandel. Institutionelle Regelungen von Lebensläufen, München: Juventa Verlag Weinheim

Leve, V./Naegele, G./Sporket, M. (2009), Rente mit 67. Voraussetzungen für die Weiterarbeitsfähigkeit älterer Arbeitnehmerinnen, in: Zeitschrift für Gerontologie und Geriatrie, 4/2009, S. 287-291

Mayer, K. U. (1987), Lebenslaufforschung, in: Voges, W. (Hrsg.), Methoden der Biographie- und Lebenslaufforschung, Opladen: Leske + Budrich, S. 51-73

Mayer, K. U. (1995), Gesellschaftlicher Wandel, Kohortenungleichheit und Lebensverläufe, in: Berger, P. A./Sopp, P. (Hrsg.), Sozialstruktur und Lebenslauf, Opladen: Leske + Budrich, S. 27-47

Mayer, K. U./Müller, W. (1986), The State and the Structure of the Life Course, in: A. B. Sorensen, A. B./Weinert, F. E./Sherrod, L. R. (eds.), Human Development and the Life Course: Multidisciplinary Perspectives, Hillsdale: Lawrence Erlbaum Associates Publishers, S. 217-245

Mayer-Ahuja, N. (2003), Wieder dienen lernen? Vom westdeutschen „Normalarbeitsverhältnis" zu prekärer Beschäftigung seit 1973, Berlin: edition sigma

Mückenberger, U. (1985), Die Krise des Normalarbeitsverhältnisses. Hat das Arbeitsrecht noch Zukunft?, in: Zeitschrift für Sozialreform, 31 Jg., Teil I: H. 7, S. 415-434, Teil II: H. 8, S. 457-475

Mückenberger, U. (2010), Krise des Normalarbeitsverhältnisses – ein Umbauprogramm, in: Zeitschrift für Sozialreform, 4/2010, S. 403-420

Naegele, G. (2010), Soziale Lebenslaufpolitik – Grundlagen, Analysen, Konzepte, in: Naegele, G. (Hrsg.), Soziale Lebenslaufpolitik, Wiesbaden: VS Verlag für Sozialwissenschaften, S. 27-86

Riley, M. W./Riley, J. W. (1994a), Structural Lag: Past and Future, in: Riley, M. W./Kahn, R. L./Foner, A. (Hrsg.), Age and Structural Lag, New York: John Wiley & Sons, S. 15-36

Riley, M. W./Riley, J. W. (1994b), Age integration and the lives of older people, in: The Gerontologist, 34/No.1, S. 110-15

Ryder, N. B. (1965), The Cohort as a Concept in the Study of Social Change, in: American Sociological Review, 20, S. 843-861

Sachverständigenkommission Gleichstellungsbericht (2011), Neue Wege – Gleiche Chancen: Gleichstellung von Frauen und Männern im Lebensverlauf. Erster Gleichstellungsbericht der Bundesregierung. Mitglieder der Kommission: Prof. Dr. Ute Klammer, Prof. Dr. Gerhard Bosch, Prof. Dr. Cornelia Helfferich, Prof. Dr. Uta Meier-Gräwe, Prof. Dr. Paul Nolte, Prof. Dr. Margarete Schuler-Harms, Prof. Dr. Martina Stangel-Meseke, München: Geschäftsstelle Gleichstellungsbericht (Fraunhofer-Gesellschaft zur Förderung der angewandten Forschung e.V.)

Sackmann, R. (1998), Konkurrierende Generationen auf dem Arbeitsmarkt. Altersstrukturierung in Arbeitsmarkt und Sozialpolitik, Wiesbaden: Westdeutscher Verlag

Sackmann, R. (2007), Lebenslaufanalyse und Biografieforschung. Eine Einführung, Wiesbaden: VS Verlag für Sozialwissenschaften

Sackmann, R. (2008), Chancen und Risiken der Festlegung von Altersgrenzen des Ruhestands, in: Zeitschrift für Gerontologie und Geriatrie, 41, S. 345–351

Scherger, S. (2007), Destandardisierung, Differenzierung, Individualisierung, Wiesbaden: VS Verlag für Sozialwissenschaften

Solga, H. (2009), Biographische Sollbruchstellen. Übergänge im Lebensverlauf bergen Chancen und Risiken, in: WZB-Mitteilungen, 123/März 2009, S. 6-7

SPD (2008), Flexible Übergänge in den Ruhestand noch in dieser Wahlperiode beschließen. Beschluss des SPD-Präsidiums vom 16. Juni 2008

Vogel, C./Künemund, H./Kohli, M. (2011), Familiale Transmission sozialer Ungleichheit in der zweiten Lebenshälfte. Erbschaften und Vermögensungleichheit, in: Berger, P. A./Hank, K./Tölke, A., Reproduktion von Ungleichheit durch Arbeit und Familie, Wiesbaden: VS Verlag für Sozialwissenschaften, S. 73-92

Franz Ruland

Die gesetzliche Rentenversicherung im wiedervereinigten Deutschland – Eine Bilanz

Auch wenn man sich an das wiedervereinigte Deutschland längst gewöhnt hat, es zum Alltag geworden ist, rückschauend ist es ein Wunder, dass es gelang, die beiden, über 40 Jahre voneinander getrennten Teile Deutschlands wieder zu einem freiheitlichen und demokratischen Staat zu vereinen. Es ist ein Wunder, das der Beharrlichkeit und dem Mut der Menschen vor allem in Leipzig, das der historischen Chance der von Gorbatschow eingeleiteten Perestroika in Russland, das dem Wandel besonders in Polen und Ungarn und das einer guten Politik, für die vor allem die Namen Kohl und Genscher stehen, zu verdanken ist, die mit viel Fortüne die Zeichen der Zeit erkannt und das knappe Zeitfenster optimal genutzt hat[1]. Zu Recht ist all dies in diesem Jahr, in dem sich die Einheit Deutschlands das zwanzigste Mal jährt, gefeiert worden. Das zwanzigste Jahrhundert, in dem von Deutschland so viel Unglück ausging, hatte für Deutschland ein sehr glückliches Ende gefunden. Das Gute daran ist, dass dieses Glück nicht nur Deutschland zuteil wurde. Mit dem Fall der Mauer war die Spaltung Europas überwunden und – wie wir hoffen können – ist der Friede in dem sich immer mehr auch als politisches Gebilde konstituierenden Europa unumkehrbar geworden.

In den Feiern zum zwanzigsten Jahrestag der Einheit Deutschlands ist das Verdienst der Sozialversicherung, insbesondere der Rentenversicherung, an dem Gelingen der Einheit zu kurz gekommen. Auch die Rentenversicherung selbst hat nur wenig getan, um darauf hinzuweisen[2]. Dies soll mit diesem Beitrag ein wenig nachgeholt werden.

---

1   Dazu Ritter, Der Preis der deutschen Einheit – Die Wiedervereinigung und die Krise des Sozialstaates, 2006, S. 18ff; Teltschik, Traum und Wirklichkeit, FAZ v. 1. Okt. 2010, S. 8; Winkler, Der lange Weg nach Westen, Bd. 2, 4. Aufl., 2002, S. 489ff; s. a. DER SPIEGEL, Der Preis der Einheit, Nr. 39/2010, S. 34ff; Jahresbericht der Bundesregierung zum Stand der Deutschen Einheit 2010, BT-Dr. 17/30000, S. 1ff, 18ff

2   Als Ausnahme ist hervorzuheben: von Miquel (Hrsg.), 20 Jahre deutsche Einheit und Sozialversicherung – Rückblick und Ausblick, Dokumentations- und Forschungsstelle der Sozialversicherungsträger in NRW, Schriften 1, 2010.

1   Der Weg zu einem einheitlichen Rentenrecht

In nur knapp elf Monaten nach dem Fall der Mauer am 9. November 1989 war der
Beitritt der ehemaligen DDR zur Bundesrepublik am 3. Oktober 1990 vollzogen. Es
war eine hektische Zeit, in der ganz kurzfristig Lösungen für das bis dahin Un-
denkbare gefunden werden mussten. Alle Politikbereiche waren gefordert, auch
die Rentenpolitik[3]. Schon im Januar 1990 hat die Geschäftsführung des Verbandes
Deutscher Rentenversicherungsträger (VDR) Vorschläge entwickelt, wie „die Rentenversicherung in einem sich einigenden Deutschland" gestaltet werden kann[4].
Diese Vorschläge haben bis in viele Details hinein die spätere Lösung vorgezeich-
net[5]. Dabei musste grundlegend neu gedacht werden. Es war ein historischer Zu-
fall, dass an jenem 9. November 1989, dem Tag, an dem abends die Mauer fiel,
nachmittags im Bundestag die Rentenreform 1992 verabschiedet worden war. Teil
dieser Reform war eine Änderung des Fremdrentenrechts, das bis dahin für die
Eingliederung der Flüchtlinge aus der DDR den rechtlichen Rahmen bot[6]. Es war
angesichts des gewaltigen Stroms an Zuwanderern, die nach dem 9. November in
die Bundesrepublik übersiedelten, sehr schnell klar, dass es für das sich abzeich-
nende vereinigte Deutschland ein einheitliches Rentenrecht geben müsse. Die Einheit Deutschlands musste auch rentenpolitisch zu einer Rechtseinheit führen.

Dies war so einfach nicht. In den 40 Jahren der Trennung hatten sich die Ren-
tenversicherungssysteme in den beiden Teilen Deutschlands weit auseinanderent-
wickelt. In der Bundesrepublik gab es ein Alterssicherungssystem, das 1990 mit
Ausnahme der Beamten alle abhängig Beschäftigten und ihre Einkommen bis zum
1,8-Fachen des Durchschnittsverdienstes (75.600 DM jährlich) erfasste. Es war und
ist ein im Wesentlichen auf der Äquivalenz von Beitrag und Leistung beruhendes
Versicherungssystem, das mit Elementen des sozialen Ausgleichs vermischt ist
und deshalb einen Bundeszuschuss erhält. In der DDR gab es für grundsätzlich
alle abhängig Beschäftigten und für alle Selbständigen eine Einheitsversicherung,
die jedoch wegen der seit 1947 unveränderten Beitragsbemessungsgrenze von 600
Mark im Monat nur noch dank der Mindestrentenregelung eine Grundsicherung

---

3   Dazu Dederer, DRV 2000, 465ff; v. Maydell, DRV 1990, 387ff; Merten, in: Fisch/Haerendel (Hrsg.),
    Geschichte und Gegenwart der Rentenversicherung in Deutschland, 2000, S. 317ff; Reimann, in:
    Ver.di (Hrsg.), 20 Jahre im vereinten Deutschland, 2010, S. 11ff; Ruland, BABl. 1992/10, 24ff;
    Schmähl, in: von Miquel (2010), S. 60ff; ders., DRV 1991, 229ff; ders., in: Bundesministerium für Ar-
    beit und Sozialordnung/Bundesarchiv (Hrsg.), Geschichte der Sozialpolitik in Deutschland seit
    1945, Bd. 11, 1989–1994, 2007, S. 541ff; BT-Dr. 17/3000, S. 51ff.
4   Kolb/Ruland, DRV 1990, 141ff.
5   Vgl. Ritter (2006), S. 197; Schmähl (2007), S. 557f; Zacher, in: Becker/Kaufmann/v.Maydell/
    Schmähl/Zacher (Hrsg.), Alterssicherung in Deutschland, FS Ruland, 2007, S. 726f.
6   Dazu Dederer, DRV 1989, 816ff.

gewährleisten konnte[7]. Neben der Pflichtmitgliedschaft in der Einheitsversicherung hatten alle Arbeitnehmer und – der Höhe nach begrenzt – auch die Selbständigen die Möglichkeit einer erweiterten Vorsorge in der freiwilligen Zusatzrentenversicherung. Daneben gab es, wie sich erst nach und nach abzeichnete, 27 Zusatz- und vier Sonderversorgungssysteme auf der Basis ganz unterschiedlicher Rechtsgrundlagen. Die Sonderversorgungssysteme begünstigten die Angehörigen der Nationalen Volksarmee, der Volkspolizei, der Zollverwaltung und des Staatssicherheitsdienstes. Die Zusatzsicherungssysteme erfassten ganz unterschiedliche Personengruppen, z. B. die „technische Intelligenz", die „Intelligenz an wissenschaftlichen, künstlerischen und pädagogischen Einrichtungen" oder „Ballettmitglieder", boten aber auch Künstlern, Ärzten und Apothekern eine zusätzliche Altersvorsorge. Etwa die Hälfte der Einrichtungen versorgten Mitglieder des Staatsapparates, der Gewerkschaften, der Parteien und „verdienstvolle" Vorsitzende von Produktionsgenossenschaften und Generaldirektoren von Kombinaten[8].

Nach der Wende wurde auch in der DDR „ein wirklich gerechtes Rentensystem" gefordert. Konkretisiert wurde dies dahingehend, „daß jeder seinen Anspruch aus der Sozialversicherung hat, daß jedem entsprechend seinem Einkommen, den Arbeitsjahren und den eingezahlten Beiträgen seine Rente berechnet wird, daß damit auch Sonderregelungen überflüssig werden und daß die Renten immer mit der Lohn-Preis-Entwicklung schritthalten"[9]. Es entsprach somit den politischen Zielen in Ost und West, dass das westdeutsche Rentensystem, das all diese Grundsätze realisiert, auf die DDR erstreckt werden soll, wobei in zahlreichen Sonderregelungen den Besonderheiten in den neuen Bundesländern Rechnung zu tragen war. Verankert wurde dieses Ziel bereits in dem am 18. Mai 1990 unterzeichneten deutsch-deutschen Staatsvertrag[10], der die Rechtsgrundlagen für die am 1. Juli 1990 in Kraft getretene Wirtschafts-, Währungs- und Sozialunion

---

7 Zum Rentenrecht der ehemaligen DDR: Bonz, ZSR 1990, 11ff; BfA, Informationen und Perspektiven zum Rentenrecht der DDR, 1990, S. 25ff; Bressel/Schäfer/Lutz/v. Einem, RV 1990, 81ff; Kiel/Müller/Roth, DRV 1990, 486ff; Neifer-Dichmann/Kreizberg/Weinrich, DB 1990, 581ff; Polster, DRV 1990, 154ff; Püschel, Sozialversicherung der Arbeiter und Angestellten, 1989; Püschel/Hoppe, Die Rentenversicherung der Arbeiter und Angestellten in der DDR, 6. Aufl., 1986; Schmähl (2007), S. 550ff; Winkler, AuS 1990, 48ff Es ist eine Ironie der Geschichte, dass wegen des zugesagten Bestandsschutzes das gesamte Rentenrecht der DDR mit Stand vom 30. Juni 1990 erstmals im Renten-Überleitungsgesetz (Art. 2 RÜG) kodifiziert werden musste. Zur Sozialpolitik der ehemaligen DDR allgemein: Hockerts, Grundlinien und soziale Folgen der Sozialpolitik in der DDR, in: Kaelble/Kocka/Zwahr (Hrsg.), Sozialgeschichte der DDR, 1989, S. 519–546.

8 Vgl. die Anlagen 1 und 2 zum Anspruchs- und Anwartschaftsüberführungsgesetz (AAÜG) = Art. 3 des Rentenüberleitungsgesetzes (RÜG) v. 25. Juli 1991 (BGBl. I, 1606).

9 Rösel (FDGB Bundesvorstand) in: Tribüne – Organ des Bundesvorstandes des FDGB – vom 24. November 1989, S. 1.

10 BGBl. II, 518; Materialien: BT-Dr. 11/7171 = 11/7350; BR-Dr. 350 und 380/90.

geschaffen hatte[11]. Zu diesem Termin wurden die in der DDR gezahlten Renten
1 : 1 auf DM umgestellt[12] und um rund 30 Prozent angehoben. Damit wurde ein
gleich hohes Nettoversorgungsniveau wie in den westdeutschen Ländern hergestellt. Zum 1. Januar und zum 1. Juli 1991 gab es weitere Anpassungen um jeweils
15 Prozent.

Die meisten Zusatz- und Sonderversorgungssysteme wurden zum 1. Juli 1990
geschlossen. Die Anrechte aus diesen Systemen wurden in die Rentenversicherung
überführt, der diese Aufwendungen aus dem Staatshaushalt zu erstatten waren.
Für Verantwortungsträger des bisherigen Systems, insbesondere für Stasi-
Mitarbeiter, wurden die Leistungen begrenzt. Umgesetzt hatte dies die neu ge-
wählte Volkskammer der DDR durch das Rentenangleichungsgesetz[13] und das
Sozialversicherungsgesetz[14], beide vom 28. Juni 1990. Letzteres sah zudem unter
Auflösung der Einheitsversicherung ab 1. Januar 1991 eine schrittweise Anpassung
der Sozialversicherung an die bundesdeutsche Organisationsstruktur vor. Die
bundesweiten Träger erstreckten sich auch auf das Gebiet der ehemaligen DDR
und es wurde in jedem Bundesland eine LVA gegründet[15]. Untergebracht wurden
sie in Kasernen – so wurde aus der NVA eine LVA![16] Im Einigungsvertrag vom
31. August 1990[17] wurde festgelegt, dass die Überleitung des bundesdeutschen
Rentenrechts in einem Bundesgesetz geregelt werden sollte. Sie sollte mit der Angleichung der Löhne und Gehälter auch eine Angleichung der Renten verwirkli-
chen.

Die Umstellung und die Anpassungen bis Ende 1991 führten dazu, dass die
Renten in der ehemaligen DDR zwar deutlich angehoben worden waren, sie aber
in ihrer Struktur, von einer stärkeren Berücksichtigung der Arbeitsjahre abgesehen,
noch weitgehend dem alten DDR-Rentenrecht entsprachen. Die Überführung dieses alten Systems in das 1989 beschlossene neue Rentensystem des SGB VI erfolgte
durch das Renten-Überleitungsgesetz vom 25. Juli 1991[18]. Es trat – von den Bestimmungen zur Rehabilitation abgesehen[19] – zusammen mit dem SGB VI am

---

11 Zu ihm Reimann, DAngVers 1990, 293ff; Ruland, DRV 1990, 455ff; ders., DtZ 1990, 159ff.
12 Dazu Schmähl (2007), S. 564.
13 Vom 28. Juni 1990 (GBl. der DDR 1990 I, 445); dazu Kiel/Müller/Roth, DRV 1990, 381ff.
14 Vom 28. Juni 1990 (GBl. der DDR 1990 I, 486).
15 Zu den Problemen eindrucksvoll Heine, DRV 1991, 775ff; Riebe, DRV 2000, 478ff; s. a. Ruland, DRV
    1990, 518 (519); Kaltenbach, DAngVers 1991, 185 (186).
16 Vgl. Ruland, in von Miquel (2010), S. 86; von Miquel, ebd., S. 136ff.
17 BGBl. II, 885; Materialien: BT-Dr. 11/7760, 7817, 7841; zu ihm: Reimann, DAngVers 1990, 417ff;
    Schmähl (2007), S. 579ff
18 BGBl. I, 1606; Materialien: BT-Dr. 12/405, 630, 786,812, 826, 827, 829; BR-Dr. 197, 390/91; zu ihm:
    Michaelis/Stephan, DAngVers 1991, 149ff; Rahn, NDV 1991, 213ff; Ruland, SozFortschritt 1991, 108;
    ders., BetrAV 1991, 81ff; ders., DRV 1991, 518ff; s. a. Schmähl (2007), S. 594ff.
19 Hierzu Reimann, DRV 2000, 500ff.

1. Januar 1992 in Kraft. Die Einführung des neuen Rentenrechts hat die Rentenversicherungsträger vor ungeheure Probleme gestellt[20]. So mussten in einer beispiellosen Aktion, die auch im Deutschen Bundestag als eine der großen Leistungen der Sozialversicherung gewürdigt wurde[21], innerhalb weniger Wochen die rund vier Millionen Renten in den neuen Bundesländern durch individuellen Bescheid umgewertet, angepasst und zugestellt werden[22]. Wegen der gegenüber dem früheren DDR-Recht erheblich erleichterten Anspruchsvoraussetzungen hat sich in den neuen Bundesländern 1992 der Antragseingang verdreifacht, der – auch wegen der zeitaufwändigen Klärung der Versicherungskonten – trotz des großen Personaleinsatzes und umfangreicher personeller Unterstützung aus den alten Bundesländern erst 1994 abgearbeitet werden konnte.

Das Renten-Überleitungsgesetz hatte sich dafür entschieden, bei großzügiger Wahrung des Besitzstandes die Grundprinzipien des westdeutschen Rentenrechts auch auf DDR-Sachverhalte anzuwenden[23]. Diese Lösung hat verhindert, dass die vielen Vergünstigungen des ehemaligen DDR-Rentenrechts, die innerhalb dieses Systems nur eine äußerst bescheidene Bedeutung hatten, mit allen Vorzügen des westdeutschen Rentenrechts und seiner lebensstandardorientierten dynamischen Rente kombiniert worden wären. Damit hätten sie eine überproportional große Bedeutung bekommen, was gleichheitswidrige Verzerrungen zwischen Ost und West zur Folge gehabt hätte.

Die Überleitung führte zu einer einheitlichen Rentenversicherung, jedenfalls was den Finanzverbund zwischen den alten und neuen Bundesländern betraf. Die Rentenversicherung und das Bundesarbeitsministerium hatten sich vehement dagegen gewehrt, weil der Finanzverbund dazu führte, dass die Rentenversicherung in den alten Bundesländern für die Defizite der Rentenversicherung in den neuen Bundesländern aufzukommen hatte. Das Finanzministerium war jedoch stärker[24]. Hintergrund war, dass die Schwankungsreserve der Rentenversicherung zu dieser Zeit mit über 40 Mrd. DM zu gut gefüllt war. Zu berücksichtigen war auch, dass auch in den alten Bundesländern nicht zwischen wirtschaftlich starken und wirtschaftlich schwachen Regionen unterschieden wurde. Auch hatte die Rentenversi-

---

20 Dazu Ruland, BABl. 1992/10, 24ff; ders., Gesellschaftspolitische Kommentare 1993/2, 301f; s. a. Klässer, DRV 2000, 530ff.

21 Blüm, BT-Sten.Ber. 12/4726; s. a. Ritter (2006), S. 324; Zacher (007), S. 727f.

22 Zur Vergabe der Versicherungsnummern: Klässer, DRV 1992, 235ff.

23 Zur Einführung des Rentenrechts in den neuen Bundesländern: Dederer, DRV 2000, 465ff; Eyrich, in: Schulin (Hrsg.), Handbuch des Sozialversicherungsrechts, Bd. 3: Rentenversicherungsrecht, 1999, S. 1355ff; Grintsch/Langenheim/Neidert/Polster/Schellhorn, Das Rentenrecht in den neuen Bundesländern, 1992; Heine/Eckardt, DRV 1994, 329ff; Michaelis, DAngVers 1991, 149ff; ders., DAngVers 1992, 165ff; Rische, DAngVers 1991, 229ff; Ruland, NZS 1992, 41ff; Wilmerstadt, Das neue Rentenrecht (SGB VI), 1992; s. a. Bieback, NZS 1994, 193ff; Ritter, DRV 2007, 696ff.

24 Dazu Ritter (2006), S. 253, 364; Schmähl (2010), S. 63; ders. (2007), S. 567ff, 588ff.

cherung in den vergangenen Jahren von den Übersiedlern aus der ehemaligen DDR profitiert. Es waren meist jüngere Personen, die gekommen waren und Beiträge gezahlt hatten. Hinzu kam, dass damals schon rund 500.000 Personen aus dem Beitrittsgebiet zu ihrer Arbeitsstätte in die alten Bundesländer pendelten[25]. Aber keiner hat geahnt, zu welcher Dauerbelastung diese West-Ost-Transfers werden sollten, zumal gerade im Bereich der Erwerbsminderungs- und der Hinterbliebenenrenten zwischen 450.000 und 500.000 Personen infolge des neuen Rechts erstmals Rentenansprüche geltend machen konnten[26]. 2004 hat die Bundesregierung anerkannt, dass der Ausgleich der Angleichungsdynamik der Anrechte in den neuen Bundesländern, der mit einen Grund für den West-Ost-Transfer darstellt, zu den „nicht beitragsgedeckten Leistungen der Rentenversicherung" gehört[27].

Trotz der neuen Renteneinheit blieben West und Ost unterschiedliche Sozialräume[28]. Die Notwendigkeit zahlreicher Sonderregelungen für die Versicherten in den neuen Bundesländern ließ noch keine völlige Rechtseinheit zu. Ein Teil der abweichenden Regelungen ergab sich aus der unterschiedlichen Einkommenssituation in Ost und West. Für die viel niedrigeren Einkommen in den neuen Bundesländern mussten sowohl im Beitragsrecht als auch für die Höhe und die Berechnung der Renten Sonderregelungen vorgesehen werden. Mit einer anderen Gruppe von Normen wurde versucht, die individuellen Versicherungsbiografien, die in der ehemaligen DDR durch eine in ihrem relativen Wert immer weiter abnehmende Beitragsbemessungsgrenze gekennzeichnet waren, in das neue lohn- und beitragsbezogene System einzupassen. Das ging ohne Korrekturen der Vergangenheit nicht ab.

Hinter einer weiteren Fallgruppe stand das Prinzip des Vertrauensschutzes. Eine Notwendigkeit, das Vertrauen in den Fortbestand der alten DDR-Regelungen zu schützen, bestand nicht. Die neuen Renten waren ausnahmslos höher. Die Notwendigkeit von Vertrauensschutzregelungen ergab sich allein im Vergleich zu dem Recht, das in einer ersten Analogie zum bundesdeutschen System am 1. Juli 1990 in der DDR eingeführt worden war. Von dieser Umstellung wurden alle Zeiten in der DDR erfasst, gleich ob es tatsächliche Arbeitsjahre oder nur Zurechnungszeiten waren. Diese mangelnde Differenzierung, zu der es damals aber aus Zeitgründen keine Alternative gab, war Grund für die Übergangsregelungen in den neuen Bundesländern. Geschützt wurde somit nur das Vertrauen in das Recht,

---

25 Husmann, DRV 1992, 300ff; Ruland, NZS 1992, 41 (45).

26 Engelen-Kefer, DRV 1991, 757 (758).

27 Bericht der Bundesregierung zur Entwicklung der nicht beitragsgedeckten Leistungen und der Bundesleistungen an die Rentenversicherung vom 13. August 2004, DRV 2004, 569 (575ff).

28 Dazu Ruland, NZS 1992, 41ff; ders., in v. Maydell/Ruland/Becker (Hrsg.), Sozialrechtshandbuch, 4. Aufl., 2008, S. 859ff

das am 1. Juli 1990 neu geschaffen worden war. Schließlich ist im Renten-Überleitungsgesetz mit den Regelungen über den Sozialzuschlag (Art. 40 RÜG) die Rentenversicherung mit der Auszahlung von sozialhilferechtlichen Leistungen betraut worden, weil sich damals die eigentlich dafür zuständige Sozialhilfeverwaltung noch im Aufbau befand.

Besonders problematisch und umstritten war die Überführung der Zusatz- und Sonderversorgungssysteme der ehemaligen DDR in die Rentenversicherung[29]. Die gefundene Lösung[30] ging grundsätzlich von den tatsächlich erzielten Einkommen aus, die aber nur bis zur Höhe der Beitragsbemessungsgrenze berücksichtigt wurden. Dies führte in zahlreichen Fällen zu erheblichen Härten. Die Rentenversicherung und der Gesetzgeber sahen zu dieser Lösung aber keine Alternative. Das Bundesverfassungsgericht hat sie bestätigt[31]. Bei Personen, die kraft ihrer Funktion dem System besonders nahestanden, blieb es bei der Begrenzung ihrer Ansprüche auf das Durchschnittseinkommen. Stasi-Mitarbeiter mussten eine Reduktion ihrer Ansprüche auf 70 Prozent hinnehmen – eine dann später aufgrund von Verfassungsgerichtsentscheidungen mehrfach wieder korrigierte Regelung[32]. Gleichartige Renten aus der Rentenversicherung und aus einer Zusatzversorgung konnten zudem nur bis zu einer Höchstgrenze kumulieren. In Einzelfällen ruhten die Ansprüche aus Zusatz- und Sonderversorgungssystemen, wenn gegen den Betreffenden ein Strafverfahren wegen gravierenden Amtsunrechts betrieben wurde und er sich diesem Verfahren durch Aufenthalt im Ausland entzog – eine Regelung auch für den Fall Honnecker.

2 Nach zwanzig Jahren noch keine Rechtseinheit im Rentenrecht

Obwohl sich sehr viele der Übergangsregelungen infolge des Zeitablaufs erledigt haben – ein einheitliches Rentenrecht gibt es bis heute nicht. Die unterschiedliche Einkommenssituation zwischen Ost und West hat nach wie vor Auswirkungen zunächst im Beitragsrecht. Der Beitragssatz ist zwar der gleiche (2011: 19,9

---

29 Dazu Ehrenheim, ZfSH/SGB 1991, 505ff; Merten, Verfassungsprobleme der Versorgungsüberleitung, 2. Aufl., 1994; ders., (2000), S. 325ff; Michaelis, DRV 2000, 516ff; Mohn, DAngVers 1993, 438ff; Reimann, DAngVers 1991, 281ff; Ruland, DRV 1991, 518 (529ff); Schmähl (2007), S. 606ff.

30 Dazu das Gesetz zur Überführung der Ansprüche und Anwartschaften aus Sonder- und Zusatzversorgungssystemen des Beitrittsgebietes (Anspruchs- und Anwartschaftsüberführungsgesetz – AAÜG) = Art. 3 des RÜG.

31 BVerfGE 100, 1 (40); 59 (98f); BVerfG, NZS 2003, 87f; Steiner, in: FS Ruland (2007), S. 315 (318ff); ders., NZS 2010, 529 (531); s. a. Beck, SozSich 2006, 275ff; krit. Merten (2000), S. 328.

32 BVerfGE 100, 138ff; s. a. Bernsdorff, VSSR 1999, 57ff, 79ff; Heintzen, VSSR 1995, 1ff; Merten, (2000), S. 330; Mutz, DAngVers 1999, 509ff.

Prozent), aber die Beitragsbemessungsgrenze beträgt 2011 statt 66.000 Euro 57.600 Euro in den neuen Bundesländern und ist um rund 13 Prozent niedriger. Deswegen ist auch der Höchstbeitrag der Arbeitnehmer unterschiedlich. Er beträgt 2011 in den alten Bundesländern 1.094,50 Euro und in den neuen 955,20 Euro im Monat. Die unterschiedliche Einkommenssituation wirkt sich auch bei der Rentenberechnung aus. Die Höhe der Rente hängt vor allem von der Zahl der „Entgeltpunkte" ab, die der Versicherte erworben hat. Um sie zu ermitteln, ist es notwendig, das individuelle Einkommen des Versicherten dem Durchschnittseinkommen aller Versicherten gegenüberzustellen. Die niedrigen Einkommen in Ostdeutschland mit den höheren Einkommen in Westdeutschland zu vergleichen, geht nicht an. Daher werden die im Beitrittsgebiet erzielten Bruttoarbeitsentgelte zunächst mit einem gesetzlich festgelegten Faktor hochgewertet, der den Abstand zwischen dem Durchschnittsentgelt Ost und dem Durchschnittsentgelt West widerspiegelt, und dann ins Verhältnis zum allgemeinen Durchschnittseinkommen aller Versicherten gesetzt (§ 256 a iVm der Anlage 10)[33]. 1989 wurden wegen des Hochwertungsfaktors die Entgelte in den neuen Bundesländern noch mehr als verdreifacht, 2011 erhöhen sie sich „nur" noch um rund 14,3 Prozent. Das Ergebnis dieser Berechnung sind die Entgeltpunkte (Ost). Wegen dieser Berechnung führen gleich hohe Einkommen im Osten zu mehr Entgeltpunkten als im Westen[34]. Ein jährliches Einkommen von 50.000 Euro erbringt 2011 bei einem vorläufigen Durchschnittsentgelt von 30.268 Euro in den alten Bundesländern 1,6519 Entgeltpunkte, in den neuen Bundesländern (50.000 x 1,1429 : 30.268 =) 1,8880 Entgeltpunkte (Ost). Diese Höherwertung wird immer problematischer, da schon heute in zahlreichen Tarifbereichen Westlöhne gezahlt werden[35].

Den Wert der Entgeltpunkte in Euro bestimmt der aktuelle Rentenwert, der zugleich der Dynamisierungsfaktor der Renten ist. Solange es in West- und in Ostdeutschland unterschiedliche Entgeltpunkte gibt, gibt es auch unterschiedliche aktuelle Rentenwerte. Am 1. Januar 1992 betrugen der aktuelle Rentenwert 41,44 DM, der aktuelle Rentenwert (Ost) 23,57 DM, rund 57 Prozent. Vor allem in den ersten Jahren der Deutschen Einheit sind die Löhne in den neuen Bundesländern stark gestiegen, so dass der von der Lohnentwicklung in den ostdeutschen Ländern abhängige aktuelle Rentenwert (Ost) bis 2001 deutlich aufholen konnte. Mit dem Einsetzen des konjunkturellen Abschwungs nach 2002 hat sich der Prozess der Lohn- und Rentenangleichung verlangsamt und ist mehrere Jahre ins Stocken

---

33 Dazu BSGE 90, 197 (198); Übergangsregelung für Bestandsrenten am 31.12.1991: dazu BVerfG, Soz-R 4-2600 § 307a Nr. 3.
34 Ebenso BT-Dr. 16/8633, S. 6.
35 S. a. den Bericht des Bundesrechnungshofs, BT-Ausschussdrucksache 11(11)113.

geraten[36]. Der aktuelle Rentenwert (Ost) beträgt seit dem 1. Juli 2011 24,37 Euro. Im Vergleich West (27,47 Euro) zu Ost sind es 88,7 Prozent, unter Berücksichtigung des um zwei Prozent niedrigeren Ausgleichsbedarfs (Ost) schon über 90 Prozent. Da wegen der Anpassungsschutzklausel (Ost) die Anpassung des aktuellen Rentenwerts (Ost) mindestens so hoch sein muss wie die des aktuellen Rentenwerts, liegt der Anstieg der Renten um etwa sechs Prozent über dem der Löhne. Die Renten sind also stärker als die Löhne gestiegen. Die Rentner in den neuen Bundesländern sind die Gewinner der deutschen Einheit[37], zumal sich auch ihre Lebenserwartung der in den alten Bundesländern sehr angenähert hat[38].

Die in den neuen Bundesländern durchschnittlich gezahlten Renten liegen bei den Männern um 5,5 Prozent und bei den Frauen um 31,4 Prozent über denen in den alten Bundesländern. Der Abstand wird sich bis 2014 noch geringfügig vergrößern. Gründe hierfür sind die längeren Versicherungszeiten. Bei den Männern sind es über 4,5 Jahre und bei den Frauen fast zwölf Jahre mehr. Bei der Bewertung dieser höheren Renten ist auch zu berücksichtigen, dass die in den ostdeutschen Ländern gezahlten Renten auch Rentenbestandteile aus der Überführung der Zusatz- und Sonderversorgungssysteme enthalten. Diese Renten sind zudem in viel stärkerem Maße das einzige Alterseinkommen, während in den alten Bundesländern die Renten häufiger durch andere Alterseinkünfte, wie Beamtenpensionen, Leistungen der betrieblichen oder privaten Vorsorge, ergänzt werden[39].

Zu befürchten ist, dass sich mittelfristig die Verhältnisse umkehren und die Renten in den neuen Bundesländern niedriger ausfallen werden. Die Biografien der jetzt Erwerbstätigen sind mit geprägt durch eine wesentlich höhere Arbeitslosigkeit als in den alten Bundesländern. Die Arbeitslosenquote betrug 2005 18,7 Prozent, ist zwar seitdem gesunken, lag 2009 mit 13 Prozent aber immer noch um über sechs Prozentpunkte über dem westdeutschen Durchschnitt. Treffen wird dies insbesondere die Langzeitarbeitslosen, da deren rentenrechtliche Absicherung immer weiter verschlechtert und durch das Haushaltsbegleitgesetz 2011 nahezu auf null reduziert wurde[40].

---

36 Dazu Haupt, in: Ver.di (2010), S. 17f; Kaldybajewa/Kruse/Strobel, RVaktuell 2010, 93 (98): Die „Angleichung der hochgerechneten beitragspflichtigen Entgelte der Beschäftigten im Osten an das Westniveau ist somit seit dem Ende der neunziger Jahre kaum vorangeschritten".
37 Ritter (2006), S. 393.
38 Nach einer Meldung der DPA vom 18. November 2010 ist die Lebenserwartung im Osten Deutschlands in den vergangenen 15 Jahren stärker gestiegen als im Westen. Für neugeborene Jungen hat sich die Ost-West-Differenz von 3 Jahren und einem Monat auf 1 Jahr und 4 Monate verringert. Für kleine Mädchen ist sie von 2 Jahren auf 2 Monate gesunken (Zahlen des Statistischen Bundesamtes).
39 BT-Dr. 17/3000, S. 52.
40 Krit. Ruland, NZS 2009, 473; s. a. Sozialbeirat, BT-Dr. 17/3900, S. 77f.

Wann sich der aktuelle Rentenwert (Ost) an den entsprechenden Wert in den alten Bundesländern angleichen wird, ist nicht abzusehen. Voraussetzung wäre eine Angleichung der Löhne in den neuen Ländern an die Löhne in den alten Ländern. In diesem Fall würden sich die rentenrechtlichen Besonderheiten faktisch von selbst auflösen. Der Rentenversicherungsbericht 2010 geht davon aus, dass sich die Relation von heute 88,7 Prozent bis 2014 auf knapp 90 Prozent verbessert. Im Koalitionsvertrag dieser Regierung ist angekündigt, dass noch in der laufenden Legislaturperiode ein einheitliches Rentensystem in Ost und West eingeführt werden soll[41]. Doch liegen konkrete Vorschläge immer noch nicht vor.

Eine Angleichung des Rentenrechts in Ost und West ist in den letzten Jahren sowohl im Bundestag[42] als auch im Bundesrat[43] zwar intensiv diskutiert worden, doch hat sich bislang keine mehrheitsfähige Lösung abgezeichnet[44]. Es gab eine Reihe von Vorschlägen, etwa der Fraktion DIE LINKE[45], der FDP[46] oder von Ver.di[47], wonach in unterschiedlicher Weise die Anrechte in den neuen Bundesländern auf das Westniveau angehoben werden sollen. Gemeinsam war den Vorschlägen, dass die entstehenden zusätzlichen Ausgaben aus Steuermitteln finanziert werden sollten.

Würde der aktuelle Rentenwert (Ost) auf das Niveau des aktuellen Rentenwerts, d. h. um zehn Prozent, angehoben, entstünden sofort Mehrkosten von etwa fünf Milliarden Euro jährlich[48]. Den höheren Rentenausgaben in den neuen Bundesländern stehen, da die Löhne dort nicht entsprechend gestiegen sind, keine kompensierenden Beitragsmehreinnahmen gegenüber. Dass dies durch Steuern finanziert werden könnte, ist angesichts der Verschuldung des Bundes unrealistisch, zumal der Bund bisher schon die einigungsbedingten Kosten der Rentenversicherung weitgehend den Beitragszahlern in den alten Bundesländern aufgebürdet hat. Angesichts des ohnehin schon bestehenden und auch künftig zu erwartenden hohen Defizits der Rentenversicherung in den neuen Bundesländern, das von der Rentenversicherung in den alten Bundesländern auszugleichen ist, und angesichts der hohen Belastungen, die auf die Rentenversicherung mittel- und langfristig zukommen, ist es ausgeschlossen, die Rentenversicherung noch zusätz-

---

41 Koalitionsvertrag zwischen CDU, CSU und FDP; 17. Legislaturperiode, „Wachstum. Bildung. Zusammenhalt", Rn. 3815-3819; s. a. BT-Dr. 17/3000, S. 52; dazu Sozialbeirat, BT-Dr. 17/52, S. 75ff.
42 Vgl. BT-Dr.17/6180; 5540; 16/8633, S. 4; 16/10547; BT-StenBer. 16/18922ff; 20705ff.
43 BR-Dr. 845/08.
44 Zur Diskussion auch Winkelbach, RVaktuell 2010, 56ff.
45 Vgl. BT-Dr.16/6734.
46 Vgl. BT-Dr. 16/9482.
47 Dazu Kerschbaumer, in: Ver.di (2010), S. 49ff; dies., SozSich 2008, 280ff; dazu krit.: Steffen, Angleichung der Ost-Renten, Arbeitnehmerkammer Bremen, 12/2008, S. 5f.
48 Sachverständigenrat zur Begutachtung der gesamtwirtschaftlichen Entwicklung (2008): „Die Finanzkrise meistern – Wachstumsmärkte stärken", Rn. 638.

lich mit Mehrkosten aus einer Rentenangleichung zu belasten, zumal die Defizite der Rentenversicherung (Ost) bis 2024 ohnehin auf über 20,5 Milliarden Euro im Jahr ansteigen werden[49]. Dies erlaubt nicht, den aktuellen Rentenwert (Ost) auf das Westniveau anzuheben. Dies wäre den Beitragszahlern vor allem in den alten Bundesländern nicht zu erklären. Sie dürfen durch den West-Ost-Transfer in der Rentenversicherung nicht überfordert werden, weil sonst dessen Akzeptanz gefährdet wird.

Kostenneutral ist allein der Vorschlag des Sachverständigenrats zur Begutachtung der gesamtwirtschaftlichen Entwicklung. Er hat in seinem Jahresgutachten 2008/2009 Überlegungen vorgestellt, wie eine den Besitzstand wahrende Umbasierung der rentenrechtlichen Größen auf bundesweit einheitliche Größen vorgenommen werden könnte[50]. Zu einem bestimmten Stichtag sollten alle rentenrechtlich relevanten Rechengrößen auf neue, bundeseinheitliche Werte umgestellt werden. Insbesondere sollte ein neuer, bundeseinheitlicher aktueller Rentenwert eingeführt werden, der über dem aktuellen Rentenwert (Ost) und unter dem aktuellen Rentenwert läge. Die Entgeltpunkte bzw. Entgeltpunkte (Ost) müssten entsprechend umgerechnet werden, ohne dass sich von der bisherigen Höhe abweichende Renten ergeben. Nach dem Stichtag würden die Rentenanwartschaften unabhängig von dem Beschäftigungsort ermittelt. Das gesamtdeutsche, rentenrechtliche Durchschnittsentgelt wäre für die notwendige Ermittlung der Entgeltpunkte maßgebend. Die bisherige Hochwertung der in den neuen Bundesländern erzielten Verdienste würde entfallen.

Die Auswirkungen dieses Vorschlags hängen von der wirtschaftlichen Entwicklung in den alten und in den neuen Bundesländern ab. (1.) Entwickeln sich die Entgelte in West und Ost künftig einheitlich, hätte der Vorschlag keine Auswirkungen. (2.) Steigen die Entgelte im Westen künftig stärker als im Osten, fiele nach dem Vorschlag die gesamtdeutsche Anpassung niedriger aus, als sie nach bisherigem Recht in den alten Bundesländern ausgefallen wäre. Betroffen wären aber nicht nur die Versicherten in den alten Bundesländern, sondern auch die in den neuen Bundesländern, weil sie nach geltendem Recht über die Anpassungsschutzklausel Ost von der höheren Anpassung des aktuellen Rentenwerts profitiert hätten. (3.) Steigen die Entgelte im Osten stärker als im Westen, käme dies (auch) den Versicherten in den alten Bundesländern zugute. Ihre Anpassung fiele im Vergleich zum geltenden Recht etwas höher aus. Die Renten in den neuen Bundesländern würden im Vergleich zum geltenden Recht verlieren, weil eine stärkere Steigerung der Entgelte in den neuen Bundesländern allein den dort erworbenen Ren-

---

49 BT-Dr. 17/3900, S. 26.
50 Vgl. Sachverständigenrat zur Begutachtung der gesamtwirtschaftlichen Entwicklung (2008): „Die Finanzkrise meistern – Wachstumsmärkte stärken", Rn. 639ff; krit. Flecken, in: Ver.di (2010), S. 40f.

ten über eine stärkere Anpassung des aktuellen Rentenwerts (Ost) zugutegekommen wäre.

Die Umsetzung des Vorschlags wäre verfassungsrechtlich unbedenklich[51]. Eine Zusage, dass die aktuellen Rentenwerte in West und Ost angeglichen werden, hat es gesetzlich nie gegeben. Stets war eine solche Angleichung davon abhängig gemacht worden, dass sich zuvor auch die Einkommensverhältnisse angleichen; dies gilt bereits für den Einigungsvertrag (Art. 30 V 3 EV). Diese Voraussetzung war schon deshalb unverzichtbar, weil ansonsten die Rentner den aktiv versicherten Beitragszahlern gegenüber deutlich bevorzugt würden. Ob es je zu den 100 Prozent einer Angleichung kommen wird, ist völlig offen, eher unwahrscheinlich, weil es auch in den alten Bundesländern zwischen Regionen deutliche Unterschiede gibt. Der Gesetzgeber könnte, wenn er wollte, sich nach mehr als 20 Jahren nach der Wiedervereinigung für die Rechtseinheit entscheiden. Das Bundesverfassungsgericht hat sie als ein gewichtiges Gemeinwohlziel herausgestellt und bereits mehrfach betont, dass ihre Verwirklichung zeitlich nicht zu weit hinausgeschoben werden solle[52].

Anzunehmen ist aber, dass die Regierung trotz der Koalitionsvereinbarung nichts tun wird. Der große Vorteil des Vorschlags des Sachverständigenrats, verteilungs- und finanzneutral zu sein, ist zugleich seine politische Last. In den neuen Bundesländern ist dieses Thema mit allzu großer Hoffnung auf eine hohe, außerplanmäßige Rentenerhöhung verbunden, so dass dort eine Umsetzung des Vorschlags des Sachverständigenrates eine große Enttäuschung auslösen würde, die die Politik aus wahltaktischen Gründen fürchtet. Sie wird ihr Nichtstun damit begründen, dass sie die weitere Entwicklung der Löhne in West und Ost abwarten will. Aber je länger sie wartet, umso größer werden die Probleme infolge der Höherwertung der Einkommen in den neuen Bundesländern. Das weitere Zuwarten ist letztlich unverantwortlich. Die Politik begeht erneut einen großen Fehler.

3   Der Paradigmenwechsel in der Altersvorsorge

Zur Bilanz der Rentenpolitik in den letzten 20 Jahren gehört auch darauf hinzuweisen, dass die Politik die Verdienste der Rentenversicherung um die Vereinigung Deutschlands sehr schlecht honoriert hat. Ohne die Rentenversicherung und ohne das ihr zugrunde liegende Umlageverfahren wäre die Sozialunion Deutschlands nicht realisierbar gewesen. Ein kapitalgedecktes System wäre an dieser Aufgabe völlig gescheitert. Die Kosten dieser Sozialunion sind der Rentenversicherung

---

51 Vgl. Ruland, NZS 2009, 121ff; ebenso Bredt, VSSR 2009, 1ff.
52 BVerfGE 112, 368 (398); BVerfG, 3. Kammer des 1. Senats, Beschluss vom 15.9.2006 (1 BvR 799/98).

aufgebürdet worden. Viel zu spät, erst nach 2000, ist der Bundeszuschuss erhöht worden. Die Rentenversicherung hat bis dahin und auch danach Jahr für Jahr hohe Milliardenbeträge aufgewandt, um das Defizit der Rentenversicherung in den neuen Bundesländern zu decken. Dies ging die ersten Jahre nach 1992 gut, weil es dank der Vereinigung zunächst einen konjunkturellen Schub gab. Aber schon 1993 stieg die Zahl der Arbeitslosen an von 7,3 Prozent auf 8,5 Prozent. 1995 lag sie schon bei 10,6 Prozent, 1997 bei 12,7 Prozent; den traurigen Rekord hielt 2005 mit 13 Prozent Arbeitslosen[53]. Bekämpft wurde die Arbeitslosigkeit auch damit, dass die Frühverrentung für Arbeitslose erleichtert wurde. 1993 verdoppelte sich die Zahl der Frührentner wegen Arbeitslosigkeit und stieg auf 110.000. 1994 waren es über 200.000, 1995 schon knapp 300.000[54]; 1996 gab es im Bestand bereits über 800.000 Frührentner wegen Arbeitslosigkeit – überproportional viele aus den neuen Bundesländern. Zu den Kosten der deutschen Einheit kamen trotz aller Warnungen der Rentenversicherung auch die Kosten der – letztlich erfolglosen – Frühverrentungspolitik. Die Folge war, dass der Beitragssatz stieg: von 17,7 Prozent 1992 auf 19,2 Prozent 1996 und auf 20,3 Prozent 1999[55]. Ein weiterer Anstieg konnte nur durch permanente Einschnitte in das Leistungsrecht und durch eine kräftige Erhöhung des Bundeszuschusses verhindert werden. Die Folgen der Wiedervereinigung hatten die Rentenversicherung überfordert.

In dieser Situation kam noch eine aggressive, alle Mittel, insbesondere die Presse einsetzende Lobbyarbeit von Banken und Versicherungen[56] hinzu, die angesichts der in der Tat desolat gewordenen Situation der Rentenversicherung ihre Chance sahen, im Bereich der Altersvorsorge mehr Umsatz und Gewinn machen zu können. Angesichts der trotz der Krise stark gestiegenen Aktienkurse wurde die angebliche Überlegenheit der kapitalgedeckten Vorsorge gegenüber der umlagefinanzierten Rentenversicherung so lange propagiert, bis die sozialliberale Regierung Schröder unter Federführung des damaligen Arbeitsministers Riester einen Paradigmenwechsel in der Alterssicherung vollzog. Die Rentenversicherung hatte nicht mehr allein den Lebensstandard ihrer Versicherten sicherzustellen. Sie muss sich seit 2001 in diese Aufgabe mit der – steuerlich sehr geförderten – ergänzenden betrieblichen und privaten Vorsorge teilen. Die private kapitalgedeckte Vorsorge, die bei der Sozialunion Deutschlands als System einer Regelalterssicherung völlig versagt hätte, hatte zehn Jahre danach wegen der Folgen der Vereini-

---

53 Deutsche Rentenversicherung Bund, Rentenversicherung in Zeitreihen, 2009, S. 254; BT-Dr. 17/3000, S. 47.

54 Deutsche Rentenversicherung Bund (2009), S. 48.

55 Dazu auch Ritter (2006), S. 326.

56 Dazu Hockerts, in: Becker/Hockerts/Tenfelde (Hrsg.), Sozialstaat Deutschland, 2010, S. 257 (268ff); s. a. Bourcarde, Die Rentenkrise – Sündenbock Demographie, 2010, S. 136ff; Brettschneider, SozFortschritt 2009, 192ff.

gung für die Rentenversicherung und einer verfehlten Rentenpolitik ein neues, ganz großes Geschäftsfeld erobert. Gerade noch rechtzeitig, denn kurz nach der Entscheidung des Gesetzgebers brachen die Aktienkurse ein, der Dax fiel von über 8.000 Punkten auf knapp über 2.000 Punkte. Inzwischen ist herausgearbeitet worden, wie groß bei der Einführung der Riester-Rente die Abhängigkeit von wirtschaftlichen Interessen war[57]. Dem damals zuständigen Minister ist wegen seines Verhaltens danach inzwischen „politische Korruption" vorgeworfen worden[58].

Nach der jetzt gerade überstandenen erneuten Krise spricht niemand mehr von der Überlegenheit einer kapitalgedeckten Altersvorsorge. In vielen Ländern haben entsprechend finanzierte Systeme zu hohe Verluste gemacht[59] – in Deutschland sind sie glücklicherweise wegen strenger Anlagevorschriften weitgehend ausgeblieben. Es gibt bei uns auch keine Tendenz mehr, den kapitalgedeckten Teil der Altersvorsorge zu Lasten der Rentenversicherung auszuweiten. Das ist auch gut so. Die Rentenversicherung hat sich wieder gefangen. Sie hat die weltweite Wirtschafts- und Finanzkrise 2008/2009 unbeschadet überstanden. Dies hat nicht nur in den Medien Anerkennung gefunden. Die Rentenversicherung wurde als „Fels in der Brandung" beschrieben. Auch die Bevölkerung weiß wieder den Wert der Rentenversicherung zu schätzen. Nach der jüngsten Postbank-Studie „Altersvorsorge in Deutschland 2010/2011" bewerten drei Viertel der Bevölkerung die Rentenversicherung als eine ideale Form der Alterssicherung. Damit liegt die Rentenversicherung weit vor allen anderen Systemen der Alterssicherung.

Die Erwartung, die ergänzende private Vorsorge könne die Niveauabsenkung in der Rentenversicherung ausgleichen, so dass das Gesamtversorgungsniveau sogar gering ansteigen könne[60], geht – wie befürchtet[61] – für viele nicht in Erfüllung. Die betriebliche Altersversorgung erlebt zwar eine Renaissance, es wurden über 14 Millionen Riester-Verträge abgeschlossen. Das ist zwar eine große Zahl, doch haben von den rund 36 Millionen Beschäftigten nur knapp 39 Prozent von der Möglichkeit der ergänzenden Absicherung durch einen solchen Vertrag Gebrauch gemacht. Zu den Verlierern gehören auch die Versicherten, die auf eine Rente wegen Erwerbsminderung angewiesen sind. Auch diese Renten werden zwangsläufig von den Niveausenkungen in der Rentenversicherung erfasst. Bei

---

57 Hockerts (2010), S. 257 (268ff); Schmähl, Soziale Sicherung: Ökonomische Analysen, 2009, S. 412f; Wehlau, Lobbyismus und Rentenreform, 2009, S. 159ff; s. a. Berner, Der hybride Sozialstaat, 2009.

58 Vgl. Berliner Zeitung vom 9.4.2011.

59 Dazu OECD, Pensions at a Glance 2009 – Retirement-income systems in OECD countries, 2009, S. 25ff; Queisser und Clemens, in: GVG (Hrsg.), Auswirkungen der Wirtschafts- und Finanzkrise auf die Alterssicherung, Informationsdienst Nr. 328, Sept. 2009, S. 7ff, 13ff.

60 Vgl. BT-Dr. 17/3900, S. 24.

61 Vgl. bereits Ruland, SozSich 2001, 43 (46); ders., KrV 2001, 30 (41); ders., FamRZ 2001, 129 (133f); NZS 2002, 505 (506f); BB 2002/41, Die erste Seite; SGb 2008, 570 (573f).

diesen Renten erfüllt die private Vorsorge ihre Ergänzungsfunktion jedoch nur unzureichend[62]. Versicherte, die eine Rente wegen Erwerbsminderung beziehen, sind schon jetzt im Verhältnis zu den Altersrentnern überproportional ergänzend auf Grundsicherung im Alter und bei Erwerbsminderung angewiesen[63]. Diese Zahlen werden wegen der nicht ausgeglichenen Niveausenkung bei den Erwerbsminderungsrenten weiter ansteigen. Der Sozialbeirat hat die Regierung aufgefordert, gegenzusteuern[64]. Ob sie es tut, bleibt abzuwarten.

4   Die demografische Situation in den neuen Bundesländern

Wie sehr Deutschland altert, hat die 12. Bevölkerungsvorausschätzung des Statistischen Bundesamtes vom November 2009 deutlich gemacht[65]. Ihr zufolge wird sich die Bevölkerung von heute 82 Millionen Menschen auf 70 bis 65 Millionen Menschen im Jahr 2060 verringern. Nach der Basisannahme werden 2060 voraussichtlich etwa 530.000 bis 550.000 mehr Menschen sterben als Kinder geboren werden. Bis 2060 wird die fernere Lebenserwartung für 65-jährige Frauen und Männer jeweils um fünf Jahre ansteigen. Sie wird dann bei Männern bei 22,3 weiteren Jahren – insgesamt bei 87,3 Jahren – und bei Frauen bei 25,5 weiteren Jahren – insgesamt bei 90,5 Jahren – liegen. In den alten Bundesländern spüren wir diese Entwicklung noch wenig. Sie wird erst in ein paar Jahren stärker bewusst werden. In den neuen Bundesländern ist sie schon heute Realität. Ihre Bevölkerung ist von 1990 mit 18,1 Millionen Personen bis 2008 auf rund 16,5 Millionen, d. h. um 9,5 Prozent zurückgegangen. Der Altenquotient liegt mit 35,6 Prozent um über zwei Prozent über dem in den alten Bundesländern[66]. Er wird weiterhin schneller wachsen, da die Wanderungsverluste der neuen Bundesländer anhalten werden.

Folge für die Rentenversicherung ist, dass ihre Defizite in den neuen Bundesländern, die von der Rentenversicherung in den alten Bundesländern auszugleichen sind, weiter steigen werden. Die Zahlen des Rentenversicherungsberichts 2010 belegen dies. Dabei darf aber nicht vergessen werden, dass viele von denen, die die neuen Bundesländer verlassen haben, in die alten Bundesländer zugewandert sind. Eine weitere Folge des schon jetzt stärkeren Bevölkerungswandels ist, dass in einer Reihe von Regionen in den neuen Bundesländern schon jetzt Konsequenzen aus dem Wenigerwerden der Bevölkerung gezogen werden müssen, die

62 Vgl. BT-Drucks. 17/2271, S. 58; s. a. Sozialbeirat, BT-Dr. 17/3900, S. 86.
63 Vgl. Haustein/Dorn, Statistisches Bundesamt, Sozialhilfe 2006, Fachserie 13, Reihe 2, Wirtschaft und Statistik 2007, 1245 (1248ff).
64 BT-Dr. 17/3900, S. 86.
65 Vgl. Egeler, Bevölkerungsentwicklung in Deutschland bis 2060, Statement vom 18. November 2009.
66 BT-Dr. 17/3000, S. 29f.

in anderen Teilen Deutschlands erst viel später anstehen werden. Das kann und wird uns helfen, später Demografiestrategien für ganz Deutschland zu finden[67].

5   Ein Resümee

Zum Schluss ein kurzes Resümee. Das Glück der Einheit Deutschlands stellte die Rentenversicherung vor enorme Herausforderungen. Dass in so kurzer Zeit eine funktionierende Rentenverwaltung aufgebaut und das Rentenrecht des SGB VI in den neuen Bundesländern eingeführt und umgesetzt werden konnte, war eine einmalige Leistung der Rentenversicherung und all ihrer Mitarbeiter. Sie haben damit entscheidend zum Gelingen der Sozialunion, zum Gelingen der Wiedervereinigung beigetragen. Die Rentenversicherung in den alten Bundesländern musste aber mit bislang mehr als 100 Milliarden Euro einen großen Teil der Kosten der Sozialunion Deutschlands tragen. Als dann noch die Arbeitslosigkeit dramatisch anstieg und letztlich ohne Erfolg mit einer Frühverrentung zu Lasten der Rentenversicherung bekämpft wurde, war die Rentenversicherung finanziell überfordert. Eine Reform jagte die nächste, der Beitragssatz stieg auf 20,3 Prozent. Daraufhin erlag die Politik der Lobby von Banken und Versicherungen und engte den Verantwortungsbereich der Rentenversicherung ein. Sie soll nicht mehr allein, sondern nur noch zusammen mit der ergänzenden betrieblichen und privaten Vorsorge den Lebensstandard ihrer Versicherten im Alter absichern. Es zeigt sich aber, dass dies nicht gelingen wird. So fällt die Bilanz nach zwanzig Jahren deutscher Einheit zwiespältig aus. Sie war ein großes Glück, doch die Rentenpolitik machte danach viele Fehler. Wir werden sie, auch wenn sich die Rentenversicherung wieder stabilisiert hat, noch deutlich zu spüren bekommen. Die Altersarmut wird zunehmen. Die Rentenversicherung hat zwar mit ihren Mahnungen noch weitergehende Vorschläge von Riester[68] gestoppt; die Einschränkung ihres Verantwortungsbereichs konnte sie aber nicht verhindern. So bleibt auch für den Verfasser, als dem damaligen Geschäftsführer des Verbandes Deutscher Rentenversicherungsträger, die Erinnerung an die vergangenen zwanzig Jahre zwiespältig. Aber es überwiegen das Glück und die Freude, an der Einigung Deutschlands mitgewirkt zu haben.

---

67 BT-Dr. 17/3000, S. 31.

68 Zu ihnen Ruland, in: KomGRV, § 68 SGB VI (Stand: 2010), Anm. 4.5.1; ders., SozFortschritt 2000, 227ff; Schmähl (Fn. 3), S. 304f; ders., DRV 2000, 50 (61f); s. a. Sondergutachten des Sozialbeirats, BT-Dr. 14/5394, S. 14ff; Dünn/Fasshauer, DRV 2001, 266ff.

Literaturverzeichnis

Becker, U./Hockerts, H.-G./Tenfelde, K. (Hrsg.) (2006), Sozialstaat Deutschland, Bonn: Dietz Verlag

Becker, U./Kaufmann, F. X./v. Maydell, B./Schmähl, W./Zacher, H. F. (Hrsg.) (2007), Alterssicherung in Deutschland, Festschrift für Franz Ruland, Baden-Baden: Nomos

BfA (1990), Informationen und Perspektiven zum Rentenrecht der DDR, Berlin, 1990

Bourcarde, K. (2010), Die Rentenkrise – Sündenbock Demographie, Gießen

Brettschneider, Antonio (2009), Paradigmenwechsel als Deutungskampf: Diskursstrategien im Umbau der deutschen Alterssicherung, in: Sozialer Fortschritt 10/2009, S. 189-199

Bundesministerium für Arbeit und Sozialordnung/Bundesarchiv (Hrsg.) (2007), Geschichte der Sozialpolitik in Deutschland seit 1945, Bd. 11, 1989–1994, Berlin, Heidelberg u. a.: Nomos

Clemens, J. (2009), Auswirkungen der Wirtschafts- und Finanzkrise auf die Alterssicherung in Deutschland, in: GVG (Hrsg.), Auswirkungen der Wirtschafts- und Finanzkrise auf die Alterssicherung, Informationsdienst Nr. 328

Eyrich, D. (1999), Die Überführung der Ansprüche und Anwartschaften aus der Sozialversicherung der DDR in die gesetzliche Rentenversicherung der BRD, in: Schulin, B. (Hrsg.), Handbuch des Sozialversicherungsrechts, Bd. 3: Rentenversicherungsrecht, München, S. 1335-1362, München: C. H. Beck

Grintsch, U./Langenheim, H./Neidert, A. (Hrsg.) (1992), Das Rentenrecht in den neuen Bundesländern, München: C. H. Beck

Haustein, T./Dorn, M. (2007), Statistisches Bundesamt, Sozialhilfe 2006, Fachserie 13, Reihe 2, Wirtschaft und Statistik, Wiesbaden

Hockerts, H. G. (1989), Grundlinien und soziale Folgen der Sozialpolitik in der DDR, in: Kaelble, H./Kocka, J./Zwahr, H. (Hrsg.), Sozialgeschichte der DDR, Stuttgart: Klett-Cotta, S. 519-546

Hockerts, H. G. (2010), Abschied von der Dynamischen Rente. Über den Einzug der Demografie und der Finanzindustrie in die Politik der Alterssicherung, in: Becker, U./Hockerts, H. G./Tenfelde, K. (Hrsg.), Sozialstaat Deutschland, Bonn: Dietz, S. 257-286

Jahresbericht der Bundesregierung zum Stand der Deutschen Einheit 2010, BT-Dr. 17/3000

Kolb, R/Ruland, F. (1990), Die Rentenversicherung in einem sich einigenden Deutschland, in: Deutsche Rentenversicherung 3/1990, S. 141-153

V. Maydell, B. (1990), Die Rentenversicherung auf dem Weg zur deutschen Einheit, in: Deutsche Rentenversicherung 7/1990, S. 387-396

V. Maydell B./Ruland, F./Becker, U. (Hrsg.) (2008), Sozialrechtshandbuch, 4. Aufl., 2008

Merten, D. (1994), Verfassungsprobleme der Versorgungsüberleitung. Zur Erstreckung westdeutschen Rentenversicherungsrechts auf die neuen Länder, 2. Aufl., Berlin: Duncker & Humblot

Merten, D. (2000), Rentenversicherung und deutsche Wiedervereinigung, in: Fisch, S./Haerendel, U. (Hrsg.) (2000), Geschichte und Gegenwart der Rentenversicherung in Deutschland, Berlin: Duncker & Humblot, S. 317-332

V. Miquel, M. (Hrsg.) (2010), 20 Jahre deutsche Einheit und Sozialversicherung – Rückblick und Ausblick, Dokumentations- und Forschungsstelle der Sozialversicherungsträger in NRW, Schriften 1

Neifer-Dichmann, E./Kreizberg, K./Weinrich, C. (1990), Arbeitsrecht und soziale Sicherung in der DDR, DB Heft 11, S. 581-585

Polster, A. (1990), Grundzüge des Rentenversicherungssystems der Deutschen demokratischen Republik, in: Deutsche Rentenversicherung 3/1990, S. 154-186

Püschel, H. (1989), Sozialversicherung der Arbeiter und Angestellten, Schriftenreihe zum Arbeitsgesetzbuch der DDR, Heft 13, 2. Aufl., Berlin: Tribüne

Püschel, H./Hoppe, W. (1986), Die Rentenversicherung der Arbeiter und Angestellten in der DDR, 6. Aufl., Berlin: Tribüne

Queisser, M. (2009), Auswirkungen der Finanzkrise auf Rentensysteme in internationaler Perspektive, in: GVG (Hrsg.), Auswirkungen der Wirtschafts- und Finanzkrise auf die Alterssicherung, Informationsdienst Nr. 328

Ritter, G. A. (2006), Der Preis der deutschen Einheit – Die Wiedervereinigung und die Krise des Sozialstaates, München: C. H. Beck

Ruland, F. (1990), Auswirkungen des Sozialvertrages auf die gesetzliche Rentenversicherung, in: Deutsche Rentenversicherung 8/1990, S. 455-467

Ruland, F. (1991), Die Herstellung der Rechtseinheit in der gesetzlichen Rentenversicherung – zum Renten-Überleitungsgesetz, in: Deutsche Rentenversicherung, 8-9/1991, S. 518-534

Sachverständigenrat zur Begutachtung der gesamtwirtschaftlichen Entwicklung (2008), „Die Finanzkrise meistern – Wachstumsmärkte stärken", Jahresgutachten 08/09, Paderborn: Bonifatius GmbH Buch-Druck-Verlag

Schmähl, W. (2007), „Sicherung bei Alter, Invalidität und für Hinterbliebene", in: Bundesministerium für Arbeit und Sozialordnung/Bundesarchiv (Hrsg.), Geschichte der Sozialpolitik in Deutschland seit 1945, Bd. 11, 1989–1994, 2007, S. 541-648

Schmähl, W. (2010), Die Deutsche Einheit und die Herausforderungen für die Alterssicherung, in: v. Miquel, M. (Hrsg.) (2010), 20 Jahre deutsche Einheit und Sozialversicherung – Rückblick und Ausblick, Dokumentations- und Forschungsstelle der Sozialversicherungsträger in NRW, Schriften 1, S. 60-74

Steffen, A. (2008), Angleichung der Ost-Renten, Arbeitnehmerkammer Bremen, 12/2008

Steiner, U. (2007), Verfassungsrechtliche Fragen der Überleitung des Alterssicherungssystems der Deutschen Demokratischen Republik in die die gesamtdeutsche Rentenversicherung, in: Becker et al. (Hrsg.), Alterssicherung in Deutschland, FS Ruland, Baden-Baden: Nomos, S. 291-328

Wilmerstadt, R. (1992), Das neue Rentenrecht (SGB VI), München: C. H. Beck

Winkelbach, S. (2010), Stand und Hintergründe der Vereinheitlichung des Rentenrechts – Modelle der Rentenangleichung, in: RVaktuell 2/2010, S. 56-62

Winkler, H. A. (2002), Der lange Weg nach Westen, Bd. 2, 4. Aufl., München: C. H. Beck

Prof. Dr. Gerhard Bäcker – Veröffentlichungen nach Themenschwerpunkten

Lehrbuch der Sozialpolitik

- Sozialpolitik und soziale Lage in Deutschland (gemeinsam mit Bispinck, R., Hofemann, K., Naegele, G., Neubauer, J.), 5. durchgesehene Auflage, Band I und Band II, Wiesbaden 2010: VS Verlag für Sozialwissenschaften
- Sozialpolitik und soziale Lage in Deutschland (gemeinsam mit Bispinck, R., Hofemann, K., Naegele, G., Neubauer, J.), 4., völlig überarbeitete und erweiterte Neuauflage, Band I und Band II, Wiesbaden 2008: VS Verlag für Sozialwissenschaften
- Sozialpolitik und soziale Lage in Deutschland (gemeinsam mit Bispinck, R., Hofemann, K., Naegele, G.), 3., völlig überarbeitete und erweiterte Neuauflage, Band I und Band II, Wiesbaden 2000: Westdeutscher Verlag
- Sozialpolitik und soziale Lage in der Bundesrepublik Deutschland (gemeinsam mit Bispinck, R., Hofemann, K., Naegele, G.), 2., völlig überarbeitete und erweiterte Neuauflage, Band I und Band II, Köln 1989: Bund-Verlag
- Sozialpolitik – eine problemorientierte Einführung (gemeinsam mit Bispinck, R., Hofemann, K., Naegele, G.), Köln 1989: Bund-Verlag

Probleme und Perspektiven von Sozialstaat und Sozialpolitik

- Soziale Sicherung, in: Handbuch Soziale Arbeit, München 2011
- Bäcker, G., Jansen, A., Analyse zur Entwicklung der Bruttolöhne und -gehälter in Ost- und Westdeutschland, in: DRV-Schriften Band 84, Berlin 2009
- Lohnnebenkosten – ein sozialpolitisches Dogma auf dem Prüfstand, in: Soziale Sicherheit 10/2008
- Stichwort „Sozialpolitik", in: Kreft, D./Mielenz, I. (Hrsg.), Wörterbuch Soziale Arbeit, 5. Auflage, München 2005
- Die Zukunft der Sozialen Sicherung aus sozialwissenschaftlicher Sicht, in: Füreder, H. et al. (Hrsg.), Trotz Gegenwind – Analysen und Perspektiven für eine resozialisierte Arbeitswelt von morgen, Wien 2005

- Umfinanzierung der Sozialversicherung: Lösung der Beschäftigungs- und Finanzierungskrise?, in: WSI-Mitteilungen 7/2005
- Ausstieg aus der Sozialversicherung – das Beispiel Rentenversicherung, in: WSI-Mitteilungen 9/2004
- Sozialpolitische Aspekte von Generationengerechtigkeit, in: Böhning, B./Burmeister, K. (Hrsg.), Generationen und Gerechtigkeit, Hamburg 2004. – Abgedruckt auch in: IG Metall Bezirk Niedersachsen und Sachsen-Anhalt (Hrsg.), Rente mit 67? Alternde Gesellschaften und alternde Belegschaften: Herausforderungen durch die demografische Entwicklung, Hannover 2004
- Die Frage nach der Generationengerechtigkeit, in: VDR (Hrsg.), Generationengerechtigkeit, VDR-Schriften, Frankfurt a. M. 2004
- Was Jung und Alt zusammenhält, in: Gesundheit und Gesellschaft 5/2004
- Sozialstaat im Abbau – Sozialpolitik im Zeichen der Agenda 2010, in WISO 26. Jg. Nr. 3. Linz 2003
- Bewahren, ausbauen, neu konzipieren? Das Ringen um den Sozialstaat, in: Köhlinger, J./Mehrens, K. (Hrsg.), Eine andere Arbeitswelt ist möglich, Hamburg
- Die Jungen als Verlierer? Alterssicherung und Generationengerechtigkeit (gemeinsam mit Koch, A.), in: WSI-Mitteilungen 2/2003. – Gekürzte Fassung „Alterssicherung und Generationengerechtigkeit in Zeiten des demographischen und wirtschaftlichen Wandels", in: Frankfurter Rundschau (Dokumentationsseite) Nr. 127 vom 3.7.2003
- Müssen die Jüngeren vor den Alten geschützt werden? Über Generationengerechtigkeit im Sozialstaat, in: Theorie und Praxis der sozialen Arbeit 8-9/2003
- Combating Poverty in Europe – The German Welfare Regime in Practice (ed. together with Krause, P., Hanesch, W.), Aldershot 2003
- Weniger Sozialstaat = mehr Beschäftigung? Anmerkungen zur aktuellen Debatte, in: WSI-Mitteilungen 5/2003
- Gekürzte Fassung „Wer nicht arbeitet, wird kaum etwas kaufen", in: Frankfurter Rundschau (Dokumentationsseite) Nr. 169 vom 23.7.2003
- Abbau von Arbeitslosigkeit durch Abbau von Sozialleistungen?, in: Die Krankenversicherung 7/2003
- Bäcker, G./Neubauer, J., Abbau der Arbeitslosigkeit durch Abbau der Arbeitslosenversicherung? In: Sozialer Fortschritt 9/2003
- Bäcker, G./Klammer, U., The Dismantling of Welfare in Germany, in: Goldberg, T./ Rosenthal, M. (eds.), Diminishing Welfare: A Cross-National Study of Social Provision, Westport 2002

- Die Ökonomisierung des Sozialen, in: Lange, D./Fritz, K. (Hrsg.), Soziale Fragen – Soziale Antworten, Verhandlungen des 3. Bundeskongresses Soziale Arbeit, Neuwied 2002
- Sozialpolitik im Umbruch – zwischen Abbau und Reform, in: Gilde Soziale Arbeit, Gilde Rundbrief 1/2002. – Ebenfalls in: IG Metall (Hrsg.), Debatten-Buch Fairteilen, Schwalbach 2002
- Flexibilität und soziale Sicherung in Deutschland: Bestandsaufnahme und Reformoptionen für die Alterssicherung, in: WSI/Klammer, U. (Projektleitung), Flexicurity: Soziale Sicherung und Flexibilisierung der Arbeits- und Lebensverhältnisse, Forschungsprojekt im Auftrag des Ministeriums für Arbeit und Soziales, Qualifikation und Technologie des Landes NRW, Düsseldorf 2001
- Gesetzliche Krankenversicherung – Reformnotwendigkeiten und -optionen, in: Die Krankenversicherung 2/2001
- Sozialpolitik vor neuen Herausforderungen, Studienbrief, in: Institut für Verbundstudien, Weiterbildender Studiengang Sozialmanagement, Hagen 2001
- Zum Verhältnis von Sozialversicherung und Grundsicherung: Bedarfsorientierte Grundsicherung im Alter, in: Becker, I./Ott, N./Rolf, G. (Hrsg.), Soziale Sicherung in einer dynamischen Gesellschaft, Festschrift für Richard Hauser, Frankfurt 2001
- Soziale Sicherung, in: Otto, H.-U./Thiersch, H. (Hrsg.), Handbuch Sozialarbeit/Sozialpädagogik, Neuwied 2001.
- Bäcker, G./Bispinck, R./Hofemann, K./Naegele, G., Ist der Sozialstaat ein Auslaufmodell? In: Der Gemeinderat 3/2000
- Die Sackgassen der Zukunftskommission – Streitschrift wider die Kommission für Zukunftsfragen der Freistaaten Sachsen und Bayern (Autorenteam), in: Schriftenreihe der Senatsverwaltung für Arbeit, Berufliche Bildung und Frauen Nr. 33, Berlin 1998
- Der Sozialstaat hat eine Zukunft, in: Aus Politik und Zeitgeschichte 48-49/1997
- Markt und Sozialpolitik – eine zerrüttete Beziehung?, in: WSI-Mitteilungen, Sonderheft 1997: Wieviel Markt verträgt eine zivile Gesellschaft?
- Sozialstaat Deutschland: Vom Vorzeige- zum Auslaufmodell? Sozialpolitische Probleme und Perspektiven unter veränderten Rahmenbedingungen, in: Gintzle, U./Jordan, E./Kreft, D./Mielenz, I./Münder, J./Schone, R./Trauernicht, G. (Hrsg.), Jahrbuch der Sozialen Arbeit 1997, Münster 1996

- Sozialpolitik zwischen Abbau und Umbau, in: Schönig, W./L'Hoest, R. (Hrsg.), Sozialstaat wohin? Umbau, Abbau oder Ausbau der Sozialen Sicherung, Darmstadt 1996
- Sind die Grenzen des Sozialstaates überschritten? In: Aus Politik und Zeitgeschichte 25-26/1995
- Sozialpolitische Probleme der deutschen Einigung, in: Nolte, D./Sitte, R./Wagner, A. (Hrsg.), Wirtschaftliche und soziale Einheit Deutschlands, Köln 1995
- Welche Gesellschaft wollen wir? Leistungsgrenzen und Lebenschancen im Sozialstaat, in: Auer, F. v./Segbers, F. (Hrsg.), Markt und Menschlichkeit. Kirchliche und gewerkschaftliche Beiträge zur Erneuerung der sozialen Marktwirtschaft, Reinbek b. Hamburg 1995
- Defizite und Reformbedarf in ausgewählten Bereichen der sozialen Sicherung. Eine Expertise für das Ministerium für Arbeit, Gesundheit und Soziales des Landes NRW (gemeinsam mit Ebert, Th.), Düsseldorf 1994
- Moderne Zeiten – alte Sozialpolitik? Sozialer Wandel, Flexibilität und Stabilität von sozialpolitischen Systemen, in: Soziale Sicherheit 5/1993
- Solidarität als knappes Gut – Der Wandel der Gesellschaft und die Zukunft der Sozialpolitik, in: Blätter für deutsche und internationale Politik 6/1993
- Solidarische Bewältigung der Einigungsfolgen – Sozialpolitische Herausforderungen im vereinigten Deutschland, in: Hickel, R./Huster, E.-U./Kohl, H. (Hrsg.), Umverteilen, Köln 1993
- „Gewerkschaften im Spagat" – Neue und alte soziale Fragen im vereinigten, aber gespaltenen Deutschland, in: Kühne, P. (Hrsg.), Verlust der politischen Utopie in Europa?, Berlin 1993
- The new Germany – a divided Society, in: Welfens, P. (Hrsg.), Economics aspects of German unification, New York 1992
- Von der Vereinigung zur sozialen Einheit: Probleme und Perspektiven; Referate auf der Arbeitstagung des WSI in Zusammenarbeit mit dem Institut für Soziologie und Sozialpolitik am 13./14. Mai 1991 in Berlin/Wirtschafts- und Sozialwissenschaftliches Institut des DGB, Düsseldorf 1991
- Sozialpolitik im vereinigten Deutschland, in: Aus Politik und Zeitgeschichte, B 3-4/1991
- Bäcker, G./Steffen, J., Sozialunion: Was soll wie vereinigt werden? Sozialpolitische Probleme des ökonomischen und sozialen Umbruchs in der DDR und Anforderungen des Einigungsprozesses, in: WSI-Mitteilungen 5/1990

- Von der Einigung zur Einheit: Probleme und Perspektiven des deutschen Einigungsprozesses, Landeszentrale für Politische Bildung NRW (Hrsg.), Düsseldorf 1991
- Abschied von der nivellierten Mittelstandsgesellschaft? Die sozialen Folgen der Einheit, in: Landeszentrale für politische Bildung NRW (Hrsg.), Von der Einigung zur Einheit, Düsseldorf 1991
- Ein Staat, zwei Gesellschaften. Sozioökonomische Probleme und sozialpolitische Herausforderungen im vereinigten Deutschland, in: Zeitschrift für Sozialreform, 4/1991
- Wie sozial ist die soziale Marktwirtschaft?, in: Bundeszentrale für politische Bildung (Hrsg.), Wirtschaftspolitik, Bonn 1990
- Pflegenotstand: Soziale Absicherung bei Pflegebedürftigkeit – ein weiterhin ungelöstes Problem, in: Argument Soziale Medizin, Hamburg 1990
- Vollbeschäftigung und soziale Mindestsicherung: Recht auf Einkommen und auf Arbeit!, in: Althaler, K./Stadler, S. (Hrsg.), Geld und Leben, Wien 1990
- Normalarbeitsverhältnis und soziale Sicherung – Sozialversicherung und/ oder Grundsicherung, in: Zeitschrift für Sozialreform 10/1988
- Der Wertschöpfungsbeitrag zur Rentenversicherung, in: Heinze, R. G. et al. (Hrsg.), Sozialstaat 2000, Bonn 1987
- Bäcker, G./Kühn, H., Sozialpolitische Reformen und politische Ökonomie, in: Opielka, M./Ostner, I. (Hrsg.), Umbau des Sozialstaates, Essen 1987
- Finanzielle und soziale Defizite der lohn- und beitragsbezogenen Sozialversicherung, in: Bieback, H. J. (Hrsg.), Die Sozialversicherung und ihre Finanzierung, Frankfurt 1986
- Finanzielle Grenzen oder Spielräume der Sozialpolitik? Finanzierungsprobleme und Finanzierungsalternativen der Sozialpolitik, in: Zeitschrift für Sozialreform 6,7/1986
- Bäcker, G./Kühn, H., Sozialpolitische Perspektiven, in: Altvater, E. et al., Arbeit 2000, Hamburg 1985
- Friedensarbeit im Betrieb: Handbuch für gewerkschaftliche Friedenspolitik, Hamburg 1985
- Der Angriff auf den Sozialstaat: Beitr. zum Sozialabbau u. zur Aushöhlung von Arbeitnehmer- u. Gewerkschaftsrechten, Düsseldorf 1985
- Sozialpolitik im Verteilungskonflikt, in: WSI-Mitteilungen 7/1985
- Bäcker, G./Adamy, W., Der Maschinenbeitrag – ein Allheilmittel für Rentenfinanzen und Arbeitsmarkt?, in: WSI-Mitteilungen 1/1985
- Finanzielle Restriktionen im Sozialisations- und Bildungsprozess und die Wirksamkeit von Sozialtransfers, in: WSI-Mitteilungen 10/1977

- Bildungspolitik und Bildungsfinanzierung, in: WSI-Mitteilungen 8/1977
- Bäcker, G./Hofemann, K., Die soziale Lage der Studenten an der Universität zu Köln. Beiträge des Allgemeinen Studentenausschusses der Universität zu Köln: Forschungsbericht des Instituts für Sozialforschung und Gesellschaftspolitik e. V./Universität zu Köln, Köln 1975

Soziale Dienste

- Bäcker, G./Naegele, G., Pflegebedürftigkeit aus sozialpolitischer Sicht, in: Schaeffer, D., Wingenfeld, K. (Hrsg.), Handbuch Pflegewissenschaft, Weinheim 2010
- Die Ökonomisierung des Sozialen, in: Lange, D./Fritz, K. (Hrsg.), Soziale Fragen – Soziale Antworten, Verhandlungen des 3. Bundeskongresses Soziale Arbeit, Neuwied 2002
- Krise der Erwerbsgesellschaft – Schlussfolgerungen für die Soziale Arbeit, in: Hansen, K. (Hrsg.), Soziale Arbeit zwischen globalen Risiken und nachhaltiger Hilfe vor Ort, Mönchengladbach 1999
- Bäcker, G./Klammer, U., Niedriglöhne und Bürgerarbeit als Strategieempfehlungen der Bayerisch-Sächsischen Zukunftskommission, in: WSI-Mitteilungen 6/1998
- Bäcker, G./Heinze R. G./Naegele, G., Die sozialen Dienste vor neuen Herausforderungen, Dortmund 1995
- Pflegebedürftigkeit und Pflegenotstand, in: Schulz, J. (Hrsg.), Sozialhilfe – eine systematische Einführung, Weinheim 1994
- Bäcker, G./Heinze, R. G., Sozialer Wandel und soziale Sicherung, Eine Expertise für das Ministerium für Arbeit, Gesundheit und Soziales des Landes NRW, Düsseldorf 1994. – Kurzfassung in: Ministerium für Arbeit, Gesundheit und Soziales des Landes NRW (Hrsg.), Zukunft des Sozialstaats, Düsseldorf 1994
- Die Bedeutung der sozialen Infrastruktur für den Sozialstaat und ihre Finanzierung, in: Evangelische Akademie Bad Boll (Hrsg.), Kommunale Sozial- und Gesundheitsdienste angesichts leerer Kassen, Bad Boll 1994
- „Nur Pannendienst der Sozialpolitik?" Die Bedeutung der Selbsthilfe für die Weiterentwicklung des Sozialstaats, in: DGB (Hrsg.), Selbsthilfe und Gewerkschaften – Bilanz und Perspektive, Düsseldorf 1994
- Arbeitsbedingungen in der Krankenpflege, in: Neander, K. D. (Hrsg.), Pflegeforum, Band 2, München 1990
- Arbeitsbedingungen in der Altenpflege, Düsseldorf 1988

- Arbeitsbedingungen in der Krankenpflege, Düsseldorf 1987
- Sozialpolitik durch soziale Dienstleistungen – Zukunftsperspektiven des Sozialstaates, in: WSI-Mitteilungen 3/1986
- Ehrenamtliche Dienste – Probleme aus sozialpolitischer Sicht, in: Schmidt, R. (Hrsg.), Ehrenamtliche Dienste in der Altenhilfe. Ein Reader. Deutsches Zentrum für Altersfragen, Beiträge zur Gerontologie und Altenarbeit, Berlin 1983
- Entprofessionalisierung und Laisierung sozialer Dienste – richtungsweisende Perspektive oder konservativer Rückzug?, in: WSI-Mitteilungen 10/1979
- Der Personalmangel in der Altenpflege, Köln 1977

Soziale Ausgrenzung, Armut, Armutspolitik

- Strategien gegen Armut im Alter in Deutschland, in: Leisering, Lutz, Die Entdeckung der Alten, im Erscheinen
- Altersarmut – ein Zukunftsproblem, in: Informationsdienst Altersfragen 2/2011
- Bäcker, G./Naegele, G., Pflegebedürftigkeit aus sozialpolitischer Sicht, in: Schaeffer, D./Wingenfeld, K. (Hrsg.), Handbuch Pflegewissenschaft, Weinheim 2010
- Altersarmut als soziales Problem der Zukunft?, in: Deutsche Rentenversicherung 4/2008
- Combating Poverty in Europe – The German Welfare Regime in Practice (ed. together with Krause, P., Hanesch, W.), Aldershot 2003
- Child and familiy poverty in Germany, in: Krause, P./Bäcker, G./Hanesch, W. (eds.), Combating Poverty in Europe – The German Welfare Regime in Practice, Aldershot 2003
- Bäcker, G./Krause, P./Hanesch, W., Combating Poverty in Europe and Germany, in: Combating Poverty in Europe – The German Welfare Regime in Practice, Aldershot 2003
- Armut trotz Sozialhilfe? Zum Verhältnis von Einkommensarmut und Hilfe zum Lebensunterhalt, in: Sell, St. (Hrsg.), Armut als Herausforderung – Bestandsaufnahmen und Perspektiven der Armutsforschung und Armutsberichterstattung, Berlin 2002
- Jenseits der Mitte: Armut in Deutschland, in: Gewerkschaftliche Monatshefte 4-5/2002

- Armut und Unterversorgung im Kindes- und Jugendalter: Defizite der Sozialen Sicherung, in: Butterwegge, Ch./L'Hoest, R./Ruiss, D. (Hrsg.), Kinderarmut und Sozialstaatsentwicklung, Frankfurt a. M./New York 2001
- Zentrale Ergebnisse der zweiten deutschen Armutsberichts, in: Armut in Europa, Kooperationsstelle Hochschule und Gewerkschaften, KooperationsScripte Nr. 1, Osnabrück 2001
- Zum Verhältnis von Sozialversicherung und Grundsicherung: Bedarfsorientierte Grundsicherung im Alter, in: Becker, I./Ott, N./Rolf, G. (Hrsg.), Soziale Sicherung in einer dynamischen Gesellschaft, Festschrift für Richard Hauser, Frankfurt 2001
- Armut im Wohlstand, in: Werden, Jahrbuch für die deutschen Gewerkschaften, Frankfurt a. M. 2001
- Was wird aus der bedarfsorientierten Grundsicherung?, in: Theorie und Praxis der Sozialen Arbeit 3/2001
- Bäcker, G./Hanesch, W./Krause, P./Maschke, M./Otto, B., Armut und Ungleichheit in Deutschland, Armutsbericht für Deutschland, Reinbek b. Hamburg 2000
- Die neue soziale Frage. Armut und Verbraucherinteressen, in: Verbraucher konkret 6/2000
- Armut und Unterversorgung im Kindes- und Jugendalter: Defizite der Sozialen Sicherung, in: Butterwegge, Ch./L'Hoest, R./Ruiss, D. (Hrsg.), Kinderarmut und Sozialstaatsentwicklung, Frankfurt a. M./New York 2001
- Bäcker, G./Krause, P./Hanesch, W., Normalarbeitsverhältnisse, niedrige Erwerbseinkommen und Armut, in: Büchel, F. et al. (Hrsg.), Zwischen drinnen und draußen, Opladen 2000
- Social exclusion and poverty of families – a challenge for social politics und social work, in: Hernandez, J./Olza, M. (Comp), La exclusion social, Madrid 1998
- Arbeitslosigkeit und Armut – Defizite der Sozialen Sicherung, in: Müller, S./Otto, U. (Hrsg.), Armut im Sozialstaat – Gesellschaftliche Analysen und sozialpolitische Konsequenzen, Neuwied 1997
- Sozialpolitischer Reformbedarf: Das Konzept der sozialen, bedarfsorientierten Grundsicherung, in: Bayerisches Staatsministerium für Arbeit und Sozialordnung, Familie, Frauen und Gesundheit (Hrsg.) „Armut – soziale Wirklichkeit in einem reichen Land?", München 1996
- Soziale Sicherung bei Arbeitslosigkeit – Soziale Ausgrenzung, Negativsteuer und Grundsicherung, in: Seifert, H. (Hrsg.), Reform der Arbeitsmarktpolitik, Köln 1995

- Altersarmut – Frauenarmut. Dimensionen eines sozialen Problems und sozialpolitische Reformoptionen, in: Hanesch, W. (Hrsg.), Sozialpolitische Strategien gegen Armut, Opladen 1995
- Bäcker, G./Steffen, J., Verarmungsrisiken und Sozialhilfebedarf, in: Schmidthenner, H. (Hrsg.), Zwischen Krise und Solidarität, Hamburg 1992
- Bäcker, G./Steffen, J., Reichtum im Westen – Armut im Osten?, in: WSI-Mitteilungen 5/1991
- Von der Arbeitsmarktkrise zur Zwei-Drittel-Gesellschaft?, in: Bullens, H. (Hrsg.), Zukunft der Arbeit, Heidelberg 1990
- Lebenslage und soziale Reformen – Probleme und Anforderungen einer solidarischen Sozialpolitik gegen Ausgrenzung und Verarmung, in: Döring, D./Hanesch, W./Huster, E.-U. (Hrsg.), Armut im Wohlstand, Frankfurt a. M. 1990
- Bedarfsorientierte Grundsicherung im Alter, in: WSI-Arbeitstagung „Bedarfsorientierte Grundsicherung", WSI-Arbeitsmaterialien Nr. 15, Düsseldorf 1987
- Das konservative Menschenbild: Ungleichheit und Armut als Voraussetzung für Wirtschaftswachstum, in: Theorie und Praxis der Sozialen Arbeit 10/1985
- Ausgrenzung und Verarmung im Lichte neokonservativer Politik und Ideologie, in: Theorie und Praxis der Sozialen Arbeit 6-7/1985
- Bäcker, G./Naegele, G., Das garantierte Mindesteinkommen: Weg oder Irrweg zur Lösung von Armut und Ausgrenzung?, in: Theorie und Praxis der Sozialen Arbeit 11/1985
- Arbeitsmarktlage, Einkommensentwicklung und Verarmung, in: Blätter der Wohlfahrtspflege 11/1983

Niedrigeinkommen, Sozialhilfe/Grundsicherung und Beschäftigung

- Bäcker, G., SGB II: Grundlagen und Bestandsaufnahme, in: Kotlenga, S./Klute, J. (Hrsg.), Sozial- und Arbeitsmarktpolitik nach Hartz: Fünf Jahre Hartzreformen: Bestandsaufnahme – Analysen – Perspektiven, Göttingen 2008
- „Eine bittere, aber notwendige Medizin?" – Mehr Beschäftigung durch Abbau der sozialen Absicherung bei Arbeitslosigkeit?, in: Forum Jugendhilfe 2/2004

- Bäcker, G./Koch, A., Absicherung bei Langzeitarbeitslosigkeit: Unterschiede zwischen zukünftigem Arbeitslosengeld II und bisheriger Arbeitslosen- und Sozialhilfe, in: Soziale Sicherheit 4/2004
- Bäcker, G./Koch, A., Mini- und Midi-Jobs – Frauenerwerbstätigkeit und Niedrigeinkommensstrategien in der Arbeitsmarktpolitik, in: Baatz, D./Kurz-Scherf, I./Rudolph, C./Satilmis, A. (Hrsg.), Hauptsache Arbeit? Feministische Perspektiven auf den Wandel von Arbeit, Opladen 2004
- Zusammenfassung von Arbeitslosen- und Sozialhilfe – Harte Einschnitte und keine Beschäftigungseffekte, in: Arbeitnehmerkammer Bremen (Hrsg.), Schöne neue Arbeitsmarktpolitik? Das Hartz-Konzept – Intentionen, Umsetzung und Auswirkungen, Dokumentation der Fachtagung, Bremen 2003
- Bäcker, G./Koch, A., Mit Mini- und Midi-Jobs aus der Arbeitslosigkeit? Die Neuregelungen zur Beschäftigungsförderung im unteren Einkommensbereich, in: Sozialer Fortschritt 4/2003
- Bäcker, G./Koch, A., Mini- und Midi-Jobs als Niedrigeinkommensstrategie in der Arbeitsmarktpolitik: „Erfolgsstory" oder Festschreibung des geschlechtsspezifisch segregierten Arbeitsmarktes?, in: WSI-Diskussionspapier Nr. 117, Düsseldorf 2003
- Weniger Sozialstaat = mehr Beschäftigung? Anmerkungen zur aktuellen Debatte, in: WSI-Mitteilungen 5/2003
- Gekürzte Fassung „Wer nicht arbeitet, wird kaum etwas kaufen", in: Frankfurter Rundschau (Dokumentationsseite) Nr. 169 vom 23.7.2003
- Bäcker, G./Neubauer, J., Abbau der Arbeitslosigkeit durch Abbau der Arbeitslosenversicherung?, in: Sozialer Fortschritt 9/2003
- Schriftliche Stellungnahme zum Gesetzentwurf der Fraktionen SPD und Bündnis 90/Die Grünen zum Thema Sozialhilfe, in: Deutscher Bundestag, Ausschussdrucksache 14/2050, Berlin 2002
- Arbeit um jeden Preis – Umbau des Sozialstaates durch Niedriglohnbeschäftigung, in: WISO – Wirtschafts- und Sozialpolitische Zeitschrift 1/2002
- Arbeitslosen- und Sozialhilfe: Unterschiede, Gemeinsamkeiten und Probleme einer Zusammenlegung, in: Senatsverwaltung für Wirtschaft, Arbeit und Frauen Berlin (Hrsg.), Zusammenlegung von Arbeitslosenhilfe und Sozialhilfe?, Schriftenreihe Nr. 49, Berlin 2002
- Sozialhilfe und Niedriglöhne: Abbau der Arbeitslosigkeit durch ein Kombieinkommen?, in: Kooperationsstelle Hochschule–Gewerkschaften an der Carl von Ossietzky Universität Oldenburg (Hrsg.), Beschäftigungsperspektiven im Niedriglohnsektor, Oldenburg 2000

- Anreizinkompatibilitäten: Niedriglöhne – Sozialhilfe und Persistenz hoher Anspruchslöhne, in: Deutsches Institut für Wirtschaftsforschung/Max-Planck-Institut für Bildungsforschung (Hrsg.), Niedrig entlohnt = niedrig qualifiziert? Chancen und Risiken eines Niedriglohnsektors in Deutschland, CD-ROM, Berlin 2000
- Vorsicht Falle! Niedriglöhne durch Kombi-Einkommen: Statt mehr Beschäftigung steigende Armut, in: Schäfer, C. (Hrsg.), Niedriglohnpolitik, Hamburg 2000
- Abbau der Arbeitslosigkeit durch eine sozialverträgliche Niedriglohnstrategie? Konzepte der Lohnsubventionierung und ihre Beschäftigungswirkungen, in: Arbeitskammer Saar (Hrsg.), Beschäftigung für Alle, Saarbrücken 1999
- Verbesserung der Beschäftigungsmöglichkeiten für geringqualifizierte Langzeitarbeitslose? Darstellung und Bewertung von Einkommens- und Arbeitskostensubventionsmodellen, Eine Expertise, Düsseldorf 1999
- Niedriglöhne und soziale Sicherung – Armutsursache, Armutsvermeidung oder Armutsfalle?, in: Sozialer Fortschritt 10-11/1999
- Beschäftigungsperspektiven für Geringqualifizierte und Langzeitarbeitslose: Wege und Irrwege, in: Blechschmidt, P. u. a. (Hrsg.), Perspektiven für mehr Beschäftigung, Hamburg 1999
- Niedriglöhne und Dauersubventionierung oder gezielte Fördermaßnahmen im Rahmen einer offensiven Beschäftigungsstrategie?, in: Theorie und Praxis der Sozialen Arbeit 10/1999
- Niedriglöhne – der letzte Ausweg zur Eingrenzung der Arbeitslosigkeit?, in: SPW 3/1998
- Grundsätze für die Praxis der Sozialhilfegewährung in Nordrhein-Westfalen, Expertenanhörung, in: Landtag Nordrhein-Westfalen, Ausschuß für Arbeit, Gesundheit und Soziales, Ausschußprotokoll 12/835
- Bäcker, G./Hanesch, W., Sozialhilfe als Arbeitslosigkeitsfalle?, in: Städte- und Gemeinderat 7/1998
- Bäcker, G./Hanesch, W./Krause, P., Niedrige Arbeitseinkommen und Armut bei Erwerbstätigkeit in Deutschland, in: Sozialer Fortschritt 7/1998
- Bäcker, G./Hanesch, W., Abbau der Arbeitslosigkeit durch höhere Arbeitsanreize?, in: Arbeit und Sozialpolitik 7-8/1998
- Bäcker, G./Hanesch, W., Sozialhilfe und Erwerbstätigkeit – Zur Diskussion über den Erwerbstätigenfreibetrag, in: Nachrichtendienst des Deutschen Vereins für Öffentliche und Private Fürsorge 9/1998
- Bäcker, G./Hanesch, W., Sozialhilfe und Erwerbstätigkeit – Gutachten für das Ministerium für Arbeit, Gesundheit und Soziales NRW zum Entwurf

für eine Zweite Verordnung zur Veränderung der Verordnung zur Durchführung des § 76 des Bundessozialhilfegesetzes, Düsseldorf 1998

- Bäcker, G./Hanesch, W., Arbeitnehmer und Arbeitnehmerhaushalte mit Niedrigeinkommen in Nordrhein-Westfalen. Eine Untersuchung für die Landessozialberichterstattung Nordrhein-Westfalen im Auftrag des Ministeriums für Arbeit, Gesundheit und Soziales des Landes Nordrhein-Westfalen, Düsseldorf 1997
- Bäcker, G./Hanesch, W., Kombi-Lohn: Kein Schlüssel zum Abbau der Arbeitslosigkeit!, in: WSI-Mitteilungen 10/1997
- Grundsicherung und Arbeitsmarkt – Anmerkungen zum Diskussions-Papier „Die BündnisGrüne Grundsicherung", Grundsicherung: ein sozialpolitisches und kein beschäftigungspolitisches Instrument, in: Bündnis 90/Die Grünen Bundestagsfraktion (Hrsg.), Bedarfsorientierte Grundsicherung – Ein soziales Netz gegen die Armut, Dokumentation einer gleichnamigen Anhörung am 25.4.1997, Bonn 1997
- Niedrigeinkommen und soziale Sicherung – Wechselwirkungen zwischen Verteilungs- und Sozialpolitik, in: Pohl, G./Schäfer, C. (Hrsg.), Niedriglöhne, Hamburg 1996
- Bäcker, G./Hanesch, W., Sozialhilfeniveau und untere Arbeitnehmereinkommen, Expertise für das MAGS NRW, Düsseldorf/Mönchengladbach 1993
- Bäcker, G./Hanesch, W., Nicht den Kernbestand des Sozialstaates in Frage stellen, in: Frankfurter Rundschau Nr. 184 vom 11.8.1993

Arbeitsmarkt, Arbeitszeit und Arbeitsmarktpolitik

- Bäcker, G./Neuffer, S., Mini-Jobs als Sonderregelung in der Sozialversicherung: Auswirkungen auf das Arbeitsangebot und die soziale Absicherung einzelner Beschäftigtengruppen, in: WSI-Mitteilungen 1/2012
- Bäcker, G./Bosch, G./Weinkopf, C., Vorschläge zur künftigen Arbeitsmarktpolitik: integrativ – intensiv – innovativ. Gutachten für das Thüringer Ministerium für Wirtschaft, Arbeit, Technologie, 2011
- Gute Erwerbsbiographien. Der Wandel der Arbeitswelt als gruppenspezifischer Risikofaktor für Arbeitsfähigkeit und Unterversorgung bei der gesetzlichen Rente, INIFES, Hans-Böckler-Stiftung, Forschungsinformationsdienst 2009/2
- Lohnnebenkosten – ein sozialpolitisches Dogma auf dem Prüfstand, in: Soziale Sicherheit 10/2008

- SGB II: Grundlagen und Bestandsaufnahme, in: Kotlenga, S./Klute, J. (Hrsg.), Sozial- und Arbeitsmarktpolitik nach Hartz: Fünf Jahre Hartzreformen: Bestandsaufnahme – Analysen – Perspektiven, Göttingen 2008
- Bäcker, G./Neubauer, J., Soziale Sicherung und Arbeitsförderung bei Armut durch Arbeitslosigkeit, in: Huster, E.-U./Boeckh, J./Mogge-Grotjahn, H., Handbuch Armut und soziale Ausgrenzung, Wiesbaden 2008
- Was heißt hier geringfügig? Minijobs als wachsendes Segment prekärer Beschäftigung, in: Seifert, H./Keller, B. (Hrsg.), Atypische Beschäftigung – Flexibilisierung und soziale Risiken, Berlin 2007
- Niedrig- und Kombilöhne – Abbau von Arbeitslosigkeit oder soziale Spaltung?, in: Grasse, A./Ludwig, C./Dietz, B. (Hrsg.), Soziale Gerechtigkeit – Reformpolitik am Scheideweg, Wiesbaden 2006
- Im Namen der Lohnnebenkosten – ein Mythos als Begründung für den Umbau des Sozialstaats, in: Schäfer, C./Seifert, H. (Hrsg.), Kein bisschen leise: 60 Jahre WSI, Hamburg 2006
- Bäcker, G./Koch, A., Mini- und Midi-Jobs – Frauenerwerbstätigkeit und Niedrigeinkommensstrategien in der Arbeitsmarktpolitik, in: Baatz, D./Kurz-Scherf, I./Rudolph, C./Satilmis, A. (Hrsg.), Hauptsache Arbeit? Feministische Perspektiven auf den Wandel von Arbeit, Opladen 2004
- Zusammenfassung von Arbeitslosen- und Sozialhilfe – Harte Einschnitte und keine Beschäftigungseffekte, in: Arbeitnehmerkammer Bremen (Hrsg.), Schöne neue Arbeitsmarktpolitik? Das Hartz-Konzept – Intentionen, Umsetzung und Auswirkungen, Dokumentation der Fachtagung, Bremen 2003
- Bäcker, G./Koch, A., Mehr Beschäftigte im unteren Einkommensbereich durch niedrigere Sozialversicherungsbeiträge? Darstellung und Bewertung der Neuregelungen der Mini-/Midi-Jobs und der Vorschläge zur Einführung eines Freibetrags bei den Sozialversicherungsbeiträgen, Expertise, unveröffentlicht, Duisburg 2003
- Bäcker, G./Koch, A., Mit Mini- und Midi-Jobs aus der Arbeitslosigkeit? Die Neuregelungen zur Beschäftigungsförderung im unteren Einkommensbereich, in: Sozialer Fortschritt 4/2003
- Bäcker, G./Koch, A., Mini- und Midi-Jobs als Niedrigeinkommensstrategie in der Arbeitsmarktpolitik: „Erfolgsstory" oder Festschreibung des geschlechtsspezifisch segregierten Arbeitsmarktes? In: WSI-Diskussionspapier Nr. 117, Düsseldorf 2003
- Arbeitsmarktentwicklung und Beschäftigungsperspektiven älterer Arbeitnehmer, in: Fuchs, G./Renz, Ch. (Hrsg.), Altern und Erwerbsarbeit, Sozi-

alministerium Baden-Württemberg/Akademie für Technikfolgenabschätzung in Baden-Württemberg, Stuttgart 2001

- Bäcker, G./Stolz-Willig, B., Mehr Teilzeitarbeit – aber wie? Zur Diskussion über Förderung und soziale Absicherung optionaler Arbeitszeiten, in: Sozialer Fortschritt 3/1995

- Bäcker, G./Schäfer, C./Seifert, H., Kürzer arbeiten – mehr Beschäftigung? Vorschläge zur Arbeitszeitverkürzung für Ostdeutschland, Projektbericht im Auftrag des Landesagentur für Struktur und Arbeit GmbH Brandenburg, LASA-Studie Nr. 19, Kleinmachnow 1994

- Bäcker, G./Stolz-Willig, B., Optionale Arbeitszeitverkürzung und -gestaltung und Defizite sozialer Sicherung, in: Beckmann, P./Engelbrech, G. (Hrsg.), Arbeitsmarkt für Frauen 2000 – Ein Schritt vor oder ein Schritt zurück?, Beiträge aus der Arbeitsmarkt- und Berufsforschung 179, Nürnberg 1994

- Bäcker, G./Bispinck, R., 35-Stunden-Woche: Argumente zur Sicherung u. Schaffung von Arbeitsplätzen u. für mehr Zeit zum Leben, Berlin 1984

- Bäcker, G./Stolz-Willig, B., 35 Stunden sind immer noch zuviel – Arbeitszeitprobleme im Zusammenhang mit Frauen, in: WSI-Mitteilungen 1/1984

- Achten, Udo/Bäcker, G./Bispinck, R., Mehr Zeit für uns: Dokumente und Bilder zum Kampf um die Arbeitszeitverkürzung, Köln 1984

- Arbeitszeitverkürzung durch individuelle Flexibilität oder tarifvertragliche Regelungen? Anmerkungen zur Konzeption der individuellen Arbeitszeitflexibilisierung, in: WSI-Mitteilungen 2/1982

- Lebensbedürfnisse und Arbeitszeitverkürzung, Ein Schritt zur Versöhnung von Arbeit und Leben, in: Die Mitarbeit 4/1984

- Bäcker, G./Seifert, H., Arbeitszeitpolitische Kontroverse: Individuelle Flexibilität oder tarifvertragliches Regelsystem?, in: Offe, C./Hinrichs, K./Wiesenthal, K. (Hrsg.), Arbeitszeitpolitik, Formen und Folgen einer Neuverteilung der Arbeitszeit, Frankfurt a. M. 1982

- Teilzeitarbeit und individuelle Arbeitszeitflexibilisierung – Festschreibung der Benachteiligung von Frauen in Beruf und Familie?, in: WSI-Mitteilungen 4/1981

- Bäcker, G./Engelen-Kefer, U./Seifert, H., Beschäftigungskrise im Blickfeld neoklassischer Modelltheorien, in: Mitteilungen aus der Arbeitsmarkt- und Berufsforschung 4/1977

Ältere ArbeitnehmerInnen zwischen Erwerbstätigkeit und Ruhestand

- Bäcker, G./Kistler, E./Stapf-Finé, H., Erwerbsminderungsrente – Reformnotwendigkeit und Reformoptionen, in: WISO-Diskurs, Bonn 5/2011
- Bäcker, G./Kistler, E./Stapf-Finé, H., Rente mit 67? Argumente und Gegenargumente, in: WISO-Diskurs, Bonn 5/2011
- Altersarmut – ein Zukunftsproblem, in: Informationsdienst Altersfragen. Berlin 2/2011
- Bäcker, G./Kistler, E./Trischler, F., Rente mit 67? Zu wenig Arbeitsplätze und zu wenig gute Arbeit für ein Arbeiten bis 67. Vierter Monitoring-Bericht des Netzwerks für eine gerechte Rente, Berlin 2010
- Bäcker, G./Kistler, E./Trischler, F., Rente mit 67 – für viele Beschäftigte unerreichbar! Dritter Monitoring-Bericht des Netzwerks für eine gerechte Rente, Berlin 2009
- Bäcker, G./Kistler, E., Rente mit 67 – Erhöhtes Risiko von Einkommenseinbußen und Armut im Alter, Zweiter Monitoring-Bericht des Netzwerks für eine gerechte Rente, Berlin 2009
- Bäcker, G./Brussig, M./Jansen, A./Knuth, M./Nordhause-Janz, J., Beschäftigungsmöglichkeiten für ältere Arbeitnehmer/innen und Risiken im Altersübergang: Aktuelle Trends und Entwicklungsperspektiven, in: Deutsche Rentenversicherung 2/2009
- Bäcker, G./Brussig, M./Jansen, A./Knuth, M./Nordhause-Janz, J., Ältere Arbeitnehmer – Erwerbstätigkeit und soziale Sicherheit im Alter, Wiesbaden 2009
- Bäcker, G./Kistler, E., Rente mit 67 – Die Voraussetzungen stimmen nicht, Erster Monitoring-Bericht des Netzwerks Gerechte Rente, Berlin 2008
- Bäcker, G./Brussig, M./Nordhause-Janz, J./Stegmann, T., Gesundheitsbelastungen und Krankheitsrisiken älterer Erwerbstätiger: ein Werkstattbericht aus dem Projekt „Die Erwerbstätigkeit älterer Arbeitnehmer und Auswirkungen auf die soziale Sicherung im Alter", in: Deutsche Rentenversicherung Bund: Zukunft gestalten – fünf Jahre Forschungsnetzwerk Alterssicherung (FNA), Bad Homburg 2006
- Malochen bis siebzig? Die Lebensarbeitszeit muss neu gestaltet werden, in: Frauenrat 6/2002
- Arbeitsmarktentwicklung und Beschäftigungsperspektiven älterer Arbeitnehmer, in: Fuchs, G./Renz, Ch. (Hrsg.), Altern und Erwerbsarbeit, Sozialministerium Baden-Württemberg/Akademie für Technikfolgenabschätzung in Baden-Württemberg, Stuttgart 2001

- Von der Frühverrentung zur Altersteilzeit: Alter Wein in neuen Schläuchen?, in: Naegele, G./Schütz, R.-M. (Hrsg.), Soziale Gerontologie, Lebenslagen im Alter und Sozialpolitik für ältere Menschen – Eine Gedenkschrift für Margret Dieck, Wiesbaden 1999
- Leistung und Erfahrung. Altern in der Arbeitsgesellschaft, in: Niederfranke, A./Naegele, G./Frahm, E. (Hrsg.), Funkkolleg Altern, Band 2, Wiesbaden 1999
- Demographischer Wandel, Arbeitsmarktentwicklung und Beschäftigungsperspektiven älterer Arbeitnehmer, in: Zeitschrift für Gerontologie und Geriatrie 1/1996
- Bäcker, G./Naegele, G., Altersteilzeit statt Frühverrentung: Gelingt der Durchbruch zu einem flexiblen und späteren Austritt aus dem Berufsleben?, in: Zeitschrift für Gerontologie und Geriatrie 5/1996
- Ältere Arbeitnehmer auf dem Arbeitsmarkt: Von der Frühverrentung zur Heraufsetzung der Altersgrenzen?, in: BAGSO-Nachrichten 2/1996
- Ältere Arbeitnehmer zwischen Dauerarbeitslosigkeit und demographischem Umbruch, in: Montada, L. (Hrsg.), Arbeitslosigkeit und soziale Gerechtigkeit, Frankfurt a. M. 1994
- Im Übergang vom Arbeitsleben in den Ruhestand – Beschäftigungsperspektiven älterer Arbeitnehmer zwischen demographischem Wandel und anhaltender Arbeitslosigkeit, in: Aus Politik und Zeitgeschichte 44/1993
- Bäcker, G./Naegele, G., Erwerbsarbeit und Ruhestand in einer alternden Gesellschaft, in: Seifert, H. (Hrsg.), Jenseits der Normalarbeitszeit, Köln 1993
- Bäcker, G./Naegele, G., „Geht die Entberuflichung des Alters zu Ende?" – Perspektiven einer Neuorganisation der Alterserwerbsarbeit, in: Naegele, G./Tews, H.-P. (Hrsg.), Lebenslagen im Strukturwandel des Alters, Opladen 1993
- Bäcker, G./Naegele, G., Alternde Gesellschaft und Erwerbsarbeit im Alter. Anforderungen an Beschäftigungssicherung und -förderung, in: Klose, H.-U. (Hrsg.), Altern der Gesellschaft, Köln 1993
- Bäcker, G./Naegele, G., Alternde Gesellschaft und Erwerbstätigkeit – Modelle zum Übergang vom Erwerbsleben in den Ruhestand, Köln 1993
- Arbeitsleben und Altersleben – Arbeitsbedingungen, Altersgrenzen und Ruhestandsperspektiven älterer ArbeitnehmerInnen, in: Arbeit und Sozialpolitik 4/1990
- Bäcker, G./Naegele, G., Wann und wie das Arbeitsleben beenden?, Gleitender Ruhestand, Altersteilzeitarbeit und Teilrente in der sozialpolitischen Diskussion, WSI-Studie Nr. 65, Köln 1989

- Wieder länger arbeiten? Quantität und Qualität der Arbeitsplätze sind entscheidend! – Anmerkungen zur Diskussion um die Heraufsetzung der Altersgrenzen in der Rentenversicherung, in: WSI-Mitteilungen 5/1987
- Bäcker, G./Naegele, G., Früher in den Ruhestand – aber wie? Sozial- und arbeitsmarktpolitische Probleme einer weiteren Absenkung der Altersgrenze, in: Sozialer Fortschritt 2, 3, 4/1983
- Bäcker, G./Naegele, G., Arbeitsmarkt, Altersgrenze und die Ausgliederung älterer Arbeitnehmer, in: WSI-Mitteilungen 11/1981
- Probleme älterer Arbeitnehmer – Probleme einer fehlgeleiteten Sozialpolitik?, in: Dohse, K./Jürgens, U./Russig, H. (Hrsg.), Ältere Arbeitnehmer zwischen Unternehmensinteressen und Sozialpolitik, Frankfurt 1981
- Der ältere Arbeitnehmer auf Arbeitsplatz und Arbeitsmarkt. Ein Beitrag zur Diskussion über Entstehung und Verfestigung von „Problemgruppen", in: Sozialer Fortschritt 3, 4, 5, 6/1979
- Beschäftigungsprobleme älterer Arbeitnehmer in der Bundesrepublik Deutschland – Ausprägungen und Ursachen, in: Dieck, M./Naegele, G. (Hrsg.), Sozialpolitik für ältere Menschen, Heidelberg 1978
- Bäcker, G./Elsner, W., Rentenversicherung in der Krise? Köln 1979

Soziale Gerontologie

- Sozialpolitische Aspekte von Generationengerechtigkeit, in: Böhning, B./Burmeister, K. (Hrsg.), Generationen und Gerechtigkeit, Hamburg 2004. – Abgedruckt auch in: IG Metall Bezirk Niedersachsen und Sachsen-Anhalt (Hrsg.), Rente mit 67? Alternde Gesellschaften und alternde Belegschaften: Herausforderungen durch die demografische Entwicklung, Hannover 2004
- Die Frage nach der Generationengerechtigkeit, in: VDR (Hrsg.), Generationengerechtigkeit, VDR-Schriften, Frankfurt a. M. 2004
- Was Jung und Alt zusammenhält, in: Gesundheit und Gesellschaft 5/2004
- Bäcker, G./Koch, A., Die Jungen als Verlierer? Alterssicherung und Generationengerechtigkeit, in: WSI-Mitteilungen 2/2003. – Gekürzte Fassung „Alterssicherung und Generationengerechtigkeit in Zeiten des demographischen und wirtschaftlichen Wandels", in: Frankfurter Rundschau (Dokumentationsseite) Nr. 127 vom 3.7.2003
- Müssen die Jüngeren vor den Alten geschützt werden? Über Generationengerechtigkeit im Sozialstaat, in: Theorie und Praxis der Sozialen Arbeit 8-9/2003

- Generationengerechtigkeit im Sozialstaat: Generationenvertrag und Alterssicherung, in: Schweppe, C. (Hrsg.), Generation und Sozialpädagogik, München 2002
- Solidarity of Generations and Solidarity of Gender, in: TSER Programme of the European Commission, Network: Working and Mothering – Social Practices and Social Policies, Periodic Report No. 5, Madrid 2001
- Sozialpolitische Perspektiven einer alternden Gesellschaft, in: Diakonie Jahrbuch 1999, Stuttgart 1999
- Generationensolidarität oder Generationenkonflikt?, in: EAF 1/1999
- Leistung und Erfahrung: Altern in der Arbeitsgesellschaft, in: Deutsches Institut für Fernstudienforschung (Hrsg.), Funkkolleg „Altern", Studieneinheit 11, Tübingen/Köln 1996
- Generationskonflikt oder Solidarität der Generationen?, in: Klüsche, W. (Hrsg.), Die Herausforderung des Alters, Mönchengladbach 1996
- Wenn ein Land alt wird, in: Dettling, W. (Hrsg.), Perspektiven für Deutschland, München 1994
- Bäcker, G./Naegele, G., Zur Lebenslage älterer Menschen in der BRD unter sich verändernden politischen Rahmenbedingungen und Umstrukturierungen in der Arbeitslandschaft, in: Petzold, H. (Hrsg.), Lebenswelten älterer Menschen, Hannover 1991
- Bäcker, G./Dieck, M./Naegele, G./Tews, H.-P., Ältere Menschen in Nordrhein-Westfalen, Wissenschaftliches Gutachten zur Lage älterer Menschen und zur Altenpolitik in Nordrhein-Westfalen zur Vorbereitung des Zweiten Landesaltenplans, Düsseldorf 1989
- Die Lebenssituation älterer Frauen vor dem Hintergrund der Bevölkerungsentwicklung sowie der Alters- und Familienstruktur, in: Institut Frau und Gesellschaft 1-2/1984

Alterssicherung

- Bäcker, G./Kistler, E., Rente mit 67 – Die Voraussetzungen stimmen nicht, Erster Monitoring-Bericht des Netzwerks Gerechte Rente, Berlin 2008
- Generationengerechtigkeit und Gesetzliche Rentenversicherung, in: Soziale Sicherheit CHSS 4/2005
- Ausstieg aus der Sozialversicherung – das Beispiel Rentenversicherung, in: WSI-Mitteilungen 09/2004

- Bäcker, G./Koch, A., Die Jungen als Verlierer? Alterssicherung und Generationengerechtigkeit, in: WSI-Mitteilungen 2/2003. – Gekürzte Fassung „Alterssicherung und Generationengerechtigkeit in Zeiten des demographischen und wirtschaftlichen Wandels", in: Frankfurter Rundschau (Dokumentationsseite) Nr. 127 vom 3.7.2003
- Müssen die Jüngeren vor den Alten geschützt werden? Über Generationengerechtigkeit im Sozialstaat, in: Theorie und Praxis der Sozialen Arbeit 8-9/2003
- Bäcker, G./Koch, A., Die Jungen als Verlierer? Alterssicherung und Generationengerechtigkeit, in: WSI-Mitteilungen 2/2003
- Alterssicherung unter den Anforderungen des sozio-ökonomischen Wandels, in: Ministerium für Arbeit, Soziales, Qualifikation und Technologie des Landes NRW (Hrsg.), Dokumentation der Fachtagung „Flexicurity: Soziale Sicherung und Flexibilität der Arbeits- und Lebensverhältnisse", Düsseldorf 2002
- Alterssicherung und Generationengerechtigkeit nach der Rentenreform, in: Zeitschrift für Gerontologie 3/2002
- Alterssicherung nach der Rentenstrukturreform, in: Kerkhoff, E./Simons, S. (Hrsg.), Alter: Individualität und Partizipation, Schriften des Fachbereichs Sozialwesen der Hochschule Niederrhein, Mönchengladbach 2002
- Zum Verhältnis von Sozialversicherung und Grundsicherung: Bedarfsorientierte Grundsicherung im Alter, in: Becker, I./Ott, N./Rolf, G. (Hrsg.), Soziale Sicherung in einer dynamischen Gesellschaft, Festschrift für Richard Hauser, Frankfurt 2001
- Rentenversicherung und Erwerbsbeteiligung – Zur Alterssicherung von Frauen nach der Rentenreform, in: Barkholdt, C. (Hrsg.), Prekärer Übergang in den Ruhestand – Handlungsbedarf aus arbeitsmarktpolitischer, rentenrechtlicher und betrieblicher Perspektive, Wiesbaden 2001
- Rentenreform: Droht ein Systemwechsel?, in: Theorie und Praxis der Sozialen Arbeit 1/2001
- Stellungnahme zum Entwurf eines Gesetzes zur Reform der gesetzlichen Rentenversicherung, in: Deutscher Bundestag/Ausschussdrucksache 14/1080
- Bedarfsorientierte Grundsicherung im Alter – Element einer Rentenreform mit Zukunft?, in: Soziale Sicherheit 2/2000
- Veränderung von Erwerbs- und Familienbiographien: Reformbedarf der deutschen Rentenversicherung?, in: Dingeldey, I. (Hrsg.), Erwerbstätigkeit und Familie in Steuer- und Sozialversicherungssystemen, Opladen 1999

- Bäcker, G./Klammer, U., Tariffonds – ein neuer Generationenvertrag?, in: WSI-Mitteilungen 2/1999
- Reform statt Systemwechsel – Zukunft der Rentenversicherung, in: Theorie und Praxis der Sozialen Arbeit 5/1998
- Die Zukunft der Alterssicherung – Wahlkampf um das richtige Rentenkonzept, in: Soziale Sicherheit 6/1998
- Zukunft der Arbeit und Herausforderungen für das System der Sozialen Sicherung – Das Beispiel Alterssicherung, in: Bosch, G. (Hrsg.), Zukunft der Erwerbsarbeit – Strategien für Arbeit und Umwelt, Frankfurt a. M./ New York 1998
- Bäcker, G./Steffen, J., Rentenversicherung und Einkommenslage im Alter, in: Schmidthenner, H. (Hrsg.), Zwischen Krise und Solidarität, Hamburg 1992
- Bäcker, G./Steffen, J., Sozialunion, Das Beispiel Rentenversicherung, in: Sozialer Fortschritt 7/1990
- Die doppelte Sozialversicherung: Rentenprobleme im vereinigten Deutschland, in: Soziale Sicherung 11/1990
- Bäcker, G./Steffen, J., Alterssicherung in der Zukunft, Hamburg 1988
- Bevölkerungsentwicklung und Alterssicherung, in: Gewerkschaftliche Monatshefte 12/1985
- Die Entwicklung der Alterssicherung, in: Gewerkschaftliche Monatshefte 11/1982
- Finanzierungsprobleme der Rentenversicherung – zwischen Verharmlosung und Dramatisierung, in: WSI-Mitteilungen 10/1980
- Wirtschaftskrise und Rentenversicherung – Anmerkungen zu den Finanzierungsproblemen und den Konsolidierungsmaßnahmen in der Gesetzlichen Rentenversicherung, in: Neumann, F. (Hrsg.), Sozialforschung und soziale Demokratie, Festschrift für Otto Blume, Bonn 1979

Geschlechterrollen, Familienpolitik und Vereinbarkeit von Beruf und Familie

- Berufstätigkeit und Verpflichtungen in der familiären Pflege – Anforderungen an die Gestaltung der Arbeitswelt, in: Badura, B./Schellschmidt, H./Vetter, Ch. (Hrsg.), Fehlzeitenreport 2003, Heidelberg 2003
- Rentenversicherung und Erwerbsbeteiligung – Zur Alterssicherung von Frauen nach der Rentenreform, in: Barkholdt, C. (Hrsg.), Prekärer Übergang in den Ruhestand – Handlungsbedarf aus arbeitsmarktpolitischer, rentenrechtlicher und betrieblicher Perspektive, Wiesbaden 2001

- Solidarity of Generations and Solidarity of Gender, in: TSER Programme of the European Commission, Network: Working and Mothering – Social Practices and Social Policies, Periodic Report No. 5, Madrid 2001
- Vereinbarkeit von Erwerbstätigkeit und Pflege – Anforderungen an die Arbeitswelt und die Tarifparteien, in: Reichert, M./Naegele, G. (Hrsg.), Vereinbarkeit von Erwerbstätigkeit und Pflege – Nationale und internationale Perspektiven, Hannover 1998
- Sozialstaat auf der schiefen Ebene: Kinder und Familien werden an den Rand gedrängt, in: Scherer, K.-J./Thiemann, H. (Hrsg.), Deutschland an der Schwelle zum 21. Jahrhundert, Marburg 1998
- Überblick über Lösungsansätze und Reformkonzepte zur eigenständigen Alterssicherung der Frau, in: Friedrich-Ebert-Stiftung (Hrsg.), Zukunftsfähige Alterssicherung der Frau, Forum Gender und Politik, Bonn 1997
- Bäcker, G./Stolz-Willig, B., Zwischen Beruf und Pflege – Betriebliche Maßnahmen zur Unterstützung pflegender Arbeitnehmerinnen und Arbeitnehmer, in: Schriftenreihe des Bundesministeriums für Familie, Senioren, Frauen und Jugend Band 106.2, Stuttgart 1997
- Zwischen Beruf und Pflege, in: Soziale Sicherheit 10/1995
- Vorstellungen für eine familienorientierte Arbeitswelt der Zukunft – Der Beitrag von Tarifverträgen und Betriebsvereinbarungen (gemeinsam mit Stolz-Willig, B.), Schriftenreihe des Bundesministeriums für Familie und Senioren Nr. 30.2, Bonn 1994
- Bäcker, G./Stolz-Willig, B. (Hrsg.), Kind, Beruf, Soziale Sicherung, Köln 1994
- Bäcker, G./Stolz-Willig, B., Geschlechterrollen und sozialpolitische Umorientierung, in: Gewerkschaftliche Monatshefte 7/1993
- Bäcker, G./Stolz-Willig, B., Kindererziehung, Arbeitszeiten und soziale Sicherung: Gestaltung von Teilzeitarbeit und Freistellungsregelungen im Zusammenhang von Tarif-, Familien- und Sozialpolitik; mit einem Anhang: ausgewählte tarifliche, betriebliche und gesetzliche Regelungen zur Teilzeitarbeit und Freistellung, in: Geschäftsführung des WSI. Red. Düsseldorf (Hrsg.), 1990
- Bäcker, G./Buchholz-Will, W./Stolz-Willig, B., Kindeswohl oder Männerwohl? In: Soziale Sicherheit 12/1989
- Teilzeitarbeit und individuelle Arbeitszeitflexibilisierung – Festschreibung der Benachteiligung von Frauen in Beruf und Familie?, in: WSI-Mitteilungen 4/1981
- Familienpolitik durch soziale Transfers, in: WSI-Mitteilungen 1/1980

Verzeichnis der Autorinnen und Autoren

Dr. Wilhelm **Adamy**, Deutscher Gewerkschaftsbund, Abteilungsleiter Arbeitsmarktpolitik

Dr. Reinhard **Bispinck**, Wirtschafts- und Sozialwissenschaftliches Institut in der Hans-Böckler-Stiftung, Leiter des WSI-Tarifarchivs

Dr. Claudia **Bogedan**, Hans-Böckler-Stiftung, Abteilungsleiterin Forschungsförderung

Prof. Dr. Gerhard **Bosch**, Universität Duisburg-Essen, Geschäftsführender Direktor des Instituts Arbeit und Qualifikation

Dr. Kay Peter **Bourcarde**, Ministerium für Soziales, Arbeit, Gesundheit und Demografie Rheinland-Pfalz, Referent für allgemeine Arbeitsmarktpolitik

PD Dr. Martin **Brussig**, Universität Duisburg-Essen, Leiter der Forschungsabteilung „Arbeitsmarkt – Integration – Mobilität" des Instituts Arbeit und Qualifikation

Annelie **Buntenbach**, Deutscher Gewerkschaftsbund, Mitglied im Geschäftsführenden Bundesvorstand

Prof. Dr. Diether **Döring** lehrt Sozialpolitik an der Europäischen Akademie der Arbeit in der Universität Frankfurt a. M.

Prof. Dr. Walter **Hanesch**, Hochschule Darmstadt, Professor für Sozialpolitik und Sozialverwaltung im Fachbereich Gesellschaftswissenschaften und Soziale Arbeit

Prof. em. Dr. Richard **Hauser**, Johann Wolfgang Goethe-Universität Frankfurt am Main, Professor für Volkswirtschaftslehre, insbes. Verteilungs- und Sozialpolitik am Fachbereich Wirtschaftswissenschaften

Prof. Dr. Rudolf **Hickel**, Universität Bremen, Leiter der Forschungseinheit Wirtschaft und Finanzen des Instituts Arbeit und Wirtschaft

Prof. Dr. Ernst-Ulrich **Huster**, Evangelische Fachhochschule Rheinland-Westfalen-Lippe und Justus-Liebig-Universität Gießen, Professor und Privatdozent für Politikwissenschaft mit dem Schwerpunkt Sozialpolitik

Dipl.-Soz. Andreas **Jansen**, Universität Duisburg-Essen, Wissenschaftlicher Mitarbeiter am Institut Arbeit und Qualifikation und am Institut für Soziologie

Prof. Dr. Ernst **Kistler**, Direktor des Internationalen Instituts für Empirische Sozialökonomie

*Prof. Dr. Ute **Klammer**,* Universität Duisburg-Essen, Professorin für Politikwissenschaft, insbesondere Sozialpolitik an der Fakultät für Bildungswissenschaften

*Prof. Dr. Matthias **Knuth**,* Universität Duisburg-Essen, Abteilung „Arbeitsmarkt – Integration – Mobilität" des Instituts Arbeit und Qualifikation

*Prof. Dr. Simone **Leiber**,* Fachhochschule Düsseldorf, Professorin für Sozialpolitik am Fachbereich Sozial- und Kulturwissenschaften

*Prof. Dr. Stephan **Lessenich**,* Friedrich-Schiller-Universität Jena, Professor für Soziologie mit dem Schwerpunkt Vergleichende Gesellschafts- und Kulturanalyse

*Prof. Dr. Gerhard **Naegele**,* Technische Universität Dortmund, Professor für Soziale Gerontologie und Direktor des Instituts für Gerontologie

*Prof. Dr. Monika **Reichert**,* Technische Universität Dortmund, Professorin für Soziale Gerontologie mit dem Schwerpunkt Lebenslaufforschung

*Prof. Dr. Rolf **Rosenbrock**,* Wissenschaftszentrum Berlin für Sozialforschung, Leiter der Forschungsgruppe Public Health

*Prof. Dr. Franz **Ruland**,* Verband Deutscher Rentenversicherungsträger, Geschäftsführer i. R.; Vorsitzender des Sozialbeirats der Bundesregierung

*Dr. Claus **Schäfer**,* Hans-Böckler-Stiftung, Abteilungsleiter des Wirtschafts- und Sozialwissenschaftlichen Instituts (WSI)

*Prof. Dr. Winfried **Schmähl**,* Universität Bremen, war bis 2007 Professor für Wirtschaftswissenschaft mit Schwerpunkt Sozialpolitik am Fachbereich Wirtschaftswissenschaft und Direktor der Wirtschaftswissenschaftlichen Abteilung des Zentrums für Sozialpolitik

*Jutta **Schmitz**,* M. A. Sozialpolitik, Universität Duisburg-Essen, Wissenschaftliche Mitarbeiterin am Institut für Soziologie

*Dr. Hartmut **Seifert**,* ehemaliger Leiter des Wirtschafts- und Sozialwissenschaftlichen Instituts (WSI) in der Hans-Böckler-Stiftung

*Prof. Dr. Heinz **Stapf-Finé**,* Alice Salomon Hochschule Berlin, Professor für Sozialpolitik

*Dr. Johannes **Steffen**,* Arbeitnehmerkammer Bremen, Referent für Sozialpolitik

*Prof. Dr. Brigitte **Stolz-Willig**,* Fachhochschule Frankfurt am Main, Professorin im Fachbereich Soziale Arbeit und Gesundheit

Dr. Hans-Jürgen **Urban**, Industriegewerkschaft Metall, Geschäftsführendes Vorstandsmitglied

Dr. Claudia **Weinkopf**, Universität Duisburg-Essen, Stellvertretende Geschäftsführende Direktorin und Leiterin der Forschungsabteilung „Flexibilität und Sicherheit" des Instituts Arbeit und Qualifikation

Elemente der Politik

Hrsg. von Bernhard Frevel / Klaus Schubert / Suzanne S. Schüttemeyer / Hans-Georg Ehrhart

Blum, Sonja / Schubert, Klaus
Politikfeldanalyse
2., akt. Aufl. 2011. 198 S. Br. EUR 16,95
ISBN 978-3-531-17276-7

Dehling, Jochen / Schubert, Klaus
Ökonomische Theorien der Politik
2011. 178 S. Br. EUR 16,95
ISBN 978-3-531-17113-5

Dobner, Petra
Neue Soziale Frage und Sozialpolitik
2007. 158 S. Br. EUR 12,90
ISBN 978-3-531-15241-7

Frantz, Christiane / Martens, Kerstin
**Nichtregierungsorganisationen
(NGOs)**
2006. 159 S. Br. EUR 14,90
ISBN 978-3-531-15191-5

Frevel, Bernhard
Demokratie
Entwicklung – Gestaltung –
Problematisierung
2., überarb. Aufl. 2009. 177 S. Br. EUR 12,90
ISBN 978-3-531-16402-1

Fuchs, Max
Kulturpolitik
2007. 133 S. Br. EUR 14,90
ISBN 978-3-531-15448-0

Jahn, Detlef
Vergleichende Politikwissenschaft
2011. 124 S. Br. EUR 12,95
ISBN 978-3-531-15209-7

Jaschke, Hans-Gerd
Politischer Extremismus
2006. 147 S. Br. EUR 14,95
ISBN 978-3-531-14747-5

Johannsen, Margret
Der Nahost-Konflikt
2., akt. Aufl. 2009. 167 S. Br. EUR 16,95
ISBN 978-3-531-16690-2

Kevenhörster, Paul / Boom, Dirk van den
Entwicklungspolitik
2009. 112 S. Br. EUR 12,90
ISBN 978-3-531-15239-4

Kost, Andreas
Direkte Demokratie
2008. 116 S. Br. EUR 12,90
ISBN 978-3-531-15190-8

Meyer, Thomas
Sozialismus
2008. 153 S. Br. EUR 12,90
ISBN 978-3-531-15445-9

Schmitz, Sven-Uwe
Konservativismus
2009. 170 S. Br. EUR 16,90
ISBN 978-3-531-15303-2

Erhältlich im Buchhandel oder beim Verlag.
Änderungen vorbehalten. Stand: Juli 2011.

Einfach bestellen:
SpringerDE-service@springer.com
tel +49 (0)6221 / 345–4301
springer-vs.de

 Springer VS

Printed by Printforce, the Netherlands